2018年 上海法院 案例精选

主 编 茆荣华

副主编 顾 全 陈树森

上海人民出版社

2018 年上海法院案例精选编委会及相关工作人员名单

编委会主任：茆荣华

编委会委员：（按姓氏笔画排序）

王　珊　叶伟为　田文才　刘军华　吴耀君　沈英明
宋劬侃　罗健豪　竺常赟　侯丹华　顾　全　殷勇磊
曹红星　鲍慧民　翟国强　潘云波　薛　振

主　　　编：茆荣华

副主编：顾　全　陈树森

案例点评人：

于改之　王　迁　葛伟军　王国华　郑少华　季立刚
金可可　刘志刚　吴　弘　李世刚　刘世国　卢勤忠

编　　　辑：

牛晨光　邓梦婷　孟　猛　徐晨平　高明生　张　俊
董　燕

兼职通讯员：

丁莎莎　荣学磊　许　堃　李海跃　练彬彬　卞贵龙
胡勇敏　周嘉禾　李　震　项天伦　赵军烨　吴有良
周　圣　余　聪　金卫兵　顾　静　罗　荟　曹　丹
张　轶　张晓敏　刘　建　杨建军

编者的话

《2018年上海法院案例精选》由上海市高级人民法院组织编写,系根据2017年上海法院百例精品案例的评选结果、在全市审结的80余万件刑事、民事、商事、知识产权、海事、金融、行政、执行等案件中精选而成,共97件,具有典型性、疑难性或新颖性的特点,从一个侧面体现了上海法院审判工作的成果。本书在体例上分标题、案情、审判和点评四个部分,在如实介绍案件事实和审判情况后,邀请专家学者着重从法律适用和提炼审判经验的角度进行了点评,对审判实践和理论研究具有一定借鉴和参考价值。

最高人民法院于2010年11月发布了《关于案例指导工作的规定》,优秀案例在司法实践中的参考、示范和指导功能得到不断强化,在创新法律规则方面的作用也日益突出,案例的编选工作也日益显示出其重要性、紧迫性和必要性。2012年3月上海市高级人民法院制定了《关于进一步加强上海法院案例工作的规定》,并继续将上海法院百例精品案例评选与《上海法院案例精选》编辑出版工作相结合,与报送最高人民法院指导性案例、公报案例等相结合,进一步发挥案例在审判指导和法制宣传中的重要作用。

限于时间和水平,本书在编辑过程中可能存在疏漏和不足,敬请广大读者批评指正。

目　录

民　　事

商　事

知 识 产 权

行　政

刑　事

执　　行

民 事

1. 上海仓驰贸易有限公司诉浙江天宇建设有限公司等买卖合同纠纷案

——狭义无权代理责任的司法裁判规则

案 情

原告（被上诉人、被申请人）上海仓驰贸易有限公司

被告（上诉人、申请人）浙江天宇建设有限公司

被告（被申请人）马鞍山迪嘉特科技发展有限公司

被告（被申请人）石某

2008 年,石某欲承建马鞍山迪嘉特科技发展有限公司(以下简称迪嘉特公司)作为发包方的位于马鞍山经济技术开发区内迪嘉特电子工业园一期 SMT 厂房工程,因其系个人,必须挂靠公司才能承包,石某遂为挂靠事宜与浙江天宇建设有限公司(以下简称天宇公司)进行联系。其时为天宇公司员工的高某与石某第一次到马鞍山,确认存在案涉厂房工程。其后,高某代表天宇公司带了已盖好章的《迪嘉特电子工业园建设工程承揽协议》(以下简称《承揽协议一》)与石某第二次一起到马鞍山,与迪嘉特公司共同进行协商,虽因细节问题未签成合同,但将《承揽协议一》留在迪嘉特公司处。该承揽协议载明以下事实:迪嘉特公司作为发包方与作为承包方的天宇公司签订"迪嘉特电子工业园建设工程承揽协议",由天宇公司承建马鞍山经济技术开发区内迪嘉特电子工业园一期 SMT 厂房工程。双方约定,天宇公司在 2008 年 8 月 8 日前将工程合同履约保证金 500 000 元汇入迪嘉特公司指定的账户。自迪嘉特公司收到合同履约保证金后该协议生效。合同履约保证金的返还:基础土方开挖后十天内返还 50%,一层结构完成后十天内返还剩余的 50%。协议还约定,该协议是工程施工合同的组成部分,与施工合同具有同等的法律效力。如该协议内容与施工合同有出入时,以该协议条款为准……协议对其他事项均作了约定。该协议在发包方落款处盖有迪嘉特公司的公章和法定代表人私章,无签字,落款时间为 2008 年 8 月 5 日;承包方落款处盖有天宇公司公章和法定代表人私章,无签字,无落款时间。迪嘉特公司向一审法院提交了一份《承揽协议一》作为证据,以证明天宇公司与迪嘉特公司之间有工程承建关系。

　　2008 年 8 月 13 日,石某向迪嘉特公司交纳 500 000 元,迪嘉特公司出具一份现金收据,载明交款单位为天宇公司,收款事由为合同履约保证金。嗣后,因工程急需开工,迪嘉特公司在知晓天宇公司与石某之间就承包条款还未达成一致意见的前提下即允许石某进场开始施工。后迪嘉特公司根据《承揽协议一》的规定在基础土方开挖后返还 50% 保证金,即 250 000 元给石某个人。

　　高某和石某带了修改后的另一份《承揽协议》(以下简称《承揽协议二》)和《建设工程施工合同》(以下简称《施工合同》)第三次来到马鞍山,协议和合同均盖有天宇公司公章。石某和迪嘉特公司进行协商,但仍未谈拢,该《承揽协议二》和《施工合同》又留在迪嘉特公司处。之后天宇公司的宋某副总经理让高某把协议和合同都拿回去,高某遂第四次赶到马鞍山,要求迪嘉特公司返还上述协议和合同。迪嘉特公司认为双方还可以考虑,就跟高某一起回绍兴再次与宋某进行协商,双方最终还是没有谈拢。天宇公司将《承揽协议二》和《施工合同》上盖的章剪掉,剪掉后协议和合同又被迪嘉特公司拿走,称想再看看。上述《施工合同》载明以下事实:2008年 8 月 18 日,迪嘉特公司作为发包人与作为承包人的天宇公司签订《施工合同》,该合同确定了工程名称为迪嘉特电子工业园一期 SMT 厂房,工程地点为马鞍山经济技术开发区;开工日期为 2008 年 8 月 25 日,竣工日期为 2009 年 7 月 12 日。在该合同的专用条款中约定了项目经理为张某、项目副经理为石某。该份合同发包人处盖有迪嘉特公司公章,合同骑缝处盖有天宇公司公章,合同承包人落款部分被剪去。该被裁剪过的《施工合同》在马鞍山经济技术开发区管委会处存有备案,仓驰公司在一审时提交了该《施工合同》的复印件作为证据,以证明本案系争工程发包方是迪嘉特公司,承包方是天宇公司,石某是工程的项目经理。

　　2008 年 9 月 22 日,石某以天宇公司迪嘉特工业园项目部的名义与上海仓驰贸易有限公司(以下简称仓驰公司)签订买卖合同一份,约定由天宇公司向仓驰公司购买施工建材若干。合同约定交货地点为迪嘉特工业园区;违约责任为违约方应承担经济损失:(1)每月按总货款的 5% 计算,(2)诉讼费、保全费、执行费及律师费。合同对其他事项亦作了约定。该合同需方一栏盖有天宇公司迪嘉特工业园项目部章,在委托代理人一栏由石某署名。合同签订后,仓驰公司于 2008 年 9 月 23日开始至 10 月 22 日,分四次向石某施工的迪嘉特工地送货合计货值 479 644 元。之后,仓驰公司仅收到货款 100 000 元。

　　2008 年 10 月 30 日,迪嘉特公司以律师函形式告知天宇公司:贵公司派员来马鞍山市与马鞍山迪嘉特科技发展有限公司洽谈承建"迪嘉特电子工业园 SMT 厂房工程"一事,因贵方与项目承包人石某就项目条款未达成共识,致使双方合同至今未签署,现石某已以"浙江天宇建设有限公司迪嘉特工业园项目部"的名义开展工作,并启用贵公司项目部公章(附印章格式四份)。本律师受马鞍山迪嘉特科技发展有限公司的委托,对上述贵公司的行为予以征询,以便确立相应的法律关系和法律主体资格,如若贵公司认可石某的行为,请在三日内签订正式合同;若不认可该行为,请立即以书面形式予以否认,以防石某等人的行为给贵公司造成巨大的经济损失和信誉损害。现因没有贵公司的正式合同,马鞍山市建管处已责令停工,贵公司项目部及贵公司已给工业园项目造成巨大的经济损失。翌日,天宇公司函复认为,至今未与迪嘉特公司签订施工合同,没有设立过迪嘉特工业园项目部,并没有与石某签订项目承包协议,因此,不认可"浙江天宇建设有限公司迪嘉特工业园项目部"印章。同年 11 月 7 日,石某向天宇公司出具一份承诺书,言明天宇公司迪嘉特工业园项目部印章系其私自刻制,责任由其承担。同时天宇公司收缴了上述项目部印章,并予以了销毁。同年 11 月 28 日,迪嘉特公司与石某就解决迪嘉特工地的施工纠纷达成协议:(1)即日起双方全权委托马鞍山经济技术开发区管委会代为指定公证机构保存现场施工证据……公证完毕,迪嘉特公司支付石某管理人员工资,石某向迪嘉特公司移交施工现场相关施工图纸、资料。(2)双方全权委托马鞍山经济技术开发区管委会代为指定有资质的造价咨询机构审核工地已经完成的工程量及价款……工程造价及费用标准根据迪嘉特公司与天宇公司签订的合同(天宇公司盖有骑缝章)计算……(3)石某必须如实申报因建设该工程所欠的材料款、人工款等,双方当场确认,马鞍山经济技术开发区管委会派人到场予以监督。(4)工程审核结果出来并通知双方,双方无异议的,二日内迪嘉特公司在扣除已经支付石某的工人工资等款项后立即按审核结果支付剩余的款项(其中,石某欠供货商的货款由双方确认后,迪嘉特公司可以直接支付给供货商)。双方还对其他事项作了约定。之后,有关公证机构对现场施工证据予以了证据保全公证。

2009 年 5 月 15 日,仓驰公司与上海市新闵律师事务所签订一份聘请律师合同,依约产生并支付律师服务费 20 000 元;其中,仓驰公司委托的代理律师有效工作时间为 8.30 小时,其同意按每小时 2 400 元计费。

2009 年 5 月 19 日,仓驰公司起诉至法院请求判令天宇公司、石某与迪嘉特公司三被告共同向其支付欠付的货款 379 644 元;三被告共同支付以买卖合同约定的每月按总货款 479 644 元的 5% 计算,自 2009 年 1 月 21 日始至判决生效之日止的逾期付款违约金;三被告共同支付其律师服务费损失 20 000 元;三被告共同承担本案的保全费。

被告天宇公司辩称,(1)其没有与原告签订过买卖合同,也没有收到过货物;(2)其没有承接迪嘉特工业园工程,更没有设立迪嘉特工业园项目部,石勇不是其员工;(3)迪嘉特工业园项目部的印章系石勇个人非法刻制、使用,后果应由石勇个人承担;(4)本案违约金约定过高,按照货款全额为基数计算违约金不妥。律师收费标准过高。现请求驳回原告的诉讼请求。

被告迪嘉特公司辩称,原告从未与其签订过任何形式的合同,其与原告没有任何法律关系,不是本案适格主体。违约金计算标准违反法律规定,应属无效。现请求驳回原告的诉讼请求。

被告石勇未作出答辩,亦未提供证据。

审 判

一审法院经审理后认为,仓驰公司作为买卖合同的相对方,在确认所供之物为真实存在的迪嘉特项目工地施工所需之后,与施工方天宇公司迪嘉特工业园项目部签订买卖合同,并按约履行了合同义务,仓驰公司在缔约及实际履行过程中均没有过错或过失。天宇公司与迪嘉特公司签订有承揽协议,石某也以天宇公司名义支付了工程合同履约保证金。虽然天宇公司称未与迪嘉特公司签订正式施工合同,但一审法院注意到,根据 2008 年 8 月 5 日的《承揽协议一》,在 8 月 13 日支付保证金后,该承揽协议已经生效。且 8 月 18 日的《施工合同》由于该合同骑缝处盖有天宇公司公章,也说明合同内容曾得到天宇公司的认可。至于施工合同上天宇公司的公章印鉴被剪去一节事实,一审时各方当事人均无法证明发生的具体时间,不排除是在涉案买卖合同签订之后。施工合同载明的项目副经理为石某,迪嘉特公司允许石某以天宇公司迪嘉特工业园项目部名义进场施工,故为施工之需而与仓驰公司发生的买卖关系,在仓驰公司没有过错或过失的情况下,从维护交易安全原则出发,天宇公司应承担买卖合同的相应义务。天宇公司在承担相关义务后,认为迪嘉特公司、石某有过错的,可以通过主张其承担赔偿责任予以救济。石某以天宇公司迪嘉特工业园项目部名义签订买卖合同,从仓驰公司的角度来说,石某的行为是天宇公司的职务行为,故石某在本案中不应承担买卖合同规定的相应责任。迪嘉特公司只是有承诺与石某共同确认货款后可直接支付的意思表示,而没有债的加入或其他保证的意思表示,故迪嘉特公司亦不应在本案中承担任何民事责任。至于本案中违约金的适用标准,虽然仓驰公司要求按合同约定计算,但确实涉案买卖合同约定的违约金比例偏高,应予适当调整。另外,仓驰公司要求赔偿的律师服务费损失,由于合同有此约定,一审法院审查相应金额在合理范围之内。因此,该项诉讼请求可予支持。据此,一审法院遂判决如下:一、被告天宇公司应向仓驰公司支付货款 379 644 元;二、被告天宇公司应向仓驰公司支付以 479 644 元为基数,自 2009 年 1 月 21 日始至判决生效之日止,按每月 2‰ 计算的逾期付款违约金;三、被告天宇公司应向仓驰公司支付律师服务费 20 000 元。

一审判决后,天宇公司不服提起上诉。二审法院经审理后认为,在天宇公司与迪嘉特公司签订的"建设工程施工合同"中,明确载明了石某为项目工程部的副经理,虽然天宇公司辩称该施工合同上的公章后被剪去,但是对曾经签订过该合同的事实没有否认,也承认公章被剪去的原因是因付款金额和期限等问题与迪嘉特公司未达成一致,并非与石某发生矛盾。因此,天宇公司对石某项目部副经理的身份是明知和认可的。现仓驰公司和迪嘉特公司均主张工地现场的施工铭牌上记载的施工单位是天宇公司、项目经理是石某,与上述施工合同的内容相一致,天宇公司否认上述事实未提供有效的证据佐证,故二审法院不予采信。仓驰公司根据买卖合同的约定,将货物送到工地现场,履行了相关合同义务,且天宇公司提供的工程造价鉴定报告可以证明仓驰公司提供的货物被用于天宇公司承包的工程。仓驰公司作为供货商,并无明显的不当行为,天宇公司对石某签订买卖合同的法律后果应首先承担民事责任,其在承担相关义务后,认为石某和迪嘉特公司有过错的,可以另行主张损失。天宇公司要求本案二审中止审理,没有法律依据,二审法院不予采信。据此,二审判决驳回天宇公司的上诉,维持了一审判决。

天宇公司不服二审判决,经向上海市高级人民法院申请再审被裁定驳回后,向最高人民法院提出申诉。最高人民法院经审查后认为,原审判决认定事实不清,适用法律不当,遂依照《中华人民共和国民事诉讼法》第一百九十八条第二款、第二百零六条之规定,裁定指令本院再审本案。

本案再审过程中,申请再审人天宇公司请求再审法院撤销原判,驳回仓驰公司对天宇公司的诉讼请求。天宇公司为证明其再审主张,向再审法院提供了如下新证据:(1)浙江省嵊州市人民法院(2012)绍嵊刑初字第 33 号刑事判决书与浙江省绍兴市中级人民法院(2012)浙绍刑终字第 91 号刑事裁定书;(2)2010 年 5 月 12 日嵊州市公安局向迪嘉特公司张某某做的询问笔录。经审查,再审法院对上述新证据的真实性依法予以确认。据此,再审查明,石某因犯伪造公司印章罪,于 2012 年 3 月 12 日被浙江省嵊州市人民法院一审判处有期徒刑八个月,2012 年 4 月 19 日浙江省绍兴市中级人民法院作出二审裁定予以维持。再审法院另对于天宇公司、迪嘉特公司与石某之间就《承揽协议一》《承揽协议二》和《施工合同》的具体洽谈磋商过程依法予以查明。

上海市高级人民法院再审后认为,首先,石某未经天宇公司授权,以其名义进行施工、在工地悬挂施工铭牌、私刻"浙江天宇建设有限公司迪嘉特工业园项目部"印章并对外签订合同,事后未被天宇公司追认,而且也没有证据证明天宇公司对石某这些行为是明知的而未予以制止,因此石某的行为是无权代理的行为,应由其本人承担最终的民事责任。其次,石某的行为不构成表见代理。从本案查明的事实来看,仓驰公司相信石某具有天宇公司代理权的理由在于:(1)迪嘉特工业园项目工地真实存在且已经施工;(2)工地大门挂有施工铭牌显示是天宇公司迪嘉特项目部及石某为项目经理;(3)买卖合同上盖有天宇公司迪嘉特项目部的公章。这些事实只能证明石某与天宇公司迪嘉特项目部之间存在一定联系,却不足以在石某和天宇公司之间建立充分的联系。石某仅持有天宇公司迪嘉特项目部的公章,项目部明显不具有独立主体资格,仓驰公司至少应当对其是否持有盖有天宇公司公章的授权委托书、天宇公司的营业执照副本等材料进行必要的审核,才能在石某和天宇公司之间建立起必要的联系,使人有合理理由相信石某是天宇公司的代理人。仓驰公司作为合同的相对方,仅凭工地的施工铭牌和一枚项目部的公章即轻信石某是天宇公司的代理人而未尽必要的审核义务,存在着疏忽大意的过错。同时,迪嘉特工业园项目工地是石某进场进行施工、工地大门的施工铭牌是石某制作并予悬挂、天宇公司迪嘉特项目部的公章更是石某未经授权而私刻,可见,这些使仓驰公司认为石某是天宇公司代理人的事实与天宇公司的行为并无牵连,非因天宇公司的过错行为而导致。再审法院也注意到,天宇公司在和迪嘉特公司、石某签订《承揽协议一》《承揽协议二》以及《施工合同》过程中,随意在尚未谈好的合同上盖好公章及法定代表人的私章,并在谈判失败后将盖好章的合同随意留存于相对方处,虽其认为自己在合同生效条件方面作了必要的预防措施,仍不可否认天宇公司在合同签订、保管方面的行为过于随意,存在一定的过错。但天宇公司这一在合同方面的过错行为与仓驰公司对石某代理身份的认定之间并不具有因果关系,目前没有证据证明仓驰公司是因为看到了天宇公司留存在外的《承揽协议》或是《施工合同》而认定天宇公司是工程承包方、石某是其项目经理。相反,从仓驰公司事后从马鞍山经济技术开发区管委会取得并提交给一审法院作为证据的《施工合同》来看,该《施工合同》合同承包人天宇公司的落款部分已被剪去,仓驰公司如果事前尽到该注意义务,就能及时发现石某系无权代理。综上,石某的无权代理行为并不能构成表见代理,不应由天宇公司承担合同责任。再次,迪嘉特公司一直就《承揽协议》和《施工合同》与天宇公司、石某进行洽谈,其明知因天宇公司与石某之间的内部承包关系未成立而导致《施工合同》未能签订,石某并无天宇公司的代理权,却让石某个人以天宇公司名义交纳合同保证金,允许其提前进场施工,并任其在工地大门悬挂天宇公司项目部标牌。虽然迪嘉特公司辩称其不知道石某私刻天宇公司项目部公章对外签订合同,但其至少明知项目已经开始施工,承包方必然要对外签订合同采购大量建筑材料,而石某是不可能以个人名义作为承包方的。迪嘉特公司上述故意或放任的行为对买卖合同相对方仓驰公司误认石某是天宇公司代理人具有明显过错。况且,迪嘉特公司是项目的发包方,本就应向石某支付工程建设款,其与石某就解决迪嘉特工地的施工纠纷达成的公证协议也约定"石某欠供货商的货款由双方确认后,迪嘉特公司可以直接支付给供货商"。因此,迪嘉特公司应对合同相对方仓驰公司的损失负连带责任,其承担责任后,超出应支付给石某工程建设款的部分可向石某予以追偿。

　　据此,上海市高级人民法院依照《中华人民共和国民事诉讼法》第二百零七条第一款、第一百七十条第一款第(二)项、第一百四十四条、第二百五十三条以及《中华人民共和国民法通则》第六十六条第一款、第四款、《中华人民共和国合同法》第四十八条的规定,判决:一、撤销一审民事判决与二审民事判决;二、被申请人石某应于判决生效之日起十日内向被申请人上海仓驰贸易有限公司支付货款人民币379 644 元;三、被申请人石某应于判决生效之日起十日内向被申请人上海仓驰贸易有限公司支付以人民币 479 644 元为基数,自 2009 年 1 月 21 日始至判决生效之日止,按每月 2‰计算的逾期付款损失;四、被申请人石某应于判决生效之日起十日内向被申请人上海仓驰贸易有限公司支付律师服务费人民币 20 000 元;五、被申请人马鞍山迪嘉特科技发展有限公司对被申请人石某上述第二、三、四项义务承担连带责任;六、驳回被申请人上海仓驰贸易有限公司其他诉讼请求。

　　依法撤销了原一、二审民事判决,并依法改判应由石某和迪嘉特公司对于仓驰公司所主张的欠付货款本金、原审酌定的违约金以及律师服务费承担连带责任。

点 评

　　本案再审裁判的主要贡献在于有助于解决代理纠纷统一适法上的困惑:其一,对于代理案件类型的一般裁判思路问题,即根据代理法效发生的法理基础为据而依法检索相应的请求权基础:应按照意思自治的法理检索代理权的规则适用;应按照信赖保护的法理进一步检索代理权表象责任的规则适用;明确案件应当适用无效代理规则作出裁判。其二,关于表见代理的特别构成要件,再审判决认为在现行通说"单一要件说"之外,构成表见代理还需要由本人之可归责事由,至于本人可归责事由具体的归责原则,再审判决则进一步明确应当采"因果关系说"。因此,该案例具有较高的指导价值。

案例提供单位:上海市高级人民法院

编写人:宗　来

点评人:郑少华

2. 钱某诉张某甲同居关系子女抚养纠纷案

——拒绝亲子鉴定情形下亲权与隐私冲突的衡平处理

案 情

原告(被上诉人)钱某

被告(上诉人)张某甲

原告与被告自行相识后有电话、微信联系,偶尔见面。2014 年 11 月 29 日,被告约原告吃饭,吃完后各自回家,后被告又约原告去家里喝酒,原告就带了一个朋友去被告租住的半岛酒店公寓。当时,被告的室友喝多了先回了房间,原告朋友在客厅,原告喝醉后去上厕所,上好厕所被被告推到房内锁上门与原告发生性关系。当时,原告刚经人介绍认识案外人张某不久,尚未确定恋爱关系。2015 年 5 月 26 日,原告与案外人张某结婚,同年 8 月 11 日,原告生育一子张某乙。申报户口时,应派出所要求进行了亲子鉴定,排除了案外人张某系张某乙生父。原告便与母亲在酒店开了一个房间,约被告到场后告知被告,张某乙系被告所生,与之协商亲子鉴定及孩子抚养问题,并进行了录音。次日,被告并未出现,而是找了一家鉴定机构,让原告带孩子先去,被告称将寄血样给鉴定机构,但鉴定出来双方没有血缘关系。原告怀疑被告邮寄的非本人血样,故要求重做鉴定,遭被告拒绝。此后,原告继续与被告交涉,被告置之不理。

原告与张某甲于 2015 年 5 月 26 日登记结婚,2015 年 8 月 11 日原告生育一子张某乙,其《出生医学证明》内记载“出生孕周 40^{+1} 周”“父亲姓名张某甲”,后经鉴定排除张某甲系张某乙的生物学父亲。2015 年 9 月 15 日,被告到原告约定的酒店房间会面,原告告知张某乙系二人所生,并与被告协商亲子鉴定、子女安置等问题。次日,上海美吉司法鉴定所接受委托对送检的“张某甲”样本来源者与张某乙之间是否存在亲子关系进行鉴定,该机构接收的鉴定材料之一系快递常温运输送检的“张某甲”纸巾血痕样本,此后出具鉴定意见为:不支持送检的“张某甲”样本来源者与张某乙之间存在亲子关系。审理中,原告申请进行亲子鉴定,被告以已配合进行鉴定并涉及被告声誉、隐私为由拒绝,亦不同意就美吉[2015]物鉴字第 192 号鉴定意见书中的检材是否系被告血样进行鉴定。2016 年 4 月 29 日庭审结束后,被告将当庭饮用过的"百岁山"矿泉水瓶丢弃在法庭垃圾桶中。当日,原告申请以该弃置水瓶为送检样本进行鉴定,一审法院准许后委托司法鉴定科学技术研究所司法鉴定中心对张某乙血样与送检的"百岁山"牌饮用水瓶口的唾液斑进行 DNA 分型与比对,检验结果为:所检瓶口的唾液斑身源者的基因型符合作为张某乙亲生父亲的遗传基因条件,累计亲权指数 38 273 033 247.19。对此,被告持有异议,认为该鉴定程序违法,检材来源不明,违反法院中立原则,属强制鉴定。

原告诉称,因与被告协商未果,遂起诉要求判令原、被告所生之子张某乙随原告共同生活,被告自张某乙出生起每月支付抚养费 10 000 元至其 18 周岁止。

被告辩称,其经高中同学介绍与原告相识,此后互加微信好友,但无联系。2014 年 11 月 29 日,原告联系被告称很久不见,约被告吃饭,吃完饭后被告回到自己与他人合住的酒店公寓。一小时后,原告再次约被告喝酒,并带了一个女伴到被告居住公寓。该公寓系套房,有三个卧室,被告的一个朋友也在。22 时左右,四人在客厅内喝酒,24 时左右被告喝多了就独自回房睡觉。2015 年 9 月 15 日,原告约被告在酒店见面,告知所生孩子系被告之子。被告无奈之下扎了左手食指将血样寄至一家网上搜索到的鉴定机构,结果鉴定出孩子并非被告所生,故被告不再回复原告的电话、微信。被告认为,原、被告仅见过两次面,未发生过性关系。被告不堪原告骚扰才配合原告做了亲子鉴定,鉴定出来也非孩子生父。谈话录音也是在尚未确认亲子关系的情况下进行,均以假设为前提,故不同意原告的诉讼请求。

审 判

一审法院经审理后认为,一方请求确认亲子关系,并提供必要证据予以证明,另一方没有相反证据又拒绝做亲子鉴定的,人民法院可以推定请求确认亲子关系一方的主张成立。张某乙虽在原告与案外人张某婚姻关系存续期间出生,但系二人婚前受孕,且已通过鉴定予以了婚生否定。原、被告二人于 2014 年 11 月 29 日吃饭并在住处喝酒,故双方存在单独接触机会,且该时间与张某乙出生日期、出生孕周等信息基本吻合。被告在与原告面谈中从未否认过其与孩子可能存在关系,双方还就如何验证亲子关系、日后子女安置等问题交换了意见,被告同意并寄送了血痕样本,上述行为与被告否认发生过性行为的抗辩意见显然矛盾,更有违常理。被告虽在诉前通过寄送纸巾血痕样本进行了鉴定,但相关鉴定机构并未对被告当场取样或确认过样本来源,故不能作为否定被告系张某乙生父的定案依据。被告既拒绝配合进行亲子鉴定,又拒绝对其血样与该次鉴定送检的样本间是否一致进行鉴定,理应承担证明责任的不利后果。此外,被告将庭审中饮用后的水瓶丢弃在法庭垃圾桶中系其自身意愿及自由处分行为,原告要求 DNA 检验系在穷尽举证手段的情况下为补强证据而提出,该申请既符合法律规定的鉴定条件,亦未侵害被告的人身自由或其他合法权益,应予准许。被告关于 DNA 检验违反中立性、属强制鉴定的异议不能成立。由此,一审法院确认被告系张某乙生父,理应履行抚养义务,并结合孩子实际需要及居住地平均生活水平、被告工作收入等因素判决原告钱某与被告张某甲所生之子张某乙随原告钱某共同生活,被告张某甲自 2015 年 8 月11 日起每月支付原告钱某子女抚养费 2 000 元,至张某乙 18 周岁止。

一审判决后,被告不服提出上诉,2016 年 10 月 28 日,二审法院经审理后作出驳回上诉、维持原判的终审判决。

点 评

本案审理中的最大价值在于确定非婚生子女抚养纠纷中的亲子关系认定标准:其一,辩证分析隐私性证据的取证手段及证明力,准确适用推定规则;其二,对被告弃置矿泉水瓶进行 DNA 检验并不违反司法中立原则,不属强制鉴定,而是符合民事诉讼原则;其三,拒绝亲子鉴定情形下亲权与隐私冲突,司法中立与能动的衡平处理。

案例提供单位:上海市浦东新区人民法院

编写人:奚少君

点评人:郑少华

3. 韦某诉吴某房屋租赁合同纠纷案

——承租人优先购买权的行使

案 情

原告韦某

被告吴某

被告为系争房屋原产权人,委托上海居汇综合市场经营管理有限公司(以下简称居汇公司)对外出租系争房屋,系争房屋建筑面积 31.80 平方米,房屋类型为店铺。2016 年 2 月 25 日,居汇公司与韦某签订租赁合同,约定居汇公司将系争房屋以及浦东新区南六公路 699 弄某支弄 173 号房屋(产权人为案外人)共计 51.65 平方米出租给韦某作经营使用,租赁期限自 2016 年 1 月 1 日起至 2016 年 12 月 31 日止。合同签订后,韦某支付了 2016 年全年租金。2016 年 11 月下旬,吴某向居汇公司发告知书,通知自 2017 年 1 月 1 日起系争房屋不再对外出租,将收回自行经营。

吴某同时系与系争房屋相邻的 184 号商铺的产权人,184 号商铺由被告出租给了案外人上海驰杰贸易有限公司。2016 年 11 月 19 日,吴某就系争房屋以及 184 号商铺分别与案外人苏某网签上海市房地产买卖合同,合同转让价格均为 26.5 万元。2017 年 1 月 11 日,系争房屋以及 184 号商铺的产权登记至苏某名下。另上海驰杰贸易有限公司于 2017 年 1 月对吴某提起诉讼,案号(2017)沪 0115 民初 3596 号,诉请要求判令在同等条件下其就 184 号商铺享有优先购买权;吴某赔偿其损失等。该案上海驰杰贸易有限公司于 2017 年 2 月 8 日撤回起诉。

审理中,吴某提供了其与苏某于 2016 年 11 月 19 日签订的补充协议书,协议书载明双方就坐落于南六公路 699 弄某支弄 184 号、185 号房地产于 2016 年 11 月 19 日签订了《上海市房地产买卖合同》,就买卖合同中的未尽事宜达成协议如下:双方间买卖房地产的实际成交价格计 1 968 800 元,《上海市房地产买卖合同》约定的转让价格 53 万元为名义成交价格。吴某称其与苏某之间就系争房屋以及 184 号商铺的实际转让价格为 1 968 800 元,由于系争房屋与 184 号商铺分别有产权证,故在办理转让两套商铺的过户手续时分别网签了买卖合同。经庭审质证,原告称吴某与苏某之间存在着利害关系,原告对补充协议书的真实性存有异议,另吴某确实曾于 2016 年 11 月 19 日至原告处告知系争房屋的出售事实,当时原告向吴某提出原告可以购买系争房屋,至于出售价格,双方可以协商。原告在审理中向一审法院提出申请,要求对原告不能购买系争房屋的差价损失进行评估。

原告诉称,被告将位于上海市浦东新区南六公路 699 弄某支弄 185 号商铺(以下简称系争房屋)授权案外人居汇公司进行出租。2016 年 2 月 25 日,原告和居汇公司签订了租赁合同,约定原告承租系争房屋,租赁期限为 12 个月。原告在租赁期间依约支付了租金,但原告了解到被告在租赁期间将系争房屋出售给了他人并已办理网签。原告作为承租人,对系争房屋享有优先购买权,被告在未通知原告的情况下,擅自出售系争房屋,侵害了原告的合法权益。现原告得知系争房屋的产权已过户至新的买受人名下,故被告应当赔偿原告损失,要求判令原告在同等条件下就系争房屋享有优先购买权;被告赔偿原告差价损失暂定 5 万元。

被告辩称,不同意原告的诉请,被告平时生活在外地,委托居汇公司处理系争房屋以及相邻的浦东新区南六公路 699 弄某支弄 184 号商铺(以下简称 184 号商铺)租赁事宜。由于被告欲出售前述房屋,2016 年 10 月,居汇公司负责联络的工作人员方某曾多次与被告电话联系,愿意为被告寻找购房客户,并负责帮被告处理通知原告以及商铺内搬迁等事宜。其间居汇公司曾告知被告已在系争房屋同一商区内寻找到购房客户,并通知被告前往租赁地收取购房定金和签订合同,此时居汇公司早已将被告要出售房屋(两套商铺)的信息告知过原告。2016 年 11 月 19 日被告前往系争房屋处,当面和原告提及系争房屋连同相邻的 184 号商铺将整体出售的信息及价格,原告表示被告出售的价格太高而买不起,希望下任房东能继续将系争房屋出租给原告,被告答应会与新的买受人沟通原告优先承租之事,此时原告已明确放弃了优先购买的权利。后被告与案外人苏某就系争房屋及 184 号商铺签订了房屋买卖合同,被告的两个商铺位置较好,整体出售可以让被告实现利益最大化,原告仅要求优先购买部分房屋,不符合同等条件的要求,原告亦没有受到财产损失,请求驳回原告的诉请。

审 判

一审法院经审理后认为,承租人优先购买权是指当出租人出卖房屋时,承租人在同等条件下,依法享有优先于其他人而购买房屋的权利,优先购买权并不是优先购买权人在任何时候都能享有的一种现实权利,是依附于房屋租赁关系的产生而发生的附从性权利或机会权利,需要相对人的协助方能实现,承租人不能直接支配该权利。原告虽然承租了被告出租的系争房屋,由于被告就系争房屋已与案外人苏某签订了《上海市房地产买卖合同》,且该合同已经履行,系争房屋的产权已登记至苏某名下,目前也无其他证据反映案外买受人苏某系非善意购买人,原告诉请判令在同等条件下其就系争房屋享有优先购买权,法院不予支持。

至于被告出卖系争房屋的行为是否已经侵害了原告的优先购买权利而应当承担赔偿责任。对此法院认为,优先购买权的立法目的和权利实现应当是以不损害出卖人利益的前提下,给承租人优先购买的机会。系争房屋以及相邻的 184 号商铺原产权人均为本案被告,被告为实现其出售利益的最大化,将相邻的两套出租商铺一并转让,以取利相对较高的售价。从被告与买受人苏某的补充协议书反映,被告与苏某间履行房屋转让的实际成交价即按该补充协议书记载的金额为准,补充协议书的房屋转让价涵盖了系争房屋以及相邻的 184 号商铺。原告仅作为系争房屋的承租人,当被告整体出售系争房屋和 184 号商铺时,原告不具有优先于其他人购买系争房屋和 184 号商铺的优先购买权利。现原告认为被告侵害了其对系争房屋的优先购买权,原告的主张,不符合同等条件的要件,其要求被告赔偿因原告不能优先购买系争房屋而造成原告的损失并要求对房屋差价损失进行评估的请求,法院不予支持。

一审判决后,原告不服,提起上诉,后申请撤回上诉。二审法院裁定准许撤回上诉。

点 评

本案系关于"优先购买权"的新型案例。本案判决确定了"优先购买权"的一个先前法律及司法解释均无明确规定的"新规则"——系争房屋以及相邻房屋原产权人均为出租人,出租人为实现其利益的最大化,将两套房屋同时转让与案外人,且案外人系善意购买,那么原告仅作为系争房屋的承租人,当出租人整体出售系争房屋和相邻房屋时,不具有优先于其他人购买系争房屋和相邻房屋的购买权利。

案例提供单位:上海市浦东新区人民法院

编写人:何绍辉　陈韫镠

点评人:郑少华

4. 南京福旺食品有限公司等诉上海东霈文化传播有限公司等名誉权纠纷案
——道具在影视作品中适用是否构成名誉侵权

案 情

原告（上诉人）南京福旺食品有限公司

原告（上诉人）上海旺旺食品集团有限公司

被告（被上诉人）上海东霈文化传播有限公司

被告（被上诉人）上海尚世影业有限公司

被告（被上诉人）北京华美时空文化传播有限公司

被告（被上诉人）深圳市腾讯计算机系统有限公司

2015 年年初开始，电视剧《长大》在电视台以及网络平台播出，该剧反映当代医生职业、生活主题，收视率较高。该剧第 7 集有一桥段，作为男主角的医生在抢救一名因车祸窒息儿童时回忆自己女儿去世的情景：男主角为临时加班离开家时，给了一袋果冻安慰女儿；男主角赶回家抢救女儿按压心脏时，桌上有好几个果冻空壳。上述剧情反映了小女孩由于不慎吞食多个果冻而窒息死亡。对剧中道具即果冻包装进行细看，可以发现男主角递给其女儿的是"旺旺蒟蒻果冻"。《长大》电视剧网络平台播放量巨大，观众弹幕评论数量以万计，弹幕中有数条"旺旺""吃旺旺吃的""吃果冻噎死的，还是旺旺果冻"等与"旺旺"相关的评论信息。

原告南京福旺食品有限公司（以下简称南京福旺公司）、上海旺旺食品集团有限公司（以下简称上海旺旺公司）诉称，虽然果冻噎死人的新闻见诸报端，但原告生产的旺旺果冻目前没有发生过噎死人事件，而电视剧《长大》第 7 集中一系列连贯的镜头，让观众内心确认小女孩是因吞食旺旺果冻致死。被告的艺术加工行为不是还原生活，而是捏造事实，行为的性质是诽谤。四被告在其出品的电视剧《长大》中由于使用素材不当，导致两原告社会评价降低，旺旺蒟蒻果冻产品销售额不断下降的损害后果。故两原告向法院提出诉讼请求：（1）判令四被告停止侵权，对其出品的电视剧《长大》中侵犯两原告名誉权的镜头予以删除或进行马赛克模糊处理后再投放播出；（2）判令四被告在目前播放电视剧《长大》的网络播放平台显著位置发表为两原告恢复名誉、消除影响,并赔礼道歉的声明,时间持续 15 天;(3)判令四被告向两原告赔偿损失 200 000 元。

被告上海东霈文化传播有限公司(以下简称上海东霈公司)、上海尚世影业有限公司(以下简称上海尚世影业公司)、北京华美时空文化传播有限公司(以下简称北京华美时空公司)共同辩称,虚构情节、使用生活中出现的道具是影视创作的常用手法,本剧中道具出现的时间很短,一闪而过,一般观众不会刻意注意到,只有通过截屏才能注意到具体品牌,即使被少数人注意到,剧中出现果冻噎死儿童镜头也不影响观众对儿童食用果冻具有危险性的认知,且镜头展现多个果冻空壳,意在告知观众剧中小女孩连续吃了多个果冻导致窒息,表明不当食用果冻具有危险性,承担了媒体应有的社会责任。剧中弹幕量很大,但对果冻本身的评论很少,仅有三位观众提及"旺旺",有观众说"果冻噎死人了","还是旺旺果冻哦",这样的评论仅是对情节中出现的道具进行表述,没有对旺旺品牌作出评价。涉案电视剧的制作,具有虚构、克制的特性,争议镜头的出现,没有违背观众认知,也没有违背原告自身的认知。综上,电视剧制作并无不当,系争镜头,在一定程度上提醒了广大消费者,关注果冻致儿童死亡的案例,具有积极的社会意义。三被告制作电视剧并播放旺旺果冻镜头的行为未构成对原告名誉权侵害,请求驳回原告全部诉讼请求。

被告深圳市腾讯计算机系统有限公司(以下简称深圳腾讯公司)辩称,影视创作中可以使用现实生活中的道具。吃果冻噎死人在现实生活中曾多次发生,艺术来源于生活,涉案剧情"小女孩吃果冻噎死"本身属于合理的艺术创作。根据镜头数据分析,使用旺旺果冻产品作为道具,出现时间极短,不存在特写,一般观众看不清楚,电视剧制作方无诽谤的主观故意。果冻产品存在安全隐患是客观存在的,涉案剧情的艺术创作引发果冻产品安全问题讨论,具有社会公益性。原告作为知名企业,对剧中使用其果冻产品作为道具,有义务进行容忍。综上,被告深圳腾讯公司未侵害原告名誉权,不应承担任何责任,请求驳回原告全部诉讼请求。

审 判

一审法院经审理后认为,本案最主要的争议焦点是《长大》电视剧中使用旺旺果冻作为道具的行为是否构成对原告名誉权侵害,被告是否需为此承担侵权责任。

法院从以下几个方面进行分析:(1)涉案电视剧使用"旺旺果冻"这一道具是否正当合理?艺术来源于生活,为鼓励艺术创作,鲜活表现艺术,必须给道具使用以相应空间。如表现超市购物情节,镜头可能出现很多带标识的现实产品,表现警察破案情节,镜头可能出现很多带标识的汽车、沿街商铺、广告牌等。影视作品情节贴近生活,影视创作中使用带标识的现实产品作为道具无需经过该产品品牌所有权人同意,符合艺术创作规律,也是国内外惯例。但是,道具的使用应当正当合理,必须结合剧情需要,符合艺术表现手法,符合生活常理与一般社会公众的普遍认知。具体而言,使用带标识的现实产品作为道具的合理限度在于,不应脱离剧情主题需要用明示或暗示的方法刻意凸显道具以反映现实产品存在的负面特性,不应夸张扭曲或虚构其特性而致公众对相应产品的品牌形象产生负面印象或降低原有评价,而应客观反映现实产品本身固有的特性。一审法院查明的涉及"旺旺"果冻的镜头,时间较短,一闪而过,一般人难以感知具体品牌,没有刻意突显"旺旺"果冻这一道具,虽然极少数观众关注到了旺旺品牌,并发表评论,但难以明显看出其对旺旺品牌产生了负面评价,即使存在极少数观众对旺旺品牌形成负面评价,也不能代表社会公众的普遍心理。因果冻的固有特性,幼童、老人不当食用果冻产品具有安全隐患是公众的普遍认知,这也是果冻外包装必须标有警示语的原因所在。涉案电视剧中旺旺果冻道具的使用客观反映了果冻产品本身固有的特性,没有夸张扭曲或虚构其特性而陷旺旺品牌形象于不利,没有让观众产生食用旺旺果冻较之其他品牌的果冻产品更具有危险性的认知。综上,从主观状态看制作方不存在贬损"旺旺"果冻产品品牌的故意,从行为性质上看也不具侵害性,涉案电视剧制作方使用旺旺果冻道具的行为系正当合理。(2)涉案电视剧使用"旺旺果冻"这一道具是否给原告造成损害?有无损害后果,可从有无降低公众对旺旺品牌及原告企业的社会评价、旺旺果冻产品因涉案电视剧播放而致销量下降等因素界定。原告认为被告的行为导致公众降低了对旺旺品牌的社会评价并且旺旺蒟蒻果冻销量降低,但如上所述,难以认定被告之行为致公众对原告企业及旺旺品牌的社会评价降低,原告提供的执行商定程序报告反映电视剧播出后的旺旺蒟蒻果冻销量并未明显下降,甚至在某个阶段其销量比播出前还高。一审法院认为,影响旺旺蒟蒻果冻的实际销量的因素多元,原告凭执行商定程序报告认为实际销量的降低与电视剧播出相关,依据不足,法院难以采纳。损害后果是赔偿请求权基础之一,在目前证据情况下,原告要求被告赔偿相应损失的诉讼请求法院不予支持。(3)企业对影视制作为虚构情节合理使用其产品作为道具应具有容忍义务。原告认为现实中旺旺果冻从来没有噎死人,故涉案电视剧情节中表现旺旺果冻噎死人属于诽谤。法院认为,虚构情节是影视制作应有的表现手法,只要虚构的情节在剧情需要的合理范围内恰当反映剧中道具本身固有的特性(包括负面特性),没有脱离公众对现实产品的普遍认知,即使将现实生活中没有发生过的事件搬上荧幕,也不应构成诽谤,企业有义务容忍。

综上,原告认为《长大》电视剧旺旺果冻道具使用不当,主张被告的行为侵犯其名誉权,依据不足,一审法院不予采纳,原告所提出的各项诉讼请求,法院均不予支持。依照《最高人民法院关于审理名誉权案件若干问题的解答》第七条、《最高人民法院关于民事诉讼证据的若干规定》第二条的规定,判决驳回原告南京福旺食品有限公司、上海旺旺食品集团有限公司全部诉讼请求。

一审判决后,两原告不服,提起上诉,二审法院经审理后判决驳回上诉,维持原判。

点 评

本案主要是涉及道具在影视作品中适用是否构成名誉侵权问题。本案判决的价值在于针对侵权责任构成要件中的"行为人行为是否违法"方面,提出了影视作品中衡量道具使用是否正当合理的三个判断标准,以期对以后类似案件提供参考。一是道具的使用是否歪曲虚构产品特性;二是利用道具虚构情节是否脱离社会公众的一般认识;三是否脱离剧情需要刻意突显道具以反映现实产品存在的负面特征,并提出企业对影视制作作为虚构情节合理使用产品作为道具应具有一定的容忍义务。

案例提供单位:上海市浦东新区人民法院

编写人:徐 进 张 磊

点评人:郑少华

5. 孙甲等诉赵某等机动车交通事故责任纠纷案

——如何判断正处于下车过程的人员是否具备机动车第三者责任保险中的"第三者"身份

案 情

原告（被上诉人）孙甲

原告（被上诉人）孙乙

原告（被上诉人）孙丙

被告（被上诉人）赵某

被告（被上诉人）周口市周远物流运输有限公司

被告（被上诉人）中国人民财产保险股份有限公司深圳市分公司

被告（上诉人）安邦财产保险股份有限公司浙江分公司

2016 年 2 月 2 日 3 时 13 分许，被告赵某雇用的驾驶员严某驾驶豫 PZ47×× 重型半挂牵引车牵引牌号为豫 P9Q×× 挂重型平板半挂车沿 S32（申嘉湖高速）南侧由西向东行驶至 20 公里约 600 米处时，车辆右前角撞击前方同向由原告孙甲停在紧急停车带内的牌号为浙 F331×× 重型厢式货车左后角，造成浙 F331×× 重型厢式货车下车人员秦某当场死亡、两车及公路设施损坏。经交警部门认定，严某驾驶机件不符合技术标准的机动车按操作规范安全驾驶造成事故，负事故的全部责任。严某驾驶的豫 PZ47×× 重型半挂牵引车在被告中国人民财产保险股份有限公司深圳市分公司（以下简称中保财险深圳分公司）同时投保有机动车交通事故责任强制保险及第三者责任商业保险（责任限额 1 000 000 元、基本险不计免赔）；原告孙甲驾驶的浙 F331×× 重型厢式货车在被告安邦财产保险股份有限公司浙江分公司（以下简称安邦财险浙江分公司）投保有交通事故责任强制保险及第三者责任商业保险（责任限额 1 000 000 元、基本险不计免赔），事故发生时均在保险期间内。

原告孙甲、孙乙、孙丙分别系死者秦某的丈夫、儿子及女儿，三原告共同诉称：本起交通事故造成其损失为丧葬费 35 634 元、死亡赔偿金 1 059 240 元、精神损害抚慰金 50 000 元、处理事故人员误工费 10 500 元、住宿费 5 400 元、交通费 3 000元、衣物损失费 1 000 元、律师代理费 15 000 元;要求先由被告中保财险深圳分公司、安邦财险浙江分公司分别在交强险的有责、无责限额范围内承担赔偿责任(其中精神损害抚慰金要求在交强险内优先赔付);超出交强险的部分,由被告中保财险深圳分公司在商业三者险责任限额范围内予以赔偿;仍不足部分,由被告赵某、周口市周远物流运输有限公司(以下简称周口物流公司)全额赔偿。

被告赵某辩称,对原告方所述事故的基本事实无异议,对事故责任认定有异议,原告孙甲在高速公路上无紧急情况发生的情况下将车辆停在紧急停车带上且未按规定放置警示标志,对事故的发生理应承担责任;秦某在高速公路上走动,也存在过错,对伤害后果亦理应自负部分责任,故在事故责任的划分方面认为应由原告孙甲承担 30% 的责任,由秦某自负 20% 的责任,由严某承担 50% 的责任。对原告方主张的赔偿项目及金额,认可丧葬费,对其余赔偿项目均持有异议;另提出事发后曾给付原告现金 100 000 元,要求在本案中一并处理。

被告周口物流公司书面答辩称,对原告方所述事故的基本事实无异议,对事故责任认定有异议,原告孙甲在高速公路上将车辆停在紧急停车带上且未按规定在车后 150 米外放置警示标志,并停留了 5 分钟以上,对事故的发生理应承担部分责任;认可严某驾驶的车辆系被告赵某所有,该车挂靠在其公司处,但该车在经营中所产生的一切责任由赵某来承担。

被告中保财险深圳分公司辩称,对原告方所述事故的基本事实无异议,对事故责任认定方面同意被告赵某的意见;认可豫 PZ47×× 重型半挂牵引车于事发时在其公司投保交强险及商业三者险(责任限额 100 万元,含不计免赔险),但因涉保车辆事发时机件不符合技术标准,根据商业保险合同约定,保险公司免予承担商业三者险的赔付责任;对于原告方主张的各赔偿项目及金额,丧葬费要求依法处理;对律师代理费,认为不属于保险责任范围,故不同意承担;对其余赔偿项目的金额均持有异议。

被告安邦财险浙江分公司辩称,对原告方所述事故的基本事实和责任认定无异议;认可浙 F331×× 重型厢式货车于事发时在其公司处投保了交强险,但认为秦某系该车辆上的乘客,不属于车外人员,故保险公司不应承担交强险的赔付责任。对原告方主张的各赔偿项目及金额均要求依法处理。

审 判

一审法院经审理后认为,本案争议的焦点在于:(1)秦某对于原告孙甲驾驶的肇事车辆而言属于车上人员还是车外第三者,被告安邦财险浙江分公司是否应承担三者险的赔付责任;(2)被告中保财险深圳分公司能否以被保险车辆事发时存在机件不符合技术标准而免予承担商业三者险的赔付责任;(3)原告孙甲及死者秦某是否应承担事故责任。

关于死者秦某在事故中的身份问题,一审法院认为,根据原告方的当庭陈述、交警部门所作的询问笔录及交警部门在事故证明中的记载,可以确认秦某原先系原告孙甲驾驶车辆上的乘车人,因故已下车,发生事故当时并没有在车辆上,故在这一特定的时空条件下,秦某属于机动车辆第三者责任保险中的第三者,被告安邦财险浙江分公司理应承担三者险的赔付责任。关于事故车辆驾驶员即原告孙甲、案外人严某与死者秦某之间的责任分配问题,一审法院认为,高速公路应急车道是"生命通道",非紧急情况均不得在应急车道行驶或者停车。本案中,原告孙甲称系因车内热水瓶爆破需要处理故在应急车道内停车,显然不属于紧急情况,况且原告方亦未能举证证明其当时存在危及行车安全的其他情况存在,故原告孙甲在应急车道内停车显然属于违法行为,此外即便原告孙甲自认为其热水瓶爆破属紧急情况需要停车,那其在应急车道停车后也理应及时在车辆后方 150 米处设置警示标志,但原告孙甲并未实施上述法定义务,显然对事故的发生存在一定过错;至于秦某,其系原告孙甲驾驶车辆的乘坐人,其在该车辆停放在应急车道内后才下车,且根据在案证据显示事发时秦某在应急车道的最外端,并没有在高速公路上随意走动,故作为下车人员不存在站立位置不当的情形,故被告赵某主张秦某存在过错缺乏依据。虽原告孙甲存在一定过错,但毕竟事故的发生最主要还是由于严某驾驶车辆未能按操作规范安全驾驶而将车辆行驶至应急车道内造成的,严某的过错明显大于孙甲,故一审法院确认由严某承担 80% 的赔偿责任,原告孙甲承担 20% 的责任。此外,经过一审法院审查后认定,被保险车辆豫 P247××重型半挂牵引车行驶证显示的检验有效期至 2016 年 5 月,故事发时该车辆系检验合格,并在检验有效期内,保险公司理应承担商业三者险的赔付责任。综合上述理由,法院确认对于原告方的合理损失,先由被告中保财险深圳分公司、安邦财险浙江分公司在各自的交强险责任限额范围内进行赔偿;超出交强险责任限额部分,由被告中保财险深圳分公司根据保险合同在商业险责任限额范围内按照严某所负的事故责任承担80% 的赔偿责任,被告安邦财险浙江分公司根据保险合同在商业险责任限额范围内按照原告孙甲所负的事故责任承担 20% 的赔偿责任;仍有不足的,由被告赵某基于雇主身份承担 80% 的赔偿责任,被告周口物流公司作为机动车的被挂靠单位,对被告赵某应负之款承担连带赔偿责任。一审法院根据《中华人民共和国道路交通安全法》第七十六条第一款,《中华人民共和国侵权责任法》第十六条、第十九条、第二十二条、第三十五条,《中华人民共和国保险法》第二条、第六十五条第一、二款,《机动车交通事故责任强制保险条例》第二十一条第一款、第二十三条第一款,《最高人民法院关于审理道路交通事故损害赔偿案件适用法律若干问题的解释》第三条、第十六条,《中华人民共和国民事诉讼法》第一百四十四条的规定,判决:一、被告中国人民财产保险股份有限公司深圳市分公司于判决生效之日起十日内赔偿原告孙甲、孙乙、孙丙交强险及商业三者险保险金共计 858 149.20 元(其中精神损害抚慰金 40 000 元在交强险内优先赔偿);二、被告安邦财产保险股份有限公司浙江分公司于判决生效之日起十日内赔偿原告孙甲、孙乙、孙丙交强险及商业三者险保险金共计 297 224.80 元(其中精神损害抚慰金 10 000 元在交强险内优先赔偿);三、原告孙甲、孙乙、孙丙于判决生效之日起十日内返还被告赵某 90 000元;四、驳回原告孙甲、孙乙、孙丙的其余诉讼请求。

一审判决后,安邦财险浙江分公司提起上诉。二审法院经审理后认为,上诉人虽对事发时受害人秦某身处车上还是车外提出异议,但其所提理由缺乏事实依据,一审判决认定事实清楚,适用法律正确,判决驳回上诉,维持原判。

点 评

本案在审理中,针对交通事故案件中,车上人员的身份转化问题常常成为确定保险公司承担第三者责任保险的争议焦点。本案审理的最大贡献在于:认为在依据时空条件的基础上,应充分考虑机动车辆行驶或停放状态与受害人之间的因果关系来进行判断,从而认定其是否属于交通事故受害的第三者。

案例提供单位:上海市浦东新区人民法院

编写人:邱 灵

点评人:郑少华

6. 祝某等诉张甲等生命权纠纷案

——用人单位未尽审慎审核义务招录员工情形下应当对员工侵权行为造成的损害后果承担相应的赔偿责任

案 情

原告（被上诉人）祝某

原告（被上诉人）付某

原告（被上诉人）顾甲

被告（被上诉人）张甲

被告（被上诉人）张乙

被告（上诉人）上海申联出租汽车发展有限公司

2015 年 5 月 31 日，张甲驾驶上海申联出租汽车发展有限公司（以下简称申联公司）的出租车到上海浦东国际机场停车场蓄车池内排队候客，顾乙（系三原告的近亲属）驾驶上海舒海出租汽车管理服务有限公司的出租车也到该蓄车池的另一停车道内排队候客。张甲、顾乙两人素不相识。张甲看到顾乙后，下车走向顾乙驾驶的出租车，在双方无任何冲突的情况下，突然持随身携带的折叠刀刺戳坐在驾驶员位置上的顾乙的颈部，致顾乙左颈内静脉破裂而失血性休克，于当日经抢救无效死亡。当日，张甲被刑事拘留。2015 年 9 月 21 日，司法鉴定科学技术研究所司法鉴定中心对张甲作出司法鉴定，鉴定结论为张甲患有精神分裂症，在上述作案时及目前处于发病期，无刑事责任能力。2015 年 11 月 3 日，上海市浦东新区人民法院作出（2015）浦刑医字第 11 号强制医疗决定书，认定张甲患精神分裂症需要长期药物治疗、专人监护、有强制医疗必要，张甲实施杀人行为但不负刑事责任，决定对张甲强制医疗。

另查明：张甲于 1996 年取得机动车驾驶证（2012 年 3 月换领新驾驶证，有效期 10 年），2002 年 4 月取得上海市城市交通运输管理处核发的准许驾驶出租车从事客运服务的准营证（1996 年初次领证），该准营证的状态至 2015 年 12 月时在上海市城市交通运输综合管理与服务系统中仍显示为正常。张甲原系上海铁路西站出租汽车队的驾驶员，2014 年 1 月被退工。2014 年 9 月 8 日，张甲殴打他人致轻伤，法院判决认定张甲患有精神分裂症，对该起刑事案件具有限定刑事责任能力，判决张甲犯故意伤害罪,判处有期徒刑七个月。2015 年 4 月 22 日,张甲刑满释放。2015 年 4 月 30 日,申联公司录用张甲为其公司出租车驾驶员,于当日为张甲完成了出租车驾驶员的注册,至 2015 年 12 月时在上海市出租汽车驾驶员信息管理系统中仍显示为注册状态。

原告祝某、付某、顾甲共同诉称,三原告的近亲属顾乙被张甲无故杀害。张乙系张甲的法定监护人,明知张甲患有精神分裂症,但未尽监护义务,应当承担赔偿责任,赔偿时应当先用张甲的财产赔偿。申联公司在录用出租车驾驶员时未尽必要的审核义务,录用刑满释放不久的精神病人从事出租车驾驶员工作,且案发地点为只有出租车驾驶员才能入内的出租车专用停车场,故申联公司对损害的发生存在重大过错,构成共同侵权,应当承担连带赔偿责任。因此,请求判令三被告共同赔偿原告合理损失 2 022 039.24 元。

被告张乙辩称,张甲应当承担赔偿责任;张乙在张甲刑满释放后与其保持电话联系,关注其精神状态,已尽到监护责任,不应当承担赔偿责任;申联公司在录用出租车驾驶员时具有过错,且张甲在案发时系在履行工作职责,故申联公司应当与张甲承担连带责任。

被告申联公司辩称,张乙未尽到监护责任,应当与张甲共同承担赔偿责任。申联公司在录用张甲时,根据现行法律法规履行了审核其驾驶证和准营证的义务,申联公司无从得知也没有能力判断张甲是否患有精神分裂症以及是否属于刑满释放人员,故申联公司对损害的发生不具有过错;张甲是在停车熄火并下车的状态下实施侵权行为,不属于履行工作职责时造成损害,且申联公司对其行为不能预判和控制。因此,申联公司不构成侵权或者共同侵权,不应当承担赔偿责任。

审 判

一审法院经审理后认为,张甲实施杀人行为致顾乙死亡,因张甲患有精神分裂症,属无民事行为能力人,故应当由其监护人张乙承担赔偿责任。张乙知道张甲患有精神分裂症,但仅通过电话与张甲进行日常联系,未对张甲采取送医治疗等任何合理措施,未尽到监护责任,故不能减轻其应当承担的赔偿责任。在赔偿时应当先用张甲的财产赔付,其财产不足以支付赔偿款的,不足部分由张乙赔付。

申联公司是否应当承担赔偿责任是本案争议焦点。虽然张甲系在停车排队候客期间因精神疾病实施的杀人行为不属于执行申联公司职务的行为,但申联公司招录张甲从事出租车驾驶员工作的行为与张甲能够在特定区域实施侵权行为之间具有一定的关联,故需分析申联公司招录张甲从事出租车驾驶员工作是否具有过错。根据《上海市出租汽车管理条例》等相关规定,从事出租车驾驶员工作应当取得出租汽车驾驶员准营证,取得该准营证必须同时符合有 C 级以上机动车驾驶证且满 1 年驾龄、5 年内无刑满释放情况等条件。虽然相关规定未强制性要求出租汽车经营服务企业在招录驾驶员时应当实质性审核是否符合上述条件,但由于出租车驾驶员的身体状况包括精神状态是否正常、是否在一定年限内有过刑事犯罪行为等密切关系到广大乘客的人身、财产安全乃至社会公共安全,把好准入关至为重要,故出租汽车经营服务企业在招录出租车驾驶员时应当积极履行合理注意义务,严谨审核待录用人员的准营资质,在确保符合具有驾驶证、准营证等形式条件的同时,还应当设置一定的准入门槛,比如应当要求待录用人员提供医院出具的身体健康体检材料、公安机关出具的 5 年内无刑满释放情况证明材料等。申联公司对张甲在实质上是否仍然符合驾驶出租车的准营条件不予关注,消极对待完全可能存在的不符合准营条件的风险,机械按照形式标准录用张甲为出租车驾驶员,杀人事件的发生与申联公司没有履行合理注意义务、招录不符合条件人员之间具有重大关联。申联公司在招录后明显疏于注意张甲的精神状态是否适合驾驶出租车工作,未尽到合理的监督管理、教育指导义务。因此,申联公司对损害的发生具有过错,构成侵权,应当承担赔偿责任。

经审核,三原告因顾乙死亡造成的合理损失为 1 175 285.10 元。一审法院根据《中华人民共和国侵权责任法》第十二条、第十六条、第十八条第一款等规定,判决:张乙赔偿三原告 875 285.10 元,先用张甲的财产支付,不足部分由张乙支付;申联公司赔偿三原告 300 000 元。

一审判决后,申联公司提起上诉。二审法院经审理后认为,一审判决并无不当,遂判决驳回上诉、维持原判。

点 评

本案明确了这样的裁判规则:因用人单位招录员工后开启了员工损害他人权益的风险,其在选任、监督、指导员工方面负有特定的义务。该种义务作为雇主责任的补充,构成用人单位应当履行的社会交往安全义务。本案在一定程度上确认了出租车客运服务企业对社会公众所负有的社会交往安全义务,具有较大的典型意义和较高的指导价值。

案例提供单位:上海市浦东新区人民法院

编写人:许根华 孙 猛

点评人:郑少华

7. 张某诉上海壮游信息科技有限公司名誉权纠纷案

——网络游戏"虚拟人"是否具有法律人格问题的探究

案 情

原告(被上诉人)张某

被告(上诉人)上海壮游信息科技有限公司

《奇迹》(MU online)(以下简称《奇迹》)系韩国 WEBZEN INC.公司作为版权提供单位的一款网络游戏。2013 年 6 月 6 日,经相关部门批复,该游戏由被告运营至 2016 年 9 月。

2016 年 2 月,被告在《奇迹》官方网站(http://mu.zhaouc.com/)发布处理工作室公告,载明工作室判断依据、工作室定义及处罚方案等。同年 8 月 19 日,被告在该游戏官方网站发布奇迹 SeasonX 外挂封停名单,载明对原告名下 18 个游戏账号作出封停 7 天的处理。

原告张某诉称,《奇迹》系被告上海壮游信息科技有限公司(以下简称壮游公司)运营代理的一款知名网络游戏。2016 年 8 月 17 日,原告名下价值 2 万元的 18 个游戏账号被被告公告为霸占游戏资源的多账号长期在线账号而被永久封停,经复查后改为冻结 7 天的临时冻结,并将该账号公布在使用外挂的封停名单中。该行为对原告的游戏角色在游戏内的名誉造成严重损害。虽然原告的真实身份并未被其他游戏玩家知晓,本人的名誉权亦未受损,但该行为亦对原告造成经济和精神上的损害。原告未使用外挂,也并非以营利为目的的游戏工作室。由于被告上述行为,不但导致其他玩家在百度贴吧、游戏论坛中对原告进行漫骂,在游戏中被其他玩家报复等,还造成其他玩家不敢以人民币购买原告出售的装备。至于损失价值,原告对该 18 个游戏角色对应的账号充值金额计算合计约 2 万元,故原告主张其损失为 2 万元。至于原告的游戏角色在封停 7 日的期间内未领取的登录奖励物品,原告认可可通过游戏官方网站领取。现为维护自身合法权益,原告起诉至法院,请求判令:(1)在奇迹 MU 游戏官网主页(网址:mu.zhaouc.com)新闻栏以公告形式及游戏内以 GM 发布公告形式向原告名下 18 个游戏角色赔礼道歉,并将该公告置顶 7 日且不得删除;(2)赔偿原告游戏账号损失人民币 2 万元;(3)被告承担诉讼费。

被告壮游公司辩称,不同意原告的诉讼请求,网络游戏中的虚拟角色实际属于财产,没有名誉权。关于使用外挂问题,根据被告收集的数据,原告使用外挂登录游戏。关于工作室问题,原告在游戏中进行商业行为,利用游戏获取道具后出售,从中获利,故被告有权封停其账号。关于原告主张的损失,被告并没有采用诽谤对原告进行人身攻击,只是将其使用外挂、打击工作室等行为在公告中发布。实际系其他玩家对原告进行谩骂等。另外,原告唯一损失系封停的 7 天内未领取登录游戏的奖励。但在游戏角色的封停期间,原告可通过登录游戏官方网站领取奖励,而原告未予以领取。

审 判

一审法院经审理后认为,公民、法人享有名誉权,公民的人格尊严受法律保护,以书面、口头等形式宣扬他人的隐私,或者捏造事实公然丑化他人人格,以及用侮辱、诽谤等方式损害他人名誉,造成一定影响的,应当认定为侵害公民名誉权的行为,受到侵害的公民基于相关侵权事实,有权要求停止侵害,恢复名誉,消除影响,赔礼道歉,并可以要求赔偿损失。本案争议焦点如下:

第一,原告主张被告向其名下 18 个游戏角色赔礼道歉是否成立。游戏角色可获名誉权保护应以其存在名誉权为前提。名誉权系法律人格对应的权利之一。公民、法人当然地具备法律人格,但网络游戏的虚拟角色系自然人或法人通过以网络 TCP/IP 协议为基础的网络游戏程序编制而成,用于参与网络游戏各项活动,其本质为存放在计算机存储设备中的数据。根据虚拟角色的定义与本质,其具有四种特性。首先是虚拟特性。其本身没有实体形态,故其本身是虚构的,与公民和法人等主体存在本质区别。其次是拟人特性。目前的网络游戏程序创造的虚拟角色可完全参照或模仿人类的形象和行为。但虚拟角色的行为系依照网络游戏玩家的意志与指示作出,其本身不具备独立意识,尚不足以达到可与具有法律人格的主体相当的程度。再次是价值特性。网络游戏的主要运营模式为游戏玩家向运营商支付对价,以正常参与游戏活动。该行为实质应为消费活动,故虚拟角色经原告等网络游戏玩家支付对价而创造并获取具有流通性和实用性的虚拟道具,致其本身具有财产性价值。最后是流通特性。根据网络游戏账号的设置,账号所有人可对账号的登录密码予以修改,故网络游戏玩家之间可通过该方式对游戏账号进行转让。相反,具备法律人格的公民的合法人身权利应受法律保护,人身自由不属于可买卖交易的范畴,显然不具有虚拟角色的流通特性。

从网络游戏虚拟角色的上述定义及特性来看,虚拟角色显然不属于法律意义上的人,其本质应是物,且系具有财产性价值的虚拟财产,故不属于公民或法人的范畴。因此,虚拟角色不具备法律人格,不应享有名誉权。另结合原告在庭审中陈述其本人的名誉未遭到侵害,其他游戏玩家并不知晓其本人的身份等事实,原告主张被告向其名下 18 个游戏角色赔礼道歉的诉讼请求,于法无据,法院不予支持。

第二,原告主张被告赔偿其损失 2 万元是否成立。原告在庭审中表示其对其名下游戏账户充值共计 2 万元,故其主张被告赔偿其 2 万元。但网络游戏玩家向游戏账户内充值的用途系参与游戏活动,且在参与游戏活动过程中对于已充值钱款亦会产生消耗。原告现已参与游戏活动,故原告以其用于参与游戏活动而支付的对价作为其向被告主张赔偿的标准,显然依据不足,法院难以支持。原告另表示其在游戏角色封停期间未登录游戏官方网站领取登陆奖励,故对于登录奖励的损失系原告自身原因所致,其现主张被告赔偿损失,依据不足。另外,结合虚拟角色不具备法律人格的因素,原告以游戏虚拟角色的名誉遭受侵权作为请求权基础,主张被告赔偿其损失,于法无据,法院不予支持。综上所述,一审法院依照《中华人民共和国民法通则》第一百零一条、第一百零二条,《最高人民法院关于贯彻执行〈中华人民共和国民法通则〉若干问题的意见(试行)》第一百四十条之规定,判决驳回原告张某的全部诉讼请求。

一审判决后,原告未提起上诉,本案判决已发生法律效力。

点 评

本案主要是涉及虚拟人法律人格的民事纠纷。本案审理确立了裁判规则:"虚拟人"并不能成为法律人格之主体,因而法律人格的适用并不可以扩张至"虚拟人"。所以,本案的裁判具有较高的突破性与指导性价值。本案主审法官通过从法理的角度出发,以详细的说理分析本案争议的主体为何,并阐明法律人格是否可扩张至网络游戏虚拟人之上。具体有以下几点:第一,明确案件争议的法律人格的主体是"虚拟人",还是"虚拟人"的所有者即网络游戏玩家。第二,当主体确认为"虚拟人",应综合考虑"虚拟人"的概念与本质,并从中确定其在法律上的属性,即"虚拟人"是法律意义上的人,还是物。第三,对"虚拟人"的法律属性作出最终判断后,以此确认法律人格的适用是否可以扩张至"虚拟人"之上。

案例提供单位:上海市浦东新区人民法院

编写人:励希彦

点评人:郑少华

8. 靳某甲等诉刘某等房屋买卖纠纷案

——诚信原则对行使合同解除权的指引

案 情

原告(被上诉人)靳某甲

原告(被上诉人)孟某

原告(被上诉人)靳某乙

被告(上诉人)刘某

被告(上诉人)宋某

被告(上诉人)庄某

被告(上诉人)张某

第三人李某

系争房屋系四被告所有。2015 年 12 月 17 日,原告靳某甲、孟某、靳某乙(买受人、乙方)与被告刘某、宋某、庄某、张某(卖售人、甲方,由第三人李某代四被告签署)签订《上海市房地产买卖合同》,约定:1.系争房屋总价款 750 万元;2.乙方未按本合同付款协议约定期限付款的,应当向甲方支付违约金,违约金按房屋总价款日万分之五计算,违约金自本合同应付款期限之第二日起算至实际付款之日止。逾期超过二十日后乙方仍未付款的,除乙方应向甲方支付二十日的违约金外,甲方有权单方解除合同。甲方单方解除合同的,乙方承担赔偿责任;3.签订本合同前乙方已支付甲方定金 10 万元,签订本合同当日内乙方应支付中介或甲方 40 万元,乙方应于 2015 年 12 月 20 日前支付甲方 150 万元,于 2016 年 1 月 30 日前(合同记载为 2015 年 1 月 30 日,应为笔误)支付甲方 25 万元,如此共同构成首期房款 225 万元。同日,原告(购买方、乙方)与被告(出售方、甲方)另行签署《转让协议》,约定:1.系争房屋成交总价为 900 万元,其中包含附属设施、设备及室内装饰的转让价 150 万元;2.乙方应于 2016 年 1 月 30 日前支付甲方 50 万元,于 2016 年 3 月 30 日前支付甲方 100 万元;3.若乙方未能支付上述转让价的,则甲方有权解除本协议和买卖合同,且乙方应当承担买卖合同约定的违约责任;4.本协议与买卖合同为互不可分割的整体,若本协议与买卖合同约定有不一致的,以本协议为准。

2015 年 12 月 18 日,黑龙江省牡丹江市牡丹江公证处出具《公证书》,四被告委托第三人李某代为处理系争房屋买卖相关事宜,代理权限至 2018 年 12 月 30 日。

李某分别开具四张落款日期为 2015 年 12 月 22 日总金额为 225 万元的收款收据。2016 年 1 月 28 日,原告转账支付被告 50 万元。2016 年 3 月 31 日,原告转账支付被告 100 万元,被告当日以微信和信件的形式向原告发出解除通知函并于 2016 年 4 月 1 日将该笔 100 万元退回原告账户。

原告诉称,四被告为系争房屋的产权人,经公证委托,由第三人李某作为代理人代理系争房屋的买卖相关事宜。2015 年 12 月 17 日,三原告与四被告(由第三人代为签字)签订《上海市房地产买卖合同》《附属设施、设备及室内装饰转让协议》(以下简称《转让协议》)。合同签订后,原告依约支付了首期房款共计人民币(以下币种相同)275 万元。双方约定 2016 年 3 月 31 日办理系争房屋过户手续。但由于原告与中介人员的疏忽,忘记支付 2016 年 3 月 30 日应支付的 100 万元购房款,原告遂立即于 2016 年 3 月 31 日将该笔 100 万元支付给了被告。然而被告违背诚信原则,以原告未按约支付相应款项为由向原告发出解除合同的通知函,并拒收原告 2016 年 3 月 31 日支付的 100 万元,退回原告处。故原告起诉至法院,要求判令:四被告将系争房屋产权过户至三原告名下。

被告辩称,原告诉请没有法律依据。《转让协议》上约定 2016 年 3 月 30 日前原告应当支付被告 100 万元,如果没有支付,被告有权解除《上海市房地产买卖合同》及转让协议。被告在 2016 年 3 月 31 日向原告发出解除两份合同的通知函,原告收到,因此合同已经解除。

第三人李某述称,作为四被告对于系争房屋买卖事宜的委托代理人,参与了全过程。原告没有履行转让协议的规定在 2016 年 3 月 30 日前付款 100 万元,原告违约在先,被告有权解除合同。故不同意原告的全部诉请。

审判

一审法院经审理后认为,原、被告就系争房屋签订的《上海市房地产买卖合同》及《转让协议》系双方真实意思表示,双方就系争房屋建立的买卖合同关系合法有效。双方间就系争房屋的转让价款实为 900 万元。本案的争议焦点在于:原告迟延一天支付 100 万元购房款,被告是否就此具备合同解除权。《转让协议》第四条的约定为"若乙方未能支付上述转让价的,则甲方有权解除本协议和买卖合同",该条应当理解为原告拒绝支付或无能力支付该笔房价款时被告可以解除合同,现原告于 2016 年 3 月 31 日支付了 100 万元,原告的贷款审批手续亦已办妥,原告当日前往交易中心准备办理系争房屋过户手续,故从原告的履行过程看,其并非拒绝支付或无能力支付上述款项。在原告仅迟延一天付款的情况下,若径行赋予被告单方合同解除权,过于苛刻,不利于维护合同交易的稳定性。二手房交易过程中,手续繁多,程序复杂,买卖双方应遵循诚实信用之原则,履行协助配合之义务,故本案系争房屋买卖合同以不解除为宜,原告诉请应予以支持。一审法院根据《中华人民共和国合同法》第六十条、第一百零七条之规定,判决:一、被告刘某、宋某、庄某、张某于判决生效之日起十日内配合原告靳某甲、孟某、靳某乙办理将系争房屋过户登记至原告靳某甲、孟某、靳某乙名下的手续;二、原告靳某甲、孟某、靳某乙于办理系争房屋过户手续当日支付被告刘某、宋某、庄某、张某购房尾款 620 万元。

一审判决后,被告不服,提起上诉。

二审法院经审理后认为,一审认定的案件事实予以确认,本案的争议焦点亦为针对被上诉人迟延一天支付 100 万元房款的行为,上诉人是否享有合同解除权。对此,其一,虽然《转让协议》约定若被上诉人未能支付上述转让价的,则上诉人有权解除协议和买卖合同,且被上诉人应当承担买卖合同约定的违约责任,但该协议未明确约定被上诉人迟延支付房款的时间与上诉人有权解除合同的关系,故可以参照买卖合同约定的被上诉人逾期超过二十天仍未付款时,上诉人有权解除合同。而本案被上诉人事实上仅迟延一天支付 100 万元房款,而且从买卖合同履行过程看,被上诉人并非拒绝支付或无能力支付上述款项;其二,根据买卖合同对单方解除权的约定,系在合同一方根本违约情形下,赋予合同守约方解除合同、追究违约责任的权利,对于合同双方在履约过程中的轻微违约行为,任何一方均具有合理范围内的容忍义务,故上诉人事先未催告被上诉人支付 100 万元房款,但在被上诉人迟延一天支付后径行主张解除合同,对被上诉人而言过于苛刻;其三,被上诉人已将剩余房款 620 万元缴纳至法院账户,并表示在过户当日支付给上诉人,为维护合同交易的稳定性,系争房屋的买卖合同继续履行更为妥当。因此,针对被上诉人迟延一天支付房款 100 万元的行为,上诉人不享有合同解除权,一审判决并无不当,二审法院遂判决驳回上诉,维持原判。

点 评

本案的争议焦点在于被告所作解除表示是否有效。即此,须解决两个问题:(1)被告是否享有解除权。这取决于:就被告的意定解除权之发生,双方约定了何种要件,以及本案事实是否合乎其要件。(2)若被告享有解除权,是否得行使其解除权。

具体分析如下:第一,本案中,意定解除权发生的要件是什么?(1)双方签订了两份合同,两份合同中就解除权发生的要件描述并不一致。哪一份合同才是双方当事人的真实意思所系?双方当事人一致认可,价款应以后一份补充协议所称的

900 万元为准;其次,关于付款期限,双方的行为表明,其均认为 2016 年 3 月 30 日前应支付 100 万元,而这一付款金额及数额仅见于第二份协议。可见,第二份协议才是双方的真实意思表示,正如第二份协议所约定的"若本协议与买卖合同约定有不一致的,以本协议为准",两份协议若有冲突,应以第二份协议为准。(2)第二份协议约定:"乙方应于 2016 年 1 月 30 日前支付甲方 50 万元,于 2016 年 3 月 30 日前支付甲方 100 万元;若乙方未能支付上述转让价的,则甲方有权解除本协议和买卖合同",其意定解除权之发生要件系"乙方未能支付上述转让价";所谓"未能支付",含义较为含糊,既可指"未按时支付",亦可指"拒绝支付或没有能力支付"。由于意定解除权就对方的利益影响甚巨,若要约定"未按时支付"即发生解除权,似应表示得更为清晰、明确,一般应在合同中特别强调按时付款对债权人的特殊重要性、提示违反后的严重后果,否则即应采他种更不严苛的解释。因此,该协议中所谓"未能支付",不宜解释为"未按时支付"。本案事实尚不符合意定解除权发生之要件,被告不享有解除权。

第二,退一步讲,即便"未能支付"解释为"未按时支付"、被告解除权发生之要件具备,按照诚实信用原则,被告亦不得行使其解除权。首先,原告付款迟延的时间仅为一天,此种轻微违约行为未对被告利益造成重大影响;从交易习惯上看,在没有特殊事由时,较大数额的款项晚到账一、二天,是交易上常见的现象,即使原告按时转账,也有可能因银行系统等原因而发生晚到账的情况,属于交易当事人应适度容忍之范围,一般都不得主张违约责任,遑论行使后果极为严重的解除权;其次,原告此前的付款也发生过晚一、二天到账的情形,被告亦未提出任何异议,易引发原告的某种信赖;最后,从本案的具体情况看,被告行使解除权似更多是因房价上涨而毁约等他种动机。据此,即使被告享有约定解除权,按诚实信用原则,亦不得行使解除权,其解除表示无效。

另应指出,本案事实中,实际发生的付款行为,既非完全按照第一份协议,亦非完全按照第二份协议作出。就此,若能查明事实并在判决书中有所阐明,对于本案协议相关约定的解释、相关问题的判定,应不无裨益。

本案的一、二审判决,准确抓住本案的核心问题,通过意思表示的解释、诚实信用原则的运用,得出令人信服的结论,尤其是以诚实信用原则遏制解除权之滥用,值得赞同。

案例提供单位:上海市浦东新区人民法院

编写人:卞贵龙

点评人:金可可

9. 钟某诉杭州边锋网络技术有限公司网络服务合同纠纷案

——诚实信用原则与合同解释原则的司法应用

案 情

原告钟某

被告杭州边锋网络技术有限公司

被告杭州边锋网络技术有限公司(以下简称边锋公司)系战旗 TV 直播平台(以下简称战旗平台)的运营商,原告钟某系战旗平台的注册用户。2015 年 7 月,原告在战旗平台上签订《战旗个人主播协议》,协议内容为原告根据被告平台方注册要求及规定,在战旗平台申请注册成为游戏主播,为平台用户提供在线游戏解说视频内容的直播服务。该协议对双方的权利义务、服务费用及支付、保密制度、协议变更、解除、终止等进行明确约定,其中第二条约定,"我方(即被告)有权制定平台运营制度及对你方(即主播)的管理规则,有权对你方进行管理和监督,有权根据运营情况对相应规则作出调整或变更;我方有权对你方进行考察、评判,以确立(取消)对你方的奖励或处罚,具体考察项目及标准由我方另行制定,无需额外征得你方同意";第四条约定,"以你方为平台用户提供游戏解说直播服务为前提,用户可对你方进行赠送虚拟礼物的消费,虚拟礼物以金币(100 金币=1 人民币)计价,我方就你方收到的每笔虚拟礼物价值(金币)的一定比例(最新比例请关注官方公告)作为支付你方服务费用的基准,服务费以金豆计价(100 金豆=1 人民币)……结算服务费于次月打款;你方所获得的服务费用应当缴纳的税金由你方根据国家相关法律法规自行缴纳……"被告于 2015 年 3 月 6 日在平台官方公告发布《战旗平台内容规范条例》,对用户及主播的违规行为及处罚措施进行公示,其中第九条规定:"禁止通过非法手段获取礼物、战旗币、金币以及金豆。禁止通过非法手段(包括但不限于注册虚假的用户账号等)获取包括但不限于礼物、战旗币、金币、金豆、烟花、座驾及守护等和财富相关的虚拟所得。违禁处罚:直播间封停 24 h 至永久,且战旗直播平台有权扣除该用户所有收益,情节严重者转交司法机关……"同时,被告在平台发布有关金币获取方式的公告,并声明将严格监督并制裁刷礼物或以不正当行为获取金币的用户。合同签订后,原告在被告平台进行网络游戏主播服务,2016 年 1 月至 5 月期间,被告根据结算金豆折算原告服务费分别为 1 015.33元、1 005.25 元、1 004.29 元、2 526.55 元、2 166.75 元,款项已经结清。原告儿子刘某分别于 2016 年 5 月 31 日、6 月 1 日在淘宝店家"大智工作室"支付合计 10 000元金额,用于购买被告战旗 TV 烟花、金币、战旗币、人气票等虚拟物品。2016 年 6月 1 日,原告直播过程中获取礼物数量大幅增长。2016 年 7 月,根据原告 6 月结算金豆折算服务费为 10 511.81 元,但被告以原告违规"刷金币"为由拒绝向原告发放礼物结算费,原告与被告协商未果故致讼。

原告钟某诉称,根据战旗 TV 平台制定的平台主播礼物结算规则,主播在战旗TV 平台上收到的礼物,战旗 TV 会在次月月初进行统计,再根据其制定的礼物结算规则进行结算,并于月底前结算打到主播账号绑定的银行卡中。原告于 2016 年7 月底发现,被告还未结算其 2016 年 6 月的礼物费用,与被告下属的 QQ 客服联系,对方仅回复为"系统检测恶意刷金币,不予以结算",但原告细问原因及要求出具证据时,被告客服对不给予礼物费用结算并无说法,该做法也没有任何用户协议或者公告依据,且未出具有关"恶意刷金币"的任何证据。在与被告多次沟通后,被告拒绝给予回复,也未向原告结算礼物费用,该行为损害了原告的合法利益。原告确认向淘宝店家购买 10 000 元送礼服务,由淘宝店家以其从被告平台取得的金币以送礼物的形式赠送给原告,但涉案合同中并未明确约定游戏主播从淘宝上购买金币"刷礼物"系违规,原告获得虚拟用户赠送的礼物都是从被告平台上获取的,被告没有任何依据扣除原告的礼物结算费,对于扣发费用也未通知原告。故原告向法院提出诉讼请求:(1)判令被告支付原告 2016 年 6 月份的礼物费用 10 511.81元;(2)判令被告承担本案全部诉讼费。

被告边锋公司辩称,不同意原告的诉讼请求。第一,本案系网络服务合同纠纷,原、被告签署的合同均是网络服务合同,其中一份为原告作为普通用户和被告签署的合同,另一份为原告申请作为被告战旗主播与被告签署的战旗个人直播协议。在战旗个人主播协议中约定了相关虚拟礼物分成的规则。本案中,原告并没有在被告平台进行充值消费,现原告主张的可能是其他客户赠送给原告的虚拟礼物,故不是网络购物合同纠纷。第二,原、被告签署的《战旗个人直播协议》合法有效,被告依据该协议制定了战旗平台规范条例第九条,对非法刷取虚拟礼物的禁止性进行明确规定,也明确了相应的处罚规则。被告也通过其他的方式进行充分的声明。第三,被告有证据证明原告存在刷金的违规行为,所以被告拒绝支付 2016年 6 月产生的礼物费用。

审 判

一审法院经审理后认为,当事人行使权利、履行义务应当遵循诚实信用原则。被告系互联网直播服务提供者,原告系互联网直播服务使用者,双方订立《战旗个人主播协议》,对于由原告使用平台服务对外发布网络游戏直播视频和费用结算达成合意,双方之间形成服务合同关系,该合同依法成立并生效,故涉案纠纷应定性为网络服务合同纠纷。本案争议焦点在于:(1)原告"刷礼物"的行为是否有违合同约定或者法律规定?(2)被告扣发原告服务费有无合法依据?

关于争议焦点一,根据国家网信办发布的《互联网直播服务管理规定》的规定,互联网直播服务提供者应当与互联网直播服务使用者签订服务协议,明确双方权利义务,要求其承诺遵守法律法规和平台公约。鉴于此,本案中被告在平台公布的规范条例也应作为合同一部分,对原告在内的用户产生拘束力。不管用户协议、主播协议或者平台规范条例,均对用户的禁止性行为作出了约定,相关条款系由平台自行拟定,属于格式条款,在用户签订协议过程中被告已作出要求认真阅读条款的提示,应视为有效。对于双方争议的合同条款,根据法律规定,应按照合同所使用的词句、合同的有关条款、合同的目的、交易习惯以及诚实信用原则确定条款的真实意思。一方面,被告在主播协议中约定了用户"异常情形"、在规范条例中约定禁止性条款,并且将"非法手段"延伸解释为"包括但不限于注册虚假的用户账号等",体现出被告对于用户违规行为的认定系遵循扩张解释原则。另一方面,根据合同本意理解,相关条款规制的范围除了包括违反法律禁止性规定的行为,还应包括违反强制性法律规定和正当交易秩序的行为。首先,我国法律法规未对网络服务合同作出具体规定,因此网络直播主体在缔约自由的基础上,应按照诚实信用原则行使权利、履行义务,不损害对方当事人的利益和社会的一般利益,如合同履行违背诚实信用原则,应认定为违法。原告"刷礼物"为自身提高结算金豆收入,原告在主观上不具有善意,合同履行中未如实反映真相,应视为违反了诚实信用原则。其次,从合同目的和交易秩序而言,原、被告订立涉案合同的目的在于双方获利,即通过网络主播在直播过程中获得真实的人气,给平台带来客户资金和声誉上的获益,在此基础上平台向原告结算收益分成,该合同目的的实现依赖于双方的互信互利。根据涉案主播协议第四条约定,主播为平台用户提供游戏解说直播服务,用户可进行赠送礼物的消费,此处的"礼物"从合同本意理解,应为平台用户自愿向主播作出赠送礼物的加值消费,而本案中原告自行从网络上购买了送礼物的服务,本质上而言系原告自行购买礼物赠送给自己,表面上提升直播人气,但仅具有瞬时性,未真正给被告带来客源和声誉上的收益,该行为不符合网络直播的正常交易秩序,被告如为此支付服务费反而可能导致损失,有悖合同目的。因此,原告自行"刷礼物"的行为应认定违反了合同本意以及诚实信用原则。

关于争议焦点二,被告在主播协议中载明有权设定奖励或者处罚,相关条款的内容不具有法定无效情形。至于格式条款是否加重对方责任、排除对方主要权利,法院认为,上述条款系针对用户产生违约情形时对其经济利益设定限制,即被告的处罚权利与原告的守约守信义务相对应,并未导致权利义务失衡,不违反公平原则。原告直播获取的礼物均系"刷服务"所得,违反了合同约定和诚实信用原则,被告对此拒绝支付服务费具有法理基础。原告主张被告对处罚措施没有履行通知义务,本案中被告通过官网公告的方式对于违反禁止性条款的处罚措施进行常态化公示,相关条款的设置符合交易惯例,文字描述清晰,可视为已对相关条款作出提示。在原告后续与被告客服沟通协商过程中,被告已向原告告知扣发服务费的理由系因原告有违规行为,因此被告的行为符合合同约定,对于原告的该主张法院不予支持。综合考虑原告"刷礼物"确实有违诚信原则,被告扣发服务费具有合同依据和法律依据,原告主张被告支付 6 月份礼物费用的请求法院不予支持。故一审法院依照《中华人民共和国合同法》第五条、第六条、第七条、第八条、第三十九条、第一百二十五条第一款之规定,判决驳回原告钟某的诉讼请求。

判决后,原、被告均未提起上诉,本案判决已发生法律效力。

点 评

本案判决精准提炼了所涉争议焦点:(1)原告"刷礼物"的行为,是否属于格式条款所禁止的:"通过非法手段(包括但不限于注册虚假的用户账号等)获取包括但不限于礼物、战旗币、金币、金豆、烟花、座驾及守护等和财富相关的虚拟所得。"(2)若然,被告是否有权按格式条款的约定"扣除该用户所有收益",易言之,该格式条款的效力如何。

就争议焦点一,需要对"非法手段获取"这一不确定概念进行界定。判决从合同目的出发,探究双方缔约的本意在于"通过网络主播在直播过程中获得真实的人气,给平台带来客户资金和声誉上的获益,在此基础上平台向原告结算收益分成",进而认定原告"刷礼物"的行为,实质上未提升直播人气,未真正给被告带来客源和声誉上的收益,属于"违反了合同本意以及诚实信用原则"的违约行为。

就争议焦点二,判决认为此种格式条款不存在无效事由,尤其是"原告直播获取的礼物均系'刷服务'所得,违反了合同约定和诚实信用原则,被告对此拒绝支付服务费具有法理基础",而且被告就此亦以公告方式尽到通知义务。

当然,从缔约目的出发,亦可认为原告通过"刷礼物"而获取的"礼物",根本不属于收益分成事项,故原告对被告根本不享有分成请求权。格式条款所称的"扣除该用户收益",本身并非惩罚,仅系明确此时用户不享有分成请求权而已。此种审判思路,与判决所采者,是异曲同工、殊途同归的。

综上,本案判决归纳争议焦点精准,适用法律准确,展现出良好的理论功底,值得肯定。

案例提供单位:上海市浦东新区人民法院

编写人:杨 柳

点评人:金可可

10. 张某诉武某等民间借贷纠纷案

案 情

原告张某

被告（上诉人）武某

被告（被上诉人）焦某

原告张某与被告武某系母子关系，两被告原系夫妻关系。2011 年 2 月 24 日，原告通过银行转账方式分五次向武某汇款 400 000 元、400 000 元、400 000 元、400 000 元、410 000 元，以上共计 2 010 000 元，该笔钱款用于购买上海市徐汇区老沪闵路某房屋，该房屋产权登记在张某与武某名下，实际居住人为武某与焦某。

2011 年 4 月 27 日，原告通过银行转账方式交付武某 98 400 元、881 600 元，以上共计 980 000 元。

2014 年 11 月 6 日，两被告签署《离婚协议》，载明："……三、共同债务：没有共同债务。……"

2014 年至 2016 年，两被告曾就离婚后的财产分配问题先后向上海市徐汇区人民法院及上海市第一中级人民法院提起诉讼，均未提及存在夫妻共同债务。

本案审理中，原告方提交一张由武某单方出具的《借条》，落款日期为 2011 年 6 月 3 日。该《借条》载明：借款金额 3 000 000 元，借款用途为购房（2 000 000 元）及上海山诺安森医疗器械公司资产投入（1 000 000 元）。

原告诉称，2011 年 2 月，两被告在上海购买自住房屋（总价约 4 000 000 元），经商议决定，由原告出资 2 000 000 元，余款由武某向银行贷款，房屋产权归张某、武某两人所有。事后，由于武某申请银行贷款未获审批，故再次商议决定，余款由原告代为垫付，视为两被告向原告的借款。2011 年 2 月 24 日，原告向武某转账 2 010 000 元。两个月后，武某又以公司融资为由再次向原告借款 1 000 000 元，原告于当日转账 980 000 元。对于上述两笔借款，虽然两被告承诺还款，但公司经营好转后，两被告便添置豪车，而对还款事宜只字未提，原告为了确认债权，于 2012 年 10 月左右要求两被告出具借条。两被告沟通确认后，由武某单方向原告出具借条，载明：借款金额 3 000 000 元，借款用途为购房（2 000 000 元）及上海山诺安森医疗器械公司资产投入（1 000 000 元）。由于借款实际发生于 2011 年 2 月、4 月，故借条落款日期为 2011 年 6 月 3 日。后两被告并未履行还款责任，原告多次催讨未果，遂起诉至法院。虽然借条系武某一人出具，但事前经过两被告共同协商，且上述借款发生在夫妻关系存续期间，用于夫妻共同生活，故原告要求两被告对上述 3 000 000 元债务承担共同还款责任。

被告武某辩称，对原告陈述的借款事实及金额均无异议，同意原告的诉请。

被告焦某辩称，虽然知道购房的钱款系原告出资，但对于该笔款项的性质为借款并不知情。对于武某向原告借款用于公司增资的事实，亦不知情，且该笔钱款划用后已经归还。对于被告武某单方出具的《借条》真实性存疑，在原告提起本案诉讼之前从未见过。双方曾于 2014 年 11 月 6 日签订离婚协议，载明双方对外无共同债务，故该 3 000 000 元不应作为夫妻共同债务，因此不同意原告的诉讼请求。

审 判

一审法院经审理后认为，一审争议焦点如下：

第一，《借条》形成时间不明。虽然原告向一审法院提供了由被告武某签名确认的《借条》，试图证明该笔款项的性质自始即为借款，但关于该《借条》形成时间，原告主张为"借款发生后一年左右补写"，而被告焦某则质疑其系"两被告解除婚姻关系后补写"。因原告及被告武某均承认《借条》的落款时间与实际形成时间不一致，在被告焦某对《借条》形成时间不予认可的情况下，原告应就自己的主张进一步补充证明，现原告未能提供足够证据，无法排除该《借条》系两被告离婚后形成的可能性，故一审法院对原告关于《借条》出具时间为 2012 年 10 月的主张不予认可。

第二，本案系争款项的金额高达 3 000 000 元，2014 年 11 月 6 日两被告签署的《离婚协议》中却明确载明双方"没有共同债务"。虽然原告及被告武某主张，该协议系焦某提供的格式文本，武某在签名时并未仔细阅读条款，对共同债务的约定并非真实意思表示。但离婚协议文本上有多处修改痕迹，由此可以推定该协议经两被告认真斟酌，且该《离婚协议》经（2015）沪一中民一（民）终字第 2409 号及（2015）徐民一（民）初字第 9634 号判决书确认，合法有效，故一审法院对被告武某的抗辩不予认可。

第三，2014 年至 2016 年间，两被告曾就离婚后的财产分配问题先后向上海市徐汇区人民法院及上海市第一中级人民法院提起诉讼，在此期间并无证据证明原告向被告焦某主张过债权，现原告于两被告财产争议结束后提起诉讼，虽其解释为对两被告关系恶化并不知情，但离婚系重大事项，原告作为被告武某的母亲，不同于一般债权人，应当认定其对两被告对本案系争债务的约定为明知，故一审法院对原告上述主张不予认可。

据此,在明确存在债务负担的前提下,被告武某并未就债务分担作出约定,加之并无证据足以证明两被告具有共同的举债合意,一审法院认定本案所涉《借条》中所载明的债务应系个人债务,且有理由相信原告对此亦知晓,故一审法院对原告关于本案系争款项为夫妻共同债务的主张不予确认。现根据原告提供的银行转账凭证可以认定,实际转账金额为 2 990 000 元,因被告武某表示愿意归还原告 3 000 000 元,系其自主处分权利,与法不悖,一审法院予以认可。

综上所述,被告武某应当归还原告借款 3 000 000 元。一审法院依照《中华人民共和国合同法》第二百零六条、《最高人民法院关于适用〈中华人民共和国婚姻法〉若干问题的解释(二)》第二十四条、《最高人民法院关于民事诉讼证据的若干规定》第二条,判决:一、被告武某于本判决生效之日起十日内归还原告张某借款本金 3 000 000 元;二、驳回原告张某其余诉讼请求。

一审判决后,被告武某不服,上诉称:一审法院认定事实不清,系争债务应为夫妻婚姻关系存续期间的共同债务。一审法院适用法律错误,焦某应就其主张的系争债务为上诉人个人债务进行举证,否则应承担举证不能的不利后果。

被上诉人焦某不同意上诉人的上诉请求,认为一审判决正确,要求维持原判。

一审原告张某同意上诉人的上诉请求。

二审法院经审理查明,确认了一审查明的事实。

二审法院经审理后认为,本案的争议焦点为:关于张某所主张的本案系争款项能否认定为武某、焦某夫妻共同债务。对此,一审法院从《借条》形成时间、《离婚协议》记载、此前张某是否主张过债权等方面详尽分析了本案系争款项的性质,最终确定本案系争款项不应认定为夫妻共同债务,理由正当,二审法院予以认同。同时,张某在二审庭审中陈述"家里事情都是被上诉人(焦某)做主",此情况下,张某主张向武某、焦某出借了大额的系争款项,但提供的《借条》上却没有焦某签字,亦与常理不符。另外,本案张某并未提出上诉,意味着其尊重和服从一审判决,故二审审理并不涉及《离婚协议》内容是否可以对抗张某主张的问题,但上诉人武某在明知有本案系争款项的情况下,仍在《离婚协议》上确认"双方没有共同债务",应视为武某作出慎重的、最终的意思表示,由此产生的法律后果应由其自担。至于武某所称《离婚协议》上对共同债务的约定并非其真实意思表示,因缺乏证据证实,二审法院对其主张难以采纳。综上所述,上诉人的上诉请求不能成立,应予驳回;一审判决认定事实清楚,适用法律正确,应予维持。二审法院依照《中华人民共和国民事诉讼法》第一百七十条第一款第(一)项之规定,判决驳回上诉,维持原判。

点 评

近亲属间之钱款来往,常涉及行为性质之争议,尤在父母为子女购房而出资、子女此后离婚的场合,须准确界定其出资究系赠与抑或借款,若为后者,尚须依法界定其是否为夫妻共同债务。

本案中,母亲与其子(被告一)主张系借款,并出具其子单方签名的借条;被告二则否认;因此,如何认定该笔金钱往来之性质,成为争议焦点,即此,应结合案件事实,解释当事人行为(金钱往来)时之真实意思。首先,被告双方在《离婚协议》中明确"无共同债务",就此,有两种可能:一是双方均认为此笔款项并非借款,二是双方认为此笔款项虽系借款,但并非共同债务,而是被告一之个人债务;若为可能二,双方为明确此事,通常应作说明、澄清,不致对此笔金钱只字不提。其次,2014 年至 2016 年间,两被告曾就离婚后的财产分配问题先后向上海市徐汇区人民法院及上海市第一中级人民法院提起诉讼,若被告一认为其系债务(从而构成夫妻共同债务),通常应在诉讼期间提出,一并处理;但于此期间,双方均未提及此笔款项,可见双方此时仍持《离婚协议》中"无共同债务"的立场。再次,案涉金钱数额较大,但原告从未向被告二主张债权,若在夫妻关系存续期间,此点自可理解,但在双方离婚且两度讼争历时数年之背景下,似与常理不合。再次,结合上述事实,正如判决认为,借条形成时间不明,存在着离婚后补写的高度盖然性。最后,自比较法观之,就近亲属之间的金钱往来等,通常认为,若无相反证据,应推定为赠与。综上,似应认定案涉金钱往来系赠与,而非借款,更谈不上是夫妻共同债务。本案判决的思路与结果,值得肯定与赞同。

此外,尚有一个法律问题值得深思:若本案被认定为原告向被告双方的赠与,原告能否向被告二请求返还所赠与的金钱份额?《最高人民法院关于适用〈中华人民共和国婚姻法〉若干问题的解释(二)》第二十二条第二款规定:"当事人结婚后,父母为双方购置房屋出资的,该出资应当认定为对夫妻双方的赠与,但父母明确表示赠与一方的除外。"实务界通常的做法,是一旦认定为赠与,即不能请求返还,常有悖于衡平之情形,似有斟酌余地。就此,比较法上,常将之界定为"目的赠与",如婚姻关系消灭,即属目的不达或部分不达,可酌情(比如考虑妇女权益保护等)请求返还部分金钱份额,值得参考。

案例提供单位:上海市长宁区人民法院

编写人:缪 巍 杨斯思

点评人:金可可

11. 姜某等申请变更监护人案

——家事审判中创新试用第三人对未成年人财产监管制度

案 情

申请人姜某

申请人孟某甲

被申请人乔某甲

两申请人系夫妻关系,两申请人系被监护人乔某乙的外祖父母。被监护人乔某乙于 2002 年 5 月 15 日出生,其母亲孟某乙于 2010 年 9 月 3 日病故,父亲乔某丙于 2012 年 7 月 23 日病故。经亲属间协商,上海市长宁区新华路街道人民居民委员会于 2012 年 10 月 10 日指定被申请人乔某甲(系被监护人乔某乙叔叔)担任监护人。2012 年 10 月起,乔某乙随被申请人乔某甲共同生活,直至 2016 年 7 月。2016 年 8 月起,乔某乙随两申请人共同生活。

一审庭审中,乔某乙本人到庭,表示其愿意随两申请人共同生活。

两申请人与被申请人在庭审中对乔某乙的经济款项达成一致意见,被申请人乔某甲将 300 000 元交付给乔某乙,就此结清。

申请人与被申请人一致表示,为保护未成年人合法权益,希望属于乔某乙的 300 000 元钱款由双方共同信任的案外人韩某(系乔某乙表舅)代为监管。

一审法院听取了案外人韩某本人意见,其表示乔某乙系孤儿,愿意承担监管责任,由其保管该款项的银行卡或存折。

一审法院对被监护人乔某乙进行了心理观护,乔某乙身体健康,但性格较弱,其已走出父母早逝的阴影。但申请人与被申请人之间的争执让乔某乙心灵受到不小冲击,望各方亲属能看在乔某乙年纪尚小、失去父母的情况下,减少争执,尽可能在乔某乙成长之路上给予帮助。

两申请人姜某、孟某甲称,被监护人乔某乙系两申请人的外孙女,乔某乙的母亲孟某乙于 2010 年 9 月 3 日病故,父亲乔某丙于 2012 年 7 月 23 日病故,乔某乙成为了孤儿。2012 年 10 月 10 日经过亲属协商,上海市新华路街道人民居民委员会指定由乔某乙的叔叔乔某甲担任监护人。乔某乙已就读初三,有自己的判断能力,现在乔某乙本人要求两申请人担任监护人,两申请人尊重乔某乙的本人意愿,希望担任乔某乙的监护人。

被申请人乔某甲表示同意变更监护人,乔某乙现已长大,尊重其本人意愿。同时,将乔某乙本人的相关身份资料、乔某乙动迁分得的房产资料、银行存折等一并移交给乔某乙(两申请人同时签收)。并表示经过结算,在其处还有属于乔某乙的300 000 元钱款,希望由案外人韩某代为监管,该款不到万不得已不要动用。乔某甲另希望乔某乙能加强自我保护意识,在清明等重大节日能去祭扫自己的父母,尽到一个女儿的责任。在乔某乙遇到困难时,乔家的亲属也愿意帮助她。

审 判

一审法院经审理后认为,父母是未成年子女的法定监护人,现被监护人乔某乙的父母皆已过世,居民委员会指定了被申请人乔某甲成为乔某乙的监护人,乔某甲尽到了监护责任。然乔某乙在生活中难免与亲属有矛盾,其本人希望由两申请人担任监护人,现申请人与被申请人达成一致意见,符合法律规定,予以准许。关于财产监管的问题,根据法律规定,监护人有管理和保护被监护人财产的义务。被申请人乔某甲作为原监护人出于保护被监护人乔某乙合法权益,提议由可信任的案外人暂时保管乔某乙的银行卡,符合情理。两申请人同意该提议,案外人韩某也愿意承担监管义务,法院考虑到两申请人文化水平不高,年近七旬,乔某乙也尚未成年,其心智尚未完全成熟,该笔钱款对乔某乙来说是已离世的父母留给她的最后财产,需要慎重保管和处理,现申请人与被申请人达成一致意见,案外人韩某同意担任监管人,于法不悖,予以准许。

法院另需指出,监护人有管理和保护未成年人财产的义务。财产监管是为防止监护人与未成年人的财产利益相冲突下,监护人无法合理有效管理未成年人财产并损害未成年人财产利益或者监护人出于自身管理财产能力等因素,自愿将未成年人财产交由他人代为监管。财产监管人并非未成年人财产的所有权人,财产监管人侵犯未成年人财产权益,未成年人或者监护人可以追究财产监管人的法律责任。

一审法院依照《中华人民共和国民法通则》第十六条、第十八条,《最高人民法院关于贯彻执行〈中华人民共和国民法通则〉若干问题的意见(试行)》第十四条、第十五条、第十六条、第十七条、第十八条、第十九条,《中华人民共和国民事诉讼法》第一百七十八条之规定,判决:一、被监护人乔某乙的监护人变更为姜某、孟某甲。二、被申请人乔某甲于判决生效后十五日内将 300 000 元交付给被监护人乔某乙,该款的银行卡(存折)在乔某乙 18 周岁前由财产监管人韩某负责代为保管。此案一审法院的判决为终审判决。

点 评

涉监护案件中,有时存在数个监护人选,有的监护人选适合人身监护,但不适合财产监护,有的监护人选则反之,此时如何根据被监护人利益原则确定监护人选就成为一个较为棘手的问题。比较法上,此时往往允许法院将人身监护与财产监护职责分配给不同的监护人选,亦即允许分别指定人身监护人、财产监护人(例见《德国民法典》第一千七百九十七条第二款第一句、第一千七百九十八条)。我国民法未有类似规定,虽允许有数个监护人,但数个监护人都同时是人身与财产监护人,未明文规定得在数个监护人之间分配监护职责;出现上述情形时,往往难以保障被监护人之最大利益。于此背景下,本案判决创设第三方财产监管制度,实际上将人身监护与财产监护人分配于不同主体,是非常值得肯定的尝试;当然,如果明确第三方系自愿的特定财产监护人,也是一种可以考虑的思路。

案例提供单位:上海市长宁区人民法院

编写人:顾薛磊

点评人:金可可

12. 江苏南通三建集团股份有限公司诉上海维兹凯雅商务服务有限公司等执行分配方案异议之诉案

——执行分配方案异议之诉案件审理的探索

案 情

原告江苏南通三建集团股份有限公司

被告上海维兹凯雅商务服务有限公司

被告耿某

2008 年 9 月 10 日,原告诉上海万翔房地产开发公司(以下简称上海万翔)、北京万翔实业总公司(以下简称北京万翔)(2008)闵民二(商)初字第 2379 号联营合同纠纷,双方于 2008 年 10 月 31 日达成调解协议,上海万翔支付原告款项人民币(以下币种相同)合计 700 万元,北京万翔对款项支付承担连带责任。原告向上海市闵行区人民法院申请执行上述调解协议[案号为:(2008)闵执字第 8697 号],上海市闵行区人民法院因上海万翔、北京万翔无可执行财产于 2009 年 5 月 20 日裁定本次执行程序终结。

上海市虹口区人民法院于 2013 年 12 月受理原告诉耿某股东损害公司债权人利益责任纠纷一案[案号为(2013)虹民二(商)初字第 1615 号],原告申请并提供担保,上海市虹口区人民法院于 2013 年 12 月 23 日出具裁定冻结耿某名下 1 200 万元存款。

2014 年 1 月 13 日,上海市虹口区人民法院因不具有管辖权将上述案件裁定移送上海市长宁区人民法院审理[案号为(2014)长民二(商)字第 918 号],上海市长宁区人民法院于 2014 年 11 月 24 日作出一审判决:耿某应在人民币 2 000 万元范围内对原告在(2008)闵民二(商)初字 2379 号民事调解书中未执行到位的债权承担补充赔偿责任。耿某不服一审判决提起上诉,上海市第一中级人民法院于 2015 年 4 月 22 日作出(2015)沪一中民四(商)终字第 384 号维持原判的二审判决。

2015 年 5 月 15 日上海市长宁区人民法院受理原告上述案件执行申请[案号

为:(2015)长执字第 2209 号],2015 年 6 月 9 日上海市长宁区人民法院裁定扣留提取耿某钱款人民币 12 831 738.81 元,并于 2015 年 6 月 23 日将耿某账户内的 12 270 514 元扣划至上海市长宁区人民法院。

2010 年 11 月 12 日上海市长宁区人民法院受理(2010)长民二(商)初字第 1783 号上海维兹凯雅商务服务有限公司(以下简称维兹凯雅)诉北京万翔、上海万翔其他所有权纠纷。上海市长宁区人民法院于 2011 年 1 月 30 日作出一审判决:上海万翔、北京万翔支付维兹凯雅 450 万元及利息。

2013 年 2 月 17 日上海市长宁区人民法院受理维兹凯雅上述案件执行申请[案号为:(2013)长执字第 645 号]。2014 年 4 月 10 日,上海市长宁区人民法院将耿某列为保证人,裁定冻结、扣划耿某银行存款 4 688 144.97 元或等值外币。因上海万翔、北京万翔、耿某未履行和解协议,维兹凯雅于 2016 年 2 月 17 日申请上海市长宁区人民法院恢复执行[案号为:(2016)沪 0105 执恢 73 号]。

2015 年 11 月 26 日维兹凯雅诉耿某(2015)长民二(商)初字第 11433 号股东损害公司债权人利益责任纠纷,2016 年 4 月 29 日作出一审判决:耿某对上海万翔在(2010)长民二(商)初字第 1783 号民事判决书中未执行到位的债权承担共同还款责任。耿某不服一审判决,提起上诉,因耿某未缴纳上诉费,上海市第一中级人民法院于 2016 年 8 月 22 日裁定按撤诉处理。

上海市长宁区人民法院在执行(2015)长执字第 2209 号中,维兹凯雅向上海市长宁区人民法院申请参与分配,上海市长宁区人民法院于 2015 年 11 月 3 日召开债权人听证会,听取债权人对财产分配意见。上海市长宁区人民法院已查控耿某财产为 12 270 514 元。原告债权本金 700 万元、案件受理费 117 200 元、诉讼保全费 5 000 元、利息 5 725 845 元,共计 12 848 045 元。维兹凯雅债权本金 240 万元、逾期利息 1 888 862.27 元、判决利息 88 248.10 元,共计 4 377 110.37 元。上海市长宁区人民法院依照原告与维兹凯雅债权比例 2.935 3:1,扣除执行费 80 151.59 元后进行分配,原告受偿 9 060 787.49 元,维兹凯雅受偿 3 086 835.25 元,并于 2016 年 8 月 22 日作出执行财产分配方案。

2016 年 8 月 30 日,上海市长宁区人民法院向当事人送达分配方案,原告提出异议,维兹凯雅对原告的异议提出反对,原告遂向法院提起本次诉讼。

原告江苏南通三建集团股份有限公司诉称:(1)被告未依法取得执行依据,无权参与财产分配。原告在申请执行后,上海市长宁区人民法院于 2015 年 6 月 23 日将被告耿某的银行存款 12 270 514 元划至法院账户,执行条件已具备,而被告维兹凯雅作为另一执行案件申请人,仅对北京万翔及上海万翔取得执行依据,而非对被告耿某取得执行依据,因此被告维兹凯雅参与执行分配缺乏事实依据。(2)被执行人尚有其他财产未分配,不存在财产不能清偿所有债务的情形。只有在被执行人的财产不足清偿全部债务时,普通债权人才有权申请参与分配,按债权比例清偿,本案执行款不是被告耿某唯一财产,耿某另有房产,因此不符合普通债权人申请参与分配的情形。(3)分配方案中确认的债权数额错误。被告维兹凯雅对其享有的债权数额负有举证责任,并交原告质证,但截至财产分配方案作出日,原告从未看到该书证,在维兹凯雅未能对其享有债权数额提供任何证据说明的情况下,直接确定债权比例缺乏依据。(4)法院在作出分配方案过程存在严重违法行为。法院在执行条件具备时恶意拖延不予执行,在维兹凯雅申请参与分配后,未将申请送达原告,亦未组织听证会听取各方意见,剥夺了原告的知情权和申辩权,在原告提出异议时,也拒绝向原告进行释明。故请求法院:(1)依法确认扣除执行费用后的执行到案款人民币 12 190 362.41 元全部归原告所有;(2)依法确认被告维兹凯雅、耿某无权参与执行财产分配。

被告维兹凯雅辩称,维兹凯雅起诉北京万翔及上海万翔其他所有权纠纷,上海市长宁区人民法院于 2011 年 1 月 30 日作出判决,上海万翔、北京万翔支付维兹凯雅 450 万元及利息。在该案的执行过程中,当时作为上海万翔法定代表人的耿某提供个人担保,要求维兹凯雅撤销股权查封,并支付了 210 万元,但之后未继续付款,维兹凯雅于 2014 年 4 月 10 日已经取得了对耿某的执行依据,由法院出具裁定冻结了耿某的银行存款。维兹凯雅在那时已具备了执行条件,债权取得早于原告,故不同意原告的诉讼请求。

被告耿某辩称,被执行主体是公司,只有在公司不能履行的情况下才由耿某承担责任,现公司有资产,在变现后可履行义务,故不同意由耿某个人来承担债务。原告和维兹凯雅的债权,系原告取得在先,如要分配,同意原告的意见。

审 判

一审法院经审理后认为:

本案争议焦点一:维兹凯雅可否参与分配。

法院认为,参与分配的债权人须具备以下条件:一是对被执行人的执行程序已经开始,尚未终结,二是同为被执行人的债权人,三是申请参与人已取得执行依据,四是发现被执行人的财产不能清偿所有债权。

本案中,原告与耿某股东损害公司债权人利益责任纠纷一案在执行中,尚未终结,而维兹凯雅与上海万翔和北京万翔(2013)长执字第 645 号也在执行中,且在执行期间,将耿某列为保证人,裁定冻结、扣划耿某银行存款 4 688 144.97 元或等值外币,维兹凯雅已取得对耿某的执行依据,维兹凯雅与耿某(2015)长民二(商)初字第 11433 号股东损害公司债权人利益责任纠纷案的判决也印证了维兹凯雅对耿某享有的债权。执行期间已查控耿某财产为 12 270 514 元,无法清偿所有债权,因此,维兹凯雅具备参与分配的条件。

本案争议焦点二:分配数额的确定。

法院认为,原告及维兹凯雅对耿某享有的均为普通债权,任一方均非优先受偿的债权,普通债权应按照其占全部申请参与分配债权数额的比例受偿,而原告及维兹凯雅的债权数额在分配前已经原告及维兹凯雅确认,法院依照债权人确认的债权数额,按比例确定受偿数额,符合法律规定。原告及维兹凯雅对于耿某的剩余债务,如发现其有其他财产的,可随时请求法院执行。

综上所述,法院在执行期间,基于维兹凯雅申请,在听取了债权人对财产分配意见后,制作书面分配方案送达当事人,对原告提出的异议通知了两被告,在两被告对异议提出反对意见后,通知原告并告知诉权,原告提出的诉讼请求,缺乏事实与法律依据。

据此,一审法院依照最高人民法院《关于适用〈中华人民共和国民事诉讼法〉的解释》第五百零八条、第五百零九条、第五百一十条、第五百一十一条之规定,判决:驳回原告江苏南通三建集团股份有限公司的诉讼请求。

一审宣判后,原告未提起上诉,一审判决已生效。

点 评

本案系执行分配方案异议案件。因法律规定相对简要,故本案判决对实务操作颇具启发意义。案件争议焦点有两项:第一,被告是否有权参与执行财产分配;第二,分配方案中确认的债权数额是否有误。

就第一项争议焦点,判决根据相关司法解释归纳出参与执行分配的四项要件:一是对被执行人的执行程序已经开始,尚未终结;二是同为被执行人的债权人;三是申请参与人已经取得执行依据;四是发现被执行人的财产不能清偿所有债权。所归纳要件清晰,符合学理。经法院查明,本案中,原告对被执行人的执行程序仍在进行,尚未终结;执行期间已查控被执行人的财产,无法清偿所有债权。故争议集中在被告是否符合申请参与分配的第二、三项要件,即被告是否为被执行人的债权人,是否取得执行根据。两项要件具有关联性。法院查明,被执行人在另一案件的执行裁定中被列为被告的担保人,故可认定被告依执行担保对被执行人享有债权,并取得执行根据。因此被告符合参与分配的要件,原告的诉讼请求欠缺依据。

就第二项争议焦点,经查明,原告及被告的债权数额在分配前已经原被告确认,法院依照债权人确认的债权数额,按比例确定受偿数额,符合法律规定。因此法院驳回原告的诉讼请求。

　　本案法院通过归纳参与分配的要件,梳理错综复杂的实体法律关系,对执行分配方案异议之诉的审理进行了有益的探索和认定,具有实践参考意义。

案例提供单位:上海市长宁区人民法院

编写人:朱爱东　严　玮

点评人:金可可

13. 上海馨源文化传播有限公司诉上海高汉新豪投资管理有限公司等不当得利纠纷案

——不当得利"没有合法根据"要件的举证责任的分配

案 情

原告（被上诉人）上海馨源文化传播有限公司

被告（上诉人）上海高汉新豪投资管理有限公司

第三人郎某某

2012 年 7 月 12 日，郎某某与原告上海馨源文化传播有限公司签订《买卖合同》一份。依据合同约定，郎某某向馨源公司购买铜质佛像、铜质上师像、西藏阿里地区佛像、程丛林画作、清螺钿红木家具七件套等，共计货款 1 600 万元，合同约定交货时间为 2012 年 7 月 30 日。合同签订后，郎某某办理了个人消费贷款申请，民生银行应郎某某指定分别于 2012 年 9 月 5 日向原告支付 250 万元、2012 年 9 月 11 日支付 250 万元、2012 年 10 月 30 日支付 400 万元，共计 900 万元。原告得款后将上述款项转入被告上海高汉新豪投资管理有限公司账上（未注明款项用途），但并未履行《买卖合同》中所约定的交货义务。故郎某某诉至上海市宝山区人民法院（以下简称宝山法院），请求解除《买卖合同》并判令本案原告返还郎某某货款货款 900 万元并支付相应利息，本案原告法定代表人缪某某对上述还款义务承担连带责任。宝山法院于 2014 年 5 月 4 日受理郎某某诉本案原告、缪某某买卖合同纠纷一案［(2014)宝民一(民)初字第 3721 号案，以下简称 3721 号案］，并于 2015 年 4 月 20 日作出一审判决本案原告返还郎某某 900 万元，并按照中国人民银行同期贷款利率支付利息（自 2012 年 10 月 31 日计算至本判决生效之日止），郎某某其余诉讼请求不予支持。一审判决后，郎某某不服，向上海市第二中级人民法院（以下简称二中院）提起上诉，要求二审法院判令本案原告的法定代表人缪某某对 900 万元债务及相应利息承担连带责任［(2015)沪二中民一(民)终字第 1347 号民事判决，以下简称第 1347 号案］。二中院经审理后认为，本案原告属于一人有限责任公司，缪某某作为公司唯一股东,且在一审、二审期间均未提供任何证据证明其个人财产独立于公司财产,应当由缪某某承担举证不能的责任,故郎某某要求缪某某与本案原告承担连带还款责任的上诉请求于法有据。二中院于 2015 年 11 月 20 日作出终审判决维持宝山法院 3721 号民事判决主文第一项,撤销 3721 号民事判决主文第二项,缪某某对本案原告还款义务承担连带责任。缪某某、本案原告不服 1347 号民事判决,曾向上海市高级人民法院申请再审,但上海市高级人民法院经审查认为,原审法院查明事实清楚,所作判决并无不当,于 2016 年 9 月 8 日作出裁定,驳回缪某某、本案原告的再审申请。

被告向法庭提供《借款协议》3 份、被告银行流水明细、尤某的银行交易流水。其中,签订日期为 2012 年 9 月 3 日的《借款协议》载明:出借人(甲方)为被告、借款人(乙方)为原告、担保人(丙方)为案外人尤某,甲、乙方在平等自愿、友好协商的基础上,达成以下协议:(1)乙方向甲方借款 250 万元;借款期限从 2012 年 9 月 3 日起至 2012 年 9 月 6 日止;(2)借款期限届满,乙方保证返还借款,否则愿意承担一切法律后果;(3)甲方在本协议签订后二日内将借款交付乙方;(4)借款形式:甲方将本协议借款金额(250 万元)通过银行划款形式支付给丙方,再由丙方将此款项支付给乙方;(5)还款形式:本协议到期后,乙方通过银行划款归还甲方,或者乙方通过银行划款归还丙方,再由丙方归还甲方。签订日期为 2012 年 9 月 7 日的《借款协议》载明:出借人(甲方)为被告、借款人(乙方)为原告、担保人(丙方)为第三人,借款金额为 400 万元;借款期限从 2012 年 9 月 7 日起至 2012 年 9 月 14 日止;其余约定与签订日期为 2012 年 9 月 7 日的《借款协议》相同。签订日期为 2012 年 10 月 29 日的《借款协议》中出借人、借款人、担保人、借款金额与签订日期为 2012 年 9 月 7 日的协议相同,借款期限从 2012 年 10 月 29 日起至 2012 年 11 月 2 日止。

原告诉称,原告事实上在收款前已与郎某某合意解除买卖合同,故原告在收到每笔款项的当日即按照郎某某的指示将款悉数转入被告账下。2014 年 3 月,郎某某起诉原告及原告法定代表人,要求返还上述 900 万元并支付相应利息,该案已经宝山法院一审和二中院二审,终审判决判令原告返还郎某某 900 万元,并按照中国人民银行同期贷款利率支付利息,原告法定代表人缪某某承担连带责任。原告认为,被告在与原告并无任何合同关系的情况下接受了 900 万元,此后既未转交第三人也未返还原告,被告的行为构成不当得利,其所得利益应全部返还原告。故原告诉至法院,要求:(1)被告返还原告 900 万元;(2)被告向原告支付利息损失,以 900 万元为基数,按照中国人民银行同期贷款利率自 2012 年 10 月 31 日至本判决生效之日止。

被告辩称,系争 900 万元款项为原告偿还欠款、归还借款,流转依据是原、被告双方之间的三份《借款协议》,原告并不存在所谓的损失,被告财务账簿上收支平衡,亦不存在不当得利。被告提供的银行流水与借款合同,以及邵某某和 WESLEY WONG 的两个账号两借两还的客观事实,印证被告没有获得不当得利。且郎某某与被告属法律上两个独立的主体,经济上没有任何混同,被告收到原告转汇的 900 万元,是基于原告归还的借款。

第三人述称,2011 年 8 月 25 日其与原告签订《买卖合同》,向原告购买古董,并向民生银行借款 900 万元以支付原告货款,原告收款后未履行交货义务。2012 年 7 月 12 日,双方又签订新的《买卖合同》,但原告仍未将古董交付第三人,引发相关诉讼。原告向被告借款 900 万元是为帮助其归还民生银行 2011 年的 900 万元贷款。

但对被告辩称以及第三人述称,原告均予以否认,原告或其法定代表人缪某某从未向被告或被告法定代表人尤某借款,也没有收到第三人转交的款项。原、被告没有签订过借款协议,原、被告之间的古董买卖本身就是虚假的,其目的是第三人为了套取银行贷款。此外,原告也不认可被告所称的钱给了第三人就等于给了原告的说法。

审 判

一审法院经审理后认为,本案的争议焦点为被告接受了原告支付的 900 万元,是否构成不当得利。

首先,对于有争议的《借款协议》以及借款事实,法院认为各方对合同上印鉴真伪无异议,应确认合同的真实性。协议中明确约定:"甲方在本协议签订后二日内将借款交付乙方";借款方式中也约定钱款转到原告账上,被告现主张钱转到第三人账上就等于转到原告账上,与《借款协议》约定不符,原告对此予以否认,被告、第三人均不能向法庭提供原告委托第三人收款的证据,《借款协议》未实际履行,对被告提供的上述证据不予认可。

本案系原告按照第三人指令将民生银行转入的 900 万元划入被告账户,后第三人通过诉讼向原告追回该 900 万元,原告要求被告返还,被告拒不返还,引发本案诉讼。经法院查实,被告在没有合法根据的情况下取得该 900 万元,取得不当利益,造成原告损失,被告的行为构成不当得利。被告辩称涉案 900 万元系原告归还其借款,被告举证不力,法院对此不予认可。因此,被告占有原告涉案 900 万元应及时返还。原告主张利息损失,于法有据,但利息应按中国人民银行同期存款利率计算。综上所述,一审法院判决:一、被告返还原告不当得利款 900 万元;二、被告向原告支付利息损失,以 900 万元为基数,按照中国人民银行同期存款利率自 2012 年 10 月 31 日起计算至本判决生效之日止。

一审判决后被告提起上诉,二审法院经审理后认为,本案系不当得利纠纷,被上诉人基于前案生效判决认定,主张上诉人收取系争 900 万元无合法根据构成不当得利,上诉人若主张该观点不成立,则应举证证明被上诉人交付 900 万元系履行双方之间的借款合同。本案中,上诉人虽提交了三份《借款协议》,但被上诉人否认其公章加盖行为,而且从银行转账记录来看,所涉款项的流转对象为第三人账户,未有证据显示款项最终进入被上诉人账户。被上诉人虽作出过有关"归还过桥资金"的表述,但其在一审、二审中均已明确表明借款关系系发生在上诉人及第三人之间,与被上诉人并无关。就此,上诉人主张被上诉人交付的 900 万元系履行双方之间的借款合同依据尚不充分,其提出的有关款项进入第三人账户即视为完成对馨源公司交付的意见,缺乏依据,不能成立。因此,综合前案生效判决认定及本案实际情况,一审法院认定上诉人占有馨源公司 900 万元属不当得利而应予返还的意见,二审法院予以认同。综上,二审法院判决驳回上诉,维持原判。

点 评

本案众多当事人、第三人之间有错综复杂的事实链条,本案判决仅处理其中一个链条。仅就本案所处理的事实而论,系不当得利返还纠纷。就不当得利请求权构成要件中的"没有法律根据"(《中华人民共和国民法总则》第一百五十二条学理上称"无法律上原因"),通说认为,给付不当得利应由原告承担举证责任,非给付不当得利应由被告承担举证责任;点评人亦支持通说见解,理由于此不赘。本案究系给付或非给付不当得利,取决于原告向被告的转账(学理上即"给予"或"加利",意指被告财产的增加)是否构成原告对被告的给付;是否给付,取决于给付者是否具有特定的给付目的(比如清偿、支付价款等),给付目的应就加利行为作意思表示解释而定:双方有一致认识的,按此认识;否则,原则上应按理性相对人之理解(客观解释)。本案中,就原告向被告的转账行为,双方并无一致认识,原告无法阐明其给付目的,理性相对人亦无法测知其为何作此给付(注意:本案中,作为相对人的被告自称原告系归还借款,但未受判决采信);故其给付目的无法确定,原告之转账行为不能构成给付,本案系非给付不当得利,举证责任应由被告承担,即被告应证明其所获财产利益具有法律上原因。被告就此所提供的证据,最终未获判决认可,即须承担败诉之不利后果。综上,本案判决结果较为合理,值得赞同。

案例提供单位:上海市虹口区人民法院

编写人:李丹颖

点评人:金可可

14. 张甲等诉上海亚绿实业投资有限公司商品房预售合同纠纷案

——责任限制格式条款不能适用于签约时被隐瞒的风险事项

案 情

原告(上诉人)张甲

原告(上诉人)张乙

被告(被上诉人)上海亚绿实业投资有限公司

2014 年,上海亚绿实业投资有限公司(以下简称亚绿公司)取得申亚小区的预售许可证。2015 年 3 月 23 日,上海市奉贤区金汇镇人民政府与燃气公司签订申亚小区的市政燃气配套工程合同,施工期限为 90 天,由于土地征收未完成,属地村民为管道建设用地和该小区配套道路建设等要求办理镇保,阻挠施工,该工程不能如期进行。2015 年 3 月 27 日,亚绿公司向上海市奉贤区金汇镇人民政府发送函件,载明:地块红线外至今没有燃气外管接口及自来水外管接口,小区红线外配套理应由镇政府落实解决,否则将影响亚绿公司按期交房。2015 年 8 月,亚绿公司完成了系争房屋所在小区范围内的工程量施工。

2015 年 8 月 15 日,张甲、张乙与亚绿公司签订商品房预售合同(以下简称系争预售合同),约定:张甲、张乙向亚绿公司购买坐落于上海市奉贤区《申亚翠庭》的某处房屋(以下简称系争房屋),暂定购房款总价为 1 616 228 元;亚绿公司于 2015 年 12 月 31 日前交付房屋,除不可抗力外;如违约未按期交房,亚绿公司支付已付购房款每日 0.02% 的违约金。合同补充条款一中,关于合同十一条修改、补充如下:甲方(亚绿公司)定于 2015 年 12 月 31 日前将该房屋交付给乙方(张甲、张乙),除不可抗力及其他甲方难以预计的客观情况外,客观情况包括但不限于非因甲方原因导致的以下情况:供水、供电、煤气、排水、通讯、网络、道路等公共配套设施的延误、规划调整导致的工程推延、政府政策变化等。还约定,如遇不可抗力,本合同对于交房、大产证取得及小产证申领约定的时间相应顺延;本合同所指不可抗力的范围包括自然灾害、动乱、恶劣天气、政府行为、因市政配套的批准与安装、重大工程技术难题以及其他无法预见、无法避免或控制、无法克服的事件和情况等。发生上述情况不属于甲方逾期交付房屋,但甲方应及时通知乙方,通报该些客观情况。嗣后,张甲、张乙陆续支付了购房款。

2015 年 12 月 30 日,亚绿公司与当地政府、燃气公司的《会议纪要》中记载:燃气公司原定计划元旦过后 4 日开始准备进场施工,从小区西侧开始排管。2016 年 2 月 16 日《会议纪要》中记载的议题是:解决住宅项目红线外土地未征,村民阻止红线外道路、管道施工事宜。

2016 年 2 月 16 日,上海市奉贤区金汇镇人民政府召开协调会进行协调,工程得以顺利进行。2016 年 4 月 20 日,燃气管道外管工程竣工验收。2016 年 5 月 9 日,燃气公司出具合格证明。2016 年 6 月 2 日,亚绿公司取得上海市建设工程规划验收合格证。当月,亚绿公司向张甲、张乙发出入住通知书,确认:实测购房款总价为 1 604 177.84 元,应退款 12 050.16 元;要求张甲、张乙于 2016 年 7 月 1 日办理入住手续。2016 年 7 月 1 日,亚绿公司取得上海市新建住宅交付使用许可证,张甲、张乙与亚绿公司于当日办理了交房手续。

2017 年 2 月,张甲、张乙向法院起诉,请求判令亚绿公司支付张甲、张乙逾期交房违约金 58 185 元。

一审审理中,亚绿公司坚持认为不应承担违约责任,考虑具体情况同意自愿补偿张甲、张乙 11 757 元。

审 判

一审法院经审理后认为,合同补充条款不属于法律规定的格式条款无效的情形,根据责任限制条款约定,市政配套工程迟延,交房时间可予以顺延,亚绿公司无需承担违约责任。亚绿公司自愿对张甲、张乙损失进行补偿,予以准许。一审法院依照《中华人民共和国合同法》第八条,《中华人民共和国民事诉讼法》第六十四条第一款、第二百五十三条的规定,判决:一、驳回张甲、张乙的诉讼请求;二、亚绿公司于判决生效之日起十日内补偿张甲、张乙人民币 11 757 元。

一审判决后,张甲、张乙不服,提起上诉称,亚绿公司隐瞒延误风险,本案中不应适用责任限制条款,请求二审法院撤销一审判决,改判亚绿公司按合同约定标准的 55% 支付违约金。

被上诉人亚绿公司辩称,其虽然知晓燃气配套工程停滞,但并不确定会最终导致延误,不存在恶意隐瞒风险。根据合同补充条款约定,本案情况属于其免责范围。请求二审法院维持原判。

二审审理中,亚绿公司陈述:(1)其提供给购房者的合同文本中确实存在两种交房期限:一种是 2015 年 9 月;另一种是 2015 年 12 月。(2)2015 年 3 月 27 日,亚绿公司已得知居民阻止燃气配套施工的情况,故向政府部门发函催促,但其当时并不确定会造成竣工延误,因为还有可能后续追赶进度。

二审法院经审理后认为,在亚绿公司单方隐瞒已知的现实延误风险,并且有能力重新规划交房期限的前提下,购房者有理由相信亚绿公司已经对交房期限的现实可行性做出了承诺。诚实信用原则下的购房者信赖利益价值高于格式条款提供者亚绿公司的责任风险限定利益。交房期限条款与系争责任限制条款之间的互补逻辑关系应解释为:系争责任限制条款的适用范围限于签约后发生的约定风险事项,不能适用于签约时被隐瞒的现实风险事项。二审法院依照《中华人民共和国合同法》第四十一条、第一百二十五条第一款,《最高人民法院关于适用〈中华人民共和国合同法〉若干问题的解释(二)》第九条,《中华人民共和国民事诉讼法》第一百七十条第一款第(二)项之规定,判决:一、撤销一审判决;二、亚绿公司于判决生效之日起十日内向张甲、张乙支付逾期交房违约金人民币 32 292.15 元。

点 评

格式条款使用人的提示义务(不真正义务),仅限于对格式条款本身的提示;其违反即发生《最高人民法院关于适用〈中华人民共和国合同法〉若干问题的解释(二)》第九条的撤销权。若使用人已就格式条款本身提示相对人,却对格式条款外其他应告之知情事未作告知,属于《中华人民共和国民法总则》第一百四十八条所称的欺诈行为,符合其他要件时,可发生该条所称之撤销权。两种撤销权虽均因违反提示/告知义务所生,但其提示/告知义务之内容不同,所适用的法条也不同。本案所涉乃后一情形。

关于免责条款的具体含义或适用范围,需要考虑两点:首先,涉案情事是否属于条款中所称"甲方难以预计的客观情况"?从案情看,或可认为,甲方缔约时应可估计到发生涉案情事之较大可能性。若然,即得直接判令甲方据此承担违约责任。其次,若案情不允许作此种解释,本案尚有另一特殊情事可资参考:欺诈必须导致表意人之错误,方发生撤销权;表意人因欺诈所生错误,通常是动机错误,但亦得为内容错误;在后者情形,作出欺诈行为之当事人明知表意人内心的真意,按照意思表示的解释规则,此时应作自然解释(即以表意人内心的真意为表示内容,本案中即仅就缔约后新发生的相应情事免除责任)。若然,条款的含义已然确定,不再存在两种以上含义,无需适用《中华人民共和国合同法》第四十一条的解释规则;表意人亦已处于如同未受欺诈之状态,其撤销权亦应诚实信用而受到限制。本案判决即较好结合上述学理,对相关法条及合同条款作合理的解释适用,得出令人信服的结论,值得肯定。

当然,即使认为该条款可适用于缔约前既存之相应事由,原告亦得依《中华人民共和国合同法》第四十二条第二项"故意隐瞒与订立合同有关的重要事实或者提供虚假情况"请求被告承担缔约过失责任,数额即原告因订立不利条款而无法主张的违约损害金额。

案例提供单位:上海市第一中级人民法院

编写人:王剑平 李 兴

点评人:金可可

15. 许某某诉张某某所有权确认纠纷案

——涉港夫妻财产关系中不动产确权纠纷案件的法律适用

案情

原告（被上诉人）张某某

被告（上诉人）许某某

张某某与许某某于 1987 年 1 月 8 日在香港登记结婚。

1996 年 10 月 24 日，许某某向上海明鸿房地产发展有限公司购买系争房屋，转让价款为 715 490 美元。系争房屋建筑面积 272.23 平方米，系争房屋产权于 2009 年 9 月 2 日核准登记在许某某名下。

1998 年 2 月 18 日，系争房屋获颁上海市房地产权证，登记的权利人为许某某，该房地产权证书土地状况使用面积一栏中记载，总面积 1 023.41 平方米，共用面积 207 942.00 平方米，其中分摊面积 1 023.41 平方米。房屋状况一栏中记载建筑面积 272.23 平方米。2009 年 8 月 28 日，因变更宗地面积，许某某就系争房屋提交上海市房地产登记申请书一份，其中登记种类为变更，土地面积 605.48 平方米，建筑面积 272.23 平方米。

许某某于 2014 年 11 月在香港提出离婚诉讼，香港特别行政区区域法院于 2015 年 5 月 7 日出具暂准离婚令。许某某离婚诉讼的财产清单中包括系争房屋。张某某与许某某对婚内财产无特别约定。张某某与许某某无协商一致选择适用的法律。

系争房屋购房款及银行贷款，均由许某某支付及归还。

许某某提交经公证认证的香港何韦鲍律师行 HEATHFIELD LINDA CATHERINE 律师于 2016 年 4 月 18 日出具的《法律意见书》一份，其中载明：

"在香港，没有关于婚姻关系存续期间所得财产属于共同财产的规定，夫妻无特别约定，婚内所得全部财产为分别所有。不会基于婚姻而将一方配偶财产权利给予另一方。第 182 章《已婚者地位条例》第三条、第四条的规定如下：第三条（1）根据本条例，已婚女性在以下各方面，犹如未婚时一样——（a）有取得、持有及处置任何财产的能力；（b）就侵权行为、合约、债务或者义务而言，有自我承担责任及被委以责任的能力；（c）在侵权行为、合约或其他方面，有起诉及被起诉的能力；及（d）

受有关破产的法律及受判决与判令的执行所规限,各个方面犹如未婚时一样。(2)已婚女性在各方面均可承担受托人或者遗产代理人,犹如未婚时一样。第四条(1)根据本条例,所有财产凡——(a)于紧接 1936 年 3 月 20 日以前,属已婚女性的个人财产或根据衡平法持有作为其专用的财产;或(b)于该日以后结婚的女性,在结婚时已拥有或正拥有的财产;或(c)于该日以后,已婚女性已取得或正取得的财产,或已转予或正转予已婚女性的财产,须全归该女性所拥有,犹如未婚时一样,该财产并可据此而予以处置。(2)不论在本条例生效日期之前或之后,女性在享有财产方面的预用权或让与权如受到限制,而该等限制不可能加诸男性对该财产的享有,否则该等限制概无效力。"

"依据《已婚者地位条例》第六条,就夫妻间因财产所有权发生的问题,丈夫或者妻子可通过传讯或简易程序向法院提出申请做出裁决。这包括了对单独登记在配偶一方名下的不动产申请确权。申请一方配偶应提供证据证明其对财产享有合法/合理的权益,包括提供证据证明其为购买该财产作出的贡献,或者因为该财产是用于婚姻家庭生活,或尽管该财产单独登记在一方名下,但通过协议约定该财产属于共同共有的情形,从而对财产享有合理权益。"

"如果说有推定信托的情况,则需要有明示或推定建立推定信托的合意,即:(1)必须要有共享该财产的共同合意;及(2)主张推定信托的一方因任何协议,安排等合意而令其在该财产上享有权益。"

许某某提交经公证认证的香港何韦鲍律师行 HEATHFIELD LINDA CATHERINE 律师于 2016 年 10 月 20 日出具的《法律意见书》一份,其中载明:

"有以下五个关键步骤证明推定信托的存在:(a)推定收益权;(b)明示及推断协议;(c)原协议变更或合并后的协议;(d)损害;(e)利益的性质及价值……"

"主张存在推定信托的一方需承担举证责任。"

"举证责任是由主张推定信托存在的一方承担。但是,否定推定信托存在的一方有这些证据会有一定帮助,这些证据包括:出资,参与财产的购买情况。"

张某某提交经公证认证的香港杨麟振律师行杨灵律师于 2016 年 10 月 7 日出具的《法律意见书》一份,其中载明:

"在香港法律上,信托是一项衡平法上的义务,用以约束一个人为了他人的利益来处理在受托人控制下的财产,称作信托财产。推定信托或法律构成信托,并不是根据成文法规定,而是通过判例确定。"

"推定信托意思是指虽然甲方与乙方并没有为财产明确设立任何信托协议(包括口头或书面协议),但基于衡平法的原则下,有关财产可能属于信托财产,其中一方为受托人,而另一方或双方同时为实益人。故即使其中一方是财产的法定拥有人,但未必是财产的唯一实际权益拥有人或拥有全部实际权益,而是以受托人的身份代实益人持有全部或部分法定权益。"

"共同意图推定信托较适用于夫妻关系,通常要构成共同意图推定信托有 2 项条件:第一,甲方与乙方在购买财产时(或在例外情况下,购买财产后),双方均有意图共同拥有财产权益;第二,其中一方依据该共同意图,作出令其个人利益受损的行为,例如甲方付出购买该财产的金额或缴付(因购买该财产而产生的)按揭贷款额。那么,即使甲方与乙方之间缺乏任何书面协议,共同意图推定信托亦有可能成立。"

"共同意图,可以是明示或推定。若明示共同意图,双方需曾明言协议,安排或达成共识。若为推定共同意图,法官可根据双方的行为推定。支持推定共同意图的情形有多样,不只限于金钱的投入,还包括购买财产的原因、两人的关系状况、购买财产的资金来源、(如是夫妻关系)两人是否有儿女抚养而购置财产、两人的财政是否独立及两人如何负担家庭支出等。衡平法之下,并没有规限法院可考虑的因素和行为。法院会综合考虑及衡量所有有关因素后,裁定当时双方是否有共同意图。"

原告张某某诉称,本案系不动产物权纠纷,依据《中华人民共和国涉外民事关系法律适用法》第三十六条之规定,故本案应适用系争房屋所在地法律,即中华人民共和国内地法律(以下简称内地法律)。内地法律应认定为许某某及张某某的生活中心及经常居所地。即便按照《中华人民共和国涉外民事关系法律适用法》第二十四条之规定,在许某某与张某某就本案纠纷适用法律并无选择协议的情况下,也应适用共同经常居所地法律即《中华人民共和国婚姻法》的相关规定,认定系争房屋产权归张某某与许某某共有,故起诉请求判令系争房屋归张某某与许某某共有。

被告许某某辩称,许某某与张某某均系香港居民,双方于 1987 年在香港缔结婚姻关系,两人间的民事法律关系并没有发生变更及消灭,此时许某某与张某某均居住于香港,以香港作为生活中心,双方的经常居所地均为香港,故根据《中华人民共和国涉外民事关系法律适用法》第二十四条规定,双方的纠纷应适用共同经常居所地法律即在中华人民共和国香港特别行政区实施的法律(以下简称香港法律)。根据香港法律规定,夫妻婚后财产的处分,除双方有明确的协议外或存在推定信托外,应适用夫妻分别财产制,婚后取得但登记在一方名下的财产,应由该方取得完全的处分权和所有权。系争房屋由许某某购买,并由许某某支付购房款及归还银行贷款,许某某与张某某间就系争房屋归属不存在推定信托的情形,系争房屋应归许某某所有,张某某对系争房屋不享有任何权利。

审 判

一审法院经审理后认为,张某某、许某某均中国香港地区居民,婚姻缔结地为中国香港,不动产所在地为中国上海,共同经常居住地为中国上海,在双方无法协议选择适用法律的情况下,张某某要求适用《中华人民共和国婚姻法》,符合《中华人民共和国涉外民事关系法律适用法》的规定。张某某提供的证据可证明张某某、许某某系夫妻关系,系争房屋的权利取得在婚姻关系存续期间,根据《中华人民共和国婚姻法》的规定,夫妻在婚姻存续期间取得的财产,除另有约定外,归夫妻共同所有。张某某基于与许某某的夫妻关系主张共有应予支持。一审法院依照《中华人民共和国婚姻法》第十七条之规定,判决:一、系争房屋归张某某、许某某共同共有。二、许某某应于判决生效之日起十日内,协助张某某办理系争房屋产权变更登记至张某某、许某某名下的过户手续。

一审判决后,许某某不服,以一审同样理由提起上诉。

二审法院经审理后认为,张某某基于与许某某的婚姻关系而要求确认系争房屋所有权归双方共同共有,故本案纠纷的实质是基于婚姻关系所产生的财产纠纷,具有更强的人身属性,应优先适用《中华人民共和国涉外民事关系法律适用法》第二十四条关于夫妻财产关系的规定。

本案中,双方未协议选择适用的法律,故首先应适用共同经常居所地法律。双方在缔结婚姻关系时,共同经常居所地为香港特别行政区,故本案冲突规范所指向的实体法律应适用香港特别行政区的相关法律规定。二审中,张某某与许某某一致认可,香港特别行政区法律实行的是夫妻分别财产制,但若存在夫妻财产推定信托的情形,可认定登记在夫妻一方名下的不动产为夫妻共有。系争房屋由许某某签订合同购买、支付首付款、申请并分期归还银行贷款,产权登记在许某某名下,并由许某某实际管理、出租,张某某并未对取得系争房屋作出贡献,也未实际管理、使用系争房屋。综合上述情况,二审法院认为,由于香港特别行政区实行的是夫妻分别财产制,同时张某某与许某某就系争房屋不存在推定信托的情形,故系争房屋产权应归徐某某一人所有。由此,二审法院依据《中华人民共和国涉外民事关系法律适用法》第二条、第八条、第二十四条,《中华人民共和国民事诉讼法》第一百七十条第一款第二项,《最高人民法院关于适用〈中华人民共和国涉外民事关系法律适用法〉若干问题的解释(一)》第一条、第十五条、第十八条、第十九条之规定,判决:撤销一审判决,改判驳回张某某的诉讼请求。

点 评

本案系涉港婚姻关系中的不动产确权纠纷,一方要求确认登记于对方名下之不动产属双方共同共有。

本案争议焦点首先在于应选择适用何种冲突规范。一方主张,本案涉夫妻财产关系,应适用《中华人民共和国涉外民事关系法律适用法》(以下简称《法律适用法》)第二十四条(当事人未选择时,先适用共同经常居所地之法律)。另一方则主张,系争标的物为不动产,故应适用《法律适用法》第三十六条(适用不动产所在地法律)。法院认定,此类纠纷形式上虽属不动产权属确认之诉,但实质上系基于婚姻关系之财产争议,故应依《法律适用法》第二十四条,首先适用夫妻共同经常居所地的法律。法院裁判具有合理性,契合该类案件的本质特征。

由此引发第二项争议,本案原被告双方之共同经常居所地如何认定。法院指出,本案争议系因双方特定身份关系而产生,故应以双方形成特定身份关系之时为确认双方经常居所地的时间节点。经法院查明,双方于 1987 年在香港登记结婚,且此前双方均长期居住于香港,故本案中,应认定香港其经常居所地。故法院最终适用香港法律,认定双方就系争房屋产权不存在香港法律中的推定信托,系争房屋登记于一人名下,应认定为其一人所有。

法院在裁判过程中紧扣本案纠纷的实质,从身份关系入手,确定应适用的冲突规范及共同经常居所地,理由充分,逻辑融贯,对类似案件有一定的借鉴意义。

案例提供单位:上海市第一中级人民法院
编写人:蒋庆琨
点评人:金可可

16. 杨某诉上海雾博信息技术有限公司运输合同纠纷案

—— 网约车司机未提供服务却扣款构成欺诈，
网约车平台应承担惩罚性赔偿责任

案 情

原告（上诉人）杨某

被告（被上诉人）上海雾博信息技术有限公司

2016 年 5 月 12 日晚，杨某使用 UBER APP 发送用车请求。车主"振威"接受请求后未提供用车服务，却在 UBER APP 上建立行程"19：54 从上海市徐汇区梅陇路某号至 20：04 上海市闵行区虹梅路某号（汽车：双人拼车，公里：2.97 公里，行程时间：00：10：14）"，并扣取杨某 25.65 元车费。后杨某花费 52 元乘坐出租车前往目的地。当晚杨某即向 UBER 投诉，UBER 表示将退还 25.65 元车费。杨某提出，除了退还车费外，UBER 还应承担出租车费差价 26.35 元并增加赔偿 500 元，否则将向运管部门举报，并诉诸民事诉讼。UBER 未满足杨某要求，杨某诉至法院。一审庭审中，杨某表示已经收到 UBER 退还的 25.65 元车费。

根据 UBER APP《中国用户使用条款》及《乘客服务协议》约定，贵阳吾步数据服务有限公司（以下简称吾步公司）拥有并实际运营 UBER 网站及 UBER APP 在中国的合法授权，上海雾博信息技术有限公司（以下简称雾博公司）系吾步公司的独家合作市场推广服务商；吾步公司、雾博公司仅提供信息技术服务且该服务免费，并不提供出租车辆、驾驶车辆或公共交通运输服务；乘客委托雾博公司通过 UBER APP 发布车辆需求信息后，雾博公司对信息进行整合处理并委托吾步公司通过 UBER APP 进行发布并撮合乘客与第三方服务提供方成交；第三方电子支付服务商将乘客账户与 UBER 账户进行关联，成交价格将通过电子支付服务商直接支付合作司机。

原告杨某诉称，请求判令雾博公司返还 25.65 元车费并承担出租车费差价 26.35 元（52 元－25.65 元）；增加赔偿损失 500 元（根据《中华人民共和国消费者权益保护法》第五十五条）。

被告雾博公司辩称,该争议发生于杨某与第三方车主之间,与雾博公司无关。UBER APP 是程式化设计,雾博公司不可能通过该软件实施欺诈。2016 年 5 月 12 日当晚,雾博公司就将 25.65 元车费全部退还杨某,而出租车费差价不属于杨某的损失。因此,请求驳回杨某的全部诉讼请求。

审 判

一审法院经审理后认为,依法成立的合同,对当事人具有法律约束力。本案中,杨某注册、使用 UBER APP,须事先同意该软件的《中国用户使用条款》及《乘客服务协议》。根据协议约定,杨某与第三方车主"振威"达成运输合同关系,雾博公司在撮合成交的过程中仅提供信息技术服务。第三方车主"振威"未履行合同,却通过 UBER 关联第三方电子支付服务商从杨某账户扣取 25.65 元车费,造成杨某损失,"振威"对此应当承担相应责任。现雾博公司已经返还 25.65 元车费,杨某的损失得到偿付,而出租车费系杨某前往目的地本应支付的必要费用,其差价不属于损失范畴,故对杨某的诉讼请求第一项不予支持。至于增加赔偿损失 500 元,因 UBER APP 系程式化设计,杨某未能提供充分证据证明雾博公司通过该软件提供信息技术服务时实施了欺诈行为,故对该项诉请亦不予支持。庭审中,杨某称根据《网络预约出租汽车经营服务管理暂行办法》规定,雾博公司应当作为承运人承担责任,由于该法尚未实施,不予参照适用。据此,一审法院依照《中华人民共和国合同法》第八条、《最高人民法院关于民事诉讼证据的若干规定》第二条的规定,判决:驳回杨某的全部诉讼请求。

杨某不服一审判决,提起上诉称,UBER 并非非营利机构,其有自身的营利模式,即抽取一定比例的用车费用,在使用 UBER 软件时,乘客也是将车费支付给 UBER 而非司机。乘客发送用车需求后,UBER 软件派车,而非乘客自主选择司机。因此,从服务模式和付款方式看,雾博公司为服务提供者。一审法院查明雾博公司仅提供信息技术服务并不提供运输服务的事实,仅通过雾博公司自己起草的《中国用户使用条款》及《乘客服务协议》,并没有任何客观证据。当时杨某发现司机开始计费后,曾与司机电话沟通,司机否认开始计费,该交易时长达 10 分钟,路程近 3 公里,如是"误载"不可能持续如此长的时间和路程,应构成"欺诈"。事后杨某要求雾博公司提供车主信息,雾博公司亦未予回复,作为网约车平台应承担相应责任。《网络预约出租车经营服务管理暂行办法》明确网约车平台公司承担承运人责任,虽事发当时该办法尚未施行,但未施行不能说明雾博公司当时就不是承运人,该办法恰恰是对网约车平台身份和地位的确认。因此,杨某上诉请求撤销一审判决,依法改判雾博公司向其赔偿 26.35 元,增加赔偿 500 元。

雾博公司书面辩称,根据杨某当时的情况说明,UBER 已经根据投诉核实后及时退款。乘客的订单需求下达后,UBER 按照程序设计匹配司机,计算机系统程序无欺诈之故意,而且 UBER 平台也为杨某提供了投诉救济渠道,及时核实并返还钱款,并无非法占有的目的。一审法院认定事实清楚,适用法律正确,故不同意杨某的上诉请求,要求驳回上诉,维持一审判决。

二审法院经审理查明:《乘客服务协议》约定,本乘客服务协议由乘客与上海雾博信息技术有限公司共同签署。乘客进一步同意根据 UBER 软件和产品的指派,接受由 UBER 软件和产品匹配的独立的第三方服务提供方直接提供的服务。雾博公司为乘客提供的服务是免费的,但乘客就每一项服务应向相关第三方服务提供方支付的费用将由 UBER 软件和产品自动根据 UBER 用户使用条款的规定计算得出并通知乘客。

雾博公司在一审审理中表示,打车流程由司机操作,付款不需要杨某确认。并明确 25.65 元已从杨某处划出,但无法查明杨某是否接受了服务,为处理纠纷,将25.65 元予以退款。

二审法院经审理后认为,本案二审中的争议焦点为:与杨某建立合同关系之相对方是谁、双方建立的为何种合同关系;合同相对方是否构成欺诈。

一、与杨某建立合同关系之相对方是谁、双方建立的为何种合同关系

根据已查明事实,乘客使用 UBER 软件发送用车请求后,系由 UBER 软件进行匹配并指派车辆,由 UBER 软件计算车费,待用车结束由 UBER 软件扣取车款,综合上述行为特征,有理由相信与杨某建立合同关系之相对方为拥有 UBER 软件在中国合法授权的吾步公司的独家合作市场推广服务商——雾博公司,且双方之间成立事实上之运输合同关系。杨某上诉称雾博公司应承担承运人责任,合法有据,予以认可。

虽雾博公司一方在《中国用户使用条款》及《乘客服务协议》一再称其仅提供信息技术服务,并不提供出租车辆、驾驶车辆或公共交通运输服务,系撮合乘客与第三方服务提供方成交,等等。但上述内容均系乘客注册软件时雾博公司一方提供之格式协议中之所称,并不能以此代表乘客与雾博公司之间真实发生之关系,更不能以此否认事实上双方间存在运输合同之实质内容。一审法院仅根据上述条款及协议之格式化内容,认定杨某与第三方车主"振威"达成运输合同关系,雾博公司在撮合成交的过程中仅提供信息技术服务,缺乏事实依据,不予认同。

据上所述,一审法院认定本案案由为服务合同纠纷欠妥当,应认定为运输合同纠纷,在此予以指出并更正。

二、合同相对方是否构成欺诈

杨某作为乘客通过 UBER 软件叫车,司机"振威"在未接到乘客的情况下,自行虚构持续时间超过 10 分钟、行驶里程为 2.97 公里之交易,并通过 UBER 软件扣取车费 25.65 元。该笔虚构之交易所涉金额虽小,然性质实属恶劣,欺诈之故意明显,作为与杨某建立运输合同关系之相对方即承运人——雾博公司构成欺诈,应承担相应之赔偿责任。现 25.65 元已由雾博公司退还,杨某上诉请求根据《中华人民共和国消费者权益保护法》第五十五条之规定增加赔偿其损失 500 元,合法有据,予以支持。

杨某上诉请求雾博公司承担出租车差价费 26.35 元,但 2016 年 5 月 12 日杨某通过 UBER 软件所叫车辆系"双人拼车",而事后其乘坐出租车系单人出行,二者所代表之服务并非等同,在 25.65 元已由雾博公司予以退还的情况下,差价费 26.35 元系杨某享受单人乘坐出租车出行所应承担之必要费用,并不属于其损失,故对该请求不予支持。据此,二审法院依照《中华人民共和国合同法》第一百一十三条第二款、《中华人民共和国消费者权益保护法》第五十五条第一款、《中华人民共和国民事诉讼法》第一百七十条第一款第(二)项之规定,判决:一、撤销一审判决;二、上海雾博信息技术有限公司于判决生效之日起十日内支付杨某人民币 500元;三、驳回杨某其余诉讼请求。

点 评

网约车关系是近年出现的新的民事合同关系,本案在法律未对网约车作出规定的情况下,对网约车法律关系从实际生活中发现提炼法律关之规则:乘客乘坐网约车出行,乘客与网约车平台形成事实上的运送合同关系,网约车司机为网约车平台履行合同义务之履行辅助人。这一认定完全正确,可供同类案件审判参考,亦可供编纂中的民法典合同编采用为法律条文草案。基于这一认定,本案基于网约车司机接单后未提供服务而收取车费构成欺诈之事实,适用《中华人民共和国消费者权益保护法》第五十五条惩罚性赔偿之规定,判决网约车平台对辅助履行义务司机的欺诈行为,承担惩罚性赔偿责任。其旅行辅助者,实际是被用人,网约车平台是其使用人,适用的是用人单位责任法理,正确无误。适用消费者保护法规定的十倍惩罚性赔偿,既可鼓励消费者对小额损害积极行使索赔权,又可惩罚欺诈行为,预防同类侵权行为,维护网约车民事关系秩序。

案例提供单位:上海市第一中级人民法院

编写人:单 珏 潘静波

点评人:刘世国

17. 王某诉陈某等民间借贷纠纷案

——涉高利贷借贷被合法化的司法防范

案 情

原告（上诉人）王某

被告（上诉人）陈某

被告（被上诉人）袁某

陈某与袁某于 1987 年 2 月 23 日结婚，2016 年 2 月 4 日离婚。2012 年 5 月 12 日，王某通过银行转账向陈某交付 50 万元，陈某向王某出具借条，同时双方订立抵押借款协议书，协议书约定借款月利率为 2.3%。2013 年 12 月 6 日，王某分两次通过银行转账向陈某交付 19 万元，陈某向王某出具借条，确定借期到 2014 年 3 月 11 日，月利率为 2%。2014 年 11 月 11 日，陈某向王某出具借条，确定为其向王某借款现金 15 万元，借期为 6 个月，利息按 2%/月计。同时，陈某在 2014 年 11 月 11 日出具的借条上再次确认了上述三笔债务。2012 年 5 月 12 日，陈某将名下上海市宝山区长江西路 1180 号某室房屋进行抵押登记，抵押权人为王某，债权数额为 50 万元。

王某向法院起诉：要求陈某、袁某返还钱款 84 万元并按照年利率 24% 计算，支付该款利息，并要求判决王某对于陈某名下位于上海市宝山区长江西路 1180 号某室房屋在确定的债务范围内享有优先受偿权，折价或拍卖、变卖上述房产后所得价款由王某优先受偿，不足部分仍由陈某、袁某继续清偿。

被告陈某辩称，借款实际出借人系案外人王某某，但其不肯以自己名义出借，就以原告名义出借，借款 40 万元，到手后，王某某直接拿走 5.5 万元，实际借款为 34.5 万元。之后的 50 万元及 19 万元钱款，到账后直接就被王某某转走了，故被告认可借款数额为 34.5 万元，现愿意归还借款 40 万元，并支付利息。借款用于办厂，是被告人陈某个人债务。

被告袁某辩称，对于借款事情并不清楚，被告陈某确实办过厂，资金来源不清楚，现不同意原告诉请。

审 判

一审法院经审理后认为，根据王某提供的银行转账凭证以及借条，可以确定在

2012 年 5 月 12 日及 2013 年 12 月 6 日,陈某收到王某交付的借款共计 69 万元,故陈某应当归还上述借款。王某另行主张的 15 万元借款,现仅有借条,而无银行凭证等证据予以作证借款实际交付,因该笔债务数额较大,且根据王某所述的交付方式违背了通常大额借贷的交付方式,故法院对该笔债务真实性不予确认。王某主张按照年利率 24% 支付借款利息,根据双方约定,并无不当,可予支持。上述系争债务发生在陈某与袁某婚姻关系存续期间,王某主张由陈某与袁某连带清偿,符合法律规定,法院支持。王某系上海市宝山区长江西路 1180 号某室房屋抵押权人,其主张的相关抵押权,符合法律规定,法院支持。据此,一审法院依照《中华人民共和国合同法》第二百零六条之规定,判决:一、陈某于判决生效之日起十日内,归还王某借款 50 万元,并按照年利率 24% 计算,支付该款自 2012 年 5 月 12 日起至判决生效之日止之利息;二、如陈某不履行上述第一项义务,王某有权对陈某位于上海市宝山区长江西路 1180 号某室房屋行使抵押权,就拍卖、变卖所得价款优先受偿,不足部分,由陈某继续清偿;三、陈某于判决生效之日起十日内,归还王某借款 19 万元,并按照年利率 24% 计算,支付该款自 2013 年 12 月 6 日起至判决生效之日止之利息;四、袁某对于陈某上述一、三项义务承担连带责任。

一审判决后,王某、陈某均不服,王某认为,一审法院应支持其 2014 年 11 月 11 日借款 15 万元的诉请。陈某则上诉认为,陈某与王某之间不存在借贷关系,陈某其实与案外人王某某之间存在借贷关系,王某某是王某的老板。2010 年陈某向王某某借款 40 万元。关于王某主张的 2012 年 5 月 12 日 50 万元借款,当时其实是王某某要求陈某签写借条,并约定利息,之后王某通过银行转账打给陈某 50 万元,但王某某当时就把该 50 万元从陈某账户转至王某某本人账户。当时是说为了办理房屋抵押,同时将陈某名下位于上海市宝山区长江西路某房屋作抵押登记。关于王某主张的 2013 年 12 月 6 日 19 万元借款,王某某以同样的方式将该 19 万元通过现金取走。故请求二审撤销原审判决,依法改判。

二审法院经审理查明:关于 2012 年 5 月 12 日借款 50 万元,法院依职权调取了陈某于 2012 年 5 月 12 日的农业银行银行卡取款凭条、王某某于 2012 年 5 月 12 日的农业银行交易明细和银行卡存款凭条,查明:2012 年 5 月 12 日,案外人王某某将该 50 万元通过银行转账至王某名下后,王某于同日将该 50 万元转至陈某名下,随后,陈某又于同日将该 50 万元转至案外人王某某名下。关于 2013 年 12 月 6 日借款 19 万元,陈某表示,其收到王某转账的 19 万元后又将该款项取出,并现金交付给案外人王某某。法院依职权调取了陈某于 2013 年 12 月 6 日的农业银行交易明细以及王某于 2013 年 12 月 6 日的农业银行交易明细,查明:2013 年 12 月 6 日,案外人王某某通过银行转账给王某 55 万元(在此之前王某的账户余额为 86.89元),王某于同日将其中 19 万元转至陈某名下,随后,陈某又于同日将该 19 万元现金取出。王某某于 2013 年 12 月 6 日将现金 10 万元存入其名下农业银行账户。

二审法院经审理后认为,民间借贷合同属于实践合同,需要有双方的借贷合意以及出借人支付款项的事实。本案最主要的争议焦点在于王某是否将系争借款款项实际交付给陈某。上诉人陈某主张,其与王某之间不存在借贷关系,且未实际取得系争借款款项。王某只是名义借款人,实际借款人为案外人王某某。王某将系争借款交付给陈某后,又被案外人王某某当即取走。涉案款项共计三笔:2012 年 5 月 12 日的借款 50 万元、2013 年 12 月 6 日的借款 19 万元以及 2014 年 11 月 11 日的借款 15 元。

关于 2012 年 5 月 12 日的借款 50 万元,法院查明的事实与陈某陈述的情况一致。尽管该 50 万元系由陈某从王某处收到,但该 50 万元最初由案外人王某某提供,并最终被案外人王某某取走。据此,法院认定王某并未实际交付该 50 万元给陈某。虽然王某之后又表示该 50 万元系对王某与陈某之间原有的 40 万元借款的重新结算,但未能提供其本人名下的交付凭证予以佐证,且二审中,王某对该 50 万元资金来源陈述前后不一,故法院不予采信。

关于 2013 年 12 月 6 日的借款 19 万元,该款项由王某分两次通过银行转账形式交付给陈某。陈某表示该 19 万元以上述同样方式最终被案外人王某某以现金方式取走。结合法院依职权调取的证据,陈某的相关陈述具有高度可能性,法院予以采信。王某未能提供充分确凿的证据予以反驳,故法院认定王某并未实际交付该 19 万元给陈某。

关于 2014 年 11 月 11 日的借款 15 万元,由于王某未提供任何交付凭证,且结合法院查明的本案其他相关事实,法院对王某的该项主张,不予采信。

至于陈某在庭审中表示其与案外人王某某之间具有实际借贷关系,不属于本案的审理范围,法院不予处理。

综上,二审法院依照《中华人民共和国合同法》第二百一十条、《最高人民法院关于审理民间借贷案件适用法律若干问题的规定》第二条第一款、《中华人民共和国民事诉讼法》第一百七十条第一款第二项之规定,判决:一、撤销一审判决;二、驳回王某的诉讼请求。

点 评

本案当事人陈某因向案外人华某借款 40 万元未还,案外人王某某便与当事人王某合伙实施欺诈行为套取陈某财产,由王某某分两次转给王某分别为 50 万元、19 万元,由王某假借给陈某,以办理陈某房屋抵押为由骗取陈某将两笔款如数转给王某某,然后由王某出面向法院索取借款及利息。一审法院只依据王某提供的借条证据,判决陈某偿还两笔所谓贷款和利息。二审法院依据陈某提供的转给案外人王某某的情况,主动查证银行账目往来,发现王某并非实际借贷人,案外人王某某有犯罪嫌疑,判决撤销原判,驳回王某诉讼请求。二审法院将王某某、王某所涉金融犯罪嫌疑,移送公安机关。本案二审法院发现疑点,以职权主动调查银行流水账目,识破犯罪嫌疑人行为,这一经验值得肯定,对处理涉及民间借贷有犯罪嫌疑案件有参考价值。

案例提供单位:上海市第二中级人民法院

编写人:刘　婷

点评人:刘世国

18. 上海立瞩建筑安装工程有限公司诉上海美和医疗工程有限公司建设工程合同纠纷案

——建设工程分包合同中约定承包方向分包方付款进度略低于建设单位(业主)向发包方付款进度的"背靠背"支付条款如何认定

案 情

原告(上诉人)上海立瞩建筑安装工程有限公司

被告(被上诉人)上海美和医疗工程有限公司

2013 年 3 月,上海立瞩建筑安装工程有限公司(以下简称立瞩公司)、上海美和医疗工程有限公司(以下简称美和公司)签订《上海美兰湖国际和平妇幼保健院医疗综合大楼洁净手术部、产房、新生儿室精华装修工程项目施工合同》(以下简称《施工合同》),约定立瞩公司承包的具体工程为暖通、弱电、空调供回水主管安装等,合同对工程项目付款方式约定如下:工程完工验收合格后,美和公司付款至总价的 80%,结算后付款至结算总价的 95%,余款 5% 作为质量保修金,质保期满后三个月内支付。立瞩公司、美和公司为长期合作伙伴,施工过程中的付款比例总体应略低于建设单位(业主)给美和公司的付款比例,若因业主支付迟延而不能满足上述支付条件时,则按业主支付比例进度付款,立瞩公司有义务配合美和公司共同向业主催款;质保期为 2 年。

后立瞩公司依合同施工。2014 年 1 月 5 日,美和公司出具了施工单位为立瞩公司的涉案工程的《工程审价审定单》,审定结算总造价为 1 013 859.30 元。美和公司已支付立瞩公司工程款 668 942 元。后因美和公司一直未给付剩余工程款,立瞩公司诉至法院主张剩余工程款。

原告立瞩公司诉称,2013 年 3 月 12 日,原、被告签订《施工合同》,约定由原告承包洁净手术部、产房、新生儿室净化装修工程,承包内容为暖通及弱电,合同为固定总价,总造价为人民币 941 561.18 元,如施工内容发生变化,出现增减,经双方确认可调整。2014 年 1 月 5 日,在原告按约完成工程后,双方对工程总价进行审定,一致确认工程总价款为 1 013 859.30 元。截至原告起诉之日,被告仅支付原告工程款 668 942 元,仍有 344 917.30 元未支付,故诉至法院,请求判令被告支付原告工程款 344 917.30 元,并支付该款自 2014 年 1 月 6 日起至实际付清之日止的按中国人民银行同期贷款利率计的利息。

被告美和公司辩称,对合同事实及欠款金额确认,但合同中有过约定,若因业主支付迟延而不能满足上述支付条件时,则按业主支付比例进度付款,乙方有义务配合甲方共同向业主催款。现被告与业主结算还未完成,经被告方财务审核业主支付被告的工程款金额为合同价款(被告与业主之间的合同)的 75%,被告已支付杨某某的工程合同价款比例为 66%,现愿意再支付 9% 差额的工程价款及相对应部分的利息。另合同主体为杨某某个人,原告主体不适格,且被告至今未收到已付款对应的发票。

审 判

一审法院经审理后认为,本案争议焦点集中在涉案工程款的支付条件是否已经成就。立瞩公司认为系争工程已经竣工验收且美和公司也已经出具了《工程审价审定单》确认了工程结算总造价。至双方涉诉,系争工程早已交付使用且已经经过了质保期,因此主张美和公司应当全额支付剩余工程款。美和公司则认为,双方签订的《施工合同》中明确约定了施工过程中的付款比例总体应略低于建设单位(业主)给美和公司的付款比例,若因业主支付迟延而不能满足上述支付条件时,则按业主支付比例进度付款。现业主仅支付了美和公司合同价款(美和公司与业主之间的合同)的 75%,而美和公司已支付了立瞩公司合同价款(美和公司与立瞩公司之间的合同)的 66%,故美和公司须再支付立瞩公司 9% 差额的工程价款即可。

一审法院认为合同双方应当信守约定,各自履行自己的义务。美和公司已经出具《工程审价审定单》,涉案工程总造价法院予以确认。本案中,美和公司提供了其与业主方往来款的证明,该证明显示的数据与美和公司自述的收款比例相吻合,该证据法院予以采信。鉴于双方在合同中就付款方式附有条件,应当按照"有约定从约定"的原则处理,立瞩公司目前要求美和公司全额付款有违约定,一审法院根据《中华人民共和国合同法》第六十条的规定,判决:一、被告上海美和医疗工程有限公司应于判决生效后十日内支付原告上海立瞩建筑安装工程有限公司人民币91 452.48 元;二、被告上海美和医疗工程有限公司应于判决生效后十日内支付原告上海立瞩建筑安装工程有限公司以前项中应付金额为本金的自 2014 年 1 月 6 日起至判决生效之日止的按中国人民银行同期贷款利率计的利息。故本案中,法院仅对不足 75％部分的价款予以支持,其余款项待条件成就时履行。

立瞩公司不服一审判决,上诉称,2013 年 3 月 12 日,立瞩公司、美和公司签订《施工合同》,约定由立瞩公司承包洁净手术部、产房、新生儿室净化装修工程,承包内容为暖通及弱电。2014 年 1 月 5 日,立瞩公司按约完成工程后,双方对工程总价进行审定,一致确认工程总价为人民币 1 013 859.30 元,但美和公司仅支付工程款668 942 元,仍有 344 917.30 元未支付。虽然双方在合同中约定:"施工过程中的付款比例总体应略低于建设单位(业主)给美和公司的付款比例,若因业主迟延支付而不能满足支付条件时,则按业主支付比例进度付款。"但是,美和公司没有证据证明业主方存在迟延付款的情形,况且美和公司从未向业主起诉催讨工程款,故本案不适用该条款。综上,请求二审法院依法改判,支持立瞩公司在一审中的全部诉讼请求。后立瞩公司变更上诉请求,仅要求美和公司支付工程款 344 917.30 元。

美和公司辩称,涉案合同项下的工程款结算条款为"背靠背"条款,即若因业主支付迟延而不能满足支付条件时,则按业主支付比例进度付款。美和公司已经提供证据证明业主方尚未与美和公司最终结算和付款,目前业主仅支付了美和公司合同价款(美和公司与业主之间的合同)的 75％,而美和公司已支付了立瞩公司合同价款(美和公司与立瞩公司之间的合同)的 66％,故美和公司须再支付立瞩公司9％差额的工程价款及相应利息即可,剩余工程款暂时不应再支付。故请求二审法院驳回立瞩公司的上诉请求。

二审法院经审理后认为,合同约定付款方式系双方合意之结果,虽然合同约定美和公司按照业主支付进度付款,但依据诚实信用原则,美和公司负有积极向业主主张工程款之义务以确保其与立瞩公司之间的合同得以履行。涉案工程早已完工并交付使用,合同约定的 2 年质保期也已届满,然美和公司作为总包方一直没与业主就整个工程结算,对此美和公司未能提出正当理由,亦未向业主提起诉讼主张工程款,鉴于美和公司在合理期限内怠于向业主主张工程款,故美和公司再以此作为拒付全额工程款的抗辩理由实难被法院采纳。综上,立瞩公司要求美和公司支付涉案工程全部剩余工程款的诉讼请求应得到支持。据此,二审法院依照《中华人民共和国民事诉讼法》第一百七十条第一款第(二)项之规定,判决:一、撤销一审法院判决;二、上海美和医疗工程有限公司应于判决生效之日起十日内支付上海立瞩建筑安装工程有限公司人民币 344 917.30 元。

点 评

"背靠背"支付条款是将建设单位(业主)向承包方支付工程款作为承包方向分包方支付工程款之条件,形式上属于附条件的合同条款。考察我国目前现行法律法规,尚未有对"背靠背"支付条款的效力性禁止规定,也没有禁止分包合同中的付款条款附条件,付款条件与建设单位付款进度相联系,也实难称得上违反公序良俗。因此,"背靠背"支付条款应当是有效的附条件支付条款。判决对附条件条款的认定是正确的。在建设单位向发包方付款后,承包方向分包方略迟的付款的期限,必须是一个合理期限,如承包方不积极向建设单位主张工程款超出合理期限,亦属违约行为,应承担向分包方履行付款的责任。本案二审法院认定,涉案工程早已完工并交付使用,合同约定的 2 年保质期也届满,总承包方不与业主就整个工程款及时结项,也未就此向业主提起诉讼,亦未提出不履行义务的正当理由,拒付未付工程款的抗辩理由难被法院采纳,故判决其承担付清安装工程款的责任。二审法院对合理期限的认定符合法理和公平正义的观念,其判决公正合理合法。

案例提供单位:上海市第二中级人民法院

编写人:徐　晨

点评人:刘世国

19. 罗某甲等诉韩某某等所有权
确认纠纷案

——公房承租权转让合同的效力性分析

案 情

原告(上诉人)罗某甲

原告(上诉人)罗某乙

被告(被上诉人)韩某某

被告(被上诉人)郭某某

两原告分别系被继承人罗某丙的哥哥、妹妹,被告韩某某系被继承人的母亲,被告郭某某系被继承人的妻子。罗某丙于 2015 年 12 月 2 日去世,其父罗某丁于 2002 年 4 月 9 日报死亡,被继承人无子女。

又查明,被继承人罗某丙系上海市旧仓街某号公房的承租人。2012 年 11 月 24 日,罗某丙(乙方)与上海市黄浦区住房保障和房屋管理局(代理人为黄浦区第一房屋征收事务所)(甲方)签订上海市国有土地上房屋征收补偿安置协议一份,协议第二条约定,乙方罗某丙(所有人或承租人)的房屋坐落于旧仓街某号,房屋类型为旧里住宅,房屋性质公房,面积 10.4 平方米。补偿方案为乙方选择房屋产权调换,房屋坐落于某镇南拓展基地韵意 05-05 地块西单元某幢 704 室,即本案系争房屋松江区某镇泽悦路某弄 15 号 704 室。协议并对其他补偿方式作出了约定。2015 年 9 月 22 日,罗某丙取得上述系争房屋的沪房地松字(2015)第 028845 号房地产权证,权利人为罗某丙,面积 77.31 平方米。

两原告为证明其主张,向法院提交了 2004 年 6 月 30 日与被继承人罗某丙签订的上海市公有住房承租权转让合同一份,罗某丙为甲方(转让方),两原告为乙方(受让方),合同约定,甲方将其承租的坐落于黄浦区旧仓街某号底楼后厢房面积 10.4 平方米的公有住房承租权转让给乙方,转让价格为 118 000 元,两原告各出资 59 000 元,享有二分之一权益。甲方同意在 2004 年 7 月 10 日前将房屋交付给乙方使用。罗某甲与罗某乙分别于 2004 年 6 月 30 日前各支付 25 000 元,2005 年 6 月 30 日前各付清 34 000 元。被告韩某某作为同住成年人盖章同意。两原告同时提供了收条两份和收据三份,收条分别为:落款日期为 2004 年 5 月 19 日,今收到沈某某(罗某甲之妻)购买旧仓街某号底楼后厢房定金 5 000 元。落款日期为 2004年 5 月 25 日,今收到沈某某购买旧仓街某号底楼房屋 2 000 元。收据分别为落款为 2004 年 5 月 30 日、2004 年 6 月 6 日、2005 年 11 月 10 日收到罗某乙购买旧仓街房屋 10 000 元、15 000 元和 34 000 元,收款人均为罗某丙。被告郭某某对上述上海市公有住房承租权转让合同和收条、收据的真实性均不予认可。

法院同时查明,两被告为被继承人罗某丙遗产继承纠纷一案,尚在上海市黄浦区法院审理中。

原告罗某甲、罗某乙诉称,两原告分别系被继承人罗某丙的哥哥、妹妹,被告韩某某系被继承人的母亲,被告郭某某系被继承人的妻子。两原告曾于 2004 年与被继承人罗某丙签订承租权转让合同一份,约定被继承人作为承租人的旧仓街某号房屋的承租权转让给两原告,被继承人不再享有任何权益。两原告依合同的约定支付了被继承人转让款 118 000 元。后因客观原因未完成变更登记导致动迁时的受益人仍旧为被继承人。现被继承人罗某丙于 2015 年 12 月 2 日去世,两被告要求继承该套房产。为维护两原告的合法权益,故起诉要求依法判令松江区泽悦路某弄 15 号 704 室房屋的产权归二原告共有。

被告韩某某辩称,同意原告诉请,对事实和理由部分无异议,涉案房产应该是两原告共有,对原告的诉讼请求无异议。

被告郭某某辩称,不同意原告诉请,原告所述不属实,要求驳回原告的诉讼请求。理由:(1)涉案房产系被告郭某某配偶罗某丙生前的房产,与本案两原告无关;(2)对原告诉状中陈述的事实,真实性不予认可,没有发生过租赁房屋转让一事,转让合同和收条均是不真实的,也从来没有收到过合同载明的金额,原告没有证据证明罗某丙收到了购房款。而且被继承人在动迁协议上的签字以及其他签字,与转让合同的签字和收条的签字都不一致;(3)动迁的时候原告从未到动迁办提出过异议,即使在被告郭某某将系争泽悦路房屋装修用于婚房的时候原告也未提出过异议,综上转让合同和收条都是不真实的。

审 判

一审法院经审理后认为,公房租赁权的转让,其法律性质为公房租赁合同中承租人权利义务的有偿性概括移转。依《中华人民共和国合同法》规定,承租人概括移转租赁合同的权利义务,应征得合同另一方当事人即出租人的同意,包括事先同意或事后认可。下列情形之一即可表明出租人已事后认可公房使用权之转让:(1)原承租人转让前未征得出租人之书面同意,但出租人事后办理了公房承租户名变更手续的;(2)原承租人转让前未征得出租人之书面同意,但受让人已实际入住,并以承租人的意思缴付租金,出租人也予以收取的,应依据诚实信用原则,推定出租人已经知道或应当知道承租权已转让,并事实上认可了该转让行为。本案中,原告基于与被继承人罗某丙签订的上海市公有住房承租权转让合同及相关的收条收据主张旧仓街公房已经转让给两原告,但转让合同并未征得原产权人或出租人上海市物资学校及房管部门的事先同意或备案,也未有证据表明得到过事后追认。合同签订后,作为受让人的两原告也未实际入住或使用,并以承租人的意思缴付租金,原告主张的转让协议签订后委托被告韩某某出租的意见,未向法院提供证据,也未得到被告郭某某的认可,法院难以采信。况且,旧仓街某号房屋征收补偿安置协议由被继承人作为房屋所有权及承租人签订,动迁安置补偿利益由被继承人取得,动迁安置房也登记于被继承人名下,动迁安置实施过程中两原告亦未向动迁部门主张过权利。综上,该承租权转让合同虽事先征得了共同居住人韩某某的同意,但未得到产权人或出租人的同意或追认,法院确认该转让行为无效,本案系争房屋属于被继承人罗某丙所有。原告的诉讼请求,法院不予支持。一审法院依照《中华人民共和国合同法》第八十八条、《中华人民共和国物权法》第十七条、《中华人民共和国民事诉讼法》六十四条的规定,判决:驳回原告罗某甲、罗某乙的诉讼请求。

一审判决后,原告罗某甲、罗某乙不服一审判决提起上诉,二审判决驳回上诉,维持原判。

点 评

本案系争房屋,为被继承人生前取得的房屋征收补偿安置房屋,而所征收房屋为被继承人生前享有的公房租赁房屋。案件的关键是所涉公房承租权转让是否有效。本案原告虽声称支付承租权转让款 11.8 万元,但公房承租权转让必须征得出租人同意或者事后认可,而本案欠缺这一关键事实,因此,法院认定公有房屋承租权未经转让,故原告无权取得公租房征收补偿安置房屋的所有权是正确的。至于原告提出的转让合同与转让款收条是否属实,因被继承人遗产继承另案处理中,原告如能证明属实并未过时效可要求从遗产中偿还此项债务,对系争房屋已无意义。另韩某某为两原告母亲,虽认可承租转让合同效力,也不能改变公有房屋未经出租人同意未能转让事实。案件判决也考虑了房屋征收安置协议、安置后房屋产权证领取及安置房登记均为被继承人的情节,原告当初并未对这些变更提出异议,认定原告提出的证据不足采信,也符合房屋产权登记对抗主义法理。房屋产权登记确认的是物权,其效力高于原告提出的合同之债之效力。

案例提供单位:上海市松江区人民法院

编写人:万小兰

点评人:刘世国

20. 李某某诉上海拓嘉电子商务有限公司买卖合同纠纷案

——论跨境代购合同中未粘贴中文标签的十倍赔偿适用

案 情

原告（被上诉人）李某某

被告（上诉人）上海拓嘉电子商务有限公司

被告上海拓嘉电子商务有限公司（以下简称拓嘉公司）在京东商城注册了名为"POSCN 官方旗舰店"的网店。用户"红旗 134"于 2016 年 8 月 3 日，向被告购买"日本生酵素 222 种天然果蔬浓缩 60 粒"5 包，单价为 108 元，合计 540 元，于 2016 年 8 月 13 日再次向被告购买"日本生酵素 222 种天然果蔬浓缩 60 粒"60 包，单价为 108 元，合计 6 480 元。订单的送货地址均为北京市朝阳区，收货人为李某某。订单成立后，被告按约发货。

原告诉称，涉案产品为日本进口产品，却没有中文标签，违反了《中华人民共和国食品安全法》关于进口的预包装食品、食品添加剂应当有中文标签、中文说明书的相关规定，该法同时规定生产不符合食品安全标准的食品或者销售明知是不符合食品安全标准的食品，消费者除要求赔偿损失外，还可以向生产者或者销售者要求支付价款十倍的赔偿金，据此原告要求被告按照相关法律规定退一赔十。故原告向法院提出诉讼请求：判令被告退还原告货款 7 020 元并赔偿 70 200 元。

被告辩称，首先，被告购买商品的行为系以营利为目的，不属于消费，不适用《中华人民共和国消费者权益保护法》；其次，被告销售的商品为日本直邮的商品，不需要中文标签，商品本身也未给原告造成损害，故不同意原告的诉讼请求。

审 判

一审法院经审理后认为，买卖合同是出卖人转移标的物的所有权于买受人，买受人支付价款的合同。根据原告提供的订单信息、信用卡对账单及其出示的商品实物，可以证明原、被告之间存在买卖合同关系。根据《中华人民共和国食品安全法》的相关规定，进口的食品、食品添加剂、食品相关产品应当符合我国食品安全国家标准,应当经出入境检验检疫机构依照进出口商品检验相关法律、行政法规的规定检验合格。进口的预包装食品、食品添加剂应当有中文标签;依法应当有说明书的,还应当有中文说明书。预包装食品没有中文标签、中文说明书或者标签、说明书不符合本条规定的,不得进口。同时,该法第一百四十八条第二款规定:生产不符合食品安全标准的食品或者经营明知是不符合食品安全标准的食品,消费者除要求赔偿损失外,还可以向生产者或者经营者要求支付价款十倍或者损失三倍的赔偿金。本案中,被告销售的进口预包装食品没有任何中文标签,且被告未提供证据证明其所销售的涉案食品符合我国食品安全国家标准,故原告要求被告退一赔十的诉讼请求,符合法律规定,法院予以支持。据此,一审法院依照《中华人民共和国食品安全法》第九十二条、第九十七条、第一百四十八条的规定,判决如下:一、被告上海拓嘉电子商务有限公司于本判决生效之日起十日内退还原告李某某货款7 020元,原告李某某同时退回涉案商品"日本生酵素222 种天然果蔬浓缩60 粒"65 袋,如原告李某某届时不能退回,则以每袋108 元的价格折抵应退货款;二、被告上海拓嘉电子商务有限公司于本判决生效之日起十日内赔偿原告李某某70 200 元。

被告不服提起上诉,二审法院经审理后认为,一审判决认定事实清楚,法律适用正确,判决驳回上诉,维持原判。

点 评

在被告不能证明是直邮代购并已向海关报税情况下,法院认定为现货代购之买卖合同,并依《中华人民共和国食品安全法》对不粘贴中文标签者认定为不合格产品,适用惩罚性赔偿之规定,完全正确。本案在法律对代购合同没有具体规定情况下,认定现货代购为两个不同的买卖关系,即代购者与销售者发生买卖合同关系后,再与实际购买者发生另一买卖合同关系,实际为间接代理或者行纪合同,代购人专营此项业务,应在其售出产品中遵守法律要求粘贴中文标签。这一认定符合客观实际,可供审理同类案件参考。这一认定,实际是发现了法律尚未规定法律关系的法规则,是在这一法规则未上升为法律情况下由法官先行发现并作为裁判规则。这种对新裁判规则的发现,是一种创新性工作,且在判决说理部分作了较好说明,使之得以正当化。在判决惩罚赔偿的同时,也判决原告退回取得之不合格购买物,否则折价减少被告支付之赔偿款,体现利益之平衡。判决恰当体现了惩罚与平衡规则。

案例提供单位:上海市松江区人民法院

编写人:陈　珺

点评人:刘世国

21. 胡某某诉瞿某某等抵押权纠纷案

——抵押权善意取得的要件

案 情

原告(被上诉人)胡某某

被告(上诉人)瞿某某

被告樊某某

上海市龙华西路某号房屋(以下简称系争房屋)原系胡某某名下房产。2004年 12 月 13 日,胡某某为向某银行套取贷款,与边某签订《上海市房地产买卖合同》。嗣后,边某成为系争房屋的产权人,但房屋仍由胡某某夫妇居住,贷款由胡某某偿还。2011 年 4 月,边某通过挂失的方式补办了房屋产证。2011 年 9 月 16 日,边某与顾某某签订借款抵押合同,约定边某借款 130 万元。2011 年 9 月 21 日系争房屋上设立了该 130 万元的抵押权。同日,边某出具委托书,委托顾某某出售系争房屋,委托期限 2011 年 11 月 16 日至 2012 年 11 月 16 日。2011 年 11 月 17 日,边某与顾某某再次签订抵押借款合同,约定边某借款 70 万元。2011 年 11 月 22 日,系争房屋上设立了该 70 万元的抵押权。2012 年 3 月,胡某某将边某诉至法院,要求确认双方签订的《上海市房地产买卖合同》无效,确认系争房屋产权归胡某某所有。2012 年 9 月,法院判决该买卖合同无效,边某在涤除系争房屋项下的抵押权后,房屋产权归胡某某所有。后二审维持原判。2013 年 10 月,边某与唐某某签订借款抵押合同,约定借款 300 万元,借款期限自 2013 年 10 月 21 日至 2013 年 11 月 20 日。同月 21 日,唐某某、边某向房地产交易中心申请抵押登记。同月 25 日该抵押被核准登记。

2013 年 10 月 22 日,边某、樊某某签订《上海市房地产买卖合同》,约定边某以 300 万元的价格将系争房屋出售给樊某某。同月 22 日、28 日,樊某某通过银行转账分别支付边某 150 万元、100 万元。同月 29 日,樊某某又支付边某 47 万元。2013 年 10 月 31 日,某银行以贷款还清为由申请注销其设定于系争房屋上的抵押。2013 年 11 月 4 日,边某、樊某某向房地产交易中心申请合并受理抵押权注销登记和房地产转移登记。同日,顾某某、唐某某以贷款债务已履行为由申请注销设定于系争房屋上的抵押。2013 年 11 月 4 日,边某出具收条,确认收到樊某某系争购房全款 300 万元。2013 年 11 月 11 日,樊某某被核准成为产权人。次日,樊某某领取了产权证。2013 年 11 月 13 日,樊某某与瞿某某签订借款抵押合同,约定樊某某向瞿某某借款 300 万元,期限自 2013 年 11 月 13 日至 2014 年 5 月 12 日止,利率一分,樊某某以系争房屋作抵押。同日二人向房地产交易中心申请抵押登记。2013 年 11 月 15 日,该抵押权被核准登记。

2013 年 11 月 20 日,樊某某带领多人及锁匠强行入住系争房屋至今。

2013 年 11 月 22 日,樊某某将系争房屋挂牌出售,挂牌价 360 万元。同日,胡某某诉至法院,要求判令樊某某与边某签订的买卖合同无效、权属恢复原状,并要求保全系争房屋。法院于 2013 年 11 月 26 日查封了系争房屋。该案经一审、二审、发回重审。该案审理中,樊某某称当时买房自有资金 50 万元,另向同村的瞿某某借了 300 万元,瞿某某有 400 多万元在其干亲家唐某某那里,瞿某某同意借款后,唐某某就按照樊某某付房款的情况,当天或前一天转账。法院审理后认为樊某某非善意第三人,故于 2015 年 12 月 24 日判决樊某某、边某签订的买卖合同无效。上诉后,二审法院亦认为樊某某的解释不足以消除对其购房时系主观恶意的合理怀疑,遂于 2016 年 3 月 10 日判决维持了一审判决。2016 年 3 月 16 日,山东济宁高新区法院出具调解书,载明:原告瞿某某,济宁某公司职工,住该公司宿舍;被告樊某某,双方原系朋友关系,前述抵押借款合同签订后,瞿某某共出借 297 万元,樊某某 2015 年 5 月支付利息 50 万元,本金未还。该案审理过程中,双方达成调解协议:樊某某偿还瞿某某借款本息 3 125 600 元,于 2016 年 4 月 17 日前一次性履行;……双方无其他纠纷。诉讼费由樊某某负担。樊某某为证明借款事实存在,提供了 3 份瞿某某向樊某某的汇款凭证复印件(称原件在济宁高新区法院),2013 年 12 月 16 日汇款 115 万元,2013 年 12 月 27 日汇款 80 万元,2014 年 2 月 18 日汇款 85 万元,共计 280 万元。

此前案件中查明的瞿某某、樊某某户籍地及居住地均位于上海市;在济宁高新区法院调解时,瞿某某因涉嫌刑事犯罪处于取保候审期间;在此前刑事案件、众多民间借贷案件、与民间借贷有牵连的房屋买卖案件中,瞿某某、樊某某等人的代理人均为两个律所的几位律师;在樊某某、瞿某某涉及的一些因民间借贷而引发的由债务人委托他人出售房屋案件或因此涉嫌诈骗刑事案件中,有关手法与本案有许多相似之处。诉讼中,法院多次电话联系瞿某某,要求其到庭澄清相关事实,但瞿某某以种种理由拒绝。

原告胡某某诉称,胡某某为套取银行贷款与边某签订虚假房屋买卖合同,后该合同被判决无效。但边某与他人恶意串通,将房屋出售给樊某某。再经法院判决,后手买卖合同也被确认无效。樊某某与瞿某某恶意串通,签订借款抵押合同、办理抵押登记,为胡某某收回房屋设置障碍。故胡某某要求撤销该抵押权登记。

被告樊某某辩称,与瞿某某之间的借贷合同合法有效,且已履行完毕。在签订买卖合同、借款抵押合同时,樊某某均不知胡某某与房屋的关系,胡某某的诉讼请求应予驳回。被告瞿某某未作答辩。

审 判

一审法院经审理后认为,本案的争议焦点在于瞿某某是否为善意的抵押权人。其一,长期以来,樊某某、瞿某某、唐某某等人一直活跃于民间借贷行业,且相互间有紧密的联系;在一系列诉讼中,樊某某、瞿某某、唐某某聘请的代理律师也都出自两个律所。在本案中,樊某某购买系争房屋,先是由唐某某办理抵押权登记,樊某某支付的购房款也来自于唐某某(樊某某自认),在樊某某成为产权人后,瞿某某又立即在其上设立了抵押登记,且有关系争房屋的诉讼上述两律所的律师先后代理樊某某应诉。因而,有充分理由怀疑樊某某、瞿某某等人在涉案纠纷中是一个利益共同体,因此生效判决认定对樊某某主观恶意的怀疑同样应及于瞿某某。其二,就本案争议的抵押借款的出借时间,樊某某陈述前后矛盾。樊某某在前案一、二审中一再陈述借款在先、抵押登记在后,本案中却称抵押登记在先,其后瞿某某分三次直接转账。虽然樊某某提供了汇款凭证复印件佐证,但基于两人之间的特殊关系,该三笔汇款是不是涉案的抵押借款无法查实,为此法院要求樊某某提供相关账户的进出明细以供核实真实情况,遭拒,由此带来的不利法律后果应由其自负。其三,瞿某某作为借款方,却没有审慎核查抵押物的状况,有违常理。法院于 2013 年11 月 26 日即查封了系争房屋,樊某某在本案中所称的瞿某某的三次汇款时间均在此日期之后,且第三次汇款距司法查封已近三月,瞿某某应当知晓系争房屋已被法院查封,却仍继续汇款出借资金,于理不合;瞿某某经法院多次电话联系拒不到庭陈述相关事实,也不提供相关证据,应视为自行放弃诉讼权利,由此产生的不利的法律后果应由其负担。其四,瞿某某和樊某某户籍地、居住地均为上海市,借款抵押合同签订、履行于上海,与山东济宁没有任何关联,尤其是瞿某某还处于取保候审期间不可能离开居住地上海,但双方配合到济宁法院与瞿某某协商一致签署了调解协议,瞿某某和樊某某具有虚假诉讼的嫌疑。该调解案件确认的事实更增添了对樊某某、瞿某某在涉案纠纷中是利益共同体的怀疑。综上所述,法院认定瞿某某不符合《中华人民共和国物权法》有关善意取得的要件,故支持了胡某某的诉讼请求。

一审法院依照《中华人民共和国物权法》第一百零六条、《中华人民共和国民事诉讼法》第一百四十四条规定,判决撤销系争房屋上的瞿某某为抵押权人的抵押登记。

一审判决后,瞿某某提起上诉。二审法院判决驳回上诉,维持原判。

点 评

抵押权的善意取得,是指获取不动产抵押权的人必须是不知道也不应当知道提供抵押的人无权就标的物提供抵押。法律设立抵押权善意取得制度,目的是保护抵押权人的权利,但实践中有人恶意通过抵押制造善意取得的假象,谋夺抵押物实际财产利益。本案即属此种情况。本案一审法院在审理此案中,发现被告长期活跃于民间借贷行业相互关系密切,原告为套取银行贷款与边某签订虚假房屋买卖合同,边某与他人串通将房屋出售与樊某某,樊某某又与瞿某某串通签订借款抵押合同并办理抵押登记。两个买卖合同分别经法院判决无效,基于樊某某与其他数人间的密切关系,法院怀疑他们为某一利益共同体,结合审理中樊某某对抵押借款的出借时间陈述先后不一致,瞿某某作为借款方没有审慎核查抵押物状况,樊某某所得瞿某某三次款项的时间均在法院查封所争房屋之后,瞿某某在取保候审期间不可能离开上海,而樊某某却提供在济宁法院与瞿某某达成调解协议等疑点,法院认定瞿某某不符合善意取得要件,故判决撤销瞿某某为抵押权人的抵押登记。二审驳回瞿某某上诉,维持原判。此案对法院认定虚假抵押,正确适用抵押权善意取得的规定有参考价值。

案例提供单位:上海市徐汇区人民法院

编写人:刘　兴

点评人:刘世国

22. 欧文斯伊利诺斯(上海)管理有限公司诉俞某某劳动合同纠纷案

——疑似公章被盗用情形下协议真伪的司法认定与法律适用

案 情

原告(被上诉人)欧文斯伊利诺斯(上海)管理有限公司

被告(上诉人)俞某某

2011 年 4 月 16 日,原告欧文斯伊利诺斯(上海)管理有限公司(以下简称欧文斯伊利诺斯公司)向被告发出的入职 offer 中载明:"……(c)管理激励计划,您将参加 O-I 亚太管理人员奖金计划(MIC),该奖金将基于公司业绩及个人绩效达成情况进行发放,您最高可获得奖金为您年基本工资的 10%。"2011 年 5 月 18 日,原、被告签订了一份期限自 2011 年 5 月 16 日至 2014 年 5 月 15 日的《劳动合同》。2014 年 5 月 13 日,双方续签了一份期限自 2014 年 5 月 16 日至 2014 年 12 月 15 日《劳动合同》,约定俞某某的岗位为中国区薪酬福利经理,俞某某具体的工资福利待遇详情参见聘书内容,欧文斯伊利诺斯公司的基本工资已包含了任何法定的补贴或津贴,聘书为该劳动合同的附件。被告 2013 年 3 月的基本工资 30 300 元、2014 年 3 月的基本工资为 31 421 元、2014 年 12 月的基本工资为 32 364 元,另每月有交通费。被告在职期间,曾于 2014 年 10 月 23 日前保管原告的公章。上述劳动合同到期后,因原告所在集团公司业务调整,对所涉的关联公司及本公司员工进行大幅裁员,原告不再与包括被告、原告原人力资源总监洪某某(即被告主管上司)在内的员工签订新的劳动合同。公司裁员期间,由被告负责起草与员工的劳动合同终止书、草拟与员工补偿协议并计算相应补偿金等。2014 年 12 月 9 日前,洪某某负责协商与被告终止劳动合同后的补偿等事宜,被告明确提出了 2011 年、2012 年年终奖及 2012 年未休年休假工资应予补偿,但洪某某表示其无权限未作出回应,被告为此与原告的法定代表人进行协商,但法定代表人明确表示不会支付 2011 年、2012 年年终奖。2014 年 12 月 9 日,洪某某代表原告与被告签订了《劳动合同终止书》,该终止书载明:双方确认,就双方终止劳动关系相关事宜,达成以下共识:(1)劳动合同到期终止经济补偿金共计人民币 149 532.12 元;(2)欧文斯伊利诺斯公司支付俞某某

2014 年度奖金(MIC),共计金额为人民币 29 748 元;(3)如果俞某某能顺利和欧文斯伊利诺斯公司交接,欧文斯伊利诺斯公司将支付俞某某 37 383 元奖励至俞某某原工资支付账户;(4)俞某某经济补偿金总计人民币 216 663.12 元,俞某某于 2014 年 12 月 15 日前应妥善办理好所有工作移交手续后,包括但不限于公司电脑、工作文件、工作设备等一切公司财产及资料。欧文斯伊利诺斯公司将在俞某某完成移交手续后于 2014 年 12 月 15 日支付上述经济补偿金人民币 149 532.12 元及奖金 29 748 元及 37 383 元奖励,总计人民币 216 663.12 元至俞某某原工资支付账户;(5)俞某某依法应承担的相应工资及经济补偿金个人所得税,欧文斯伊利诺斯公司为俞某某代扣代缴;(6)俞某某确认,双方无其他劳动权益纠纷,俞某某承诺放弃基于双方劳动关系而可能存在的其他权益;(7)双方应对本协议的所有内容予以保密,不得向任何第三方披露。如任何一方违反本协议,另一方有权要求违约方赔偿相应的损失;(8)俞某某确认,除本《劳动合同终止书》规定经济补偿金、2014 年度奖金、未休年休假金额、顺利交接奖励外,欧文斯伊利诺斯公司或欧文斯伊利诺斯公司的任何关联公司对俞某某不再负有支付任何其他尚未支付的款项的义务。俞某某承诺不会对欧文斯伊利诺斯公司或欧文斯伊利诺斯公司的任何关联公司就其雇佣期间或基于其他任何事项或依据提出任何形式的权利主张或索赔。2014 年 12 月 15 日,原告向被告支付了上述款项并为被告出具了上海市单位退工证明。当日,被告已无法登陆原告电脑系统。

2015 年 1 月 20 日,被告以原告未按约履行附加协议约定的特别奖金 112 149 元为由向上海市劳动人事争议仲裁委员会(以下简称市仲裁委)申请仲裁,要求欧文斯伊利诺斯公司支付特别奖金 112 149 元。被告在仲裁庭审时陈述:"2014 年 12 月 15 日中午 12 时左右,公司员工郑某某将封好的 EMS 信封交给我,并关照如果有东西再封好后还给郑某某。2014 年 12 月 10 日我发电子邮件给法定代表人,2014 年 12 月 12 日法定代表人回复我电子邮件,答应给我三个月的额外金额的费用,有《劳动合同终止书附加协议》(以下简称《附加协议》)的电子版给过我,如我同意双方于 2014 年 12 月 15 日签订此份附加协议,2014 年 12 月 15 日的 EMS 信封里是关于有两份法定代表人与我签订的《附加协议》,我签完后把封好的 EMS 信封塞到法定代表人的办公室里……"2015 年 5 月 19 日,市仲裁委作出裁决,裁令:欧文斯伊利诺斯公司一次性支付俞某某特别奖金 112 149 元。嗣后,欧文斯伊利诺斯公司不服裁决,遂诉至法院。

被告提供的《附加协议》载明:甲方:欧文斯伊利诺斯公司,乙方:俞某某,双方经友好协商,达成如下一致协定,约定条款如下:(1)甲乙双方劳动合同于 2014 年 12 月 15 日到期终止结束。按之前甲乙双方签订的《劳动合同终止书》约定,甲方于 2014 年 12 月 15 日支付劳动合同到期终止经济补偿金,共计 216 663.12 元。

(2)甲方将于 2015 年 1 月 15 日一次性支付乙方特别奖金,共计金额 112 149.00 元。(3)乙方确认,甲乙双方再无其他劳动权益纠纷,乙方承诺放弃基于双方劳动关系而可能存在的其他权益。(4)乙方确认,除以上特别奖金外、甲方或甲方的任何关联公司对乙方不再负有支付任何其他尚未支付的款项的义务。乙方承诺不会对甲方或甲方的任何关联公司就其雇佣期间或基于其他任何事项或依据提出任何形式的权利主张或索赔。(5)乙方确认,将对甲方或甲方的任何关联公司及公司所有员工的相关商业秘密予以保密,如有泄密行为,甲方有权要求乙方赔偿由此引起的相应的任何损失。(6)双方应对本协议的所有内容予以保密,不得向任何第三方披露。如任何一方违反本协议,另一方有权要求违约方赔偿相应的损失。该协议左下角盖有原告的公章并有被告的签名、右下角有 2014 年 12 月 15 日的落款日期。仲裁庭审中,欧文斯伊利诺斯公司申请对《附加协议》上"欧文斯伊利诺斯(上海)管理有限公司"印文与打印字迹形成的先后顺序进行鉴定。2015 年 4 月 3 日,司法鉴定科学技术研究所司法鉴定中心出具鉴定意见:《附加协议》上需检的"欧文斯伊利诺斯(上海)管理有限公司"印文与打印字迹形成的先后顺序是先有黑色打印字迹,后盖红色印文。本案诉讼过程中,原告申请对《附加协议》上"欧文斯伊利诺斯(上海)管理有限公司"印文与 2014 年 12 月 9 日《劳动合同终止书》上留有的"欧文斯伊利诺斯(上海)管理有限公司"印文是否由同一枚印文盖章形成进行鉴定,2015 年 10 月 30 日,上海市防伪技术产品测评中心司法鉴定所出具《司法鉴定意见书》,结论为:《附加协议》上"欧文斯伊利诺斯(上海)管理有限公司"印文与 2014 年 12 月 9 日《劳动合同终止书》上留有的三枚"欧文斯伊利诺斯(上海)管理有限公司"印文均是同一枚印章盖印形成。

诉讼过程中,原告提供了一份由美利坚合众国俄亥俄州的公证员盖章的宣誓书,载明:Julio Ramirez 经正式宣誓,声明如下:(1)本人已年满十八周岁,心智健全,有能力进行这一宣誓。据本人所知所信,本宣誓书中所载声明真实无误。(2)本人身为 Owens-lllinois, Inc.(简称"O-I")全球信息安全经理,自 2013 年 3 月 1 日至今一直担任这一职位。本人的办公地点位于美国俄亥俄州佩里斯堡的 O-I 全球总部。(3)身为全球信息安全经理,本人负责 O-I 的信息技术(简称"IT")风险和信息安全等事务,还负责在美国管理一个约有十名员工的团队。本人与团队成员还要为其他地区的各个 O-I 子公司和关联公司提供 IT 支持。(4)O-I IT 安全部门在与全球 IT 安全团队成员协商之后,认定 Jennifer Yu 的电子邮件账户尚未发出或收取与该第二份解雇合同有关的邮件(截至该用户解雇之日其收件箱、已发邮件或垃圾箱中没有该等电子邮件)。(5)O-I 尚未删除或净化该用户电子邮件账户发出的一切邮件文件。

原告诉称,2014 年 12 月 9 日,双方签署了《劳动合同终止书》,根据该终止书,双方的劳动关系于 2014 年 12 月 15 日到期终止；原告支付被告经济补偿金（按照被告每月应得工资计算，未按照法律规定的三倍封顶计算）、2014 年度奖金、顺利交接奖励等共计 216 663.12 元；双方确认再无其他劳动权益纠纷，被告承诺放弃基于双方劳动关系而可能存在的其他权益。该协议已履行完毕。2015 年 1 月 20 日，被告以双方事后又补签了《附加协议》，《附加协议》中原告需另行支付被告特别奖金 112 149 元，但原告以未支付为由向市仲裁委申请仲裁。但原告从未与被告签署过该附加协议，且按照双方于 2014 年 12 月 9 日签署的《劳动合同终止书》，原告已以远高于法律规定的标准支付了被告补偿款项，还特别明确约定双方再无其他劳动权益纠纷，原告不可能再于同年 12 月 15 日与被告签署《附加协议》，这明显有违常理。由于被告提供的附加协议书并非原告所签，故被告要求原告支付特别奖金缺乏事实和法律依据，请求依法判决原告无需支付被告特别奖金 112 149 元。

被告辩称，不同意原告的诉讼请求，2014 年 12 月 9 日，双方签署了《劳动合同终止书》，其中补偿款项并不包括 2011 年、2012 年年终奖及 2012 年应休未休年休假工资。嗣后，因被告发现入职晚的人力资源总监洪某某的补偿金比自己多，被告觉得不公平，故再次要求支付 2011 年、2012 年年终奖及 2012 年应休未休年休假工资。原告考虑到对公司其他员工的影响，遂又与被告签订了《附加协议》。

审 判

一审法院经审理后认为，本案中，虽然《附加协议》形式上盖有原告的公章，但究其是不是原告的真实意思表示，还应结合该协议形成的原因、协商以及签订的过程而定。第一，从《附加协议》形成的原因看，被告陈述在协商签订《劳动合同终止书》时，其曾就《附加协议》所涉而《劳动合同终止书》未涵盖的 2011 年、2012 年年终奖及 2012 年未休年休假工资向原告提出过，但原告的法定代表人明确表示不予支付 2011 年、2012 年年终奖。然在一个月内，按照被告的陈述，由于其掌握人力资源总监洪某某的补偿情况，进而向法定代表人发电子邮件要求更多补偿，法定代表人不在公司即发电子邮件予以应允并主动提出另加 3 个月数额达 10 余万元的特别奖金，并在几天内亲自制作《附加协议》后向其发送电子邮件，被告的上述陈述明显有违日常生活经验法则。在第四次庭审中，原告的法定代表人亲自出庭并与被告对质，矢口否认其于 2014 年 12 月 9 日后与被告有邮件往来，并申请对双方进行测谎，但被告以原告存在故意拖延诉讼、《附加协议》上的公章真伪、公章盖印与文字形成先后顺序已经鉴定为由不予以同意，经合议庭释明仍坚持己见。第二，从《附加协议》协商的过程来看，从《劳动合同终止书》的内容看，对于终止劳动合同之后被告应获得的补偿金等，双方已作出了一揽子的处理，其中补偿金的标准远高于法定标准,无法排除双方通过协商对 2011 年、2012 年年终奖及 2012 年未休年休假工资亦已作出一揽子的处理。法院亦注意到《劳动合同终止书》上除原告公章外,有原人力资源总监洪某某的签名,而《附加协议》仅有公章而无任何原告方面的人员签名。被告未对劳动合同终止后双方又在短短一周内达成《附加协议》的合理性作出令人信服的解释。相反,对于洪某某的补偿,原告关于洪某某为公司裁员工作作出较大贡献,其补偿标准较高并上报集团公司批准的解释较为合理。另,被告亦提及其与原告法定代表人协商的邮件由原告保存,但原告已提供了相关的证据予以否定。第三,就《附加协议》签订的过程,被告在仲裁庭审、法庭庭审中的陈述不完全一致,且在诉讼过程中被告不同意对《附加协议》的形成过程进行测谎,由于其作为薪酬福利经理曾保管过公司的公章,无法排除其私自加盖的情形,致法院无法确认《附加协议》是原告的真实意思表示。综上,一审法院认为,诉争的《附加协议》难以认定系双方的真实意思表示,故判决原告欧文斯伊利诺斯公司无需支付被告俞某某特别奖金 112 149 元。

一审宣判后,被告提起上诉,二审法院判决驳回原告上诉,维持一审判决。本案现已生效。

点 评

本案被告俞某某以与原告签订《附加协议》规定给付其特别奖金,112 149 元,要求原告履行。法院基于被告曾为公司薪酬经理保管过公司公章,且不能证明补充协议的经办人是谁及拒绝测谎、原告已向其支付合理解职补偿并于解职补偿正式协议中载明无其他补偿请求等情节,认定《附加协议》虽公章真实,但无法证实合同内容为原告真实意思表示,原告无需支付被告请求支付款项。此判决正确运用间接证据构成完整锁链之规则,认定系争协议不能作为认定案件事实依据,完全正确,为法院审判案件提供了认定仅有盖章协议真实性的可供参考的经验。本案法官审判案件思维之缜密、观察问题之细微,情、理、法交融贯通,体现了高超之审判艺术,颇值得赞赏。

案例提供单位:上海市奉贤区人民法院

编写人:谭文忠

点评人:刘世国

23. 倪某某诉太平洋财产保险公司上海分公司保险合同纠纷案

——符合免检条件的投保车辆行驶证过期期间发生保险事故，保险公司仍应承担保险责任

案 情

原告（被上诉人）倪某某

被告（上诉人）中国太平洋财产保险股份有限公司上海分公司

2015 年 6 月 17 日 14 时许，原告倪某某驾驶涉案车辆在南桥镇南奉公路进奉秀路约 100 米处，由东向西行驶，发生单车事故，造成涉案车辆损坏，3 块护栏损坏。经上海市公安局奉贤分局交通警察支队认定，原告倪某某承担事故全部责任。涉案车辆由上海申奉道路清障施救服务有限公司牵引，原告为此支付牵引费 250 元。事故发生后，原告于当日 14 时 41 分向被告报保险事故。后被告工作人员与原告联系定损，因发现原告车辆行驶证已经过期，被告认为不属于保险理赔范围，被告拒绝定损，故原告就涉案车辆自行委托定损。2015 年 6 月 23 日上海道路交通事故物损评估中心就车辆物质损失作出评估意见，为 9 412 元，备注隐形损坏待拆查待追加。2015 年 6 月 30 日，上海道路交通事故物损评估中心追加评估，物质损失金额为 3 780 元。原告为此支付了评估鉴定费、物损鉴定费、图像资料费合计 620 元。涉案车辆已由上海灵怡汽车维修服务有限公司修理完毕，原告支付修理费 13 192 元。原告为修理损坏护栏支付的修理费为 3 000 元。原告向被告要求理赔上述损失，被告以原告涉案车辆未进行年检不属于保险理赔范围为由拒绝赔偿，故涉讼。

原告倪某某就其所有的沪 LD8837 小型越野客车在被告处购买了交强险及商业险，商业险包括车辆损失险（责任限额 236 632 元）、车损险不计免赔条款、第三者责任保险（责任限额 1 000 000 元）和三责险不计免赔条款四个险别。保险期间自 2014 年 7 月 8 日 0 时起至 2015 年 7 月 7 日 24 时止，被保险人均为倪某某。

公安部、质检总局于 2014 年 4 月 29 日印发了《关于加强和改进机动车检验工作的意见》。其中改进便民服务一节第十一条规定："试行非营运轿车等车辆 6 年

内免检。自 2014 年 9 月 1 日起,试行 6 年以内的非营运轿车和其他小型、微型载客汽车(面包车、7 座及 7 座以上车辆除外)免检制度。对注册登记 6 年以内的非营运轿车和其他小型、微型载客汽车(面包车、7 座及 7 座以上车辆除外),每 2 年需要定期检验时,机动车所有人提供交通事故强制责任保险凭证、车船税纳税或者免征证明后,可以直接向公安机关交通管理部门申请领取检验标志,无需到检验机构进行安全技术检验。申请前,机动车所有人应当将涉及该车的道路交通事故安全违法行为和交通事故处理完毕。但车辆如果发生造成人员伤亡的交通事故的,仍应按原规定的周期进行检验。……”原告倪某某涉案车辆为 2011 年 5 月 26 日注册登记,第一次检验有效期至 2013 年 5 月,第二次检验有效期至 2015 年 5 月。本案事故发生后,原告至公安机关交通管理部门申请领取了检验标志,检验有效期至 2017 年 5 月。

原告诉称,经评估及修理,原告支付车辆修理费 13 192 元、护栏修理费 4 000 元、牵引费 250 元、评估鉴定、物损鉴定费、图像资料费 620 元、追加评估费 90 元,合计 18 152 元。经奉贤区公安局认定,原告负全责。被告系肇事车辆强制保险、商业保险的保险人,保险人理应依法承担理赔责任,但原告向被告索赔时被告以肇事车辆未年检为由而拒绝理赔。原告认为,肇事车辆系 2011 年 5 月购置,依据国家规定非营运轿车 6 年内免检,故原告超过 17 天领取检验标志不应成为被告拒赔的理由。故原告诉至法院,要求判令:被告赔偿原告交通事故财产损失 18 152 元以及承担本案的诉讼费。

被告辩称,对事故经过和责任认定没有异议,但发生事故时,涉案车辆行驶证已经过期,按照《机动车损失保险》第七条第三项中第一点以及《机动车第三者责任险》第七条第四项中第一点,行驶证过期的,保险人不负责赔偿,相关费用也不属于理赔范围。对于以上条款,被告已经提示原告,这些条款也以黑体字加粗,在保单的正本明示告知一栏有特别说明。撇开免赔争议,除对牵引费没有争议,原告主张的其他各项费用均过高。且评估费按照《机动车损失保险条款》第九条(九)的规定不予理赔;第十六条规定:“单车事故责任免赔率为 15%。”

审 判

一审法院经审理后认为,保险合同中约定了投保车辆如果“未按规定检验或检验不合格”保险人免责,属将法律、行政法规中的禁止性规定情形作为保险合同免责事由,保险人只需尽到提示义务即可,法院认可该免责条款的效力。但依据《关于加强和改进机动车检验工作的意见》的规定,涉案车辆符合免检条件,且也不存在检验不通过情形,故涉案车辆发生保险事故时,虽然行驶证过期,但不属于保险合同约定的免责事由,保险公司应承担赔偿责任。依据查明的事实,确定原告的损失金额为 17 062 元,故一审法院依照《中华人民共和国保险法》第十条第一款、第二十三条第一款,《中华人民共和国民事诉讼法》第六十四条第一款的规定,判决如下:一、被告于本判决生效之日起十日内给付原告倪某某保险金人民币 17 062 元。二、驳回原告倪某某的其余诉讼请求。

一审判决后,被告提起上诉,二审经审理认为,一审判决认定事实清楚,适用法律正确,应予维持,故判决驳回上诉,维持原判。本案现已生效。

点 评

在处理民事案件中,涉及不同的法律规定,一定要全面把握并进行体系解释,方能正确裁判案件。本案正确运用了体系解释的方法。原告驾驶汽车发生单车事故,交通警察认定原告负全部责任。原告就其汽车原本从被告处购买了交强险和商业保险,故向被告主张保险赔偿,被告以原告未对肇事车辆进行年检为由拒绝理赔。被告依据的法律条文为《机动车损失保险》第七条第三项第一点及《机动车第三者责任险》第七条第四项第一点:行驶证过期的,保险人不负责赔偿,相关费用也不属于保险理赔范围。一审法院在审理中查明,2014 年 4 月 29 日公安部、质检总局印发的《关于加强和改进机动车检验工作的意见》改进便民服务一节第十一条规定:"试行非运营轿车等车辆 6 年内免检。"原告驾驶肇事车辆为非运营轿车,符合免检规定。法院认可被告主张的免责条款的效力,但依据涉案汽车符合免检条件,不存在检验不通过情况,行驶证过期不属保险公司免责事由,保险公司应承担赔偿责任。一审判决与二审维持原判正确。

案例提供单位:上海市奉贤区人民法院

编写人:许力涛

点评人:刘世国

24. 浙江淘宝网络有限公司诉
姚某服务合同纠纷案
——电商平台主动治假民事法律认定与适用

案 情

原告浙江淘宝网络有限公司

被告姚某

浙江淘宝网络有限公司于 2003 年 9 月注册成立,系淘宝网的经营者,提供第三方电子商务交易平台服务。2007 年 9 月,姚某在淘宝网上注册会员,并与浙江淘宝网络有限公司签订《淘宝平台服务协议》,经营名为"乐巢宠物"的店铺,销售各类猫粮等宠物用品。《淘宝平台服务协议》第 1 条约定:淘宝系淘宝平台经营者的单称或合称,包括淘宝网经营者浙江淘宝网络有限公司、天猫经营者浙江天猫网络有限公司等。淘宝基于互联网,以包含淘宝平台网站、客户端等在内的各种形式向商家提供各项服务。第 4 条约定:商家有权在淘宝平台上享受店铺管理、商品或服务的销售与推广、商品或服务的购买与评价等服务。第 4.2 条约定:商家不得在淘宝平台上销售国家禁止或限制的商品,以及侵犯他人知识产权或其他合法权益的商品。第 6.3 条约定:如商家的行为使淘宝及其关联公司遭受损失,包括自身的直接经济损失、商誉损失及对外支付的赔偿金、和解款、律师费、诉讼费等间接经济损失,商家应当赔偿淘宝及其关联公司的上述全部损失。2016 年 4 月 22 日,浙江淘宝网络有限公司通过"神秘买家"在淘宝网姚某开设的店铺购买"ROYAL CANIN"品牌的 K36 4—12 月龄 2 千克包装粮幼猫粮一袋,实付人民币 99 元。上述商品被皇誉上海公司鉴定为假货。2016 年 8 月 15 日,上海市公安局宝山分局出具沪公(宝)立字(2016)8214 号立案决定书,对姚某涉嫌构成销售假冒注册商标商品罪进行立案侦查。2016 年 10 月 12 日,上海市公安局宝山分局对姚某的经营场所进行查处,姚某即停止销售涉案掺假猫粮。截至 2016 年 10 月,姚某店铺会员人数为 14 421 人。自 2015 年 1 月至 2016 年 10 月,据姚某淘宝网销售记录记载,其销售各类皇家猫粮、宠物用品等合计 717 万元。2017 年 3 月 8 日,浙江淘宝网络有限公司以姚某违反淘宝服务协议为由向法院提起诉讼。

原告诉称,被告在淘宝网上销售的商品已构成商标侵权,且被告使用正品包装销售内容物更换的假货,手段恶劣,情节严重。虽然淘宝网所提供的电子商务技术服务并不涉及任何商品的生产、销售,但被告利用淘宝网的技术服务销售假货,容易给消费者造成淘宝网销售假货的印象,危害到原告经过多年努力打造形成的消费者对网络购物的信任,给淘宝网的商誉造成了巨大的负面影响,故请求:(1)姚某赔偿原告损失 2 650 000 元;(2)姚某连续一周在《法制日报》《中国消费者报》等媒体除中缝之外的显著位置,在新浪网、网易网网站显著位置刊登声明,消除因其恶意售假行为对上海淘宝网络有限公司声誉造成的影响;(3)姚某赔偿浙江淘宝网络有限公司合理支出 20 000 元。

被告姚某辩称,第一,被告在淘宝网上经营店铺数年,但售假是从 2016 年 3 月、4 月开始的,售假时间短,没有顾客因产品质量问题或假货问题向原告或政府机关、媒体投诉。且从国内外的媒体报道以及我国工商总局披露的对阿里巴巴集团的指导白皮书可知,原告自成立经营以来,其平台上售假行为一直存在,故被告并未给原告的商誉造成影响。第二,根据原、被告签订的《淘宝平台服务协议》,双方对赔偿的计算方式并没有约定,原告单方面提出的计算方式,被告不认可,原告也没有证据证明其遭受的实际损失。被告经营初期并不售假,但近年来,原告采用各种竞价排名、广告直通车等营销方式使得被告运营成本上升,被告因为销量压力、成本压力而售假,原告作为平台管理者也难辞其咎。第三,关于律师费,被告认为本案中原告并没有发生实际的财产损失,故应以律师收费标准中的计件收费或按 100 000 元以下标的额进行收费,原告主张 20 000 元的律师费过高。

审 判

一审法院经审理后认为,本案主要争议焦点有二:(1)姚某的售假行为是否给原告造成商誉等损害,原告主张赔偿是否有事实依据。(2)浙江淘宝网络有限公司主张姚某在媒体刊登声明、消除影响是否有相应的依据。

首先,姚某的售假行为是否给原告造成商誉等损害,原告主张赔偿是否有事实依据。原、被告签订的《淘宝平台服务协议》第 6.3 条约定:如被告的行为使淘宝及其关联公司遭受损失,包括自身的直接经济损失、商誉损失及对外支付的赔偿金、和解款、律师费、诉讼费等间接经济损失,被告应当赔偿淘宝及其关联公司的上述全部损失。被告以掺假的方式持续在淘宝网上出售假货,其行为不仅损害了与商品相关权利人的合法权益,而且降低了消费者对淘宝网的信赖和社会公众对淘宝网的良好评价,对淘宝网的商誉造成了损害,故被告应当就此予以赔偿,法院综合考虑姚某经营时间、商品价格和利润等因素,酌情确定被告赔偿数额。

对于合理费用 20 000 元的损失,鉴于双方签订的合同已约定律师费等间接损失由违约方承担,法院综合考虑案件的难易复杂程度、浙江淘宝网络有限公司代理律师的工作量以及案件的标的等因素,参照律师收费标准予以支持。

其次,原告主张被告在媒体刊登声明、消除影响是否有相应的依据。浙江淘宝网络有限公司是以服务合同为基础法律关系提起诉讼,双方合同并未约定姚某对浙江淘宝网络有限公司造成商誉损害需要承担在媒体上发表声明以消除影响的责任。现浙江淘宝网络有限公司要求姚某在媒体上发表声明、消除影响,无合同和法律依据,故法院对浙江淘宝网络有限公司要求姚某在媒体刊登声明、消除影响的诉讼请求不予支持。

一审法院依照《中华人民共和国合同法》第八条、第六十条、第一百零七条,《中华人民共和国民事诉讼法》第六十四条第一款规定,判决:一、被告姚某于本判决生效之日起十日内赔偿原告浙江淘宝网络有限公司损失人民币 100 000 元;二、被告姚某于本判决生效之日起十日内赔偿原告浙江淘宝网络有限公司合理支出人民币 20 000 元;三、驳回原告浙江淘宝网络有限公司的其余诉讼请求。一审宣判后,双方均未提起上诉。本案现已生效。

点 评

本案所涉及的第三方平台直接起诉售假商家的情况在我国司法实践中较为罕见,之前更为常见的是消费者、品牌商对于网络零售售假商家的相关权利主张的案件。在本案中,浙江淘宝网络公司基于双方签订的《淘宝平台服务协议》,以违背协议内容为由起诉售假商家,要求售假商家承担相应违约责任。

网络零售商家售假对电商平台构成可诉损害,可从合同与侵权两个角度分析。从合同角度来讲,淘宝公司以合同法律关系为基础,合同中也约定了"若商家售假应赔偿网络平台经营者商誉损失"的侵权法律关系的相关内容。根据合同法原理以及《中华人民共和国合同法》第三十九条、第四十条、第四十一条的相关规定,双方签订的《淘宝平台服务协议》是一种格式合同,在不极端偏离公平原则的前提下,对其中限制对方权利、加重对方责任的格式条款,涉及单方免责或者减责的格式条款尽到合理的提醒用户注意义务的,合同即应当被认定为有效。本案法院认可了该协议的有效性。从侵权角度来讲,该协议中约定的"商誉损失"具有财产属性和非财产属性两个方面,存在违约和侵权的竞合,由当事人择一行使诉权;而适用非财产属性部分专属于侵权救济途径的,只能以侵权法律关系为基础解决,故在选择以《中华人民共和国合同法》为基础进行诉讼,作为侵权诉讼请求的"赔礼道歉、消除影响"法院不能予以支持。而对于损害赔偿数额的计算,合同有约定时应先按照意思自治原则按约定计算;在合同没有约定损害赔偿数额或计算方式的情况下,法院应在可预见性前提下,综合考虑被告经营时间、商品价格和利润等因素,酌情确定被告赔偿数额,在补偿损失的基础上,兼顾体现对侵害行为的惩罚。

本案作为电商平台打假第一案,将第三方交易平台的权益保护问题引入人们的视野,为电商交易秩序的维护提供了新角度。

案例提供单位:上海市奉贤区人民法院

编写人:徐　菁　王月青

点评人:王国华　佟　尧

25. 葛某诉李某甲等房屋买卖合同纠纷案

——涉"套路贷"房屋买卖合同效力判定

案 情

原告(被上诉人)葛某

被告(上诉人)李某甲

第三人李某乙

第三人肖某某

2014 年 10 月 20 日,原告葛某作为借款人(抵押人)(甲方)、第三人肖某某作为出借人(抵押权人)(乙方)签订借款抵押合同,合同第一条约定,甲方向乙方借款人民币 120 万元整;合同第三条约定借款期限 2 个月,自 2014 年 10 月 20 日至 2014 年 12 月 19 日止;合同第四条约定,本合同项下的人民币借款利率月利率为同期人民银行规定的贷款基准利率的四倍,利随本清;合同第六条约定,甲方以其拥有合法处分权的房地产抵押给乙方作为甲方清偿本合同项下债务的担保,抵押物的具体情况如下:房屋坐落:上海市杨浦区某村 1 号 401—403 室,房屋性质:住宅,房屋建筑面积:71.84 平方米,房地产价值:150 万元(协商价)。当日下午,葛某与李某甲网签一份《上海市房地产买卖合同》,合同编号 2101100,葛某将坐落于上海市杨浦区某村 1 号 401—403 室的房屋出让给李某甲,转让价款人民币 150 万元,双方同意葛某 2015 年 1 月 19 日前腾让房屋并通知李某甲验收交接,共同向房地产交易中心申请办理转让过户手续。李某甲于 2014 年 10 月 20 日前支付全部房价款的 80% 计 120 万元作为定金,待支付尾款时抵作房价款,于 2015 年 1 月 19 日前支付 30 万元。

2014 年 10 月 20 日,葛某作为委托人出具委托书,李某乙作为受托人,委托书载明:一、委托事项:委托人因为无法亲自办理出租或者以不低于人民币 150 万元的对价出售登记在本人名下的位于上海市杨浦区某村 1 号 401—403 室的房地产的相关事宜,特委托受托人李某乙为代理人,在委托人的权限范围内就上述房地产代表委托人办理下列附录中所列的全部事项。委托期限自 2014 年 12 月 20 日起至 2015 年 12 月 19 日止,委托人无权转委托。委托人在委托权限内就上述房地产所实施的法律行为以及所产生的法律后果,委托人均予认可,附录:(1)代为签订定金协议;(2)代为签订、修改、解除房地产买卖合同,必要时办理合同注销手续;(3)办理买卖合同公证并领取公证书;(4)代为办理房地产转移登记,签署承诺书等交易中心相关文件;(5)代为办理还贷、退保手续,领取他项权利证明,结清证明等注销材料、办理注销房地产抵押登记;(6)代为办理转按揭相关事宜;(7)代为配合买方办理购房贷款手续,签署相关文件;(8)代为收取房价款(委托人、受托人账户均可),开具收款凭证;(9)代为至房地产交易中心、税务局、开发商等相关部门调取原购房资料;(10)代为办理房屋交接手续(包括水、电、煤气、固定电话、宽带注销、过户等相关业务及办理与物业交接的相关手续);(11)代为挂失、补办并领取房地产权证及密码单;(12)代为办理上述房地产内户口迁出手续;(13)代为核价、审税(包括签署与税收相关承诺文件)、支付相关税费;(14)代为签订租赁合同、租赁协议、办理租赁备案登记手续、领取上述房地产登记证明;(15)代为办理变更与解除租赁合同、收取租金(包括押金)、支付违约金(如需)、撤销租赁备案登记等相关事宜;(16)代为办理房地产出租、出售过程中的其他相关事宜。2014 年 10 月 31 日,上海市宝山公证处出具(2014)沪宝证经字第 13988 号委托公证书,葛某在委托书上签名。

2014 年 10 月 31 日,(2014)沪宝证字第 13987 号公证书载明:甲方(借款人、抵押人)葛某、乙方(出借人、抵押权人)肖某某,公证事项:具有强制执行力的债权文书公证。对葛某与肖某某签署的《借款抵押合同》赋予强制执行效力进行公证。

2015 年 4 月 30 日,李某乙作为葛某(卖售人,甲方)的委托代理人与其兄李某甲(买受人,乙方)签订《上海市房地产买卖合同》,合同编号为 2211220,网签时间为 2015 年 3 月 21 日,将原告位于上海市杨浦区某村 1 号 401—403 室的房屋出让给李某甲,房屋建筑面积 71.84 平方米,转让价款人民币 150 万元,无贷款,于 2015 年 5 月 10 日前付清所有房款,双方确认 2015 年 6 月 20 日前共同向房地产交易中心申请办理转让过户手续。合同对交房时间、逾期交房、逾期付款、抵押权处理等均未约定。在系争房屋办理了相关抵押涤除手续后,2015 年 5 月 18 日,上海市房地产登记簿核准上述房屋权利人为李某甲。

2015 年 11 月 24 日,上海市杨浦区殷行街道某村第一居民委员会出具证明载明,本小区某村 1 号 401 室居民,自户口簿(001160990)显示:侯某某,夏某某自 1998 年 8 月 4 日至今居住在此,侯某某自 2012 年 1 月 5 日至今居住在此。

2015 年 3 月 29 日、3 月 30 日、3 月 31 日,账户名为侯某某,账号为 1300215×××
×(208810202146××××)的支付宝账户付款至账户名肖某某的 622208100102540×
×××中国工商银行卡内 5 000 元、6 000 元、10 000 元及 6 000 元,摘要载明为葛某还款。

2015 年 12 月 24 日 14 时 28 分,侯某某报警称:在某村 1 号 401 室房产纠纷,矛盾激化,称对方砸东西,请民警到场处理。2016 年 1 月 19 日侯某某、夏某某及侯某某搬离系争房屋。

另查明,在上海法院审理的(2016)沪 01 民终 1074 号相关案件中,李某乙和肖某某存在代理买卖房屋情况。该案中黄某某等以公证委托的形式委托肖某某办理房屋买卖事宜,2014 年 12 月 10 日,肖某某代黄某某等将房屋卖给李某乙。

审理中,一审法院委托上海市中原物业顾问有限公司、上海锐丰投资顾问有限公司对系争房屋进行询价,上海市中原物业顾问有限公司出具询价意见书,询价结果为:委托询价房地产在 2015 年 4 月底的客观合理的市场价格为人民币 29 000—30 000 元/平方米;上海锐丰投资顾问有限公司出具询价意见书,询价结果为:系争房屋 2015 年 4 月单价为人民币 29 000—31 000 元/平方米。

原告诉称,原告在办理借款抵押合同时,确有签订过相应的委托书,但对此原告是不知情的,因为当时原告是为借款,没有出售房屋的意思表示,且原告一直在还借款利息。房屋买卖合同上的肖某某及李某乙联系电话是一致的,也能证明第三人代表出借方一起在处理此事,所以被告与第三人恶意串通损害原告的合法权益,双方签订的系争房屋买卖合同应认定为无效。(1)请求确认编号 2211220 的《上海市房地产买卖合同》无效,将位于某村 1 号 401—403 室的房屋恢复登记至原告名下;(2)判令本案诉讼费用由被告承担。事实和理由:2014 年 10 月,原告与肖某某签订借款抵押合同,约定原告向案外人借款 120 万元,将房产抵押给了肖某某。2015 年 4 月 30 日,在原告不知情的情况下,李某乙以原告代理人的身份与被告签订了房屋买卖合同,将系争房屋以低于市场价的价格出售给了被告,被告系第三人的哥哥,合同转让价款 150 万元。2015 年 5 月 18 日,被告登记为权利人,原告自始至终未收到任何房款或其他价款。

审 判

一审法院经审理后认为,本案的争议焦点在于李某乙以葛某名义与李某甲就系争房屋所签订的房地产买卖合同的效力。

首先,第三人出售房屋实现债权违反法律禁止性规定。债务履行期满后,抵押权人未受清偿时,抵押权人和抵押人可以协议折价取得抵押物。但抵押权的行使,必须依照法定程序,或者通过与抵押人协议,或者通过法院诉讼,抵押权人无权擅自处分抵押物。若当事人在抵押合同中约定,债务履行期届满抵押权人未受清偿时,抵押物的所有权转移为抵押权人所有的内容则无效。葛某与肖某某在签订房产抵押借款合同的同时,与李某甲签订了一份《上海市房屋买卖合同》,又到公证机关办理了《具有强制执行效力的债权文书公证书》《委托公证书》,抵押借款合同虽未明确约定葛某届期不能清偿借款时,抵押房产便归肖某某所有,但肖某某将钱款借给葛某的条件是葛某须出具授权委托书,要授予李某乙包括签订房地产买卖合同、收取房款、办理产权过户手续等权利,也就是肖某某必须具有处分抵押房产的权利,而所有权最为关键的就是处分权,李某乙得到公证授权委托书后,实际上已具有取代葛某处分该房屋的权利,肖某某事实上也具备了该房产所有权人的权利,葛某不能按约还款时,无需与葛某协商,随时有权转让抵押房产。因此,葛某在签订借款合同的同时办理委托,承诺届期不履行还款义务则全权委托李某乙出售房产的行为,与流押条款具有同质性,应认定无效。被告及第三人关于委托手续依法成立并合法有效的意见,法院不予采纳。

其次,第三人与被告签订房屋买卖合同存在恶意串通。从当事人之间的关系及相关合同签订、履行过程等方面看,被告与李某乙为亲兄弟,第三人李某乙、肖某某过往存在代理买卖房屋的情况,即便是委托书载明,第三人可以与任何人签订房屋买卖合同,但本案被告自原告借款之日就参与到其中,与原告签订第一份房屋买卖合同,被告明知系争房屋设有抵押,涉及债务关系,且有户籍人口实际居住,在后来与第三人签订房屋买卖合同时,对交房时间、逾期交房、逾期付款、抵押权如何涤除、户口如何处理等房屋交易关键环节及常规问题均未约定,明显违背常理,被告及第三人也没有提供支付相应房款的证据。综观全案,被告及第三人事前经过协商,向原告放贷,事后相互协作,共同配合,在未与原告协商的情况下,凭借原告事先出具的委托书,完成了将原告用作担保还款的抵押房产直接进行过户,一定程度上损害了原告的合法权益,被告及第三人上述行为,难脱恶意串通之嫌。被告及第三人关于原告早已明知被告和第三人之间关系地位,不存在恶意串通的情形的意见,法院不予采纳。

最后,原告授权委托是意思表示不真实的无效民事行为。肖某某通过李某乙自行将抵押房产过户给李某甲,此系通过私力实现债权,该行为不符合《中华人民共和国物权法》及《中华人民共和国担保法》关于抵押权实现的规定,也与当事人的真实意思表示相悖。民事法律行为是具备一般有效要件、有合法性的民事行为,法律行为依当事人意思表示而生效为常态,意思表示必须真实,这是民事法律行为实质要件,否则为无效民事行为。系争房屋产权虽登记在原告名下,但实际仍然由原告表姐侯某某一家长期居住,葛某向肖某某借款,同时向李某乙出具出售系争房屋的授权委托书,授权李某乙以葛某的名义出售系争房屋,实际上是一种担保肖某某债权得以实现的行为,真实意思是为了借款,而非买卖系争房屋。同时,肖某某利用葛某急需得到借款,使得葛某被迫迎合其意愿,不得已向李某乙出具出售系争房屋的公证授权委托书,很难说是出于葛某本人意愿。因此,葛某出具委托书,授予李某乙包括签订房地产买卖合同、收取房款、办理产权过户手续等权利,此民事行为因欠缺意思表示真实一般有效要件,应为无效民事行为。被告及第三人关于原告授权买卖系争房屋是其真实意思表示的意见,法院不予采纳。

综上所述,第三人以原告名义与被告签订的房地产买卖合同系以合法形式掩盖非法目的的合同,违反法律禁止性规定,亦非原告真实意思表示,不符合民事法律行为生效要件,依法应为无效。合同被确认无效后,被告应当将系争房屋产权恢复登记至葛某名下,并恢复设定在该房屋上肖某某的抵押权。至于葛某与肖某某之间的抵押借款合同纠纷,不属于本案处理范围,双方可以通过协商,或另行依法解决。

一审法院判决:一、第三人李某乙以葛某的名义与李某甲签订的合同编号为2211220 的《上海市房地产买卖合同》无效;二、被告李某甲应于判决生效之日起三十日内协助原告葛某将上海市杨浦区某村 1 号 401—403 室的房屋产权恢复登记至葛某名下;三、原告葛某应于判决生效之日起三十日内协助第三人肖某某恢复抵押登记,在上海市杨浦区某村 1 号 401—403 室房屋上设定以肖某某为抵押权人、债权金额为 1 200 000 元的他项权利。

被告李某甲不服判决,提出上诉。二审法院判决:驳回上诉,维持原判。

点 评

本案是一起涉"套路贷"的房屋买卖合同纠纷。"套路贷"设局者具有侵害了当事人合法权益的意图,会进一步阻碍民间借贷市场的健康可持续发展,扰乱经济金融秩序和影响社会和谐稳定。2018 年 8 月 1 日,最高人民法院已下发《最高人民法院关于依法妥善审理民间借贷案件的通知》(法〔2018〕215 号,以下简称《通知》),要求各级人民法院发挥司法审判职能,妥善处理涉"套路贷"纠纷。

一、准确把握"套路贷"的特征

根据《通知》的描述,"套路贷"是设局者通过"虚增债务""伪造证据""恶意制造违约""收取高额费用"等方式非法侵占财物的新型犯罪行为。此类行为往往披着民间借贷合法的外衣,借助民事诉讼程序实现侵占当事人财产的一种不法借贷形式。"套路贷"设局者具备知识型犯罪特征,善于通过虚增债权债务、制造银行流水痕迹、故意失联制造违约等方式,形成证据链条闭环,并借助民事诉讼程序实现非法目的。

二、加大查明事实和证据审查力度

本案是涉"套路贷"的房屋买卖合同纠纷。系争涉"套路贷"房屋买卖合同表面上合法,实际在事实认定和法律适用上并非无懈可击。加大查明事实和证据审查的力度,就能够透过现象看本质,打破所谓的证据链条闭环,找出破绽并还原事实本来的面目。本案正是查明案件事实后,作出了第三人出售房屋实现债权违反法律禁止性规定,与被告签订房屋买卖合同存在恶意串通,原告授权委托是意思表示不真实的无效民事行为的判断。因此,对此类案件应注重查明案件相关的边际事实。应进一步强化当事人举证责任,必要时通过追加必要的当事人查明边际事实,同时可以积极主动依职权穷尽合法手段以查明边际事实。

三、充分考量社会普遍正义

对于涉"套路贷"的房屋买卖合同纠纷案件,法院应当给出旗帜鲜明的法律评价。应以《通知》及有关司法解释为指导,作出充分考量社会普遍正义的裁判。"套路贷"本质是上是以合法形式掩盖非法目的,在一定程度上已显现出"有组织犯罪"的特点。从借款、抵押、公证、收取利息、催债、房屋租赁及拍卖处置各个环节,套路贷都形成自己的产业链,已经严重侵犯了他人财产权益,影响社会安定和生存安全。正是由于涉"套路贷"的房屋买卖合同纠纷关乎百姓安居乐业和社会稳定,法院应旗帜鲜明做出否定性评价,遏制以民间借贷为名侵占他人房屋违法行为,向社会发出正确的信号。应根据《通知》的要求,切实提高对涉"套路贷"诈骗等犯罪行为的警觉,加强对民间借贷行为与诈骗等犯罪行为的甄别,发现涉嫌违法犯罪线索、材料的,要及时按照《最高人民法院关于在审理经济纠纷案件中涉及经济犯罪嫌疑若干问题的规定》和《最高人民法院关于审理民间借贷案件适用法律若干问题的规定》依法处理。

本案经过一审、二审,准确而有效地破解了"套路贷"侵害当事人合法权益的套路,不仅对此类案件的解决具有较高指导意义,也起到了维护交易的稳定、当事人的利益、社会的和谐的作用。本案的妥善解决,体现了法官的智慧,反映了法院对规范民间借贷行为坚定的决心。

案例提供单位:上海市杨浦区人民法院

编写人:杨槟涛　闵　婕

点评人:王国华　孙誉清

26. 陆某某诉邱某某等民间借贷纠纷案

——涉及违法犯罪活动中夫妻共同债务的认定

案 情

原告陆某某

被告邱某某

被告唐某某

两被告系夫妻关系,现处于婚姻关系存续期间。2007 年 4 月 18 日至 2008 年 9 月 19 日,原告通过上海杰尔维塑料包装材料有限公司陆续向被告邱某某担任法定代表人的上海镜静物贸有限公司(以下简称镜静公司)转账 84 800 元、60 000 元、50 000 元、35 000 元、80 000 元、50 000 元、60 000 元、100 000 元、50 000 元,共计 569 800 元。2009 年 8 月 10 日,被告邱某某出具借条一份,载明:"今借陆某某现金柒拾万元整借款人:邱某某 2009.8.10。"

2013 年 8 月 22 日,上海市普陀区人民法院作出(2013)普刑初字第 531 号刑事判决,查明:2008 年 6 月起,邱某某系镜静公司法定代表人及总经理,在明知镜静公司经营不善亏损的情况下,以镜静公司经营所需资金为借口,采用虚构购销贸易的方式,承诺每月每吨塑料原料加价 150 元至 300 元作为利润或者支付 1‰ 至 2.4% 的月息,向陆某某等人借款。认为:邱某某以镜静公司经营所需资金为借口,以高额利息为诱饵,非法吸收公众存款,扰乱国家金融秩序,数额巨大,对镜静公司非法吸收公众存款负有直接责任的主管人员,其行为已构成非法吸收公众存款罪,依法应予处罚。判决:"一、被告人邱某某犯非法吸收公众存款罪,判处有期徒刑六年,并处罚金人民币十万元。(刑期从判决执行之日起计算。判决执行以前先行羁押的,羁押一日折抵刑期一日,即自 2013 年 8 月 19 日起至 2019 年 7 月 21 日止;罚金款应在本判决生效之日起一个月内缴纳)。二、违法所得依法予以追缴。"该判决现已生效。

在上述刑事案件侦查过程中,上海沪港金茂会计师事务所有限公司受上海市公安局委托,出具沪金审鉴字[2012]第 F1018-1 号邱某某涉嫌集资诈骗资金情况的司法鉴定补充意见书,认为截至 2009 年 8 月 10 日,邱某某向陆某某借款 700 000 元,尚未归还借款金额为 700 000 元,实际支付利息为 200 000 元,陆某某实际损失为 500 000 元。

原告陆某某诉称:(1)两被告归还借款本金 700 000 元;(2)两被告支付利息损失,按中国人民银行同期贷款利率计算自 2016 年 8 月 23 日至判决生效之日止;(3)诉讼费由两被告承担。事实和理由:被告邱某某以经营所需陆续向原告借款,截至 2009 年 8 月 10 日,原告共计向被告邱某某出借 700 000 元,被告出具借条一份,口头约定月利率 2%,其后被告支付了利息 200 000 元。原告在 2015 年获知被告邱某某已被判刑,且追赃未果,而两被告又系夫妻关系,原告故诉至法院。

被告邱某某辩称:首先,从资金走向来看,原告将款项均转至被告邱某某担任法定代表人的镜静公司账户,已归还的 200 000 元亦从镜静公司转出,其中 100 000 元用于归还本金,100 000 元用于支付利息;其次,从资金用途来看,款项均用于公司经营。所以,原告出借款项的对象系镜静公司,而非被告邱某某个人。此外,从借款数额来看,镜静公司实际取得借款 50 余万元,700 000 元系本金及利息。

被告唐某某辩称:镜静公司向原告借款并非用于公司经营,而是以"借新还旧"的方式来维持公司非法吸收公众存款罪的犯罪行为,故双方间的借贷关系应属无效。退一步说,即便法院认定被告邱某某应当承担还款责任,被告唐某某作为被告邱某某的丈夫,对借款既不知情,又未用于夫妻共同生活,故也不应承担共同还款义务。

审 判

一审法院经审理后认为,合法的借贷关系应受法律保护。本案中,双方争议焦点在于:(1)被告邱某某是否为借款人;(2)借款金额的数额;(3)是否构成夫妻共同债务。

关于争议焦点一,一般来说,法定代表人的行为就是企业的行为,企业法人对它的法定代表人的经营活动承担民事责任。但法定代表人具有双重身份,其既可以作为自然人发生借贷,也可以代表企业对外借款,故法定代表人的对外民事行为并非都是职务行为。本案中,从资金走向来看,款项均转入被告邱某某担任法定代表人的镜静公司,但借条又载明借款人为邱某某,同时未加盖公司印章,也未载明借款用途,故仅根据借条及转账尚难以判断被告邱某某的行为是否属于职务行为。从刑事判决书来看,已认定被告邱某某系以镜静公司经营所需资金为借口,并构成非法吸收公众存款罪,而未认定单位构成犯罪。综上,将借条与刑事判决书结合来看,借款系被告邱某某个人行为,要求转入镜静公司账户系实施犯罪行为的手段,故系争款项借款人为被告邱某某。另外,被告邱某某的借款行为已经生效的判决认定构成犯罪,系其借款行为的总和违反了金融法律法规及刑法的相关规定,是一个从量变到质变的过程,并不等价于单个的民间借贷关系。基于合法的单个借款行为发生在先,非法吸收公众存款罪形成在后,故不能因此否定单个民间借贷行为的效力,而且没有证据证明原告在出借款项时主观上为恶意,系争借款行为也不具有合同无效的情形,故依然具有民间借贷合同的效力。

关于争议焦点二,原告主张借款金额为 700 000 元,被告邱某某辩称实际收到借款 50 余万元。一方面,虽然司法鉴定补充意见书认定借款金额为 700 000 元,但根据银行转账记录,原告交付的借款总额为 569 800 元,而原告对差额部分的交付未提供其他证据予以证明。另一方面,根据银行凭证,转账时间发生在 2007 年 4 月 18 日至 2008 年 9 月 19 日,而借条出具时间为 2009 年 8 月 10 日,即先有转账,后出具借条。另根据原告及被告邱某某陈述,双方就借款约定了利息,故若经借贷双方合意,可将前期借款本息结算后,将利息计入借款本金并出具债权凭证。经过法院计算,以 569 800 元为本金,按照年利率 24% 计算利息至 2009 年 8 月 10 日,本息应超过 700 000 元,故双方将借款本金约定为 700 000 元,并不违反法律规定,法院予以确认。原告现要求按中国人民银行同期贷款利率主张逾期利息,截至一审时,被告应当支付的本息之和未超过最初借款本金与以最初借款本金为基数,以年利率 24% 计算的整个借款期间的利息之和,亦符合法律规定,法院予以支持。关于被告支付的 200 000 元,根据双方陈述约定的月利率为 2%,其应当支付的利息已远超 200 000 元,故应认定该 200 000 元已用于支付利息,不应在借款本金中予以扣除。

关于争议焦点三,首先,本案借款虽然发生在两被告婚姻关系存续期间,但根据刑事判决书,并未认定两被告构成共同犯罪,且借条系由被告邱某某单方出具,故难以认定两被告存在共同举债的合意。其次,从资金走向来看,邱某某所借款项均转入镜静公司,现没有证据证明上述款项又转入被告唐某某账户内或者由被告唐某某分享了相关利益。最后,刑事判决书认定镜静公司系被告邱某某实施非法吸收公众存款罪的载体,故也不能认定转入镜静公司的款项用于了公司经营。综上,法案所涉借款系被告邱某某以个人名义举债后用于个人违法犯罪活动,故系争款项不构成夫妻共同债务,被告唐某某不负有共同返还义务。

综上所述,原告要求被告邱某某归还借款并支付利息,于法有据,法院予以支持,但被告唐某某不负有共同返本付息义务。一审法院判决被告邱某某向原告陆某某归还借款 700 000 元并支付逾期利息,并驳回要求被告唐某某共同承担还本付息义务的诉讼请求。

点 评

妥善处理夫妻共同债务事关市场交易安全和婚姻家庭稳定的维护。事关市场交易安全,需要保护好债权人的利益。同时,也事关维护婚姻家庭关系的稳定,维护好夫妻双方,尤其是配偶一方的合法权益。

本案即是一起涉及违法犯罪活动中夫妻一方所负的债务是否构成夫妻共同债务的案件。对涉及违法犯罪活动中夫妻一方所负的债务是否构成夫妻共同债务的认定应予以综合考量。

第一,涉嫌犯罪并不当然不予保护。根据《最高人民法院关于审理民间借贷案件适用法律若干问题的规定》第十三条的规定:"借款人或者出借人的借贷行为涉嫌犯罪,或者已经生效的判决认定构成犯罪,当事人提起民事诉讼的,民间借贷合同并不当然无效……"可见,涉嫌犯罪或者构成犯罪并非民间借贷合同无效的充分条件,只有在出借人事先知道或者应当知道借款人借款用于违法犯罪活动仍然提供借款的才会导致合同无效,法院才不予保护。实践中,与民间借贷纠纷具有牵连关系的违法犯罪活动多为非法吸收公众存款罪,该犯罪行为违反了金融法律法规及刑法的相关规定,合法的单个借款行为发生在先,非法吸收公众存款罪形成在后,是一个从量变到质变的过程,故"从事赌博、吸毒等违法犯罪活动"中的"等"应理解为并非泛指所有的违法犯罪活动,而应有所区分。

第二,所负债务须用于夫妻共同生活。在审理该类案件中,夫妻应对所负债务无共同举债之合意,若有,则可能涉嫌夫妻共同犯罪,故仅须审查所负债务是否用于夫妻共同生活,即夫妻另一方是否实际享受到了因夫妻一方负债而产生的利益。当然,夫妻共同生活的范畴不应狭义地理解为生活中的必要支出,如共同购置房产、生活开销等,根据《中华人民共和国婚姻法》的规定,生产、经营的收益属于夫妻共同财产,故根据权利、义务相一致的原则,夫妻一方将所负债务确实用于经营活动的,又因经营活动亏损造成债务无法归还的,也应当认定为夫妻共同债务。但本案中,夫妻一方对外举债并非用于公司经营,而仅是将公司作为实施非法吸收公众存款犯罪行为的载体,故夫妻另一方无须承担共同还款义务,对此在审判中应予以区分。

该案全面贯彻了最高人民法院有关夫妻共同债务认定的指导精神,准确识别并区分了系争债务中应属夫妻一方单独负担的债务,充分维护配偶另一方以及债权人的合法权益,取得了较好的社会效果,对此类在司法实践中普遍存在的案件具有指导意义。

案例提供单位:上海市普陀区人民法院

编写人:张　庆

点评人:王国华　孙誉清

27．王某诉汪某等合同纠纷案

案 情

原告（上诉人）王某

被告（上诉人）汪某

被告（上诉人）周某

第三人上海舞泡网络科技有限公司

2014 年 4 月 9 日，原告王某（受让方、乙方）与被告周某（出让方、甲方）、第三人上海舞泡网络科技有限公司（以下简称舞泡公司）（居间方、丙方）签订《网络店铺转让合同》，约定：甲方将"至诚开拓"淘宝店转让给乙方，该店支付宝认证名称：汪某，消费者保证金余额 30 元；转让费用 20 000 元；卖家信誉值：10 388；经营类目：3C 数码；甲方身份：代管人；甲方在网店转让后，不得以任何方式向网店所在网络平台找回或者修改会员账号及密码，也不得有转移账号内资金的行为，并保证甲方不会向任何第三方举报或提供信息而造成网店被查封，网店被盗等；当网络店铺所在平台转名过户政策正式实施后，甲方必须无条件配合乙方完成网络店铺所在平台的转让手续，把网络店铺转让给乙方或者乙方指定的受让人；乙方在受让后有权再将店铺通过丙方转让给任何第三方，甲方对再转让的情况享有知情权，但也有义务为再转让交易提供必要的配合和协助；三方商定，发生约定的违约情形，违约方应当按照合同转让费用总额的 30%（计 6 000 元）作为违约金支付给各守约方；如甲方为违约方，必须双倍退还已收的转让费用；如乙方为违约方，甲方有权不退已收的转让费用。

2014 年 3 月 25 日，原告王某通过第三人舞泡公司支付转让费 20 000 元；舞泡公司扣除 2 000 元佣金后实际转交周某 18 000 元；2014 年 3 月 26 日，原告王某与被告周某签署《网店资料交接书》。

"至诚开拓"淘宝店的账户名为 2912361468@qq.com，经实名认证的经营者为汪某。2015 年 12 月 3 日，汪某找回了系争店铺的密码，系争店铺处于汪某控制之下。庭审中，汪某表示找回系争店铺后没有继续经营。

《淘宝服务协议》载明：您的登录名、淘宝昵称和密码不得以任何方式买卖、转让、赠与或继承，除非有法律明确规定或司法裁定，并经淘宝同意，且需提供淘宝要求的合格的文件材料并根据淘宝制定的操作流程办理。

根据原告申请，经法院向浙江淘宝网络有限公司查询，"至诚开拓"淘宝店作为卖家的最后一笔数码产品交易成功日为 2015 年 12 月 3 日，至 2017 年 3 月 31 日该店铺的消费者保证金余额为 4 000 元。

因两被告在未告知原告的情况下，向淘宝平台找回店铺。原告诉至法院要求解除合同，两被告支付原告违约金并赔偿因此给原告造成的损失。

原告王某诉称，两被告已构成根本违约，应支付原告违约金并赔偿因此给原告造成的损失。请求法院：(1)判令被告汪某、周某支付违约金 6 000 元；(2)判令被告汪某、周某退回保证金 11 830 元；(3)判令被告汪某、周某双倍退还已收的转让费用 40 000 元；(4)判令被告汪某、周某赔偿可得利益损失 100 000 元；(5)判令被告汪某、周某共同承担本案诉讼费。

被告汪某辩称，原告是基于买卖合同关系提起诉讼请求的，被告汪某和原告之间没有买卖合同关系，对于基于买卖合同关系提出的诉讼请求要驳回。

被告周某辩称，系争店铺系其借用被告汪某的身份证所开，实则归其所有。系争店铺转让时，未告知汪某，汪某对此一无所知，不应承担本案任何责任。根据淘宝网及相关规定，淘宝店铺实名认证，经符合淘宝网规定的条件方可转让，本案不符合该规定，因而不得转让，只能通过找回程序找回。同意返还店铺转让费，不同意承担其他责任。

审 判

一审法院经审理后认为，本案系争合同的类型并非以转移标的物所有权为本质特征的买卖合同，而是将汪某与浙江淘宝网络有限公司之间的债权债务概括转让的合同。根据法律规定，合同权利义务的概括转让应当征得相对人的同意，而浙江淘宝网络有限公司在其服务协议中明文禁止淘宝网店的转让。据此，本案系争合同属于未发生法律效力的合同。系争店铺经实名认证的经营者为被告汪某，但系争合同由被告周某签订。系争网店以汪某名义设立，汪某是与浙江淘宝网络有限公司所签订的服务协议相对人。汪某辩称其对系争店铺被转让不知情，但原告自 2014 年 3 月控制系争店铺的经营权至 2015 年 12 月，时间长达一年余，汪某未提出异议，显与情理不符，故法院有理由认为汪某对周某的转让行为知情且同意。尽管如此，系争合同因未得到浙江淘宝网络有限公司的同意，不能发生法律效力。被告周某基于未生效合同取得的转让费应予返还。需要说明的是，原告交付的转让费为 20 000 元，第三人上海舞泡网络科技有限公司扣除 2 000 元佣金后实际转交周某 18 000 元，2 000 元佣金因周某与第三人间的合同关系而产生，与本案无关,故被告周某仍应返还原告 20 000 元。目前仍在汪某账户内的消费者保证金 4 000 元,扣除之前已有的 30 元,余额 3 970 元属于被告周某造成原告的损失,应予赔偿;同时,汪某作为系争网店的经营者,占有该部分资金没有合法根据,亦应返还,故被告周某与汪某应共同向原告返还 3 970 元。因系争合同未生效,原告要求被告承担违约责任于法无据,难以支持。据此,一审法院判决:一、被告周某于本判决生效之日起十日内支付原告王某 20 000 元;二、被告周某、汪某于本判决生效之日起十日内支付原告王某 3 970 元;三、驳回原告王某的其余诉讼请求。

一审判决后,原、被告均不服判决,提起上诉。

二审法院认为,一审判决认定事实清楚,适用法律正确,应予维持。

点 评

本案系争合同从内容上看是出卖人将淘宝店铺转让于买受人,但如何认识淘宝店铺的法律属性,进而揭示系争合同的类型,并找到规制这类转让行为的法律规范是解决本案纠纷的路径。

一、淘宝店铺能否成为物权客体

本案系争的《网络店铺转让合同》项下的转让标的物——"至诚开拓"淘宝店,是被告汪某经实名认证后,在淘宝网上设立的店铺。该店铺实质上是自然人于第三方网络交易平台之上,以二级域名的形式存在并经营的网络店铺。关于网络店铺能否成为物权客体,目前法律上没有明确规定。随着社会生活的发展,纳入法律上所称的物的范围不断扩张,但这些法律上的"物"均具备以下特征:一是具有法律上排他的支配可能性或管理可能性;二是必须可为权利客体者,即非人格性,人的身体为人格所附,不能为物。本案系争网络店铺作为非独立网店,其运营需要依托特定运营商的服务器,即权利人必须得到他人的协助才能行使权利,且权利的存续期间也取决于网络店铺经营者与特定运营商的约定,显然不具备法律上排他的支配可能性或管理可能性;而网络店铺在经营过程中累积的交易记录、信用记录、交易评价等信誉,具有较强的人身依附性。鉴于此,非独立网店难以成为物权客体,非独立网店的经营者对该网店不具有所有权。

二、非独立网店转让合同是否属于买卖合同

本案系争的《网络店铺转让合同》从形式上看似乎是买卖合同,实则不然。依据《中华人民共和国合同法》第一百三十条的规定,买卖合同是指出卖人转移标的物的所有权于买受人,买受人支付价款的合同。上文已指出,非独立网店不能成为物权客体。因此,本案系争合同的类型并非以转移标的物所有权为本质特征的买卖合同。本案系争网店是由被告汪某与浙江淘宝网络有限公司通过签订服务协议,取得浙江淘宝网络有限公司分配的二级域名而设立的非独立网店。网络交易平台的运营者与非独立网店的经营者之间的合同类型属于无名合同,兼具租赁合同、服务合同、居间合同的部分特征。作为运营者,负有提供必要的技术手段和管理措施以保证交易顺利进行的义务。而作为经营者,则负有向运营者支付费用并遵守网络交易平台管理规约等义务。因此,系争合同实质上是将汪某与浙江淘宝网络有限公司之间的无名合同中的债权债务概括转让的合同。

三、非独立网店的转让合同能否产生合同约束力

根据《中华人民共和国合同法》第八十八条的规定,合同权利义务的概括转让应当征得合同相对人的同意,而浙江淘宝网络有限公司在其服务协议中明文禁止淘宝网店的转让。据此,本案系争合同属于未发生法律效力的合同,不产生合同约束力。

实践中,对于浙江淘宝网络有限公司禁止淘宝网店转让的做法存在争议。有观点认为,这一约定属于加重对方责任、排除对方主要权利的格式条款,应为无效条款。这一观点,没有认识到非独立网店与实体店铺经营管理上的区别,片面强调了店铺经营者的权利。消费者在实体店选择商品时,可以接触商品判断商品质量。但在网店则无法实现,而更多的是依靠展示的交易记录、信用等级、评价在内的店铺信誉作出判断。考虑到目前尚未形成完善的网络店铺转让的公示方式和管理制度,如果允许非独立网店自由转让,虽然会方便买受人利用起点较高的网店信誉进入市场,但却难以保证买受人不会借此侵害消费者合法权益。因此,网络交易平台与相对人关于禁止非独立网店转让的约定有其合理性,并非加重对方责任、排除对方主要权利的格式条款,非独立网店的经营者应当遵守该约定。

该案经过一审、二审,准确识别了网络店铺转让行为的法律属性,对当事人合法、合理诉求给予了支持,保护了当事人的合法权益。在互联网发展趋势下,该案的处理结果直接反映了法官对涉互联网新型民事行为的智慧解读,对同类纠纷的化解具有较高指导意义。

案例提供单位:上海市闵行区人民法院

编写人:陆　淳

点评人:王国华　孙誉清

28. 上海香榭丽广告传媒有限公司诉上海德勤广告有限公司广告合同纠纷案

——约定不得向任意第三方泄露合同内容是否与股东知情权相悖

案 情

原告(反诉被告、被上诉人)上海香榭丽广告传媒有限公司

被告(反诉原告、上诉人)上海德勤广告有限公司

原告与被告签订有广告发布框架协议,约定被告原告在相关户外 LED 显示屏上发布广告。违约责任,被告延期向原告支付本合同项下的应付款的,每延期一天,应当向原告支付延期支付款项万分之五的违约金。保密条款,对本合同及因本合同而获悉的对方商业秘密履行保密责任,未经对方事先书面同意,任何一方不得以任何方式利用对方的商业秘密,不得向双方以外的任意第三方(企业或个人)披露或以其他方式公开对方的商业秘密,也不得向任何第三方泄露本合同的任何内容及本合同的签订及履行情况。违反上述保密条款的,违约方应按合同金额的20%向守约方支付违约金,若守约方因此所受的实际损失超过违约金的,违约方应赔偿守约方因此所受的全部经济损失。

原告在诉讼中提交三份相关广告发布订单及《播出报告》《上画报告》。履行完毕后,原告出具《催款函》,要求支付广告费(包含本案涉及三份订单费用)。

工商信息反映,粤传媒即广东广州日报传媒股份有限公司,系原告股东之一。

原告诉称,原告与被告签订有《LED 显示屏户外媒体广告发布框架协议》,随后签订三份主合同项下《广告发布订单》,金额分别为 165 144 元、30 216 元、151 476 元,实际已支付发布费 56 969 元,尚欠广告费合计 280 867 元。由此,诉请被告支付广告费 280 867 元及相应违约金。

被告对双方广告发布框架协议及 3 份订单的真实性无异议,仅认可第三份订单的履行,否认其余两份订单的履行。同时,被告反诉主张,涉及北京蓝岛大厦合同部分,根据相关广告管理法规,该显示屏未经批准,部分合同无效。且合同约定不得向任意第三方泄露合同内容,原告将合同内容透露给第三方粤传媒,粤传媒又

依此串通广东省证监局非法作为,泄露商业机密。由此被告反诉要求:确认广告发布框架协议涉及北京蓝岛大厦部分无效、返还广告款 40 002 元、原告承担泄露商业秘密产生的违约金 400 000 元。

审 判

一审法院经审理后认为,被告主张原告向粤传媒透露合同内容,粤传媒又向证监会提供系争合同,从而违反合同约定的"不得向任何第三方泄露本合同的任何内容及本合同的签订及履行情况"。第一,依据工商信息可知,粤传媒即广东广州日报传媒股份有限公司,系原告股东之一。证监会基于调查需要,通过粤传媒调取了原告的合同,客观上导致原告违反系争合同约定。第二,原告并非主动透露合同内容与第三方,其主观上不存在恶意。同时,被告亦无证据证明该违约行为对其造成损失。综合上述分析,法院酌情认定原告基于该违约行为赔偿被告违约金 50 000 元。因此,一审法院依据《中华人民共和国合同法》第一百零七条、《最高人民法院关于适用〈中华人民共和国民事诉讼法〉若干问题的解释》第九十条的规定,判决:一、被告(反诉原告)上海德勤广告有限公司于判决生效之日起十日内支付原告(反诉被告)上海香榭丽广告传媒有限公司广告发布费 280 867 元及违约金(以 99 175 元为基数,自 2015 年 10 月 27 日起,以 30 216 元为基数,自 2016 年 1 月 12 日起,以 151 476 元基数,自 2016 年 2 月 16 日起,均至实际支付之日止,按照每日万分之五计算);二、原告(反诉被告)上海香榭丽广告传媒有限公司于判决生效之日起十日内支付被告(反诉原告)上海德勤广告有限公司违约金 50 000 元。本诉案件受理费 6 746 元,减半收取 3 373 元,由被告(反诉原告)上海德勤广告有限公司负担。反诉案件受理费 7 601 元,其中 328.82 元由原告(反诉被告)上海香榭丽广告传媒有限公司负担,剩余 7 272.18 元由被告(反诉原告)上海德勤广告有限公司负担。

一审宣判后,被告不服,提起上诉。二审法院经审理后,依法判决驳回上诉、维持原判。

点 评

商事交易活动,为双方利益的需要,在合同中可能会约定未经同意不得对外公开披露或允许任何其他单位或个人复制、或向第三人复述保密信息内容。本案中,因客观原因,原告向其股东粤传媒提交合同相关内容,并由粤传媒提交证监局调查。因第三方系原告股东,鉴于公司法对于股东知情权的规定,处理中对原告因向其股东泄露合同内容、是否应当承担违约责任产生争议。

一、商业秘密的保护是诚实信用原则的体现

诚实信用原则作为民法的基本原则,系将道德领域的要求延伸至法律,要求行为人秉持诚实,恪守承诺,善意行使权利及义务,被称为民法,特别是商法的最高指导原则,乃至"帝王原则"。而对商业秘密的保护,即是维护经济交往中的道德准则——诚信原则。对商业秘密进行保护,不仅是为了维护商业秘密权利人合法权益的需要,更是出于维护商业道德与公平竞争的市场秩序的考虑。

二、不应随意扩大解释股东知情权

依据《中华人民共和国公司法》的规定,股东有了解公司信息的权利,其权利体系包含财务会计报告、账簿查阅权,公司章程、股东会会议记录等复制权。但《中华人民共和国公司法》第二十条也规定:"公司股东滥用股东权利给公司或者其他股东造成损失的,应当依法承担赔偿责任。"由此可见,股东知情权行使过程中,存在着股东与公司利益的平衡和博弈,过于扩张股东知情权范畴,有可能对公司商业秘密及利益造成损害。故在司法实践中,应审慎把握股东知情权的范畴,严格遵从法律规定的权利事项,不随意作扩大解释。本案中,双方既已约定不得向双方以外的任意第三方披露合同内容,条款本身亦是商业主体之间的真实意思表示,应当予以遵从。

三、以事实为依据综合认定违约金赔偿数额

对原告向其股东透露合同内容的行为应当认定违约。第一,违约方主观恶意情况。本案中,原告系为配合广东省证监局调查需要,向其股东粤传媒提交包含被告合同在内的相关资料,客观上造成违反双方保密条款的后果。该违约情形,原告不存在主观恶意,其不同于一般的主动透露商业秘密情形。第二,非违约方实际损失情况。保护商业秘密的主旨在于保障商业主体的商业利益不受损害。合同法对于违约行为损害赔偿范围,亦考虑"不得超过违反合同一方订立合同时预见到或者应当预见到的因违反合同可能造成的损失"。本案中,被告对于原告该违约行为,未能举证其遭受损失情况。故而,法院酌情判定原告承担违约责任具有其合理性。

本案厘清了因股东行使知情权而违反商业秘密约定的责任界分,并能在充分衡量违约方的主观情况以及非违约方实际的损失情况下作出合理判决,充分平衡各方利益,维护了当事人的合法权益,取得了良好的社会效果,对此类案件的解决具有指导价值。

案例提供单位:上海市黄浦区人民法院

编写人:王丹丹

点评人:王国华　孙誉清

29. 张某诉顾某某等机动车交通事故责任纠纷案

——浅析侵权案件中损益相抵原则的适用

案 情

原告张某

被告顾某某

被告中国太平洋财产保险股份有限公司上海分公司

2016 年 2 月 9 日 10 时许,被告顾某某驾驶牌号为沪×××××轿车在崇明区向化镇春光村春心路春光中心路十字路口处与原告张某骑驶电动自行车发生碰撞,造成车损、原告受伤的交通事故。崇明区公安局交通警察大队认定原告张某不负事故责任、被告顾某某负事故全部责任。另查明,事发时牌号为沪××××××小型轿车已向被告中国太平洋财产保险股份有限公司上海分公司投保了机动车交通事故责任强制保险和商业三者险。

原告张某诉称,原告认为被告顾某某作为机动车一方,其违法行为是造成本起事故的全部责任,应承担全部责任。为此,原告要求被告赔偿医疗费人民币(以下币种均为人民币)111 283.31 元。被告中国太平洋财产保险股份有限公司上海分公司在交强险和商业三者险责任限额内现予赔偿,超过部分由被告顾某某赔偿。在医疗费项目中,已经从其他保险公司理赔部分不同意扣除,要求被告中国太平洋财产保险股份有限公司上海分公司在保险限额内赔付。

被告顾某某辩称,对事故事实及责任认定无异议,愿意依法赔偿原告合理的经济损失。

被告中国太平洋财产保险股份有限公司上海分公司辩称:对事故事实及责任认定无异议,愿意在交强险和商业三者险限额内承担赔偿责任。但是在原告主张医疗费中,原告已经从其他保险公司理赔部分请求予以扣除。

审 判

一审法院经审理后认为,本起道路交通事故发生后,公安机关认定原告张某不负事故责任、被告顾某某负事故全部责任,并无不当,依法予以确认。因被告顾某某驾驶的车辆已向被告太平洋财险上海分公司投保了交强险及商业险,故原告要求被告太平洋财险上海分公司在交强险及商业险范围内承担先行赔付责任,依法予以支持。超出交强险及商业险部分的损失,由被告顾某某承担。但原告的经济损失应以双方当事人认可和法院确认的数额为准。被告太平洋财险上海分公司对司法鉴定意见有异议,请求重新鉴定,但未提供足够的证据,法院不予准许。一审法院依照《中华人民共和国道路交通安全法》第七十六条第一款第(二)项,《中华人民共和国侵权责任法》第十六条、第二十二条,《最高人民法院关于审理道路交通事故损害赔偿案件适用法律若干问题的解释》第十六条第一款之规定,判决:一、被告中国太平洋财产保险股份有限公司上海分公司于本判决生效之日起十日内在机动车强制保险责任限额内赔付原告张某医疗费 6 568.41 元、住院伙食补助费 210 元、营养费 1 800 元、护理费 4 474 元、交通费 400 元、衣物损 200 元、车损 800 元、残疾赔偿金 25 525.50 元、精神损害抚慰金 5 000 元、误工费 10 000 元、残疾辅助器具费 1 500 元,合计人民币 56 477.91 元;二、被告中国太平洋财产保险股份有限公司上海分公司于本判决生效之日起十日内在商业三者险责任限额内内赔付原告张某鉴定费 2 300 元;三、被告顾某某赔偿原告张某代理费 3 500 元;扣除被告顾某某已经支付的 5 501.50 元,原告张某需于收到理赔款之日返还被告顾某某人民币 2 001.50 元;四、原告张某的其余诉请,不予支持。

点 评

本案系关于损益相抵原则在侵权案件中的适用,具有较为典型和普遍的意义。

所谓的损益相抵原则是指赔偿权利人基于损害发生的同一赔偿原因获得利益时,应将所受利益予以扣减从而确定损害赔偿范围的规则。尽管中国侵权法领域并未规定损益相抵原则,但理论界和司法实践已明确认可该制度(参见最高人民法院《关于赵正与尹发惠人身损害赔偿案如何适用法律政策问题的函》1991 年 8 月 9 日〔91〕民他字第 1 号)。

通说认为,损益相抵的适用要件有三:损害赔偿之债成立,受害人受有利益以及损害事实与利益之间存在因果关系。因果关系要件乃是适用之关键。损害事实与利益之间须存在因果关系,否则,仅因赔偿权利人在损害发生的过程中获有利益而进行损益相抵,会错误地减轻义务人的赔偿责任,害及损害赔偿规则的损害填补功能。

对此,理论上存有多种学说,如损益同源说(即以损害与利益是由同一事故所导致的为必要,要求损害之债与受害人受有利益同根同源)、相当因果关系说(即并不严格要求损害之债的发生与受害人享有利益绝对一致)、法规目的说(即要求遵循法律规定的意旨,对事实发生与结果之间的关系作规范地分析,损益相抵不违反法规目的或给付利益第三方的给付目的)。

我们认为,较为可取的是以"相当因果关系说"为基础,同时考虑损害赔偿之目的。损害事件必须一般性地适于带来所发生的利益,只是偶然地与损害事件联系在一起的利益不应考虑;利益能否扣减还应考虑是否符合损害赔偿请求权的保护目的,该扣减不应不适当的减轻加害人的责任,如从法律秩序的价值中可以得出加害人不应获得此种优待的结论,则利益不应被扣减。

就是否适用损益相抵原则,本案裁判表达了对因果关系要件进行判断的态度,也体现了相关法律规则的价值。

第一,关于损益相抵原则的适用要件。

就损益相抵原则适用之关键要件:受害人受有利益和损害事实之间是否有因果关系,本案原告享有的损害赔偿请求权和保险请求权发生的原因不同:侵权赔偿请求权是基于侵权行为而发生,属于侵权之债;而保险赔偿请求权是基于保险合同而享有的,即受害人能够受有利益(即获得保险赔偿金)的原因在于其本人支付了保险费的对价而与保险人订立了保险合同,保险人是依据保险合同的约定向被保险人或受益人支付保险赔偿金的,属于合同之债。因此,二者的请求权内容不同。本案虽然存在形式上的损害事实和获得利益,但二者并不存在因果关系,损益相抵原则不能适用。

第二,关于人身保险的价值。

受害人在遭受侵害前投保了人身保险(如人寿保险、意外伤害保险)的,当其因侵权行为而受伤或死亡时,被保险人或受益人获得了保险赔偿金后,依然有权向赔偿义务人请求损害赔偿,赔偿义务人不得将人身保险赔偿金作为可扣减的利益而主张损益相抵。

因为人身保险合同旨在保护的是被保险人的利益,而非如责任保险那样分散赔偿义务人的赔偿责任。如果允许赔偿义务人因此减少赔偿数额,人身保险就变成了责任保险,不利于维护被保险人或受益人的权益。正因如此,《中华人民共和国保险法》第四十六条规定:"被保险人因第三者的行为而发生死亡、伤残或者疾病等保险事故的,保险人向被保险人或者受益人给付保险金后,不享有向第三者追偿的权利,但被保险人或者受益人仍有权向第三者请求赔偿。"即保险人不能代位行使赔偿权利人针对赔偿义务人的赔偿请求权,赔偿义务人也不能主张扣减此项利益,原告在获得保险人的保险赔付后,依旧有权向赔偿义务人主张损害赔偿。

综述,本案中损益相抵原则并不适用,原告已经从他处获得的保险理赔款不能从被告保险公司的理赔金额中予以扣除。

案例提供单位:上海市崇明区人民法院

编写人:周学培

点评人:李世刚

30. 杨某诉华为软件技术公司网络 购物合同纠纷案

——手机广告中使用"蓝宝石"镜头的表述是否构成虚假宣传

案 情

原告(上诉人)杨某

被告(上诉人)华为软件技术公司

杨某因在华为软件技术有限公司(以下简称华为公司)开设的"华为商城网站"销售页面上看到其出售的华为 MATE S 手机使用的是"蓝宝石镜头",觉其具有一定保值和收藏价值,故于 2015 年 9 月 18 日、9 月 21 日、9 月 24 日、9 月 25 日、9 月 30 日和 10 月 1 日,分六次在该网站网购了 7 台华为 MATE S 手机,每台价格 4 199 元,共计付款 2.9 万余元。

后杨某得知蓝宝石属于天然宝石,需有宝石鉴定证书,但华为公司并未提供涉案手机所述"蓝宝石镜头"的天然蓝宝石材质鉴定证书。于是,杨某向华为公司致电询问,华为公司答复该摄像头镜头材质是仿蓝宝石(蓝宝石玻璃),无法提供鉴定证书。

杨某认为华为公司构成虚假宣传,并向相关市场监管部门投诉。市场监管部门认为华为公司不构成虚假宣传,不予立案。杨某遂诉法院。

原告诉称,被告在华为商城网站上对涉案手机摄像头镜头材质的描述与事实不符,侵害了原告的知情权,且根据相关国家标准,只有在使用天然宝石基本名称时才无需添加"天然"二字,如果使用"合成、人造、拼合、再造、仿"等名称,则必须添加上述字样以示与天然宝石的区别,故被告的相关描述构成欺诈,对原告的购买行为产生了误导,因此要求华为公司返还手机价款 29 393 元并赔偿三倍价款 88 179 元及支付鉴定费 1 000 元。

被告辩称,第一,涉案的华为 MATE S 手机镜头属于"蓝宝石"材质,相关描述符合事实,也符合相关行业的国家标准与行业惯例,镜头上的"蓝宝石"镜片经检测分析,成分为三氧化二铝,根据工业制造行业(半导体设备和材料)相关国家标准,由该成分构成的人工生长单晶体即指"蓝宝石";第二,手机摄像头的镜片是成像系统中的重要功能性构件,被告对该镜头按照镜片材质称谓符合消费者日常常识,没有欺骗消费者的主观故意,也不会引起误解;第三,本案实质上是原告对涉案手机的相关描述在理解上发生错误,涉案手机上配置"蓝宝石镜头"是功能性的,目的是保证高素质成像,并非具有保值或收藏价值的"奢侈品",日常消费者也不会将涉案手机作为一个与珠宝玉石相关的产品看待。综上,被告请求驳回原告的诉讼请求。

审 判

一审法院经审理后认为,华为公司在涉案手机上将人工蓝宝石镜片直接称为"蓝宝石镜头",不符合该用语的通常含义或者相关国家标准,也未形成能为消费者所接受的行业惯例,应属虚假宣传,但此行为在产品竞争充分、消费者选择多样的智能手机市场,尚难对杨某的消费决策产生误导,故不足以认定欺诈,杨某以此请求退货和赔偿三倍价款缺乏事实和法律依据,不予支持。此外,杨某对主张的鉴定费未提供相应证据证明,且该主张因前述退货赔偿的请求未得支持,也已失去成立的基础,故判决驳回杨某的所有诉讼请求。判决后,杨某、华为公司均不服,提起上诉。

杨某上诉中坚持其一审意见,并认为,涉案手机上的"蓝宝石"构件也只起镜头保护盖作用,并非镜头本身,故华为公司在华为商城网站上对涉案手机摄像头镜头材质的描述与事实不符,侵害了消费者的知情权,且根据相关国家标准,只有在使用天然宝石基本材质时才无需添加"天然"二字,如果使用"合成、人造、拼合、再造、仿"等材质,则必须添加上述字样以示与天然宝石的区别,故华为公司的相关描述构成欺诈,对杨某的购买行为产生了误导,因此请求二审法院判令支持其诉请。二审审理中,杨某撤回一审诉讼中要求华为公司赔偿三倍价款 88 179 元的请求,其他请求不变。

华为公司上诉称,第一,一审法院对"蓝宝石镜头"一词的通常词义所进行的认定明显缺乏事实依据,错误理解了"虚假宣传"的概念,错误适用了国家标准,脱离了相关行业的行业惯例,故对华为公司实施了虚假宣传行为的认定明显缺乏事实和法律依据。第二,杨某购买涉案手机的理由缺乏客观依据且有悖常理。杨某对涉案手机的相关描述在理解上发生错误,客观上就没有使用天然蓝宝石做镜头的手机。涉案手机上配置"蓝宝石镜头"是功能性的,目的是保证高素质成像,并非具有保值或收藏价值的"奢侈品",日常消费者也不会将涉案手机作为一个与珠宝玉石相关的产品看待。第三,涉案的华为 MATE S 手机镜头属于"蓝宝石"材质,相关描述符合事实,也符合相关行业的国家标准与行业惯例,镜头上的"蓝宝石"镜片经检测分析,成分为三氧化二铝,根据工业制造行业(半导体设备和材料)相关国家标准,由该成分构成的人工生长单晶体即指"蓝宝石"。手机摄像头的镜片是成像系统中的重要功能性构件,华为公司对该镜头按照镜片材质称谓符合消费者日常常识,没有欺骗消费者的主观故意,也不会引起误解。综上,请求二审法院依法重新认定事实,并驳回杨某的全部诉讼请求。

二审法院经审理后认为,一审法院在华为公司是否存在虚假宣传的认定上确有不妥,对华为公司的上诉主张予以支持。一审法院对于华为公司的广告宣传是否对杨某引起消费误导并构成欺诈的认定充分、合理,予以维持。故华为公司在"华为商城网站"MATE S 手机的销售广告页面使用该手机拥有"蓝宝石镜头"的表述不构成虚假宣传,不对消费者造成欺诈。双方当事人订立的网络购物合同真实、有效,不符合可撤销的法定情形。杨某要求华为公司返还手机价款 29 393 元并赔偿三倍价款 88 179 元及支付鉴定费 1 000 元于法无据,一审法院不予支持是正确的。法院审理中,杨某放弃赔偿三倍价款 88 179 元的请求,予以准许,但其仍然坚持要求华为公司返还手机价款及支付鉴定费的请求难以支持。综上,二审法院判决驳回杨某上诉,维持原判。

点 评

案件的争议焦点为华为公司在介绍涉案手机时使用"蓝宝石镜头"是否构成虚假宣传并对消费者造成欺诈,其中关键又在于判断华为公司使用"蓝宝石镜头"的描述(人工合成还是天然)是否构成虚假宣传。

通常而言,我们理解的虚假宣传行为是指经营者在商业活动中利用广告或者其他方法提供关于商品或者服务的与实际内容不相符的虚假信息,导致消费者误解的行为。那么华为公司涉案手机使用"蓝宝石镜头"的表述与实际提供的商品内容是否相符,即是否存在虚假宣传?

第一,根据《珠宝玉石名称》(GB/T16552-2010)国家标准,天然宝石无需添加"天然"字样,人工宝石(包括合成宝石)前需加"合成"等字样。但是,根据《蓝宝石单晶晶锭》(GB/T31092-2014)国家标准、《蓝宝石单晶抛光片规范》(SJ/T11505-2015)国家电子行业标准等文件规定,在工业、半导体行业中"蓝宝石"特指"人工生长的,有确定晶向的单晶氧化铝材料",是行业通行的认识和命名方式,此处"蓝宝石"并不代表"天然蓝宝石",也无需在"蓝宝石"前冠以"人工合成"字样。

两种标准,两种不同认定,前者是依据珠宝玉石行业标准依据,后者是依据工业、半导体行业标准。结合本案,在手机行业的制造和销售过程中,华为公司在MATE S 手机销售广告页面中使用"蓝宝石镜头"的描述是通过对手机摄像头材质的表述,凸显出此款手机的质量、性能、用途,"蓝宝石"本身的描述和珠宝玉石行业并无太大的关联,本案根据工业、半导体行业标准判断比较适宜。因此,华为公司对"蓝宝石"的描述未标注"天然""人工合成"等字样并不违反相关国家、行业规定,其不存在故意告知对方虚假情况或者隐瞒真实情况的行为,不构成虚假宣传。

第二,根据信息产业专用材料质量监督检验中心出具的检验报告,涉案手机的摄像头镜片材质为 $\alpha\text{-Al}_2\text{O}_3$ 单晶(人工生长单晶三氧化二铝),即《蓝宝石单晶晶锭》(GB/T31092-2014)国家标准、《蓝宝石单晶抛光片规范》(SJ/T11505-2015)国家电子行业标准所规定的人工蓝宝石。因此,华为公司对涉案手机拥有"蓝宝石镜头"的描述符合相关国家规定,已真实、全面地提供了该手机镜头的材质信息。

第三,一般情况下,作为理性的消费者在选择购买该类手机时,会综合考虑其各项功能及其指标,尤其是影响主要功能的相关配置,一般不会因为单一的部件或者特殊材质而作出消费决策。而且涉案手机上配置"蓝宝石镜头"是功能性的,目的是保证高素质成像,并非具有保值或收藏价值的"奢侈品",日常消费者也不会将涉案手机作为一个与珠宝玉石相关的产品看待。因此,华为公司对手机使用"蓝宝石镜头"的描述,不足以使正常的消费者误解从而作出错误意思表示。

综述,华为公司在 MATE S 手机销售广告页面中使用"蓝宝石镜头"的描述符合相关国家电子行业标准,与实际提供的商品相符合,不存在虚假宣传行为,并无故意告知对方虚假情况或者隐瞒真实情况诱使消费者作出错误意思表示的行为,不构成欺诈。

案例提供单位:上海市第二中级人民法院

编写人:周　嫣

点评人:李世刚

商 事

31. 上海申航进出口有限公司诉西安喜洋洋生物科技有限公司等买卖合同纠纷案

——分期履行债务保证期间的认定

案 情

原告(被上诉人、再审申请人)上海申航进出口有限公司

被告(上诉人、被申请人)西安喜洋洋生物科技有限公司

被告(上诉人、被申请人)陕西圣唐秦龙乳业有限公司

被告(上诉人、被申请人)西安博康兴业食用化工有限公司

2015 年 4 月 28 日,上海申航进出口有限公司(以下简称上海申航公司)(供方)与西安博康兴业食用化工有限公司(以下简称西安博康公司)(需方)签订《购销合同》,约定需方向供方购买 100 吨奥地利 LF D90 脱盐乳清(单价 19 437 元/吨)、96 吨德国 ROVITA WPC35(其中 48 吨单价为 30 560 元/吨,48 吨单价为 28 660 元/吨),合同总金额 4 786 260 元,需方自行提货后 35 天内付清全部货款,如需方未能在双方约定的到账之日付款,则供方有权按银行利率向其加收逾期付款所产生的资金利息。

2015 年 5 月 5 日,西安喜洋洋生物科技有限公司(以下简称西安喜洋洋公司)向上海申航公司出具《担保函》,《担保函》载明"截至 2015 年 4 月 30 日,本公司跟西安博康公司的应付账款余额为 320 万元,付款到期日为 2015 年 6 月 10 日。鉴于西安博康公司与上海申航公司于 2015 年 4 月底签订的合同金额为 4 786 260 元,账期为 35 天。本公司承诺以未到期的应付账款为限,为西安博康公司与上海申航公司之间的采购账款提供连带责任担保"。同日,陕西圣唐秦龙乳业有限公司(以下简称陕西圣唐公司)亦向上海申航公司出具《担保函》,《担保函》载明"截至 2015 年 4 月 30 日,本公司跟西安博康公司的应付账款余额为 350 万元,付款到期日为 2015 年 6 月 10 日。鉴于西安博康公司与上海申航公司于 2015 年 4 月底签订的合同金额为 4 786 260 元,账期为 35 天。本公司承诺以未到期的应付账款为

限,为西安博康公司与上海申航公司之间的采购账款提供连带责任担保"。

嗣后,上海申航公司于 2015 年 6 月 10 日、2015 年 6 月 17 日、2015 年 8 月 1 日分别将 38 吨(即第一期)、38 吨(即第二期)、24 吨(即第三期)奥地利 LF D90 脱盐乳清粉交付给西安博康公司,相应货值分别为 738 606 元、738 606 元、466 488 元。96 吨德国 ROVITA WPC35(即第四期)的最晚交付时间为 2016 年 1 月 16 日,货值为 2 842 560 元(48 吨×30 560 元/吨+48 吨×28 660 元/吨)。

原告上海申航公司起诉称,其按约向西安博康公司提供了《购销合同》项下的货物,其中 D90 脱盐乳清粉先后分三期交付,ROVITA 品牌的浓缩乳清蛋白粉则由西安博康公司委托案外人上海希宝食品有限公司(以下简称希宝公司)全权代理销售。西安喜洋洋公司、陕西圣唐公司分别承诺以 320 万元和 350 万元为限,为西安博康公司的上述采购账款提供连带责任担保。但西安博康公司收货后,始终未支付货款,上海申航公司经多次催要未果,故诉请判令:(1)西安博康公司支付货款 4 786 260 元;(2)西安博康公司支付逾期付款利息(以 738 606 元为基数,从 2015 年 7 月 15 日起算至判决生效之日止;以 738 606 元为基数,从 2015 年 7 月 22 日起算至判决生效之日止;以 466 488 元为基数,从 2015 年 9 月 5 日起算至判决生效之日止;以 2 842 560 元为基数,从 2016 年 2 月 5 日起算至判决生效之日止,均按中国人民银行同期贷款利率标准计算);(3)西安喜洋洋公司在 320 万元额度内对上述本息承担连带责任;(4)陕西圣唐公司在 350 万元额度内对上述本息承担连带责任。

被告西安博康公司答辩称,对上海申航公司的诉讼请求、事实和理由没有异议,但有一批 48 吨规格为 25 kg/包的 ROVITA 品牌浓缩乳清蛋白粉存在质量问题。

被告西安喜洋洋公司和陕西圣唐公司均答辩称,《担保函》未明确约定担保期间,故保证期间应为六个月。《担保函》约定的账期为 35 天,付款到期日为 2015 年 6 月 10 日,担保期间至 2015 年 12 月 10 日届满,现在上海申航公司主张已经超过保证责任期间,两担保人均不应再承担保证责任。

审 判

一审法院经审理后认为,上海申航公司向西安博康公司供应奥地利 LF D90 脱盐乳清粉等产品,西安博康公司未按期支付货款,其行为构成违约,应承担相应的违约责任。现上海申航公司主张货款及逾期付款利息,依法有据,应予支持。结合合同约定及供货时间,四期货款的逾期付款利息应分别自 2015 年 7 月 15 日、2015 年 7 月 22 日、2015 年 9 月 5 日、2016 年 2 月 20 日起算为宜。西安博康公司辩称部分货物存在质量问题,然并未提供相应证据,故不予支持。西安喜洋洋公司、陕西圣唐公司作为担保人,依约在各自担保范围内承担连带保证责任,在承担保证责任后,西安喜洋洋公司、陕西圣唐公司有权向西安博康公司追偿。西安喜洋洋公司、陕西圣唐公司辩称保证期间最多延续至 2015 年 12 月 10 日,依据不足,不予支持。综上,一审法院判决支持上海申航公司的诉请请求。

一审判决后,西安喜洋洋公司、陕西圣唐公司不服,均提起上诉称,涉案前三期货款的保证期间已经届满,第四期货物的合同主体发生改变,故保证人无需再承担保证责任,请求改判西安喜洋洋公司和陕西圣唐公司不需要承担连带清偿责任或发回重审。

上海申航公司答辩称,涉案货款是分期付款,保证期间至第四期货物提货时间 2016 年 1 月 16 日加 35 日再加 6 个月到期,其于 2016 年 4 月 8 日提起本次诉讼,并未超过保证期间。第四期货物由案外人希宝公司代表西安博康公司提货,需方仍为西安博康公司,合同主体未变更,亦未加重保证人的负担,保证人仍应承担保证责任。

二审法院对一审法院认定的事实予以确认,二审法院还认定:2015 年 12 月 11 日,西安博康公司向上海申航公司出具委托说明书载明:"今我司委托希宝公司全权代理销售与贵司签订的购销合同中约定的德国 ROVITA WPC35 粉。我司在此承诺如下:(1)在 2015 年 12 月 31 日前,若希宝公司完成我司委托,则该货物销售所得所有货款全部归于贵司以偿还购销合同中约定的全部或部分货款。若货物销售所得货款总额不足以全额偿购销合同中约定货款的,差额部分由我司承担偿还责任;(2)在 2015 年 12 月 31 日前,若希宝公司未能完成我司委托的,则未完成委托部分数量的所有货物的履约责任,按照购销合同中约定依旧由我司承担,我会按照合同约定向贵司付清全部该合同项下所有货款。"

二审法院经审理后认为,第一,西安博康公司向上海申航公司分期履行债务,相应的债务保证期间也应分别计算。由于《担保函》未约定债务保证期间,故各期债务的保证期间均为六个月,分别计算如下:第一期债务保证期间至 2016 年 1 月 14 日届满;第二期债务保证期间应至 2016 年 1 月 21 日届满;第三期债务保证期间应至 2016 年 3 月 4 日届满;第四期债务保证期间应至 2016 年 8 月 19 日届满。上海申航公司在本案诉讼前未曾向两保证人提出请求,故前三期债务的保证期间均已届满,两保证人无需再对前三期债务承担保证责任。第四期货物系希宝公司受西安博康公司的委托代理销售,西安康博公司仍应承担偿还该期货款的责任,故西安喜洋洋公司和陕西圣唐公司应当对该期货款承担保证责任。据此,二审法院对一审判决中关于两担保人的责任部分作了改判,改判西安喜洋洋公司、陕西圣唐公司对西安博康公司的债务本金 2 842 560 元及逾期付款利息(以 2 842 560 元为基数,从 2016 年 2 月 20 日起算至判决生效之日止,按中国人民银行同期贷款利率标准计算)分别以 320 万元、350 万元为限向上海申航公司承担连带清偿责任。

上海申航公司不服二审判决,申请再审称,西安喜洋洋公司、陕西圣唐公司系共同对西安博康公司的整个债务提供担保,并没有约定对某一笔或者某几笔债务分别提供担保,故保证责任期间不应分别计算,而应当从最后一期债务履行期限届满之日即 2016 年 2 月 19 日起计算。二审判决分别计算涉案债务的保证期间,并确定保证人对前三期债务不承担保证责任,属于适用法律错误。故请求维持一审判决。

西安喜洋洋公司、陕西圣唐公司均答辩称,涉案购销合同系分期履行,保证人的保证期间应当分别计算。至本案起诉时,前三期债务已经超过保证期间,西安喜洋洋公司和陕西圣唐公司对此不再承担保证责任。第四期货物由案外人希宝公司提货,并非交付西安博康公司,购销合同主体发生变化,但未征得西安喜洋洋公司和陕西圣唐公司的同意,故西安喜洋洋公司和陕西圣唐公司对第四期债务亦不应承担保证责任。

再审法院经审理后认为,西安博康公司在涉案购销合同的实际履行中分四期提货,第四期货物系案外人希宝公司受西安博康公司委托,代理西安博康公司销售,故第四期货物的买方仍然是西安博康公司,合同的主体并未发生变更。涉案购销合同的债务属于分期履行的债务,每一笔债务或者几笔债务都是整个购销合同项下的一部分。西安喜洋洋公司和陕西圣唐公司系为整个购销合同提供担保,故其保证期间应当从整个债务的最后履行期限届满之日即 2016 年 2 月 19 日起算。上海申航公司提起本案诉讼时,保证期间未届满,西安喜洋洋公司和陕西圣唐公司应当按约对西安博康公司的债务承担连带保证责任。二审判决分别计算涉案债务的保证期间,并以此确定担保人的责任有所不当,再审法院予以纠正。一审法院所作判决并无不当,应予以支持。

据此,再审法院依照《中华人民共和国担保法》第十八条、第三十一条,《中华人民共和国民事诉讼法》第二百零七条第一款、第一百七十条第一款第二项以及最高人民法院《关于适用〈中华人民共和国民事诉讼法〉的解释》第四百零七条之规定,判决撤销二审判决,维持一审判决。

点 评

本案事实清晰,争议焦点为:

1. 西安喜洋洋公司与陕西圣唐公司分别向上海申航公司出具《担保函》,据此,西安喜洋洋公司与陕西圣唐公司作为保证人,在主债务为分期履行之债务的情形下,其保证期间如何计算。

首先,需要明确担保合同所具有的相对独立性的问题。在担保法律关系中,债权债务合同为主合同,担保合同为主合同的从合同,其表现为主合同无效则担保合同无效(《中华人民共和国担保法》第五条)。但是,从本质上来看,担保合同也具有契约的属性,在满足合同成立的要件下,担保人与债权人之间所订立的契约有效成立(《中华人民共和国担保法》第五条:"担保合同另有约定的,按照约定")。因此,担保合同具有从属性、附随性的同时也具有一定的独立性,并不一定需要与主债务保持同一内容,即与主债务内容不完全同一的契约,在符合当事人意思自治的前提下亦可有效成立。

其次,在明确担保合同具有相对独立性的基础上,厘清担保合同对主债务的从属性与契约何者更为优先的问题。在保证人提供保证的情形下,保证债务具有区别于主债务的独立性,具体表现为保证契约中的权利义务双方是债权人与保证人,具有独立的契约主体;并且保证人在主债务人不履行其债务时,因负履行之责任,对主债务担保。保证债务的样态一方面受到主债务样态的影响(从属性);另一方面由保证契约决定。一般情况下,保证契约更为优先。因为,保证债务样态的从属性是不以使保证人负超过主债务人所负责任为目的,但是,保证人依保证契约可自由决定自己的责任。所以,对样态的从属性并不具有推定缔结保证契约人的一般意思之外的意思。因此,在保证人提供保证的法律关系中,保证契约的内容解释更为优先。

最后,结合本案事实,西安喜洋洋公司向上海申航公司出具的《担保函》中,明确载明"鉴于西安博康公司与上海申航公司于 2015 年 4 月底签订的合同金额为 4 786 260 元,账期为 35 天。本公司承诺以未到期的应付账款为限,为西安博康公司与上海申航公司之间的采购账款提供连带责任担保",陕西圣唐公司向上海申航公司出具的《担保函》中亦明确载明相同内容。法院据此认定,两家公司在提供担保时,已经明确西安博康公司与上海申航公司签订的购销合同总金额为 4 786 260 元,并且承诺以其未到期的应付账款为限为西安博康公司提供连带责任担保。即便买卖合同最终实现方式是通过分期履行的方式,分四次将合同全部履行完毕,但是各分期的履行是在同一购销合同项下的,其整体的债权债务并没有因为分期而得到缩减或扩大。依据保证契约优先原则,西安喜洋洋公司与陕西圣唐公司应当承担其在担保函中承诺的买卖合同项下的整体债务的连带责任保证。其保证期间的起算应当在整个债务的最后履行期限届满之日起算。

2. 西安博康公司委托案外希宝公司代理销售买卖合同中交易的产品是否构成主债权债务合同的主体变更,据此而免除担保人的担保责任。

合同主体是享有合同中约定的权利、负有履行合同中约定的义务当事人。合同主体变更后,由变更后的主体继承合同中约定的权利与义务,成为新的权利的行使者和义务的履行者,自此才完整的实现了合同主体的变更。

本案中,西安博康公司向上海申航公司出具的说明书中明确载明,其"委托希宝公司全权代理销售"供销合同中约定的产品。并承诺货物销售所得货款不足以全额偿购销合同中约定货款的,差额部分由西安博康公司(即合同一方当事人)承担偿还责任;未完成委托部分数量的所有货物的履约责任,按照购销合同中约定依旧由西安博康公司(即合同一方当事人)承担,按照合同约定付清全部该合同项下所有货款。可见西安博康公司委托案外希宝公司的委托代理行为并未构成本案购销合同的主体变更,其义务的履行人及责任的承担者依然为西安博康公司。

民法理论的委托代理关系中,代理人在委托人的授权范围内行使代理权,实施代理行为;代理人以委托人的名义实施行为,其行为后果由委托人承担。由此,西安博康公司只是对希宝公司授权,并未实际变更权利主体,其行为后果的责任仍然由西安博康公司承担。西安博康公司委托希宝公司代理销售行为并不构成购销合同主体的变更,保证人不能援引《中华人民共和国担保法》第二十四条之规定,免除其担保责任。据此分析,西安喜洋洋公司与陕西圣唐公司出具的《担保函》并未明确约定保证期间,且已明确载明其所保证的供销合同总金额。依据契约解释论,并不能据此推定出缔结保证契约人具有特别限定其保证期间为应收账款到期后的六个月之意思表示。此外,担保法律制度的立法目的在于促进资金融通和商品流通,保障债权的实现,对保证契约中不明确之处采取过于狭义的解释并不能更好地为债权人权利的实现提供有效的保障。因此,在缺少法律规则明确规定的情况下,在没有超过文字内涵的本身的基础上,作出更有利于债权人的文义解释,可以有效保护债权的实现,减少债权人的诉累。

再审法院将本案中各个分期履行之债务认定为整体购销合同项下的一部分,认定西安喜洋洋公司和陕西圣堂公司的担保行为是对整体购销合同提供担保,进而认定保证期间应当从整个债务的最后履行期限届满之日起算;同时,对于第四期货物认定合同主体未发生变更,买方仍然是西安博康公司,未认定二担保人免除保证责任的事实及理由。再审法院对法律关系认定清晰,准确把握本案涉及的分期履行合同的部分与整体之间的关系,同时,认定委托代理关系的建立对原购销合同不产生合同主体变更的影响,分析说理有力,适用法律准确,为未明确约定保证期间的分期履行合同的裁判提供范例。

案例提供单位:上海市高级人民法院

编写人:壮春晖

点评人:吴 弘

32. 上海国君创投隆旭投资管理中心(有限合伙)诉谭某某等股权转让纠纷案

——涉外商投资企业股权回购条款的效力及违约金过高与否的认定标准

案情

原告上海国君创投隆旭投资管理中心(有限合伙)

被告谭某某

被告城市名人资产经营有限公司

被告南京城市名人投资管理有限公司

被告浙江饭店有限责任公司

2015 年 7 月,原告、城市名人资产经营有限公司(以下简称名人中国公司)、上海国君创投证鋆三号股权投资合伙企业(有限合伙)(以下简称国君证鋆企业)、被告谭某某签订《股份转让合同》,约定原告购买被告谭某某持有的名人中国公司的 378 万股股份,占名人中国公司总股本的 1.80%,转让对价为 1 224 万元。《股份转让合同》第一条"定义"中第 1.9 款约定,本协议中的"中国"指内地地区。

2015 年 8 月 4 日,原告向被告谭某某支付股权转让款 1 224 万元。之后,名人中国公司形成新的公司章程,明确原告受让被告谭某某持有的名人中国公司 1.80% 的股权,成为名人中国公司的股东。2015 年 8 月 31 日,原告经登记为名人中国公司的股东。

2016 年 4 月 2 日,原告与上海汉盛律师事务所(以下简称汉盛律所)签订《法律服务协议》,委托汉盛律所办理涉案股权的回购事宜及由此产生的相关纠纷。

2016 年 4 月 28 日,原告、名人中国公司、被告谭某某、南京城市名人投资管理有限公司(以下简称南京名人公司)、浙江饭店有限责任公司(以下简称浙江饭店公司)签订《回购协议书》,约定各方确认在上述《股份转让合同》的签署、履行过程中及至本协议签署日,因被告谭某某和名人中国公司存在违反及未能完成《股份转让合同》约定的诸多事实和行为,2016 年 4 月 14 日,各方又签署了确认上述诸多事实和行为以及回购的《会议纪要》;现被告谭某某确认回购原告所持有的名人中国公司的全部股份,原告亦确认被告谭某某的该等回购,被告名人中国公司、南京名人公司、浙江饭店公司确认对于被告谭某某的回购义务所产生的付款责任和违约金(如有)以该协议约定的担保方式承担不可撤销的共同连带担保责任;除另有定义外,该协议的用语与《股份转让协议》中的定义相同。《回购协议书》第二条第二款约定,回购款金额为投资本金 12 240 000 元及自 2015 年 8 月 5 日起算至付款截止日止按年利率 12% 计算的利息,上述款项分四期支付:第一期支付回购款本金 2 448 000 元及相应利息,付款截止日为 2016 年 5 月 31 日;第二期支付回购款本金 3 672 000 元及相应利息,付款截止日为 2017 年 1 月 5 日;第三期支付回购款本金 2 448 000 元及相应利息,付款截止日为 2017 年 2 月 28 日;第四期支付回购款本金 3 672 000 元及相应利息,付款截止日为 2017 年 4 月 30 日;如被告谭某某未按上述约定按时足额付款,则除承担该协议违约责任外,已部分支付的款项按照本金和对应的利息分别折算,未支付本金部分按照年利率 12% 继续计算利息。《回购协议书》第三条约定,被告谭某某未按该协议约定的方式、时间足额支付任一期款项(包括但不限于回购价款、利息等)或未按该协议约定期限办结本协议所述资产的抵押登记手续的,每延迟一天均应支付本协议所述全部未支付款项总额的千分之一的违约金。《回购协议书》第五条第一款约定,被告名人中国公司、南京名人公司、浙江饭店公司为该协议下被告谭某某的付款义务承担共同连带责任,保证范围为该协议第二条项下被告谭某某的付款义务及被告谭某某违反本协议而产生的违约金、赔偿金、原告实现投资价款回收与担保权利而发生的费用(包括但不限于诉讼费、仲裁费、财产保全费、差旅费、执行费、评估费、拍卖费、公证费、送达费、公告费、律师费、调查取证费等),保证期限自该协议项下被告谭某某各笔款项支付履行期限届满之日后两年止。第五条第二款约定,被告南京名人公司确认以其拥有的 186 套房产为被告谭某某的全部付款义务承担连带担保责任,上述抵押为第二顺位抵押,担保期限、范围及争议解决同该条第一项;被告谭某某披露前述房产已做银行抵押贷款安排,故本协议所述抵押应于该协议签署时已披露银行抵押贷款后之抵押,确定为第二顺位抵押权。《回购协议书》第六条第三项约定,被告谭某某如未能按照该协议的第二条约定期限和金额足额支付的或有其他违约行为的,原告有权立即就全部未付款项及其违约金一并主张,担保方对此承担约定的担保责任。《回购协议书》第七条约定,为实现《股份转让合同》及本协议的签署、履行所发生的一切费用,包括但不限于相关税费、政府费用、第三方中介机构费用,以及诉讼费、仲裁费、财产保全费、差旅费、执行费、评估费、拍卖费、公证费、送达费、公告费、律师费、调查取证费等(如有)均由被告谭某某承担,办理抵押、质押所发生的费用由双方均摊,但若被告谭某某违约则由被告谭某某最终全部承担。《回购协议书》第八条约定,被告谭某某按该协议的约定支付完毕全部款项后 30 日内,各方应根据相关法律规定共同履行有关股份转让的变更登记手续。《回购协议书》第十条约定,该协议受中国法律管辖。

2016 年 4 月 11 日,原告向汉盛律所支付律师费 42 723.30 元。

2016 年 5 月 20 日,原告与被告南京名人公司签订《南京市房地产抵押合同》,约定被告南京名人公司以其名下的房产对被告谭某某在《回购协议书》项下的 11 175 615 元债务提供担保,担保范围为主债权及其利息、违约金、损害赔偿金、实现抵押权的费用。2016 年 5 月 31 日,原告与被告南京名人公司办理被告南京名人公司名下 159 套房屋的抵押登记手续,明确上述房屋担保主债权数额为 11 175 615 元。该 159 套房屋均有在先抵押登记,根据房产登记信息显示,2016 年 5 月 9 日,渤海国际信托股份有限公司经登记为上述房屋的抵押权人,他项权利证号为鼓他字第 356950 号;2016 年 5 月 26 日,上海立溢股权投资中心(有限合伙)、国君证鋆企业、原告、上海易方达臻通投资中心(有限合伙)分别登记为上述房屋的抵押权人,他项权利证号分别为鼓他字第 358811 号、鼓他字第 358812 号、鼓他字第 358813 号、鼓他字第 358814 号。办理抵押登记过程中,原告支付办证费用 7 300 元。

之后,被告谭某某未支付股权回购款。

原告和被告谭某某现均为名人中国公司的股东。

原告诉称,2016 年 5 月 31 日,被告谭某某未能依约支付第一期付款义务,根据《回购协议书》约定,原告有权就《回购协议书》约定的所有未支付股权价款及违约金等提起全部支付主张。故原告起诉至法院,请求法院:(1)判令被告谭某某支付原告股份回购款本金 12 240 000 元;(2)判令被告谭某某支付原告股份回购款本金产生的利息(该利息以 12 240 000 元为基数按年利率 12% 计,自 2015 年 8 月 5 日起计算至实际支付之日);(3)判令被告谭某某支付违约金(该违约金以 13 447 232.88 元为基数,按每天千分之一的标准计,自 2016 年 6 月 1 日起计算至实际支付之日);(4)判令被告谭某某支付原告已垫付且应由被告谭某某承担的合理费用 150 000 元;(5)判令被告南京名人公司承担抵押担保责任,如被告谭某某不履行第一、二、三、四项诉讼请求的支付义务,原告可申请拍卖、变卖被告南京名人公司提供抵押的共计 159 套房屋,所得价款在偿还抵押房屋其他顺位在先抵押权人债务后的余款优先偿付给原告;(6)判令被告名人中国公司、南京名人公司、浙江饭店公司对第一、二、三、四项诉讼请求承担共同连带支付责任;(7)判令本案的诉讼费、保全费由四被告共同承担。

四被告辩称,对于原告的第一项诉讼请求,因本案系股权回购纠纷案件,是解决股权出让方的回购义务,但是原本的股权出让方即被告谭某某的资产已经被冻结并等待拍卖,所以被告谭某某并无履行回购的能力,故不同意原告的第一项诉讼请求。对第二项诉讼请求的计算方式及合同约定均无异议,但无力承担。对于第三项诉讼请求,根据相关法律规定,违约金数额不应超过实际损失 30%;本案原告并无其他损失,故只能按照资金占用损失计算其违约金;对计算的时间无异议,但不应以第一、二项诉讼请求的本金加利息作为第三项诉讼请求的计算依据,且计算结果不能超过实际损失的 30%。对于第四项诉讼请求,应当以实际发生的金额为准,未发生的应当另案主张,此外,如果第二、三项诉讼请求的总和已经超过年利率24%,则不应当再支持原告的第四项诉讼请求。最后,因名人中国公司是外商投资企业,股权登记应当在外资审批部门批准后才可生效,因此《回购协议书》还处于效力待定状态。

审 判

一审法院认为,本案主要的争议焦点在于:一、关于涉案《回购协议书》是否已生效;二、原告要求四被告履行回购义务并承担损失的诉讼请求是否可以得到支持。

对于第一项争议焦点,法院认为,原告与被告谭某某签订《股份转让合同》,约定原告以 1 224 万元的价格购买被告谭某某持有的名人中国公司的 378 万股股份,占名人中国公司总股本的 1.80%。之后,原告与四被告签订《回购协议书》,约定被告谭某某回购前述股份。上述约定系各方当事人真实意思表示。被告辩称名人中国公司是外商投资企业,股权转让行为应当在外资审批部门批准后才生效,因此《回购协议书》尚处于效力待定状态。对此,法院认为,2016 年修订后的《中华人民共和国中外合资经营企业法》明确对不涉及国家规定实施准入特别管理措施的,对相关审批事项适用备案管理。本案中,名人中国公司的经营范围并不涉及国家规定实施准入的特别管理措施,故被告有关《回购协议书》未生效的意见,不具备事实和法律依据。

对于第二项争议焦点,法院认为:

(一) 关于原告主张被告谭某某支付股权回购款及利息的诉讼请求

涉案《回购协议书》约定被告谭某某回购原告持有的名人中国公司的全部股份,回购款金额为 1 224 万元及自 2015 年 8 月 5 日起算至付款截止日止按年利率12%计算的利息。该约定系双方当事人真实意思表示,合法有效,双方均应予以恪守。现《回购协议书》约定了回购款的支付期限及支付方式,但被告谭某某未按上述约定付款,显属违约。被告谭某某辩称其资产均被冻结和查封导致其无法履行回购义务,但此并非其拒付回购款的合法事由。《回购协议书》约定如被告谭某某未能按照本协议的第二条约定期限和金额足额支付的或有其他违约行为的,原告有权立即就全部未付款项及其违约金一并主张。现原告要求被告谭某某立即按照《回购协议书》约定支付全部的股权回购款及按年利率 12% 计算至实际付款日止的利息,符合双方约定,法院对原告的第一、二项诉讼请求予以支持。

（二）关于原告主张被告谭某某支付违约金的诉讼请求

本案《回购协议书》第三条约定,被告谭某某未按本协议约定的方式、时间足额支付任一期款项(包括但不限于回购价款、利息等)的,每延迟一天均应支付本协议所述全部未支付款项总额的千分之一的违约金。被告辩称上述违约金计算标准过高,违约金金额不应超过原告实际损失的 30%,且本案中原告的损失仅限于资金占用损失,故对违约金的计算公式有异议。对此,法院认为,《中华人民共和国合同法》第一百一十四条规定,当事人可以约定因违约产生的损失赔偿额的计算方法,约定的违约金过分高于造成的损失的,当事人可以请求人民法院予以适当减少。由此可见,我国违约金制度系以损害补偿为主、惩罚为辅。故本案违约金是否过高的认定应以原告的实际损失为基础。审理中,原告并未举证证明其存在其他损失,故综合本案事实,原告在本案中的损失主要系被告应支付的回购款本金 1 224 万元的资金占用成本。因此,本案违约金是否过高的认定也应当以该资金占用损失为依据。

就损失范围的确定,法院认为,原告虽于 2015 年 8 月 4 日将 1 224 万元支付给了被告谭某某,但至《回购协议书》签订前,上述股权转让款的资金占用成本系原告本轮投资的投资风险,并非原告的损失。《回购协议书》签订后,因被告谭某某未在 2016 年 5 月 31 日前支付第一期股权回购款,故自被告谭某某违约之日起,其违约行为造成了原告的资金占用成本便成了原告的实际损失。现原告主张自 2016 年 6 月 1 日起计算违约金,并无不当。

就原告要求以回购款本息 13 447 232.88 元为本金计算违约金的主张,法院认为,本案原告的损失主要系资金占用损失,故该损失的基础系原告实际支付给被告谭某某的股权转让款本金。因此,本案资金占用损失的计算也应当以该 1 224 万元为基础。《回购协议书》将原、被告约定的回购款利息亦作为损失的计算依据,与违约金作为损害弥补的手段相悖。

就原告要求以日千分之一的标准计算违约金的主张,法院认为,《回购协议书》虽对违约金的计算标准作出了约定,但上述约定标准显属过高。因本案原告的损失系资金占用损失,而原告第二项诉讼请求已经主张自 2015 年 8 月 5 日起按年利率 12% 计至实际支付日止的利息,故原告的资金占用损失已经得到了一定的弥补。故根据本案原告实际损失情况,兼顾股权投资固有的风险属性,法院依法将违约金的计算标准调整为按中国人民银行同期同类贷款基准利率计算。

综上，被告关于违约金计算标准过高的抗辩意见具有一定的事实依据和法律依据，法院以原告实际损失为依据，依法将原告第三项诉讼请求的计算方式调整为以 1 224 万元为基数，自 2016 年 6 月 1 日起计算至实际支付之日止、按中国人民银行同期同类贷款基准利率计算。

（三）关于费用损失、抵押担保责任和保证责任

《回购协议书》第七条约定，为实现《股份转让合同》及该协议的签署、履行所发生的一切费用，包括但不限于相关税费、政府费用、律师费等，均由被告谭某某承担。本案中，原告为办理《回购协议书》中约定的相关房屋抵押登记事宜，支付了费用 7 300 元，根据《回购协议书》的约定，该费用应当由被告谭某某承担。此外，为实现《回购协议书》中的权利，原告提起本案诉讼，并已实际支付律师费 42 723.30 元，根据上述约定，该费用亦应由被告谭某某承担。另原告主张《法律服务协议》约定系风险代理，因案件尚未审结故剩余律师费尚未支付，因此，除已支付的 42 723.30 元，剩余律师费亦应由被告谭某某承担。本院认为，上述费用并未实际发生，本院在本案中无法予以处理，原告可在上述费用实际发生后，在合理范围内另行向被告主张。

《回购协议书》第五条第二款约定，被告南京名人公司确认以其拥有的 186 套房产为被告谭某某的全部付款义务承担连带担保责任。之后，原告与被告南京名人公司签订了《南京市房地产抵押合同》，并办理了其中 159 套房屋的抵押登记手续。而《南京市房地产抵押合同》及抵押登记材料中均显示，上述 159 套房屋担保的主债权金额为 11 175 615 元，担保范围为主债权及其利息、违约金、损害赔偿金、实现抵押权的费用等，现原告要求被告南京名人公司承担抵押担保责任，于法有据，但因上述房屋均设有在先抵押且对抵押的主债权金额作出了约定，故原告可在 11 175 615 元的主债权及以此为基数计算的利息、违约金范围内，以上述 159 套房屋作为抵押物折价，或者申请以拍卖、变卖该抵押物所得价款在顺位在先抵押权人优先受偿后的剩余部分中优先受偿。另原告主张的办理相关房屋抵押登记事宜支付的费用及律师费，不属于抵押合同中约定的抵押担保范围，故原告主张抵押人承担该部分费用的抵押担保责任，依据不足，本院不予支持。

《回购协议书》第五条第一款约定，被告名人中国公司、南京名人公司、浙江饭店公司为本协议下被告谭某某的付款义务承担共同连带责任，保证范围包括被告谭某某的付款义务及被告谭某某违反本协议而产生的违约金、赔偿金、原告实现投资价款回收与担保权利而发生的律师费、调查取证费等费用。上述约定合法有效，原、被告均应予以恪守。现被告谭某某未履行股权回购义务，原告要求被告名人中国公司、南京名人公司、浙江饭店公司承担保证责任，于法有据，本院对原告的该项

诉讼请求予以支持。

综上,法院判令:一、被告谭某某应于本判决生效之日起十日内支付原告上海国君创投隆旭投资管理中心(有限合伙)股份回购款 1 224 万元;二、被告谭某某应于本判决生效之日起十日内支付原告上海国君创投隆旭投资管理中心(有限合伙)股份回购款利息(以 1 224 万元为本金,自 2015 年 8 月 5 日起计算至实际支付之日止,按年利率 12%的标准计算);三、被告谭某某应于本判决生效之日起十日内支付原告上海国君创投隆旭投资管理中心(有限合伙)违约金(以 1 224 万元为本金,自 2016 年 6 月 1 日起计算至实际支付之日止,按中国人民银行同期同类贷款基准利率计算);四、被告谭某某应于本判决生效之日起十日内支付原告上海国君创投隆旭投资管理中心(有限合伙)垫付费用损失 50 023.30 元;五、如被告谭某某未履行上述第一、二、三项判决义务,原告上海国君创投隆旭投资管理中心(有限合伙)可与被告南京城市名人投资管理有限公司协议,在 11 175 615 元的主债权、利息(以 11 175 615 元为本金,自 2015 年 8 月 5 日起计算至实际支付之日止,按年利率12%的标准计算)及违约金(以 11 175 615 元为本金,自 2016 年 6 月 1 日起计算至实际支付之日止,按中国人民银行同期同类贷款基准利率计算)的范围内,以被告南京城市名人投资管理有限公司的 159 套房产作为抵押物折价,或者申请以拍卖、变卖该抵押物所得的超出顺序在先的抵押担保债权的价款部分优先受偿,抵押物折价或者拍卖、变卖后,其价款超过优先受偿的部分归被告南京城市名人投资管理有限公司所有,不足部分由被告谭某某继续清偿;六、被告城市名人资产经营有限公司、南京城市名人投资管理有限公司、浙江饭店有限责任公司对上述第一、二、三、四项判决义务承担连带清偿责任,被告城市名人资产经营有限公司、南京城市名人投资管理有限公司、浙江饭店有限责任公司承担保证责任后,有权就承担责任的部分向被告谭某某追偿。

一审判决后,原、被告均未提起上诉。本案判决现已生效。

点 评

法院对本案焦点问题把握准确。

本案争议的基础法律关系为:原、被告双方于 2016 年 4 月 28 日签署的《回购协议书》,形成股权回购法律关系,因为投资目标公司为涉外企业,因而涉及未经审批之涉外股权变更行为是否有效。

2010 年我国最高人民法院发布了《审理外商投资企业纠纷案件若干问题的规定(一)》,其中第一条即明确规定了:"当事人在外商投资企业设立、变更等过程中订立的合同,依法律、行政法规的规定应当经外商投资企业审批机关批准后才生效的,自批准之日起生效;未经批准的,人民法院应当认定该合同未生效。当事人请求确认该合同无效的,人民法院不予支持。"据此,股权变更属于外商投资企业变更行为,其所订立的合同应当经外商投资企业审批机关批准后才生效,未经批准的合同尚未生效。但是,随着我国进一步扩大对外开放,完善法治化、国际化、便利化的营商环境,同时全面落实简政放权的要求,2016 年 9 月,我国修订外资企业法、中外合资经营企业法、中外合作经营企业法和台湾同胞投资保护法规定,对不涉及外商投资特别管理措施(负面清单)的,相关事项适用备案管理。2016 年我国商务部发布了《外商投资企业设立及变更备案管理暂行办法》,正式确立了我国外商投资企业设立及变更的备案制及负面清单制,即将不涉及国家规定实施准入特别管理措施的外商投资企业设立及变更事项,由审批改为备案管理,并且该备案不是行政许可,而是告知性备案,不是企业办理其他手续的前置条件,依据"上位法优于下位法""新法优于旧法"的法律适用原则,本案法院适用修订后的《中华人民共和国中外合资经营企业法》,并依据负面清单判断本案不涉及国家规定实施准入特别管理措施的外商投资企业变更事项,因而无须适用"审批后生效"之规定,认定《回购协议书》有效,事实认定清楚,适用法律准确。

本案争议的另一焦点问题为,《回购协议书》中约定的有关违约金的条款适当与否。

在私法视角下,违约金是合同双方共同约定的,当一方当事人违反合同之约定,应当向另一方给付一定数额的金钱,以补偿未违约方损失以及对违约方适当的惩罚。违约金的约定是当事人意思自治的行为,以体现合同当事人的自由意志的表达,但是合同中除了自由的价值体现,还应当具有公平的价值要求。因此,我国《中华人民共和国合同法》中对于显失公平的"过分高于实际损失"的违约金约定,可以适当减少。该条规定一方面允许适当高于实际损失的违约金的约定,以体现对违约者的惩罚,但另一方面对于已经具有显失公平的违约金的约定,可以予以适当调整,以保证合同双方公平价值的体现。可见,我国《中华人民共和国合同法》对于违约金性质的定位以补偿性为主,有限度地体现惩罚性功能。本案中,原告主张以回购款本息共 13 447 232.88 元为基数计算违约金,并且以日千分之一的标准计算违约金数额显失公平。首先,利息本身就已经体现出对出资人资金占有的补偿,是对出资人利益的全面保护。违约金的基数计算中如若包括利息部分,则是对占有补偿部分的重复补偿,使出资人获得超额补偿。其次,"日千分之一"的违约金数额计算标准明显过高,虽然为当事人之间的共同约定但已显失公平。由此可见,合同中约定的违约金基数的确定及计算的标准都对违约者造成了过重的责任承担,有违公平价值的保护。本案法院将违约金基数确定为资金占用损失即股权转让款本金,排除了利息部分,并且将违约金计算标准调整为按银行同期同类贷款基准利率为计算标准,认定法律关系清晰、分析说理有力,对合同违约金的认定及调整提供了很好的裁判范例。

案例提供单位:上海市浦东新区人民法院

编写人:陆申甲

点评人:吴　弘

33. 王某诉上海家化联合股份有限公司其他与公司有关的纠纷案

——公司限制股权激励型股票行权不得超越《股权激励计划》及《授权协议》

案 情

原告（被上诉人）王某

被告（上诉人）上海家化联合股份有限公司

2012 年 4 月 5 日,被告上海家化联合股份有限公司召开董事会审议通过《上海家化联合股份有限公司 2012 年限制性股票激励计划(草案)》,2012 年 5 月 7 日,被告对限制性股票激励计划的相应内容进行了修订,形成《上海家化联合股份有限公司 2012 年限制性股票激励计划(草案修订稿)》(以下两项简称《激励计划》)。该《激励计划》第三部分第一节第二条规定:"本次激励对象为公司及其子公司的董事(不含独立董事)、高级管理人员、中层管理人员,核心技术(业务)人员,且均不持有公司首次公开发行前已发行股份","激励对象中不包括公司监事、独立董事及公司实际控制人"。第七部分第一条授予价格规定:"限制性股票的授予价格为 16.41 元,即满足授予条件后,激励对象可以 16.41 元的价格购买 1 股公司向激励对象定向增发的上海家化 A 股股票。"第二条规定:"授予价格的确定方法:授予价格依据审议通过本计划(草案)的公司第四届董事会第十六次会议决议日前 20 个交易日公司股票均价 32.82 元/股的 50％确定,即 16.41 元/股。"第八部分第一条"限制性股票的获授条件"规定:"激励对象未发生如下之一情形:(1)最近三年内被证券交易所公开谴责或宣布为不适当人选的;(2)最近三年内因重大违法违规行为被中国证监会予以行政处罚的;(3)具有《中华人民共和国公司法》第一百四十七条规定的不得担任公司董事、高级管理人员情形的;(4)激励对象单方面终止劳动合同的;(5)在任职期间因犯罪受司法机关刑事处罚的,或违反公司规定、损害公司利益根据员工手册给予记过以上处分的。根据《考核办法》,激励对象上一年度绩效考核合格。"第三条规定:"本计划授权激励对象的限制性股票分三期解锁,在解锁期内满足本计划的解锁条件的,激励对象可以申请股票解除锁定并上市流通……锁定期:自激励对象获授限制性股票授予日后的 12 个月……解锁安排:第一批于授予日 12 个月后至 24 个月内解锁;第二批于授予日 24 个月后至 36 个月内解锁;第三批于授予日 36 个月后至 48 个月内解锁……解锁比例:40%、30%、30%。"第十二部分第一条规定:"激励对象职务发生变更,不符合本激励计划的激励对象范围,或已经从公司或公司的控股子公司离职,与公司或公司控股子公司彻底解除劳动合同的,经公司董事会批准,可以取消授予激励对象尚未解锁的限制性股票,由公司按照授予价格进行回购注销……激励对象职务发生变更,但仍为公司的董事(不含独立董事)、高级管理人员、中层管理人员,核心技术(业务)人员,或者被公司委派到公司的控股子公司任职,原则上已获授的限制性股票不作变更。"第十二部分第二条规定:"激励对象在任职期间因犯罪受司法机关刑事处罚的,或违反公司规定、损害公司利益根据员工手册给予记过以上处分的,经公司董事会批准,可以注销激励对象解锁的限制性股票,回购价格按照以下三种价格较低者确定:(1)限制性股票的授予价格;(2)回购实施日前 20 个交易日的公司股票均价;(3)回购实施日前一个交易日的公司股票收盘价。"第五条规定:"对于上述规定之外的情形,公司董事会根据激励对象的具体情况酌情作出处置激励对象未解锁的标的股票。"

原、被告于 2012 年 6 月 1 日签订《授予协议》,约定:原告属于本计划确定的激励对象范围,并为被告董事会确定有权参与本计划,原告将以 16.41 元/股的价格获授被告发行的 350 000 股 A 股发行上市的人民币普通股股票,双方在平等自愿基础上达成如下协议:被告负责将原告实际获授的限制性股票过户至原告账户。被告根据《激励计划》的有关规定对原告获授的限制性股票解锁,并按照《激励计划》中规定的解锁程序办理解锁事宜。原告上一年度考核结果达到合格(C)以上才具备限制性股票本年度的解锁条件。限制性股票的授予与锁定、解锁、激励计划在异动情况下的调整(包括激励对象发生职务变更、离职或死亡)、激励对象的权利与义务的约定均与《激励计划》中相关规定一致。违约责任中约定:"本协议任何一方违反本协议及本次激励计划文件规定的义务,造成另一方损失的,应承担赔偿责任。"激励计划文件为本协议附件,是本协议的组成部分,对本协议双方都具有约束力,本协议没有约定或约定不明的,以本协议附件为准。被告有权通过法定程序不经原告同意而对激励计划文件进行修改,修改后的激励计划文件对原告仍具有约束力。

2012 年 6 月,被告发布《上海家化联合股份有限公司四届十九次董事会决议暨 2012 年股权激励之限制性股票授予公告》,原告获授 350 000 股限制性股票,授予价格为 16.41 元/股,授予日为 2012 年 6 月 6 日。其中第一期限制性股票(对应获授股票总量的 40%)的解锁期自 2013 年 6 月 7 日起,第二期限制性股票(对应获授股票总量的 30%)的解锁期自 2014 年 6 月 7 日起,第三期限制性股票(对应获授股票总量的 30%）的解锁期自 2015 年 6 月 7 日起。原告获授的限制性股票于 2012 年 6 月 21 日完成了股份登记手续。2013 年 5 月 21 日，被告发布《2012 年度利润分配实施公告》，被告向包括原告在内的全体股东进行每 10 股送 5 股的分配，调整后原告持有的限制性股票总数为 525 000 股、每股限制性股票回购价格（授予价格）为 10.94 元/股。原告持有的第一期 40% 限制性股票经公司董事会批准自 2013 年 6 月 7 日起解锁并上市流通，剩余未解锁限制性股票 315 000 股，其中：第二期限制性股票数为 157 500 股，第三期限制性股票数为 157 500 股。

2014 年 3 月 11 日，被告作出五届十一次董事会决议，通过公司股权激励股票符合解锁条件的议案，于 3 月 13 日作出公告：经董事会审查，公司和本次解锁对象均满足限制性股票解锁条件，公司申请第二次限制性股票解锁。2014 年 5 月 12 日，被告召开五届十五次董事会，会议审议通过了《关于解除王某先生公司总经理的职务及提请股东大会解除王某先生董事职务的议案》。2014 年 5 月 30 日，被告召开五届十七次董事会，会议审议通过了《关于回购并注销王某尚未解锁股权激励股票的议案》，鉴于原告属于"违反公司规定、损害公司利益根据员工手册给予记过以上处分的"情形，其已不满足公司限制性股票解锁条件。董事会依据《激励计划》规定批准按授予价格回购并注销原告尚未解锁的限制性股票。被告于 2014 年 6 月 4 日发布《上海家化联合股份有限公司第五届十七次董事会决议公告》，审议通过关于回购并注销原告尚未解锁股权激励股票的议案，公司董事会决定原告已获授但尚未解锁的全部股权激励股票不予解锁，按照授予价格进行回购并注销，数量为 315 000 股，回购总价款为人民币 3 446 100 元，每股 10.94 元；关于公司股本减少的议案，鉴于公司董事会决定回购并注销部分股权激励股票，提请股东大会同意公司总股本相应减少 315 000 股，同意公司章程中关于注册资本的内容做相应修改，并提交股东大会审议等。2014 年 6 月 13 日，被告第三次临时股东大会通过《关于解除王某先生董事职务的议案》。2015 年 3 月 17 日，被告独立董事作出《关于公司股权激励股票解锁的独立意见》，载明：经董事会审查，截至目前，公司满足第三次限制性股票解锁业绩考核条件；本次解锁对象（拟回购并注销限制性股票所涉人员除外）满足上述的第三次限制性股票解锁条件；公司第三次限制性股票解锁在规定时间内实施。

2015 年 4 月 28 日，被告召开 2014 年度股东大会，审议通过《关于回购并注销部分已授出的股权激励股票的议案》，决定回购原告尚未解锁的 315 000 股激励股票，回购总价款为 3 446 100 元，每股 10.94 元。2015 年 6 月 2 日，被告董事会发布《关于 2012 年股权激励计划限制性股票第三次解锁暨上市公告》，本次解锁的限制性股票上市流通日为 2015 年 6 月 8 日。

另查明，自 2012 年 12 月 19 日起，原告经被告董事会聘任担任公司总经理一职。2013 年 11 月 19 日,原、被告签订自 2014 年 1 月 1 日起的无固定期限劳动合同。2014 年 5 月 12 日,被告召开五届十五次董事会,认为原告在被告与吴江市黎里沪江日用化学品厂(以下简称沪江日化)发生采购销售、资金拆借等关联交易事件中负有不可推卸的责任,审议并通过关于解除原告总经理职务及提请股东大会解除原告董事职务的议案。2014 年 5 月 13 日,被告向原告送达《员工违纪处理通知书》,决定:自 2014 年 5 月 13 日 15 时起,被告辞退原告,原告将不再是被告员工,不再担任总经理职务,不享受公司任何相关权益等。原告对通知书的内容及处理结果均不予认可,于 2014 年 6 月 4 日向上海市虹口区劳动人事争议仲裁委员会申请仲裁,要求:(1)与被告从 2014 年 5 月 14 日起恢复劳动关系;(2)被告支付原告 2014 年 5 月 14 至 6 月 24 日的工资 72 660 元。该委员会于 8 月 4 日作出裁决:(1)原告要求与被告恢复劳动关系(从 2014 年 5 月 14 日起)的请求予以支持;(2)被告支付原告 2014 年 6 月 1 日至 6 月 24 日的工资 42 355.17 元。被告不服,起诉至一审法院〔(2014)虹民四(民)初字第 2100 号,以下简称第 2100 号案〕。一审法院于 2015 年 5 月 26 日依法判决:(1)被告与原告恢复劳动关系;(2)自本判决生效之日起三日内,被告支付原告 2014 年 6 月 1 日至 6 月 24 日的工资 42 355.17 元。一审判决后,被告不服向上海市第二中级人民法院(以下简称二审法院)提起上诉。二审法院于 2015 年 9 月 25 日判决:(1)维持第 2100 号民事判决主文第一项;(2)撤销第 2100 号案民事判决主文第二项;被告支付原告 2014 年 6 月 1 日至 6 月 24 日工资 10 520.77 元。2015 年 10 月 10 日,被告向原告发出《岗位通知函》,安排原告担任中国文化应用研究员一职,要求其每周提交不少于 2 万字关于中国文化研究的进展报告;每月提交不少于 8 万字的中国文化应用建议报告。

2014 年 12 月 19 日,中国证券监督管理委员会上海监管局(以下简称上海证监局)发布〔2014〕10 号《行政处罚事先告知书》,因原告等 17 人系被告相关年度报告信息披露违法行为的其他直接责任人员,拟对原告等人给予警告,并分别处以 3 万元不等的罚款。2015 年 6 月 9 日,上海证监局发布〔2015〕4 号《行政处罚决定书》,对原告等人给予警告,并分别处以 3 万元不等的罚款。2015 年 12 月 18 日,被告以邮寄方式向原告送达《员工违纪处理通知书》,该《员工违纪处理通知书》载明:被告于 2014 年 5 月 13 日曾对原告作出解除劳动合同的处罚决定,但二审法院经审理判定该处罚决定过重,撤销了被告做出的解除原告劳动合同的处罚决定,被告根据公司《员工手册》有关规定,决定将对原告的处分方式由"解除劳动合同"改为"记过"。

再查明,本案涉讼 315 000 股的上海家化股权激励对象限制性股票尚登记在原告股票账户。截至本案判决之日,被告未因涉案纠纷办理股本变更、工商登记变更手续。

被告《员工手册》规定,每年公司对员工当年工作业绩进行考核评价,评价结果分为五个等级:A+(卓越)、A(优秀)、B(良好)、C(尚可)、D(待改进)。截至 2012年 12 月前的原告历年评定均为 A、B。被告对原告 2013 年的考核等级评定为 C。

原告诉称,原告于 2004 年 1 月 1 日进入被告公司工作,自 2012 年 12 月 18 日起担任公司总经理,并于 2013 年 11 月 19 日与被告签订《无固定期限劳动合同》。原告作为公司高级管理人员,于 2012 年参与并制定了被告对董事、中高层管理人员及核心技术人员的《上海家化联合股份有限公司 2012 年限制性股票激励计划(草案)》及《上海家化联合股份有限公司 2012 年限制性股票激励计划(草案修订稿)》。根据该计划,原告通过与被告签订《上海家化联合股份有限公司 2012 年限制性股票授予协议》认购了被告公司 A 股限制性股票,数量为 350 000 股。2014 年5 月 13 日,被告通过电子邮件向原告发了《员工违纪处理通知书》,解除与原告的劳动合同。2014 年 5 月 20 日,原告收到被告《关于五届十七次董事会的通知》以及《五届十七次董事会关于回购并注销王某尚未解锁股权激励股票的议案》,被告辞退原告,回购并注销原告尚未解锁的限制性股票 315 000 股。2014 年 6 月 3 日,被告发布《上海家化联合股份有限公司五届十七次董事会决议的公告》,通过上述议案。原告认为,总经理不是内控制定及执行的主要责任人,原告不存在《激励计划》第十二条规定的违纪行为以及违反公司规定损害公司利益的行为,被告辞退原告目的是恶意剥夺原告股权。被告单方强行回购原告尚未解锁的股权激励股票,没有事实与法律依据,严重违反《激励计划》及《授予协议》的约定。故请法院判令如下:要求被告对原告持有的 315 000 股的上海家化股权激励股票给予解锁。

被告辩称,不同意原告诉讼请求。首先,原告已被免除总经理职务,不再属于《激励计划》中规定的激励对象。其次,原告违反公司规定、损害公司利益,根据被告公司《员工手册》给予原告记过处分,被告董事会有权回购尚未解锁的股票。再次,被告董事会作出回购并注销原告激励股票的决定,已经公司股东大会通过。回购并注销股票是公司减资行为,被告履行减资程序,已对外公示,原告诉请已不具有可操作性。

审 判

一审法院经审理后认为,本案的争议焦点:被告是否有权回购并注销已授予原告的上海家化股权激励对象限制性股票?

被告授予限制性股票的目的是促进公司建立、健全长期激励与约束机制,有效调动公司经营管理人员、核心技术(业务)人员的积极性,吸引和稳定优秀人才。激励对象仅限于公司的董事(不含独立董事)、高级管理人员、中层管理人员,核心技术(业务)人员等。鉴于原告属于《激励计划》确定的激励对象范围,并为被告董事会确定为有权参与激励计划,以 16.41 元/股的价格获授被告发行的 350 000 股 A 股上海家化普通股股票,原、被告在平等自愿基础上签订《授予协议》,并约定《激励计划》作为该协议附件,是该协议的组成部分,《授予协议》《激励计划》对原、被告双方都具有约束力。

《授予协议》《激励计划》约定激励对象职务发生变更、不符合本激励计划的激励对象范围经公司董事会批准,可以取消授予激励对象尚未解锁的限制性股票,由公司按照授予价格进行回购注销。同时又规定"激励对象职务发生变更,但仍为公司的董事(不含独立董事)、高级管理人员、中层管理人员、核心技术(业务)人员,或者被公司委派到公司的控股子公司任职,原则上已获授的限制性股票不作变更"。原告持有的第一期 40%限制性股票经公司董事会批准自 2013 年 6 月 7 日起解锁并上市流通,剩余未解锁限制性股票 315 000 股,其中:第二期限制性股票数为 157 500 股应于 2014 年 6 月 7 日解锁,第三期限制性股票数为 157 500 股应于 2015 年 6 月 7 日解锁。被告第二批限制性股票应解锁时,原告仍然担任被告公司董事,其董事职务是在 2014 年 6 月 12 日的股东大会上被解除。换言之,虽然在公司股票解锁时原告已经不再担任总经理职务,但仍为公司董事的,仍属于被激励对象范围。《激励计划》规定激励对象上一年度考核结果达到合格(C)以上才具备限制性股票本年度的解锁。原告 2013 年度考核结果为合格(C),具备限制性股票本年度的解锁条件。原告有权要求被告对其第二期限制性股票进行解锁,被告应根据《激励计划》的有关规定对原告获授的限制性股票解锁,并按照《激励计划》中规定的解锁程序办理解锁事宜。依据目前证据,被告第三期限制性股票可以解锁时,原告已不属于激励对象范围,要求解锁的条件不成立,故原告要求对其已获授的第三期限制性股票数予以解锁的诉讼请求,一审法院不予支持。

对被告辩称公司不能违背股东大会决议行事,本案诉讼请求无法执行,法院认为,股东大会决议应合法、合理,其无权决定回购并注销原告作为激励对象已经取得的限制性股票。被告以此为由剥夺原告的合法权利,显属不当。对此,本院不予采信。限制性股票的锁定和解锁,经董事会或董事会授权的机构确认后,上市公司应当向证券交易所提出行权申请,经证券交易所确认后,由证券登记结算机构办理登记结算事宜。现涉案的限制性股票,仍登记在原告名下,被告所述的原告诉请不具有可操作性与事实不符,一审法院亦不予采信。

综上,判决如下:被告上海家化联合股份有限公司对原告王某持有的 157 500 股的上海家化股权激励限制性股票给予解锁;驳回原告其他诉讼请求。

一审判决后被告上海家化联合股份有限公司提起上诉,二审法院经审理认为原审法院查明事实属实,并进一步认为该案的争议焦点为:王某持有的上海家化公司第二期股权激励股票解锁条件是否成就。根据《激励计划》的规定,激励对象职务发生变更,但仍为公司的董事(不含独立董事)、高级管理人员、中层管理人员,核心技术(业务)人员,或者被公司委派到公司的控股子公司任职,原则上已获授的限制性股票不作变更;激励对象在任职期间因犯罪受司法机关刑事处罚的,或违反公司规定、损害公司利益根据员工手册给予记过以上处分的,经公司董事会批准,可以注销激励对象解锁的限制性股票;同时,该《激励计划》还规定有对于上述规定之外的情形,公司董事会根据激励对象的具体情况酌情作出处置激励对象未解锁标的股票的内容。后王某与上海家化公司在 2012 年 6 月 1 日签订的《授予协议》中约定其获授上海家化公司发行的 350 000 股 A 股股票,并约定上海家化公司根据《激励计划》的有关规定对王某获授的限制性股票解锁,王某上一年度考核结果达到合格(C)以上才具备限制性股票本年度的解锁条件,限制性股票的授予与锁定、解锁在异动情况下的调整(包括激励对象发生职务变更、离职或死亡)、激励对象的权利与义务的约定均与《激励计划》中相关规定一致。2012 年 6 月,王某依据上海家化公司发布的《授予公告》获授 350 000 股限制性股票。《授予公告》中已明确王某持有的 350 000 股限制性股票中,第一期限制性股票(对应获授股票总量的 40%)的解锁期自 2013 年 6 月 7 日起,第二期限制性股票(对应获授股票总量的 30%)的解锁期自 2014 年 6 月 7 日起,第三期限制性股票(对应获授股票总量的 30%)的解锁期自 2015 年 6 月 7 日起。王某在 2014 年 6 月 7 日第二期限制性股票解锁期时仍为上海家化公司的董事,其 2013 年度的考核结果亦为合格,符合《激励计划》及《授予协议》中关于第二期股权激励股票解锁的条件。此后,上海家化公司对王某作出的记过处分并不影响到第二期解锁条件已经成就。上海家化公司称其依据《激励计划》对于激励股权处置具有酌定权,且已先后召开董事会、股东大会决定回购王某尚未解锁的 315 000 股激励股票。对此,根据《激励计划》的约定,公司董事会对于该计划规定范围之外的情形,可根据激励对象的具体情况酌情作出处置,但本案上海家化公司对限制行股票不予解锁的理由属于《激励计划》所列的情形,故上海家化公司应对王某持有的第二期 157 500 股限制性股票给予解锁。综上,一审法院对所作出的认定处理并无不当,判决驳回上诉,维持原判。

点 评

本案事实清晰,争议焦点有二:

1. 关于在缺少《中华人民共和国公司法》及其他相关法律、行政法规及规则的前提下,依据公司文件、协议认定双方在股权激励型股票行权过程中的权利义务关系的合法性依据。

首先,公司作为独立的法人享有一定的自治权。公司的设立、内部组织机构的设置及运作、公司类型等问题,由《中华人民共和国公司法》做出严格的规定,并且《中华人民共和国公司法》中许多条款针对公司行为方式、行权程序等作出程序性的规定,同时,《中华人民共和国公司法》中对公司的意思自治行为也赋予了充分的自由,通过"公司章程另有规定除外"的表述,赋予公司一定的意思自治的权利。

其次,在公司两权分离的基础上,股权激励制度是一种使经营者获得公司一定的股权,让经营者能够享受公司股权带来的经济效益,并可以以股东的身份参与企业决策、分享利润、承担风险,经营者自身利益与公司利益更大程度的保持一致,从而激励经营者勤勉尽责地为公司长远利益考虑,同时亦是公司吸引和留住人才的人力资源配置方法之一。因此,股权激励制度可以完善公司治理结构,降低代理成本、提升管理效率。在具体的制度设计中,各公司充分体现意思自治,根据公司的实际情况选择奖励模式、对象、数量、价格、时间、条件等内容。公司股权激励制度应当属于公司的基本管理制度,根据《中华人民共和国公司法》第三十七条、四十六条之规定,由董事会行使制定股权激励制度的职权,由股东会行使审议股权激励制度的职权。经过法定程序通过的公司股权激励制度具有法律效力。

2. 关于分期行权的限制性股票股权激励计划的认定。

我国证监会于 2016 年 7 月 13 日颁布了《上市公司股权激励管理办法》,该办法中即对限制性股票的股权激励模式予以认定,并赋予公司充分的自治权。《上市公司股权激励管理办法》第十六条规定:"本办法所称限制性股票是指激励对象按照股权激励计划规定的条件,从上市公司获得的一定数量的本公司股票。"第十七条规定:"上市公司授予激励对象限制性股票,应当在股权激励计划中规定激励对象获授股票的业绩条件、禁售期限。"可见,在具体获得激励股票授权的条件、期限限制上赋予公司完全的自治权。

法院据此认定:《上海家化联合股份有限公司 2012 年限制性股票激励计划(草案修订稿)》规定之内容符合公司自治的权限范围、制度形成之程序符合法定程序之要求,因而具有法律效力。原、被告双方签订的《上海家化联合股份有限公司2012 年限制性股票授予协议》在双方平等自愿的基础上签订该协议,且协议内容不存在违反法律规定的情形,该协议亦具有法律效力。法院认定的法律关系清晰,焦点问题把握准确,在缺少相关法律、行政法规相关规定的条件下,依据上述两个文件认定双方权利义务具有合法性。本案中,上海家化联合股份有限公司形成的《限制性股票激励计划》明确规定了激励对象、股价的确定,以及分期行权的时间限制和解锁比例限制,同时,在双方签订的《限制性股票授予协议》中对原告获授股份数量、股票价格、解锁条件等具体内容作出明确约定,因此法院认为上海家化联合公司与原告之前约定的分期行权的限制性股票激励合法有效,并以此认定上海家化公司应对王某持有的第二期 157 500 股限制性股票给予解锁,分析说理有力,适用法律准确。

案例提供单位:上海市虹口区人民法院

编写人:李丹颖

点评人:吴　弘

34. 来宝资源国际私人有限公司申请承认和执行外国仲裁裁决案

案 情

申请人来宝资源国际私人有限公司

被申请人上海信泰国际贸易有限公司

2014 年 10 月 29 日,来宝资源国际私人有限公司(以下简称来宝公司)作为卖方与上海信泰国际贸易有限公司(以下简称信泰公司)作为买方通过电子邮件签订了《铁矿石买卖合同》,约定由来宝公司销售铁矿石给信泰公司。合同还约定以引述方式根据《globalORE 标准铁矿石贸易协议》(以下简称《标准协议》)版本 L2.4 第二部分的条款和条件出售并交付铁矿石。其中,《标准协议》版本 L2.4 第二部分第 16 条"争议"规定:"16.1 因交易和/或本协议引起的或与其有关的任何争议和索赔,包括与其存在、有效性或终止有关的任何问题,应根据当时有效的新加坡国际仲裁中心《仲裁规则》提交新加坡仲裁,该等规则视为经引述被并入本条款。16.1.1 仲裁庭应由三(3)名仲裁员组成。……"

后双方在合同履行过程中发生争议,来宝公司于 2015 年 1 月 14 日依据《标准协议》中的仲裁条款向新加坡国际仲裁中心提出仲裁申请,主张信泰公司构成根本违约,要求信泰公司承担违约赔偿责任,同时申请仲裁程序按照快速程序进行。

2015 年 1 月 16 日,新加坡国际仲裁中心致函信泰公司,要求其对来宝公司提出的快速程序申请提出意见。信泰公司分别于 1 月 29 日、2 月 5 日、2 月 6 日回函,明确表示不同意快速程序申请,并要求由三名仲裁员组成仲裁庭。2 月 17 日,新加坡国际仲裁中心通知双方当事人,称该中心主席已经批准了来宝公司关于快速程序的申请,决定对该案根据快速程序由独任仲裁员仲裁。2 月 27 日,信泰公司再次致函新加坡国际仲裁中心,再次表明其反对简易程序和独任仲裁,要求组成三人仲裁庭。同时表示,如仲裁中心忽略其提议,则拒绝接受该中心仲裁。同年 4 月 20 日,新加坡国际仲裁中心依据其 2013 年第五版仲裁规则,以双方当事人未就快速程序下独任仲裁员人选达成合意为由,指定独任仲裁员审理该案,信泰公司缺席该案审理。

2015 年 8 月 26 日,仲裁庭作出 2015 年 005 号最终裁决,支持了来宝公司全部仲裁请求。该仲裁裁决作出后,信泰公司未履行裁决项下的义务。2016 年 2 月,来宝公司作为申请人向上海市第一中级人民法院申请承认并执行该仲裁裁决。

被申请人信泰公司要求不予承认与执行案涉仲裁裁决,主要抗辩理由为:一、双方未就涉案裁决所处理的争议事项达成书面仲裁协议。二、案涉仲裁庭的组成方式与当事人约定不符,构成《纽约公约》第五条第一款(丁)项规定的不予承认与执行仲裁裁决的情形。(1)《标准协议》第 16.1.1 条明确规定"仲裁庭应当由三名仲裁员组成",但所涉仲裁裁决却由独任仲裁员作出。信泰公司从未以任何方式同意变更仲裁庭的组成,且对独任仲裁提出强烈反对。(2)新加坡国际仲裁中心有关"快速程序"的仲裁规则不应适用于该案。新加坡国际仲裁中心根据其仲裁规则强行启动快速程序,将《标准协议》明确规定的三人仲裁变更为独任仲裁,违反了"正当程序"原则。三、信泰公司因他故而未能申辩。案涉仲裁裁决是在信泰公司缺席、未进行任何答辩的情形下做出。

另,新加坡国际仲裁中心 2013 年第五版仲裁规则第 5.1 条规定:"在仲裁庭完成组庭之前,存在下列情形之一时,一方当事人可以向主簿提出书面申请,请求依照本条所称'快速程序'进行仲裁:(1)由仲裁请求、反请求以及任何抵销辩护所构成的争议金额合计不超过五百万元新加坡元;(2)当事人约定适用快速程序进行仲裁;或(3)遇异常紧急情况。"第 5.2 条规定:"当事人已依据本规则第 5.1 条向主簿申请快速程序时,主席考虑各方当事人观点后决定仲裁应当适用本条'快速程序'的,仲裁程序应当按照如下规定进行:a.主簿有权缩短本规则的任何期限;b.案件应当由独任仲裁员审理,但主席另有决定的除外;c.……"

审 判

法院经审理认为,案涉仲裁裁决由新加坡国际仲裁中心在新加坡领土内做出,中国和新加坡均为《纽约公约》缔约国,根据我国民事诉讼法之规定,案涉仲裁裁决的承认和执行应当适用《纽约公约》的相关规定进行审查。经审查认定,双方当事人之间存在有效的书面仲裁条款,案涉争议提交仲裁时适用的仲裁规则为新加坡国际仲裁中心 2013 年第五版仲裁规则。涉案仲裁案件标的额低于五百万新加坡元,且双方当事人并未在仲裁条款中排除"快速程序"的适用,新加坡国际仲裁中心依据其 2013 年第五版仲裁规则之规定适用快速程序进行仲裁并无不当,信泰公司亦不存在因他方之故未能申辩之情形,但案涉仲裁庭的组成与当事人约定不符。

本案双方当事人已在仲裁条款中明确约定应由三名仲裁员组成仲裁庭,且未排除该组成方式在仲裁"快速程序"中的适用,新加坡国际仲裁中心 2013 年第五版仲裁规则亦未排除"快速程序"中适用其他的仲裁庭组成方式。新加坡国际仲裁中心 2013 年第五版仲裁规则第 5.2 条(b)项所规定的"主席另有决定的除外"不应解释为新加坡国际仲裁中心主席对仲裁庭的组成方式享有任意决定权;相反,在其行使决定权时应当充分尊重当事人关于仲裁庭组成方式的合意,保障当事人的意思自治。新加坡国际仲裁中心在仲裁条款约定仲裁庭由三名仲裁员组成且信泰公司明确反对独任仲裁的情况下,仍然依据仲裁规则之规定决定采取独任仲裁员的组成方式,违反了案涉仲裁条款的约定,属于《纽约公约》第五条第一款(丁)项所规定的"仲裁机关之组成或仲裁程序与各造间之协议不符"的情形。遂裁定:不予承认和执行案涉新加坡国际仲裁中心作出的仲裁裁决。

点 评

本案争议的焦点在于:在仲裁程序中,当事人之间的协议约定与仲裁规则中的某项内容发生冲突时,何者优先的问题。

仲裁是在当事人之间自愿达成仲裁协议的基础而启动的一种纠纷解决程序。与诉讼相比,仲裁作为纠纷解决程序其最大的区别在于仲裁程序的启动需要发生纠纷的双方当事人达成同意通过仲裁的方式解决纠纷的合意,并提交仲裁机构,此时才可以启动仲裁程序。而诉讼程序的启动并不需要涉诉的多方当事人达成合意,只要一方当事人向具有管辖权的法院提起诉讼,经法院受理后即可启动诉讼程序,另一方必须应诉。其根本原因在于,仲裁机构不同于审判机关,不具有人民赋予的审判权,仲裁机构通常是民间团体的性质,其对纠纷进行裁决的仲裁权来源于争议双方的授权。在商事领域中,经常涉及某些特殊领域的专业知识,因此仲裁委员会由法律及经济贸易专家等具有实际工作经验的人员担任,通过由专家组成的仲裁庭对争议的案件进行裁决,对纠纷的处理往往会得到更为便捷、专业的裁决。所以,仲裁相较于诉讼程序更具快捷性、灵活性、专业性等特征。正是由于仲裁机构的非司法性,必须严格依据争议当事人达成的仲裁协议中双方合意选定仲裁机构,经过双方的共同授权后仲裁机构才具有裁决的权力,自愿性成为仲裁区别于诉讼的重要特征。从仲裁程序本质上来看,当事人之间的协议约定是仲裁程序的先决条件。

在仲裁程序中,争议当事人具有极大的自由选择权,同时争议当事人之间形成的合意也十分重要,例如《中华人民共和国仲裁法》第三十一条规定:"当事人约定由 3 名仲裁员组成仲裁庭的,应当各自选定或者各自委托仲裁委员会主任指定一名仲裁员,第 3 名仲裁员由当事人共同选定或者共同委托仲裁委员会主任指定。

第 3 名仲裁员是首席仲裁员。当事人约定由一名仲裁员成立仲裁庭的,应当由当事人共同选定或者共同委托仲裁委员会主任指定仲裁员。"在 3 人仲裁庭组成的模式下,争议当事人共同选定的仲裁员作为首席仲裁员,在 1 人仲裁庭模式下,更是要求唯一的仲裁员须由双方共同选定,共同授权,极大地尊重了争议当事人的意思自治。这一严格依据争议双方协议的决定,即充分体现了仲裁程序的自愿性。在仲裁程序中,仲裁程序的启动、仲裁机构的选定、仲裁员的确定,甚至仲裁规则的选定都可以由争议当事人共同协商形成合意,并且在仲裁程序中充分尊重和保护争议当事人共同协商形成合意,即仲裁协议。

本案中,来宝公司与信泰公司签订的买卖合同中约定,在发生任何争议和索赔等问题时,应根据当时有效的新加坡国际仲裁中心《仲裁规则》提交新加坡仲裁,并且明确约定"仲裁庭应由三名仲裁员组成"。双方在买卖合同中载明的争议处理条款,对仲裁规则、仲裁机构以及仲裁庭组成模式都作出了明确的约定,即可视为双方达成的仲裁协议,具有法律效力。在启动仲裁程序后,信泰公司对于独任仲裁员的快速程序模式提出异议,但是仲裁机构未予回应。当事人已在事前仲裁协议中明确约定仲裁庭的组成模式应当为三人,虽未提及快速程序,但是该约定即排除了独任仲裁员的模式。这一仲裁庭组成模式的约定并不违反法律的规定,在与仲裁机构制定的仲裁规则发生冲突时,应当以当事人之间形成的协议为准,以尊重当事人的意思自治。本案新加坡国际仲裁中心依据仲裁规则会规定,忽视当事人之间形成的仲裁协议,依据《中华人民共和国民事诉讼法》第二百八十三条之规定,我国作为《纽约公约》的缔约国,适用《纽约公约》的相关规定进行审查。新加坡国际仲裁中心的做法属于《纽约公约》第五条第一款"裁决唯有于受裁决援用之一造向声请承认及执行地之主管机关提具证据证明有下列情形之一时,始得依该造之请求,拒予承认及执行"中(丁)项:"仲裁机关之组成或仲裁程序与各造间之协议不符,或无协议而与仲裁地所在国法律不符者"。根据这一规则,有关"仲裁庭组成"当事人已就此达成合意的依据协议确定,只有在没有协议的情况下才会参考仲裁地的法律。可见,当事人仲裁协议与仲裁地法律的适用是具有先后顺序之差别的。而仲裁机构制定的仲裁规则的效力低于法律效力,其适用更应当劣后于当事人形成的仲裁协议。

法院认定案涉仲裁庭的组成与当事人约定不符,且信泰公司不存在因他方之故未能申辩之情形,认定法律关系清晰。法院对于新加坡国际仲裁中心 2013 年第五版仲裁规则第 5.2 条(b)项所规定的"主席另有决定的除外"不应解释为新加坡国际仲裁中心主席对仲裁庭的组成方式享有任意决定权;相反,在其行使决定权时应当充分尊重当事人关于仲裁庭组成方式的合意,保障当事人的意思自治,法院对焦点问题把握准确,分析说理有力。依据《纽约公约》第五条第一款(丁)项所规定的"仲裁机关之组成或仲裁程序与各造间之协议不符"的情形,裁定不予承认和执行案涉新加坡国际仲裁中心作出的仲裁裁决适用法律准确。

案例提供单位:上海市第一中级人民法院

编写人:任明艳　闫伟伟

点评人:吴　弘

35. 上海勤超混凝土有限公司诉江西省建工集团公司等买卖合同纠纷案

——国企改制转移优质资产降低自身偿债能力适用"债随物走"的司法解释

案 情

原告(上诉人)上海勤超混凝土有限公司

被告(上诉人)江西省建工集团公司

被告(被上诉人)江西省建工集团有限责任公司

江西建工集团有限责任公司(以下简称江西建工有限公司)是江西建工集团公司(以下简称江西建工集团)以分立式改制为基础,在接收江西建工集团 3.141 亿元优质资产及相关资质后,引入其他投资方共同设立的有限责任公司。

2011 年,江西建工集团第一届职工代表大会第二次会议通过《江西省江西建工集团改制方案》,决定采取分立式改制方式。省国资委以江西建工集团经评估的优质资产作为出资,通过引进战略投资者入股,并鼓励集团公司、控股子公司两层经营团队及集团公司本部管理技术骨干参股方式,组建股权多元化的有限责任公司。新公司名称暂定为江西省建工集团有限责任公司,承继改制前江西建工集团所拥有的房屋建筑工程施工总承包特技等资质及国际工程承包和劳务合作经营权,从事生产经营和资产经营活动。分立后的江西建工集团继续保留,受省国资委代持新公司的国有股权,新公司和新集团公司实行"两块牌子、一套人马"的管理方式,新集团公司的各项管理工作由新公司代管。

2011 年 6 月 20 日,江西省人民政府出具"关于同意江西省建工集团公司改制方案有关问题的批复",原则同意《江西省建工集团公司改制方案》,同意采取分立式方式推进江西建工集团改制,即由国资委以江西建工集团优质资产出资,引进战略合作者,并鼓励经营团队以参股的方式,设立股权多元化的江西省建工集团有限责任公司,分立后的江西建工集团继续保留。同年 7 月 5 日,江西省国有资产监督管理委员会转发通知,原则同意《江西省建工集团公司改制方案》。

2011 年 6 月 30 日,中发国际资产评估有限公司对江西建工集团股权进行评估,结论认为,该公司拟纳入股权多元化改制范围所涉及的相关资产及负债于评估基准日 2011 年 6 月 30 日资产账目价值为 157 147.43 万元,负债账面价值为 110 282.95 万元,净资产账面价值为 46 860.48 万元;经过评估,资产评估价值为 168 996.81 万元,负债评估价值为 110 286.95 万元,净资产评估价值为 58 709.86 万元。嗣后,江西省国资委将上述净资产中的 58 709.86 万元中的 31 410 万元作为投资,改制设立江西建工有限公司。

2011 年 12 月 23 日,江西建工有限公司成立。法定代表人为李平,股东为江西益合投资股份有限公司、台湾汉唐集成股份有限公司、江西省省属国有企业资产经营(控股)有限公司。公司注册资本为 521 750 000 元,其中江西益合投资股份有限公司出资 104 350 000 元,占注册资本 20%,台湾汉唐集成股份有限公司出资 103 300 000 元,占注册资本 19.8%,江西省省属国有企业资产经营(控股)有限公司出资 314 100 000 元,占注册资本 60.2%。

2014 年 1 月 15 日,江西省国资委发布通知,同意江西建工有限公司注册资本金由 52 175 万元增加到 104 350 万元,由原股东按原出资比例同比例增资。其中,江西省国资委(持股比例 60.20%)以持有江西建工有限公司债权 31 410 万元转为股权方式增资。同时,对江西建工有限公司对国资委的 31 410 万元负债形成情况说明如下:(1)江西建工集团进行股权多元化改造,对 2011 年 6 月 30 日为基准日的净资产进行了评估,净资产评估值为 587 098 663.91 元;(2)江西建工集团进行股权多元化改造时,江西省国资委将江西建工集团净资产 587 098 663.91 元中的 31 410 万元作为投资、272 998 663.91 元作为改制后的江西建工有限公司对江西省国资委的负债;(3)2013 年 6 月 29 日,江西建工有限公司向江西建工集团借支 41 101 336.09 元,其中 14 631 641.11 元作为对省国资委的负债,26 469 721.98 元作为对江西建工集团的负债。至此,江西建工有限公司对省国资委负债 287 630 278.02 元,对江西建工集团负债 26 469 721.98 元,合计 314 100 000.00 元;(4)2013 年 12 月 25 日,江西建工有限公司将对江西建工集团负债 26 469 721.98 元,转为对省国资委的负债,至此江西建工有限公司对省国资委负债 314 100 000.00 元,江西建工有限公司本部对江西建工集团的债务为零。

2014 年 2 月 8 日,江西建工有限公司作出章程修正案,主要修改内容为:省国资委以经评估的江西建工集团货币和非货币出资,原作价人民币叁亿壹仟肆佰壹拾万元(¥314 100 000),占公司注册资本的 60.2%,改为作价人民币陆亿贰仟捌佰贰拾万元(¥628 200 000),占公司注册资本的 60.2%。

上海勤超混凝土有限公司(以下简称勤超公司)自 2011 年 1 月起至 2015 年 8 月期间向江西建工集团承建的多个工地供应混凝土。

原告诉称,江西建工集团没有全额支付相应货款,而江西建工有限公司系江西建工集团改制之后,将优质资产剥离出来组建的新企业,应对建工集团公司的债务承担连带清偿责任。遂提起诉讼要求江西建工集团及江西建工有限公司共同支付剩余货款 9 194 548.33 元及利息。

被告江西建工集团、江西建工有限公司共同辩称,对欠付款项的金额存在异议。同时认为两被告为独立存续的公司,两被告在资金、经营、购销等环节虽有业务合作关系,但不足以构成人格混同的情况,故不应承担连带责任。

审 判

本案一审法院认定江西建工集团结欠勤超公司的货款为 9 194 548.33 元。对于江西建工有限公司是否承担连带责任,一审法院认为,首先,法律制度赋予有限责任公司独立的法人人格,有限责任公司与其他商事主体之间的责任相互独立,上述责任的区分系有限责任公司的核心特征。法人人格否认制度系有限责任公司独立性的例外情形,故对上述制度应当审慎地适用,以避免伤害有限责任公司的独立性和公司法律制度。原告提供的证据在一定程度上确实可以证明两被告之间的关联关系,但不足以证明两家公司之间存在规避合同、法律义务并在人格、财产、业务上完全混同的情况。其次,《最高人民法院关于审理与企业改制相关民事纠纷案件若干问题的规定》第七条中的债务应指组建新公司之前原企业即已负债务,且组建新公司是为了逃避债务。根据"其他应付款—江西省国资委"价值评估报告书、赣国资产权字〔2011〕560 号文件的内容,建工集团公司将其净资产中的 314 100 000 元作为改制之后的建工集团有限公司的投资,但该净资产系以 2011 年 6 月 30 日的评估报告为依据。原告与建工集团公司之间供货关系发生于 2011 年 1 月至 2015 年 8 月期间,2011 年 6 月 30 日乃至 2011 年 12 月 23 日之前与原告之间的债务总额小于建工集团公司目前的总付款金额,而在付款及供货无明确对应关系时,应视为优先偿还先到期债务,故目前建工集团公司应承担的债务,并非组建新公司之前的原企业已负债务。之后建工集团有限公司通过债转股、增资扩股的方式进行多元化改制,既非发生于与他人组建新公司之时,也非系为了逃避债务,不适用该条规定的情形。故一审法院判决:(1)江西建工集团偿付勤超公司货款 9 194 548.33 元及利息;(2)对勤超公司要求江西建工有限公司承担连带责任的诉请不予支持。

一审判决后,勤超公司不服,提起上诉称:(1)江西建工集团的 6.282 亿元全部净资产被分两次无对价转移给江西建工有限公司,江西建工集团原本可以用该资产清偿自身债务,但该资产被转移后,债权人将面临无财产可供清偿的后果,该行为就是滥用法人独立人格;(2)江西建工集团与江西建工有限公司属两块牌子一套班子、人员、经营地址、经营业务、财产均为混同,应该承担共同还款责任;(3)江西建工有限公司不仅在注册成立时接受了江西建工集团 3.141 亿元净资产,而且在 2014 年 1 月通过增资方式再接受了后者 3.141 亿元净资产,前后两次净资产均构成江西建工有限公司的注册资本。而勤超公司与江西建工集团签订买卖合同的时间从 2010 年 12 月到 2012 年 12 月,履行期间在 2011 年 1 月至 2013 年 12 月,9 084 963.33 元欠款金额属于 2011 年至 2013 年 12 月期间供货,即发生在江西建工有限公司组建完成前;仅有 110 570 元小额供货发生在 2015 年 8 月,且未签订合同。因此,根据《最高人民法院关于审理与企业改制相关民事纠纷案件若干问题的规定》第七条,企业以其优质财产与他人组建新公司,而将债务留在原企业,债权人以新设公司和原企业作为共同被告提起诉讼主张债权的,新设公司应当在所接收的财产范围内与原企业共同承担连带责任。

上诉人江西建工集团则上诉称对未付货款的金额有异议,且违约金过高。

本案二审法院对一部分货款的发生重新进行了认定,认为江西建工集团尚欠勤超公司货款 9 083 978.33 元。

对于江西建工有限公司是否应与江西建工集团承担共同付款责任的问题。二审法院认为,江西建工有限公司是江西建工集团以分立式改制为基础,在接收江西建工集团 3.141 亿元优质资产及相关资质后,引入其他投资方共同设立的有限责任公司;江西建工有限公司成立后又以接收江西建工集团净资产以及免除对江西建工集团债务的方式接收了江西建工集团 3.141 亿元作为增资,以上江西建工有限公司共计接收江西建工集团 6.282 亿元资产。从江西建工集团职工代表大会通过的改制方案、江西省国资委及江西省人民政府出具的相关批复等证据均证明了上述资产转移情况。江西建工集团改制中转移给江西建工有限公司上述资产作为后者的注册资本金以及增资款,该情形符合《最高人民法院关于审理与企业改制相关的民事纠纷案件若干问题的规定》第七条的规定,后者应依法在接收财产范围内与原企业共同承担连带责任。江西建工集团与江西建工有限公司在二审中也均表示同意由江西建工有限公司对本案责任承担连带清偿责任,因此,江西建工有限公司应对江西建工集团在本案中的付款义务承担连带责任。据此,依照《中华人民共和国民事诉讼法》第一百七十条第一款第(二)项之规定,判决:撤销一审判决;江西省建工集团应于收到判决之日起十日内支付勤超公司货款人民币 9 083 978.33 元及相应利息;江西建工有限公司应在人民币 6.282 亿元范围对上诉应付款项承担连带责任;驳回勤超公司的其余诉请。

点 评

本案涉及的法律问题是:国有企业在改制过程中适用《最高人民法院关于审理

与企业改制相关民事纠纷案件若干问题的规定》。

国有企业是企业资本全部或者部分属于国家所有并被国家所控制的企业。国有企业是国有经济参与的一种形式，具有修正市场缺陷、实现社会可持续发展、调节经济结构的作用。国有企业与市场中的其他主体相比，具有国家所有或控股的属性，因而从性质上来说，国有企业即具有一定的优势。但是，国有企业的设置并不是以扰乱市场竞争秩序为目的，相反，国有企业的存在正是通过其所具有的公益性特征，以此修正市场主体的逐利性而带来的短期效益，实现经济长远、可持续发展。但是，国有企业上述目标的实现需要政企分离这一制度设计作为基础，国家作为公共管理者以及国有资产的所有者身份的同一性，如若"政企不分""政资不分"将会导致行政权力过多地干预市场运行，造成效率低下，损害国有资产的权益，同时，也对市场主体之间的竞争等市场运行造成混乱。因此，我国在针对国有资产管理的相关文件中明确规定"按照政府的社会经济管理职能和国有资产所有者职能分开的原则"进行改革，在执行公共管理者职能的政府部门之外，设置独立的专门执行国有资产所有者职能的主体，明确各自职能分工，划清两种职能之间的界限。

企业资产是由股东出资，但是股东在完成出资以后，该部分资产即成为企业独立法人所拥有的法人财产，企业享有法人财产权。股东即不再享有基于所有权而任意抽逃资本的权利，企业的增资、减资、资产处置等行为都必须遵守《中华人民共和国公司法》中规定的程序和规则。同时，企业财产作为企业债务的一般担保，对债权人的债权实现提供保证。而企业通过改制将优质资产转移，失去偿付能力即是对债权人利益的侵害。在实现"政企分离"的基础上，国有企业的运行、改制应当与其他企业一样，遵守相同的程序规则，体现出国有企业的"企业"本质。本案中涉及的企业资产转移，并且是企业中的优质资产转移，也应当符合法律对企业改制过程中程序性、合法性、保护债权人利益等规则的约束。江西建工集团在新设建工有限公司时，可以通过获得债权、股权或者相应对价的方式将优质资产转让给建工有限公司。但是，江西省国资委并没有通过上述合法途径，而是通过行政权力将建工集团的优质资产转移，违反了我国法律中有关企业资产处置的相关规定，实质性的减弱了建工集团的偿付能力，构成对债权人勤超公司权益的侵害。

在国有经济参与的过程中，因为国家所有的性质决定了其相较于其他市场主体具有显著优势，因此在执法和司法的过程中更应体现经济公正原则的应用。经济公正原则要求执法机构、司法机关在履行职权或裁判职能时，应当严格依法办事，在执法或解决纠纷时对所有的市场主体一视同仁、给予同等待遇。而这一点对于非国有企业极为重要。国有企业已经基于各种资源优势在市场竞争中处于优势地位；如果在行政执法和司法裁判中，非国有企业仍然受到不公正的对待，不仅会打击非国有企业投资者的投资积极性，而且在宏观上不利于整个国民经济的快速发展。本案中,勤超公司即为非国有企业,在与国有企业江西建工集团形成买卖合同关系时,受到江西建工集团企业改制的影响,侵害其债权的实现。因此,基于经济公正的原则,对于国有企业违法改制,造成债权人权益受损的情形,应当与非国有企业同等适用我国《最高人民法院关于审理与企业改制相关的民事纠纷案件若干问题的规定》中有关企业公司制改造的相关规定,即"企业以其优质财产与他人组建新公司,而将债务留在原企业,债权人以新设公司和原企业作为共同被告提起诉讼主张债权的,新设公司应当在所接收的财产范围内与原企业共同承担连带责任。"

　　二审法院审理时准确把握本案焦点问题,认定江西建工有限公司在接受财产范围内与江西建工集团共同承担连带责任,认定法律关系清晰,援引《最高人民法院关于审理与企业改制相关的民事纠纷案件若干问题的规定》第七条之规定,适用法律准确,为我国国有企业改制合法化提供范例。

案例提供单位:上海市第二中级人民法院

编写人:吴媛婷

点评人:吴 弘

36. 王某某诉上海中汇金玖三期创业投资基金合伙企业股票收益权转让及回购合同纠纷案

——以合同形式约定股票收益权转让并回购的融资法律行为不应认定为无效

案 情

原告（反诉被告、上诉人、被上诉人）王某某

被告（反诉原告、上诉人、被上诉人）上海中汇金玖三期创业投资基金合伙企业

原告王某某原系自贡天成工程机械有限公司（下称天成机械）的股东（实际控制人），持有公司 39.85％股权。2015 年 8 月 10 日，上市公司陕西建设机械股份有限公司（原简称建设机械，现简称＊ST 建机，股票代码 600984）发行 67 258 065 股股份，购买王某某等 14 名自然人股东及 2 家机构股东合计持有的天成机械 100％股权。据此，王某某以其所持有天成机械 39.85％股权，按 16 617.01 万元计价，共获得 26 801 633 股建设机械股份，并于 2015 年 9 月 11 日办理了相关证券登记手续。另据建设机械相关公告，王某某上述获得的上市公司股份自新增股份上市之日起 12 个月内不得转让；12 个月至 24 个月期间可转让比例不超过 25％等。

上海中汇金玖三期创业投资基金合伙企业（有限合伙）（以下简称中江金玖基金），系于 2014 年 12 月 21 日成立的有限合伙企业，营业执照核定经营范围为创业投资、创业投资咨询、股权投资管理，依法需经审批的项目，经相关部门批准后方可开展经营活动。

2015 年 3 月 13 日，甲方王某某与乙方中汇金玖基金签订《股票收益权转让及回购合同》1 份，合同明确，根据建设机械 2015 年 2 月 17 日发布的《陕西建设机械股份有限公司发行股份购买资产并募集配套资金暨关联交易报告书（草案）》，建设机械本次发行股份购买资产后，王某某将获得建设机械 26 801 633 股股票。鉴于王某某资金紧张，拟通过未来可以获得的建设机械股票的收益权转让给中汇金玖

基金,以此获得所需资金,并根据本协议约定进行回购。为此,合同约定,王某某向中汇金玖基金转让其未来可以合法获得的建设机械 2 688 172 股股票的收益权,转让价款 1 500 万元。上述转让收益权股票数额,系以 1 500 万元除以建设机械于 2015 年 2 月 17 日公告发行股份以收购天成机械等公司资产的股份发行价格 6.20 元/股的 9 折即 5.58 元/股计算得出。中汇金玖基金所受让的股票收益权主要包括王某某根据本协议约定完全回购前处置标的股票以及因送股、公积金转增、配股、拆分股权等而形成的派生股票产生的收入、基于标的股票及其派生股票而取得的股息红利以及其他任何现金收入、财产性权益。双方约定,王某某应在 * ST 建机发行股份购买资产以及配套融资完成日后的第 45 天、第 75 天、第 105 天分三次回购上述股票收益权。每次回购价格的计算,一是以 1 500 万元乘以 130% 除以 3,即 650 万元,二是按上述约定转让股票收益权的股票股数 2 688 172 股乘以回购期当日该股票收盘价的 95% 再除以 3,以上两种价格计算,届时取其高者进行回购。合同还约定了以股票质押来担保回购,王某某应于建设机械本次发行股票购买资产完成后 5 日内签署质押合同交付中汇金玖基金,中汇金玖基金签署后 5 日内共同办理质押手续;王某某逾期付款、办理股票质押均按每日千分之一计收违约金;王某某最终未能取得标的股票等情形下,应向中汇金玖基金偿还股票收益权转让款 1 500 万元,并按年利率 22% 支付利息。同日,双方又签订《补充协议》,约定中汇金玖基金应在王某某按约每次汇出回购款 5 个工作日内,解除相对应数额股票的质押,如有迟延,按回购价款的每日千分之一支付违约金等。

2015 年 3 月 17 日,中汇金玖基金向王某某支付了 1 500 万元。

2015 年 10 月 29 日,王某某与中汇金玖基金签订《股份质押合同》1 份,合同约定王某某将其依法持有的 2 688 172 股建设机械股票质押给中汇金玖基金,作为王某某履行双方于 2015 年 3 月 13 日签订的《股票收益权转让及回购合同》约定如期支付回购款的保证等。同日,双方当事人在中国证券登记结算有限责任公司办理了相应证券质押登记,中汇金玖基金作为质权人取得出质人王某某提供的 2 688 172 股建设机械限售流通股质权。

此后,王某某未按双方合同约定如期向中汇金玖基金支付回购款,而于 2016 年 1 月 14 日向本院提起本案诉讼。

原告诉称,合同双方并无股票收益权转让及回购的交易,实际上属于非法高利贷行为。故请求法院判令:1.原、被告于 2015 年 3 月 13 日签订的《股票收益权转让及回购合同》《补充协议》以及相应《股份质押合同》无效;2.原告王某某归还被告中汇金玖基金 1 500 万元及相应利息(利息计算由法院依法确定)、被告中汇金玖基金同时办理撤销相关股票(2 688 172 股 * ST 建机股票)质押登记。

被告辩称,其一,本案所涉《股票收益权转让及回购合同》系经双方当事人事先充分协商而签订的,是双方真实意思表示,依法成立。其二,股票收益权转让及回购是一种金融创新交易,在资本市场上有案例可寻,不违反法律法规禁止性规定。其三,本案系争合同有关不低于 30% 等回购收益条款,系双方就股票收益权回购价格以及违约责任所达成的合理约定,即使该条款无效,也不影响整个合同的性质及其法律效力。

中汇金玖基金反诉称,本案系争《股票收益权转让及回购合同》《补充协议》以及相应《股份质押合同》合法有效。中汇金玖基金已经履行了合同义务,而王某某未按约如期办理股票质押以及回购相应股票收益权,已构成违约,现请求法院判令:1.反诉被告向反诉原告支付一、二、三期股票收益权回购款共计 2 359.679 万元。其中:第一期(以 2015 年 12 月 10 日 * ST 建机股票收盘价 10.33 元计算)股票收益权回购款为 879.35 万元、第二期(以 2016 年 1 月 11 日 * ST 建机股票收盘价 9.03 元计算)股票收益权回购款 768.68 万元、第三期(以 2016 年 2 月 15 日 * ST 建机股票收盘价 8.36 元计算)股票收益权回购款 711.648 7 万元;2.反诉被告应向反诉原告支付迟延回购股票收益权相应违约金。其中:第一期迟延回购违约金(以 879.35 万元为基数,自 2015 年 12 月 16 日起至该笔回购款付清日止,按日千分之一计算);第二期迟延回购违约金(以 768.68 万元为基数,自 2016 年 1 月 17 日起至该笔回购款付清日止,按日千分之一计算);第三期迟延回购违约金(以 711.648 7 万元为基数,自 2016 年 2 月 21 日起至该笔回购款付清日止,按日千分之一计算);3.反诉被告向反诉原告支付迟延办理股票质押手续违约金 64.35 万元(以 1 500 万元加 30% 回购收益为基数,自 2015 年 9 月 25 日起至 2015 年 10 月 28 日止,按日千分之一计算,即 1 500 万元 * 130% * 1‰ * 33 天)。

王某某针对反诉辩称,不同意中汇金玖基金的反诉主张。本案系争合同名为股票收益权转让及回购,实为非法高利贷。中汇金玖基金作为私募基金,其发放贷款行为违反了相关法律法规的禁止性规定,且合同约定 30% 回购收益以及每日千分之一违约金利率过高,应属无效。

审 判

一审法院经审理认为:

1. 本案系争《股票收益权转让及回购合同》的法律关系性质

原告(反诉被告)王某某主张,本案系争《股票收益权转让及回购合同》的签订,是为解决其临时资金需求,双方的合同目的是借贷,并不是股票收益权的转让,且因股票收益无法过户而不具有操作性。中汇金玖基金向王某某支付 1 500 万元,到期收回本金并获取 30% 保底收益,实际上是高利贷行为。

被告(反诉原告)中汇金玖基金主张,本案系争合同所涉股票收益权转让及回购属于资本市场中的融资工具,作为一种金融创新交易,在资本市场上已有实践。

法院经审查认为,有关本案系争《股票收益权转让及回购合同》法律性质认定,应根据合同约定的权利义务内容和形式综合考量。双方当事人在系争合同中明确"甲方(王某某)因资金紧张,拟通过未来可以获得的建设机械股票的收益权转让给乙方(中汇金玖基金)以此获得所需资金,并根据本协议约定进行回购"。可见双方当事人签订本案系争合同涉及了资金的融通,但并非只要涉及资金融通的交易均须定性为借贷合同关系。本案系争合同的特殊之处在于双方当事人系通过约定股票收益权转让及回购的方式来实现资金的融通。正如证券公司开展的股票质押式回购交易业务,虽其实质是以股票作为抵押品而进行资金拆借的信用行为,但因其股票质押回购的操作方式,在合同性质上被确定为证券回购法律关系。同理,本案系争合同约定股票收益权转让及回购的交易方式,在资本市场中确有包括信托公司在内各种主体将该类型交易作为一种投融资业务加以开展。因此,本案系争股票收益权的转让及回购交易不能确定为单纯的借贷关系。本案系争合同的特殊之处还在于双方当事人将上市公司股票的收益权作为一种财产性权利,从股票整体性权利中分离出来单独交易,此又有别于通常的股票质押式回购交易。故本案系争合同是以股票收益权转让及回购连同相关股票质押为操作方式的投融资行为,应属于新类型证券交易法律关系。

2. 本案系争《股票收益权转让及回购合同》《补充协议》《股份质押合同》的法律效力

原告(反诉被告)王某某主张,本案系争《股票收益权转让及回购合同》《补充协议》《股份质押合同》均无效。其一,双方之间的交易属于无效高利贷行为。其二,中汇金玖基金作为私募基金从事放贷业务,违反了法律法规禁止性规定。

被告(反诉原告)中汇金玖基金主张,本案系争《股票收益权转让及回购合同》《补充协议》《股份质押合同》均合法有效。其一,本案双方之间的交易作为金融创新行为,应予保护。其二,本案系争《股票收益权转让及回购合同》《补充协议》中关于 30%、22% 回购利率以及每日千分之一违约金利率约定,是双方对股票收益权回购价格的合理约定,并不违反法律法规禁止性规定。

法院经审查认为,首先,本案系争《股票收益权转让及回购合同》《补充协议》《股份质押合同》均系双方当事人真实意思表示,依法成立。一是从合同内容看,王某某以向中汇金玖基金转让股票收益权、承诺到期回购、提供相应股票质押的方式融入其急需的资金;中汇金玖基金则出资购入对应数额的系争股票收益权、取得股票质权,并以到期收取股票收益权回购款的方式实现收益。合同双方各取所需,合同目的正当合法。二是从交易方式看,双方以股票收益权转让、回购、股票质押的方式来实现投融资,目前尚无法律法规对该类交易予以明文禁止,也未见相关监管部门对本案交易行为予以查禁。本院对系争创新交易持包容和开放的态度,对本案系争合同整体性效力予以确认。其次,本案合同交易的实质仍是一种投融资信用行为,系争合同约定回购收益利率和违约金计付利率均过高,应予调整。中汇金玖基金购买股票收益权是一种财务性投资,是以取得约定期间内相应股票收益权和股票质权,作为其融出资金的保障,最终通过向资金融入方返售股票收益权来实现其融资收益。本案系争合同约定了固定的 30% 回购收益利率,且为下限,如按回购当日股票收盘价计算收益的金额更高时,以后者结算。可见,中汇金玖基金收取的是融资保底收益,而从其融出资金日起至约定回购日到来实际只有半年左右时间,上述 30% 回购收益利率折算成年利率达到 60%,远远超出投融资市场的收益水平。虽然本案系争合同是双方当事人真实意思表示,但也应遵循市场规则,遵守融资利率政策。如果以金融创新交易为由,约定过高收益率,则会推高市场融资成本,突破市场监管底线,扰乱社会经济秩序。中汇金玖基金提出系争合同 7.1 条约定回购方届时可以使用股票收益进行回购,以此佐证双方关于 30% 回购收益率的约定,是对相应股票收益权的合理定价。法院认为,系争合同 7.1 条约定中汇金玖基金同意王某某使用股票现金分红等衍生收益,来回购相应股票收益权("股权收益权转让后,标的股票的现金分红及其他现金收益作为股票收益权的衍生收益归属乙方,乙方同意甲方使用上述衍生收益以及甲方的资金回购股票收益权"),而此恰恰反映中汇金玖基金的合同对价利益不在于股票收益权及其衍生收益,而且自合同生效至回购日到来的期间内,系争股票并无衍生收益发生。本院对中汇金玖基金关于本案系争合同约定 30% 回购收益,完全是对相关股票收益权合理定价的意见,不予采纳。本案系争合同约定每日千分之一违约金利率,相对于资金融出成本以及因迟延付款而产生的损失,惩罚性远高于损失补偿,依法应予调整。从资本市场投融资收益和资金拆借利率实际水平出发,以及双方当事人主体性质,法院认为可以参照民间借贷利率的监管规则,对本案系争股票收益权回购款和违约金的计付利率予以适当调整。

3. 本案系争合同财产后果的处置

原告(反诉被告)王某某主张,本案应按无效高利贷处理,其只需归还本金 1 500 万元,支付相应利息(由法院确定),同时撤销相应股票质押。即使系争合同有效,也应当调整回购款和违约金计付利率。另,双方办理系争股票质押手续过程中,中汇金玖基金明确不再主张违约金,此应视为王某某按约履行股票质押完毕,双方无争议。

被告(反诉原告)中汇金玖基金主张,本案应按新类型金融交易合同处理,王某某应按约支付回购款和违约金。即使回购款和违约金计付利率调整,也不应低于同期银行贷款利率的 4 倍。王某某迟延办理股票质押,理应承担相应违约金。

法院认为,本案系争合同对双方具有法律约束力,王某某应当按约支付回购款,并承担迟延支付回购款的违约金,但回购款和违约金计付利率,本院酌情调整为年利率 24%;中汇金玖基金则应当在王某某履行上述付款义务的同时,按约释放相对应数额的 ST * 建机股票质押。

另查明,王某某未按合同约定期限与中汇金玖基金签订股票质押合同,中汇金玖基金在催促的同时,向法院递交诉状,要求王某某支付迟延质押的违约金。后经双方当事人协商,签订了系争《股份质押合同》,并办理了质押手续。中汇金玖基金则就此不再起诉王某某,且未申明继续保留追究该项违约金主张。法院认为,王某某迟延质押的天数较短,对中汇金玖基金未造成实际损失,应属于不适当履约。中汇金玖基金于当时提出了要求王某某承担违约金的起诉主张,但从事后双方当事人协议办理股票质押的经过看,中汇金玖基金未继续要求王某某承担迟延质押的违约金,且撤回了相应起诉,对此应视为当事人在实际履约过程中变更了原来合同的约定,双方就迟延质押违约金已不存在争议。法院对中汇金玖基金反诉再次要求王某某支付该项违约金,不予支持。

综上,法院认为,本案系一起证券纠纷。本案所涉股票收益权转让、回购及相应股票质押,是当前资本市场上投融资的一种创新交易形式,而不同于单纯的借贷合同。本案系争《股票收益权转让及回购合同》《补充协议》《股份质押合同》均系当事人真实意思表示,并不违反法律法规禁止性规定,也未出现因恶意规避证券监管而被查处的情形,故系争合同对双方当事人具有法律约束力。据此,王某某以本案系争合同交易属于无效高利贷为由所提诉讼主张,事实和法律依据尚不充分,法院难以支持。中汇金玖基金已经按约履行资金融出义务,并取得相应股票质权,但王某某未按期支付回购款,已构成违约,应承担相应违约责任。鉴于本案系争合同交易实质属于融资信用行为,而系争合同约定保底回购收益率远高于市场融资利率水平,约定违约金利率也远高于融资成本和实际损失,此与市场规则和社会经济秩序不符,法院依法予以调整。据此,依照《中华人民共和国合同法》第四条、第六条、第七条、第八条、第五十二条、第五十六条、第一百零七条、第一百一十四条之规定,判决如下:一、对原告王某某的本诉请求不予支持。二、反诉被告王某某应于本判决生效之日起十日内向反诉原告上海中汇金玖三期创业投资基金合伙企业(有限合伙)支付一、二、三期股票收益权回购款以及相应收益:第一期回购款人民币 500 万元以及收益(以人民币 500 万元为基数,自 2015 年 3 月 17 日起至 2015 年 12 月 10 日止,按年利率 24%计算);第二期回购款人民币 500 万元以及收益(以人民币 500 万元为基数,自 2015 年 3 月 17 日起至 2016 年 1 月 11 日止,按年利率 24%计算);第三期回购款人民币 500 万元以及收益(以人民币 500 万元为基数,自 2015

年 3 月 17 日起至 2016 年 2 月 15 日止,按年利率 24％计算)。反诉原告上海中汇金玖三期创业投资基金合伙企业(有限合伙)在收取上述回购款以及收益的同时,应按本案系争合同约定,办理撤销相应数额＊ST 建机股票质押手续。三、反诉被告王某某应于本判决生效之日起十日内向反诉原告上海中汇金玖三期创业投资基金合伙企业(有限合伙)支付迟延付款违约金(以第一期回购款以及收益为基数,自 2015 年 12 月 16 日起至该款项付清之日止,按年利率 24％计算;以第二期回购款以及收益为基数,自 2016 年 1 月 17 日起至该款项付清之日止,按年利率 24％计算;以第三期回购款以及收益为基数,自 2016 年 2 月 21 日起至该款项付清之日止,按年利率 24％计算)。四、对反诉原告上海中汇金玖三期创业投资基金合伙企业(有限合伙)其余反诉请求不予支持。

一审判决后,原被告双方均在法定期间提起上诉,二审法院经审理,判决驳回上诉、维持原判,本案现已生效。

点 评

本案涉及股票收益权质押式回购交易行为性质的认定问题。

首先,股票是股东权凭证,它代表股东对发行股票的公司投资的份额,股东凭借所持股票享有股东权。股东权的内容并不是单一的一种权利,而是一系列权利束,既包括基于股东身份而产生的参与股份有限公司的管理权,又包括股东基于投资行为而取得请求股息、红利的财产性权利。而股票收益权即是收益请求权,是股东权中财产性权利的应然内涵。本案中将股票收益权从股票整体性权利中分离出来单独交易,并不涉及共益权能,即包括股东会议表决权、股东代表诉讼权等内容的管理权的转让,是对现有股票质押式回购交易内容的限缩,并且这种限缩并不影响具有一定人合性有限责任公司的社员权。除此之外,将股权中的以收益权为主的自益权与共益权相分离,单独对自益权部分设置权利,可以更加有效地利用资金。因而,将股票收益权与股权整体分离设立质押并在将来回购并不违反现有法律规定。

其次,本案还涉及主体准入资格的问题。我国法律体系中,针对股票质押式回购交易的法律文件主要有两个,一个是中国证券业协会发布的《证券公司股票质押式回购交易业务风险管理指引(试行)》(现已失效),2018 年中国证券业协会对上述文件进行修订,发布了《证券公司参与股票质押式回购交易风险管理指引》(现行有效);另一个文件是上海证券交易所与中国证券登记结算有限责任公司共同发布的《股票质押式回购交易及登记结算业务办法(试行)》(现已失效),2018 年对上述文件进行修订,发布了《股票质押式回购交易及登记结算业务办法》(现行有效)。

这两个文件中,证券业协会发布的文件属于行业规章,而上海证券交易所及中国证券登记结算有限责任公司共同发布的文件仅仅是业务管理规定,二者的法律效力都相对较低。但是在仅有的规范性文件中,特别是在中国证券业协会发布的文件中,都仅赋予证券公司具有参与股票质押式回购交易的主体资格,并未涉及基金公司等其他金融机构。

股票质押式回购交易行为可能会产生经济脱虚向实、风险集中等风险性,给金融环境的稳定带来威胁。因此,在上述规范性文件中都规定了融入方的准入管理制度,包括对准入方的尽职调查、信用评估、特殊股票的审慎评估;质押股票的管理制度,包括质押率的上限规定及调整机制、对股票风险的评估;后续管理制度,包括对待购汇交易持续跟踪管理、及时评估融入方的履约保障能力、融入资金用途等;除此之外,还包括违约处置制度、内部控制与风险控制指标要求等一系列完整的制度设计,意在保障股票质押式回购交易的安全性与风险可控。现阶段,在防控金融风险、保障金融安全、"守住不发生系统性金融风险的底线"的要求下,对于法律制度的不健全的现状下应当及时完善相应法律制度,使交易行为有法可依;在现有规范效力层级不高的情况下,笔者认为不适合做扩大解释,以实现对风险有效控制。因此,对于本案中涉及的中汇金玖三期创业投资基金合伙企业作为股票收益权质押式回购交易的融资方,其主体的适格性有待商榷。

法院对本案焦点问题即合同性质的认定把握准确,将回购款和违约金计付利率调整为年利率24%符合法律规定。但是,将本案系争合同认定为以股票收益权转让及回购连同相关股票质押为操作方式的投融资行为,对这些新类型证券交易法律关系的认定还有待深入探讨,基金公司是否具备从事相关业务的资格缺少法律依据,现阶段是否应当对准入范围做扩大解释也可进一步观察。

案例提供单位:上海市松江区人民法院

编写人:毛水龙

点评人:吴　弘

37. 上海丸兴电子有限公司破产清算案

——执行程序与破产程序的良性互动

案 情

债务人　上海丸兴电子有限公司

异议债权人　上海经济技术开发区海关

上海丸兴电子有限公司(以下简称丸兴公司)成立于 1994 年 10 月 19 日,系有限责任公司(外商合资),股东为日立化成商事株式会社和日本丸兴工业株式会社,住所地在某居民居住小区。

2016 年 11 月 21 日,法院执行局在征求相关申请执行人及被执行人丸兴公司的同意后,将被执行人为丸兴公司的执行案件移送破产立案审查,并告知破产合议庭:丸兴公司除了应支付意力速(上海)贸易有限公司等 6 家申请执行人若干款项外,另欠缴上海经济技术开发区海关(以下简称海关)税款 465 785.56 元;执行局在对丸兴公司住所地遗留的办公用品、机械设备拍卖获得款项 261 300 元;查封丸兴公司名下的机动车三辆,冻结丸兴公司银行存款 92 945.31 元;等等。

2016 年 12 月 23 日,法院指定上海市方达律师事务所为丸兴公司破产管理人(以下简称管理人)。管理人接管了丸兴公司所有财产,开展了相应工作,但并未向海关支付任何欠缴税款。此外,丸兴公司股东、高级管理人员均下落不明,管理人仅从丸兴公司原经营场所清理出部分财务资料,未能接管到丸兴公司主要财产资料,无法对丸兴公司进行全面清算。

2017 年 3 月 14 日,丸兴公司破产清算第一次债权人会议召开。管理人提交债权人会议审议的《债权表》载明,丸兴公司债权总金额为 9 121 012.96 元,其中,第一清偿顺序债权金额为 0;第二清偿顺序中,海关债权金额为 557 704.41 元,上海市地方税务局徐汇区分局(以下简称徐汇税务局)债权金额为 499 723.38 元;第三清偿顺序共有债权人 14 家,海关债权金额为 0.39 元,徐汇税务局债权为 78 786.04元。会上,海关对《债权表》提出异议,认为在强制执行程序中关税优先,但在破产程序中海关的债权与徐汇税务局的债权在同一顺位,对此持有异议。但该《债权表》获得债权人会议审议后多数通过。事后,海关并未在法定期限内向法院提起债权异议之诉。

2017 年 3 月 30 日,海关向管理人及法院提出,拍卖所得款项 261 300 元中,有海关监管货物拍卖款项 127 940 元。监管货物拍卖款项 127 940 元应当由丸兴公司向海关缴纳关税,或者由法院直接在变价价款中先行扣付关税。

2017 年 6 月 22 日,管理人向法院申请对 2017 年 3 月 14 日制作的《债权表》进行补正:康奈可科技(无锡)有限公司在第一次债权人会议后向管理人申报了债权,管理人审核确认其债权金额为 2 853 319.48 元;海关监管货物拍卖所得 127 940 元应当优先清偿海关的税款,故第二清偿顺序中海关债权金额为 429 764.41 元。

2017 年 7 月 26 日,管理人向法院提交《上海丸兴电子有限公司破产财产分配方案》,提请法院认可。该分配方案载明:共益债务为海关 127 940 元;第二清偿顺序海关、徐汇税务局的债权清偿比例均为 43.81％;第三清偿顺序的债权清偿比例均为 0。

2017 年 9 月 1 日,管理人以无法全面清算、且丸兴公司现有破产财产已分配完毕为由,提请法院终结丸兴公司破产程序。

审 判

2016 年 12 月 19 日,法院经审理裁定认为,丸兴公司系具备企业法人资格的有限责任公司,作为破产债务人的主体适格。同时,丸兴公司的住所地属法院辖区,故法院对该案有管辖权。根据已查实的情况,丸兴公司不能清偿到期债务,且资产明显不足以清偿全部债务。根据丸兴公司的现状,丸兴公司已符合企业破产法有关破产清算条件,受理丸兴公司破产清算案。

2017 年 3 月 14 日,法院裁定确认管理人于 2017 年 3 月 14 日制作的《债权表》。同日,法院以丸兴公司不能清偿债务,且资产明显不足以清偿债务为由裁定宣告丸兴公司破产。

2017 年 6 月 26 日,法院裁定认为,在人民法院确定的债权申报期限内,债权人未申报债权的,可以在破产财产最后分配前补充申报。法院对康奈可科技(无锡)有限公司的债权 2 853 319.48 元予以确认,对海关税收债权 429 764.41 元也予以确认。对海关监管物资拍卖款项 127 940 元,作为本案共益债务先行扣付海关关税,合法有据,法院予以确认,并对 2017 年 3 月 14 日民事裁定书就上述两项债权予以补正:第二清偿顺序中,海关债权调整为 429 764.41 元;第三清偿顺序中,增加康奈可科技(无锡)有限公司债权 2 853 319.48 元。

2017 年 7 月 31 日,法院裁定认为,管理人制作的《上海丸兴电子有限公司破产财产分配方案》业经破产人债权人会议决议通过,且无债权人对该决议提出撤销申请,故管理人的请求符合法律规定,法院予以认可。

2017 年 9 月 6 日,法院裁定认为,管理人依法履行管理人职责后,未能接管到丸兴公司主要财务资料,导致无法全面清算。且丸兴公司破产财产已分配完毕。故丸兴公司应终结破产程序。

因债务人的股东、董事、实际控制人等清算义务人怠于履行义务,导致债务人主要财产、财务资料、重要文件等灭失以及人员下落不明无法清算而终结清算程序的,虽然债务人的法人资格因破产清算程序终结而终止,但其既有的民事责任并不当然消灭,而应由上述清算义务人承担清偿责任。丸兴公司的债权人可以另行要求债务人丸兴公司的股东、董事、实际控制人等清算义务人对丸兴公司债务承担清偿责任。

点 评

本案由执行程序转为破产程序,我国最高人民法院 2015 年颁布的《关于适用〈中华人民共和国民事诉讼法〉的解释》第五百一十三条确立了执行程序转破产程序的制度,即在执行中,作为被执行人的企业法人符合《中华人民共和国企业破产法》第二条第一款规定情形的,执行法院经申请执行人之一或者被执行人同意,应当裁定中止对该被执行人的执行,将执行案件相关材料移送被执行人住所地人民法院。2017 年 2 月,最高人民法院发布了《关于执行案件移送破产审查若干问题的指导意见》,执行案件移送破产审查的工作原则、条件、管辖、执行法院的征询及决定程序、移送材料及受送法院的接受义务、受移送法院破产审查与受理、不予受理、监督等具体内容作出更加细致的规定。为实现执行案件移送破产审查提供了具体的操作规范。

执行程序是民事诉讼程序的一个环节,而破产程序是商法体系中对于商主体退出相应市场的制度设计内容之一。基于此,执行程序是针对个别债权人主张,依据生效判决而实现的债权,具有个别性;而破产程序是债务人不能清偿到期债务,法院根据债权人或债务人的申请,将债务人的破产财产依法分配给全体债权人的特别程序,破产程序的债权实现具有概括性。执行程序与破产程序是两种迥异的制度设计,但是在现实中两种程序在保证债权实现、保护债权人权益方面具有一定的重合性。执行法院在执行的过程中发现被执行人具有破产法规定情形,在获得执行人或被执行人同意的前提下,移送破产审查程序。因此,执行程序转破产程序一方面是个别利益与整体利益的选择,另一方面,也更好地实现了司法的高效性。但是在执行程序转为破产程序的过程中,应当注意到的是,破产程序依据债权人或债务人的申请而启动,而执行程序转为破产程序也应当充分尊重当事人意愿,在《最高人民法院关于执行案件移送破产审查若干问题的指导意见》中,对于具体实现执行程序转为破产程序中明确规定了询问程序,提出"在执行程序中应加强对执行案件移送破产审查有关事宜的告知和征询工作",执行法院调查后发现被执行人符合破产法规定的,应当及时询问申请执行人、被执行人是否同意将案件移送破产审查。任一当事人同意即可移送进行破产审查,是否启动破产程序还需破产法院实质性的审查。只有在申请执行人、被执行人均不同意移送且无人申请破产的,执行法院按照《关于适用〈中华人民共和国民事诉讼法〉的解释》第五百一十六条的规定,在清偿优先债权后,对普通债权按照财产保全和执行中查封、扣押、冻结财产的先后顺序进行清偿。可见,法律对于债权人(申请执行人)、债务人(被执行人)的意愿在执行程序移送破产审查的过程中,起到极其重要的作用。但是,任一方的同意即可实现案件的移送也是在极大程度上减小移送破产程序的阻碍。

本案中,法院执行局在发现被执行人具有破产法规定的情形,在征求相关申请执行人及被执行人丸兴公司的同意后,将被执行人的执行案件移送破产审查,并提交相关移送材料,充分履行了征询程序,法院裁判适用法律准确,程序正当,实现了执行程序向破产程序的转换。

案例提供单位:上海市徐汇区人民法院

编写人:孙建伟

点评人:吴 弘

38. 上海法率信息技术有限公司诉北京奇虎科技有限公司名誉权纠纷案

——判断否定性、批评性电话号码标注行为是否侵犯名誉权的评价标准

案 情

原告(上诉人)上海法率信息技术有限公司

被告(被上诉人)北京奇虎科技有限公司

2014 年 3 月 28 日,原告注册成立,其经营范围包括法律咨询等。之后,原告与中国平安人寿保险股份有限公司(以下简称中国平安)签订《法律服务合作协议书》,合作期限三年,约定中国平安客户可在任何时间拨打法律咨询电话,获得原告服务律师专业的意见和帮助,用户通过"平安金管家 APP"提交服务需求,由 APP 将需求转交至原告业务系统,原告将负责开发双方移动端系统之间的对接。合作收费模式采用"统一收费,阶段分成"的方式。在不侵犯客户隐私和不违反保密约定的情况下,双方均可使用甲方用户服务过程中产生的大数据或其他有用信息,以开拓其他市场机会或作市场分析等用途。

360 手机卫士系被告旗下运营的免费软件,用户可以非商业性、无限制数量地下载、安装及使用该软件,软件功能包括骚扰拦截、云标记等。其中云标记功能可以对陌生来电进行标记分类,用户的标记、举报及用于云识别的垃圾短信都会在加密处理之后上传到 360 安全中心云端,由 360 安全中心在云端对这些信息进行有效的数据分析并及时产生最佳拦截和提示策略,最终同步至手机客户端,同时也能帮助其他用户进一步改善拦截效果。

2016 年 6 月 27 日,被告通过邮件向原告反馈号码标记申诉情况,表示已受理电话号码 021-61291721 企业名片添加,未受理该号码标记清除申诉。2016 年 7 月 4 日、7 月 8 日,原告再次向被告发送邮件,就号码 021-61291721 被标记为骚扰电话向被告申诉,被告回复表示申诉号码标记严重,不能处理标记,若近三个月内无新增标记,则会自动清除。2016 年 9 月 12 日,上海市徐汇公证处出具公证书,证明点击手机上"平安金管家"APP 栏目下"问律师"开始咨询按钮,屏幕显示"021-

61291721"。在手机上安装"360 手机卫士"APP 后,再次点击上述栏目下的开始咨询按钮后,屏幕显示"法率网律师服务 02161291721 上海 310 人标记为骚扰电话"。2016 年 11 月 25 日,北京市方圆公证处出具公证书,证明 2016 年 5 月 28 日至 11 月 19 日期间,电话号码 02161291721 被大量 360 手机卫士用户标记为"骚扰电话",标记时段分布全天 24 小时,个别用户将该号码标记为"响一声""广告推销",被告于 7 月 28 日、8 月 8 日、11 月 16 日对上述标记进行清零。

原告上海法率信息技术有限公司诉称:2016 年 6 月以来,原告发现其公司从事互联网法律服务咨询所使用的电话号码(021-61291721)被被告公司旗下的 360 手机卫士软件错误地标记为"骚扰电话"。根据原告产品服务流程,若客户不下单咨询,该号码不会主动拨打客户电话,不存在骚扰行为,被告在未经调查核实的情况下将原告的号码标记为"骚扰电话",经原告多次申诉,被告仍拒绝删除骚扰标记,被告行为对原告名誉权造成了严重侵犯,剥夺了客户对原告咨询服务的选择权,给原告造成了经济损失,影响了原告正常经营,故起诉至法院,请求判令:(1)被告立即停止利用 360 手机卫士软件将原告服务号码标注为"疑似骚扰电话"的侵权行为;(2)被告承担侵权行为给原告造成的损失人民币 100 000 元;(3)判令消除因其侵权行为而给原告造成的影响并在北京青年报、上海东方早报及 360 网站公开道歉。

被告北京奇虎科技有限公司辩称,不同意原告诉讼请求,理由如下:(1)原告主体不适格。本案涉案号码为中国联通上海分公司授权案外人合力亿捷公司使用,根据我国电话号码实名制管理规定,案外人合力亿捷公司再次将涉案号码授权给原告使用是不合法的,原告不应获得该号码的相关权利,包括名誉权。(2)被告不存在侵权行为。是使用 360 手机卫士软件的用户将本案涉案号码标记为"骚扰电话",被告仅通过软件平台对用户的标记予以展示。360 手机卫士软件用户的标记行为并非侵权行为,因此被告也不存在帮助侵权。360 手机卫士符合法律规定,对"骚扰电话"进行展示保护了用户的安宁权和接受真实信息的权利。(3)原告名誉权并未受到侵害。原告无证据证明其未对用户进行骚扰,也无证据证明该号码为原告独家使用,是否存在其他途径的骚扰行为无法查实。被告将涉案号码从电话号码、归属地、所有者标识等多个方面进行展示,不存在侮辱和诽谤,未造成原告社会评价的降低。(4)即使不存在侵权行为,被告仍积极采取了补救措施。原告曾两次发邮件给被告就被标记为"骚扰电话"进行申诉,被告均及时进行清零处理,因此不应承担侵权责任。

审 判

一审法院经审理后认为,侵害名誉权责任的构成要件包括行为人行为违法、行为人主观上有过错、受害人确有名誉受损的事实、违法行为与损害后果之间有因果关系。

首先,本案原告使用的电话号码,被大量使用被告 360 手机卫士软件的用户标注为骚扰电话,被告通过其平台对该客观事实予以展示,原告并无证据证明其未使用该电话号码对用户进行骚扰,亦无证据证明被告存在主观过错且行为违法。

其次,庭审中,原告确认其进行法律咨询需要庞大的呼叫系统,因此将该业务外包给第三方,除与中国平安签订法律服务协议外,还与其他案外人签订服务协议,操作模式与中国平安相同。2016 年 6 月 1 日,原告在中国平安 APP 上线,每天接通电话 1 000 次左右,有效咨询 400—500 通,后发现其咨询电话 02161291721 被 360 手机卫士软件标记为骚扰电话,但呼叫量及咨询量未出现明显下降,目前每天超过 1 000 个订单,超过 1 分钟的有效咨询 300—400 通,客户满意度仍在 90％以上。由此可见,涉案号码被标记为骚扰电话后,呼叫量、咨询量以及用户满意度并未明显下降,也无证据证明其名誉受损的事实,可见原告经济并未受损、社会评价也未下降。当事人对自己提出的诉讼请求所依据的事实或者反驳对方诉讼请求所依据的事实有责任提供证据加以证明。没有证据或者证据不足以证明当事人的事实主张的,由负有举证责任的当事人承担不利后果。本案证据不足以认定被告存在侵害原告名誉权行为,原告诉讼请求法院难予支持。据此,依照《最高人民法院关于民事诉讼证据的若干规定》第二条、《最高人民法院〈关于审理名誉权案件若干问题的解答〉》(七)的规定,法院判决:驳回原告上海法率信息技术有限公司的全部诉讼请求。

一审判决后,原告上海法率信息技术有限公司不服,提出上诉。二审法院经审理认为:本案原告起诉所依据的主要请求权基础是被告是否对原告构成名誉侵权,故本案二审亦围绕是否构成名誉侵权进行审理。在名誉权纠纷中,原告的社会评价是否因被告的行为而降低,是判断是否构成侵犯名誉权的重要条件。本案中,360 手机卫士软件对涉案号码 021-61291721 的标记一开始并未显示原告的名称和 LOGO,在原告提出申请后,奇虎公司才在安装 360 手机卫士的手机上对涉案号码添加显示法率公司的名称和 LOGO,以使手机用户能够辨认;再结合原告的咨询业务量并未因标记行为而降低的情况,故本案原告的证据不足以证明其因标记行为而导致其社会评价降低的损害结果。因此,原告诉称被告构成侵犯名誉权的主张难以成立,法院不予支持。据此,依照《中华人民共和国民事诉讼法》第一百七十条第一款第一项规定,判决如下:驳回上诉,维持原判。

点 评

本案是一起名誉权侵权纠纷,被告旗下 360 手机卫士软件的用户把原告相关号码标记为"骚扰电话",被告通过软件平台对用户的标记予以展示,经原告多次申诉,被告仍拒绝删除骚扰标记,因此双方发生争议而诉讼到法院。

首先,名誉权,就是主体对于名誉所享有的民事权利,即"公民和法人对于自己的观点、行为、工作表现所形成的有关其素质、才干、品德的社会评价等方面享有的不可侵犯的权利"。学界一般的观点认为,名誉权具有法定性、专属性和非财产性。所谓法定性是指,名誉权基于法律的规定而受到保护;所谓专属性是指,名誉权只能由特定的公民或法人主体享有,是其人格权利与人格尊严不可分割的一部分,不得转让或继承;所谓非财产性是指,名誉权不具有财产性的内容,而仅仅是一种社会评价,名誉权遭遇侵害时,首要的救济方式是恢复名誉并救济精神损害赔偿而非财产性的损害赔偿,当然对于法人名誉权的侵害来说,其首先是一种财产性利益的损害。

其次,由于名誉指向的是一种客观的社会公众的评价,损害名誉权的行为通常只有通过公开的方式、能够为社会公众所普遍知悉的方式才能够实施,所以"在英美侵权行为法中,公开对于侵害名誉权行为构成是十分重要的要素"。在当代社会,任何信息或言论的公开与传播都不能不借助互联网这一重要手段与媒介,因此名誉侵权纠纷往往与互联网具有紧密的关联性。

最后,本案的争议焦点是原告的展示行为是否构成名誉权侵权。名誉侵权责任的一般构成要件是:有侵害他人名誉权的不法行为,产生了损害后果,侵权行为与损害后果之间具有因果关系,侵权行为人主观具有过错。

一方面,侵害他人名誉权的不法行为,主要有侮辱和诽谤两种行为,所谓侮辱是采取暴力或其他方式使得受害人的人格尊严与名誉受到伤害,所谓诽谤是指不法发表或者传播损害特定主体名誉与社会评价的虚假事实。本案中,被告展示的是手机用户对于原告的标注结果,是被告通过其平台对标注结果的客观展示,反映了被告客户对原告电话号码性质的客观评价。因此,由于被告仅是对原告评价的客观性展示,所以该行为很难被认为具有不法性。

另一方面,产生了损害后果,即受害人的名誉权受到了现实的损害,主要包括受害人名誉的不当贬损和社会评价的降低、受害人因名誉受损而遭受的精神损害和附带的财产损失。本案中原告的咨询业务量并未因标记行为而降低,故并没有产生因标记行为而导致其社会评价降低的损害结果。因此,在原告既没有侵害名誉权的不法行为,被告又没有受到损害的情况下,法院判决被告没有侵害原告的名誉权是合理的。

案例提供单位:上海市杨浦区人民法院

编写人:陈国忠　赵　莹

点评人:葛伟军

39. 俞某某诉钱某某等股权转让纠纷案

——"对赌协议"的两层司法审查框架

案 情

原告（被上诉人）俞某某

被告钱某某

被告（上诉人）蒋某

原、被告及其控股公司之间（原告的控股公司为"上海春风创投"，被告钱某某的控股公司为"上海滇红投资"，被告蒋某的控股公司为"浙江嘉资投资"，另外，两被告均是"上海镕显投资"股东）为投资云南滇红集团股份有限公司（以下简称"云南滇红集团"）、广西丰浩实业有限公司及广西丰浩糖业有限公司（以下简称"丰浩公司"），签订了涉及估值调整、股权代持以及夹层投资等内容的系列协议。

（一）关于"上海镕显投资"转让"云南滇红集团"股权给"上海春风创投"一节，双方实际履行的编号为 SH20101010-02 的"股权转让协议之补充协议"约定，"上海镕显投资"将其持有的"云南滇红集团"4％股权即 3 534 997 股作价 1 320 万元转让给"上海春风创投""温州银联投资"，"上海春风创投"受让其中 2％股权，作价 660 万元。此外，"上海镕显投资"与被告钱某某在上述协议的第 4 条 4.4 项、4.5 项中对"云南滇红集团"经营业绩作出如下承诺：1. 2011 年经审计后的主营业务收入不低于 12 000 万元，净利润不低于 5 000 万元，且主营业务收入同比增长不低于 30％；2. 2012 年经审计后的净利润同比增长不低于 30％；3. 当 2011 年审计财务报告确定净利润不足 4 125 万元时，"上海镕显投资"及担保方对股权受让方进行补偿，补偿金额为 1.2×（1 320 万元－2011 年经审计净利润×8％×4％）。上述协议第 5 条约定，股权受让方持有"云南滇红集团"股权在 2014 年 12 月 31 日未上市，担保方承诺回购其股权，回购价格为股权受让价格加上每年年化 8％投资收益，上述承诺在中国资本市场没有发生暂停新股融资的前提下成立。

（二）关于原告通过"浙江嘉资投资"投资"云南滇红集团"一节，原告为证明 2009 年 9 月通过"浙江嘉资投资"平台购买"云南滇红集团"股权过程中，购买股权的资金系由原告以及其他案外人共同投入的事实，提供了"浙江嘉资投资"的工商注册信息及其与案外人签订的"关于股权转让交易备忘录"、相关短信记录、电子邮件、案外人证明等证据。两被告对于上述证据的真实性予以认可,且明确原告确系通过"浙江嘉资投资"购买"云南滇红集团"股权。但是两被告对于原告提供的汇款委托书、银行转账回单不予认可,认为其未实际通过"浙江嘉资投资"进行汇款转账,且不愿向"浙江嘉资投资"支付服务费,由此导致原告未实际取得"云南滇红集团"股权,被告蒋某从中协调未果。

(三)关于"上海春风创投"通过"上海滇红投资"投资"云南滇红集团"一节,2010 年 10 月 8 日,"上海滇红投资"与"上海春风创投"分别作为甲方、乙方签订编号为 20101008-1 的《合作投资协议》,该协议第二条第一项约定:"乙方向甲方提供人民币 200 万元资金,由乙方直接支付至甲方股东钱某某账号,乙方提供的资金由王某某企业直接或间接对广西丰浩实业有限公司及广西丰浩糖业有限公司进行债权转股权投资。"第二条第三项约定:"在王某某企业没有获得丰浩股权时,甲方在 2011 年 3 月 31 日前,支付乙方上述 1% 丰浩公司股权对价,折合人民币 360 万元整。同时,甲方应将乙方提供的投资款本息于 2010 年底前返还乙方。"

根据"云南滇红集团"编制的经中审亚太会计师事务所审计的 2011 年度利润表显示,2011 年度"云南滇红集团"净利润为 14 302 951.00 元,未达到前述协议约定的业绩要求。

2012 年 5 月 23 日,"上海春风创投"(乙方)与两被告全额持股的上海资延投资有限公司(甲方)签订编号为 SH20120523-01 的《股权补偿协议》,就云南滇红集团的股权投资补偿和广西丰浩糖业夹层投资的补偿进行约定。

该协议未实际履行,经协商,两被告(甲方)与原告(乙方)于 2012 年 10 月 11 日,又签订了《关于"滇红集团"股权转让及"丰浩业务"补充协议》(以下简称"补充协议"),以替换并结算前述全部基础交易行为,该"补充协议"约定:"一、关于滇红集团股权转让事宜:1.甲方将'上海资延投资'名下'云南滇红集团'0.5% 股份过户至乙方实际控制的'上海春风创投',在 2012 年 10 月 31 日前办妥;2.甲方二人共同补偿 100 万元整给乙方或者'上海春风创投',最晚于 2014 年 10 月 20 日前支付;3.乙方通过'浙江嘉资投资'对'云南滇红集团'夹层投资获得'云南滇红集团'0.5% 股权,双方配合在 2012 年底前实现在'浙江嘉资投资'持股,以对应乙方获得的滇红股权;4.在甲方执行完毕上述 3 项约定后,双方在滇红项目全部业务结清,甲方钱某某或控制公司与乙方签署任何有关'云南滇红集团'股权相关文件作废。二、关于丰浩业务补充修订:甲方钱某某(含名下控股公司、参股公司)与乙方(含'上海春风创投')签署关于丰浩业务全部补偿协议相关条款修改为,甲方二人共同补偿 230 万元整给乙方或者'上海春风创投',最晚于 2014 年 10 月 20 日前支付,甲方于协议签订之日豁免乙方(含'上海春风创投')在云南滇红股份转让款未付清余款 130 万元。三、其他事宜约定如下:1.钱某某、蒋某承诺在 2015 年前重新购买云南滇红集团股份有限公司股份,补偿乙方 0.5％股份。……"

因"补充协议"也未实际履行,原告俞某某起诉请求:1.判令两被告向原告支付补偿费 330 万元;2.判令两被告向原告支付因未能实现原告在"浙江嘉资投资"持股以对应原告取得的"云南滇红集团"0.5％股权的损失 165 万元;3.判令两被告向原告支付因未能补偿原告"云南滇红集团"0.5％股权的损失 165 万元;4.判令两被告向原告支付逾期付款利息 450 000 元;5.诉讼费由两被告共同承担。

被告钱某某辩称,对于第一项诉讼请求,两被告至多向原告支付 100 万元;对于第二项诉讼请求,其既不是"浙江嘉资投资"实际控制人,也不是其法定代表人,原告未取得相应股权系由"浙江嘉资投资"向原告收取管理费产生分歧,该事宜与己无关;对于第三项诉讼请求,关于"云南滇红集团"股权,系两被告赠与原告,现两被告不再赠与;关于逾期利息,同意按照 100 万元计算支付。

被告蒋某辩称,与原告不存在任何债权债务关系,双方之间签订的结算协议是赠与性质,现两被告不愿意赠与,不同意原告全部诉请。

审 判

一审法院经审理后认为,基于两被告对与原告签订"补充协议"的真实性予以认可,故本案的争议焦点应为如下两方面:一、原告与两被告签订"补充协议"的定性及其所反映的法律关系问题;二、两被告作为自然人是否应承担责任以及如何承担法律责任问题。

关于争议焦点一,当事人于 2012 年 10 月 11 日签订的"补充协议"系对当事人之间先前交易所涉合同的修订。对合同的修订,也是一个合同,其性质与效力应根据合同法认定。首先,需明确的是"补充协议"相关内容所体现的是协议各方的真实意思表示。从主体关联性的角度,原告为"上海春风创投"股东,"上海春风创投"亦认可原告是其实际控制人,反观两被告既是"上海镕显投资"股东,又是"上海资延投资"股东,其中,被告钱某某不仅是"上海滇红投资"股东,还同时担任"上海镕显投资""上海资延投资"两家公司的法定代表人,公司实际股东或法定代表人代表公司对相关权利义务进行协商,符合商事交易惯例。此外,从"补充协议"有关文字表述来看,均将原告、两被告与相关公司一并提及,如"甲方二人共同补偿人民币壹百万元整给乙方或者上海春风创业投资有限公司""甲方钱某某(含名下控股公司、参股公司)与乙方(含上海春风创业投资有限公司)"等,故本案原告、两被告分别与上述公司存在关联性。从内容承继性的角度,相关基础交易行为涉及估值调整、股权代持以及夹层投资等协议内容,且分别对相关收益回报方式进行了约定,从本案原告及两被告提供的证据材料以及查明事实来看,相关投融资交易行为具有延续性,从涉案"股权补偿协议"到最终的"补充协议",均涉及前述基础协议内容,加之"补充协议"的名称在文义上即明确系关于"滇红集团"股权转让及"丰浩业务",故本院在审查上并未局限于"补充协议"本身,而是对于整个投融资过程进行了综合考量。从交易结算性的角度,原告主张"补充协议"系原告、两被告通过协商对原有基础交易产生的有关权利义务进行的结算,从"补充协议"有关文字表述亦可看出"结算"的真实意思,如"补充协议"第一条第四项载明的"双方在滇红项目全部业务结清""签署的关于滇红集团股权相关文件作废"。原告在签订"股权补偿协议"当日出具的放弃相关公司代持股权的"承诺函",亦可对"补充协议"的结算性质予以佐证。此外,"补充协议"中对债权债务数额的协商调整亦有所体现。综上,"补充协议"是原告、两被告根据前述基础交易履行情况而签订的具有结算性质的无名合同。

其次,在该无名合同所反映的法律关系问题上,两被告认为,该合同是赠与性质,作为赠与人在实际赠与发生之前可以撤销。法院充分注意到两被告的这一答辩意见,但一审法院认为,赠与合同是赠与人将自己的财产无偿给予受赠人,受赠人表示接受赠予的合同,其认定关键是协议各方之间的权利义务是否存在对价。虽然在权利义务内容的对应性上原告与两被告各执一词,但如前所述,"补充协议"内容与前述基础协议之间存在主体关联、内容承继、交易结算等特性,当事人对先前交易进行了反复磋商,对先前权利义务作了调整,相关调整构成法律上的合同对价,因此该合同存在对价,并不符合赠与的单务性。而且,"补充协议"中的相关内容与赠与合同特征明显不符。赠与合同是一方无偿给予另一方财产或价值,所用措辞多有"赠与""送给""无偿给予"等表述,但从"补充协议"中相关内容来看,通篇未使用直接或类似措辞表达赠与的意思,故本院对两被告有关该"补充协议"相关内容系赠与的抗辩不予认可。两被告作为自然人加入系争的投资补偿法律关系,是两被告对于"上海镕显投资""上海滇红投资"向"上海春风创投"所负债务的承担,这种自愿的债务承担行为是双方当事人的真实意思表示,且未违反法律、行政法规中涉及合同无效的强制性规定,相关的债务承担内容应属有效,协议各方应依约履行。

关于争议焦点二,根据"补充协议"第一条第二项、第二条相关内容约定,两被告作为自然人应共同补偿原告或"上海春风创投"合计人民币 330 万元。两被告作为具有完全民事行为能力的民事主体,在知晓"上海滇红投资"对"上海春风创投"承担债务的情况下,自愿共同补偿原告,此行为属债务承担,相关约定于法不悖,应予支持。

关于"补充协议"第一条第三项,提及两被告"配合"原告实现在"浙江嘉资投资"持股一节。一审法院认为,在"补充协议"签订之时,被告钱某某、蒋某并非"浙江嘉资投资"股东,被告蒋某当时也未担任该公司法定代表人,亦无证据证明"浙江嘉资投资"委托两被告处理此事。从协议内容看,此约定实际上系两被告给案外人"浙江嘉资投资"或其股东设定义务,在未得到"浙江嘉资投资"追认情况下,这一内容不应直接约束两被告。故对于原告这一请求不予支持。

关于"补充协议"第三条第一项,明确约定义务的履行主体是"钱某某、蒋某",履行方式是"重新购买""补偿乙方",两被告作为投资业的专业人士,对有关交易补偿性的权利义务约定应有充分认知,相关约定系其当时内心真实意思表示,且系争"补充协议"是经过基础交易、"股权补偿协议"等过渡协商后形成的合意,两被告自愿加入相关债权债务关系,亦应认定为债务承担。

需要进一步指出的是,对于双方达成的最终"补充协议",两被告并未提出协议签订过程中存在欺诈、胁迫等无效事由,也未提出存在重大误解、显失公平等可撤销情形。由此可以证明,该"补充协议"是双方真实意思表示,双方当事人在签订协议当时,确实是想对先前交易作"一揽子"解决。

综上,一审法院判决两被告共同支付原告补偿款人民币 330 万元、关于云南滇红股份有限公司 0.5% 股权的作价款人民币 165 万元以及前述两项款项相应逾期利息,驳回原告俞某某的其余诉讼请求。

一审宣判后,被告蒋某提起上诉,二审经审理后维持原判。

点 评

本案是一起股权转让纠纷案件,当事人之间通过对赌协议对彼此未来的风险与收益进行安排,并在触发"对赌"条件后进行了反复多次的补偿协商,又签订了"补充协议",致使当事人之间的交易关系变得异常复杂,由此产生了极大的争议,故起诉至法院。

首先,对赌协议的理论基础。第一,期权理论。对赌协议中,出资方拥有资金的优势地位,可以在出资时要求目标公司给予相关便利,这就是出资者的选择权;对赌条款由出资方主导拟定的损失可控的协约,但是对赌成功的利润是巨大的;对赌协议中协商实现目标期许的时间点,由于资金的出借伴随着相应的时间成本,时间越久,条件越优厚。第二,博弈论。对赌协议类似合作性博弈,参与者从自己的利益出发与其他参与者谈判达成协议或形成联盟,其结果对联盟方均有利。第三,委托——代理理论。"对赌协议"中的投资者与融资者可以视为委托人与代理人为了预防和惩治融资方的不当行为,投资方通过订立"对赌协议"来设定枷锁。

其次,关于对赌协议的效力问题。对赌协议的效力问题一直处于学术争论的风口浪尖,立法并无否认对赌协议效力的直接规定,从现有的法律法规角度来分析,对赌协议并不是当然无效的。《中华人民共和国合同法》第五十二条规定了合同无效的若干情形,对赌协议的订立基于双方合意,因此不存在欺诈胁迫手段;同时,对赌协议之目的在于调整不特定事件发生时双方的权利义务和风险分配,并不涉及损害国家、集体、第三人利益或存在非法目的、损害社会公共利益或违反法律等问题。因此,实践中通常以资本维持原则为切入点,即双方订立的对赌协议不得减损公司的法定资本,危害公司的资本维持,比较典型的是最高人民法院在"海富案"中明确"可以与股东对赌,不得与公司对赌"这一裁判规则。

本案有两个核心争议,第一,"补充协议"究竟是赠与合同还是具有结算性质的无名合同;第二,两被告的责任承担问题。首先,赠与合同属于双方法律行为、诺成行为、无偿行为,是单务合同,而本案中,"补充协议"具有明显的结算特征,是对之前签订的对赌协议所产生的权利义务的一种结算,存在对价,故法院基于整个投融资过程进行综合考量,不支持被告的赠与合同抗辩是合理的。另外,两被告作为具有完全民事行为能力的民事主体,在知晓"上海滇红投资"对"上海春风创投"承担债务的情况下,自愿共同补偿原告,属于自愿加入债务承担,因此应共同承担对原告的赔偿责任。当前,公司法已由实缴登记制改为认缴登记制,放松了法定资本的管制,使得最高人民法院在"海富案"中确立的裁判规则面临重新审视。本案不拘泥对复杂交易关系的审查,而是把审判重点放在了债权人权益的保护的公司制度的维护上,具有很大的现实意义。

案例提供单位:上海市普陀区人民法院

编写人:王　飞　蒋　浩　陈育超

点评人:葛伟军

40. 瓦纳特媒体网络有限公司诉吴某某等损害公司利益责任纠纷案

——公司董事、监事、高管人员违反忠实义务的判定与追责

案 情

原告(被上诉人)瓦纳特媒体网络有限公司(Walnut Media Network, INC.)

被告(上诉人)吴某某(Michelle Minchun Wu)

被告(上诉人)上海乐萌信息科技有限公司

被告(上诉人)上海卓致信息技术有限公司

原告注册成立于美利坚合众国加利福尼亚州,2010 年 8 月 30 日前,被告吴某某系原告的首席执行官、首席财务官及董事,案外人格拉汉姆(Graham)系首席技术官。2008 年 4 月 22 日,被告吴某某向案外人刘某某发送电邮谈及原告公司:"……我想与你及 David 确认下股权结构。1.创始人和员工股权占有 30%,……薪资方面,我将作出大幅调整,我的年薪削减为 12 万美元/年,……2.本人最初责任为:制定公司战略、在美国和中国招聘并组建一支技术及业务团队……3.我们将在旧金山湾区和上海设立办事处。4.David 同意将所有硬件销售和收益投入使用到这家新公司,……"2008 年 5 月 20 日,被告吴某某向原告其他董事会成员发送电邮称:"……我认为我们同样应当着手在中国组建团队并确定办公场所。……尽管我们想保持成本最低化,但仍然需要一定的成本费用,主要费用如下:1.在中国的工资,来自 Apex Digital 的两个工程师,加上我们想雇佣的一些软件工程师。2.雇佣成本……3.办公室……4.电脑和其他设备,我们需要获得新员工的办公电脑,此外,我们还需在中国建立一些实验室。……我们可以使用 Apex Digital 中国公司或我的中国公司来雇佣该等人士和收取或支付费用……如果我们使用我在中国的公司,我们应当签订一份简单的合同以便我们能把美元转换为人民币汇款,我可以很快起草这份合同。……"2008 年 8 月 8 日,被告吴某某向原告董事会成员发送电邮告知被告卓致公司的账户信息。2008 年 9 月 24 日,被告吴某某向案外人刘某某发送电邮表示"下面是电汇信息,请通过……账号汇款……至上海乐萌信息科技有限公司……若有疑问,请随时与我联系。"2010 年 8 月 8 日,刘某某向被告吴某某发送

电邮称"David 已作出决定,我们需要关闭上海营运部,以便保存所有 WMN 资金……这对推动 WMN 继续运营极其重要。……尽管这是个痛苦的决定,但是我们需要迅速作出反应。……"被告吴某某对此向原告的其他董事会成员回复称"……我将于 8 月 15 日提供停工成本评估,主要包括中国劳动法规定的法定通知期限及最低遣散费。随附截至 6 月底上海 WMN 资产清单……最后重要的是,我将被视为中国团队成员裁掉还是被视为美国团队成员继续任职? 请告知。"2010 年 8 月 11 日,被告吴某某发送了附件为"关闭 WMN 中国营运部相关的遣散费详情"的电邮称"……我的建议是 WMN 仅需负责此次截至 8 月 15 日我们计算得出的结算/停工成本,其他后续成本将由我个人承担。……我将承担极大风险,尤其是自 8 月 15 日以来,我从未从 WMN 或 WMG 领取任何工资,……"2010 年 8 月 18 日,被告吴某某向原告其他董事会成员发送电邮称"……中国团队定于 8 月 15 日解散,由于我无法通过邮件或电话远程终止合同,因此,我依然向他们支付工资。他们是我亲自雇佣的人员,我会在见到他们之前自费向他们支付工资。……Edward 部分薪水已通过美国以美元形式予以支付。……"当天,被告吴某某还发送了一份名为《Walnut Media Network 上海营运费用表》的财务报告。2010 年 8 月 30 日,被告吴某某发送题为"上海清算过程"的电邮表示"谢谢给我提供了一次前往美国经营 WMN US 的机会。我在此郑重谢绝该邀请并辞去 CEO 职位。与此同时,我想辞去董事会职位并立即生效。……关于上海营运部关闭,我会查看你所述事宜,并将回复你相关详情。……"2010 年 10 月 17 日,被告吴某某向刘某某发送题为"上海关闭过程"的电邮并抄送原告其他董事称"……你和 David 一开始便不想成立 WMG 在华独资企业,我只是同意通过我在华公司雇用所有员工并进行产品研发,但我从未同意进行审计,如我反复所述,该中国公司是一家独立公司。电汇给中国的所有资金中国政府均作为承包开发费用予以记录。……这两年,我们给中国运营的资金只有大约 40 万美元,这包括了所有中国职员的薪资、租金、样品制作、交通等……基于团队终止,我们已于 8 月 15 日遣散所有 WMN 开发团队人员……请承担遣散费用。请注意,我个人并未领取任何遣散费用。……资产方面,我并不是故意撤销 W400,毋庸置疑,W400A 已被开发,但仍尚未完成。……自 WMG 和 WMN 成立之日起,我不仅是公司的联合投资人,而且薪资大幅缩减……尽管我不再是公司职员,但我依然竭力处理所有关闭事宜。若信任不再,那么在商言商,我除了按照承诺将剩余资金汇回外将不承担任何义务。"次日,刘某某向被告吴某某发送电邮表示"……你在桑尼维尔和上海两地担任 WMN 的 CEO,相应地管理两地的预算。母公司 WMG 根据你的要求没有任何异议地给你汇款,你过去同意提供上海账簿以供随时审计。……除非你在如何使用这些资金方面存在利益冲突,我们不明白为什么你不让投资人审计账簿,这是投资人的权利,而且你也是投资人之一。……"此外,被告吴某某曾在 2008 年至 2010 年期间向原告发送名为《Walnut Media Network Shanghai Office 营运费用表/WMN 上海费用报告》或《Walnut Media Network Shanghai Operations 营运费用表》的财务报告电邮。其后,原、被告就 WMN 项目的资金结算问题发生争议,协商未果,致涉讼。

另查明,为便于原告向 WMN 项目在上海的运营注资,原告与被告上海卓致信息技术有限公司(以下简称卓致公司)签订了一份《技术服务合作协议》,记载:"……乙方(即被告卓致公司)根据甲方(即原告)的要求为甲方进行新产品的研究和开发。……甲方支付乙方 USD70 000 美元作为研发费用。……"协议甲方处落款由被告吴某某签字,记载签署日期为 2008 年 7 月 21 日。2008 年 8 月 13 日,原告向被告卓致公司账户汇入 70 000 美元,被告发送给原告的电邮附件"2008 年 1 月 1 日至 12 月 31 日 Walnut Media Network Shanghai Office 营运费用表"中,该 70 000 美元列于"总汇入"栏目中。此外,原告还与被告乐萌公司签订了 5 份项目名称分别为"网络电子消费产品软件平台开发""网络多媒体互动娱乐产品软件系统""网络无线电台信息内容搜索和管理软件""电子和家居产品网络商城""便携式多媒体软解码软件包和界面应用软件的开发"的《技术开发合同》,总标的为 930 000 美元,均记载"签订地点上海市静安区,签订日期 2009 年 1 月 1 日,争议解决方式为起诉、由合同签订地人民法院管辖",合同落款加盖原告与被告乐萌公司公章,并分别签名"Michelle Wu""吴敬某",均加盖"上海市技术市场管理办公室技术开发合同认定专用章"。前述合同均未实际履行。

又查明,被告上海乐萌信息科技有限公司(以下简称乐萌公司)成立于 2008 年 7 月 21 日,原法定代表人吴敬某系被告吴某某胞姐,江苏省南通市工商银行职员,现法定代表人黄佩某系被告吴某某母亲。被告吴某某的新浪微博首页"简介"显示为"和乐康有机食品的创始人兼 CEO……","新浪认证"显示"上海乐萌信息科技有限公司 CEO 吴某某"。

再查明,上海市科学技术委员会官网《上海市科技创业信息》(2011)第 9 期记载"上海乐萌信息科技有限公司是一家从事有机健康食品网上销售的电子商务和 ASP 软件开发的科技企业,……考虑到乐萌信息的创办人吴某某博士刚从美国回国创业,……乐萌信息除了健康食品电子商务平台的运营外,还从事 ASP 软件产品的开发业务,……企业的'创新型便携式互动网络音视机'软件开发项目获得了 2009 年度国家科技部中小企业技术创新基金 60 万元的专项资助。……"

还查明,被告卓致公司股东为吴敬某、吴建某,持股比例分别为 80%、20%。上海市人力资源和社会保障局外国人就业管理办公室出具的备案资料显示,由被告乐萌公司加盖公章的《个人简历》"工作经历"栏记载被告吴某某在 2008 年至 2011 年期间担任被告卓致公司的首席执行官。

审理中，一审法院根据原告申请，委托上海沪中会计师事务所针对被告乐萌公司 2008 年 8 月至 2010 年 12 月期间 WMN 项目的资金收入、支出、结余情况、乐萌公司费用收支决策人等事项进行司法审计。上海沪中会计师事务所对此出具"沪会中事〔2014〕司会鉴字第 1003 号"《司法鉴定意见书》，载明："……根据送审资料显示，乐萌公司没有采用规范的方法进行会计核算，只是以流水账的方式记录经济活动，……根据流水账记录，将费用分别记入'乐萌公司营运费用表'下的'WMN 项目费用''和乐康项目费用''其他费用'。'WMN 项目'支出报销流程：由经办人签字，吴某某审批，财务支付，有个别凭证未见审批人签字。……'WMN 项目'收入情况：2008 年 8 月至 2010 年 12 月乐萌公司收到瓦纳特公司汇款合计美元 829 970 元，账面记载折合人民币 5 652 043.99 元，经审计未发现异常。……'WMN 项目'支出情况：在 2008 年 8 月至 2010 年 12 月期间，营运费用表反映'WMN 项目'支出 3 638 733.22 元。1.经审计调减 656 745.60 元，包括：①统计差错和重复入账调减 43 574 元。……②'小账'支出调减 580 429.30 元。'小账'支出为通过吴某某个人银行账户支付的款项，其中：材料及设计费 36 455.30 元、机票款 11 300 元，乐萌公司及吴某某未提供相关发票和机票；人员工资和奖金 532 674 元，乐萌公司及吴某某提供了由人事部门编制的但未经领取人签字的工资单，未提供证明该发放行为的相关原始凭证。根据现有资料我们无法对'小账'支出进行核实，予以调减。③不属于'WMN 项目'支出调减 32 742.30 元。……2.经审计调增 24 835.56 元。其中：①设备支出调增 24 835.56 元。……明细如下：……支付时间 2010/11/30，支付内容'海信高清液晶电视'，金额 2 955.56 元，……3.经审计'WMN 项目'支出为 3 006 823.18 元。明细如下：①员工薪酬 1 823 512.63 元，其中吴某某 2010 年 6—12 月工资，每月 8 000 元，合计 56 000 元；财务冯某、人事孟某薪金及社保费用合计 234 433.09 元。②差旅费 80 778.31 元，主要为吴某某、玉某某、李某等人报销的差旅费费用。③业务招待费用 18 098.30 元，主要为吴某某、孙某某报销的业务招待费用。④车辆费用 30,561.61 元，主要为吴某某、孙某某报销的车辆保险费、保养费、汽油费、洗车费、通行费、停车费等。⑤公司办公费用 35 161.20 元，其中 9 505.00 元为网络收音机装置及网络多媒体终端设备的专利费用。⑥设备费用 45 212.54 元，为 11 台电脑及 1 台电视机的购置原价，2010 年 12 月 31 日折余价值 30 297.53 元。（截至 2010 年 8 月 31 日共 11 台电脑，设备折余价值 30 065.13 元）。⑦装修费摊销 50 269.60 元，为 2010 年 7 月期间装修江宁路新办公房发生装修费用及购置办公家具费用，发生的费用合计 100 539.20 元，'WMN 项目'承担 50%，即 50 269.60 元。……⑧瓦纳特公司认为，'WMN 项目'关闭和停止运营时间为 2010 年 8 月 15 日，项目停工后，除 2010 年 8 月份应发生的员工工资和员工遣散费用（如有）外，不存在任何关闭后的后续善后费用，'WMN 项目'不承担该时间点以后其他费用。在已审定的'WMN 项目'支出中,包括 2010 年 8 月 15 日以后发生的费用 112 079.59 元,该金额已扣除 8 月份员工薪金及社保费用(无员工遣散费用),(系)2010 年 8 月 15 日前发生、但在 2010 年 8 月 15 日以后支付的费用。……2010 年 12 月 31 日'WMN 项目'资金结余人民币 2 645 220.81 元。……依据瓦纳特公司提供的资料,瓦纳特公司于 2008 年 8 月 13 日汇入卓致公司美元 70 000 元,折合人民币 479 745.00 元。经审核该笔收入及对应支出未在乐萌公司账务中反映。……瓦纳特公司认为,公司财务冯某、人事孟某是公司管理人员,乐萌公司经营'WMN 项目''和乐康项目'两个项目,他们的工资和社保 234 433.09 元(其中 2010 年 9—12 月为 24 851.20 元)全部由'WMN 项目'承担不合理。……依据现有资料,我们无法确认该部分工资和社保费用是否应在各项目中分摊。……瓦纳特公司认为,上海市科委因'WMN 项目'给予乐萌公司创新专项基金 60 万元,该基金所有权应该属于瓦纳特公司,其中在乐萌公司账上收到 3 笔创新专项基金,款项合计 40 万元。……乐萌公司未提供相关收款依据及银行收款凭证等原始资料,我们无法核实该款项是否属于瓦纳特公司认为的上海市科委因'WMN 项目'给予乐萌公司创新专项基金。……乐萌公司及吴某某认为,乐萌公司其他费用共计 383 916.35 元,其中 262 556.16 元应由'WMN 项目'承担……该类费用当时未归入'WMN 项目'及'和乐康项目'的费用,而归入'其他费用',根据乐萌公司提供的发票等原始凭证,我们无法确认该部分费用与'WMN 项目'的关联性,也无法确认是否应分摊。……吴某某认为,瓦纳特公司同意支付其每月工资 10 000 美元,其中 2008 年 9 月至 2010 年 8 月……共计 240 000 美元,折人民币 1 644 400 元,虽然没有直接从乐萌公司账面支付,但该工资费用应由'WMN 项目'承担。在每次报给瓦纳特公司费用时都明确费用中包含吴某某工资,由瓦纳特公司财务核实并经瓦纳特公司董事长兼财务财务长 Shoa-Kai Liu 审核确认,未提出反对意见。经审计,乐萌公司'WMN 项目营运费用表'及账面仅反映支付给吴某某 2010 年 6—12 月工资共 56 000 元。……"《司法鉴定意见书》附件六"专利费用明细表"所附材料显示,上海科盛知识产权代理有限公司开具给被告乐萌公司的《收费通知单》记载"……专利名称:一种网络多媒体终端设备……申请人:上海乐萌信息科技有限公司……发明人/设计人:1.吴某某;2.玉亚某……"。该司法审计费用 170 638.48 元,由原告垫付。同时,上海沪中会计师事务所鉴定人员在庭审时针对《司法鉴定意见书》补充述称:(1)针对原告的异议,账面上显示的金额要大于 112 079.5 元,该数额已经是账面费用扣减了意见书记明的费用;10 800 元机票费的原始凭证就是一张发票,记载吴某某名字,从上海浦东到旧金山,并无其他行程单之类原始凭证,此笔机票费与司机孙某某的招待费、车辆费用均已由乐萌公司做在 WMN 项目下,原始凭证上显示不出这些费用不是用在 WMN 项目上;专利费用也已做在 WMN 项目下,涉及的原始收据都与 WMM 项目有关;装修费用已对 WMN 项目与和乐康项目进行了分摊,被告提交的财务账册已对此进行了分摊,原始凭证中看不出有几台空调,乐萌公司的固定资产清单中有海信电视机,因鉴定期间段截至 2010 年 12 月 31 日,故将此项目计入分摊;有关两名证人的工资和社保 234 433.09 元坚持意见书意见。(2)针对被告的异议,乐萌公司对于"小账"支出的 580 429.30 元仅提供了工资单,没有签字凭证,亦无对外发放的原始凭证,从财务角度来说无法认定该笔钱款已支付,且该笔费用是账外账,故意见书未予认定;被告的补充证据 8、9 从财务角度来讲都不能作为成立依据;每月 10 000 美元的工资在正式账与小账上均无记录,被告所依据的 10 000 美元明细表本身就是审计对象,因此从财务角度讲不可仅凭明细表本身认定该笔费用成立;附件十中的费用本身未在公司账目中反映在 WMN 项目下,且无相应原始凭证证明费用与 WMN 项目有关,因此没有理由将该笔费用认定在 WMN 项目下。

原告认为,被告吴某某未将项目运营期间的真实状况向原告披露,且拒绝原告审计相关账目的要求,被告乐萌公司将 WMN 项目研发成果申请了中国专利并无偿永久地授权吴某某个人使用。同时,被告乐萌公司代收 WMN 项目经费后,在吴某某实际控制下拒绝向原告公开账目并返还多余经费,被告卓致公司代收原告汇付的 70 000 美元后则未用于 WMN 项目,亦在吴某某实际控制下不予返还原告,三被告的上述行为严重损害了原告利益,应担相应责任。根据《司法鉴定意见书》,现原告诉请为:(1)判令被告吴某某向原告返还侵占资金 3 870 000 元人民币(即:投入卓致公司的 479 745 元人民币+投入乐萌公司的 5 652 043.99 元人民币+《司法鉴定意见书》所涉固定资产折价残值 30 066.13 元人民币+创新专项基金 400 000 元人民币=6 561 855.12 元人民币,扣除《司法鉴定意见书》WMN 项目费用支出 3 006 823.18 元人民币,其中 314 978.75 元原告不认可);(2)判令被告吴某某向原告偿付逾期还款利息损失(以 3 870 000 元人民币为基数,按中国人民银行公布的同期同档企业贷款基准利率上浮 50% 的标准,自 2010 年 9 月 1 日项目结束起计至实际返还之日止);(3)判令被告乐萌公司对被告吴某某应承担的上述第 1、2 项债务承担连带清偿责任;(4)判令被告卓致公司对被告吴某某应承担的上述第 1 项债务中的 479 745 元人民币(即 70 000 美元汇入当时的汇率折算价)及按第 2 项债务计算标准计付的相应利息承担连带清偿责任。

被告吴某某、被告乐萌公司共同辩称:不同意原告的诉请。原告系通过吴某某与乐萌公司订立了五份合法有效的《技术开发合同》,并按约支付了部分合同费用,乐萌公司则在被告吴某某监督下完成了合同项下的开发义务,且合同约定相关设备资产属于乐萌公司,因此不存在两被告侵害原告公司利益的情况,两被告也无返还款项的义务;原告反而构成违约,未向乐萌公司付足款项,乐萌公司保留反诉权利;根据中国的外汇管控政策,原告要在中国运行项目的资金必须通过签订相应合同才能转化;境外企业与境内企业的合作一般通过服务贸易形式或在境内设立外商投资企业形式进行,本案双方间的合作形式不属于上述合作形式,若原告认为双方不存在合同关系,则双方之间只能是挂靠经营关系,但挂靠经营关系在双方间也是无效的,则原告主张偿付利息没有依据;即便原告主张的案由成立,原告也无证据证明被告侵害了原告公司利益,被告吴某某获得了原告董事会的授权,不存在自我交易行为;根据中国《中华人民共和国涉外民事法律关系适用法》的规定,本案案由系公司类纠纷,应适用企业登记地法律,即应适用美国公司法,而非适用中国公司法,原告对此有查明义务。

被告卓致公司辩称:不同意原告的诉请,原告通过被告吴某某与被告卓致公司签订了《技术服务合作协议》,2008 年 10 月该合同已履行完毕,款项 70 000 美元也已结清。卓致公司是相对独立的法人,与被告吴某某及被告乐萌公司并无关联关系,仅有业务往来,原告的诉请无任何事实及法律依据。

此外,被告卓致公司在一审审理中依据上述五份《技术开发合同》,以原告欠付合同余款 380 030 美元及应支付违约金 46 500 美元为由将原告诉至上海知识产权法院,本案一审判决时该案仍在审理中。

审 判

一审法院经审理后认为,本案的争议焦点有二:

一、本案事实应如何定性识别,如何确定本案的准据法

一审法院认为,根据我国《中华人民共和国涉外民事法律关系适用法》的规定,涉外民事关系的定性,适用法院地法律。就原告诉请理由及一审法院查明事实而言,本案争议焦点在于三被告之行为是否损害了原告公司利益,而非主要着眼于被告吴某某之"董事"身份(职务),因此,本案不应适用《中华人民共和国涉外民事法律关系适用法》第十四条关于"法人及其分支机构的民事权利能力、民事行为能力、组织机构、股东权利义务等事项,适用登记地法律"的规定,法院对于被告适用美国法律的辩称不予采信。鉴于董事、高管等损害公司利益的行为与普通侵权行为相较,系特别与一般之关系,即本案所涉损害公司利益责任纠纷仍属侵权责任纠纷范畴,故适用《中华人民共和国涉外民事法律关系适用法》关于"侵权责任,适用侵权行为地法律"的规定,又因原告主张的侵权行为发生在我国境内,则本案应适用中华人民共和国法律。

二、原告的诉请可否成立

一审法院认为,根据查明事实可知,被告吴某某确系被告乐萌公司及被告卓致公司的实际控制人,但其在 WMN 项目运作过程中却是以原告董事、高管之身份参

与,故其虚报账目及借由项目成果申请国家扶持基金供被告乐萌公司使用的不当行为,显然违反了法律为公司董事、高管等人员规定的忠实勤勉义务,理应依法承担相应的赔偿责任,向原告返还 WMN 项目结余资金并偿付相应逾期还款利息损失。此外,被告乐萌公司、被告卓致公司虽然辩称两者自原告处所得资金系《技术开发合同》或《技术服务合作协议》项下款额、并未损害原告公司利益,却无充分证据佐证前述合同切实成立并履行,对照被告吴某某与原告间的往来电邮内容,足可印证前述合同实为便于原告自美国向上海 WMN 项目注资而签,加之,被告吴某某在否认 WMN 项目借乐萌公司与卓致公司平台运行的同时又主张在 WMN 项目资金中领取原告承诺支付的工资,显然自相矛盾,因此被告乐萌公司与被告卓致公司作为代收 WMN 项目运营资金的操作平台,并无占有原告汇入资金的法律依据及事实根据,理应承担返还责任。

关于《司法鉴定意见书》应认定的各项数额:(1)原告向被告乐萌公司主张上海市科委拨付的 400 000 元人民币科研创新基金,但该款系行政管理部门向被告乐萌公司拨付,涉及知识产权范畴,并非本案处理范围,对此不予支持。(2)鉴于并无依据证明原告在 WNM 项目中向我国专利部门申请过专利,因此原告主张在 WMN 项目支出费用中扣减专利申请费人民币 9 505 元,予以支持。(3)鉴于审计部门不能提供 10 800 元人民币机票款确系 WMN 项目支出的原始凭证,30 561.61 元人民币车辆费用的原始凭证则确实与本案无关,故对此支持原告的主张,在 WMN 项目支出费用中予以扣减。(4)鉴于双方均确认 WMN 项目终止于 2010 年 8 月 15 日且两名证人确系同时负责两个项目的工作,因此对于原告就装修费、电视机款、两名证人的工资与社保及 2010 年 8 月 15 日后发生的 112 079.50 元人民币的费用所提之异议,均予支持。(5)关于被告吴某某应收取每月 10 000 美元工资的主张,根据原、被告之间往来电邮的内容可知,双方提及的薪金系被告吴某某在原告处任职期间所涉,并非特指在 WMN 项目运行期间的薪金,因此被告吴某某要求在 WMN 项目费用中计算薪金的主张,缺乏事实依据,不予采信,被告可就此另行向原告主张。(6)至于原告关于 18 098.30 元人民币的业务招待费、被告提出的"小账"调减异议,因无积极证据加以佐证,亦无相反证据可反驳《司法鉴定意见书》的认定意见,对此均不予采信。

综上,被告吴某某应返还金额为:投入卓致公司的 479 745 元人民币＋投入乐萌公司的 5 652 043.99 元人民币－《司法鉴定意见书》认定的 WMN 项目费用支出 3 006 823.18 元人民币＋截至 8 月 31 日的固定资产折价残值 30 065.13 元人民币＋10 800 元人民币＋30 561.61 元人民币＋9 505 元人民币＋10 053.92 元人民币＋2 955.56 元人民币＋117 216.55 元人民币＋112 079.50 元人民币＝3 451,158.64 元人民币。被告乐萌公司应在 2 971 413.64 元人民币(3 451 158.64 元人民币－投入卓致公司的 479 745 元人民币）及相应逾期返还利息范围内承担连带清偿责任，被告卓致公司应在 479 745 元人民币及相应逾期返还利息范围内承担连带清偿责任。原告主张的逾期还款利息损失标准符合法律规定，并无不当，可予支持。

据此，一审法院根据《中华人民共和国涉外民事法律关系适用法》第八条、第四十四条，《中华人民共和国公司法》第二十一条、第一百四十七条，《中华人民共和国民事诉讼法》第六十四条第一款，《最高人民法院关于民事诉讼证据的若干规定》第二条之规定，判决如下：一、被告吴某某向原告赔偿人民币 3 451 158.64 元并偿付逾期还款利息损失（以 3 451 158.64 元人民币为基数，按中国人民银行公布的同期同档贷款基准利率上浮 50％的标准，自 2010 年 9 月 1 日项目结束起计至实际支付之日止）；二、被告乐萌公司在 2 971 413.64 元人民币及相应逾期还款利息损失（以 2 971 413.64 元人民币为基数，按中国人民银行公布的同期同档贷款基准利率上浮 50％的标准，自 2010 年 9 月 1 日项目结束起计至实际支付之日止）范围内对被告吴某某应承担的前述付款义务承担连带清偿责任；三、被告卓致公司在 479 745 元人民币及相应逾期还款利息损失（以 479 745 元人民币为基数，按中国人民银行公布的同期同档贷款基准利率上浮 50％的标准，自 2010 年 9 月 1 日项目结束起计至实际支付之日止）范围内对被告吴某某应承担的前述付款义务承担连带清偿责任；四、驳回原告的其他诉讼请求。

一审判决宣判后，被告吴某某、乐萌公司共同上诉称：（1）一审认定事实错误。原告与乐萌公司系合同法律关系，双方订立了五份《技术开发合同》，原告按约支付了部分技术开发费，乐萌公司则在吴某某的监督下完成了合同项下的开发义务，原告无权主张返还项目开发结余资金。一审认定吴某某系乐萌公司及卓致公司的实际控制人是错误的，吴某某在 WMN 项目运作过程中未实施侵权行为，更不存在虚报账目行为。吴某某每月向瓦纳特公司报送的费用与司法审计结论有差异的原因是乐萌公司未按照规范的会计准则编制报表，导致审计报告没有办法从审计会计的角度认定开发费用的发生。系争专利申请费人民币 9 505 元、小账支出 580 429.30 元（含机票款、人员工资和奖金等）、车辆费用 30 561.61 元、业务招待费 18 098.30 元以及装修费均已实际发生，应计入 WMN 项目支出。此外，吴某某在 2008—2010 年期间，每月或每季度向原告提供财务明细时，都列明吴某某每月工资为 10 000 美元，原告对此一直未提过任何异议，因此该费用也应由 WMN 项目承担。（2）一审判决程序违法。本案争议款项系基于涉案五份《技术开发合同》和一份《技术服务合作协议》而产生。现乐萌公司已向上海知识产权法院另案起诉要求原告支付欠付的合同费用并承担违约责任。本案侵权事实的判定有赖于上海知识产权法院对乐萌公司与原告之间是否存在合同关系，以及上述技术开发合同效力的认定，因此一审应中止审理，不应贸然作出判决。（3）一审判决适用法律错误。根据《中华人民共和国涉外民事法律关系适用法》的规定,本案系公司类纠纷,应适用企业登记地法律。因此,本案适用的准据法应为美国法律,一审审理适用《中华人民共和国公司法》是错误的。综上,请求:撤销一审判决,改判驳回原告的一审全部诉讼请求或将本案发回重审。

被告卓致公司上诉称:(1)一审查明事实不清。吴某某并非卓致公司的实际控制人。原告与卓致公司签订的《技术服务合作协议》已于2008年10月履行完毕,卓致公司为原告的 WMN 项目提供基础技术服务,并据此收取服务费 70 000 美元,原告的代表吴某某亦将相应的服务成果移交其他团队及公司继续开发。因此,卓致公司与原告之间系合同法律关系,原告提起的本案侵权诉讼与卓致公司无关,一审判决卓致公司承担连带清偿责任不当。(2)一审适用法律不当。原告系美国企业,其提起的是公司类纠纷,故本案适用的准据法应为美国法律,一审判决适用《中华人民共和国公司法》不当,属于适用法律错误。综上,请求:撤销一审判决第三项,改判卓致公司不承担相关连带清偿责任或将本案发回重审。

被上诉人瓦纳特媒体网络有限公司辩称:不同意吴某某、乐萌公司以及卓致公司的上诉意见。(1)吴某某原系原告的首席执行官、财务负责人及董事,其受原告委派利用公司经费研发 WMN 项目。但吴某某在运营 WMN 项目期间,虚报费用支出达 380 余万元,并拒绝归还多余款项。此外,吴某某未经原告授权,以乐萌公司名义擅自将 WMN 项目研发成果申请了中国专利并无偿授权其个人使用,并将申请专利的有关费用列入 WMN 项目开支中,还利用侵权所得的专利以及虚构的技术开发合同,骗取政府扶持资金、减免税款等,获取不当利益,其行为已经严重损害了原告的合法利益。乐萌公司、卓致公司作为代为收取 WMN 项目运营经费以及 WMN 项目操作平台公司,在吴某某的实际控制下,拒绝向原告公开账目并返还多余经费,吴某某、乐萌公司、卓致公司的上述行为严重损害了原告的利益。吴某某上诉主张小账支出等费用,但其不能提供原始凭证,明显是虚报列支;其主张的每月 10 000 美元的工资,亦无依据,且工资纠纷属于劳动争议,应另行诉讼。一审判决乐萌公司、卓致公司共同对吴某某的赔偿义务承担连带清偿责任是正确的。(2)一审程序无不当,适用法律正确。本案系公司高管侵害公司利益之侵权之诉,侵权行为地、被告所在地、损害行为发生地以及财产所在地均在中国上海市静安区,根据法律规定,应当适用中国的法律。综上,三上诉人的上诉理由不能成立,请求二审法院驳回上诉,维持原判

二审法院认定事实与一审认定一致。同时,补充认定事实如下:被告卓致公司依据涉案五份《技术开发合同》,以原告欠付合同余款及应支付违约金为由将原告诉至二审法院。二审法院经审理认为,虽然乐萌公司与原告签订了五份《技术开发合同》,但双方签订合同的实质目的是原告为了在中国进行涉案 WMN 项目的运

营,而与乐萌公司进行合作,将乐萌公司作为其在中国运营 WMN 项目的平台,乐萌公司提交的现有证据不能证明涉案 WMN 项目的运营系乐萌公司、原告之间履行五份涉案合同的行为,2016 年 10 月 28 日,二审法院判决驳回乐萌公司的诉讼请求。据此,二审判决驳回上诉,维持原判。

点 评

本案是一起董事、监事、高管人员损害公司利益责任纠纷案。被告吴某某在原告投资的 WMN 项目运作过程中以原告董事、高管之身份参与,随后双方当事人就 WMN 项目的资金结算问题发生争议,协商未果,原告故诉至法院。

首先,因为本案原告为注册于加利福尼亚州的美国公司,故本案系涉外商事案件,存在实体法律适用的选择问题。由于董事、高管等损害公司利益的责任仍属侵权责任范畴,故依据《涉外民事法律关系适用法》关于"侵权责任,适用侵权行为地法律"的规定,因原告主张的侵权行为发生在我国境内,所以本案适用我国法律是合理的。

其次,关于被告吴某某作为原告董事、高管的忠实义务问题。董事的忠实义务,即本着诚实信用的精神为公司的最大利益行事。英美法系的学者认为,董事的忠实义务起源于信托法,更准确地说是源于作为受托人的董事与作为受益人的公司之间的信任关系。而在大陆法系国家,虽然多认为董事与公司之间的关系是委任关系,但在规定董事注意义务的同时,大都也规定了董事的忠实义务。例如,日本 2005 年《公司法》第三百五十五条规定,董事必须遵守法令及章程和股东大会的决议,为股份公司忠实地执行其职务。《中华人民共和国公司法》第一百四十八条规定,董事、监事、高级管理人员应当遵守法律、行政法规和公司章程,对公司负有忠实义务。

董事的忠实义务决定了其构造本身包含着两项不可或缺、相辅相成的内容:一为主观性义务,即董事应当在强行性法律规范与公序良俗允许的范围之内,忠诚于公司利益,始终以最大限度地实现和保护公司利益作为衡量自己执行董事职务的标准,全心全意地为公司利益服务;二为客观性义务,即董事实施的与公司有关的行为必须具有公平性,必须符合公司的整体利益,在个人私利与公司利益发生冲突时,必须以公司利益为先,不得利用其在公司中的优势地位为自己或与自己有利害关系的第三人谋求在常规交易中不能或者很难获得的利益。

本案的核心在于,如何去发现并界定被告吴某某违反忠实义务的行为。这也是司法实践中一个非常棘手的问题,因为董事、监事、高级管理人员违反忠实义务的行为一般具有很强的隐蔽性,其一般通过构筑错综复杂的交易关系和交易结构来混淆视听、掩人耳目,而本案通过司法审计途径,在理清账目的基础上,通过包括审计人员在内的各方人员的当庭质证环节,运用证据规则,查明被告吴某某虚报账目及借由项目成果申请国家扶持基金供被告乐萌公司使用的行为,随后,适用过错责任原则确认各被告应承担的相应法律责任,为其他法院对此类案件的审理提供了有益的借鉴。

案例提供单位:上海市静安区人民法院

编写人:陈慰苹

点评人:葛伟军

41. 上海保翔冷藏有限公司诉上海长翔冷藏物流有限公司公司决议效力确认纠纷案

——违法选任职工监事的公司决议无效

案 情

原告(被上诉人)上海保翔冷藏有限公司

被告上海长翔冷藏物流有限公司

第三人(上诉人)上海江阳水产品批发交易市场经营管理有限公司

第三人(上诉人)魏仁某

第三人魏满某

第三人徐某某

第三人孔某某

被告上海长翔冷藏物流有限公司(以下简称长翔公司)于 2010 年 8 月经工商部门核准登记成立,类型为一人有限责任公司(法人独资),上海江阳水产品批发交易市场经营管理有限公司(以下简称江阳公司)为唯一股东。2014 年 2 月,原告成为长翔公司股东,持有公司 50％股权。原告与江阳公司共同签署一份公司章程,规定公司设监事会,成员三人,监事会中有职工代表一人,由公司职工通过职工代表大会、职工大会或者其他形式民主选举产生。2014 年 4 月 30 日,长翔公司形成一份股东会决议,决议第二项:设立公司监事会,聘请徐某某、孔某某为股东代表监事,免去魏满某监事职务,另一名职工监事由魏仁某担任。

被告长翔公司工商内档中备案有一份落款日期 2014 年 4 月 30 日的职工代表大会决议,主要内容为:长翔公司职工代表大会于 2014 年 4 月 30 日召开,应到职工代表 5 人,实到 5 人,会议由魏仁某主持;会议选举魏仁某为公司职工监事;同意 5 人,占职工代表总数 100％;与会职工签名落款处未见魏仁某签名,有"朱某某""范某""杨某某""凌某某""张某"五人签名。

另查明,魏仁某于 2008 年退休,2009 年与其他公司签订返聘合同,未与被告长翔公司签订返聘合同;范某、张某系长翔公司在职职工,杨某某、凌某某、朱某某非长翔公司职工。

原告诉称:2014 年 4 月 30 日被告长翔公司形成的股东会决议第二项决定设立监事会,聘请徐某某、孔某某为股东代表监事,免去魏满某监事职务,另一名职工监事由魏仁某担任。后原告发现魏仁某并非长翔公司员工,没有资格成为长翔公司的职工监事,且相关的选举程序不合法。故要求判令确认被告长翔公司于 2014 年 4 月通过的股东会决议关于公司监事会组成的决议条款无效。

被告长翔公司辩称:选举魏仁某为职工代表的决议是通过合法程序形成的,且经过工商部门备案,故不同意原告的诉请。

第三人江阳公司、魏仁某、徐某某共同述称:魏仁某长期担任被告长翔公司法定代表人,直至 2013 年才卸任,但仍然负责长翔公司的一些事务,其被选为长翔公司职工监事是通过程序选举产生,且通过系争股东会决议进行形式上的确认,故系争股东会决议所有条款体现各股东的真实意思,应该是有效的。

第三人魏满某述称:对系争股东会决议免除其监事职务是认可的。

第三人孔某某述称:其受原告委托到被告长翔公司担任监事,原告主张的理由成立,魏仁某没有资格担任长翔公司的职工监事。

审　判

一审法院经审理后认为,《中华人民共和国公司法》第五十一条规定,有限责任公司设监事会,其成员不得少于三人。监事会应当包括股东代表和适当比例的公司职工代表,其中职工代表的比例不得低于三分之一,具体比例由公司章程规定。监事会中的职工代表由公司职工通过职工代表大会、职工大会或者其他形式民主选举产生。被告长翔公司的公司章程第二十一条规定,公司设监事会,成员三人,监事会中有职工代表一人,由公司职工通过职工代表大会、职工大会或者其他形式民主选举产生。被告长翔公司于 2014 年 4 月 30 日通过的股东会决议第二项决定设立监事会,聘请徐某某、孔某某为股东代表监事,免去魏满某监事职务,另一名职工监事由魏仁某担任。经审理查明,魏仁某曾经担任长翔公司执行董事,于 2008 年退休,从目前证据来看,自 2008 年退休后魏仁某与长翔公司并无劳动关系;长翔公司职工代表大会决议的与会职工签名栏中出现的朱某某、范某、杨某某、凌某某、张某五人中只有范某与张某二人可被认定为长翔公司的职工。因此,鉴于形成前述职工代表大会决议的程序不符合相关法律规定,且魏仁某并非长翔公司职工,不具备担任职工监事的资格,本院认为系争股东会决议中任命魏仁某为长翔公司职工监事的内容违反公司法关于职工监事的规定,应属无效;监事会是一个整体,同期组成以魏仁某为职工监事的监事会的决议内容也应归于无效。据此,依照《中华人民共和国公司法》第二十二条第一款、第五十一条,《中华人民共和国公司登记管理条例》第三十七条及《中华人民共和国民事诉讼法》第一百四十二条,《最高人民法院关于适用〈中华人民共和国民事诉讼法〉的解释》第九十条的规定,判决被告上海长翔冷藏物流有限公司于 2014 年 4 月 30 日作出的股东会决议第二项(即设立公司监事会,聘请徐某某、孔某某为股东代表监事,免去魏满某的监事职务,另一名职工监事由魏仁某担任)无效。

一审判决后,第三人江阳公司提起上诉。二审驳回上诉,维持原判。

点 评

本案首先涉及股东会决议无效的问题。股东会决议由公司最高治理机构股东会通过合法程序集体做出,对公司整体具有约束力,是民法领域中的社团决议理论在商法领域的一种延伸,其反映了公司股东的集体多数意思合意,是公司股东这个社团的意志体现。而与民法团体有所不同的是,作为在商法领域的延伸,公司团体的表决规则以资本为基础,股东表决的权力在股东内一般按照出资比例加以分配,同时大多依照"一股一票"以及"资本多数决"进行表决。

《中华人民共和国公司法》第二十二条规定了决议无效的法定事由为"决议内容违反法律、行政法规"。决议无效的规定其立法目的在于维护交易安全、维护公司中小股东的利益、保障债权人利益、同时也是法的安定性的表现。公司股东会议一旦违反法律的强制性规定,无论个人意志如何,该决议自始无效。隐藏在股东会决议无效规定背后的价值取向是立法者对于实体正义的追求。决议内容违法,即意味着决议行为侵害了法律确立和保护的价值,自然不能达到其蕴含的法律效果。

此外,本案还涉及公司职工监事和公司社会责任的问题。职工监事制度是我国公司法对域外经验的借鉴,最早期域外的职工监事制度是为了缓和公司职工团体与管理层之间的矛盾,使公司职工参与公司治理,实现公司治理民主化,调动职工积极性的一个手段。我国目前的职工监事制度除了上述目的以外,还反映出维护公司职工权益,履行公司社会责任的重要内涵。公司社会责任是指公司应当最大限度地关怀和增进股东利益之外的其他所有社会利益,包括消费者利益、职工利益、债权人利益、中小竞争者利益、当地社区利益、环境利益、社会弱者利益及整个社会公共利益等内容。其中蕴含的法理是公司作为法律意义上的"人",拥有私法上的权利,但相应地需要承担与权利对等的义务,这也是一种资本伦理观的体现,即公司追求利益的过程需要符合相应的伦理和道德标准,其伴生的负面后果需要承担相应责任。将公司职工监事制度纳入公司社会责任的范畴,体现了公司对于职工社会责任的承担。

与本案相关的,对于我国的公司职工监事制度,《中华人民共和国公司法》第五十一条规定了"有限责任公司的监事会成员不得少于三人,监事会应当包括股东代表和适当比例的公司职工代表,其中职工代表的比例不得低于三分之一。"而本案中根据相关证据判断,被告公司因所任职工监事并不符合公司职工这一主要标准,因此不符合第五十一条之规定,侵犯了公司职工治理公司的参与权,违反了公司的社会责任,损害了决议的实体正义,因此股东会整体决议应当属于《中华人民共和国公司法》第二十二条决议内容违反法律规定的无效情况。

案例提供单位:上海市宝山区人民法院

编写人:罗有敏

点评人:葛伟军

42. 庄某诉上海宁优投资管理合伙企业等退伙纠纷案

——投资者与基金公司签订的合伙企业退伙协议效力认定

案 情

原告（被上诉人）庄某

被告（被上诉人）上海宁优投资管理合伙企业

被告（上诉人）俞某某

第三人宜优股权投资基金管理（上海）有限公司

2015 年 8 月 10 日，原告与被告上海宁优投资管理合伙企业（有限合伙）（以下简称宁优合伙企业）、第三人宜优股权投资基金管理（上海）有限公司（以下简称宜优公司）签订《有限合伙投资文件合伙协议》，明确基金执行事务人为宜优公司，基金名称为宜优优加——重庆高山通信工程有限公司股权管理计划；被告宁优合伙企业认购意向书载明，原告认购总金额 527 280 元；宜优公司在被告宁优合伙企业同意出资确认书中作为确认方盖章；被告宁优合伙企业入伙风险申明书中载明，投资者认可宜优公司作为被告宁优合伙企业的普通合伙人，负责管理企业财产，同时作为被告宁优合伙企业的受托管理人及合伙事务执行合伙人，负责管理投资运作事务；宜优公司向原告发出被告宁优合伙企业缴付通知书；合伙协议第二条有限合伙企业 2.1 重组约定，各方确认，其知悉有限合伙已于本协议签订之前成立，并取得营业执照，各方同意并承诺，为有限合伙变更登记或备案之目的，将签署所需的全部文件，履行所需的全部程序；在本协议生效后，普通合伙人应向相关政府部门申请办理变更登记或备案的手续，将签署本协议的各方登记为有限合伙的合伙人，该登记完成之日，即"有限合伙重组日"；第 5.5 条有限合伙人退伙约定，有限合伙人可依据以下方式退伙，(1)在有限合伙开放期内，在条件允许的情况下，通过从有限合伙受让对应份额的资产从而退出有限合伙，(2)在非有限合伙开放期内依据本协议约定转让其持有的有限合伙财产份额从而退出有限合伙，除此以外，有限合伙人不得提出退伙或分割有限合伙财产的要求，……退伙或除名后的处理，有限合伙人按照本协议的规定退伙或被除名后，除本协议另有约定外，其他合伙人应与该退伙人按照退伙时的有限合伙净资产状况进行结算,扣除退伙人应该承担的有限合伙费用后,应在有限合伙存续期限届满并完成清算后向其退还;原告在有限合伙人处签字,宜优公司在普通合伙人处盖章,被告宁优合伙企业盖章确认。

2015 年 8 月 10 日,原告(甲方)与被告宁优合伙企业(乙方)签订《委托代持股份协议书》,第一条委托内容约定:甲方不可撤销地授权乙方代为持有,甲方出资人民币 527 280 元所拥有的重庆高山通信工程股份有限公司(以下简称标的公司)壹拾叁万股。第三条甲方的权利与义务第 2 项约定:在委托持股期限内,甲方有权依据《上海宁优合伙企业(有限合伙)合伙协议》约定的开放时间内,在条件允许的情况下,将相关股东权益转移到自己名下,届时涉及的相关法律文件,乙方须无条件同意,并相应配合。

2015 年 8 月 10 日,原告向被告宁优合伙企业转账 527 280 元。

2015 年 12 月 9 日,原告(甲方)与宜优公司(乙方)签订《关于上海宁优投资管理合伙企业(有限合伙)退伙协议》,称因甲方个人方面的原因,甲方需要从被告宁优合伙企业中退伙,经双方协商,就下列条款达成一致:(1)甲方同意从被告宁优合伙企业中退伙,乙方在本协议生效之日当日内向甲方指定的银行账户支付退伙款项,实付金额 502 170 元,如遇到银行账户限额,乙方保证在双方协商的规定时限及时付款;(2)甲方退伙后,将不再享有原基金资产收益的分配权,甲方应在本协议生效后向乙方归还基金合同,乙方将退伙款项支付给甲方后,注销合同;(3)本协议为《上海宁优投资管理企业(有限合伙)认购协议》的补充协议。该协议乙方处由宜优公司盖章、被告俞某某签字。

2015 年 12 月 15 日,原告(甲方)与宜优公司(乙方)签订《关于上海宁优投资管理合伙企业(有限合伙)退伙协议》,称因乙方及乙方实际负责人自身原因,乙方未能在约定时间 2015 年 12 月 9 日向甲方全额归还伍拾万贰仟壹佰柒拾元,现经双方协商,就下列条款达成一致:(1)乙方保证于 2015 年 12 月 31 日前将剩余款贰拾万贰仟壹佰柒拾元支付给甲方……,如乙方未能在 2015 年 12 月 31 日前还款,甲方可以向乙方追加退伙款项扣除部分,即总金额 227 280 元。(2)本协议为《上海宁优投资管理企业(有限合伙)认购协议》的最终协议,甲乙双方如有异议,由甲方指定的法院进行协商;甲方因乙方未能按时还款,甲方诉讼费及律师费由乙方承担。(3)乙方未能按时还款,甲方可向乙方及其股东个人(实际负责人)起诉追讨赔偿款;甲方也可向被告宁优合伙企业及其股东个人追讨赔偿款。

被告宁优合伙企业工商登记信息显示,成立日期 2015 年 2 月 28 日,出资额 1 000 万元,执行事务合伙人为王某。合伙人出资情况:王某计划出资 600 万元,被告俞某某计划出资 400 万元,出资到位时间均于企业成立之日起五年内缴足。

2015 年 12 月 11 日,宜优公司转账支付原告 30 万元。

2015 年 12 月 16 日,王某(甲方)与宜优公司(乙方)签订《关于甲方担任法人、普通合伙人公司的实际控制公司、控制人认定书及甲方公司实际控制公司偿还甲方公司债务责任、相关法律责任承担确认书》(以下简称债务责任、相关法律责任承担确认书),约定:(1)经股东大会决议及甲、乙双方确认,由甲方担任法人与普通合伙人的上海池优投资管理合伙企业(有限合伙)、上海宁优投资管理合伙企业(有限合伙)、上海程优投资管理合伙企业(有限合伙)、上海星优投资管理合伙企业(有限合伙),以上由甲方担任法人的公司(以下简称甲方担任法人的公司),以上公司的实际出资公司、管理公司、实际控制公司均为乙方,乙方实际控制人为被告俞某某。甲方公司所有资金的实际调配使用权均为乙方控制。乙方实际控制人为俞某某。(2)甲方担任法人的公司,如因债务清算、合同违约、罚款及其他情况导致向甲方公司追偿债务,所有债务将由乙方公司及乙方公司实际控制人俞某某承担偿还。(3)如果乙方公司及乙方实际控制人无法偿还甲方公司的所有债务及其他费用,乙方公司及乙方实际控制人将承担由此引起的所有法律责任。甲方及甲方公司将不承担由此引起的任何法律责任及民事偿还债务责任。甲方处王某签字,乙方处由宜优公司盖章,被告俞某某签字。

2016 年 11 月 18 日,原告与上海市华荣律师事务所签订聘请律师合同,并于 11 月 21 日支付了律师服务费用 2 万元。

原告庄某诉称,其诉讼请求为要求两被告连带支付原告 227 280 万元及该款自 2016 年 1 月 1 日起至判决生效日止按照中国人民银行同期贷款利率计算的逾期付款利息损失,两被告连带支付原告律师费 2 万元。事实和理由:2015 年 8 月 10 日,原告与被告宁优合伙企业签订有限合伙投资文件,并于当日向其汇款 527 280 元,之后发觉是骗局,接着向被告俞某某追讨,被退回 30 万元。被告俞某某口头承诺于 2015 年 12 月全部还清,但至今未付。本案不是借款合同关系,原告的请求权基础是退伙协议,本案是退伙协议的履行问题。

被告宁优合伙企业辩称,不同意原告诉请,其认为与原告发生关系的是被告俞某某,即使法院认定需要返还,也应由俞某某返还,因为其也不是退伙协议的相对方。被告宁优合伙企业确认,王某作为执行事务合伙人仅为挂名,合伙协议的实际操作,包括退伙、退款都是宜优公司操作,而宜优公司的实际控制人是被告俞某某。

被告俞某某辩称,不同意原告诉请,其认为退伙协议上盖章的是宜优公司,已经退还的 30 万元也是宜优公司退还的,且原告要求其承担连带责任缺乏依据,工商信息显示其仅为有限合伙人而非无限合伙人。

第三人宜优公司述称,原告起诉的金额不正确,总金额应当以第一份退伙协议中的 502 171 元计,且也不应向原告支付律师费用。

审 判

一审法院经审理后认为：

原告与被告宁优合伙企业分别签订了委托代持股份协议书、合伙协议，内容约定原告将系争出资款入伙被告宁优合伙企业，原告成为有限合伙人后，被告宁优合伙企业以合伙企业名义入股目标公司，故原告与被告宁优合伙企业是通过合伙协议的方式履行委托代持股份协议，原告与被告宁优合伙企业是合伙法律关系。因被告宁优合伙企业在合伙协议签订之前已经成立，原告向被告宁优合伙企业出资入伙，欲成为被告宁优合伙企业有限合伙人，原告与被告宁优合伙企业、宜优公司签订的合伙协议实为入伙协议。

对于新合伙人入伙，除合伙协议另有约定外，应当经全体合伙人一致同意，并依法订立书面入伙协议。经查，被告宁优合伙企业工商登记的合伙人为王某、被告俞某某，执行事务合伙人为王某，而与原告签订该合伙协议的主体为被告宁优合伙企业及宜优公司。本院认为，工商登记的名义出资人可与实际出资人不同；法律也不禁止合伙企业委托数个合伙人或合伙人以外的其他人代表合伙企业。首先，就被告宁优合伙企业原合伙人内部关系而言，被告宁优合伙企业登记合伙人即王某，被告俞某某与宜优公司签订的债务责任、相关法律责任承担确认书确认，被告宁优合伙企业的实际出资、管理、控制公司均为宜优公司，宜优公司的实际控制人为被告俞某某。其次，从被告宁优合伙企业对外行为而言，系争合伙协议中宜优公司申明其身份为普通合伙人及执行事务合伙人，被告宁优合伙企业、宜优公司均盖章确认，原告也签字确认。再次，被告宁优合伙企业当庭也自认王某为挂名执行事务合伙人，实际均系被告俞某某及宜优公司控制操作。据此可以认定虽然被告宁优合伙企业工商登记的合伙人是王某、被告俞某某，执行事务合伙人是王某，但是无论对内、对外都明确宜优公司是被告宁优合伙企业的实际出资人，同时也是以执行事务合伙人名义实际管理控制被告宁优合伙企业。原告因信赖该外观而签订合伙协议等相应的法律行为应受到法律保护。原告与宜优公司、被告宁优合伙企业签订合伙协议，可以认定已经全体合伙人一致同意，应为有效。

协议签订后，原告按约交付入伙款项，但被告宁优合伙企业并未按照约定办理工商变更，将原告登记为有限合伙人。且在合伙协议签订不到四个月的时候，宜优公司与原告于 2015 年 12 月 9 日签订退伙协议，内容为原告同意从被告宁优合伙企业退伙，宜优公司退还款项，实质系作为合伙人的宜优公司与原告达成了同意原告退伙的意思表示。因该协议未完全履行，2015 年 12 月 15 日，宜优公司又与原告签订退伙协议。被告俞某某抗辩无其签字确认，不认可该协议效力，并提供接报回执单，证明该退伙协议上的宜优公司公章是原告的妻子于某某私自加盖。一审法院认为，被告俞某某提供接报回执单中内容均为报警人单方陈述，并无证明效力，不足以推翻该退伙协议的真实性,其也未申请对公章真伪进行鉴定,其不认可该协议的抗辩意见并不能成立。就第二份退伙协议内容而言,宜优公司承诺由其退还原告款项,并称不能按时还款,原告可向被告宁优合伙企业追讨赔偿款,就效力而言,宜优公司是合伙人及执行事务合伙人双重身份作出承诺,结合宜优公司已经实际退还部分款项的行为,可以认定原告与宜优公司对退伙及相应结算价格达成一致意见。另虽然债务责任、相关法律责任承担确认书第三条约定,如果宜优公司及实际控制人无法偿还王某公司的所有债务及其他费用,宜优公司及实际控制人将承担由此引起的所有法律责任,王某及王某公司将不承担由此引起的任何法律责任及民事偿还债务责任。但该约定是王某与被告俞某某、宜优公司之间的内部约定,不能对抗包括原告在内的新入伙投资人,原告也从未表示放弃对被告宁优合伙企业的权利主张,被告宁优合伙企业不能以此抗辩要求免除责任。现因宜优公司未能在 2015 年 12 月 31 日前还款,原告依据 2015 年 12 月 15 日退伙协议的约定,要求被告宁优合伙企业按照剩余金额 227 280 元返还投资款及逾期付款利息损失,并承担律师费的主张,于法有据,法院予以支持。

同时因债务责任、相关法律责任承担确认书第二条约定,王某担任法人的公司,……所有债务,将由宜优公司及俞某某承担偿还。该约定中被告俞某某所作承诺具有债务加入的法律性质,被告俞某某应对被告宁优合伙企业所负债务承担共同还款责任,原告主张被告俞某某承担连带责任的主张,有所不当,法院予以纠正。

据此,依照《中华人民共和国合伙企业法》第二十六条、第四十三条、第四十五条第一款第二项、第五十一条,《中华人民共和国民事诉讼法》第六十四条第一款、第一百四十二条之规定,判决如下:

一、被告上海宁优投资管理合伙企业(有限合伙)、俞某某应于本判决生效之日起十日内共同退还原告庄某款项 227 280 元及该款自 2016 年 1 月 1 日起至本判决生效日止按照中国人民银行同期贷款基准利率计算的逾期付款利息损失;

二、被告上海宁优投资管理合伙企业(有限合伙)、俞某某应于本判决生效之日起十日内共同赔偿原告庄某律师费 20 000 元。

本案案件受理费 2 820 元,由被告上海宁优投资管理合伙企业(有限合伙)、俞某某共同负担。

宣判后,被告俞某某提起上诉。二审法院经审理,驳回上诉,维持原判。

点 评

本案涉及有限合伙制私募基金的法律关系认定问题。有限合伙制私募基金是指,私募基金管理人所管理的以有限合伙企业为组织形式的基金产品。合伙型私募基金兼具两重身份,一是工商行政管理部门注册登记的有限合伙企业,二是私募基金领域的私募投资基金产品。本案的难点在于,合伙企业中存在名义出资人和实际出资人的问题,而新合伙人在入伙时与名义出资人签订入伙及退伙协议,因此牵涉隐名合伙与信赖保护的问题。

首先,对于合伙协议的认定。合伙协议的基本特征在于合伙人之间共同出资、共同经营、共享收益、共担风险。其与借款合同的一大区别在于风险的承担,一般的借款合同中出借人只有对收益的期待,并无风险承担的可能。在本案中,一无出借资金的条款约定,二无排除一方所有风险的约定,且根据主要内容,认定为入伙协议更为合理。

关于隐名合伙,我国目前尚无明确的规定,与之相近的规定是《最高人民法院关于适用〈中华人民共和国公司法〉若干问题的规定(三)》第二十四条第一款。根据该款,有限责任公司的实际出资人与名义出资人订立合同,约定由实际出资人出资并享有投资权益,以名义出资人为名义股东,实际出资人与名义股东对该合同效力发生争议的,如无《中华人民共和国合同法》第五十二条规定的情形,法院应当认定该合同有效。对于该条能否类推适用于合伙企业,取决于合伙企业与公司的相似性。合伙是一个组织体,具有人合性,而在有限合伙中,有限责任的特征使其能便利地进行融资,其同时具备了合伙和法人的特点。例如根据美国法律,有限合伙需要订立章程,并办理登记手续,在这些方面与公司法人已很相近。此外,隐名合伙与隐名出资虽有所区别,但二者在经济利益关系上极为相似,如德国通说认为,就立法未明定之"隐名参股"关系,可参照适用《德国商法典》第二百三十条至第二百三十七条关于"隐名合伙"的规定。

关于信赖利益的保护,其理论基础在于外观主义,外观主义源于德国民法,其作为一种"矫正法",是包括占有、意思保留、善意取得、取得时效、表见代理及权利失效在内等制度的理论来源。引申到商法领域,信赖保护在民法领域的原有之义上,还强调了维护交易安全的价值追求,在目前商事交易频繁且形式愈发创新的前提下,商事外观主义对当事人的保护就显得尤为重要。

在本案中,被告宁优合伙企业工商登记的合伙人是王某、被告俞某某,执行事务合伙人是王某,实际出资人为宜优公司,同时也是以执行事务合伙人名义实际管理控制被告宁优合伙企业。原告在此情况下同宜优公司、被告宁优合伙企业签订合伙协议,其因外观主义受到信赖利益的保护,被告间的责任分配对外不能产生效力,因此无论是原告签订的合伙协议还是退伙协议,都应当认定为有效,被告应当承担相应责任。

案例提供单位:上海市金山区人民法院

编写人:熊艳蓓　唐旭田

点评人:葛伟军

43. 上海上企建筑装潢有限公司诉上海慧华箱包有限公司等股权转让纠纷案

——预约协议强制履行问题的司法实践探索

案 情

原告（反诉被告）上海上企建筑装潢有限公司

被告（反诉原告）上海慧华箱包有限公司

被告（反诉原告）周某某

慧华公司于 2003 年 4 月设立，注册资金为 500 万元。股东为周某某和张某某，分别持有 60%和 40%股份。2006 年 8 月 16 日，原告法定代表人李某某（乙方）与周某某、张某某（甲方，由二人委托代理人朱某某代签）签订《股权转让协议》（以下简称预约协议），约定：上海慧华箱包有限公司（以下简称慧华公司）拥有位于某区某大路 948 号工业厂房，甲、乙双方同意通过股权转让的方式由乙方收购该工业厂房，股权利益仅为该工业厂房，股权转让价为 1 700 万元；乙方有意以本人名义或者以其投资控股的公司名义收购甲方所持有的全部股权，甲方表示同意并承诺配合办理相关手续；乙方应于本协议签署之日向甲方支付定金 100 万元，协议签署之日起三个月内支付定金 100 万元，余款在协议签订之日起 8 个月至 18 个月期间，乙方以自有资金或该工业厂房抵押贷款的方式支付；余款由上海市君悦律师事务所进行监管，在双方按照本协议或正式的股权转让协议的约定办理完毕股权变更登记手续和交割手续之后由上海市君悦律师事务所向甲方转交；甲方承诺在本协议签订之日起 8 个月内取得该公司名下工业厂房的房地产权证，同时甲乙双方同意乙方在已经具备支付除定金之外的股权转让价款的能力前提下（无论该款项系乙方自有资金或者用该工业厂房抵押贷款取得的款项），有权在本协议签订之日起 8 个月至 18 个月之间向甲方要求签署正式的股权转让协议，甲方应当予以配合；甲方应于正式股权转让协议签订的当日向乙方转交与慧华公司设立、存续相关的一切证照、资料、文件等，包括但不限于慧华公司的公章、营业执照正本、财务会计账册等；双方约定本协议作为正式股权转让协议的预约协议。当日，慧华公司作出董事会决议，决议将周某某、张某某二人持有的全部股权转让给李某和，并决议授权朱某某签署慧华公司股权转让等一切相关协议。

2008 年 2 月 20 日,原告与慧华公司办理了厂房钥匙交接手续,厂房由原告实际使用至今。2009 年 12 月 30 日,慧华公司作出临时股东会决议,决议将周某某、张某某名下持有的合计 100％的股权转让给原告,并配合办理相关的股权转让变更登记手续。

2010 年 5 月 21 日,原告与周某某、朱某某签订了《对账确认单》,内容为:2006 年 8 月 16 日预约协议签订后,原告按照协议约定支付了定金,且在该预约协议之后至本确认书签署之日,原告共向周某某、张某某支付了股权转让款共计 1 000 万元(包含定金),各方愿意继续按照该预约协议的约定签署正式的股权转让协议,并办理股权转让的相关工商变更登记手续等。朱某某在该协议右下方写明:本对账确认单要经过双方财务签字确认后再认可,此对账确认单不作真实付款凭证。该对账单落款处有"张某某"签名字样。

一、涉案土地使用权情况

2003 年 1 月,慧华公司与上海青浦赵屯工业园区经济发展有限公司签订土地批租协议书,约定批租给慧华公司约 20 亩的土地(即涉案厂房土地),批租费为每亩 9 万元,于协议签订后支付 10 万元,收到青浦区房地局面积测绘单后支付 170 万元左右。2003 年 8 月 20 日,青浦区发展计划委员会出具"关于上海慧华箱包有限公司新建厂房、综合楼及办公楼的批复",内容为:你公司报来关于要求新建厂房、综合楼及办公楼的申请报告收悉。经研究,现同意你公司在青浦工业园区内新建厂房、综合楼及办公楼。建筑面积 7 418 平方米,总投资 800 万元,其中建安费 550 万元,设备费 250 万元,资金自筹。2003 年 9 月 2 日,青浦区规划管理局出具《关于核发上海慧华箱包有限公司建设用地规划许可证(含建设项目选址意见书)的通知》,核定建设用地面积约 14 837 平方米,其中代征公共用地约 2 292 平方米、建设基地面积约 12 545 平方米(以实测为准)。

2004 年 2 月,双方协商后土地批租费调整为每亩 11 万元。慧华公司支付了定金 50 万元,余款在土地指标下达后一次性支付。之后,慧华公司获得相关批准文件后开始建造厂房,于 2006 年 8 月 18 日获得竣工规划验收合格证。

2008 年 10 月 29 日,青浦区政府出具沪青府土[2008]259 号"关于同意上海慧华箱包有限公司建造厂房工程征收及受让土地的批复",其中载明,经查,该项目经区发展计划委员会以青计投[2003]1234 号文批复,批准建筑面积 7 418 平方米,项目总投资 800 万元。现经审核,批准该项目总供地面积 14 724.40 平方米,其中 12 446.40 平方米由慧华公司作为建造厂房用地。根据《上海市土地使用权出让办法》的规定,为出让该地块的国有土地使用权,现依法收回该地块 14 724.40 平方米的土地使用权(其中出让面积 12 446.40 平方米),并由区房地局实行有偿出让,建设单位应按规定向区房地局申领《建设用地批准书》后,方可用地。2008 年度,涉案土地经评估后价格为每亩 23 万元。为此,慧华公司多次向青浦工业园区、青浦区政府书面要求按 11 万元每亩计算土地批租费,但未果。2009 年 10 月,上海青浦工业园区发展(集团)有限公司出具关于慧华箱包有限公司土地情况说明的复函,同意支付土地出让金每亩 23 万元,今后在所交税收中返回每亩 3 万元。2011 年 8 月 5 日,上海张江高新技术产业开发区青浦园区(集团)有限公司出具答复,称根据上海青浦工业园发展(集团)有限公司提供书面情况说明显示,慧华公司并未与工业园区签订书面协议,2008 年慧华公司项目作为违法用地项目由区里统一供应了土地,2008 年土地价格评估为 23 万元/亩……由于青浦区工业土地价格最低线已经上调至 35 万元/亩,无法继续执行 23 万元/亩价格,因此上海青浦工业园区发展(集团)有限公司建议,按照 35 万元/亩价格办理土地手续,差额部分从慧华公司对地方的经济贡献园区实得中予以补贴。

2012 年 6 月 5 日,慧华公司与区规划和土地管理局签订了国有建设用地使用权出让合同,出让面积为 12 446.40 平方米,每平方米单价为 345 元,合计 4 294 000 元。因慧华公司未按该合同约定支付土地出让金,经与原告协商后,2013 年 1 月 25 日,被告出具授权委托书,委托李某某先生办理某某路 3 559 号工业厂房之建设用地使用权出让土地一事。

2013 年 2 月 6 日,原告将 5 202 000 元汇至慧华公司账户,该公司于当日支付了全部的土地出让金 4 294 000 元,并承担延期付款的滞纳金 902 598.80 元,合计 5 196 598.80 元。

二、涉案 40%股权的审理情况

2012 年 11 月 30 日,慧华公司另一股东张某某与案外人俞某签订股权转让协议,将其持有的慧华公司 40%股份转让于俞某,并已办理股权变更登记手续。原告向上海市虹口区人民法院提起诉讼,要求确认张某某与俞某之间签订的股权转让协议无效。上海市虹口区人民法院于 2014 年 5 月 23 日作出 821 号民事判决,认为:慧华公司设立时登记的股东虽为张某某和周某某,但根据张某某、朱某某、周某某的陈述,可以认定慧华公司的实际股东为周某某和朱某某,登记在张某某名下的慧华公司股权由其实际权利人朱某某进行合法的处分是有效的。张某某与俞某按照朱某某的授意签订了股权转让协议,朱某某与俞某的真实意思并非俞某有偿受让朱某某实际持有的慧华公司股权,而是通过股权转让的形式将登记在张某某名下的慧华公司股权变更登记为俞某,其实质是将朱某某在慧华公司的挂名股东由张某某变更为俞某。由此可见,朱某某与俞某之间只存在朱某某要求俞某成为其在慧华公司的挂名股东,而俞某表示同意的合意,并没有如前述股权转让协议所记载的股权转让的合意。因此,无论是张某某抑或朱某某均没有与俞某成立过以该《股权转让协议》记载的内容为要件的合同,《股权转让协议》仅具有合同的外在形式,对张某某、朱某某及俞某均不具有法律上的拘束力。原告虽然声称张某某或朱某某与俞某之间存在恶意串通的行为,但无论是原告提供的证据材料或朱某某及俞某的相关陈述,均不能证明俞某在同意成为朱某某在慧华公司的挂名股东时,已知道或应当知道如原告诉称的原告已受让了慧华公司股权的事实。可见即使朱某某主观上具有如原告所称的恶意,也无证据材料证明俞某在主观上也有此恶意。所以,张某某、朱某某、俞某三方之间的民事行为不具备恶意串通的构成要件。综上,要确认合同无效,应以合同成立为前提,且需存在原告所称的恶意串通,损害其利益的行为,否则,原告要求确认《股权转让协议》无效的诉讼请求,不应得到法院支持,故判决驳回了原告的诉讼请求。

原告于 2014 年 6 月 30 日以朱某某、俞某、周某某、慧华公司为被告提起诉讼,要求将登记在俞某名下的慧华公司 40%股权变更登记至原告名下。现该案仍在审理过程中。

三、涉案款项支付及争议情况

在 2013 年 7 月 26 日的庭审中,原告将已支付给慧华公司的费用分为 A、B、C、D 四部分,A 为股权转让款 10 516 300 元,B 为朱公馆家庭装修费用 1 369 389.81 元,C 为朱公馆家具明细,D 为其他家具报价。周某某的代理人意见如下:A 部分,(1)2008 年 7 月 9 日 40 000 元与股权转让款无关,系新厂房的改造装修费用;(2)2008 年 11 月 25 日的 10 万元银行转账与股权转让款无关,系电力增容费用;(3)2009 年 2 月 25 日的 1 万元、4 月 30 日的 5 000 元,均用于违章建筑的招待费;(4)2009 年 6 月 1 日的现金 5 万元,无收条,用于慧华公司购买消费卡;(5)2010 年 11 月 4 日的 2 万元,无受领人签名;(6)2011 年 10 月 21 日的 10 万元,付款凭单上无人签名,相应的银行转账虽然转入慧华公司账上,但原告掌握该账号;(7)2012 年 3 月 2 日的 3 万元,付款凭单上无人签名,原告明细上写明银行转账,希望原告进一步提供凭证。对于 B 部分,是装修费用明细,无异议;对于 C 部分,价值 85 000 元;对于 D 部分,无异议。

2013 年 9 月 25 日法院组织双方谈话,原告确认 2011 年 10 月 21 日的 10 万元与股权转让款无关,并确认按两被告主张的 85 000 元结算 C 部分款项。两被告确认 2012 年 3 月 2 日的 3 万元。

在 821 号案件审理过程中,原告委托代理人与朱某某及周某某的代理人进行对账,双方共同签署对账清单一份,内容为:(一)朱某某认可收到款项为:2006 年 200 万元、2007 年 270 万元、2008 年 343 万元、2009 年 1 048 300 元、2010 年 45 万元,其他汇款 283 000 元,以上共计 9 911 300 元;(二)双方有争议的收款部分为:(1)2007 年 6 月 8 日支票号为 16295019 金额为 300 000 元,朱某某认为存根没有签名；(2)2008 年 7 月 9 日 40 000 元现金支付，朱某某认为是材料款；(3)2008 年 11 月 25 日，支票号为 32265317，金额为 100 000 元，朱某某认为支付材料款，用于电力增容，但事实上没有增；(4)2009 年 2 月 25 日、4 月 30 日载明由周某某签收的款项共计 15 000 元，朱某某认为用于违章建筑的招待；(5)2010 年 5 月 6 日，支票号为 41011742，金额为 200 000 元，朱某某认为这张支票作废，上海上企建筑装潢有限公司(以下简称上企公司)将庭后核实；(三)装修及家具：上企公司认为装修费为 1 369 389.81 元，家具费为 223 664 元，朱某某不认可该金额，也认为该款项不能抵作股权转让款；(四)土地出让金：上企公司代慧华公司支付土地出让金 5 196 598.80 元，朱某某认为没有要求上企公司代付。

原告上企公司诉称，《股权转让协议》签订后，原告于 2006 年 8 月至 2012 年 9 月期间，陆续向周某某和张某某支付了股权转让款计 12 109 353.81 元，但周某某和张某某却未按约履行，故请求判令：(1)两被告协助原告办理股东变更的工商登记手续，将周某某持有的慧华公司 60％股权变更登记至原告名下；(2)两被告向原告移交慧华公司的证照、公章、相关文件(营业执照正副本、组织机构代码证、税务登记证、公司公章、财务章、法定代表人印章，土地受让的文件、公司成立时的原始文件、财务资料和账簿、统计证)；(3)被告周某某偿付原告违约金 60 万元；(4)被告周某某承担律师费 30 万元。

被告周某某辩称：不同意原告诉讼请求，理由为：(1)李某和与周某某、张某某所签订协议性质上为预约协议，且双方明确约定今后将签订正式的股权转让协议，但至今未予签订，预约协议中的 1 700 万元价格不可作为双方正式股权转让对价；(2)预约协议签订后，慧华公司在办理房地产权证期间，土地出让金上涨，影响预约协议中约定的股权转让对价。如仍按预约协议履行，对股权出让方显失公平，故要求对股权转让价重新协商，如协商不成，预约协议应予解除，相应的工业厂房附属设施原告应予返还；(3)对原告主张已支付的股权转让款金额不予确认，双方在 821 号案件审理过程中曾经对过账，周某某、朱某某对其中 9 911 300 元的款项确认为股权转让款，其余款项双方存在争议，故原告已支付款项亦未到达预约合同约定的标准，不同意配合办理股权转让的变更登记手续。

被告慧华公司辩称：慧华公司现股东为周某某和俞某，股权转让事宜由两股东决定，慧华公司听从两股东的意见。

据此，两被告提出反诉，诉请判令：(1)反诉原告与反诉被告之间签署的《对账确认单》预约协议关系予以解除；(2)反诉被告向反诉原告返还上海市青浦区某某路 3555—3559 号工业厂房、办公楼、食堂、职工宿舍、门卫室及附属设施等，并向反诉原告支付房屋占用费(自 2014 年 6 月 1 日起计算至实际搬离之日止，参照每月租金 12.5 万元计算，暂计至起诉日为 162.5 万元)。

原告上企公司对两被告的反诉请求辩称:不同意两被告的所有反诉请求。双方在预约合同签署之后已经签署了本约合同,且已经通过事实行为将厂房交付给了原告使用,两被告也在 2007 年之后不断接受原告支付的股权转让款。在政府要求慧华公司另行支付土地出让金的情况下,原告受朱某某的委托,代为支付了土地出让金及滞纳金,即双方已经实际形成了事实上的股权转让合同关系,两被告仍应按事实合同关系继续履行,并协助办理变更登记手续。据此,不同意解除合同并返还房屋等诉请。

审 判

本案的主要争议焦点为:一、原告与周某某之间关于慧华公司 60％股权所形成的法律关系;二、土地政策的变化是否致使双方继续履行合同有违公平原则或不能实现合同目的;三、两被告是否应在原告已支付部分款项的前提下协助办理 60％的股权变更登记手续。一审法院分别认定如下:

一、关于原告与周某某之间就慧华公司 60％股权所形成的法律关系

原告认为,2007 年 10 月签订的股权转让协议系双方正式股权转让协议,即便不认可该协议效力,但 2006 年签署的预约协议在主要合同条款上已经具备本约的性质,且双方已于事实上履行该份协议,故应认定双方已形成正式的股权转让合同关系。

两被告认为,2006 年的预约协议从主体、内容等方面仅具有预约协议的性质,因原告未按约付款,政府政策变化等因素,双方一直未签署正式股权转让协议,现已超过预约合同中约定的签订正式协议的时间,原告无依据要求两被告继续办理股权变更登记手续。

一审法院认为,预约是约定将来订立一定契约之契约,即当事人约定为在将来一定期限内订立合同而达成的允诺或协议。区别预约和本约的重要标准在于当事人是否有意在将来订立一个新的合同,以最终明确当事人之间合同关系的具体内容,即便预约已经接近或包含了本约的全部内容,但当事人之间已经明确具有上述意思表示的情况下,不应将预约认定为本约。本案中,预约协议明确约定了股权转让的份额、股权转让对价、付款方式、股权变更登记手续的办理等,但对于股权受让方约定为李某某本人或者李某某投资控股的公司,即股权受让方尚不明确。另,房地产权证的取得及原告的付款能力等条件在 2006 年协议签订之时仍属于不完全确定之状态,故该协议明确约定为正式股权转让协议的预约协议。2010 年 5 月 21 日的对账单中也约定双方将签署正式的股权转让协议。因此,李某某与周某某(朱某某)于 2006 年 8 月 16 日签订的协议性质应认定为预约合同。

预约合同的效力应为诚信磋商并尽可能地促成本约缔结,即预约订立后,预约双方须依诚信原则进行磋商,除不可归责于双方的事由外,应当缔结本约,否则将承担违约责任。本案中,双方之后虽未正式订立书面股权转让协议,但随着时间的推移,当事人在双方对于股权转让合同的标的、价款、对象等主要合同内容的指向逐渐明确,并以实际行为达成并履行了正式的股权转让合同。表现在:(1)合同主体上,由李某某代表的原告与慧华公司进行交易;(2)标的物上,原告代为支付土地出让金使慧华公司合法获取土地使用权,且原告迄今占有、使用涉案厂房长达八年之久;(3)价款上,原告陆续支付的款项已超出预约协议约定的定金 200 万元,两被告也一直在接受原告支付的所有款项。故双方已各自履行了主要合同义务,以实际行为达成事实上的股权转让之本约关系。2010 年 5 月 21 日对账单形成之前,政府土地政策的变化因素已经存在,但双方在对账单中并未就价款金额重新进行协商,而是进一步履行,故即便履行障碍的存在,但也未严重影响到合同的履行,被告理应及时办理土地出让手续。2013 年 2 月之后,双方履行障碍即行消除,如原告支付价款金额高于 60% 股权转让款且能确保双方利益平衡,其要求两被告按事实合同关系协助履行股权变更登记手续的诉请,应予支持。

二、土地政策的变化是否致使双方继续履行合同有违公平原则或不能实现合同目的

原告认为,1 700 万元股权转让款指在每亩 11 万元价格的基础上议定,包括房产价值并预留公司溢价空间,故即便按之后每亩 23 万元的出让价格,也未明显过高并显失公平。

两被告认为,1 700 万元为每亩 9 万元的批租价格,合计不到 200 万元,加上房屋建造费用 1 300 万元左右,仅预留 200 万元的溢价空间,在目前的土地市场价格背景下,如继续要求双方以原约定的 1 700 万元价款履行合同,显失公平。据此,两被告提出解除双方之间的预约合同关系。

法院认为,合同成立生效之后,双方当事人均应遵循诚实信用原则严格恪守合同义务。非因合同双方的合意或法定解除原因,任何一方不得随意解除合同。两被告以继续履行预约合同显失公平为由要求解除与原告签订的预约合同,其实质是能否适用情势变更原则,根据《最高人民法院关于适用〈中华人民共和国公司法〉若干问题的解释(二)》第二十六条的规定,情势变更原则的适用应当具备如下条件:第一,合同成立以后、履行完毕之前合同赖以存在的客观情况发生了重大变化;第二,该重大变化是当事人订立合同时无法预见的,非不可抗力造成的,且不属于商业风险;第三,该重大变化发生后继续维持合同效力有违公平原则或者不能实现合同目的。同时,需要说明的是,情势变更原则的适用并非一定产生解除合同的效力。按照合同严守的契约精神,即使是发生情势变更的情形,优先考虑的法律效果亦是在最大限度内维持原有的合同关系。

本案中,考量 1 700 万元股权转让价格是否导致双方利益显著失衡不应以当下的土地市场价格为背景,而应以履行过程中土地收回并重新出让后,土地价格增加部分所占股权转让价格的比重,以及政策变化影响到双方合同履行的程度等因素进行综合考虑。具体分析如下:

首先,土地价格增加部分所占股权整体转让价格的比重并非过高。从 2004 年土地批租费每亩 11 万元到 2008 年 10 月确定的每亩 23 万元出让价,在不考虑返税的情况下,土地成本增加 220 万元左右,土地价格占股权转让价格的比重从原约 12%增加到约 25%,涨幅为 13%,参照《最高人民法院关于适用〈中华人民共和国合同法〉若干问题的解释(二)》第十九条的规定,并不属于明显不合理的涨幅并足以动摇双方之间进一步履行合同基础的情况;

其次,政策变化并未明显影响到双方合同履行。诚然,从 2006 年 8 月预约协议的签订到 2008 年 10 月青浦区政府出具批复,工业用地出让方式,由与工业园区协商约定价格并解决土地指标,调整为以公开招、挂、拍的出让方式,涉案土地使用权也以收回后改为有偿出让方式进行,该政策变化客观上导致土地价格提升,也导致慧华公司在约定期限内无法取得该公司名下工业厂房的房地产权证。如周某某、朱某某认为双方之间合同继续履行显失公平,则应在此时或之后的合理期限内及时提出,但 2008 年 10 月之后,周某某、朱某某不仅并未明确提出解除双方之间的合作关系,而以其实际行为接受原告陆续付款,双方于 2010 年 5 月 21 日签署的对账确认单,进一步佐证双方仍愿意按原有的合同框架继续履行合同。上述事实表明,即便政策变化、地价上涨,并不足以影响到双方合同继续履行、有违公平原则或者不能实现合同目的。周某某、朱某某理应及时办理土地出让手续并缴纳费用,其延期办理的行为有违诚信磋商原则,并不得以当前土地价格上涨、双方并未签订正式股权转让合同为由,对抗原告要求继续履行的诉请。

三、两被告是否应在原告已支付部分款项的前提下办理 60%的股权变更登记手续

首先,按预约协议的约定,余款的支付在协议签订之日起 8 个月至 18 个月期间,乙方以自有资金或者工业厂房抵押贷款的方式支付除定金之外的股权转让价款,除定金之外的股权转让价款由上海市君悦律师事务所进行监管,甲乙双方同意该款项在甲乙双方按照本协议或者正式的股权转让协议的约定办理完毕股权变更登记手续和交割手续之后由上海市君悦律师事务所向甲方转交。即便双方之后的事实履行行为变更了上述价款的履行方式,但根据上述协议约定,乙方并非要将全部款项付清之后再进行变更登记,可在具备履行能力之时由第三方进行转交。故本院可按已支付的款项比例先行判决,不必待全额付清。

其次,预约协议中约定应由甲方办理涉案厂房房地产权证,但系基于当时的政策环境和土地价格,因涉案房地产手续延期办理导致须另行支付土地出让金、滞纳金,超出了预约协议拟定时双方可预见范围,故该部分费用不应全部由周某某或慧华公司负担,本院结合合同履行背景、双方利益平衡因素综合考虑,作如下分担:(1)对于429.40 万元的土地出让金,在预约协议签订之时,双方可预见的土地费用约 220 万元,该部分仍应由周某某承担,增加的土地费用约为 209.4 万元,因原告通过股权转让受让房地产权后将获得一定的土地预期收益,从权利义务对等原则及平衡当事人利益角度而言,增加的土地费用由原告负担更为合理,故本院认定原告已支付的 429.40 万元土地出让金中,周某某应负担 220 万元,原告应负担 209.40 万元;(2)对于滞纳金 902 598.80 元,即便双方对于土地出让金及付款存在内部争议,但对外应由慧华公司缴纳,如其及时付款则可完全避免该笔滞纳金产生,故其延期付款的行为存在一定过错,本院认定周某某应承担 70%即 631 819.16 元,原告承担30%即 270 779.64 元。据此,原告应负担的费用为 209.4 万元＋270 779.64 元＝2 364 779.64 元,周某某应负担的费用为 220 万元＋631 819.16 元＝2 831 819.16元,原告为周某某垫付土地出让金及滞纳金合计 2 831 819.16 元。

综上,原告与被告周某某之间的股权转让合同关系合法有效,双方当事人均应遵循诚实信用原则严格恪守合同义务。非因合同双方的合意或法定解除原因,任何一方不得随意解除合同。双方在签署预约合同后,涉案工业用地出让方式,由与工业园区协商约定价格并解决土地指标,调整为以公开招、挂、拍的出让方式,涉案土地使用权也以收回后改为有偿出让方式进行,该政策变化客观上导致土地价格提升,也导致两被告在约定期限内无法取得该公司名下工业厂房的房地产权证。但上述事实不足以构成显失公平或不能实现合同目的而解除合同的情形。故本院对被告提出解除双方预约合同关系并处理合同解除之后法律后果的相关反诉请求,不予支持。事实上,双方在上述事由出现后仍在继续按照原有预约协议框架履行合同,并可在履行障碍消除之后及时办理股权变更手续。两被告在确定土地价格后长达四年多的时间里仍未办理土地出让手续,有违诚信磋商原则,故不得以当前土地价格上涨、双方并未签订正式股权转让合同为由,对抗原告要求继续履行合同的诉请。在法院认定的周某某应负担的土地价格不变,厂房等投资成本随时间推移价值贬损的情况下,原定 1 700 万元股权转让款的利润空间可维持在当时协商的价格基础上。原告已支付的费用中,有 11 886 423.81 元可认定为股权转让款,2 831 819.16 元可认定为垫付的土地出让金、滞纳金,该款项总金额已超过 1 700 万元的 60%比例,故法院对原告要求两被告协助办理 60%的股权变更工商登记手续的诉讼请求予以支持。因原告尚未取得慧华公司全部股份,股权变更登记手续尚未完成,故原告提出第二项诉请条件尚未成立,法院不予支持。关于原告主张的第三、四项诉请,系基于 2007 年 10 月的股权转让协议的约定提出,法院对该份协议不予确认,故原告诉请基础不成立,法院对原告的第三、四项诉请不予支持。据此,依照《中华人民共和国合同法》第八条、第一百零七条,《最高人民法院关于适用〈中华人民共和国合同法〉若干问题的解释(二)》第十九条第一款、第二款,第二十六条,《最高人民法院关于审理买卖合同纠纷案件适用法律问题的解释》第二条,《中华人民共和国公司法》第七十一条第一款、第二款,《最高人民法院关于民事诉讼证据的若干规定》第八条第三款、第四款之规定,判决如下:

一、被告上海慧华箱包有限公司、周某某应于本判决生效之日起十日内协助原告上海上企建筑装璜有限公司办理股东变更的工商登记手续,将被告周某某持有的被告上海慧华箱包有限公司 60%股权变更登记至原告上海上企建筑装璜有限公司名下;

二、驳回原告上海上企建筑装璜有限公司的其余诉讼请求;

三、驳回反诉原告上海慧华箱包有限公司、周某某的反诉请求。

如果未按本判决指定期间履行给付金钱义务,应当依照《中华人民共和国民事诉讼法》第二百五十三条之规定,加倍支付迟延履行期间的债务利息。

本案本诉受理费 88 400 元,由原告上海上企建筑装璜有限公司负担 5 400 元,被告上海慧华箱包有限公司、周某某共同负担 83 000 元;本案反诉受理费 9 712.50 元,由反诉原告上海慧华箱包有限公司、周某某共同负担。

一审后,被告上海慧华箱包有限公司、周某某提起上诉,二审法院驳回上诉,维持原判。

点 评

本案是一起涉及预约合同强制履行的股权转让纠纷,原告与被告签署了股权转让的预约协议,被告并未按约履行,因此原告要求被告协助办理股东变更登记,并将被告持有的股权变更至原告名下。

首先,股权转让预约协议的效力。根据《最高人民法院关于审理买卖合同纠纷案件适用法律问题的解释》第二条:"当事人签订认购书、订购书、预订书、意向书、备忘录等预约合同,约定在将来一定期限内订立买卖合同,一方不履行订立买卖合同的义务,对方请求其承担预约合同违约责任或者要求解除预约合同并主张损害赔偿的,人民法院应予支持。"因此预约订立后,双方须依诚信原则进行磋商,除不可归责于双方的事由外,应当缔结本约,否则将承担违约责任。该司法解释之所以这样规定,是为了平衡当事人之间的利益,保护善意预约人,维护其产生的合理信赖与期待。因此,预约生效使得当事人负有将来按照预约规定订立本约的义务。

但如果预约中不明确包含订立本约的条款,则应当综合审查合同全部内容及当事人履行情况决定,即未签订本约的,但当事人已按预定条款履行了本约的主要义务,应当认定为当事人之间已成立了本约。本案中当事人以实际行为达成并履行了正式的股权转让合同,形成了事实上的股权转让本约关系。

其次,预约合同的强制履行。实务中对于违反预约合同,守约一方能否要求对方继续履行的问题非常谨慎,原因主要包括:不是所有合同均可适用强制履行;强制缔约有违合同意思自治原则;如果预约中缺乏本约的必要条款而强制当事人继续缔结本约,有悖于限制强制缔约的要求。但问题是,如果预约实际上具备本约要素时,能否不经过强制缔约程序,直接请求强制履行。对于实际上构成本约的预约,如果不是《中华人民共和国合同法》第一百一十条规定的不得强制履行的合同,且预约协议具有确定性和履行可能性,强制履行合同不违背诚实信用原则,在履行障碍消除后一方不得以没有签订本约为由对抗另一方继续履行合同的诉请。本案中,原被告的预约合同事实上构成了本约关系,被告在预约合同各项明确的情况下,合同履行障碍消除后应当继续履行股权转让合同。

此外,本案还涉及继续履约是否有违公平原则的问题。该问题的实质是对于情势变更原则的判断,一般情势变更需要具备以下条件:合同赖以存在的客观状况发生了重大变化;且这种变化无法预见、非不可抗力、不属于商业风险;变化后继续履行有违公平或不能实现合同目的。本案中,由于土地价格增加被告认为合同无法继续履约,但事实上土地价格占股权整体转让的比重不足以明显动摇合同履行的基础,且政策变化也没有实质影响双方履行合同,因此不能解除合同。

案例提供单位:上海市青浦区人民法院

编写人:刘　琳

点评人:葛伟军

44. 宁波朗生医药有限公司诉上海爱的发制药有限公司等买卖合同纠纷案
——合同解释方法在司法实践中的运用

案 情

原告宁波朗生医药有限公司

被告上海爱的发制药有限公司

被告 ETHYPHARM

2011 年 9 月 9 日,原告与两被告签订《许可、经销及供货协议》一份,原告简称朗生、上海爱的发公司和 ETHYPHARM 合称为爱的发,约定:鉴于爱的发拥有并有权使用产品的生产和商业化相关知识产权,且现在生产产品以供在欧洲某些国家经销,朗生对产品有兴趣并希望,根据本协议条款和条件,从爱的发获得在区域内进口、包装、推销及经销产品的权利。协议第 6 条"注册"的 6.1 条约定,爱的发应在商业上尽合理努力按本协议附件 B 规定的注册程序准备符合本协议条款的申请材料;注册程序仅可经双方书面协议予以更改;爱的发不保证产品会注册成功,但应尽其在商业上的合理努力,向监管机关提交相应申请以及在期限内获得区域内产品的进口药品许可。第 8 条"财务状况和最低年销售额"的 8.1 条约定,作为根据本协议授予朗生的权利的报酬,朗生应一次性向爱的发支付人民币 250 万元(不含税),该付款不可撤销,不可退还,并应按以下方式支付:在生效日支付人民币 100 万元(不含税),以及在药监局授予进口药品许可之日支付 150 万元(不含税)。第 15 条"终止"的 15.3 条约定,若区域内监管机关不授予或更新进口药品许可,则任一方可提前一个月书面通知终止本协议;15.5 条约定,本协议终止或到期,不影响在该终止或到期日前已产生的任何付款或其他义务或责任,且双方应就本协议相关任何违约(依法或依衡平原则)保留一切权利和救济。第 18 条"司法管辖"约定,若双方就本协议的解释存在任何分歧,且该等分歧无法友好解决,则双方同意将该等分歧提交上海主管法院。适用法律将为中国法律。第 21 条"弃权"约定,任何一方行使该方在本协议中的任何权利,不得被视为限制该方享有其他合法权利或救济。该协议附件 B"注册程序"中注册估计时间表约定:向药监局提交临床许可申请的期限:生效日起五个月内;收到药监局的临床许可的期限:向药监局提交进口药品许可申请之日起十八个月内。爱的发未能在上述时间表内完成交付的后果:如爱的发未能在以上规定时间表内向药监局提交临床许可申请,或者在要求的时间线内没有完成质量标准的验证或者爱的发未能在药监局规定时间表内向其提供补充文件,从而延迟进口药品许可批准,朗生可向爱的发索赔,每延迟一个月,赔偿金额为人民币1万元。任何上述赔偿最大总额在任何情况下都不得超过人民币10万元,并应作为就相关不履行对朗生的充分救济支付。2011年11月28日,原告向上海爱的发公司支付100万元。2015年11月24日,药监局向上海爱的发公司发送审批意见通知书,上面载明"药品名称:酮洛芬奥美拉唑缓释胶囊;剂型:胶囊剂;申请事项:进口药品注册;规格:每粒胶囊含酮洛芬200 mg,奥美拉唑20 mg;注册分类:化学药品;申请人:Ethypharm;申请内容:药品注册;审批意见:根据申请人的撤回申请,同意本品注册申请撤回,终止注册程序"。

另查明,2015年7月29日上午10:04,原告向被告发送邮件载明"我方获知CDE否决了我方的酮洛芬-奥美拉唑缓释胶囊组合胶囊(产品)的注册申请,故对此深感忧虑和担心……我方真诚希望爱的发(Ethypharm)能与我方分享发送给CDE的论证文件,以便我方能关注并参与该论证,从而一起应对不良后果"。被告回复邮件称"会把药品审评中心(CDE)的纸质通知发送给贵方,该通知含有更多CDE的反馈详情"。2015年10月14日16:04,被告向原告发送邮件告知酮洛芬-奥美拉唑的项目进展,载明"基于我们在2015年8月4日向药品评审中心(CDE)递交了解释材料,我们在2015年9月得到了和CDE面谈的机会。这次北京面谈的会议纪要参见附件,请查收。CDE的建议基本就是在CDE发布拒绝通知之前,由爱的发(Ethypharm)和朗生(Lansen)自行申请终止审评,这样有利于我们这两家企业的公共形象","关于这个项目接下来的方向,CDE给出了建议(附件中有),我们希望能够和朗生面谈","根据CDE给出的截止日期,爱的发这周将会向CDE申请终止评审"。10月15日9:34,原告回复称"对于9月份与CDE的碰面会,我们既未收到相关通知,也未参会。根据你发来的邮件,我们目前只能遗憾地接受这一现实"。10月15日12:37,原告发送邮件给被告"我方接受贵方的后续行动,并认为CDE的建议是富有人情味的。历时四年的项目现结果已现,朗生(Lansen)和爱的发(Ethypharm)不能就此产品再耽误时间和精力。因此,我提议尽快结束此项目,并回到我们双方合作的原点,而贵方需退还我方之前支付的100万元人民币"。被告于10月2日下午3:17回复称"在爱的发(Ethypharm)尽全力对初始决议进行申诉后,决定接受药品评审中心(CDE)的建议撤回申请材料。我认为关于我们双方的合同条件有个误会,即爱的发(Ethypharm)从未保证该产品一定会申请注册成功"。2015年11月4日11:15,被告发送邮件给原告称"如我们双方在

10 月 29 日会面中所讨论的那样,法国爱德发(Ethypharm France)已拟定了我们双方的合同终止信,请看下附件,如有意见,请在双方签字前与我方联系"。同日原告回复称"请修改下句:朗生(LANSEN)提出终止协议,且爱的发(EHTYPHARM)接受该提议。建议改为:鉴于此种注册情况,朗生(Lansen)同意爱的发(Ethypharm)撤销临床许可申请,且双方都同意终止相关协议,并签署相应的合同终止信"。次日被告回复邮件"我方对该变化无异议,参见随附修订本"。11 月 6 日,原告答复到"附件为添加的联系人,请查收。请把中英文版本文件给我方"。11 月 10 日,被告回复"中文版已添加到英文版中——参见附件。如贵方对该文件无任何其他意见,我方将签署该文件"。11 月 11 日,被告发送邮件称"文件有变化,抱歉——参见随附拟用版本"。2016 年 3 月 23 日,被告向原告发送邮件"关于我们与海某所做的进一步沟通交流,请参见附件中项目合同终止信。按照贵方要求,我方已删除该信中关于将信息和数据退还给我方的条款"。

原告诉称,原告与两被告签订协议的目的无法实现,原告向两被告提出解除协议并返还 100 万元。因双方就解除和返还未达成一致意见,故原告诉至法院请求:1.判令解除原告与两被告签订的《许可证、经销和供货协议》;2.判令上海爱的发公司向原告退还人民币 100 万元;3.判令上海爱的发公司向原告支付从 2016 年 1 月 28 日起至实际退款之日的利息损失(以 100 万元为基数,按中国人民银行同期贷款利率计算)。

被告上海爱的发制药有限公司、ETHYPHARM 共同辩称,不同意原告全部诉请,请求法庭予以驳回。关于原告第一项诉请,双方协议早就于 2015 年 11 月份终止,不同意原告解除协议的请求。原告第二、三诉请无合同依据,根据合同约定,款项收取后不予退回。

审 判

通过庭审调查的事实、当事人的诉、辩称意见,本案的争议焦点为:原、被告双方对系争协议 8.1 条和 15.5 条的理解,即原告已付的 100 万元是否应予退还。

原告认为,已支付的 100 万元应予退回。理由如下:第一,因 ETHYPHARM 撤回药品注册申请,注册程序终止,合同目的已不能实现,系争协议理应解除。合同解除后,应恢复原状,被告应退回原告支付的 100 万元。第二,按照协议约定,被告也应退还。首先,对"不可撤销和不退还"理解。根据协议 8.1 条约定,原告向被告支付不可撤销和不退还的付款 250 万元的前提是根据协议赋予原告的权利,即在原告根据协议约定取得了合同项下的该产品在境内的进口、包装、上市及经销的权利时,原告已向被告支付的款项才是不可撤销和不退还的。但因被告的撤回注册申请,原告不可能获得协议约定权利,故不可撤销和不退还不能对原告产生约束力。被告应退还原告 100 万元,并偿付利息损失。其次,对"协议终止不影响在该终止或到期日前已产生的任何付款或其他义务或责任"的理解。协议 15.3 条约定,若区域内监管机关不授予或更新进口药物申请,则任一方可提前一个月书面通知终止本协议。实际履行中系被告撤回注册申请,而不属于区域内监管机关不批准的情况,与该条约定适用情形不符。协议 15.5 条约定的"不影响在该终止或到期日前已产生的任何付款或其他义务或责任",根据该条款对于双方争议的 100 万元,可理解为"不影响在终止前基于合同赋予的权利而付的款",即原告若获得合同赋予的权利,已付款不受影响不需退还。但被告撤回申请,原告从未获得也不可能获得协议的任何权利。故原告已付款不应受该条影响应予退还。若将该条理解为只要协议终止,原告已付 100 万元就不退还,那么与该条后一句"双方应就本协议相关任何违约(依法或依衡平原则)保留一切权利和救济"相矛盾。附录 B 约定了注册时间和被告在以上规定时间内未完成交付的后果。被告延迟获得进口药物申请都需向原告承担违约责任,那么不履行协议的后果应更严重。因此,若撤回注册申请致协议不能继续履行反而获得 100 万元,更不符合情理。再次,从公平原则看,原告签订本协议目的是为了获得药品在境内的进口、包装、上市及经销的权利。为获得该权利,原告支付了 100 万元。现因被告技术原因撤回药品注册申请,原告未取得任何权利,若不退还该 100 万元,即要求原告承担因被告责任造成的损失,显失公平。且被告撤回注册申请,本身未有损失。故系争协议应解除,被告应退还原告 100 万元并支付相应利息损失。

两被告认为,根据被告提供的双方邮件往来情况表明,原、被告虽未签订正式的终止协议,但对系争协议的终止事宜已经过充分的协商讨论,并达成一致意见,合同已经解除,故原告主张解除合同的诉请应予驳回。对于 100 万元,被告无需返还,理由如下:第一,协议 8.1 条和 15.5 条并未规定任何被告应返还原告已支付合同款项的例外情形,而条款本身是各方经过充分协商达成的合意,各方应尊重并执行,故被告无需返还。第二,协议 6.1 条明确两被告不保证产品注册成功,原告对此明知。根据 8.1 条的约定,在生效日即支付 100 万元,该支付方式也表明前期支付的 100 万元并不是以原告获得授权的权利为支付前提的。第三,自协议签订之日即 2011 年 9 月 9 日起至双方协议终止,原告一直保有被告的相关许可与授权,被告未许可或授权任何第三人,该种许可及授权的保有本身就是原告 100 万元的对价之一。被告为申请产品的进口药物申请作出了许多商业努力,并产生了许多有形和无形的成本,这也是协议约定 100 万元在协议签订后即支付,且不可退还、不可撤销的原因之一。协议的公平原则意味着尊重各方的真实意思表示,在协议明确约定已付款项不可退还不可撤销的情形下,原告仍要求返还,是对各方合意的违背。

法院认为，被告上海爱的发公司系台港澳与境内合作公司，ETHYPHARM 系境外公司，故本案系涉外商事案件。因本案的实际履行地在中华人民共和国国内，原、被告在协议中亦约定由上海法院管辖，适用中国法律，依照《中华人民共和国涉外民事关系法律适用法》第四十一条的规定，本案处理应适用中华人民共和国法律。

对于协议 8.1 条的理解，法院认为，根据《中华人民共和国合同法》第一百二十五条规定，当事人对合同条款的理解有争议的，应当按照合同所使用的词句、合同的有关条款、合同的目的、交易习惯以及诚实信用原则，确定该条款的真实意思。

首先，从文义解释的角度，该条约定"作为根据本协议授予朗生的权利的报酬"，原告的付款"不可撤销，不可退还"。被告虽通过协议条款授予原告在中国进口、包装、推销及经销产品的权利，但该权利的取得和行使以产品申请注册成功为前提，在被告撤回申请的情形下，上述授权仅为字面上的权利，无任何实现之可能，故原告实际并未获得任何可实现的权利。

其次，从协议整体解释的角度，协议第 8 条名称为"财务状况和最低年销售额"，8.2 条即为原告最低销售额的约定，故 8.1 条原告付款的不可撤销和退还包含一个隐含前提，即产品申请获批，原告有权对产品进行销售，否则最低销售额的约定便无从谈起。另，结合附件 B 中对注册程序的约定，在被告未能在规定时间内完成注册的，原告尚可向被告发送总额不超过 10 万元的索赔函。则本案中被告撤回申请的情况下，若仍认为原告已付的 100 万元不可撤销和退还，显属前后矛盾。被告认为 15.5 条已明确，协议终止或到期，不影响到期日前已产生的任何付款或其他义务或责任，故 100 万元不应退还。但结合第 15 条"终止"项下的全部条款，15.1 到 15.3 列举了协议终止的三种情形，15.4 约定了协议终止后原告停售产品和退还信息和数据的内容（根据被告 2016 年 3 月 23 日的邮件，15.4 条的内容已删除），之后才在 15.5 条约定了不影响付款等内容。综合整个 15 条的内容，法院认为，15.5 条仅是针对协议因 15.1、15.2、15.3 条规定的情形终止而产生的后果，并非指协议因任意原因终止均产生 15.5 条的结果。本案中，被告撤回产品注册申请，并不属于 15.1 条至 15.3 条列举的终止情形，故原告付款不适用 15.5 条约定不退还的情形。被告认为，协议第 6.1 条明确被告不保证产品会注册成功。法院认为，协议虽约定被告不保证产品注册成功，但本案中系被告主动撤回申请，而非相关部门依职权不批准，虽结果均为产品没有得到批准，但两者之间包含的被告的主动性及对于获取批准而付出的努力程度是不相等的。并且在产品申请注册的过程中，原告始终处于被动接收信息与结果的地位；从双方往来邮件中可知，被告与相关部门的面谈机会，原告未知悉也未参与；被告在 2015 年 10 月 21 日邮件中提到，在药品审评中心(CDE)初始决议后被告曾尽全力进行申诉,申诉未果才撤回申请,但申诉过程原告亦未知悉和参与。

再次,从目的解释的角度。从协议明定条文即可看出,原告向被告付款的目的是获得产品进口、包装、推销及经销的权利。该 100 万元的性质,即是原告获取相关医药产品在国内进口、包装、推销及经销权利的对价。原告在协议生效日即向被告支付 100 万元的约定,也充分表现了原告获取上述权利的积极和坦诚。被告的目的为通过授予原告在国内进口、包装、推销以及经销的权利,从而获取产品经销对价。判断涉案 100 万元是否应返还的关键,在于双方签订合同后,作为授权方的两被告是否将产品进口、包装、推销及经销的资源和特权授予给原告实际行使。在双方通过邮件沟通并协商解除合同时,两被告的经营资源尚未被原告实际利用,双方合作目的亦无法实现,被告理应部分返还原告已支付款项,否则有违双方合作本意。

最后,在处理涉案合同的解除后果时,应当充分考虑到涉案合同的性质及实际履行情况,从公平原则出发,合情合理的处理当事人的诉请。两被告未对其前期为完成注册支出的成本提供相应证据予以支持,但结合本案情况,考虑到两被告在四年多的时间内确为产品注册做出一定努力,该情节在邮件中也为原告所认可。法院依据双方的过错程度、涉案合同的实际履行情况,酌情认定被告上海爱的发公司应退还原告 50 万元。

综上,原告与两被告之间签订《许可、经销及供货协议》系双方当事人的真实意思表示,应确认为合法有效。原告在协议签订后按约支付被告上海爱的发公司 100 万元款项,后因两被告向相关主管部门撤回注册申请,双方合作目的无法实现并通过邮件合意解除合同,故原告要求解除协议的诉请,法院予以支持。合同解除后,尚未履行的,终止履行;已经履行的,根据履行情况和合同性质,当事人可以要求恢复原状、采取其他补救措施、并有权要求赔偿损失。法院依据双方的过错程度、涉案合同的实际履行情况,酌情认定被告上海爱的发公司应退还原告 50 万元。对于原告主张的利息损失的诉请,因涉案款项是否应退还及如何退还,并非双方事先达成一致或法律规定的到期债权债务,而系双方存在重大争议并由法院以生效判决最后做出确认,故原告以起诉日主张上述款项的利息损失无事实和法律依据,法院不予支持。据此,依照《中华人民共和国合同法》第九十一条第二款、第九十三条、第一百二十五条第一款,《中华人民共和国涉外民事关系法律适用法》第四十一条的规定,判决如下:一、解除原告宁波朗生医药有限公司与被告上海爱的发制药有限公司、ETHYPHARM 之间于 2011 年 9 月 9 日签订的《许可证、经销和供货协议》;二、被告上海爱的发制药有限公司应于本判决生效之日起十日内返还原告宁波朗生医药有限公司款项 50 万元;三、驳回原告宁波朗生医药有限公司的其余诉讼请求。

如果未按本判决指定的期间履行给付金钱义务,应当依照《中华人民共和国民事诉讼法》第二百五十三条之规定,加倍支付迟延履行期间的债务利息。

一审宣判后,双方当事人均未提出上诉,判决已发生效力。

点 评

本案涉及合同双方对签订的协议条款理解所产生的争议。原告与被告签订买卖合同,并按约支付相关款项,由于主管部门的原因使得双方目的无法实现,故原告要求解除协议且要求被告返还原告已经支付的款项。

首先,本案归根结底系合同解释的问题,即原被告双方对于支付款项返还与否的系争条款的解释。合同条款应是双方当事人达成一致意见的表述,但是由于语言文字的特点,即便是双方已经达成一致意思表示也难免会出现合同约定不明或约定内容存在多种解释的情形,在实践中往往会引发争议。此时,即牵涉如何对合同进行解释。合同解释在合同法实践中居于核心的地位,其目的在于通过对合同条款真实含义的阐释,探求签订合同的双方当事人的真实意愿,从而对当事人的权利义务关系予以明确,以便当事人积极履行合同,并有助于正确认定案件事实,解决争议。

其次,关注合同解释原则和基本方法。合同解释的原则一直负有争议。英国法采用较为严格的"客观说",以合同文字通常合理字义解释为主,如有模糊矛盾之处要考虑当事人主观意思,并辅以相关事证加以理解。德国法下的合同解释"以表示主义为原则、意思主义为例外",是一种主观中带客观的解释方法。《中华人民共和国合同法》第一百二十五条规定,在解释合同时,应当通过文义解释、体系解释、目的解释、习惯解释、诚信解释的方法,结合相关证据材料,使得有争议的合同条款具备确定性、唯一性和可执行性,最终明确当事人的权利义务关系。因此实践中合同解释应以主客观相结合为判断标准,基于理性人的理解,利用法律规定的方法解释合同。具体体现在:文义解释要求从合同文本出发,根据常人在通常语境下的理解得出解释的结论。体系解释是从合同的整体探求当事人的真实意思,本案中基于体系解释,法院发现在被告撤回申请的情况下,如果原告已付款项不能撤销和退换,就会前后矛盾。目的解释、习惯解释是双方作为理性人在相应的目的、习惯背景下的正常理解。诚信原则作为合同法的基本原则,在合同解释领域也受到了足够的重视,能够确保解释符合公平正义。

除此之外,合同解释的顺位选择也值得思考。《中华人民共和国合同法》第一百二十五条没有明确说明解释的顺位,但是对于同一合同解释的争议,可以综合运用多种解释方法来解释,并不一定局限于特定的方法,因此也不必要僵化顺位的选择。如果当事人真实意思确定并合法,各种解释方法的结果应当是一致的。在本案中,法院综合运用了文义解释、体系解释、目的解释并以公平原则作为重要的合同解释价值导向,对涉争条款进行了合同解释,得出了较为一致的结果。

案例提供单位:上海市青浦区人民法院

编写人:王明明

点评人:葛伟军

45. 中国工商银行股份有限公司上海市南汇支行诉上海商景实业有限公司等信用证融资纠纷案

——诉讼时效中断事由的认定与连带共同保证责任的承担

案 情

原告(上诉人)中国工商银行股份有限公司上海市南汇支行

被告(被上诉人)上海商景实业有限公司

被告(被上诉人)樊某

被告(被上诉人)任某某

被告(被上诉人)王某某

第三人上海国有资产经营有限公司

2011 年 11 月 1 日,中国工商银行股份有限公司上海市南汇支行(以下简称工行南汇支行)与上海商景实业有限公司(以下简称商景公司)签订《开立不可撤销跟单信用证总协议》及《开立买方远期信用证总协议》各一份(以下统称《信用证总协议》),对商景公司向工行南汇支行申请开立信用证事宜作了约定。根据协议,买方远期信用证业务由商景公司逐笔申请,工行南汇支行根据业务具体情况决定是否办理,并按照该行的规定确定融资金额、期限和利率等事项;在工行南汇支行收到符合信用证条款的单据,并履行信用证项下的付款责任或授权偿付行办理信用证项下的付款后,商景公司保证按工行南汇支行出具的《买方远期信用证付款通知书》中所指定的付款到期日无条件支付该行实际融资款项、利息及相关费用;工行南汇支行对信用证项下单据与信用证条款、单据与单据之间是否在表面上相符具有独立认定权。如工行南汇支行认定单据相符,或单据虽然存在不符点但商景公司已以书面方式表示接受单据,或已将信用证项下货物提取,商景公司保证在该行规定的时间内支付买方远期信用证项下款项;如商景公司未能按期足额还款,无论何种原因,工行南汇支行均拥有下述权利:1.按照本协议约定从商景公司账户中扣还欠款;2.从商景公司各种应收款中扣还欠款;3.对逾期欠款按 30%的年利率计罚息;4.处分抵/质押物或要求担保人履行代偿义务;5.采取任何其他足以维护工行南汇支行在本协议项下权益的措施。

同日,樊某、任某某分别与工行南汇支行签订《最高额保证合同》,承诺对商景公司自当日起至 2015 年 12 月 31 日期间的债务在人民币 2 亿元的最高余额内向工行南汇支行提供连带责任保证。若主合同为信用证开证协议,则保证期间为自工行南汇支行支付信用证项下款项之次日起两年。2012 年 7 月 20 日,王某某向工行南汇支行出具书面承诺,为商景公司对工行南汇支行所负债务提供担保。

2012 年 5 月 9 日,工行南汇支行根据商景公司的申请开立一份不可撤销信用证,开证金额为 118 万美元,信用证到期日为 2012 年 8 月 13 日。2012 年 5 月 15 日,工行南汇支行向商景公司发送《来单通知书》,载明已收到信用证项下全套单据,经审核无不符点。商景公司在该通知书的意见栏中勾选"同意付款/承兑",工行南汇支行于当日将信用证项下全套单据交付商景公司。

2012 年 8 月 13 日,涉案信用证到期,商景公司未向工行南汇支行支付信用证项下款项,该行因此产生信用证垫款 118 万美元。

2014 年 7 月底,工行南汇支行分别向商景公司、樊某、任某某和王某某发出催收函,但后四者均未履行相应责任,遂诉至法院。

工行南汇支行诉称,其已应商景公司的申请开立信用证,并垫付信用证项下款项 118 万美元。工行南汇支行多次追索未果,请求判令商景公司支付信用证垫款 118 万美元及按年利率 30% 计收的罚息,并判令樊某、任某某、王某某对商景公司的上述债务承担连带保证责任。

商景公司未到庭应诉,亦未提交书面答辩意见。

樊某、任某某辩称,本案主债务已过诉讼时效,且工行南汇支行也未在保证期间内要求其承担保证责任,故保证责任应予豁免;工行南汇支行计收利息的利率过高,请求予以调整。

王某某辩称,其是商景公司的实际经营者,愿意履行应承担的担保责任。

第三人上海国有资产经营有限公司(以下简称上海国资公司)同意工行南汇支行的起诉意见,并称其已从工行南汇支行处受让系争债权。

一审法院查明,工行南汇支行向商景公司、任某某、王某某寄送的催收函均未妥投并被退回收寄局。向樊某两处地址寄送的快递均被签收,其中一份快递底单显示系"樊某"本人签收,樊某确认其曾在该地址居住过。另查明,一审中工行南汇支行将包括系争债权在内的相关权利转让给了上海国资公司。

审 判

一审法院经审理后认为,涉案《信用证总协议》《最高额保证合同》及王某某单方出具的书面承诺均系各方当事人的真实意思表示,合法有效,各方当事人均应按约履行。工行南汇支行已根据商景公司的申请开立信用证,并已将信用证项下款项支付给受益人,完全履行了合同义务,而商景公司在书面表示同意承兑付款的情况下,未能如期归还工行南汇支行代为支付的上述款项,构成违约,应承担相应的违约责任。工行南汇支行有权要求商景公司向其偿付信用证垫款 118 万美元并支付相应罚息。《信用证总协议》约定罚息按年利率 30％计收明显过高,故酌情调整至每日万分之五。

《最高额保证合同》明确约定保证期间为“自工行南汇支行支付信用证项下款项之次日起两年”,而工行南汇支行系于 2012 年 8 月 13 日支付信用证项下款项,故保证期间为自 2012 年 8 月 14 日起至 2014 年 8 月 14 日止。根据《中华人民共和国担保法》第二十六条第二款的规定,若工行南汇支行未在保证期间内要求保证人承担保证责任,保证人免除保证责任。因工行南汇支行向任某某寄送的催收函被退回,故对任某某关于工行南汇支行未在保证期间内要求其承担保证责任,其享有豁免权的抗辩意见予以采信。因工行南汇支行向樊某寄送的快递底单明确记载内件品名为“商景催收函(9 笔信用证垫款)”,且该底单的收件人签收栏显示“樊某”于 2014 年 7 月 26 日签收,据此可认定工行南汇支行向樊某主张权利的意思表示已到达樊某处。樊某提供的证据并不足以推翻催收函已送达樊某的事实,故对其关于可免除保证责任的抗辩意见不予采信。

商景公司经合法传唤未到庭应诉,亦未就诉讼时效问题提交书面抗辩意见,应视为其放弃相关抗辩权利。对作为担保人的樊某而言,根据《中华人民共和国担保法》第二十条第一款和《最高人民法院关于审理民事案件适用诉讼时效制度若干问题的规定》(以下简称《诉讼时效规定》)第二十一条第一款,主债务诉讼时效期间届满,保证人享有主债务人的诉讼时效抗辩权。工行南汇支行未在两年诉讼时效期间内向商景公司主张权利,故主债务诉讼时效期间届满,樊某据此主张免于承担保证责任的抗辩意见,具有事实及法律依据,对此予以采纳。

王某某于本案审理期间表示愿意履行应承担的担保义务,鉴于法律并不禁止保证人为自然债权提供担保,故对其自愿提供担保的行为效力予以确认。

综上,一审法院依照《中华人民共和国合同法》第八十条、第八十一条、第二百零六条、第二百零七条,《中华人民共和国担保法》第二十条、第二十一条、第二十六条第二款,《最高人民法院关于审理民事案件适用诉讼时效制度若干问题的规定》第二十一条第一款,《中华人民共和国民事诉讼法》第一百四十四条,《最高人民法院关于适用〈中华人民共和国民事诉讼法〉的解释》第二百四十九条之规定,判决:一、商景公司应于判决生效之日起十日内归还工行南汇支行信用证垫款本金 118 万美元以及以 118 万美元为基数,自 2012 年 8 月 13 日起计算至实际支付日止的罚息(按日万分之五计收);二、王某某对商景公司上述第一项付款义务承担连带清偿责任;王某某在履行上述义务后,有权向商景公司追偿;三、驳回工行南汇支行其余诉讼请求。

一审判决后,工行南汇支行不服提起上诉。

工行南汇支行上诉称,1.其是分别向任某某的住所地、商景公司的工商注册地址发送催收函。自涉案信用证业务发生后,上述地址从未变更,故工行南汇支行的送达是有效的。由于工行南汇支行同时向商景公司的股东樊某以及股东兼法定代表人任某某发函主张权利,应视为其也向商景公司主张了权利。2.根据《诉讼时效规定》,樊某签收催收函的行为足以在各被上诉人之间产生诉讼时效中断的效力,故主债务的诉讼时效并未届满。请求撤销一审判决第三项,改判樊某和任某某对商景公司的付款义务承担连带清偿责任。

被上诉人樊某辩称,1.工行南汇支行怠于行使权利,故主债务诉讼时效届满。一审中樊某举证证明催收函是由案外人签收,也未转交给樊某,故不产生诉讼时效中断的效力,樊某也不应承担担保责任。请求二审法院驳回上诉。

被上诉人任某某辩称,1.同意樊某的答辩意见。2.任某某没有变更过住所地,也不存在恶意拒收催收函的情形。经一审法院调查任某某确实没有收到催收函,故不能认定该函已经送达。3.工行南汇支行已经知道催收函没有送达,却怠于行使权利,故本案诉讼时效没有中断。请求二审法院驳回上诉。

原审第三人上海国资公司述称,同意工行南汇支行的上诉请求。

被上诉人商景公司、王某某未作答辩。

二审法院查明,2014 年 7 月 25 日,工行南汇支行通过全球邮政特快专递(EMS)分别向商景公司住所地及另一联系地址寄送催收函,并向任某某身份证载明的住址亦即其实际联系地址寄送催收函,但均未妥投。

二审法院经审理后认为,本案争议焦点是:1.工行南汇支行提起本案诉讼时主债务的诉讼时效是否已经届满;2.樊某、任某某是否应当对商景公司的债务承担连带清偿责任。

关于第一个争议焦点。根据《中华人民共和国民法通则》第一百四十条的规定,诉讼时效因提起诉讼、当事人一方提出要求或者同意履行义务而中断。《最高人民法院关于审理民事案件适用诉讼时效制度若干问题的规定》第十条第一款规定,下列情形应认定为前述"当事人一方提出要求":……(二)当事人一方以发送信件或者数据电文方式主张权利,信件或者数据电文到达或者应当到达对方当事人的;……本案中,工行南汇支行于 2014 年 7 月 25 日即诉讼时效届满之前向商景公司及其法定代表人任某某以及樊某、王某某寄送催收函,其中向商景公司寄送的地址是其经工商登记的住所地,向任某某寄送的地址是其身份证所载住址及实际联系地址，且没有证据证明商景公司、任某某曾向工行南汇支行告知联系地址变更事宜，故工行南汇支行向上述地址寄送催收函，属于前述信件"应当到达对方当事人"的情形，因而其行为属于"当事人一方提出要求"，可产生诉讼时效中断的效力。退一步说，一审法院认定涉案催收函已经送达债务保证人樊某，该认定并无不当，而根据《最高人民法院关于贯彻执行〈中华人民共和国民法通则〉若干问题的意见（试行）》第一百七十三条第二款的规定，权利人向债务保证人、债务人的代理人或者财产代管人主张权利的，可以认定诉讼时效中断，故工行南汇支行向樊某主张权利的事实亦能引起本案主债务诉讼时效中断。因此，在工行南汇支行于 2014 年 12 月向一审法院起诉时，本案主债务的诉讼时效尚未届满。

关于第二个争议焦点。《最高人民法院关于适用〈中华人民共和国担保法〉若干问题的解释》第十九条第一款规定，两个以上保证人对同一债务同时或者分别提供保证时，各保证人与债权人没有约定保证份额的，应当认定为连带共同保证。第二十条第一款规定，连带共同保证的债务人在主合同规定的债务履行期届满没有履行债务的，债权人可以要求债务人履行债务，也可以要求任何一个保证人承担全部保证责任。涉案《最高额保证合同》并未约定樊某、任某某各自的保证份额，故应依法认定为连带共同保证。工行南汇支行在保证期间内向保证人樊某、任某某寄送了催收函，尽管向任某某所寄催收函并未妥投，但由于连带共同保证的保证人是作为一个整体共同对债权人承担保证责任，所以债权人向共同保证人中的任何一人主张权利，都是债权人要求保证人承担保证责任的行为，其效力自然及于所有的保证人。鉴于此，应认定工行南汇支行已经在保证期间内向樊某、任某某提出了承担保证责任的要求。樊某、任某某并无免除保证责任的理由，应当依照《最高额保证合同》的约定对涉案主债务承担连带清偿责任。

综上，二审法院依照《中华人民共和国民法通则》第一百四十条，《最高人民法院关于贯彻执行〈中华人民共和国民法通则〉若干问题的意见（试行）》第一百七十三条第二款，《最高人民法院关于审理民事案件适用诉讼时效制度若干问题的规定》第十条第一款第二项，《最高人民法院关于适用〈中华人民共和国担保法〉若干问题的解释》第十九条第一款、第二十条第一款，《中华人民共和国民事诉讼法》第一百四十四条、第一百七十条第一款第二项、第一百七十五条之规定，判决：一、维持一审判决第一项、第二项；二、撤销一审判决第三项；三、樊某对商景公司依据一审判决第一项承担的付款义务承担连带清偿责任；樊某在履行上述义务后，有权向商景公司追偿；四、任某某对商景公司依据一审判决第一项承担的付款义务承担连带清偿责任；任某某在履行上述义务后，有权向商景公司追偿；五、驳回工行南汇支行其余诉讼请求。

点 评

本案主要涉及三方面问题：一是债权人向债务人或保证人经工商登记的住所地（法人）或户籍所在地（自然人）寄送催收函，能否认定诉讼时效中断；二是债权人向保证人主张权利，能否产生主债务诉讼时效中断的效果；三是债权人向负连带责任的保证人之一主张权利，其效力是否及于其他连带保证人。

对第一个问题，两级法院在判断上存在明显差异。对诉讼时效期间届满的法律效果各国历来存在不同认识及法律规定，有"胜诉权消灭""诉权消灭""实体权利消灭""抗辩权发生"等。不过，简单地强调诉讼时效制度在于促使请求权人及时行使权利，"法律不保护躺在权利上睡觉的人"，或者片面强调诉讼便利、维护交易秩序都是不全面的。诉讼时效制度是稳定社会关系（尤其是财产关系）、维护经济秩序、平衡债权人、债务人及不特定第三人利益的一种制度安排，同时它也确立了司法公权力对私权利提供救济的限度。对债权人采用发送信件等方式主张权利的，我国法律基本采"到达主义"，《最高人民法院关于审理民事案件适用诉讼时效制度若干问题的规定》也持此立场，将"信件或者数据电文到达或者应当到达对方当事人的"认定为"当事人一方提出要求"的情形之一，"应当到达"则为"拟制到达"。

在本案中，二审法院首先正确认定了商景公司、任某某的住所及其法律意义。"住所"，在法律上是确定民商事案件管辖权的重要依据、是诉讼文书的送达地；在合同订立、履行的非诉讼场合亦同。《中华人民共和国民法通则》对公民和法人的住所有明确规定："公民以他的户籍所在地的居住地为住所，经常居住地与住所不一致的，经常居住地视为住所""法人以它的主要办事机构所在地为住所"，《中华人民共和国民法总则》《中华人民共和国公司法》所作规定基本与此一致。二审法院依法正确认定了商景公司、任某某的住所及权利人向商景公司经工商登记地址、向保证人任某某身份证所载居住地寄送催收函的正当性。其次，告知、协助履行是合同的附随义务，二审法院正确认定了商景公司、任某某的该附随义务，本案中债权人寄送的催收函虽被退回，但没有证据证明商景公司、任某某曾向工行南汇支行告知联系地址变更事宜，故认定属权利主张到达或"应当到达对方当事人"的情形，产生诉讼时效中断的效果。第三，本案中商景公司未出席庭审、未提出诉讼时效抗辩，二审法院依法不主动适用诉讼时效。

关于第二个问题，二审法院认定工行南汇支行向保证人之一樊某发送催收函并被其签收，产生主债务诉讼时效中断的效力，此种认定合于法理、于法有据。一方面，保证人是从债务人，保证人承担保证责任后有权向主债务人追偿，最终义务人仍是主债务人，向保证人主张权利，可视为向主债务人主张权利，故主债务诉讼时效中断；另一方面，《最高人民法院关于贯彻执行〈中华人民共和国民法通则〉若干问题的意见(试行)》第一百七十三条第二款明确规定,权利人向债务保证人、债务人代理人或者财产代管人主张权利的,可认定诉讼时效中断。

关于第三个问题,二审法院正确认定工行南汇支行向樊某主张权利,即是向全部连带共同保证人主张权利,产生诉讼时效中断的法律效果。《最高人民法院关于适用〈中华人民共和国担保法〉若干问题的解释》第二十条第一款明确规定:连带共同保证的债务人在主合同规定的债务履行期届满没有履行债务的,债权人可以要求债务人履行债务,也可以要求任何一个保证人承担全部保证责任;最高人民法院法释[2002]37号称:承担连带责任保证的保证人一人或者数人承担保证责任后,有权要求其他保证人清偿应当承担的份额,"不受债权人是否在保证期间内向未承担保证责任的保证人主张保证责任的影响"。相对于债权人而言,连带共同保证的保证人是作为一个整体对其承担保证责任的,债权人仅向一保证人提出主张而未向全部保证人提出主张,并不构成"怠于行使权利"。

本案二审判决在正确适用诉讼时效、确定保证责任方面有参考意义。

案例提供单位:上海市高级人民法院

编写人:范雯霞

点评人:季立刚

46. 侯某某诉长江证券股份有限公司上海后长街证券营业部证券经纪合同纠纷案

——分级基金下折案件中证券公司销售适当性义务的认定

案 情

原告侯某某

被告长江证券股份有限公司上海后长街证券营业部

2014 年 11 月 20 日,原告通过网上自助开户的形式在被告处申请开立资金账号为 55023383 的账户,同日,原告在被告处进行风险承受能力测评,测评得分为 78 分,风险承受能力为激进型。2015 年 5 月 14 日,原告在被告处再次进行了风险承受能力测试,测评得分为 79 分,风险等级为激进型。2015 年 5 月 15 日,原告通过该资金账户进行长盛中证申万一带一路主题指数分级证券投资基金(以下简称长盛中证一带一路基金)的认购,认购金额为 10 万元,原告妻子杨某某系认购申请的实际操作人。2015 年 5 月 28 日,扣除认购手续费,原告共认购长盛中证一带一路基金 99 058 份额,每份额净值 1 元。2015 年 6 月 8 日,根据《招募说明书》和《基金合同》的约定,原告所购的基金份额自动折算成长盛中证申万一带一路主题指数分级证券投资基金基础份额(以下简称一带一路母基金)19 812 份、长盛中证申万一带一路主题指数分级证券投资基金 A 类份额(以下简称一带一路 A 子基金)39 623 份、长盛中证申万一带一路主题指数分级证券投资基金 B 类份额(以下简称一带一路 B 子基金)39 623 份,每份额净值均为 1 元。

2015 年 6 月 10 日,原告以每份额 0.812 元的价格卖出其所持有一带一路 A 子基金 39 623 份、以每份额 1.222 元的价格卖出其所持有一带一路 B 子基金 39 623 份。同日,又先后买入 84 600 份一带一路 A 子基金(其中,4 600 份的买入价格为 0.813 元,10 000 份的买入价格为 0.830 元,20 000 份的买入价格为 0.823 元,50 000 份的买入价格为 0.824 元)。2015 年 6 月 17 日,原告以每份额 0.830 元的价格先后两次卖出其所持有一带一路 A 子基金共计 84 600 份;同日,原告买入 100 000 份一带一路 B 子基金(其中,20 000 份的买入价格为 1.050 元,80 000 份的买入价格为 1.066 元)。2015 年 6 月 18 日,原告买入 50 000 份一带一路 B 子基金(其中,20 000 份的买入价格为 1.020 元,30 000 份的买入价格为 1.021 元)。2015 年 6 月 25 日,原告以每份额 0.860 元的价格买入 11 000 份一带一路 B 子基金。2015 年 7 月 7 日,原告以每份额 0.585 元的价格卖出其所持有一带一路母基金 19 812 份,同时以每份额 0.578 元的价格买入 100 份一带一路母基金;此时,原告共持有一带一路母基金 100 份、一带一路 B 子基金 161 000 份。2015 年 7 月 9 日,涉案基金触发下折,原告持有的一带一路母基金以 0.526 元的价格下折 41 份、一带一路 B 子基金以 0.430 元的价格下折 132 081 份。根据原告 2015 年 7 月 27 日打印的资金账号对账单,原告此时持有的一带一路母基金份额为 59 份,市值为 69.62 元,持有的一带一路 B 子基金份额为 28 919 份,市值为 43 089.31 元。

原告通过网上自助开户的形式在被告处开立资金账户时,被告通过网上确认的形式向原告出示了《客户开户档案目录》,《客户开户档案目录》中"证券投资基金投资人权益须知"对证券交易委托风险、基金投资风险均进行了提示。

长江证券官网上公示的《基金合同》和《招募说明书》均载明,涉案基金共有三类基金份额,分别为涉案的一带一路母基金、一带一路 A 子基金、一带一路 B 子基金,其中一带一路母基金为普通的股票型指数基金,具有较高风险,较高预期收益的特征,一带一路 A 子基金的风险和预期收益较低,一带一路 B 子基金采用了杠杆式的结构,风险和预期收益有所放大,将高于普通的股票型基金。并对"基金份额的折算"作了说明,提示了基金的投资风险。上海证券交易所 2015 年 5 月 30 日在其官方网站上刊登了长盛基金管理有限公司的《长盛中证申万一带一路主题指数分级证券投资基金合同生效与公告》。2015 年 6 月 8 日,上海证券交易所在其官方网站发布《长盛中证申万一带一路主题指数分级证券投资基金上市交易及放开申购赎回公告》。

原告诉称,2014 年底,原告的妻子将原告的账户从申银万国转到被告处,该账户的联系方式一直是原告的妻子杨某某的号码,期间被告的业务员一直和原告的妻子杨某某联系。2015 年 5 月 25 日晚,原告的妻子杨某某向被告业务员杜某某购买一带一路原始基金,缴纳了基金购买费 10 万元,当时被告并没有和原告签订购买合同,也没有进行风险告知。2015 年 6 月 8 日,原告的账户显示购买了一带一路母基金、一带一路 A、一带一路 B,共计 99 058 股(扣除手续费)。在此期间,杨某某根据被告业务员的电话告知,进行母子基金的相互抛售。2015 年 6 月 10 日至 25 日,原告根据被告业务员的推介,继续加仓一带一路 B,最终加仓到 161 000 股。2015 年 6 月 29 日,杨某某根据业务员的建议挂到跌停板卖出,但一直卖不出。2015 年 7 月 9 日,杨某某发现账户被平仓,其中一带一路母基金为 41 股、一带一路

B 为 132 081 股。原告以违约为请求权基础,认为被告作为基金销售公司,违反了证券基金买卖开户协议,原告购买时并不知道涉案基金为分级基金,不知道基金份额会下折减少,被告违反如实告知义务和诚实信用原则导致原告损失,故请求法院判令被告赔偿原告 131 648.60 元。

被告辩称,不同意原告诉讼请求。(1)原告在被告处买卖的涉案基金系 LOF 基金,被告作为证券营业部,对原告的买卖不存在必须的特殊告知义务、风险说明义务,原告的买卖盈亏风险应由原告自行承担;(2)原告在被告处开户时,被告已通过证券交易委托风险揭示书告知原告可能存在的证券投资风险,告知中明确被告所做的推荐仅供投资人参考,投资人应根据自身风险承受能力选择基金产品并自行承担投资基金的风险;(3)原告开户时、购买分级基金前,被告均为原告进行风险承受能力测评,原告的评级结果为激进型,是可以购买分级基金的适格投资人;(4)被告及业务人员没有直接向原告推荐过任何基金;(5)原告妻子为原告操作账户导致损失与被告无关。

审 判

法院经审理后认为,原、被告之间通过网上自助开户的形式订立了证券交易委托代理协议,被告为原告开立资金账户,形成了证券经纪关系,原告通过该资金账户认购涉案基金,并在基金合同生效后,通过资金账户买卖在上海证券交易所上市交易的涉案基金份额,现原告主张被告作为基金代销机构,违反了证券基金买卖开户协议,未尽如实告知及风险提示义务,导致原告损失,双方就被告有无违反合同约定产生争议。案件的争议焦点主要在于:1.被告风险提示的对象是否包括原告的妻子;2.被告是否尽到了合同约定的风险提示义务。

对于第一项争议焦点,原告认为被告风险提示的对象既包括原告,也包括原告妻子;被告认为其风险提示对象为原告。法院认为,原告与被告通过网上开户形式签订了证券交易委托代理协议,原、被告之间形成证券经纪合同关系,原、被告应当按约履行各自的义务。本案中原告将其资金账户及密码告知其妻子,并由其妻子操作其账户,原告与其妻子之间形成了委托代理关系,原告应对其妻子的代理行为承担相应的民事责任。根据证券交易委托代理协议的约定,双方在形成经纪业务关系时,被告已经向原告揭示了证券投资的风险,并经原告确认知晓,但证券交易委托代理协议并未约定被告应当向原告的代理人进行风险提示,原告妻子并非证券交易委托代理协议的当事人,故被告风险揭示的对象按约并不包含原告的代理人,即本案中原告的妻子,其知晓并持有原告资金账户的密码进行证券基金交易操作的后果应归于原告。此外,被告作为证券经纪商,从业务性质来看,其接受原告委托,促成其交易,充当了证券交易的媒介作用,但投资决策乃投资人自主作出,被告的风险提示对象依约不可无限扩大,实践中被告亦无法知晓原告是否将账户授权给本人以外的人操作,也不可能对每一个操作原告账户的人进行风险提示,原告在委托其妻子操作资金账户时,应当告知其妻子相应的风险,故原告认为被告未向原告妻子进行风险提示缺乏合同依据。

对于第二个争议焦点,原告认为,被告在向原告推荐基金时,未告知涉案基金属于分级基金,存在下折风险,违反了如实告知和诚实信用原则;被告认为,被告已通过证券交易委托风险揭示书告知原告可能存在的证券投资风险,原告开户时、购买分级基金前被告均为原告进行风险承受能力测评,原告的评级结果为激进型,是可以购买分级基金的适格投资人,被告及业务人员没有直接向原告推荐过任何基金。法院认为,原告与涉案基金投资有关的行为既包括对涉案一带一路母基金的认购,也包括在基金合同生效后,通过资金账户在上海证券交易所买入、卖出上市交易的一带一路母基金、一带一路 A 子基金、一带一路 B 子基金。原告认购一带一路母基金后,先后全部申请赎回了全部的基金份额,并在此之后通过证券账户重新买入上市交易的一带一路母基金和一带一路 B 子基金,因此,原告主张的损失并非源于认购涉案基金,而是因买卖涉案基金引发。原告以违约为请求权基础,认为被告违反相应约定,对此,法院综合评判如下:

首先,原告主张的损失并非直接源于认购行为,下折的系争基金的亦非原告认购的基金,原告认购涉案基金时,被告系基金公司的代销人,应当遵守《证券投资基金销售管理办法》《证券投资基金销售适用性指导意见》等相关的监管规定,建立健全客户适当性管理制度,根据客户的风险承受能力销售不同风险等级的产品,将合适的产品销售给合适的投资人。被告在原告开立资金账户前和认购涉案基金的前一天,均对原告进行了风险测评,测评结果显示原告系激进型投资者,原告也未证明被告存在销售误导行为,因此,原告通过被告认购涉案基金具有适当性,被告作为基金代销人未违反销售适当性义务。

其次,基金合同生效后,原告在上海证券交易所买入上市交易的一带一路母基金和一带一路 B 子基金时,被告承担的是证券经纪功能,即接受原告委托,代理原告进行交易结算。被告在原告开立资金账户时,已经通过《证券交易委托风险揭示书》向原告提示了投资风险,同时也向原告告知了开放式基金投资人的相关权益,并提醒投资人应当仔细阅读基金契约和招募说明书,原告在公开证券市场上买卖涉案基金份额,应对自己的投资选择自担风险,被告作为证券经纪商,未违反自身相关义务,原告也未有其他证据证明被告存在违法违约行为。

最后,从原告本人的投资经历来看,从原告提交的涉案资金账户的部分对账单来看,从 2015 年 3 月 3 日至 2015 年 7 月 9 日之间,原告的资金账户交易操作相当频繁,原告也曾购买过风险相对较高的创业板股票,也可佐证原告具有一定的投资经验,结合其在被告处的风险测评结果,原告系购买涉案基金的适格投资者。

综上,综合考虑被告的义务履行情况和原告的自身投资经验,原告主张被告违约缺乏事实和法律依据,法院未予采信,原告主张的损失不能归责于被告,一审法院依照《中华人民共和国民法通则》第六十三条第一款、第二款,《中华人民共和国合同法》第六十条,《最高人民法院关于适用〈中华人民共和国民事诉讼法〉的解释》第九十条之规定,判决驳回原告侯某某的诉讼请求。一审宣判后,双方当事人均未提出上诉,判决已发生法律效力。

点 评

本案涉及证券经纪合同中当事人权利义务问题,核心是如何在金融案件中运用"卖者有责""买者自负"的市场交易规则及相应法律规则。

金融产品设计、金融交易具有极强的专业性、技术性,投资者只有在拥有足够财务能力、投资经验、知识能力的情况下,才能准确认识、理解金融市场运行规则,承担金融产品交易风险。专业金融机构与投资者在金融专业能力上存在差异,存在信息不对称,因此在适用"卖者有责"与"买者自负"上,应首重金融机构遵循监管规则、履行"信义义务(Fiduciary Duty)",以体现"卖者有责"。从某种意义上说,"卖者有责"是"买者自负"的前提。

根据《证券投资基金销售管理办法》《证券投资基金销售适用性指导意见》《证券期货投资者适当性管理办法》,证券公司在实施投资基金推介、销售时应遵守"适当性"原则,应了解投资者财务状况、投资经验、风险偏好等信息,并根据产品的风险等级对投资者实施测试、进行风险提示和告知。在本案中,审理法院查明证券公司在投资者开立资金账户和认购案涉基金前均进行了风险测试,已提供《证券交易委托风险揭示书》,提醒投资人仔细阅读基金契约和招募说明书,提示了证券委托交易风险、基金投资风险,又查明投资者曾购买高风险金融产品,以佐证其具有一定的投资经验,审理法院据此认定证券公司已尽到法定义务、合同义务,投资者主张证券公司违约缺乏事实和法律依据;审理法院同时认定投资者在证券市场上买卖案涉基金份额,应对自己的投资选择自担风险,投资者因市场风险造成的损失不能归责于证券公司。该案判决较好地体现了"卖者有责""买者自负"规则。

本案还涉及合同相对性问题。投资者将其资金账户及密码交给其妻子,由其妻子实施交易操作,证券公司的风险提示对象是否及于投资人妻子? 审理法院认为,投资者与证券公司通过网上开户形式签订证券交易委托代理协议,形成证券经纪合同关系,而投资者同意其妻子操作其账户,系投资者与其妻子间形成委托代理关系,根据合同的相对性,证券公司风险揭示对象不及于投资者妻子,风险提示对象不可无限扩大,投资者应对其妻子的行为承担民事责任。审理法院对此问题判定上法律关系分析清晰、说理清楚。

此案对人民法院审查金融机构是否履行"适当性"义务、如何确立金融机构信息披露及风险提示义务衡量标准、如何对"卖者有责"和"买者自负"进行平衡适用等方面具有一定参考意义。

案例提供单位:上海市浦东新区人民法院

编写人:孔燕萍

点评人:季立刚

47. 谭某某诉中国农业银行股份有限公司上海虹口支行金融服务合同纠纷案

——银行在代销金融理财产品中负有金融消费者适格审查义务

案 情

原告谭某某

被告中国农业银行股份有限公司上海虹口支行

2014 年 4 月,申万菱信基金管理有限公司(以下简称申万菱信基金公司)为基金管理人、中国农业银行股份有限公司为基金托管人签订《申万菱信中证环保产业指数分级证券投资基金合同》,对基金的基本情况、基金份额分级、基金份额折算、当事人权利义务等内容进行了约定。

2015 年 6 月 15 日,原告在被告下属通州支行的自助终端机上申购了申万环保分级基金(代码 163114)370 473.16 份,总额 40 万元。2015 年 7 月,申万环保分级基金实施不定期份额折算,份额折算比例为 0.639 818 479,折算后基金份额净值为 1 元,折算基准日为 2015 年 7 月 9 日,2015 年 7 月 13 日该基金回复办理申购(含定期定额投资)、赎回、转换、转托管(包括系统内转托管和跨系统转托管)和配对转换业务等。2015 年 11 月,就讼争基金损失问题,原告向被告通州支行业务员陈某某提出疑问,未有明确答复后,被告向申万菱信基金公司询问了相关情况。2016 年 5 月 31 日,原告赎回所购买的讼争基金,余额为 195 423.38 元。

2015 年 3 月 12 日,原告于被告处购买理财产品时,被告对原告的风险承受能力进行了测评,根据《个人投资者风险承受能力评估问卷》的测评结果,原告属于进取型投资者,适合中高风险(向下兼容)产品,不适合高风险产品。原告在购买本案所涉基金之前,曾购买过国富沪深 300 指基金、天虹云端生活优选基金、国泰TMT50 基金、农银大盘蓝筹混合基金,除天虹云端生活优选基金为中高风险外,其余基金均为高风险,但原告从未购买过分级基金。

被告自助终端机购买理财产品的操作页面上涉及风险提示的文字有:进入购买界面显示"基金有风险,购买须谨慎!";输入本案讼争基金代码则显示"基金名称,申万环保分级,基金风险等级,高风险承受能力";若测评风险承受能力等级低于所申购基金产品,显示:"您购买的基金产品风险等级高于您风险承受能力测评的结果,是否继续?"

原告诉称,陈某某告知原告因柜台办理需要等候故可以在银行的自助终端机购买,并帮助原告在自助终端机操作完成了购买上述基金。原告购买时,被告业务员并未告知所购基金是分级基金,对于风险也只字未提。后因基金数额不对,原告向银行及基金公司询问才知所购买的基金是属于申万环保分级基金 B 类,2015 年 7 月由于下跌触发该基金的下折,强制以 0 元赎回 125 128 19 份,造成直接损失 144 072 元。但原告未签过风险合同,也未收到过银行通知基金下折。2016 年 5 月 31 日,原告赎回所购买的申万环保基金,余额仅为 195 423 38 元,亏损 204 576 62 元,故诉至法院,请求判令被告赔偿原告经济损失 204 576 62 元。

被告辩称,其不存在推荐行为,是原告自行在自助终端机上操作购买讼争基金的,原告作为完全民事行为能力人,应该自担其责,被告不存在侵权和过错,不应承担赔偿责任。且申万环保基金下折折算后净值不变,只是份额变化,对原告没有造成任何实际损失,原告的损失是由于市场风险造成的。故不同意原告的诉讼请求。

经法院传唤,证人陈某某到庭作如下陈述:证人系被告下属通州支行的个人客户经理,原告是其客户。2015 年 3 月,原告曾在通州支行进行过风险承受能力评估测试,测评结果为进取型,购买讼争基金前,原告购买过好几个高风险的基金产品。购买讼争基金当天,证人向原告出示了基金清单并告知了相关风险,原告主动要求购买讼争基金,并自行在自助终端机上操作购买。因是自助终端机上购买,故并未签署任何书面文件。之后原告曾找证人提出过讼争基金损失的疑问,也向申万菱信基金公司询问过有关情况。

审 判

法院审理后认为,在银行推介理财产品的业务活动中,投资者系基于对银行专业知识和理财判断的信赖,购买银行推介的理财产品,以实现其资金的增值保值,银行向投资者提供的专业知识和理财判断,当属金融服务的一种,投资者购买银行推介理财产品的目的亦是获取银行的专业投资服务,故银行与投资者之间构成金融服务合同法律关系。在该法律关系中,银行作为专业服务的提供者,基于诚信原则和实现合同目的,负有如下义务:1.金融消费者适格审查义务,应根据投资者风险认知、风险偏好及风险承受能力的评估结果,将合适的理财产品推介或销售给适当的投资者;2.信息披露和风险提示的义务,应向客户明确告知理财产品的相关信息、解释相关投资工具的运作市场及方式,至少应提示该理财产品的最大风险即运作的最坏结果,特别是银行在采用自助终端机上推介理财产品时,更应强化风险提示说明义务,完善操作界面的设计,并以全面、准确、易懂、明显的方式进行告知,兼顾效率与安全。作为金融服务关系的相对方,投资者也应履行谨慎、理性投资的义务,正确判断和分析正常的市场风险,并承担相应的投资风险,对自身高风险偏好的投资行为负责。当理财产品出现不符预期的运行态势时,投资者亦负有选择适当时机进行赎回的自主管理和注意义务,以防损失扩大。

案件审理中原、被告双方愿意协商解决本案,并在法院主持下达成调解协议如下:一、被告中国农业银行股份有限公司上海虹口支行补偿原告谭某某经济损失120 000 元,此款于 2017 年 1 月 15 日前划入原告在建设银行周家嘴路支行账号为6222600110010136138 的账户内;二、就本案双方当事人无其他争议。

点 评

本案系因银行代销分级基金引发的案件,具有一定新颖性。案件虽以双方调解、法院制作《民事调解书》方式结案,但该案审判过程、法律文书制作体现出以下特点:其一,审理法院贯彻"人民法院审理民事案件,根据当事人自愿的原则,在事实清楚的基础上,分清是非,进行调解"之规定,查明案件的主要交易过程,对案件基本事实、双方所涉法律关系及所负民事义务、应承担的民事责任作出认定,说理简洁、透彻,体现出审理法院鲜明的裁判立场及价值取向,在民事案件处理中既明辨是非,又注重司法效率。其二,《民事调解书》在基金销售法律关系性质认定上具一定创新性。审理法院认为:投资者基于对银行专业知识的信赖,购买银行销售的理财产品亦是获取银行的专业投资服务,故银行与投资者间构成"金融服务合同法律关系"。我国司法机关就金融创新中出现的非典型合同类型进行认定并加以解释,无疑具有实践意义,有助于民事立法的完善。其三,目前,有关金融服务的规范多以部门规章形式存在,如银监会《个人理财业务风险管理指引》《商业银行个人理财业务管理暂行办法》、中国人民银行、银保监会、证监会、国家外汇管理局等四部委《关于规范金融机构资产管理业务的指导意见》、银保监会《商业银行理财业务监督管理办法》等,这些监管文件基本上确立了产品分类、投资者适当性、信息披露和透明度、风险隔离等规则。但面对层出不穷的金融创新,现有法律供给仍显不足。本案中,法官基于"诚实信用"与"合同目的"运用裁量权实施法律续造,就法律空白进行填补,确定银行与投资者的权利义务,具有示范性。该《民事调解书》在认定银行具有对投资者适当性审查义务、信息披露和风险提示义务的同时,亦认为投资者具有谨慎、理性投资的义务,并应承担相应的投资风险,尤其应对自身高风险偏好的投资行为负责,且具有防止损失扩大的义务,平衡确定了相关当事人的权利义务。其四,《民事调解书》针对本案中投资者自行在自助终端机上购买、未签署任何书面文件、产品系分级基金内含特殊下折机制等情形,认为银行在采用自助终端机上推介理财产品时,更应强化风险提示说明义务,完善操作界面的设计,并以全面、准确、易懂、明显的方式实施告知,兼顾效率与公平,对互联网新技术时代权利义务配置制度的构建有一定启示意义。

此案引起的思考还有:金融机构在慎对、切实履行金融产品推介、销售、管理中的"信义义务(Fiduciary Duty)"的同时,也要不断提高运用金融科技的能力以保护自身及投资者权益,如在推介、销售金融产品时采取录音、录像措施,保全诉讼证据,防范经营风险。

案例提供单位:上海市虹口区人民法院
编写人:席建林　魏　嘉　姚依哲
点评人:季立刚

48. 渣打银行(中国)有限公司上海分行诉万某某金融借款合同纠纷案

——金融机构贷款利率不应超过民间借贷利率法定上限

案 情

原告(反诉被告、被上诉人)渣打银行(中国)有限公司上海分行

被告(反诉原告、上诉人)万某某

2012 年 10 月 13 日,万某某向渣打银行(中国)有限公司上海分行(以下简称渣打银行)申请贷款,用途为装修。根据其申请,渣打银行于同年 10 月 18 日划款 174 500 元,贷款期限为 60 个月,贷款月利率为 1.65%,还款方式为按月等额本息还款,每月应还本息为 4 603.79 元。双方贷款合同中约定,借款人没有按约清偿到期应付贷款本金、利息、复利或任何到期应付款项的,该等逾期款项自到期应付之日起至全部清偿之日止按原贷款利率的 130% 计收罚息。自 2014 年 6 月开始,万某某账户出现未按约还款及未足额还款的情形,之后虽于 2015 年 2 月偿还 23 127 58 元,但仍未完全清偿所欠款项。当月偿还 2 005.20 元,7 月偿还 500 元,虽 8 月偿还 4 604 元,9 月至 12 月均未还款,2015 年 1 月偿还了 9 300 元,2 月偿还了 23 127.58 元。渣打银行诉至法院,请求判令万某某支付贷款本金、利息、逾期利息及催收费等。对于逾期利息,渣打银行要求万某某按借款月利率 1.65% 上浮30% 即 2.145% 计算偿还。万某某辩称,事实上其已还款,不存在未还款、逾期等情况,且账户内还有余额。万某某另提起反诉,认为渣打银行账户记录对其个人征信记录造成了不良影响,应当承担相应责任。

审 判

一审法院经审理后认为,双方当事人签订的个人借款合同合法有效。万某某未按照约定按时归还借款本息,构成违约,应承担相应的违约责任。渣打银行有权根据合同约定主张贷款提前到期,要求万某某归还全部所欠本息。合同约定逾期利率按借款利率上浮 30% 计算,于法不悖。故依照《中华人民共和国合同法》第六十条第一款、第一百零七条、第二百零五条、第二百零六条、第二百零七条,《最高人

民法院关于适用〈中华人民共和国民事诉讼法〉的解释》第九十条,《征信业管理条例》第二十九条第一款的规定,判决支持渣打银行的诉讼请求。一审判决后,万某某不服,提起上诉。

二审法院经审理后认为,万某某应当依照双方合同约定承担违约责任。但在逾期利息部分,虽然金融机构发放贷款并不适用我国关于民间借贷的法律规定,然而相较于民间借贷,金融机构的贷款利率应受到更为严格的限制。首先,虽然中国人民银行已全面放开金融机构贷款利率管制,并不规定金融机构贷款利率的上下限,交由金融机构自主确定,但此举旨在推进利率市场化改革,通过市场竞争提高金融机构的经营能力和服务水平,促进金融资源的优化配置。也即,放开金融机构贷款利率上限的目的绝非放任金融机构牟取高利。其次,法律之所以介入到民事主体之间的合同约定,限制民间借贷的利率,一方面是出于资金优化配置的考量,防止资金脱离实体经济,另一方面则是为了限制高利行为,防范社会危机。通常意义上,借款年利率 24% 以上即为高利。金融机构与从事民间借贷行为的自然人、法人和其他组织同为平等的民事主体,其从事借款等民事活动亦应当遵循公平原则,不得损害社会公共利益、扰乱社会经济秩序。第三,金融机构贷款风险低于民间借贷,从资金来源上看,金融机构是法律认可的吸收公众存款的机构,其用于贷款的资金来源较为稳定;从风险管控上看,金融机构除了收取高额利息,尚有其他措施保障借款人履行还款义务,例如事前严格审查借款人资质,事后将违约信息上报至征信系统等等。贷款利率的定价与其风险密切相关,就此而言,金融机构的贷款收益不应高于民间借贷。再者,本案所涉贷款虽为无抵押贷款,渣打银行面临较高风险,但万某某贷款的用途为装修,对于消费型信贷,商业银行作为经监管部门批准设立、担负经济调节职责的金融企业,亦不应当收取过高利息。综合以上分析,渣打银行与万某某关于逾期利率的约定过高,故二审法院改判逾期利息调整为按本案借款月利率 1.65% 上浮 20%,即 1.98% 计算。

点 评

本案涉及在放开金融机构贷款利率限制背景下,金融机构可否任意行使利率定价权,抑或说涉及“高利贷”规制问题:(1)司法干预金融机构高利率的正当性;(2)司法干预的限度。

就第一个问题,两级法院在审判理念上体现出明显差异。基层法院认可当事人对逾期利率的约定,以“契约自由”为导向;二审法院则从公平原则、社会公序、金融监管等角度对金融机构任意行使高利率定价权作出否定评价。那么,两级法院判决孰更准确体现法律的公平正义价值呢?首先,从历史经验与比较法视角来看,古今中外法律中均有限制高利贷的规定,以维护社会政治经济基本秩序,只是限制程度和方式有所不同,如我国史载"建始二年,坐贷谷息过律,免",新莽时"民贷以治产业者,但计赢所得,受息无过岁什一";唐时"诸公私以财物出举者……每月取利,不得过六分。积日虽多,不得过一倍",武周时"负债出举,不得回利作本,并法外生利";《大明律》更明确规定:凡私放钱债及典当财物,每月取利不得过三分,"年月虽多,不过一本一利。违者,笞四十,以余利计赃,重者坐赃论"。《红楼梦》所记贾家被抄原因中就有私放钱债一项。在域外,如日本 1954 年《利率限制法》依本金多寡设定利率限制,原本不足十万日元时年利二分,原本在十万日元以上不足一百万日元时年利一分八厘,原本在一百万日元以上时年利一分五厘;债权人收取原本以外的金钱,不问其为礼金、贴现金、手续费、调查费等任何名义均视为利息。美国几乎每个州都对消费借贷合同利率作出限制,可有一定幅度的上浮,超过即为高利贷。现代立法以追求实质公平正义,维护公序良俗为价值取向,体现出"私法社会化(公法化)"的色彩,对利率的限制即为一例。其次,从金融监管理念上看,放松利率管制是"金融自由化"的内容之一,有利于优化资源配置、提高效率,但利率市场化也须符合公平、公正原则,以有利于经济稳定发展为目标,需防范金融风险、社会风险。我国于 1993 年开始进行利率改革,至 2013 年 7 月放开金融机构贷款利率管制,2015 年 10 月不再设置存款利率浮动上限,利率市场化改革基本完成。对民间借贷,司法政策上也经历了月利率 3%、月利率 1.5%、"适当高于国家银行贷款利率"、四倍基准利率、四倍合法利率等变化。2015 年 9 月 1 日施行的《最高人民法院关于审理民间借贷案件适用法律若干问题的规定》承认自然人、法人、其他组织之间及其相互之间的借贷行为合法,对民间借贷年利率设定了 24% 和 36% 两个限定值。该司法解释明确金融机构因发放贷款等相关金融业务引发的纠纷不适用该规定。究其原因,金融机构是提供信贷资金的重要主体,以金融营利活动为惯常行为,其营业行为与民间借贷的互助性、偶发性具本质不同,金融机构借贷的高利率将产生溢出效应、推高全社会的利率水平,不利于实体经济发展,不利于维护金融消费者、中小投资者利益。在规范民间借贷利率的同时,更有理由对金融机构借贷利率加以规范,若金融机构执行的利率政策利用经济及市场优势损害金融消费者、中小投资者利益,司法干预便具有正当性。二审法院判决从公平原则、金融监管目标、金融消费者保护等方面对司法干预金融机构借贷利率的正当性进行论证,说理较充分。

就第二个问题,二审法院认定对金融机构贷款利率限制也适用于逾期利率具有合理性。在民间借贷中,尚存在"两线三区"之别,年利率不超过 24% 的为完全债权,具有请求力、受领力、强制执行力及处分力,年利率超出 36% 的为非法之债,而在此二者之间的为自然之债,已自愿支付的,不得再要求返还,体现出现代民法兼顾意思自治和公平正义的原则。本案中,银行在发放个人无担保贷款中,已适用较高的贷款利率、即月利率 1.65%,在此基础上又约定逾期上浮 30%计收罚息,年利率显然超出 24%,如果允许银行收取过高的逾期利息,那么对借期内贷款利率的限制就形同虚设。二审法院将贷款利率条款系银行单方制定、金融消费者议价能力较弱、万某某贷款为消费型信贷等作为裁量因素,认为应更严格规范银行借贷利率,得出年利率超出 24%即为高利、不应获支持的结论,判决理由具有说服力。

此案二审判决在确定金融机构贷款利率上限、规制高利率、推动高利贷立法方面具有一定积极意义。

案例提供单位:上海市第一中级人民法院

编写人:孙 倩

点评人:季立刚

49. 郭某某诉光大证券股份有限公司等期货内幕交易责任纠纷案

——交易所就其合理监管行为不应承担民事侵权责任

案 情

原告郭某某

被告光大证券股份有限公司

被告上海证券交易所

被告中国金融期货交易所股份有限公司

2013 年 8 月 16 日 11 时 05 分,光大证券股份有限公司(以下简称光大证券公司)在进行交易型开放式指数基金申赎套利交易时,因程序错误,其所使用的策略交易系统以 234 亿元的巨量资金申购 180ETF 成分股,实际成交 72.7 亿元。中国证监会之后认定,光大证券公司在进行 ETF 套利交易时,因程序错误,其所使用的策略交易系统以 234 亿元的巨量资金申购 180ETF 成分股,实际成交 72.7 亿元为内幕信息。光大证券公司是《中华人民共和国证券法》第二百零二条和《期货交易管理条例》第七十条所规定的内幕信息知情人。上述内幕信息自 8 月 16 日 11 时 05 分交易时产生,至 8 月 16 日 14 时 22 分光大证券公司发布公告时公开,光大证券公司知悉内幕信息的时间不晚于当日 11 时 40 分。

2013 年 8 月 16 日 13 时,光大证券公司称因重大事项停牌。当日 14 时 22 分,光大证券公司发布公告,称"公司策略投资部自营业务在使用其独立套利系统时出现问题。"但在当日 13 时开市后,光大证券公司即通过卖空股指期货、卖出 ETF 对冲风险,至 14 时 22 分,卖出股指期货空头合约 IF1309、IF1312 共计 6 240 张,合约价值 43.8 亿元,获利 74 143 471.45 元;卖出 180ETF 共计 2.63 亿份,价值 1.35 亿元,卖出 50ETF 共计 6.89 亿份,价值 12.8 亿元,合计规避损失 13 070 806.63 元。中国证监会之后认定,光大证券公司在内幕信息公开前将所持股票转换为 ETF 卖出和卖出股指期货空头合约的交易,构成《中华人民共和国证券法》第二百零二条和《期货交易管理条例》第七十条所述内幕交易行为。

2013 年 8 月 16 日 11 时 32 分,21 世纪网刊发了标题为《A 股暴涨:光大证券自营盘 70 亿乌龙指》的报道称:"据 21 世纪网独家获悉,今天上午的 A 股暴涨,源于光大证券公司自营盘 70 亿的乌龙指。对上述消息,光大证券公司董秘梅键对大智慧通讯社表示自营盘 70 亿乌龙纯属子虚乌有。光大证券公司权威人士对大智慧通讯社表示,有上述相关传闻说明他们不了解光大证券公司严格的风控,不可能存在 70 亿元乌龙情况,称传闻纯属子虚乌有。21 世纪网已从多个渠道获悉,上午巨额买盘的资金的确是走的光大证券公司自营席位的通道"。该报道随后由多家网站转载。当日 13 时,光大证券公司因重要事项未公告,向上海证券交易所申请临时停牌,该消息随后由多家网站转载。

郭某某于 2013 年 8 月 16 日上午通过山东鲁证期货股份有限公司进行了 IF1308 股指期货交易 4 手,其中卖出、买入各 2 手,损失 24 900 元。当日下午,郭某某进行了 IF1309 股指期货交易 6 手,其中买入、卖出各 3 手,损失 19 800 元。之后,郭某某提起本案诉讼,要求光大证券公司与上海证券交易所(以下简称上交所)、中国金融期货交易所(以下简称中金所)就其损失承担侵权赔偿责任。

审 判

一审法院经审理后认为,中国证监会、北京市第一中级人民法院均已认定,光大证券公司 2013 年 8 月 16 日在内幕信息公开前将所持股票转换为 ETF 卖出和卖出股指期货空头合约的交易,构成《中华人民共和国证券法》第二百零二条和《期货交易管理条例》第七十条所述内幕交易行为。现光大证券公司在本案中并未提供充分证据证明上述生效法律文书确有错误,故依照前述生效法律文书即可认定光大证券公司前述行为构成我国证券法框架内的内幕交易行为,郭某某主张的有关其于 2013 年 8 月 16 日上午的交易行为所致损失部分,系发生于光大证券公司的内幕交易行为时间段之外,且当日上午光大证券公司的错单交易由系统故障所致,并非法律明确禁止之行为,故难以认定该错单交易行为构成民事侵权行为。郭某某主张的有关其于 2013 年 8 月 16 日下午的交易行为所致损失部分,与光大证券公司的部分内幕交易行为均发生于期货交易市场,且交易品种相同,两者间存在直接关联关系。郭某某在当日下午的买入和卖出行为虽均系在光大证券公司内幕交易时间段内,但正因光大证券公司内幕交易行为导致该期间内期货市场价格发生畸变,才致郭某某因其相关交易行为而受损,故郭某某当日下午的交易期间与光大证券公司内幕交易期间重合并不导致免除光大证券公司相关民事责任的法律后果,光大证券公司相关辩称缺乏事实依据,不予采信。

郭某某主张被告上交所、中金所存在监管不作为的过错,其理由为上交所、中金所在光大证券公司异常交易发生当日中午即已知晓真实原因并默许被告光大证券于当日下午进行内幕交易,但上述主张并无相应证据予以佐证。虽然光大证券公司相关工作人员曾在接受新闻采访时作了相应陈述,但此种新闻报道中的描述显然不能单独具有证据属性,且该工作人员与光大证券公司存在利害关系,其陈述不能作为认定事实的依据,故不能以此认定中金所、上交所在光大证券公司发布公告前即已提前知晓相关事项。另,光大证券公司的错单交易事件属证券市场中的小概率事件,现有法律法规及部门规章、交易规则中均无此类事件发生时上交所、中金所应承担何种义务的规范,而民事主体因不作为导致间接侵权的,一般应以该民事主体违反其积极作为义务为前提,故郭某某主张上交所、中金所因其不作为而构成侵权,缺乏法律依据。且光大证券公司当日上午所作错单交易在短时间内完成,该交易行为完成后上交所再对光大证券公司进行交易限制并无实际意义。而光大证券公司当日下午的对冲行为虽属内幕交易行为,但因其交易数额未超过中金所规定的大额交易限额,亦仅占当日相关基金产品及股指期货合约交易的极小部分,中金所在当时又无从知晓光大证券公司已构成内幕交易,故中金所对光大证券公司当日下午的股指期货交易行为未予限制,并不构成监管不作为。且无论上交所、中金所对光大证券公司的交易行为采取何种行为模式,其后果均将波及整个证券及期货市场,而并非只对郭某某个人权益产生影响,郭某某的投资方向亦系其基于市场情况作出的自主决策,其交易结果与上交所、中金所的行为间并无直接因果关系。综上所述,郭某某有关上交所、中金所负有相关监管过错,应对其损失承担民事赔偿责任的主张,缺乏事实和法律依据,不予采信。

郭某某另主张上交所、中金所存在误导市场的行为,但其并未举证证明上交所、中金所曾发布过相关不实信息,上交所当日发布相应公告时,证券市场已结束交易,不存在上交所由此误导市场的客观基础,且该公告内容亦未对光大证券公司的交易行为作任何评价,事实上不可能实现误导市场的效果,郭某某的上述主张,缺乏事实依据,亦不予采信。

此外,依照相关法规规定,应认定上交所、中金所的法律性质均为证券自律管理组织。上交所、中金所作为证券、期货交易市场的自律管理组织,其除了依照章程行使自律管理职责外,还具有为集中交易提供保障、发布信息的法定义务,并被赋予在法定条件下对特定市场主体采取单方、强制性、不利益措施的权力。本案中,光大证券公司实施内幕交易行为时,上交所、中金所尚无从知晓其行为原因及性质,上交所、中金所亦无权对证券市场主体的该类行为是否违规作出认定,而发布信息义务,需以义务主体知晓相关信息为前提,故上交所、中金所在当日并无发布相关信息的事实基础。至于上交所、中金所应否对光大证券公司的错单交易采取临时停市、限制交易等措施,应由上交所、中金所结合当时市场具体状况,以合理合法为原则,以维护市场整体秩序及交易公平为目的自行决定,并非在市场出现异常时即必然立即行使,如否定上交所、中金所行使该种权力时的自主决定权,则证券市场的稳定及交易结果将因个别主体的违规行为而始终处于不确定状态,实质将对市场秩序及交易公平构成更大伤害,故交易所行使前述职权时的自主决定权系其履行监管职责的基础。据此应当认为,无论交易所在行使其监管职权过程中作为或不作为,只要其行为的程序正当、目的合法,且不具有主观恶意,则交易所不应因其自主决定的监管行为而承担民事法律责任,否则其监管职能的行使将无从谈起。况且,从当日交易情形来看,光大证券公司错单交易后,市场已在短时间内恢复正常,不存在之后另行临时停市的必要;光大证券公司之后采取的内幕交易行为,在数量及金额上亦未达到限制交易的法定条件,故上交所、中金所未采取原告所主张的紧急处置措施,应属合理,并未影响证券市场秩序及交易公平,上交所、中金所无需因此承担相应责任。郭某某的相关主张,缺乏法律依据,不予支持。

据此,法院依照《中华人民共和国证券法》第五条、第六十七条、第七十条、第七十五条、第七十六条,《期货交易管理条例》第三条之规定,判决:一、被告光大证券股份有限公司应于本判决生效之日起十日内赔偿原告郭某某损失人民币 11 280元;二、驳回原告郭某某其余诉讼请求。

一审判决后,双方当事人均未提起上诉,判决已生效。

点 评

本案中,投资者就"光大乌龙指"事件主张光大证券公司赔偿损失,且主张上海证券交易所、中国金融期货交易所(以下称"交易所")承担侵权责任。审理法院在对后一项民事主张的裁判中明确了司法介入交易所自律的正当性及限度,同时认定交易所承担民事责任应适用"民事责任相对豁免",具有一定理论及实践意义。

本案作出判决的逻辑前提是如何认定交易所性质及交易所承担民事责任的性质。其一,从历史发展看,交易所是市场机制"无形之手"、政府监管"有形之手"之外的"自律之手"。《中华人民共和国证券法》规定"证券交易所是为证券集中交易提供场所和设施,组织和监督证券交易,实行自律管理的法人";《期货交易管理条例》规定"期货交易所不以营利为目的,按照其章程的规定实行自律管理,期货交易所以其全部财产承担民事责任",上海证券交易所、中国金融期货交易所依法可定性为社会团体法人,在我国法律框架下当具民事主体地位,本质上是社团法人中的"互益法人",具有功能上的互助性、决策上的平等性、非营利性特点。审理法院认定"上交所、中金所的法律性质均为证券自律管理组织",于法有据,有助于厘清交易所作为自律组织与政府监管机构的关系,有助于明晰依法、依章进行的自律行为与行政行为的区别,《中华人民共和国民法总则》实施后更显正确性。其二,无可否认，出于维持市场交易的连续、形成合理的交易价格、减少过度投机，乃至出于经济调控及政府干预的需要，交易所在契约自律的同时，体现出法定自律、法定监管的特点。交易所是较特殊的社团法人，可依照法律及交易所章程制定、实施交易规则、监管规则；其自律监管权利能力既来源于会员合意又源自法律授权，交易所具有准公共机构、公法人的因素，如在证券交易方面，证券交易所公布即时行情、对证券交易实行实时监控、在突发性事件影响证券交易正常进行时采取监管措施、对披露信息进行监督、对违反交易规则人员给予各类纪律处分；在期货交易方面，期货交易所不仅设计合约、安排合约上市，还监督交易、结算、交割，实施风险管理制度。交易所的这种监管权利能力已多体现在交易所章程中。依此逻辑，如交易所经行政部门委托、授权行使行政权力，其受托实施的是行政行为而非民事行为，交易所本身自然毋庸对此承担民事责任；交易所实施的自律性监管行为既然多基于共同契约，且本案中原告所提主张依据的事实并非经行政机构授权，审理法院将其认定为民事行为、如有责任当属民事责任，符合现时法律、行政法规规定，契合法理。

关于在何种情形下司法才得介入交易所自律？交易所在何种情况下方承担民事责任？司法对自律组织内部事务的干预，考验司法在能动与克制间的平衡能力。司法介入时需对自律组织的公共职能作出识别，在自律的专业领域，司法介入更要慎重。审理法院在此案中适用"尊重交易所自主权""民事责任相对豁免"具有正当性、创新性。其一，审理法院认定交易所在应否对"光大乌龙指"事件采取临时停市、限制交易等措施上有权行使"自主决定权"，该认定符合法理及法律规定。在相关法律、章程中，多使用交易所"有权"或"可以"采取相关措施的模态词，而非"应当"或"必须"作出某种行为，体现出交易所自律监管的裁量权。诚如审理法院认识的那样：对于资本市场是否发生突发性异常、是否应采取措施及采取何种措施，理应基于交易所的专业判断，交易所行使自主决定权是其履行监管职责的基础，如否定交易所的这种权利，势必使其无法自主行使自律及监管职能，将对市场秩序及交易公平构成更大危害。其二，就域外经验而言，交易所在无营利目的及营利行为的监管职能领域，可享有绝对民事责任豁免权；如果交易所以营利目的采取某种措施，如确定期货指数错误，则从维护公益转为具有自利，其行为性质就会发生变化，不再享有民事责任豁免权。本案中，审理法院主要从两个方面论证了交易所享有的"民事责任相对豁免权"：一方面，审理法院在认定交易所有无过错上充分说理。民事主体因不作为导致间接侵权，一般以该民事主体违反其积极义务为前提，"光大乌龙指"事件属证券市场中小概率事件，现有法律法规、交易规则中均无此类事件发生时交易所应承担何种积极义务的规定，且如前所述，交易所对此享有"自主决定权"，同时鉴于资本市场交易的不可逆性，事后结果并无从判断当时采取何种措施更为恰当，交易所基于其专业判断无论采取积极行为还是消极行为，若交易所无过错(恶意)及出于营利目的,其行为程序正当,无论该行为后果如何,均不能据此认定交易所存在过错。审理法院适用类似行政"正当程序"规则判定交易所有无过错,具有创建性。另一方面,审理法院对交易所实施行为与原告损失有无因果关系的认定有事实与法律依据。在本案中无证据证明交易所提前知晓光大证券公司相关行为,亦无误导市场行为,市场当时属短期合理幅度内波动,交易所当无过错;而且,原告的投资行为是其基于市场情况作出的自主决策,其交易结果与交易所行为间并无直接因果关系。

本案的裁判理念及所适用的裁判原则对同类案件审理具有借鉴意义。当然,在自律组织是否享有侵权民事责任豁免权、判定自律组织侵权时是否需要"恶意"等问题尚需权衡利弊、进一步探索;在相关制度中进一步明确交易所等自律组织民事侵权的构成要件,尤其是确立过错的判定标准亦乃实践所需。

案例提供单位:上海市第一中级人民法院

编写人:金　成

点评人:季立刚

50. 中航国际租赁有限公司诉北京贝特里戴瑞科技发展有限公司等融资租赁合同纠纷案

——融资租赁合同项下租赁物部分未购买时回购保证人的责任认定

案 情

原告（被上诉人）中航国际租赁有限公司

被告（上诉人）北京贝特里戴瑞科技发展有限公司

被告（上诉人）中国航空工业集团公司北京航空制造工程研究所

被告（原审被告）好友轮胎有限公司

被告（原审被告）王某某

2010年9月20日，中航国际租赁有限公司（以下简称中航租赁公司）与四被告分别签订六份合同：一、与好友轮胎有限公司（以下简称好友公司）签订《融资租赁合同》，约定中航租赁公司根据好友公司对供应商和租赁物的选择，同意购入租赁物北京贝特里戴瑞科技发展有限公司（以下简称贝特里戴瑞公司）供应的半钢液压硫化机16台（合计18 880 000元）、半钢一次法成型机4台（合计15 600 000元），并出租给好友公司使用，租赁期36个月、起租日为中航租赁公司第二次支付《委托购买合同》项下价款之日起。租赁物的全部价款减去零期租金6 896 000元后即27 584 000元，与委托购买合同支付进度同步分三笔支付。承租人在合同生效日起5个工作日内支付出租人保证金即租赁物购买价的10%（3 448 000元），保证金在租赁期内不付息，可用于冲抵最后几期租金。合同约定出租人根据委托购买合同支付了价款，出租人即能获得相应租赁物完整的所有权。若承租人违约，出租人有权选择：向承租人追索所有已到期未付租金、所有未到期租金、期末购买价款、迟延履行金、向承租人追索因执行或保护本合同项下出租人权利而产生的合理费用，包括但不限于律师费等。期满后，承租人可以期末购买价34 480元购买租赁物，出租人将租赁物所有权转让给承租人。合同还对租赁管理费、迟延履行金、保险进行约定。二、与好友公司签订《委托购买合同》,约定依《融资租赁合同》产品和供应商均由受托方即好友公司自行选择,中航租赁公司委托好友公司向贝特里戴瑞公司购买半钢液压硫化机 16 台及一次法成型机 4 台,共计 34 480 000 元。三、与好友公司签订《抵押合同》,约定好友公司以其名下全钢载重子午胎三鼓成型机 2 台、钢丝帘布裁断机(斜裁)1 台,市场估价 15 000 000 元抵押给中航租赁公司,担保《融资租赁合同》项下的所有债务。四、与好友公司及王某某签订《保证合同》,约定王某某为好友公司《融资租赁合同》项下的所有债务提供连带责任保证。保证期间,租赁合同债务履行期限届满之次日起两年。五、与贝特里戴瑞公司签订《回购保证合同》,约定贝特里戴瑞公司为好友公司的《融资租赁合同》提供回购保证。合同约定承租人连续两期未按租赁合同支付到期租金等;回购价款,回购条件成就日为基准日,计算明细。六、与贝特里戴瑞公司及中国航空工业集团公司北京航空制造工程研究所(以下简称航空研究所)签订《保证合同》,约定航空研究所为贝特里戴瑞公司的《回购保证合同》义务提供连带责任保证。

2011 年 3 月 30 日,中航租赁公司向好友公司支付第一笔价款 10 344 000 元;7 月 1 日支付第二笔价款 20 688 000 元;6 月 26 日,好友公司声明,《委托购买合同》项下设备自交付之日至租赁合同约定的债务履行完毕之日期间,设备及其附属设备的所有权归中航租赁公司所有。好友公司亦支付保证金 3 448 000 元。

好友公司使用租赁设备后,自 2013 年 2 月 8 日未再按约付款。2013 年 8 月 22 日,中航租赁公司与好友公司及王某某签订《补充协议》,约定对剩余本金、迟延履行金进行重组,并约定如好友公司全面履行合同,中航租赁公司将在租期结束时免除迟延履行金 1 401 096.13 元,否则应继续支付该款。

由于好友公司第 26—30 期租金(2013 年 9 月 26 日起)发生迟延付款,第 31 期(2014 年 2 月 26 日)起未再付款,中航租赁公司遂起诉至法院,请求判令:一、好友公司支付到期未付租金 9 734 417.43 元、未到期租金 2 163 203.87 元、期末购买价 34 480 元、到期未付管理费 63 499.34 元、到期未付保险费 6 524.09 元(共计 12 002 124.73 元);二、好友公司支付迟延履行金 2 883 805.29 元(暂计算至 2014 年 11 月 18 日,要求计算至实际付款日止);三、好友公司支付律师费 200 000 元;四、中航租赁公司有权对好友公司抵押的生产设备予以拍卖、变卖并优先受偿;五、王某某对上述一至三项付款义务承担连带保证责任;六、中航租赁公司有权对好友公司交付的保证金 3 448 000 元优先清偿上述一至三项付款义务;七、好友公司及王某某不履行上述付款义务,要求贝特里戴瑞公司履行回购义务,支付中航租赁公司回购款 15 005 753.19 元;八、好友公司及王某某不履行上述付款义务,航空研究所对贝特里戴瑞公司的回购义务承担连带担保责任。

截至 2014 年 11 月 18 日,好友公司欠款:到期未付租金 9 734 417.43 元(第

31—39 期)、未到期租金 2 163 203.88 元(第 40—41 期)、迟延履行金 1 472 555.76 元(第 26—39 期、以下均按日千分之一标准计)、期末购买价 34 480 元、不再免除的迟延履行金 1 401 096.13 元(第 12—25 期)、到期未付保险费 6 524.09 元(第 4 期)及其迟延履行金 945.99 元、到期未付管理费 63 499.34 元(第 4 期)及其迟延履行金 9 207.40 元、律师费 20 万元。

审理中,中航租赁公司明确债务履行顺序:先以保证金抵扣后由抵押人承担抵押担保责任,然后由保证人承担连带保证责任,最后要求回购保证人承担回购责任以及回购保证人承担保证责任。

好友公司辩称,融资租赁合同未解除下,回购不应合并处理;欠租金是事实,但无力还款,具体金额需对账,其中未到期租金和管理费未实际发生不应计入、迟延履行金标准过高、律师费无明确规定两项均不应得到支持。

王某某辩称,一般保证责任保证期间在拖欠起 6 个月,现已超过保证期间,不应承担保证责任。

贝特里戴瑞公司辩称,购买合同系好友公司与贝特里戴瑞公司所签,回购合同系原告与贝特里戴瑞公司所签,缺乏合同相对性,并且购买合同签订在融资租赁合同及委托购买合同之前,回购合同独立存在,故回购合同不成立;从各合同约定看,原告未支付全部价款、拒绝接受剩余的设备,原告未取得设备的全部所有权,回购也不成立;按回购合同约定的生效条件看,未取得本公司董事会、股东会的批准,按约定的回购条件也不能同时主张租金和回购;担保法也无回购担保形式;依法律规定,原告未主张解除融资租赁合同,反诉要求继续履行合同且继续履行剩余 4 台设备的交付。

航空研究所辩称,回购合同不成立,不应承担保证责任。

审 判

一审法院经审理后认为,各方当事人所签订的《融资租赁合同》《委托购买合同》《抵押合同》《保证合同》《回购保证合同》均系当事人真实意思表示,合法有效。关于各当事人法律责任承担:

一、中航租赁公司与好友公司及王某某签订《补充协议》对《融资租赁合同》履行情况进行最终确认,合法有效。好友公司系承租人,其未按上述合同约定支付钱款,构成违约,应承担违约责任:1.好友公司应支付起诉时到期未付租金 9 734 417.43 元、未到期租金 2 163 203.88 元。2.《融资租赁合同》《补充协议》约定期末购买价 34 480 元、管理费 63 499.34 元(第 4 期)、保险费 6 524.09 元(第 4 期)应由承租人承担,为追索权利产生的律师费等费用亦应由承租人承担。中航租赁公司有权主张前述款项。3.根据《补充协议》约定,因好友公司违约而不再产生免除迟延履行金的情形,故好友公司应予继续支付该款项。4.《融资租赁合同》中约定,中航租赁公司有权要求就未支付的款项,按迟延的时间及相应的标准计付迟延履行金,相当于支付逾期利息。好友公司未按约履行支付租金或其他付款义务,应向中航租赁公司支付逾期利息,符合约定。但约定的迟延履行金日千分之一的标准过高,超过中国人民银行同期贷款基准利率的四倍,故调整迟延履行金的计付标准为每日0.60‰。自第 26 期租金起截至 2014 年 11 月 18 日,对于好友公司未按约支付的租金、保险费和管理费,依迟延的时间、欠付的金额及上述计付标准计算的迟延履行金为 889 625.49 元。2014 年 11 月 19 日起,应付租金、保险费和管理费的迟延履行金继续按上述方式计付。5.中航租赁公司依《抵押合同》要求好友公司承担抵押责任,亦合法有据,应予支持。

《中华人民共和国合同法》规定,承租人违约,出租人可以要求支付全部租金,也可以解除合同、收回租赁物。好友公司辩称未解除合同前提下不能合并处理及各项费用的异议,无法律依据,不予采信。

二、王某某系担保人。双方《保证合同》约定保证期间自租赁合同约定的债务履行期届满之次日起两年。2013 年 8 月 22 日双方又签订《补充协议》对主债务的履行期作出变更,延期至 2014 年 12 月 26 日。王某某在该协议上签字确认。因此,担保期间应自延期届满次日起算两年。中航租赁公司现起诉王某某要求其承担连带担保责任,合法有据,应予支持。

三、贝特里戴瑞公司、航空研究所抗辩《回购保证合同》及《保证合同》不成立,不应承担责任。《回购保证合同》具体约定的内容与法律规定的有名合同虽有不符,但明确约定当事人情况、回购条件、回购价格、承担连带保证责任等等,均与法无悖。因此,《回购保证合同》及《保证合同》成立有效,双方均应按约定履行。承租人未履行租赁合同约定的付款义务,符合回购条件的约定。按约定,回购价款以回购条件成就日为基准日,回购明细包括租赁合同项下承租人欠付的到期应付租金及该款的迟延履行金、未到期租金及期末购买价款、其他实际回购的应付款项(包括但不限于律师费、评估费等)。衡量《融资租赁合同》和《补充协议》中承租人的两次违约对回购金额的影响,《补充协议》的违约责任较轻。所以,以《补充协议》来确定其回购责任,抵扣保证金后共计 10 410 975.90 元。贝特里戴瑞公司应按此支付回购价,并可在好友公司、王某某履行本案义务的范围内免除相应的给付义务。航空研究所亦应按《保证合同》约定,在此范围内承担保证责任。贝特里戴瑞公司抗辩,依合同约定未取得公司董事会或股东会批准未生效。该约定不能对抗合同上公司盖章对外公示的法律效力,不予采信。

关于贝特里戴瑞公司提出租赁合同未解除应继续履行剩余设备交付的反诉意

见，一审法院认为，本案系融资租赁合同纠纷，中航租赁公司授权好友公司对租赁物的买卖自行选择，并且中航租赁公司与好友公司对于合同履行已有《补充协议》予以确认。《中华人民共和国合同法》规定，出租人根据承租人对出卖人、租赁物的选择订立的买卖合同，承租人享有与受领标的物有关的买受人的权利。贝特里戴瑞公司上述抗辩属买卖合同范畴，不属本案处理范围，不予受理其反诉，当事人可另案主张。

四、责任承担的顺序问题。审理中中航租赁公司对保证金的抵扣、抵押人抵押责任、保证人连带保证责任及回购保证人责任承担先后顺序的主张，与法无悖，可予准许。

据此，一审法院依照《中华人民共和国合同法》第六十条、第一百一十四条、第二百三十九条、第二百四十八条，《中华人民共和国担保法》第十八条、第五十三条，《关于适用〈中华人民共和国合同法〉若干问题的解释（二）》第一条第一款的规定，判决：一、好友公司于判决生效之日起十日内支付中航租赁公司到期未付租金 6 286 417.43 元（第 31—39 期、保证金已抵扣）、未到期租金 2 163 203.87 元（第 40—41 期）、期末购买价 34 480 元、到期未付管理费 63 499.34 元（第 4 期）、到期未付保险费 6 524.09 元（第 4 期）；二、好友公司应于判决生效之日起十日内支付中航租赁公司上述租金、管理费、保险费截止到 2014 年 11 月 18 日的迟延履行金 889 625.49 元以及上述款项从 2014 年 11 月 19 日起至判决生效日止按每日 0.60‰ 标准计付的迟延履行金；三、好友公司应于判决生效之日起十日内支付中航租赁公司《补充协议》中不予免除的迟延履行金 1 401 096.13 元；四、好友公司应于判决生效之日起十日内支付中航租赁公司律师费 200 000 元；五、好友公司不履行上述一至四项给付义务，中航租赁公司可以与好友公司协议以好友公司名下全钢载重子午胎三鼓成型机 2 台、钢丝帘布裁断机（斜裁）1 台抵押物折价，或者申请拍卖、变卖该抵押物所得的价款优先受偿。抵押物折价或者拍卖、变卖后，其价款超过债权数额部分，归好友公司所有，不足部分由好友公司继续清偿；六、王某某对好友公司上述一至四项给付义务在好友公司承担第五项抵押责任后不足部分范围承担连带清偿责任；七、好友公司、王某某不履行上述一至六项给付义务，贝特里戴瑞公司应于判决生效日起十日内支付中航租赁公司回购款 10 410 975.90 元；好友公司、王某某任何一方履行了上述一至六项相应的给付义务，则贝特里戴瑞公司对于中航租赁公司相应的给付义务予以免除；八、航空研究所对贝特里戴瑞公司的上述第七项给付义务承担连带清偿责任。一审案件受理费 112 315.50 元，保全费 5 000 元，由四被告共同负担。

一审判决后，贝特里戴瑞公司、航空研究所不服，提起上诉，请求撤销一审判决第七、八项。

二审法院认定事实与一审基本一致。另查明:1.好友公司最终并未根据《融资租赁合同》和《委托购买合同》的约定向贝特里戴瑞公司购买价值 1 560 万元的一次法成型机 4 台。2.《补充协议》载明:"三、各方一致确认:因承租人的原因,其未能取得委托购买合同项下的部分产品,出租人作为委托人无需再行向承租人支付原委托购买合同中委托人所需支付的第三次付款的产品价款。"

二审法院经审理后认为,本案中,中航租赁公司与好友公司签订总金额为 3 448 万元的《融资租赁合同》,其中价值 1 888 万元购买硫化机 16 台的部分构成融资租赁,而另 1 560 万元部分因最终并未购买设备,事实上仅发生了资金占用,不构成融资租赁法律关系。一审认定全部交易均为融资租赁法律关系,有所不当。因考虑到本案部分租赁物未购买的主要责任在承租人好友公司,而好友公司在一审判决后也并未上诉,因此对《融资租赁合同》确定的还款义务不再予以调整。

贝特里戴瑞公司根据《回购保证合同》为《融资租赁合同》提供回购保证。系争《回购保证合同》约定了回购标的、回购条件、回购价款及租赁物所有权的转移,从合同条款来看,该回购保证义务的承担应以回购标的的存在为前提,作为回购保证人的贝特里戴瑞公司有义务在回购条件成就时支付回购价款,但同时也有权在支付回购价款后取得租赁物所有权。本案中,《融资租赁合同》项下的租赁物部分并未购买,出租人中航租赁公司亦未取得部分租赁物的所有权,因此对该部分价款,中航租赁公司无权要求回购保证人承担回购责任。至于中航租赁公司认为《回购保证合同》约定回购保证人应承担连带保证责任的说法,二审法院认为,因《回购保证合同》约定的贝特里戴瑞公司的主要合同义务为回购义务,该义务明显区别于《担保法》规定的连带保证责任,故对中航租赁公司的此诉讼主张不予采信。由于二审法院认可贝特里戴瑞公司仅对已实际购买的设备承担回购责任,故贝特里戴瑞公司应支付的回购价款亦应相应减少。一审认定上诉人贝特里戴瑞公司的回购价款为 10 410 975.90 元,二审按照好友公司实际购买设备价款(1 888 万元)与原总价款(3 448 万元)的比例,认定贝特里戴瑞公司的回购价款应为 5 700 673.58 元。贝特里戴瑞公司支付该回购价款后,有权依照《回购保证合同》之约定取得价值 1 888 万元 16 台硫化机的所有权。航空研究所应当根据相关《保证合同》的约定,为贝特里戴瑞公司的上述债务提供连带保证责任。

综上所述,二审法院认为贝特里戴瑞公司、航空研究所的部分上诉请求成立,一审法院对于回购保证责任的认定有所不当,应予改判。依照《中华人民共和国民事诉讼法》第一百七十条第一款第二项之规定,判决:一、维持一审判决第一至六项、第八项;二、变更一审判决第七项为:好友公司、王某某不履行上述一至六项给付义务,贝特里戴瑞公司应于二审判决生效日起十日内支付中航租赁公司回购款人民币 5 700 673.58 元;好友公司、王某某任何一方履行了上述一至六项相应的给付义务,则贝特里戴瑞公司对于中航租赁公司相应的给付义务予以免除;三、驳回贝特里戴瑞公司、航空研究所的其余上诉请求。

点 评

本案争议主要涉及如何认定各方当事人所签《融资租赁合同》《委托购买合同》《抵押合同》《保证合同》《回购保证合同》中的权利义务及民事责任问题。相关合同主要涉及四重法律关系:一为融资租赁关系,二为租赁物买卖关系(本案中出租人委托承租人向卖方购买),三为《融资租赁合同》履行担保关系,四为在承租人未支付租金时租赁物回购保证关系。本案核心是当出租人仅支付部分租赁物价款、未取得全部租赁物时,回购保证人应否对该部分租赁物所对应价款承担回购保证责任。

二审法院在本案中认定各种法律关系清晰,较正确地界定了相关当事人的权利义务和民事责任。首先,二审法院正确辨析了融资租赁合同当事人的权利义务。根据《中华人民共和国合同法》第二百三十七条,融资租赁合同涉及三方合同主体(即出租人、承租人、出卖人),实质上是联立的买卖合同及租赁合同。依《中华人民共和国合同法》第二百三十九条、第二百四十条、第二百四十二条、第二百四十八条、第二百五十条等条款规定:出租人根据承租人对出卖人、租赁物的选择向出卖人购买租赁物,提供给承租人使用;承租人支付租金;出租人享有租赁物的所有权;租赁期满后租赁物所有权归属从当事人约定,若无约定租赁物所有权归出租人所有。可见,融资租赁具有融资和融物的双重属性,若无实际租赁物或租赁物所有权未从出卖人处转移至出租人,该类"融资租赁合同"不具备融物属性,而仅有资金空转,应属借款合同。本案中,二审法院认为好友公司占用中航租赁公司资金、未依《委托购买合同》将全部货款用于购置租赁物,其占用的资金应认定为借贷法律关系,定性合法、准确。其次,二审法院正确辨析了《回购保证合同》中回购保证人的权利义务及民事责任。本案中,回购保证人承担义务需以回购标的物(租赁物)存在为前提,但《融资租赁合同》项下部分租赁物并未实际购买,更谈不上租赁物所有权的转移,出租人在未取得该部分租赁物所有权时,无权要求回购保证人就未购买租赁物份额部分承担回购保证责任;且根据《中华人民共和国担保法》第十八条、第十九条,连带保证责任成立情形主要有两种:一是保证合同明确约定,二是保证合同对保证方式没有约定或约定不明。本案中《回购保证合同》约定的回购保证义务与《中华人民共和国担保法》规定的连带保证责任存在较大差异。二审法院依照以上两项理由认定回购保证人仅对实际已购租赁物份额部分承担回购保证责任,符合《中华人民共和国合同法》《中华人民共和国担保法》立法原意及《回购保证合同》约定,符合公平原则。

案例提供单位:上海市第二中级人民法院

编写人:楼雨薇

点评人:季立刚

51. 沈某某诉永诚财产保险股份有限公司上海市静安支公司财产保险合同纠纷案

——涉机动车免检新规的车险免责条款的解释

案　情

原告（被上诉人）沈某某

被告（上诉人）永诚财产保险股份有限公司上海市静安支公司

原告在被告处投保机动车辆商业保险及交强险。保险条款的免责条款中约定："发生意外事故时，保险车辆有以下情形之一的，保险人不负赔偿责任：……（二）未在规定检验期限内进行机动车安全技术检验或检验未通过"。2015 年 12 月 1 日，原告驾驶被保险车辆发生保险事故，致原告的被保险车辆及案外人车辆受损。被保险车辆为非营运小型轿车，注册登记日期为 6 年内。在涉案事故发生时，被保险车辆未在行驶证上记载的期限内进行安全技术检验，事故发生后，被保险车辆实际于 2015 年 12 月 2 日补盖了检验章。原告申请理赔时，被告以保险车辆未在规定检验期限内进行机动车安全技术检验或审验未通过为由拒赔。

2014 年 5 月 16 日，公安部、国家质量监督检验检疫总局联合公布《关于加强和改进机动车检验工作的意见》（以下简称《意见》），规定"自 2014 年 9 月 1 日起，试行 6 年以内的非营运轿车和其他小型、微型载客汽车（面包车、7 座及 7 座以上车辆除外）免检制度。对注册登记 6 年以内的非营运轿车和其他小型、微型载客汽车（面包车、7 座及 7 座以上车辆除外），每 2 年需要定期检验时，机动车所有人提供交通事故强制责任保险凭证、车船税纳税或者免征证明后，可以直接向公安机关交通管理部门领取检验标志，无需到检验机构进行安全技术检验"。

对此，原告认为涉案保险合同中的"安全技术检验"就是指上述规定所称的上线检验，已被新规废除。原告遂诉请被告赔偿原告车辆维修费 162 000 元（其中原告所有的被保险车辆维修费用 100 000 元，三者车车辆维修费 62 000 元）。

被告辩称，系争合同中的"安全技术检验"是一个经公安机关盖章的程序，依法仍然要执行。本案被保险车辆出险时行驶证未在有效检验期内,车辆没有进行合法有效的年检,属于合同约定的免责范围,故愿意在交强险范围内承担 2 000 元,其余不赔。

审　判

一审法院经审理后认为,《意见》出台后,部分机动车安全技术检验的模式已发生明显改变,造成保险合同条款中关于安全技术检验的条款存在不同解释。涉案的保险条款中的"未在规定检验期限内进行机动车安全技术检验或检验未通过"的免责条款,条文本身没有进一步的解释和说明,无法体现其所指的安全技术检验究竟指向的是上述哪种情况。依法应当作出对被告不利的解释。综上所述,被告关于拒赔的理由不成立,原告的诉请具有事实及法律依据,应予支持。

据此,一审法院依照《中华人民共和国合同法》第六十条第一款、《中华人民共和国保险法》第三十条、《中华人民共和国民事诉讼法》第六十四条第一款之规定,判决被告应于判决生效之日起十日内给付原告保险金 162 000 元。

一审判决后,被告不服提起上诉。

二审法院认定事实与一审法院认定一致。

二审法院经审理后认为,双方签订的保险合同系各方真实意思表示,合法有效。保险人援引免责条款拒绝赔偿的,应当证明保险车辆符合约定的免责情形并在投保时已经就该免责条款向投保人尽到提示及明确说明义务。双方均确认系争投保单上被上诉人的签字并非其本人所签,上诉人也未举证证明其在双方签订保险合同时就系争免责条款内容尽到了提示及明确说明义务,该免责条款对投保人不产生效力。此外,上诉人以涉案保险车辆未按规定进行安全技术检验为由主张免责,但双方对该格式免责条款的含义存在不同的理解,应作对保险人不利的解释。故判决驳回上诉,维持原判。

点　评

本案主要涉及格式条款效力问题。一审法院认为《意见》实施后,保险合同条款中关于安全技术检验条款存在不同解释,案涉保险合同"未在规定检验期限内进行机动车安全技术检验或检验未通过"的免责条款,无法指明"安全技术检验"系上述何种情况,应作对被告不利的解释。二审法院认为保险人援引免责条款拒绝赔偿的,应证明保险车辆符合约定的免责情形,并在投保时已就该免责条款向投保人尽到提示及明确说明义务,本案中双方均确认系争投保单并非投保人本人所签,保险人未举证证明其在签订保险合同时就系争免责条款内容尽到提示及说明义务,该免责条款对投保人不产生效力。此外,保险人以案涉保险车辆未按规定进行安全技术检验为由主张免责,但双方对该格式免责条款含义存在不同理解,应作对保险人不利的解释。

本案中,两级法院均认为保险人作为保险服务提供方,就格式条款中免除、限制自身责任的条款具提示、说明义务,均对《中华人民共和国合同法》第三十九条至四十一条作出了较准确的解释。但比较两级法院在法律技术的运用上,二审法院更为得当。二审法院着眼于审理与解释保险合同内容,聚焦于保险人是否就系争合同免责条款内容尽到提示及说明义务,聚焦于限制格式条款适用的正当性,适法与释法均易清晰、明了、准确。一审法院将政府相关部门《关于加强和改进机动车检验工作的意见》纳入合同解释范畴,可能产生将政府文件与合同内容混同之感,无疑也增加了论证、说理难度,并面临认定政府相关部门《意见》效力与合同效力关系问题,一审法院似乎应留意该等问题的处理途径。

案例提供单位:上海市静安区人民法院

编写人:吴剑峰

点评人:季立刚

52. 刘某某诉交通银行股份有限公司等财产损害赔偿责任纠纷案

——借记卡持卡人因伪基站泄露账户安全要素情况下银行及手机运营商的责任认定

案 情

原告(上诉人)刘某某

被告(被上诉人)交通银行股份有限公司

被告(被上诉人)交通银行股份有限公司上海市分行

被告(被上诉人)交通银行股份有限公司上海闸北支行

被告(被上诉人)中国移动通信集团上海有限公司

一、2010 年 9 月 12 日,原告向被告交通银行股份有限公司上海闸北支行(以下简称交行闸北支行)开办个人即办借记卡业务,户名为刘某某。同日,原告递交太平洋个人借记卡综合申请书,申请对上述签约卡开通网上银行电子渠道服务,登记手机号为 13901690796,同时申请作为短信密码用户。上述申请书尾部声明及签署栏记载:兹声明以上填写资料完全属实,本人已收到贵银行提供的《交通银行个人金融业务协议手册》,并已全部阅读且同意遵守……《交通银行太平洋个人借记卡领用合约》《交通银行个人电子银行服务协议》及申请书载明的所有事项。……银行已应本人要求对上述内容作了相应说明……

交通银行太平洋个人借记卡领用合约载明:交通银行(以下简称甲方)与太平洋个人借记卡(以下简称太平洋卡)主卡申领人(以下简称乙方)和附属卡申请人(以下简称丙方),在知悉并愿意共同遵守《交通银行太平洋借记卡章程》(以下简称《章程》)的前提下,就太平洋卡的申领、使用、销户和收回等事宜达成本合约,乙方和丙方在太平洋申请表上签名即视为乙方和丙方知悉、理解并同意共同遵守《章程》及本合约的条款。……第四条交易方式及交易凭证。……二、凡使用乙方或丙方的密码进行的交易,均视同乙方或丙方本人所为。依据密码等电子数据信息办理的各类交易所产生的电子信息交易记录均为该项交易的有效凭证。……第五条密码重置及太平洋卡挂失。……三、乙方或丙方遗忘密码或遗失太平洋卡的,如有下列情况之一，甲方不承担任何责任，所有损失由乙方承担：……2.挂失手续办理完成前发生的太平洋卡下的所有交易……。第十条 其他。一、太平洋卡申请表、收费表、《章程》是本合约的组成部分，……。

《交通银行股份有限公司个人电子银行服务协议》载明：太平洋个人持卡人或……（甲方），就开通、变更或关闭/注销交通银行电子银行渠道及/或相关电子银行业务/功能，与在业务受理凭证上加盖业务印章的交通银行股份有限公司营业网点（"签约网点"）所属分行（乙方）达成如下协议。第一条 定义。1.1"电子银行/渠道"指交通银行的网上银行、手机银行、电话银行、自助银行等服务渠道中的一种或多种。……1.7"安全要素"指甲方登陆渠道、办理相关业务时，乙方确认甲方身份的唯一依据，包括但不限于甲方有效身份证件号码、网上银行登录用户名、签约卡号、账号、移动电话号码、各类密码、数字证书，申请数字证书的协议号等……1.8.1开通网上银行指甲方可以短信密码用户或证书认证用户身份登录个人网银进行交易……。第三条 甲方权利和义务。▲▲3.1甲方应当按照《交易规则》，采用不同的安全要素组合办理各类电子银行业务。甲方应当妥善保管安全要素，任何情况下均不应将安全要素以任何方式提供给任何人，并应承担安全要素因任何原因被他人知悉所产生的一切后果。安全要素及其载体被毁损、锁码、遗失、泄露、遗忘的，甲方应按乙方规定及时办理更换、解锁、挂失或重置手续，并承担相应手续办妥前所产生的一切后果。▲▲3.2安全要素是乙方确认甲方身份的唯一依据，凡通过安全要素验证或确认后发送的指令，甲方应承担由此产生的一切后果，并赔偿乙方因此遭受的损失。……第四条 甲方的承诺。……▲▲4.4甲方应当妥善保管太平洋卡、存折……及其识别密码（PIN 码）和安全要素，因太平洋卡、存折、……保管不善或 PIN 码和安全要素泄露所造成的损失由甲方自行承担。▲▲4.5电子银行业务服务中发生的电子交易记录是证明该项交易的真实、有效凭据。……第五条 乙方的权利和义务……▲▲5.2乙方因其过错未及时正确执行甲方或主卡人指令的，应赔偿甲方的损失，但不包括对指令执行后可以获得的利益的赔偿。……▲▲5.4乙方提供电子银行业务服务，除依第 5.2 条承担赔偿责任外，对甲方办理电子银行相关业务过程中产生的其他损失均不承担任何责任。……声明及签署本人已通读上述条款，银行已应本人的要求作了相应说明，本人对带有▲▲标记的条款的内容及其后果已充分理解，对所有内容均无异议。原告在此处签名并签署日期（2010年 9 月 12 日）。

二、2015 年 7 月 28 日下午，原告号码 139×××××××收到短信一条，该短信保存在原告苹果手机中。手机显示该短信由"95559"发送，内容为"温馨提示：我行邀请您前来办理交通白金信用卡，额度根据个人信用可申请 5—100 万，手续简单下卡快，详情咨询 159×××××××张主任"。该短信的发送并未通过被告中国移动通信集团上海有限公司(以下简称移动上海公司)管理的网络,被告交通银行股份有限公司、交通银行股份有限公司上海市分行、交通银行股份有限公司上海闸北支行(上述三方以下简称交通银行方)亦否认发出此短信。

7 月 28 日 16 点 50 分—7 月 31 日 22 点 37 分,原告用 139×××××××的手机与手机号码为 159×××××××的"张主任"多次进行通话。其间,原告于 2015 年 7 月 30 日将 10 万元转入尾号 1136 交行借记卡(以下简称系争借记卡)。

7 月 31 日 21 点 49 分、22 点 07 分,原告用号码为 139×××××××的手机与手机号码为 159×××××××的"张主任"进行通话。

审理中,原告对此陈述:7 月 28 日 15 点 56 分,原告苹果手机(号码为 139××××××××)接收到一条短信,通知邀请原告办理白金信用卡,并留下了张主任 159×××××××的联系方式。7 月 28 日 16 点 50 分,原告是用 139×××××××的手机拨打了 159×××××××张主任电话。张主任要求原告将姓名和身份证号码编辑短信发给他,便于核实原告的信用卡情况。之后原告将姓名和身份证号码编辑短信发到 95559,95559 没有回音。7 月 30 日 10 点 14 分,原告又致电张主任,问为何发送短信到 95559 后,没有人联系原告?张主任回称 95559 无法转客户短信,短信应该发送至号码 159×××××××。原告遂将姓名和身份证号码编辑短信发到号码 159×××××××上。7 月 30 日 10 点 44 分 33 秒,张主任用 159×××××××号码打电话给原告,称已经核实了原告的交通银行信用卡的情况,信用额度可通过申请白金信用卡来解决,办理白金信用卡的条件是同一个人的交通银行借记卡存款在 5 万元以上。另,原告称因为之前交行给原告办理信用卡额度仅为 2 000 元,这是对原告的侮辱。为了证明原告有经济能力,原告在 7 月 30 日 10 点 56 分 10 秒(当时电话没有断),从证券账户上转款 10 万元到系争借记卡上。转款后,原告即在电话中告知张主任 10 万元已到位,张主任表示需要核实,双方挂断电话。11 点 08 分张主任又打电话给原告,告知原告资格已符合,可以申请白金信用卡了。当时原告曾要求和张主任见面,但张主任说原告的资格已经符合了,不需要见面,直接网上申请即可。之后张主任通过电话教原告下载交通银行的信用卡客户端;当时张主任问原告使用什么品牌手机,原告告知张主任是美国买的苹果手机;张主任说中国广泛使用的是带安卓系统手机,安卓系统手机才能下载交通银行的客户端。原告想到原告老婆使用的三星手机是带安卓系统的手机,原告打算用该安卓手机下载。但是由于苹果手机装载的 sim 卡是小卡,张主任建议可购买一个卡套,将小卡套在卡套里就能在三星手机上使用。原告按照张主任的要求买了卡套。7 月 31 日 19 点 42 分 12 秒,原告使用苹果手机(139×××××××)致电张主任称已经买好卡套了,张主任说正在吃晚饭,约原告

9 点半再打电话。当晚 21 点 34 分,原告通过载有 139×××××××sim 卡的三星手机打给张主任,同时告诉张主任之后的联系是用 139×××××××号码和他联系。张主任就指导原告到 www.95559bankcardcomm.com 上下载客户端,之后原告就用三星手机(装载 139×××××××号码 sim 卡)登录了上述网站,下载了客户端。7 月 31 日晚 21 点 49 分 07 秒,原告用 139×××××××号码打给张主任,告知原告已经下载客户端,也已经申请了白金信用卡,但张主任要求原告再等一等,会再给原告打电话的。7 月 31 日 22 点 07 分 09 秒,张主任致电原告,指导原告一步步申请白金信用卡,按照流程填写了借记卡的登录卡号、登录密码(当时是张主任告知原告申请白金卡依据的是借记卡,因此需要借记卡的卡号和登录密码)。在 22 点 36 分 32 秒原告提交申请之后,发现三星手机屏幕有闪屏的情况,原告觉得有问题,原告就挂断电话了。该电话持续了 29 分钟。

三、2015 年 7 月 31 日 22 点 36 分,139×××××××号码收到 95559 短信:"谨防诈骗,请勿泄露动态密码。您正在进行重置登录密码操作。交行手机动态密码:mrisg8;密码序号 95。【交通银行】"。

2015 年 7 月 31 日 22 点 40 分,139×××××××号码收到 95559 短信:"谨防诈骗,请勿泄露动态密码。您正在进行找回用户名操作,请核实。交行手机动态密码:sgsvgd;密码序号 68。【交通银行】"。

2015 年 7 月 31 日 22 点 40 分,139×××××××号码收到 95559 短信:"您的网银用户名是 useridlbf,请妥善保管号您的网银用户名和密码。【交通银行】"。

2015 年 7 月 31 日 22 点 43 分,139×××××××号码收到 95559 短信:"谨防诈骗,请勿泄露动态密码。您正在转账,收款卡号后四位:9250,转账金额:121 700.00 元。交行手机动态密码:h6mprq;密码序号 33【交通银行】"。

2015 年 7 月 31 日 22 点 44 分 23 秒,原告系争借记卡向尾号为 9250 的银行卡网银转出 121 700 元。

审理中,原告表示没有收到上述 95559 发送的短信,以其苹果手机、三星手机未有上述短信为证。

四、2015 年 7 月 31 日 22 点 37 分 46 秒,原告致电 95559,通话时长 22 分。在此期间,原告与三位被告交通银行方客服人员通话。

原告刘某某诉称,2015 年 7 月 28 日,原告尾号 0796 手机号码收到交通银行 95559 短信,称可联系张主任办理白金信用卡。原告遂联系张主任,按照张主任要求,为证明原告经济实力,转账 10 万元至交通银行借记卡,并按张主任提供的网站下载 app,在线填写申请表(含个人信息、借记卡卡号、登录密码)。后原告发现上述借记卡网银无法登录,第一时间致电交通银行 95559 要求挂失,然交通银行未及时处理,仍无端汇出 121 700 元。事后,交通银行称原告 7 月 28 日收到的 95559 短信是"伪基站"的骗局,该短信并非交通银行发送。鉴于尾号为 0796 手机号码系登记在中国移动公司,故原告提起本案诉讼,要求被告交通银行方和移动上海公司承担赔偿责任,请求判令:1.四被告共同赔偿原告存款损失人民币 121 700 元;2.四被告共同赔偿原告利息损失(以人民币 121 700 元为基数,从 2015 年 7 月 31 日起至实际清偿之日止,按一年存款利率即 1.5%计算)。

被告交通银行方共同辩称,不同意原告全部诉讼请求,具体理由如下:1.被告交通银行股份有限公司(以下简称交通银行)、被告交通银行股份有限公司上海市分行(以下简称交行上海分行)与本案没有法律关系,并非适格被告;2.本案涉及刑事犯罪,原告也已经报案,应当遵循先刑后民原则;3.原告资金损失和交通银行并没有因果关系,原告损失系登录钓鱼网站被骗取卡号和密码所致。交通银行已经通过营业网点刊登告示等形式予以提醒,尽到了告知义务。本案中,交通银行按照操作规程,核实卡号、登录密码等,并按预留手机发送动态密码,收到准确信息后才划出系争款项的;4.原告致电 95559 后,交通银行客服人员根据原告要求予以处理,并未有拖延挂失的情形。

被告移动上海公司辩称,不同意原告全部诉讼请求,具体理由如下:1.本案基础法律事实应通过刑事案件确定,原告称已经报案并在侦查中,故原告主张的事实需待公安侦查后方能确认;2.若原告所称事实的确存在,本案系储蓄存款合同纠纷,被告移动上海公司不是合同相对方,并非适格被告;3.原告目前无任何证据证明原告收到的系争短信与被告移动上海公司有关。经被告移动上海公司网内查询,原告所称的短信并非通过被告移动上海公司管理的电信网络发出,与被告移动上海公司无关。4.假设可确认系争短信是侵权人利用伪基站所发,伪基站发送信息属于犯罪行为,并非正常通讯行为,被告移动上海公司只能配合公权力机构进行打击和报案,不存在过错。

审 判

一审法院经审理后认为,行为人因过错侵害他人民事权益,应当承担侵权责任。本案中,原告认为被告交通银行方擅自将原告钱款汇给他人且没有及时处理原告挂失申请,被告移动上海公司未采取有效的措施确保原告手机接收合法途径发送的短信,各被告上述过错造成原告财产损失,故要求各被告予以赔偿。因此,本案的争议焦点在于各被告是否存在上述过错。

一、被告交通银行方在转账过程中是否存在过错。原告认为,其虽向他人提供了系争借记卡的账号及登录密码,但从未提供过转账交易密码,被告交通银行方也没有向原告预留手机发送动态验证码,未核实转账请求真实性,其行为存在过错。被告交通银行方则认为其依规审核网上银行转账申请,发送动态验证码,查证通过后才进行转账交易,原告自行泄露借记卡账号及密码,理应承担相应的法律后果。一审法院认为,在当前电子交易背景下,账号、密码等客户认证要素是识别持卡人身份的重要条件,尤其在网上交易中,银行无法面对面查证客户信息,只能通过验证账号、密码等身份认证要素来识别持卡人身份。输入了正确的账号、密码等身份认证要素,就应视为持卡人本人或经其授权的第三人向银行发出了业务指令,银行有义务按照指令提供相应的服务。本案中,原告在向被告交通银行方申办借记卡时,被告交通银行方已经明确告知原告,原告的网上银行登录用户名、账号、移动电话号码、各类密码是原告登录渠道、办理相关业务的安全要素,是被告交通银行方确认原告身份的唯一依据。原告应当妥善保管安全要素,任何情况下均不应将安全要素以任何方式提供给任何人,并应承担安全要素因任何原因被他人知悉所产生的一切后果。从原告自述来看,原告已经将其账号、登录密码等安全要素泄露给他人,虽原告坚称其未泄露交易密码,但从原告曾登陆非法网站,下载未经认证软件来看,可以推定包括原告交易密码在内的其他安全要素已经泄露。上述结果可能与原告初衷相背,并非原告真实意思,但系因原告未妥善保管安全要素所致,原告理应承担相应的后果。反观被告交通银行方,其已对账号、登录密码等安全要素进行验证,并向预留手机发送动态密码,根据回复进一步审核后才办理转账业务,符合双方关于网上银行业务的约定,并无不当。虽然,原告对被告交通银行方已向其预留手机履行发送动态密码一节持有异议,原告坚称其未收到上述动态密码短信,并以当庭出示的手机无该短信为证,但被告交通银行方对此已提供其系统中发送动态密码内容的信息,该信息中短信内容、时间与被告移动上海公司提供的短信清单中的字节、时间均相吻合,被告交通银行方已完成其举证责任。鉴于被告移动上海公司已将动态密码发送至原告 139×××××××× 号码,按常理来说,事发时控制 139×××××××× 号码的物理手机应可显示上述动态密码短信。现原告当庭出示的手机虽无该动态密码短信,但不能据此即否认原告曾收到动态密码的可能。即便原告所称属实,原告未收到动态密码短信,也可能系因是原告下载未认证软件、泄露安全要素,以致 139×××××××× 号码部分功能已经被他人在短时间内控制所致,与被告交通银行方无关。原告现仅以当庭出示的手机无动态密码短信为据不足以推翻被告移动上海公司的短信清单,更无法推翻被告交通银行已经按约发送动态密码短信的事实,故对于原告上述反驳意见一审法院难以采信。综上,一审法院认为被告交通银行方在转账过程中已尽审核义务,转账流程符合网上银行业务之要求,并无过错。

二、被告交通银行方在处理原告挂失申请时是否存在过错。原告认为,原告在发现系争借记卡账户异常后,及时致电 95559 要求立即挂失,但被告交通银行方未及时处理导致系争款项在原告致电 95559 进行挂失通话中被转走,被告交通银行方应承担相应的责任。被告交通银行方则认为,原告在来电之初并未要求挂失,之后提出挂失申请后,被告交通银行方客服人员及时予以处理,并不存在过错。一审法院认为,挂失是权利人丧失对权利载体的控制后,例如银行卡、存折和身份证丢失或者电子交易中身份识别要素泄露,到相关机关申明排除适用的业务。挂失是对原权利载体的否认,是权利人自身享有的权利。如果非权利人办理挂失,则可能导致真正权利人无法正常行使权利,故审核申请人的身份是办理挂失业务的前提。本案中,原告发现其账户异常,致电被告交通银行方 95559 要求挂失。被告交通银行方的客服人员必须核实原告身份,确认其系争借记卡权利人后才能处理挂失业务。从录音记录来看,被告交通银行的客服人员询问原告需要挂失的账户性质、原告姓名、身份证件、开卡地点、账户剩余资金、最近交易情况,均是为了核实原告的身份。而且从开始核实身份到办理挂失时间为 6 分多,符合一般常理,并无故意拖延的行为,也符合双方关于“原告应按被告交通银行方规定及时办理更换、解锁、挂失或重置手续,并承担相应手续办妥前所产生的一切后果”的约定。原告称其通话开始就要求办理挂失,一来原告并未就此举证证明,二来如前所述,原告一开始致电询问其申请白金卡的网站是否为被告交通银行方网站,得知原告登录网站并非交通银行官方网站后才要求挂失,后知悉账户余额仅为 100 余元,原告又不再要求挂失,这符合一般情况下常人的逻辑思维模式,不存在前后顺序颠倒的情形。故对原告上述主张,一审法院难以采纳。综上,一审法院认为被告交通银行方在原告申请挂失时依规核实原告身份,未有故意拖延的不当行为,被告交通银行方不存在过错。

三、被告移动上海公司就原告手机接收到 28 日系争短信是否存在过错。原告认为被告移动上海公司应确保其手机收到的短信来源是真实的,本案中现原告收到系争短信显示发送方为 95559,该号码为交通银行方所有,然被告交通银行方否认曾发送该短信,可见系争短信显示的号码来源不真实,被告移动上海公司对此存在过错,应对原告因信赖该短信系被告交通银行方发送而引发的损失承担相应的赔偿责任。被告移动上海公司则称,原告收到的系争短信并未通过被告移动上海公司的网络发送,被告移动上海公司对此不应承担责任。一审法院认为,从现有证据看,原告收到的系争短信并未经过被告移动上海公司的网络,被告交通银行也表示没有发送该短信,根据高度盖然性的证明标准,可以推定系争短信系他人运行伪基站设备,采取强行占用移动上海公司通信工作频率的方式,冒用交通银行号码,强行向原告发送所致。被告移动上海公司系经有关部门批准可使用无线电台(站)的单位,其可架设基础网络,在规定的频段内使用无线电,从事相关通信业务。

也就是说,被告移动上海公司对经由其架设的无线电网络之内发送信息承担责任,但对未经其网络发送的信息并无管理之责。如被告移动上海公司需为他人擅自使用无线电频率、干扰无线电通信秩序的行为负责,显然超越了被告移动上海公司的职责和能力范围,当然也更不能以出现他人擅自使用无线电频率、干扰无线电通信秩序的情形而认定被告移动上海公司存有过错。故一审法院认为,被告移动上海公司在原告收到系争短信一节中并无过错。

综上,各被告对原告系争钱款被划走均无过错,不应承担赔偿责任。原告可向实际侵权人主张赔偿。一审法院依照《中华人民共和国侵权责任法》第六条第一款、《最高人民法院关于民事诉讼证据的若干规定》第二条之规定,判决驳回原告刘某某的诉讼请求。

一审宣判后,原告刘某某不服提出上诉。

二审法院认定事实与一审法院认定一致。

二审法院经审理后认为,二审中主要的争议焦点在于当事人过错的认定。对于刘某某而言,其在交通银行处开设储蓄账户并领用银行卡使用,双方之间的储蓄存款合同关系成立。交通银行方应保障储户的资金安全,同时储户亦应按照合同约定保管好银行卡等相关安全要素。本案中,上诉人刘某某接收伪基站发来的假冒交通银行的信息,为扩大信用卡额度,疏于防范,不仅与诈骗分子多次联系,泄漏个人信息,同时还应诈骗分子要求更换手机下载软件,最终通过诈骗分子设计的钓鱼网站将个人账号、登录密码等安全要素泄露出去,从而丧失对个人借记卡安全要素的保护及对手机的控制。这种过错是明显的,应承担相应的责任。至于本案其他被上诉人有无过错,逐一分析如下:

一是移动上海公司对于伪基站有无过错的问题。二审法院认为,任何新技术都存在风险,网络银行存在盗用密码风险,汽车使用存在碰撞伤人风险,移动通信技术亦不例外。如果因为风险的存在而阻碍技术的进步,则人类社会无法进步。在移动通信领域,对于伪基站问题,新闻媒体已经多年有所报道,应为使用人所知悉。由此带来的仿冒身份诈骗问题,也难以杜绝。因此,消费者选择使用移动通信技术,必须承受相应的技术风险及缺陷。如果要认定相关运营商的责任,应建立在两个前提条件之下:一是技术可行。即运营商凭借现有主流成熟技术,能够使移动通信技术更新换代,行积极管理职责,防范与杜绝伪基站。或者是消费者通过更换使用特殊防范技术的移动终端方式去避免风险。二是成本可行。如果一项技术存在缺陷,而这种缺陷的解决成本过高导致实际不可行,则相当于无法在消费者能够接受的成本情况下更新技术。因此,技术与风险之间的平衡点,需要根据实际情况来不断调整。如果消费者认为技术风险的存在难以忍受,亦可以通过不接受契约、不使用技术来做出自己的选择。本案中,通过各方的举证情况,二审法院无法认定存在上述两项前提条件,因此无法认定移动上海公司存在相应的过错。

二是交通银行方处理挂失申请有无过错的问题。挂失涉及客户财产的安全,时间紧迫,银行应及时处理。但与此同时,银行亦会设计合理的核查机制,通过必要的问题确认挂失人的身份,以体现对客户权益的保护,避免客户银行卡被不明身份的他人随意挂失。因此,这两种机制之间应取得一个平衡点。为此,二审法院认为应根据个案中的实际情况认定挂失程序、挂失处理时间是否合理。

本案中,挂失的情况由通话录音予以记载。刘某某与交通银行方的挂失通话,根据移动上海公司的系统记录,持续时间为 22 分钟,而本案中,交通银行所能提供的录音为已经切分为三段、持续时间为 9 分钟的录音。对于缺失部分,交通银行方提出其录音设备仅针对人工语音服务,无法包含自助语音服务。对于录音为何产生切割,二审法院认为,交通银行方陈述的理由存在合理性,因为通常的生活经验表明,银行服务电话坐席因人手、工作时间的原因,致电客户有时需要听取音乐进行等待,这种情况时有发生。交通银行未对播放音乐等待时间部分进行录音,有一定的经济合理性。通常而言,银行为标的 12 万元的案件,去恶意更改录音、伪造录音内容的可能性并不大,当然,这也并不能排除录音内容被不当切割、内容被伪造、时间戳被改变的可能性。根据谁主张谁举证的原则,应由刘某某提出申请,通过委托鉴定机构的专家,去检验交通银行的录音设备、流程、相关软件,方能得出结论,以推翻银行的说辞。但经法院释明后,刘某某不再主张鉴定,包括不主张鉴定录音切割是否改变时间戳、不主张现有的录音内容是否被伪造,故二审法院只能以现有的交通银行提供的录音时间、内容来认定挂失流程是否及时合理。

为此,二审法院仔细听取了录音材料的内容,三段录音前后连贯,首尾呼应,通话内容符合通常逻辑。第一段录音表明,当日 22：39：15,刘某某通话内容仅仅是向客服人员了解是否可能被骗,对是否已经被骗还存在不确定性。当客服人员告知可能被骗时,22：50：37 开始的第二段录音,刘某某才转为要求去挂失。而遗憾的是,在 22：44：23,刘某某借记卡款项已被转走。这些录音时间与内容表明,在刘某某尚未要求挂失之前,款项已经被他人转走,在这种情况下,无法认定也无需认定交通银行方的挂失流程存在不合理之处。

综上,二审法院认为一审法院认定事实清楚,对各方责任的认定并无不当,刘某某上诉理由缺乏依据,判决驳回上诉,维持原判。

点 评

随着科技进步,使用互联网等电子化技术从事金融活动已成常态,本案涉及此背景下银行与银行卡持卡人间的先合同义务、合同主义务与附随义务问题。

银行作为专业金融机构,对金融活动的特点、规律、风险较消费者有更高的认识,与消费者间存在着信息不对称,结合银行多使用格式合同的情况,其在与消费者建立金融服务合同关系前应根据《中华人民共和国合同法》第三十九条至第四十一条尽提示、说明义务,否则或影响合同效力或承受就合同条款作对已不利解释的风险。本案中,两级法院对《交通银行太平洋个人借记卡领用合约》《交通银行个人电子银行服务协议》订立过程中银行是否尽到提示、说明等先合同义务予以查明。法院认为银行以标注▲▲的方式提示重要合同条款,消费者签名确认"对带有▲▲标记的条款内容及后果已充分理解,对所有内容均无异议",可视为银行已履行先合同义务,该等认定具合理性。

在本案中,银行与银行卡持卡人是否履行合同主义务是核心问题,直接关系到银行对持卡人损失是否承担民事责任。主要问题有二:其一,何方在银行卡资金划转中存在过错? 其二,银行在处理原告挂失申请时有无过错? 两级法院就此问题的认定及裁判均堪称精当。第一个问题主要涉及银行安全保障义务与消费者谨慎、注意义务。根据《中华人民共和国商业银行法》第六十条"商业银行应当保障存款人的合法权益不受任何单位和个人的侵犯",银行负有保障交易场所安全、防范犯罪行为、保障持卡人合法权益不受侵犯等义务。网上银行、手机银行、第三方支付平台不断兴起,银行的交易行为也以此为媒介,银行作为金融服务商相较于消费者,有能力运用金融科技建立高效的交易保障系统,以防范第三人对消费者存款、信息的窃取,电子化时代银行交易安全保障义务在场域上的延伸,是应有之义。同时,金融消费者在金融活动中亦应按合同约定及法律规定承担维护交易安全及自身财产安全的义务,不应置合同告知与提示于不顾;消费者在金融合同履行中一须承担注意义务,二须承担谨慎义务,其标准至少应达到普通人注意的程度,谨慎地保护各类"安全要素"。消费者妥善保管网上银行登录用户名、账号、各类密码等"安全要素",在任何情况下均不应以任何方式提供给任何人系普通人的一般常识。本案中,银行除使用网上银行登录用户名、移动电话号码进行身份识别外,还使用数字证书、PIN 码、手机短信密码等技术识别手段进行交易,且无证据表明银行泄露消费者的"安全要素"。相反,本案中的消费者轻信第三人谎言,违反合同注意义务、谨慎义务,超出常理泄露"安全要素",在银行卡资金划转中存在过错,其所受损失理应自行承担。两级法院的裁决恰当。

需指出的是:有观点认为金融合同所约定的"安全要素"保护义务属《中华人民共和国合同法》第四十三条所指的附随义务,该等观点值得商榷。《中华人民共和国合同法》第四十三条所指"保密义务"系当事人对合同订立、履行中知悉对方的商业秘密应予保守,不得散播及非正当利用,如货物买卖中所有权转移、付款是主义务,保守对方要约价格、产品销售渠道、客户名单是附随义务。然而,金融合同约定的"安全要素"保护义务与此不同,它是注意义务、谨慎义务的体现,是否得到遵守直接影响到交易安全、财产安全,且多明确列入合同条款,若违反将承担法律后果,它是金融合同主义务,而非从义务、非附随义务。

第二个问题涉及银行在处理原告挂失时是否存在过错。本案中,消费者发现借记卡账户异常后申请挂失,银行对申请者身份等信息加以核实系正常履行合同的行为,亦是银行履行"善良管理人"义务的体现。从本案证据来看,银行客服人员办理挂失时间符合一般常理,并无延迟行为,符合双方在合同中约定的挂失程序。两级法院未支持原告的主张具有事实及法律依据。此外,法院认定移动上海公司对经其架设网络发送的信息承担管理责任,对未经其网络发送的信息无管理之责,移动上海公司在本案中亦无过错,法院在现有技术条件下认定手机网络运营商的责任范围,尚属合理。

此案判决对确定金融服务合同当事人权利义务及民事责任有借鉴意义。从本案办理过程看,法官走访相关部门实施调研,体现出严谨的司法态度。

案例提供单位:上海市静安区人民法院

编写人:吴　晶　童　磊

点评人:季立刚

53. 上海夸客金融信息服务有限公司诉姚某民间借贷纠纷案

——P2P 网络借贷逾期风险补偿金的合法性探讨及规范路径

案 情

原告上海夸客金融信息服务有限公司

被告姚某

原告上海夸客金融信息服务有限公司(以下简称夸客公司)系提供借贷居间服务的公司。经原告居间介绍,原告、被告与出借人达成《借款协议》一份,约定出借本金为 94 600 元,借款年利率为 13.2%,还款期限为 36 期。出借人委托原告于 2015 年 11 月 30 日向姚某指定账户发放借款本金 70 000 元,剩余部分借款本金 24 600 元借款人同意支付到原告及逾期风险补偿金账户,作为其在《借款咨询与服务协议》项下应支付的借款咨询费及逾期风险补偿金;支付完毕,借款人同意将该等状态视为等同于借款人收到全部出借资金后再将该等费用支付给原告、逾期风险补偿金账户的状态。《借款协议》第 3.1 条约定:"如借款人拟提前还款,借款人已经支付的借款咨询费、借款服务费、逾期风险补偿金不予返还,并支付一期服务费作为提前还款手续费……";第 6.2 条约定:"在借款人出现严重违约的情形,为集中维护出借人权利及协助出借人追偿的需要,经居间服务人书面通知出借人后,出借人在此同意将本协议项下债权无偿转让给居间服务人,由居间服务人统一向借款人追索。出借人同意,经追索实现的债权款项应当全额支付至居间服务人指定的账户,居间服务人有权扣除为实现债权所发生的费用(包括但不限于财产保全费用、律师费用、诉讼仲裁费用等)以及逾期风险补偿金垫付的本金利息。出借人及居间服务人应相互协作进行由于借款人违约而产生的相关催收和法律诉讼行为。上述追索行为,不影响出借人按照《出借咨询与服务协议》与逾期风险补偿金托管专户共担回款风险。逾期风险补偿金托管专户为借款人垫付的借款本息部分的债权,自出借人获得垫付之日起自动转让给逾期风险补偿金。"

同日,姚某与原告签订《借款咨询与服务协议》,约定由原告为姚某提供借款信息咨询、推荐出借人、促成交易等服务,在借款人成功获得借款后由借款人支付给居间服务人借款咨询费 20 816 元,借款人同意向居间服务人管理的逾期风险补偿金账户支付逾期风险补偿金 3 784 元。《借款咨询与服务协议》第 1.2 条约定:"逾期风险补偿金:指居间服务人为更好地保障出借人的利益而建立的逾期风险补偿机制,即由借款人按本协议的约定支付一定金额的逾期风险补偿金至居间服务人指定的账户,用于分摊居间服务人所推荐的所有借款人可能逾期还款而给出借人带来风险的资金。该资金专款专用,仅在借款人发生逾期还款时用于补偿出借人可能存在的汇款损失。居间服务人为该逾期风险补偿金管理人。"第 5.3 条:"如借款人提前还款,借款人已经支付的借款咨询费、借款服务费、逾期风险补偿金不予返还,并且借款人应向居间服务人支付当期借款服务费。"

2015 年 11 月 30 日,原告向被告姚某预留账户支付 70 000 元。

因借款人姚某未按期履行还款义务,原告从其托管的逾期风险补偿金托管专户中进行垫付,其中,2016 年 1 月 19 日垫付 3 149.07 元,2 月 19 日垫付 3 534.42 元,3 月 21 日垫付 3 538.14 元,4 月 19 日垫付 3 541.89 元,5 月 19 日垫付 3 534.43 元,6 月 20 日垫付 3 560.92 元,共计 20 858.87 元,其中垫付本金共计 13 296.71 元、利息 5 501.05 元,支出罚息 2 061.11 元。因诉讼过程中,原告将罚息的计算标准降低为按年利率 24% 计算,故各期本金、利息、罚息支出相应调整为 2 858.03 元、3 241 元、3 240.64 元、3 241.13 元、3 241.62 元、3 207.05 元,合计 19 029.47 元。

被告姚某于 2016 年 5 月 13 日还款 5 000 元。原告于 2016 年 5 月 23 日向被告姚某寄送《借款提前到期通知书》,宣布借款提前到期,该通知书于 2016 年 5 月 26 日送达。2016 年 6 月 19 日,原告向本案所涉借款的债权人书面送达《债权转让通知书》,通知所涉债权自 2016 年 6 月 19 日起无偿转让于原告。同日,原告向被告姚某寄送《债权转让及催收通知书》,告知所涉债权已转让于原告。

因姚某未按约还款,原告诉至法院,要求被告归还所欠本息,以及偿还原告逾期风险补偿金托管专户已为被告垫付的本金和利息共计 20 858.87 元。

审 判

一审法院经审理后认为,姚某通过原告居间介绍与出借人达成借款意向,三方签订《借款协议》,姚某另与原告签订《借款咨询与服务协议》,前述合同均系当事人真实意思表示,应属有效,各方当事人均应恪守约定并按约履行各自义务。各出借人已按约通过原告向被告姚某履行借款交付义务。然姚某收款后未按约偿还本息,构成违约,理应按照合同约定承担清偿本金、偿付利息、罚息等违约责任。原告已于 2016 年 5 月 23 日向被告姚某寄送《借款提前到期通知书》,姚某于 26 日签收邮件,故《借款协议》项下借款于 2016 年 5 月 26 日提前到期。关于罚息部分,因原告主动将计算标准降为按年利率 24% 计算，不违反相关法律规定，法院予以认可。原告已向《借款协议》项下债权人书面通知转让事项，并且向被告姚某寄送《债权转让及催收通知书》，根据《中华人民共和国合同法》第八十条第一款关于"债权人转让权利的，应当通知债务人"的规定，该债权转让对债务人发生法律效力，原告成为合法债权人，被告姚某应向原告履行还款义务。关于原告从其托管的逾期风险补偿金托管专户垫付事项。按照《借款协议》第 6.2 条"逾期风险补偿金托管专户为借款人垫付的借款本息部分的债权，自出借人获得垫付之日起自动转让给逾期风险补偿金"之约定，原告有权主张其从该资金托管专户中为姚某向出借人垫付的部分，法院对其主张予以支持。关于主张的范围，因原告明确姚某支付的款项优先用以冲抵垫付款部分，故该部分应从原告实际垫付款中扣除。但关于已垫付款的罚息 2 061.11 元部分，因罚息计算标准降低为按年利率 24% 计算，相应地，罚息逐期调整为 43.12 元、44.43 元、44.07 元、44.56 元、45.05 元、10.48 元，合计 231.71 元，故垫付款罚息部分多支出了 1 829.40 元，该部分实应由借款人负担，法院酌定从借款人履行部分予以抵扣。

据此，法院依照《中华人民共和国合同法》第八十条第一款、第八十一条、第二百零五条、第二百零六条、第二百零七条，《中华人民共和国民事诉讼法》第一百四十四条规定，判决：一、被告姚某应于本判决生效之日起十日内支付原告上海夸客金融信息服务有限公司借款本金 81 303.29 元、计算至 2016 年 5 月 26 日的利息 201.95 元、罚息 291.37 元，并偿付自 2016 年 5 月 27 日起至实际清偿之日止的罚息（以 91 525.66 元为计算基数，按年利率 24% 计算），履行时优先扣除垫付罚息多余部分 1 829.40 元，抵扣顺序为罚息、利息、本金；二、被告姚某应于本判决生效之日起十日内向原告上海夸客金融信息服务有限公司托管的逾期风险补偿金账户支付 12 074.87 元。

一审判决后，原、被告双方均未提起上诉，判决已生效。

点 评

此案是涉及 P2P 网络借贷案件中平台设立逾期风险补偿金制度并从该账户中发生垫付给出借人、要求借款人归还垫付款的新类型案件。判决中对如下两个焦点问题的回应值得重点关注。

一、逾期风险补偿金制度的合法性问题

所谓网贷行业的风险补偿金，是网贷平台与借款人约定，为保障投资人的利益，平台在每笔交易中提取一定比例的资金，一旦投资人的某笔出借资金发生逾期或坏账，从风险补偿金中获得赔付。其合法性问题主要涉及是否涉嫌非法经营保

险业务以及是否涉嫌平台自担保。

案件表明,风险补偿金账户具有互助性质,每一位借款人均交纳不同金额的资金,如有借款人违约,则从该账户中进行垫付。这一运作模式、功能定位与保险制度非常类似,本案所涉逾期风险补偿金制度疑似为 2016 年保监会等 14 部委联合发布的《关于印发〈互联网保险风险专项整治工作实施方案〉的通知》的整治重点。

同时,原告(网贷平台)向借款人计提逾期风险补偿金,并用这笔资金对出借人进行赔付的行为,涉嫌构成 P2P 网络借贷平台利用自有资金向投资人提供的担保。用逾期风险补偿金对平台的逾期债权赔付违背了《网络借贷信息中介机构业务活动管理暂行办法》第三条所明令禁止的网络借贷信息中介机构提供增信服务的规定。

法院判决认定本案中的逾期风险补偿金账户具有合法性,当事人签订的合同"应属有效"。

原因之一,裁判遵循《中华人民共和国合同法》第五十二条第五项关于合同无效法律依据之规定。无论是涉嫌保险抑或平台自担保,基于效力等级的考虑,前述两个文件均未被直接援引作为认定逾期风险补偿金制度无效的依据。

原因之二,逾期风险补偿金垫付行为不等同于平台以自身信用提供无限责任的保证方式。协议约定风险补偿金由借款人支付一定金额的逾期风险补偿金至居间服务人指定的账户,与平台自有资金分离管理,专款专用,其资金来源并非来自平台本身,所有权并不归网贷平台所有,网贷平台只是代为管理(《借款咨询与服务协议》第 1.2 条:"居间服务人为该逾期风险补偿金管理人。")。这与担保的内涵不同,因此不能直接推定风险补偿金是网贷平台提供自担保的增信手段。

综上,法院判决表明,在缺乏有效法律规定的前提下,平台设立逾期风险补偿金,并对该资金账户严格实行专款专用的前提下,考虑到该行业的特殊性和监管水平,不宜认定该账户为非法或者无效。

二、逾期风险补偿金超额垫付的法律后果

在作出有效性认定的前提下,另一个有争议的问题是,本案被告缴纳的逾期风险补偿金为 3 784 元而原告实际垫付金额为 2 085 887 元,已远超被告缴纳金额,那么原告垫付金额是否在合理限度,以及诉请主张的垫付金额中是否应扣除被告本人缴纳部分。对此,法院考量了以下两方面因素:

(一) 尊重合同约定判断是否不当超额垫付

关于网贷平台超额垫付是否不当并没有相关法律法规明确规定,因此,从当事人合同约定、风险补偿金制度设置的目的并结合行业规则的角度分析较为适宜。

首先,不管是《借款协议》还是《借款咨询与服务协议》本身都没有对风险补偿金用以垫付逾期本息的数额有约定。其次,风险补偿金的设置旨在以汇集资金弥补因借款人逾期或者违约造成相关投资人的损失。

（二）以资金归属判断是否应扣除问题

协议约定设置风险补偿金是从借款人的借款金额中提取一定比例汇集而成，由平台集中管理，用以保障所有同期投资人的权益。从风险补偿金制度设立的初衷、目的以及实际作用，这并不能改变借款人缴纳部分的所有权属性，既然这部分资金是在借款人逾期、违约的情况下使用，那么平台使用该笔资金先行垫付后，理应体现出出借人缴纳该笔风险补偿金的效用，即原告在诉请垫付的总金额计算中对被告缴纳的部分应予以扣除。

综上所述，法院细化审查了逾期风险补偿金制度的相关合同约定及运营规则，认可了本案所涉平台设立逾期风险补偿金的合法性。而在垫付规则问题上亦是尊重合同约定，同时考虑了资金归属问题和行业特性，在支持原告超额垫付款主张的同时，扣除属于被告缴纳部分款项。该案的最终审判结果体现了对于 P2P 网络借贷这一新兴行业的适度尊重和宽容，以求平衡各方利益、促进行业健康发展之目的。

案例提供单位：上海市黄浦区人民法院

编写人：谢琴铮

点评人：李世刚

54. 上海世百电子商务有限公司诉杭州银行股份有限公司上海分行等债权人代位权纠纷案

——预付卡收费应事先履行信息披露义务并保障消费者合法权益

案 情

原告(上诉人)上海世百电子商务有限公司

被告(被上诉人)杭州银行股份有限公司上海分行

第三人通联支付网络服务股份有限公司

2011 年,被告杭州银行股份有限公司上海分行(以下简称杭州银行)与第三人通联支付网络服务股份有限公司(以下简称通联公司)签订《合作协议》及《补充协议》合作发行乐通卡。该卡系预付钱包式借记卡,不可提现、透支、转账,不记名、不计息、不挂失、凭密码进行交易,发行方为杭州银行,通联公司利用自身资源提供销售服务和系统支持。双方同时对交易手续费、委托服务费、逾期账户管理费等相关费用的分配、支付进行了约定,其中约定逾期账户管理费收益归通联公司享有,由通联公司委托杭州银行从持卡人账户上扣收。随后,通联公司与案外人上海通卡投资管理有限公司(以下简称通卡公司)签订《储值卡代理销售合作协议》,约定由通卡公司负责代理销售上述乐通卡的营销推广服务,相关费用种类、分成模式等与杭州银行、通联公司间的协议内容基本一致,其中约定通联公司所得的逾期账户管理费收益归通卡公司享有,由通卡公司委托通联公司从持卡人账户上扣收。

2012 年初,乐通卡停止销售,累计发行金额约 9 亿元,其中通卡公司销售逾 6.7 亿元。《乐通卡章程》载明:"……卡片设有效期,售卡机构有权对超过有效期的卡片收取账户管理费。""本章程由杭州银行负责制定和解释,同时保留根据国家法律法规和我行相关规定修改本章程的权利,修改后的章程对持卡人具有同等约束力。"但乐通卡卡片上未标注有效期及账户管理费的收取条件、标准。

2013 年 12 月 13 日,第三人通联公司、案外人通联商务服务有限公司、通卡公司、原告上海世百电子商务有限公司(以下简称世百公司)签订"四方协议",其中载明:鉴于杭州银行已于 2012 年 3 月将乐通卡有效期从 1 年延长为 3 年,从而将约定支付给通联公司的逾期账户管理费顺延支付;应通卡公司要求,杭州银行乐通卡项目合作协议中通卡公司的所有权利义务全部转让给世百公司;《储值卡代理销售合作协议》中约定的逾期账户管理费收益变更为乐通卡到期后一个月内支付,乐通卡有效期以杭州银行公告的卡章程规定的期限为准;通联公司在收到杭州银行支付的逾期账户管理费后,按《储值卡代理销售合作协议》约定期限支付给世百公司,若杭州银行迟延支付的,通联公司的付款期限相应顺延,等等。

2014 年 10 月,杭州银行官网《关于对杭州银行乐通卡由取账户管理费用的告知》载明:"我行将于 2014 年 12 月起,对已到期乐通卡收取账户管理费用,具体如下:杭州银行乐通卡有效期为 36 个月,自发卡之日第 37 个月起,每月 10 日扣除卡内实际余额的 10% 作为账户管理费,直至账户余额为 0。账户余额不足 10 元时,一次性全部扣除。请广大乐通卡持卡人在有效期内消费卡内余额。"后该公告被杭州银行删除。

截至 2015 年 2 月 15 日,所有已发行的乐通卡距发卡之日均已超过 36 个月。该日通卡公司销售的乐通卡内余额为 3 888 万余元,此后逐月减少,至 2016 年 5 月卡内余额为 2 505 万余元。

截至 2015 年 12 月,通联公司已按约陆续向通卡公司、世百公司支付乐通卡交易手续费、委托服务费等费用 1 200 余万元。现乐通卡仍处于可正常使用的状态,通过乐通卡服务专区网页可查询到目前乐通卡有效期具体到期日期已再次延长了 3 年。

原告世百公司诉称,根据上述合同、协议的约定,杭州银行收取的逾期账户管理费应当自 2015 年 2 月起按月全额支付给通联公司,再由通联公司按月全额支付给世百公司。但经世百公司多次向通联公司催讨,通联公司均以杭州银行未向其支付为由拒付。因通联公司怠于向杭州银行行使其到期债权,导致通联公司的债权人世百公司的合法权益被侵害,故起诉请求判令被告杭州银行支付原告世百公司乐通卡账户管理费 2 320 万余元及相应利息损失 95 万余元。

被告杭州银行辩称:1.乐通卡的有效期已再次延长了 3 年,目前仍处于有效期内,不存在关于逾期账户管理费的到期债权,原告提起代位权诉讼没有依据;2.原告的诉请主张本质上是侵占持卡人的卡内余额,没有经过持卡人的同意,侵害了金融消费者的合法权益。

第三人通联公司述称:1.被告作为乐通卡的发卡机构,对于乐通卡有效期的确定和延长不需要征求第三人的同意,"四方协议"中也明确约定乐通卡有效期由杭州银行决定。乐通卡目前仍处于有效使用期间内,卡内余额始终处于变化当中,不存在逾期账户管理费的收取问题,第三人不享有对被告的到期债权。2.根据"四方协议"的约定,第三人向原告支付账户管理费需以被告向第三人支付了相应款项为前提,故原告也不享有对第三人的到期债权。原告提起代位权诉讼没有依据,请求法院予以驳回。

审 判

一审法院经审理后认为,债权人提起代位权诉讼,应当符合以下条件:(一)债权人对债务人的债权合法;(二)债务人怠于行使其到期债权,对债权人造成损害;(三)债务人的债权已到期;(四)债务人的债权不是专属于债务人自身的债权。具体到本案中:

首先,《乐通卡章程》中仅对超过有效期的卡片收取账户管理费进行了原则性说明,并无具体收费标准。而原告主张的乐通卡逾期后按每月卡内余额 10% 收取账户管理费这一标准,无论当事人之间是否存在明确约定,现均无充分证据表明在售卡时对持卡人进行了告知,更未取得持卡人的授权同意,一审法院无法认定对持卡人发生效力,不应从持卡人账户上扣收。况且,现原告的诉请金额已接近目前的卡内所有余额,明显将影响到持卡人对乐通卡的继续使用,有悖于相关监管文件中对超过有效期尚有余额的预付卡应保障持卡人继续使用的要求,故原告的诉请主张不符合"债权人对债务人的债权合法"这一条件。

其次,即便认为原告主张的账户管理费收费标准对持卡人生效,《乐通卡章程》中亦未明确具体有效期且载明被告有权修改章程。现被告作为发卡机构,有权延长而且已经延长了乐通卡的有效期,对持卡人而言,目前乐通卡仍在有效期内,不应向其收取账户管理费。而对于原告和第三人而言,"四方协议"中亦明确约定乐通卡有效期"以杭州银行公告的卡章程规定的期限为准",鉴于"四方协议"签订时,杭州银行 2014 年 10 月的官网公告尚未发布,该约定的实际含义应理解为乐通卡有效期以被告意见为准,原告关于被告延长乐通卡有效期对原告不发生效力的主张,法院无法采纳。故原告的诉请主张不符合"债务人的债权已到期"这一条件。

再次,即便认为当前能够收取账户管理费,由于"四方协议"中同时约定"若被告迟延支付的,第三人的付款期限相应顺延",又未明确限定该约定仅针对正常结算过程中的偶发性逾期支付情形,故第三人对原告的付款责任尚需以被告向第三人支付了相应款项为前提。现被告并未向第三人支付账户管理费,原告认为对第三人享有到期债权的主张依据不足,无法认定债权受到损害。又再,即便认为原告的债权受到损害,鉴于诉讼中被告明确表示,乐通卡有效期将一直顺延至持卡人将卡内余额消费完毕,即今后也不会收取账户管理费,而第三人对此不持异议,即第三人实质上也属于放弃了对被告的债权或是延长了债权履行期,而非怠于行使到期债权,原告即便认为利益受到损害,依法应提起的也应当是撤销权诉讼而非代位权诉讼。故原告的诉请主张不符合"债务人怠于行使其到期债权,对债权人造成损害"这一条件。

综上所述,原告不符合提起代位权诉讼的条件,其诉讼请求缺乏事实和法律依据。据此,一审法院依照《中华人民共和国合同法》第七十三条,《最高人民法院关于适用〈中华人民共和国合同法〉若干问题的解释(一)》第十一条、第十三条第一款,《最高人民法院关于适用〈中华人民共和国民事诉讼法〉的解释》第九十条之规定,判决对原告上海世百电子商务有限公司的诉讼请求不予支持。

一审判决后,原告世百公司不服,提起上诉。二审法院判决驳回上诉,维持原判。

点 评

合同法第七十三条确立了债权人代位权制度。《最高人民法院关于适用合同法若干问题的解释(一)》(法释〔1999〕第 19 号)第十一条第一项进一步指出"债权人对债务人的债权合法"为债权人提起代位权诉讼的必要条件。因此,存在且合法的债权,是债权人代位权的首要条件。

本案中,原告提起代位权诉讼的争议焦点之一正在于:原告世百公司("债权人")对第三人通联公司("债务人")是否有合法存在的"债权"。

一、该债权是否合法

对于这个问题的回答,审判者将焦点集中在持卡人支付逾期账户管理费的合法性与正当性上。

首先,从合同依据的角度来看,一般情况下对于处于信息劣势的消费者来说,发卡方(特别是实际售卡方)若要收取逾期账户管理费,要履行最低限度的信息披露义务,特别在涉及影响消费者重大利益的合同条款上,应进行充分地告知、提醒和说明,以保障消费者的知情权,如发行和销售乐通卡时向作为金融消费合同相对方的购卡人作出明确说明,对逾期账户管理费的收取时间、标准、范围等履行告知义务。但在本案中,并无充分证据证明乐通卡的实际售卡方在销售时向购卡人明确告知了收取逾期账户管理费的相关事项。故持卡人不应负担支付逾期账户管理费的义务,乐通卡向持卡人收取逾期账户管理费缺乏合同依据,侵犯消费者的知情权。

第二,合同具有相对性,原则上合同项下的权利义务只能赋予当事人或加在当事人身上,合同只能对合同当事人产生拘束力,而非合同当事人不能诉请强制执行合同。本案无论是杭州银行与通联公司就乐通卡合作事宜签订了《合作协议》及《补充协议》，还是通联公司与通卡公司签订《储值卡代理销售合作协议》，抑或是通联公司、案外人通联商务服务有限公司、通卡公司、世百公司签订"四方协议"，其中诸如对乐通卡有效期、账户管理费等约定仅约束合同当事人，其效力并不及于消费者本人，故世百公司无权在乐通卡逾期后向持卡人按每月卡内余额 10% 收取账户管理费。

当然，相关监管文件要求超过有效期尚有余额的预付卡应保障持卡人继续使用，不得停止持卡人的正常支付，但未明确禁止对超过有效期的预付卡收取账户管理费。账户管理费即便可以收取，一方面需要在与消费者的合同中明确规定并给予充分的提示和解释，同时具体收费金额不应超出合理的限度，否则将有可能对金融消费者的合法权益造成损害。

综上，法院认定，乐通卡向持卡人收取逾期账户管理费的主张缺乏事实和法律依据，原告代位权诉请的主张不符合"债权人对债务人的债权合法"这一条件。

二、对预付卡收费的示范与指导意义

本案不仅对理解债权人代位权构成要件有意义，更对预付卡收费与发售有示范与指导意义。

当前，随着服务业、金融业的发展与创新，与乐通卡相类似的定额储值型预付卡因具备着支付便捷、让利消费者、稳定顾客群体等优势，在诸多商家、消费者的日常交易中已被广泛使用。但同时因资金提前积淀在经营者手中，出现了挪用、侵占消费者资金，或巧立名目额外收取高额费用的现象。尤其消费者在办卡与使用中常忽视有效期，从而为发卡方侵占资金提供了借口，容易引发纠纷。本案乐通卡即为金融机构发行的不记名预付卡，案件聚焦的逾期账户管理费突出地体现了这一问题。从保护金融消费者的角度出发，本案树立了以下几项裁判规则，进而对今后类似纠纷的处理具备一定的示范和指导意义：

第一，对预付卡发售应当事先向消费者履行信息披露义务。合同订立阶段提供必要充分的信息乃缔约人应负缔约之义务。而对于金融消费领域更是如此，金融消费者处于信息劣势，金融机构更有义务充分披露信息，对重要内容给予重点提示和解释说明义务，消除信息壁垒，保护金融消费者知情权。本案，因没有充分证据能够证明实际售卡方在销售时向购卡人履行了上述告知义务，忽视了消费者的知情权，其要求收取逾期账户管理费的主张被认定为缺乏法定或约定依据。

第二，对预付卡超期加收费用应限于合理范围。如前所述，超期账户管理费即便可以收取，也不应超出合理的限度，否则将涉嫌侵犯消费者的合法权益。本案中，原告世百公司诉请金额达到 2 400 余万元，接近乐通卡内的所有余额，已超出合理的限度，若在未得到持卡人的充分授权的情况下收取账户管理费，会对持卡人的合法权益造成严重侵害,有损社会公益。

　　第三,经营者之间就预付卡收费的约定效力不当然及于消费者。合同约定具有相对性。本案中,对于消费者而言,在购卡交易完成之后的消费使用期间,其合同相对方仅为发卡机构。有关的经营者之间达成的协议,显然对消费者均不发生法律效力。

案例提供单位:上海市黄浦区人民法院

编写人:虞　憬　孙　琼

点评人:李世刚

55. 陈恩某诉杜某某执行异议之诉纠纷案

——挂靠经营下渔船实际所有权人与柴油补贴享有者的认定

案 情

原告(上诉人)陈恩某

被告(被上诉人)杜某某

第三人灌南县鑫义海洋捕捞有限公司

2011 年 10 月 13 日,陈恩某与温岭市兴源船舶修造有限公司(以下简称兴源公司)签订《渔船建造合同》,约定陈恩某委托兴源公司建造一艘钢制渔船。2012 年 4 月 5 日,兴源公司确认陈恩某已全部付清造船款,并给予下水。

2011 年 10 月至 2013 年 10 月期间,陈恩某的妻子叶某某向案外人陈云某、郭某某等人支付造船款及设备费等共计 8 328 700 元。

2012 年 8 月 27 日及 2013 年 6 月 17 日,陈恩某与灌南县鑫义海洋捕捞有限公司(以下简称鑫义公司)签订两份《船舶挂靠协议书》。协议书约定:"苏灌南渔 08166"号渔船产权登记在鑫义公司名下,实际该船全部由陈恩某出资,且股份均属陈恩某所有,与鑫义公司无涉;若国家有柴油补贴款,则该柴油补贴款归陈恩某所有,与鑫义公司无涉,但鑫义公司须协助陈恩某办理领取该款的相关手续。

2012 年 8 月 27 日,江苏渔港监督局连云港分局颁发编号为(苏)船登(权)(2012)HY-100757 号《渔业船舶所有权登记证书》,证书记载:船名苏灌南渔 08166,船籍港堆沟港,船舶种类国内捕捞船,造船厂名称兴源公司,船体材质钢质,建造完工日期 2012-07-15,船长 47.96 米,型宽 8.6 米,型深 4.0 米,总吨位 492.0 吨,净吨位 148.0 吨,主机总功率 400.0 千瓦,船舶所有人名称鑫义公司,所占股份 100.0%,取得所有权日期 2012-08-27。

2014 年 5 月 11 日,温岭市石塘镇五呑村村民委员会(以下简称五呑村村委会)出具《证明》:五呑村村民陈恩某,2012 年 7 月份新造壹艘钢质捕捞渔船,该船长 47.96 米,宽 8.6 米,深 4.0 米,总吨位 492 吨,主机功率 400 千瓦,由兴源公司建造,该船全部由陈恩某、尚某某二人出资,现挂靠在鑫义公司,但实际船舶所有人陈恩某占股份 70%,尚某某占股份 30%。6 月 3 日,五呑村村委会出具《说明》:本村委会在 2014 年 5 月 11 日出具的《证明》情况有变,尚某某的 30% 的出资股份现也由陈恩某出资，即"苏灌南渔 08166"号船由陈恩某全额出资，占该船 100％的股份。同日，五岙村村委会再次出具《证明》：我村村民陈恩某，2012 年建造壹艘钢质渔船，船长 47.96 米，宽 8.6 米，总吨位 492 吨，主机功率 400 千瓦，船号为苏灌南渔 08166 号，该船全部由陈恩某出资，陈恩某占 100％股份，情况属实。

灌南县 2012 年度渔船油补资金发放名册记载：苏灌南渔 08166，船主名称鑫义公司，实发金额 261 289 元(以下币种均为人民币)；灌南县 2013 年度渔船油补资金发放名册记载：苏灌南渔 08166，船主名称鑫义公司，实发金额 698 696 元。

2014 年 12 月 7 日，李某某出具欠条，欠条记载：欠到陈恩某 2012 年油补款 260 000 元，两艘船的挂靠费用另结算。

2015 年 3 月 31 日，因杜某某诉李某某、谢某、鑫义公司船舶买卖合同纠纷一案，法院出具民事调解书，确认由李某某、谢某、鑫义公司连带支付杜某某人民币 2 900 000 元。因李某某、谢某、鑫义公司没有履行，杜某某申请执行。2016 年 2 月 25 日，法院作出执行裁定，同日，陈恩某以其系"苏灌南渔 08166"号渔船的实际所有权人为由，提出案外人执行异议之诉。

审 判

一审法院经审理后认为，首先，关于涉案渔船所有权，陈恩某与鑫义公司签订的挂靠协议关于实际所有权人的约定，即使协议有效，也仅在签约双方之间发生效力，不能对抗第三人。即便陈恩某举证证明其出资建造并实际占有、经营"苏灌南渔 08166"号渔船，但我国对于从事捕捞作业的渔船实行船网工具指标调控，渔船所有权的取得应当首先取得国家行政主管机关批准的船网工具指标，并按照船网工具指标的权属依法进行渔船所有权登记，在未取得行政主管机关批准登记的情况下，当事人通过建造方式至多取得船体的所有权，而无法取得渔船的完整所有权。因此，基于现有情况，"苏灌南渔 08166"号渔船的所有权应依据(苏)船登(权)(2012)HY-100757 号《渔业船舶所有权登记证书》的记载归属于鑫义公司，陈恩某要求确认"苏灌南渔 08166"号渔船所有权属其所有的主张，一审法院不予支持。

其次，关于"苏灌南渔 08166"号渔船的柴油补贴归谁所有。渔船的柴油补贴是国家给予渔业生产者的政策性补贴，发放的具体规定是由登记的渔船所有权人持渔业船舶所有权证书、捕捞许可证等相关材料向行政主管机关申请，行政主管机关核准后，向登记的渔船所有权人的专户进行发放。渔船所有权人在取得该款项后可以进行自由支配。陈恩某与鑫义公司签订的挂靠协议仅约束协议的双方当事人，也仅在协议的双方当事人之间有效，当事人之间以协议方式分配的是柴油补贴的具体款项，而非政策性补贴本身，并不能改变行政主管机关依法向登记的渔船所有权人发放补贴的规定,也不能改变柴油补贴属于政策性补贴的性质。故一审法院认为,"苏灌南渔 08166"号渔船的柴油补贴应归"苏灌南渔 08166"号渔船登记的所有权人鑫义公司所有。当然由于鑫义公司的原因,导致其与陈恩某之间关于柴油补贴款分配的协议无法履行,属于另一法律关系,陈恩某可以另行向鑫义公司主张。

基于上述理由,一审法院认为,陈恩某就"苏灌南渔 08166"号渔船及其柴油补贴不享有足以排除强制执行的民事权益,其关于解除及终止对"苏灌南渔 08166"号渔船及其项下 2013 年、2014 年柴油补贴款的保全及执行措施的申请,不予支持。综上,一审法院依照《中华人民共和国海商法》第九条,《中华人民共和国民事诉讼法》第六十四条第一款、第二百二十七条,《最高人民法院关于适用〈中华人民共和国民事诉讼法〉的解释》第二百四十条、第三百零四条、第三百一十二条之规定,判决驳回陈恩某的诉讼请求。

一审宣判后,陈恩某不服提起上诉。

二审法院经审理后认为,关于涉案船舶的所有权归属。《中华人民共和国海商法》第九条第一款规定,船舶所有权的取得、转让和消灭,应当向船舶登记机关登记;未经登记的,不得对抗第三人;《中华人民共和国物权法》第二十四条规定,船舶、航空器和机动车等物权的设立、变更、转让和消灭,未经登记的,不得对抗善意第三人。根据上述规定,我国法律对船舶所有权的取得、转让和消灭采取登记对抗模式,而未采取登记生效模式。因此,船舶所有权登记证书仅具有权利推定效力,实际所有权人可以通过证明船舶登记证书记载与实际权利状态不符、其为实际所有权人的方式,请求确认自己为实际所有权人。另需要指出的是,登记对抗模式下,未经登记的船舶所有权不具有对抗第三人的效力,但其中的第三人应当理解为对同一船舶享有物权的物权关系相对人,不包括船舶所有权登记证书记载的船舶所有人的一般债权人。因此,即使船舶登记与实际权利状况不符,船舶实际所有权人亦得以对抗登记船舶所有人的一般债权人。本案中,现有证据足以证明陈恩某实际出资、委托建造并实际占有、使用涉案船舶从事渔业生产经营,鑫义公司仅系名义所有权人,故应认定陈恩某为涉案船舶的实际所有权人。至于陈恩某与鑫义公司在申请相关指标及船舶登记过程中存在违反渔业管理法律、法规的情形,应当由相关行政管理部门进行处罚,但不应以此为由否定挂靠人的船舶所有权。同时,杜某某对鑫义公司享有的债权系基于双方另案船舶买卖合同纠纷的一般债权,与涉案船舶无关,故陈恩某对涉案船舶的实际所有权亦足以对抗杜某某对鑫义公司的一般债权主张。

关于涉案船舶项下 2013 年度及 2014 年度渔业成品油价格补助应由何方享有。本案各方当事人指称的柴油补贴,系指渔业成品油价格补助。根据相关规定,渔业成品油价格补助来源是中央预算安排的,用于补助渔业生产者因成品油价格调整而增加的成品油消耗成本而设立的专项资金;补助的对象是依法从事国内海洋捕捞、远洋渔业、内陆捕捞及水产养殖并使用机动渔船的渔民和渔业企业。因此,渔业成品油价格补助是国家给予渔业生产者以弥补其实际生产、作业成本的补贴。涉案船舶的实际生产经营者为陈恩某,结合本案其他事实,相应渔业成品油价格补助亦应由陈恩某享有。

综上,现有证据足以证明陈恩某为涉案船舶实际所有权人及渔业成品油价格补助的享有者,其权益足以排除对涉案船舶及渔业成品油价格补助的强制执行,故其上诉请求有事实与法律依据,应予支持。据此,依照《中华人民共和国民事诉讼法》第一百四十四条、第一百七十条第一款第(二)项、第一百七十五条,《最高人民法院关于适用〈中华人民共和国民事诉讼法〉的解释》第三百一十二条之规定,判决撤销一审判决,对陈恩某的诉讼请求予以支持。

点 评

异地挂靠导致渔业船舶登记所有人与实际所有人相分离、登记区域与实际作业区域相分离,给渔业船舶的行政管理造成了干扰,同时也成为一系列涉渔船法律纠纷的根源。其中,船舶登记所有权与实际所有权相分离情况下所有权人及柴油补贴享有人的认定又成为司法实践的焦点问题。

一、正确理解登记对抗主义下的"第三人"

关于船舶所有权的界定,《中华人民共和国物权法》第二十四条规定,船舶、航空器和机动车等物权的设立、变更、转让和消灭,未经登记,不得对抗善意第三人。《中华人民共和国海商法》第九条第一款规定,船舶所有权的取得、转让和消灭,应当向船舶登记机关登记;未经登记的,不得对抗第三人。因此,根据上述法律规定,我国船舶所有权的取得、转让和消灭采取登记对抗模式,登记并非取得船舶所有权的生效要件,船舶登记信息也不是确定船舶所有权人的绝对证据。同时,本案产生争议的原因也在于对"第三人"的理解。船舶所有权人的一般债权人可否归于登记对抗的"第三人"中?本案判决明晰了"第三人"这一概念——即第三人为对同一船舶享有物权的物权关系相对人,不包括船舶所有权登记证书记载的船舶所有人的一般债权人。在本案中,依据法院查明的事实,应认定陈恩某为涉案船舶实际所有权人且足以对抗杜某某对登记所有权人鑫义公司等主体享有的一般债权主张。

二、明晰渔业成品油价格补助归属

本案判决为由所有权分离产生的柴油补贴享有人的认定提供了清晰正确的思路。根据国家财政部、农业部《渔业成品油价格补助专项资金管理暂行办法》的相关规定,柴油补贴来源是中央预算安排的,用于补助渔业生产者因成品油价格调整而增加的成品油消耗成本而设立的专项资金;补助对象是依法从事国内海洋捕捞、远洋渔业、内陆捕捞及水产养殖并使用机动渔船的渔民和渔业企业。因此柴油补贴是国家给予渔业生产者以弥补其实际生产、作业成本的补贴。本案中涉案船舶的实际生产经营者为陈恩法,且柴油补贴金额的确定及发放过程亦与涉案船舶存在密切关联,故应由陈恩某享有相应的柴油补贴。

异地挂靠经营在渔业生产领域多有出现。本案审判法院正确把握了实际所有权与登记所有权分离情况下所有权人的认定,并对该情况下产生的一系列涉渔船纠纷的解决以及涉案船舶的柴油补贴享有人的认定具有重要的指导意义。

案例提供单位:上海市高级人民法院

编写人:胡海龙

点评人:王国华　佟　尧

56. 上海通富国际物流有限责任公司 诉上海迅磊网络科技有限公司 海上货运代理合同纠纷案

——货运代理企业有权对间接占有的债务人的 动产行使留置权

案 情

原告（被上诉人）上海通富国际物流有限责任公司

被告（上诉人）上海迅磊网络科技有限公司

2014 年 10 月 14 日，上海通富国际物流有限责任公司（以下简称通富公司）与上海迅磊网络科技有限公司（以下简称迅磊公司）签订《费用结算协议》，约定通富公司接受迅磊公司委托代办订舱、拖车、报关、报检等货运代理事项，为迅磊公司代缴相关费用，并就费用结算、留置权利进行约定：迅磊公司未依约对结算清单予以确认，或确认后未依约支付款项的，通富公司有权留置迅磊公司委托办理之任何业务的相关单证和货物至实际支付之日止。在此情况下若迅磊公司仍不积极履行付款义务，通富公司有权变卖、处理已留置单据或货物以折抵费用，由此给迅磊公司造成的损失由其自行承担。

2015 年 3 月，通富公司接受迅磊公司委托，为单证号为 MY10512278 和 MY10514567 的两票进口货物提供了进口报关、内陆运输等货运代理服务。迅磊公司盖章确认二票业务费用总计人民币 25 938.53 元。此外，迅磊公司盖章确认以往业务中另有人民币 54 437 元和 860 美元的未付款项。

2015 年 5 月，迅磊公司向通富公司出具《付款保函》，确认自 2014 年 11 月 1 日起至 2015 年 3 月 31 日止有九票业务费用尚未支付，累计欠付通富公司海运费及其他港杂费用等共计 222 445.79 美元及人民币 25 938.53 元（包含涉案二票业务费用），并保证在 2015 年 5 月 25 日前全额支付，否则将按每日千分之五的标准向通富公司支付违约金。

2015 年 8 月，通富公司再次接受迅磊公司委托，为提单号 AO10251983 项下的进口"安哥拉黑色花岗岩荒料"提供货运代理服务。该批次货物进口时间为2015 年 8 月 8 日,装载于 60 个 20 英尺标准集装箱内,涉案提单载明的收货人以及报关单载明的经营单位和收货单位都是迅磊公司,报关单记载的货物总价为 159 796美元。因迅磊公司欠付通富公司之前业务的货运代理费,通富公司要求迅磊公司支付拖欠费用后才安排提货及送货,但迅磊公司未予理会。2015 年 9 月 13 日,通富公司提取该批货物后,将货物存放于案外人薪鑫货代的仓库中。2015 年 10 月20 日,通富公司向迅磊公司发出《律师函》,催讨相关欠款,并通知迅磊公司其留置了提单号 AO10251983 项下货物。迅磊公司于次日签收该邮件。截至 2015 年 12月,通富公司陆续为该批货物支付了换单费、报关费、超期费、港杂费等共计人民币624 142 元。此外,截至 2016 年 1 月 13 日,通富公司共计向薪鑫货代支付该批货物堆存费人民币 90 000 元,其中首月 2015 年 9 月 13 日至 10 月 12 日为人民币 18 000元,其余 3 个月每月费用均为人民币 24 000 元。其后,堆存费仍在持续发生。

此外,通富公司就迅磊公司在 2015 年 1 月和 2 月委托其办理的出口货代业务所欠费用另案起诉。2016 年 8 月 8 日,该案作出一审判决,查明迅磊公司截至2015 年 4 月 15 日拖欠通富公司货运代理费用 109 794 美元和人民币 428 273 元,并判决迅磊公司应于该判决生效之日起十日内向通富公司支付货运代理费用109 794 美元和人民币 428 273 元及逾期付款违约金。

通富公司诉请判令迅磊公司:1.支付货运代理业务产生的费用 860 美元和人民币 704 717.53 元及其违约金;2.支付至实际提货时累计的堆存费损失;3.确认通富公司有权留置提单号 AO10251983 项下的货物,并有权依法变卖该提单项下货物优先用于偿还被告欠付通富公司的费用;4.本案案件受理费和诉讼保全申请费由迅磊公司承担。

迅磊公司辩称,因相关经办人员已经离职,迅磊公司对事实不清楚,同时认为目前提单号 AO10251983 项下的货物并非在通富公司处,因此通富公司没有留置权。

审 判

一审法院经审理后认为,本案系海上货运代理合同纠纷。1.通富公司与迅磊公司签订的《费用结算协议》合法有效,双方成立海上货运代理合同关系。2.通富公司根据迅磊公司的委托,提供了清关、内陆运输、采购货主自备集装箱等货运代理服务,迅磊公司亦确认了相关费用,应当依照《费用结算协议》的约定向通富公司支付费用。迅磊公司欠付费用的行为已构成违约,应当向通富公司承担继续履行、赔偿损失等违约责任。关于通富公司主张的货运代理费用人民币 25 938.53 元、购箱费人民币 54 437 元和 860 美元的应付款项,已经迅磊公司盖章确认,在无相反证据的情况下,予以认定。关于通富公司主张为提单号 AO10251983 项下货物发生的除堆存费之外的相关费用共计人民币 624 342 元,经审核通富公司提供的费用清单及相关票据,有证据可以确认的费用为人民币 624 142 元。此外,迅磊公司还应当按照双方协议约定的利息计算标准和结算周期支付逾期付款违约金。3. 关于通富公司是否有权留置提单号 AO10251983 项下货物的问题,在案证据证明通富公司在该票业务中的受托事项包括清关及内陆运输,通富公司对该批货物具有内陆运输和保管义务,系合法占有,该批货物为迅磊公司所有,且货物报关价格与当时迅磊公司对通富公司所负的到期债务数额相当。通富公司已向薪鑫货代支付了 4 个月的堆存费,目前堆存费仍在持续发生,因此通富公司至今仍间接占有该批货物,不影响留置权效力。综上,通富公司于 2015 年 10 月 20 日通知迅磊公司留置提单号 AO10251983 项下货物,符合法律规定,予以支持,其担保的范围依法应当包括本判决以及另案判决支持的通富公司对迅磊公司享有的债权、堆存费以及将来可能发生的实现留置权的费用。依据《中华人民共和国合同法》第一百零七条、第一百零九条、第一百一十二条、第一百一十四条,《中华人民共和国物权法》第二百三十条、第二百三十一条以及《中华人民共和国民事诉讼法》第六十四条第一款,判决如下:一、被告上海迅磊网络科技有限公司应于本判决生效之日起十日内向原告上海通富国际物流有限责任公司支付货运代理费用 860 美元和人民币 704 517.53 元,并支付延期付款违约金(截至 2015 年 12 月 25 日计人民币 3 314.90 元,自 2015 年 12 月 26 日起分别以 860 美元和人民币 704 517.53 元为基数按每日万分之六计算至实际清偿之日止);二、确认原告上海通富国际物流有限责任公司对被告上海迅磊网络科技有限公司所有的提单号 AO10251983 项下的安哥拉黑色花岗岩荒料享有留置权;三、驳回原告上海通富国际物流有限责任公司的其他诉讼请求。

一审判决后,迅磊公司不服提出上诉。因迅磊公司收到法院催缴案件受理费通知后未予缴纳且未递交减缓免案件受理费的申请,二审法院裁定按迅磊公司自动撤回上诉处理。本案判决现已生效。

点 评

海上货运代理属于商事代理行为,货运代理企业以从事代理业务并收取报酬为主要经营活动。货运代理合同,是指委托人和受托人约定,由受托人为委托人处理货物运输及相关业务的合同。本案判决在货运代理人在委托人拖欠费用时,能否留置委托人货物以保护自身合法权益以及货运代理人如何正确行使留置权这几个问题的解决上提供了具有实际意义的指导意见。

我国立法对留置权问题进行了明确规定。《中华人民共和国物权法》第二百三十条规定,债务人不履行到期债务,债权人可以留置已经合法占有的债务人的动产,并有权就该动产优先受偿;第二百三十一条规定,债权人留置的动产,应当与债权属于同一法律关系,但企业之间留置的除外;第二百三十二条规定,法律规定或者当事人约定不得留置的动产,不得留置。《中华人民共和国担保法》第八十四条规定:因保管合同、运输合同、加工承揽合同发生的债权,债务人不履行债务的,债权人有留置权。法律规定可以留置的其他合同,适用前款规定。当事人可以在合同中约定不得留置的物。由此可得,留置权是一种法定担保物权,留置权的产生是基于法律的特殊规定而非当事人的约定,该权利的产生需满足相应要件。然而,本案的主要争议是货运代理人作为债权人,在基于一定法律关系对委托人的货物成立间接占有时,是否仍合法占有债务人(即委托人)的动产。即在该种情况下,货运代理人是否仍满足留置权产生所需的"合法占有"要件。虽然《〈中华人民共和国物权法〉条文理解与适用》中明确表示留置权成立要件中的"占有的方式不限于直接占有,间接占有也可",但在司法实践中并没有形成统一的做法。

本案判决对于司法机关解决此类问题具有指导性意义。当货运代理企业基于一定法律关系对委托人的货物成立间接占有,如以自己名义将委托人的货物交由第三人仓储、或转托车队进行陆路运输时,货运代理企业对委托人的货物仍有事实上的管领力和控制力。此时货运代理企业对动产仍有事实上的管领力和控制力,并非指在事实上掌握、控制留置物,而是对留置物有返还请求权。因此该情况下的货运代理人仍应认定为满足"合法占有债务人动产"这一留置权构成要件。

案例提供单位:上海海事法院

编写人:杨　婵

点评人:王国华　佟　尧

57. 葡萄牙忠诚保险有限公司诉史带财产保险股份有限公司海上保险合同纠纷案

——《海商法》第 225 条"重复保险分摊"概括性规定的理解与适用

案　情

原告葡萄牙忠诚保险有限公司

被告史带财产保险股份有限公司

葡萄牙忠诚保险有限公司(以下简称忠诚公司)与被保险人阿萨伊公司之间存在预约保险合同关系。2013 年 4 月,忠诚公司承保阿萨伊公司从中国新港港运至安哥拉罗安达港的 70 200 千克焊管,承保条件包括"货物保险——A 条款(C.E. 01)",保险金额为 97 451.64 美元。2013 年 2 月,史带财产保险股份有限公司(以下简称史带公司)承保同一批货物的运输风险,被保险人、保险标的和保险金额与忠诚公司签发的保险凭证记载一致。承保险别为中国人保海洋货物运输一切险及战争险条款(1/1/1981)。此外,忠诚公司、史带公司各自的保险合同中均无"禁止他保条款""无分摊条款"或"按比例条款",也未对违反重复保险通知义务的后果进行约定。

涉案货物于 2013 年 4 月 12 日开始在罗安达港卸载,阿萨伊公司发现货物受损,并于当日向船东提出索赔。被保险人及时向忠诚公司、史带公司告知了货物出险情况。

受忠诚公司委托的公估公司检验后认为货损原因为积载不当,定损金额为 53 876.40 美元,约合 42 973.22 欧元。忠诚公司分别于 2013 年 7 月和 11 月对外支付了 2 536.47 欧元的检验费用和 42 973.22 欧元的保险赔偿金。

2014 年 2 月 27 日开始,史带公司代理人开始向被保险人催要租船合同以及被保险人出具的允许史带公司代理人处理向承运人追偿事宜的授权书。2014 年 6 月,史带公司代理人通知被保险人:"如没有授权书,索赔已被拒绝"。

2014 年 4 月 3 日,忠诚公司委托律师通知史带公司涉案货物存在重复保险情况,要求史带公司分摊 50% 的保险赔偿金即 21 486.61 欧元。

忠诚公司诉请法院判令史带公司分摊保险赔偿金 21 486.61 欧元和检验费用 1 268.24 欧元并支付相应利息。

史带公司辩称,投保人及被保险人未向史带公司提供保险事故有关的证明和资料已导致史带公司拒赔,忠诚公司未证明其是否已经行使了代位求偿权,忠诚公司有关分摊检验(公估)费和支付保险金利息的诉讼请求没有法律依据等抗辩意见,要求驳回忠诚公司的诉讼请求。

审 判

一审法院经审理后认为,忠诚公司、史带公司之间存在法定的重复保险法律关系。忠诚公司向被保险人已经作出的赔付是合理和谨慎的、史带公司在其保险合同项下对被保险人也负有赔偿责任且原告向被保险人作出的赔付解除了史带公司的赔偿责任。因此,忠诚公司的分摊请求权成立。分摊保险人可以行使针对被保险人的合同抗辩,但与被保险人向其他保险人自由求偿的权利冲突的抗辩除外。重复保险分摊请求权的行使不以行使过代位求偿权为前提。因此,对史带公司的相关抗辩不予采纳。关于忠诚公司提出的分摊检验(公估)费用的诉讼请求,法院认为缺乏法律依据,不予支持。综上,依照《中华人民共和国海商法》第二百二十五条以及《中华人民共和国民事诉讼法》第六十四条第一款之规定,判决如下:一、被告史带财产保险股份有限公司于本判决生效之日起十日内向原告葡萄牙忠诚保险有限公司支付保险赔偿金 21 486.61 欧元及其利息(以人民币 177 947.81 元为基数按照中国人民银行同期存款基准利率自 2013 年 11 月 28 日起计算至判决生效之日止);二、驳回原告葡萄牙忠诚保险有限公司的其他诉讼请求。

一审判决后,忠诚公司、史带公司均服判息诉,史带公司自觉履行了判决确定的支付义务。本案判决现已生效。

点 评

本案为重复保险分摊纠纷。重复保险分摊纠纷在我国海事审判实践中属于新类型纠纷,且目前我国有关重复保险的直接法律规定仅有《中华人民共和国海商法》第二百二十五条和《中华人民共和国保险法》第五十六条,相关案例和研究资料也比较少见。

一、重复保险分摊请求权是法定权利

重复保险的分摊原则起源于 1758 年的 Godin v. London Ass Co. 案,是指保险人(即第一赔付保险人)承担了超过其应负比例部分的赔偿的,其有权从其他承担少于应付比例的保险人(即分摊保险人)处追偿。分摊请求权是一项法定权利,这是因为虽然第一赔付保险人和分摊保险人之间并无合同或侵权法律关系,但依据法律的特别规定,双方之间产生了重复保险法律关系。

二、重复保险分摊请求权的成立要件

根据《中华人民共和国海商法》第二百二十五条的规定,在保险事故发生时存在重复保险的前提下,分摊请求权的构成要件应包括:一是第一赔付保险人向被保险人已经作出的赔付是合理、谨慎的;二是分摊保险人在其保险合同项下对被保险人也负有赔偿责任;三是第一赔付保险人支付的赔偿金额超过其在重复保险法律关系下应当承担的赔偿责任。因此,在重复保险分摊之诉中,第一赔付保险人对此负有证明责任。

三、重复保险分摊请求权与代位求偿权的关系

依据《中华人民共和国海商法》规定,重复保险分摊请求权的行使不以行使过代位求偿权为前提,且在分摊保险人未向第一赔付保险人支付保险赔偿金前,代位求偿权应当仅属于第一赔付保险人。虽然有观点认为要对第一赔付保险人与被保险人的保险合同关系进行深入细致的实体审查,但实际上,应借鉴海上保险代位求偿权纠纷中对保险合同关系的审查标准,重复保险分摊之诉的审查范围也应当有其合理的边界,不宜对主张分摊权利的诚信理赔的保险人设置过高的法律门槛、课加过高的证明负担,从而避免《中华人民共和国海商法》所规定的重复保险分摊请求权形同虚设。

综上,本案明确了重复保险分摊请求权的行使不以行使过代位求偿权为前提,分摊保险人可以行使合同项下所有对被保险人的抗辩,以保险事故发生时作为判断分摊保险人在其保险合同项下对被保险人是否负有赔偿责任进而负有分摊义务的时间点,但被保险人未向其提供保险事故证明资料的抗辩与被保险人向其他保险人自由求偿的权利相冲突,则不成立。

本案是全国首例海上重复保险分摊之诉,通过对重复保险分摊之诉的审查范围的界定可以鼓励重复保险法律关系中的保险人积极参与理赔以取得相应的代位求偿权,进一步规范和优化航运保险服务,从而引导航运保险业更加健康有序地发展。

案例提供单位:上海海事法院

编写人:杨　婵

点评人:王国华　佟　尧

知识产权

58. 上海牟乾广告有限公司诉上海市静安区市场监督管理局等行政处罚决定纠纷案

——商业秘密侵权构成要件的把握

案 情

原告(被上诉人)上海牟乾广告有限公司

被告(上诉人)上海市静安区市场监督管理局

第三人(上诉人)上海商派网络科技有限公司

第三人(上诉人)酷美(上海)信息技术有限公司

原告上海牟乾广告有限公司(以下简称牟乾公司)由上海管易软件科技有限公司(以下简称管易公司)于 2015 年 7 月 6 日变更名称而来。被告上海市静安区市场监督管理局(以下简称静安市场监管局)因上海市闸北区与上海市静安区两区"撤二建一"而承继原上海市闸北区市场监督管理局(以下简称闸北市场监管局)职责,而原闸北市场监管局由上海市工商行政管理局闸北分局(以下简称闸北工商分局)等相关局的职能整合组建而成。

2012 年 2 月 23 日,闸北工商分局收到两第三人的举报信,举报管易公司恶意高薪聘请两第三人员工,获取其软件源代码等使其商业秘密遭受严重侵犯,同时还在网站上进行虚假宣传。因该公司服务器位于闸北区,故要求闸北工商分局予以查处。同时提交了经公证封存的第三人主张保护软件的光盘。闸北工商分局接报后就此案的管辖上报上海市工商行政管理局(以下简称市工商局)。2012 年 3 月 20 日,市工商局批复:将报告中反映的管易公司涉嫌虚假宣传的行为交闸北工商分局查办。同日,闸北工商分局委托上海上信计算机司法鉴定所(以下简称上信司法鉴定所)对相关电脑的数据固定并与提供的长宁公证处封存光盘数据比对。3 月 21 日,闸北工商分局工作人员及上信司法鉴定所人员到达管易公司办公场所,对其 8 台电脑(其中 2 台分别为龚某某、俞某某使用的笔记本电脑)中的数据进行固定和全盘镜像。对原告公司网站及其在新浪网的官方微博的相关页面进行了截屏打印。3 月 22 日,闸北工商分局对案件进行立案。

2012 年 7 月 13 日,上信司法鉴定所出具三份司法鉴定意见书,结论为:管易公司电脑中文件可以认定的部分与第三人上海商派网络科技有限公司(以下简称商派公司)提供的 Ecstore、分销王、Ecshop 软件代码相同,可视为来自同一来源;俞某某电脑中文件可以认定的部分与商派公司提供的分销王、shopex485、Ecshop 软件代码相同,可视为来自同一来源,并真实存在分销王软件产品开发文档需求说明书等文档;龚某某电脑中文件可以认定的部分与商派公司提供的 OME 订单处理软件代码相同,可视为来自同一来源,并真实存在 Ecstore 软件数据库结构文档等文档。应闸北工商分局要求,市软件行业协会于 2013 年 3 月 25 日提交了关于对软件行业相关专业问题的书面解答,2014 年 8 月 28 日又提交了补充情况说明,主要内容为:软件源代码、软件开发文档和客户信息资料均属于商业秘密;商派公司自主开发的 ShopEx、Ecstore、分销王、OME、淘打等软件产品源代码、数据库文件、需求说明书等能为企业带来经济利益,不会为公众所知悉,属于商业秘密。

2012 年 10 月 8 日,闸北工商分局将办案期限扣除鉴定期间后,延长至 2012 年 11 月 14 日。2012 年 11 月 14 日,闸北工商分局向原告送达行政处罚听证告知书,并于 2012 年 12 月 20 日进行了听证。12 月 27 日,闸北工商分局召开办公会讨论案件第二次延期,决定同意将案件延期至 2015 年 6 月 26 日。会议记录显示参加人员含办案人员及听证主持人共 9 人,签字人为 5 位。2015 年 3 月 30 日,闸北市场监管局再次向原告送达行政处罚听证告知书,并于 2015 年 4 月 28 日进行了听证。2015 年 5 月 13 日,市工商局书面批复闸北市场监管局,明确表示之前的批复"包含将上海管易软件科技有限公司涉嫌侵犯商业秘密的违法行为一并交你局办理"。

2015 年 6 月 25 日,闸北市场监管局作出被诉行政处罚决定,对管易公司作出闸市监案处字[2015]第 080201210817 号行政处罚决定(以下简称被诉处罚决定)。主要内容是:一、管易公司在其公司网站及新浪官微上分别发布"管易软件中国电子商务 ERP 软件第一品牌"等内容与事实不符,上述宣传行为违反《中华人民共和国反不正当竞争法》(以下简称《反不正当竞争法》)第九条第一款的规定,鉴于未造成严重后果且有改正情节,符合《中华人民共和国行政处罚法》(以下简称《行政处罚法》)第二十七条第一款第(一)项关于应当依法从轻或者减轻行政处罚的规定,依据《反不正当竞争法》第二十四条第一款规定,决定对管易公司作出责令停止违法行为、消除影响和罚款人民币壹万元整的处罚。二、商派公司和酷美(上海)信息技术有限公司(以下简称酷美公司)共同研发了 ShopEx、Ecshop(开源软件)、Ecstore、分销王等电子商务类软件,2011 年 8 月起,管易公司先后招聘原商派公司和酷美公司参与软件研发的龚某某、俞某某等 6 人,该 6 人都与原就职公司签订保密协议。俞某某、龚某某的电脑均在管易公司工作时使用,其电脑中的上述文件非管易公司所有,除"shopex b2b"软件是俞某某在离职后向商派公司员工索取外,其余均是两人在商派公司任职时取得。结合上信司法鉴定所出具三份司法鉴定意见书,闸北市场监管局认为,商派公司的软件开发文档、软件源代码等文件资料,并不为公众所知悉,能为其带来经济利益,具有实用性,并且采取了相关的保密措施,属于商业秘密,管易公司侵犯商派公司相关商业秘密的行为,构成《反不正当竞争法》第十条第二款"第三人明知或者应知前款所列违法行为,获取、使用或者披露他人的商业秘密,视为侵犯商业秘密"所指的行为,依据《反不正当竞争法》第二十五条规定,决定对管易公司作出责令停止违法行为,罚款人民币贰万元整的处罚。综上,决定对管易公司合并执行处罚:一、责令停止虚假宣传行为,消除影响;二、责令停止侵犯商业秘密行为;三、罚款人民币叁万元整。6 月 30 日,闸北市场监管局将行政处罚决定书及缴纳罚款、没收款通知书送达原告。牟乾公司不服,诉至法院。

原告牟乾公司诉称,该行政处罚决定违法,被告无管辖权,存在违反法定程序行为,处罚决定认定原告侵犯第三人商业秘密的事实不清、法律适用不当,故请求法院依法撤销被诉处罚决定。

被告静安市场监管局辩称,被告承继原闸北市场监管局职责,对本案有管辖权,本案执法程序合法,处罚决定事实认定清楚、法律适用正确,请求法院驳回原告诉讼请求。

第三人商派公司、酷美公司共同述称,被告对本案的管辖具有依据,行政处罚决定程序合法,适用法律正确,对原告侵犯第三人商业秘密的认定依据充分,故请求法院驳回原告诉讼请求。

审 判

一审法院经审理后认为,本案争议焦点主要在于被告对本案有无管辖权、被告的具体行政行为是否违反法定程序、被告认定原告侵犯两第三人商业秘密依据是否充分及被告对原告的处罚是否适当。

一、关于被告对本案有无管辖权

根据《反不正当竞争法》第三条第二款的规定,县级以上人民政府工商行政管理部门对不正当竞争行为进行监督检查。涉案行为发生在上海市范围内,市工商局对此有权管辖,其也有权将相关涉嫌违法行为的查办指定其辖区内的下级工商行政管理部门管辖,故根据市工商局批复,被告对所查办的涉案行为有管辖权。两第三人的举报明确包含了虚假宣传和侵犯商业秘密两部分内容,市工商局前、后两份批复也已明确了交办内容包含两部分,故被告有权查办涉案行为。

二、关于被告作出具体行政行为是否违反法定程序

被告为初步核实第三人举报的原告行为而在立案前对涉嫌违法的证据进行现场核查,符合《工商行政管理机关行政处罚程序规定》(以下简称《工商行政处罚程序规定》)第十七条的规定。被告在办案过程中因案情复杂,进行了两次延期,第一次延期是从 2012 年 10 月 16 日延至 11 月 14 日,据被告案件延期报告,上信司法鉴定所向被告提交司法鉴定意见书的日期为 2012 年 7 月 17 日,扣除鉴定期间后案件办理期限应到 2012 年 10 月 15 日。第一次延期期满日正是被告向原告送达听证告知书的日期,因原告申请延期听证,2012 年 12 月 20 日完成听证。2012 年 12 月 27 日,被告提出听证报告并召开办公会讨论第二次延期申请,会议结果是同意延期至 2015 年 6 月 26 日,故延期办理及最后结案都在期限之内。原告对第二次延期的会议记录提出参会 9 人只有 5 人签字、只签名但未署日期等异议而认为记录不真实。参与会议的 9 人中有办案人员宋某某,办案人员所在大宁工商所的许某以及公平交易科的陆某,其发言内容是汇报案情及申请第二次延期;温某某是 2012 年 12 月 20 日听证的主持人,应是作出听证报告的人员。其余包括张某局长在内的 5 人均同意案件延期处理并签名。该会议记录能反映出被告经过内部案件办公会讨论通过延期申请的程序和过程。听证笔录也明确记载了证据出示、质证及各方陈述意见等过程,并有参与听证的各方人员的签名。故原告认为被告违反法定程序的意见依据不足,一审法院难以采纳。

三、关于被告认定原告侵犯两第三人商业秘密的依据是否充分

被告认定原告侵犯两第三人的商业秘密的范围是指 Ecstore、分销王、shopex485、OME 订单处理四个软件源代码,Ecstore 数据库结构文档、分销王软件产品开发文档需求说明书(以下简称涉案源代码及文档)。

一审法院认为,商业秘密必须具备不为公众所知悉、具有价值性和实用性、采取保密措施的条件。就本案而言,应当首先明确涉案源程序及相关文档中哪些技术信息是权利人主张作为商业秘密保护的秘密点,然后判断这些秘密点是否属于"不为公众所知悉"。在此基础上,再就秘密点信息与侵权人获取、使用的信息比对相同或者相似。本案中,两第三人未指明其软件中哪些技术信息是其保护的秘密点范围,被告也未依法区分、审查、确定技术信息秘密点的范围,而是都误将软件程序及文档这些著作权保护的对象全部作为商业秘密的保护对象。被告未确定技术信息的范围,也就无法对技术信息是否达到"不为所属领域的相关人员普遍知悉和容易获得"的程度进行审查和判断,仅以源程序和文档属于保密资料、均未公开为由,就认定其具备"不为公众所知悉"的条件,违背了商业秘密构成要件认定的基本法理。在没有区分软件中作为技术信息保护的范围并判断该信息的获得是否通过一定创造性劳动的情况下,被告委托鉴定机构作软件代码等比对的司法鉴定,该鉴

定结论对于商业秘密侵权的判断没有实际意义。至于市软件行业协会针对被告咨询问题的解答和补充说明,该协会并未对涉案软件程序中的技术信息进行具体的分析,因此其结论难以采信为认定涉案软件程序及文档构成商业秘密的依据。因被告未按商业秘密构成要件依法认定技术秘密存在,故被告认定原告获取技术秘密缺乏必要的事实前提。在未与原告软件做比对的情况下,仅凭被告所认定的原告存储的源代码被访问、参考等行为,尚难以认定原告已实际使用了第三人软件的技术信息而侵犯技术秘密。因此,被告对于原告侵犯第三人商业秘密的事实认定不清,证据不足。

综上,一审法院认为,被告就原告虚假宣传行为所作的行政处罚决定证据确凿,适用法律、法规正确,符合法定程序,予以维持。但被告就原告侵犯商业秘密行为所作的行政处罚决定,事实认定不清,证据不足,应当予以撤销。由于被诉处罚决定将虚假宣传和侵犯商业秘密的行政处罚决定予以合并,因此,本案撤销了针对商业秘密的处罚决定,即撤销了合并执行处罚决定中的"责令当事人停止侵犯商业秘密行为","罚款人民币叁万元整"实际变更为"罚款人民币壹万元整"。

据此,依照《中华人民共和国行政处罚法》第三十条、《中华人民共和国行政诉讼法》(以下简称《行政诉讼法》)第六十九条、第七十条第(一)项之规定,判决:一、撤销被告静安市场监管局(原闸北区市场监管局)作出的闸市监案处字[2015]第080201210817号行政处罚决定中因认定管易公司侵犯商业秘密所作的行政处罚决定,即"责令停止违法行为""罚款人民币贰万元整";二、驳回原告牟乾公司的其余诉讼请求。

一审判决作出后,静安市场监管局、商派公司、酷美公司均不服,分别提起上诉。

上诉人静安市场监管局上诉称,一审判决在审理程序、认定事实和适用法律方面均存在错误,其认定牟乾公司侵犯商派公司、酷美公司商业秘密之事实清楚、证据充分,故请求撤销原判第一项;驳回起诉或者依法改判驳回牟乾公司全部诉讼请求。其主要上诉理由为:一、牟乾公司的起诉日期超过法律规定的知道行政行为之日起6个月的起诉时限,因此已超出行政案件起诉的诉讼时效,一审法院应当裁定驳回起诉。二、源代码可以成为商业秘密的客体。一审法院未查明本案所涉商业秘密的具体内容。三、涉案源代码系自主研发,投入大量成本,市场价格和市场占有率均较高。商派公司和酷美公司均与员工签署保密协议,采取了保密措施。牟乾公司通过招聘员工获取了涉案源代码,根据"接触+实质相似"的原则,可以认定牟乾公司实施了侵犯商业秘密的行为。

商派公司和酷美公司对静安市场监管局的上诉请求和理由,未表示异议。同时上诉称,一审法院认定事实不清,举证责任分配和适用法律均存在错误,故请求撤销一审判决第一项;裁定驳回起诉或依法改判驳回牟乾公司全部诉讼请求。其主要上诉理由为:一、源程序属于商业秘密。一审法院认为源程序仅属于著作权法保护范围,无法律依据。源程序是软件的核心内容,可以以著作权和商业秘密并行保护。二、静安市场监管局根据鉴定意见依法认定牟乾公司侵犯商业秘密之范围具体明确,一审法院对此未予查明。静安市场监管局的行政处罚符合法律规定,牟乾公司存在非法获取并使用涉案商业秘密的行为。

静安市场监管局对商派公司和酷美公司的上诉请求和理由,未表示异议。

被上诉人牟乾公司辩称,一、关于诉讼时效。牟乾公司最先在杨浦法院起诉,后本案被移送至一审法院起诉,因此其未超出诉讼时效期限。二、商派公司和酷美公司作为无独立请求权第三人根据法律规定不具备上诉人的资格。三、本案不存在商业秘密。商派公司和酷美公司的检材没有指出保密点,鉴定报告未明确牟乾公司侵犯涉案商业秘密的情况。四、闸北工商分局无权查处本案。其在尚未立案前即采取保全行为系滥用职权,且取证范围超出虚假宣传案件的取证范围。本案的行政处罚办案期限长,其延期手续和市工商局批复程序均存在违法之处。五、本案鉴定存在问题。鉴定机构的选择未通知牟乾公司;检材未经质证;检材上没有指明保密点;鉴定费用付费主体不明确;鉴定请求无对商业秘密的鉴定。六、闸北市场监管局在两次听证中均未向被上诉人出示任何证据,剥夺其对证据质证的权利。七、商派公司和酷美公司的注册地不同,而闸北市场监管局在决定书中写明其在同一办公地办公。涉案商业秘密的权利人是商派公司,而签保密协议的员工都是酷美公司员工。八、使用涉案电脑是个人行为而非公司行为。

二审法院认定的事实与一审一致。

另查明,根据上信司法鉴定所[2012]计鉴字第 021 号、第 023 号、第 025 号《司法鉴定意见书》,该所受托对管易公司相关服务器、电脑硬盘中的数据进行固定并对硬盘中的部分文件内容与委托方提供的光盘中的部分文件内容进行比对。三份鉴定意见的"鉴定意见"部分均载明两个比对鉴定对象中存在完全相同、基本相同及"可以认定的部分相同"之三种情况,可视为来自同一来源。

二审庭前会议中,上信司法鉴定所主要负责人陈某某和上述三份鉴定意见专家组成员应某陈述:鉴定系针对委托鉴定事项进行,鉴定意见中"'可认定部分'就是其查出可以比对的部分,两个检材不是所有的东西需要比对,只有相关的东西需要比对,需要比对的东西是委托方认为需要比对的,可认定部分是可以比对或者有意义的部分"。而 2016 年 11 月 24 日,该所另出具说明:"可以认定的部分"是指指定文件夹内的符合"完全相同"和"基本相同"的部分。

2015 年 10 月 23 日,闸北市场监管局向上海市计算机病毒防范服务中心支付"大宁所办案鉴定费"人民币 1.5 万元。而根据上海市机构编制委员会沪编[2011]

267 号批复，上海市计算机病毒防范服务中心更名为上海市网络与信息安全应急管理事务中心。又根据该中心出具的情况说明，上信司法鉴定所系非独立法人机构，其财务由该中心统一管理并负责。

2015 年 12 月 31 日，上海市闸北区人民法院向牟乾公司出具的《告知书》载明："你起诉上海市闸北区市场监督管理局的行政起诉材料本院于 2015 年 12 月 24 日已收到。经审查：该案件属知识产权行政案件，本院无管辖权。你公司应向上海知识产权法院提起诉讼"。

二审法院经审理后认为，根据《计算机软件保护条例》第二条和第三条第（一）款和第（二）款的规定，计算机软件包括程序及其文档。计算机程序，是指为了得到某种结果而可以由计算机等具有信息处理能力的装置执行的代码化指令序列，或者可以被自动转换成代码化指令序列的符号化指令序列或者符号化语句序列。而计算机文档，则是指用来描述程序的内容、组成、设计、功能规格、开发情况、测试结果及使用方法的文字资料和图表等，如程序设计说明书、流程图、用户手册等。根据计算机行业的普遍认知，源程序是指未经编译的，按照一定的程序设计语言规范书写的，人类可读的文本文件。

根据《中华人民共和国著作权法》（以下简称《著作权法》）第二条、第三条以及《中华人民共和国著作权法实施条例》第二条的规定，在文学、艺术和科学领域内具有独创性并能以某种有形形式复制的智力成果，构成作品。计算机软件，当其符合独创性、有形性、可复制性之智力成果的情况下，即构成作品。一旦构成作品，不论其是否被发表，均自其创作完成之时自动享有著作权。

而我国《反不正当竞争法》第十条第三款规定，商业秘密是指不为公众所知悉、能为权利人带来经济利益、具有实用性并经权利人采取保密措施的技术信息和经营信息，即相关信息应当具有秘密性、价值性、实用性并采取保密措施。根据《最高人民法院关于审理不正当竞争民事案件应用法律若干问题的解释》第九条第一款的规定，有关信息不为其所属领域的相关人员普遍知悉和容易获得，应当认定为《反不正当竞争法》第十条第三款规定的"不为公众所知悉"，故该秘密性要件是指该信息具有新颖性和相对秘密性，即客观上无法从公共渠道直接获取。

在符合我国《反不正当竞争法》和《著作权法》相关规定的情况下，同一客体可以同时构成商业秘密和计算机软件作品，分别受到上述法律的保护。以软件为例，因其客观上能以有形形式进行复制，故只需符合独立创作完成之要件，即符合作品的法定要件，从而自动获得著作权法保护。然而，若该软件权利人欲以商业秘密为途径寻求法律救济，则必须同时具备四个法定要件，缺一不可，否则便无法获得《反不正当竞争法》的保护。因此，由于法律保护目的不同，同一软件获得商业秘密保护的法定条件与其获得著作权法保护的法定条件不同，前者可能要严格得多。换而言之,符合著作权法规定的软件作品,可能无法被认定为商业秘密;而侵犯作品著作权的行为,也不一定同时构成侵犯商业秘密的行为。

本案中,闸北市场监管局在被诉处罚决定中认定牟乾公司获取并使用了商派公司和酷美公司对涉案源代码及文档所享有的商业秘密,并作出责令停止违法行为并处罚款贰万元的处罚决定。一审法院经审查,对闸北市场监管局就牟乾公司构成商业秘密侵权的行政处罚决定,予以撤销。

人民法院审理行政上诉案件,应当对一审人民法院的判决、裁定和被诉行政行为进行全面审查。因此,本行政案件审查的范围应当为闸北市场监管局在做出被诉处罚决定时,其执法程序是否合法、认定的事实是否正确无误、最终做出的行政处罚决定是否失当以及一审法院在程序、事实查明和法律适用方面是否存在错误。

综合上诉状及各方当事人在二审庭前会议和庭审中发表的诉辩意见,本案二审的主要争议焦点在于:一、商派公司和酷美公司就涉案源代码、数据库结构文档和开发文档需求说明书是否存在商业秘密? 二、牟乾公司是否使用了涉案软件源代码、数据库结构文档和开发文档需求说明书? 三、闸北市场监管局认定牟乾公司侵犯商业秘密并作出行政处罚是否适当? 执法程序是否合法? 四、一审法院在本案一审中是否存在程序违法之事实?

对于争议焦点一,即商派公司和酷美公司就涉案源代码、数据库结构文档和开发文档需求说明书是否存在商业秘密之问题,鉴于静安市场监管局、商派公司和酷美公司均认为涉案源代码及文档整体构成商业秘密,因此本案需对上述源代码及文档在整体上是否符合商业秘密的四个要件进行审查。

根据《最高人民法院关于审理不正当竞争民事案件应用法律若干问题的解释》第十四条的规定,当事人指称他人侵犯其商业秘密的,应当对其拥有的商业秘密符合法定条件、对方当事人的信息与其商业秘密相同或者实质相同以及对方当事人采取不正当手段的事实负举证责任。其中,商业秘密符合法定条件的证据,包括商业秘密的载体、具体内容、商业价值和对该项商业秘密所采取的具体保密措施等。而在行政诉讼中,认定商业秘密侵权行为存在并由此作出行政处罚的行政机关,应当承担民事诉讼中权利主张人的举证义务,即对其认定的商业秘密符合法定要件承担举证责任。

本案中,静安市场监管局应当首先证明涉案源代码及文档处于"不为公众所知悉"的状态,即客观上无法从公共渠道直接获取。该要件作为认定商业秘密之首要要件,属于一个事实认定问题,不能仅仅从持有人已采取了保密措施即推定相关信息必然不为其所属领域的相关人员普遍知悉和容易获得。只有在其符合上述秘密性之要求后,行政机关才能进一步对于涉案信息是否具有价值性、实用性以及持有人是否采取了必要的保密措施作出认定,以确定本案是否存在商业秘密。当涉案源代码和文档构成商业秘密的情况下,则应将其与被控侵权软件的相应部分进行完整比对,以确定两者是否构成相同或实质相同。换而言之,即便涉案源代码和文档符合价值性、实用性以及采取保密措施之要件,但如其无法满足不为公众所知悉之条件,此时对两者的同一性进行比对毫无意义。

根据静安市场监管局提供的涉案三份《司法鉴定意见书》,其"委托鉴定事项"仅针对证据固定、鉴定对象的相关文件之内容比对以及文件之真实性鉴定,并未委托鉴定机构对涉案源程序及文档是否处于"不为公众所知悉"之状态进行鉴定。而在鉴定机构涉案三项鉴定的具体鉴定过程中,其也仅根据委托事项作出鉴定结论,即对鉴定对象之同一性和真实性作出认定,并未认定涉案源程序及文档是否"不为公众所知悉"。因此,本案涉案三份《司法鉴定意见书》并未对涉案源代码及文档是否符合商业秘密的秘密性要求进行鉴定。

同时,上述三份鉴定意见书在鉴定对象同一性的认定上,亦不符合对涉案源代码及文档与被控侵权软件源代码及文档相应部分进行完整比对之要求。如对于涉案鉴定意见中出现的"可以认定的部分相同"之文字表述,由于在该三份鉴定意见的上下行文中另出现"完全相同"及"基本相同"之表述,故"可以认定的部分相同"之文意应为非完全相同或基本相同,应理解为在相关比对对象中去除无法认定或不予认定之部分后,将可以供认定的部分进行比对后得出相同之结论。而根据庭前会议中鉴定机构相关人员陈述,"可认定部分是可以比对或者有意义的部分";但在庭后该所出具的说明中,又认为"可以认定的部分"是指指定文件夹内的符合"完全相同"和"基本相同"的部分,可见鉴定机构对上述鉴定意见中"可以认定的部分"之文字的解释存在矛盾。因此,无法确认涉案三份鉴定意见对涉案源代码及文档与被控侵权软件源代码及文档的相应部分进行了完整比对,无法作为涉案源代码及文档与被控侵权软件源代码及文档具有同一性的证据。

此外,对于市软件行业协会出具的解答及补充情况说明,因其未针对涉案源代码及文档进行具体分析,仅以源代码和相关文档对软件企业之普遍重要性和价值性出发即认定其不为公众所知悉、必然属于商业秘密,同样缺乏事实基础,无法作为涉案源程序及文档构成商业秘密的认定依据。

由此可见,本案三份鉴定意见及市软件行业协会的相关意见,均未能证实涉案源代码和文档不为公众所知悉;且亦未能证明已对被控侵权软件源代码及相关文档与涉案源代码及文档之相似性进行了完整比对,故上述意见对于商业秘密之事实认定缺乏必要的证据证明力。退而言之,即便依据上述意见,对于鉴定比对结论中相同或实质相同部分,也无法证明其符合商业秘密之秘密性要求。因此,闸北市场监管局根据上述鉴定结论和意见,认定商派公司和酷美公司就商派公司和酷美公司 Ecstore、分销王、shopex485、OME 订单处理四个软件源代码,Ecstore 数据库结构文档、分销王软件产品开发文档需求说明书存在商业秘密,缺乏事实依据。

对于争议焦点二,即牟乾公司是否使用了涉案软件源代码、数据库结构文档和开发文档需求说明书之问题,由于被诉行政处罚决定认定涉案源代码和文档构成商业秘密缺乏事实依据,故牟乾公司是否获取并使用了上述源代码及文档,在本案中已无审查必要。

对于争议焦点三,即闸北市场监管局认定牟乾公司侵犯商业秘密并作出行政处罚是否适当、执法程序是否合法之问题。关于执法程序是否合法之问题,首先,对闸北工商分局就被处罚行为是否具有管辖权之问题,除原判理由之外,经查该局在接到举报后即就管辖事宜上报市工商局,后市工商局书面批复并明确将该行为交其查办,故该行政处罚案件并无不当管辖。其次,对于行政调查行为先于行政处罚案件立案时间是否属滥用职权之问题,根据《工商行政处罚程序规定》第十七条规定,工商行政管理机关应当自收到举报材料之日起七个工作日内予以核查,并决定是否立案,故闸北工商分局在接到举报后至现场核查,并在核查完毕后决定立案,并未违反上述法律规定。再次,对于闸北工商分局办案取证范围是否超出虚假宣传案件取证范围之问题,因商派公司和酷美公司的举报信同时涉及虚假宣传和商业秘密行为,故闸北工商分局在办案取证时对涉及虚假宣传和商业秘密的相关证据均予核查,并无不妥。第四,对于行政处罚办案期限问题,原判已经对被诉行政处罚案件办案过程和延期手续进行了详尽的查明,对其相关事实认定和裁判观点,予以认同,不再赘述。至于在闸北工商分局 2012 年 12 月 27 日办公会议记录上参与会议的 9 人中只有 5 人签名之情况,除了一审法院阐述之理由外,另未签字之 4 人均系办案或汇报案情人员,即均系提出该案延长审理期限申请之人员,而非有权表决人员,故虽然其未在该记录上签字确有不妥,但并不影响一审法院对其申请延长该案办理期限之意思表示的认定及该延长手续合法性的评判。第五,对于鉴定程序是否合法之问题,闸北市场监管局就涉嫌商业秘密之专业事项,依职权委托具有司法鉴定资质的上信司法鉴定所进行专业鉴定之行为,未违反法律规定,也未侵害牟乾公司相关权益。牟乾公司虽认为其享有对鉴定机构的选择权,但未能提供法律依据。而鉴定检材系由闸北市场监管局会同上信司法鉴定所在现场取证时保全固定,因此其真实性和合法性可予确认。对于鉴定费用的支付问题,根据闸北工商分局的《委托鉴定书》《司法鉴定协议书》及付费发票,可以证明闸北工商分局已经向鉴定机构支付相关鉴定费用,在委托鉴定双方对此均无异议且无反证的情况下,不存在付费主体存疑的情况;至于鉴定的请求是否包含对商业秘密进行鉴定之问题,已经在上文论述。第六,对于闸北区工商分局在听证过程中是否剥夺牟乾公司质证权利的问题,经查,2012 年 12 月 20 日闸北区工商分局听证笔录显示,被诉行政处罚决定所载明的证据均经牟乾公司质证,并不存在剥夺其质证权利的情况。

关于涉案行政处罚是否适当的问题，由于涉案行政处罚所认定的事实系基于涉案司法鉴定意见和市软件行业协会相关解答而得出，而上述鉴定意见和解答并未对商派公司和酷美公司涉案源代码及文档是否符合"不为公众所知悉"之商业秘密要件进行审查，且其对检材的同一性、真实性进行的比对和认定亦不完整，故其结论无法作为认定涉案软件及文档构成商业秘密的依据。因此，闸北市场监管局基于对涉案源代码和文档构成商业秘密之认定而作出的行政处罚，缺乏事实依据。

至于闸北市场监管局被诉处罚决定对商派公司和酷美公司办公地址的认定是否有误的问题，商派公司和酷美公司的注册地都位于上海市徐汇区桂林路 396 号，虽然楼号不同，但该两公司法定代表人相同，亦存在机构和人员混同等情况，故被诉处罚决定认定上述两家公司"公司业务机构设置和管理均合并在一起"，也无不当。由于被诉处罚决定未查明本案是否存在商业秘密，故对签署保密协议的员工究竟为酷美公司员工还是商派公司员工、牟乾公司涉案电脑使用涉案软件的性质究竟属于个人使用或是单位使用等事实，在本案中已无认定之必要。

对于争议焦点四，即一审法院在本案一审中是否存在程序违法之问题，根据《行政诉讼法》第四十六条的规定，公民、法人或者其他组织直接向人民法院提起诉讼的，应当自知道或者应当知道作出行政行为之日起六个月内提出。本案中，闸北市场监管局于 2015 年 6 月 25 日作出被诉行政处罚决定；6 月 30 日，该局将行政处罚决定书送达管易公司。因此，本案的诉讼时效应当为 2015 年 6 月 30 日至 2015 年 12 月 30 日。2015 年 12 月 24 日，闸北法院收到牟乾公司起诉材料，但 2015 年 12 月 31 日，该院书面告知牟乾公司向上海知识产权法院提起诉讼。2016 年 1 月 11 日，上海知识产权法院正式受理本案。因此，牟乾公司就本案提起行政诉讼未超出法定 6 个月的诉讼时效。

另对于牟乾公司提出的商派公司和酷美公司不具备二审上诉人资格之理由，鉴于一审判决涉及对一审第三人商派公司和酷美公司就系争软件是否享有商业秘密之事实认定，故本案处理结果同该两公司存在法律上的利害关系，因此商派公司和酷美公司对一审判决应当享有提起上诉的权利。二审法院依法确认其在二审程序中的诉讼地位为上诉人，并未违反行政诉讼法的相关法律规定。

最后，因本案为行政案件，案件审理范围仅限于对一审判决及静安市场监管局对牟乾公司涉嫌侵害商派公司和酷美公司涉案源代码及文档之商业秘密及虚假宣传行为作出的相关行政处罚的审查，并不涉及对牟乾公司是否未经许可复制并使用商派公司和酷美公司涉案软件、侵犯相关作品著作权的民事侵权行为的审查认定。若商派公司和酷美公司认为牟乾公司侵犯了其涉案软件的著作权并对其合法权益造成损害，可以民事侵权诉由另行救济。

综上,对于静安市场监管局就牟乾公司实施虚假宣传行为而作出的行政处罚及一审判决相关部分,牟乾公司并未提起上诉,经审查该处罚决定办案程序合法,认定事实清楚,适用法律无误,处罚结果得当,应予维持。而静安市场监管局就牟乾公司侵害商派公司和酷美公司涉案软件及文档之商业秘密而做出的相关行政处罚决定,认定事实不清,证据不足,应予撤销。一审法院的判决结果正确,应予维持;三上诉人的上诉请求均不能成立,应予驳回。据此,依照《中华人民共和国行政诉讼法》第八十九条第一款第(一)项之规定,判决驳回上诉,维持原判。

点 评

本案涉及一个重要问题:《中华人民共和国著作权法》和《中华人民共和国反不正当竞争法》都可对计算机程序提供保护,两部法律各自提供保护的条件是什么?显然,这些条件不可能完全相同,否则就将出现一部法律架空或替代另一部法律的现象,这不仅违反法律逻辑,也是立法者不希望看到的。以《中华人民共和国著作权法》和《中华人民共和国专利法》的关系为例,《中华人民共和国著作权法》保护的实用艺术作品,有时也可作为工业品外观设计受到《中华人民共和国专利法》的保护。但两部法律提供保护的条件并不相同。纯手工制作的艺术品如果无法通过工业化手段进行批量复制,就不属于工业品外观设计,当然也不能获得外观设计专利权。反之,能够获得外观设计专利权的工业品外观设计如果不被认为属于艺术造型,则不能作为实用艺术作品受到《中华人民共和国著作权法》的保护。

对计算机程序的法律保护也是如此。计算机程序的源代码和目标代码为同一作品,一经创作完成且具有独创性,就自动受《中华人民共和国著作权法》保护。他人未经许可对源代码或其实质性部分实施复制、发行或网络传播,就可能构成对计算机程序著作权的直接侵权。从本案的案情来看,原告(被行政处罚的一方)似通过聘用计算机程序的开发者(本案中的第三人)的员工,获得了计算机程序的源代码,并在部分修改之后进行商业使用。只要该计算机程序开发者能够证明其程序员独立编写了源代码,且该源代码属于特殊职务作品或程序员通过合同约定由其单位享有著作财产权,同时被控侵权人商业使用的计算机程序与其计算机程序实质性相似,当然可以得出侵犯著作权的结论。

然而,本案中的计算机程序开发者是根据《中华人民共和国反不正当竞争法》中有关保护商业秘密的规定向行政机关举报的。在符合法定条件的前提下,计算机程序是可以作为商业秘密受到《中华人民共和国反不正当竞争法》保护的。正如法院所指出的,《中华人民共和国反不正当竞争法》第十条第三款规定,商业秘密是指不为公众所知悉、能为权利人带来经济利益、具有实用性并经权利人采取保密措施的技术信息和经营信息,即相关信息应当具有秘密性、价值性、实用性并采取保密措施。同时,根据《最高人民法院关于审理不正当竞争民事案件应用法律若干问题的解释》第九条第一款的规定,有关信息不为其所属领域的相关人员普遍知悉和容易获得,应当认定为《中华人民共和国反不正当竞争法》第十条第三款规定的"不为公众所知悉",故该秘密性要件是指该信息具有新颖性和相对秘密性,即客观上无法从公共渠道直接获取。

上述条件,是商业秘密的构成要件,也是《中华人民共和国反不正当竞争法》提供保护的前提。在民事诉讼中,原告应当举证证明其拥有符合这些法定条件的商业秘密,包括商业秘密的载体、具体内容、商业价值和对该项商业秘密所采取的具体保密措施等,以及被告的信息与其商业秘密相同或者实质相同和对方当事人采取不正当手段的事实。在行政诉讼中,则由认定商业秘密侵权行为存在并由此作出行政处罚的行政机关承担上述举证责任。在本案中,作为被告的行政机关虽然提交了鉴定结论,但并没有证明涉案计算机程序源代码及文档处于"不为公众所知悉"的状态。毕竟目前存在大量的开源软件,而且一些通用软件的编写技术、方法是相当成熟的,与之相对应的部分源代码并不是秘密。换言之,在某一计算机程序的源代码中,可能确有部分内容源于公开渠道,不具有秘密性。由于"不为公众所知悉"是商业秘密的构成要件,不满足该构成要件的信息必然不属于商业秘密,此时已无必要考察该信息是否满足其他构成要件,如能为权利人带来经济利益、具有实用性并经权利人采取保密措施。

在本案中,法院准确地把握了商业秘密不同于作品的构成要件,强调行政机关应当首先证明涉案源代码及文档处于"不为公众所知悉"的状态,即客观上无法从公共渠道直接获取。法院指出该要件作为认定商业秘密之首要要件,属于一个事实认定问题,不能仅仅从持有人已采取了保密措施即推定相关信息必然不为其所属领域的相关人员普遍知悉和容易获得。只有在其符合上述秘密性之要求后,行政机关才能进一步对于涉案信息是否具有价值性、实用性以及持有人是否采取了必要的保密措施作出认定,以确定本案是否存在商业秘密。由于本案中行政机关未能证明涉案源代码及文档的秘密性,法院撤销了行政机关针对商业秘密的处罚决定。这一行政判决凸显了《中华人民共和国著作权法》保护作品和《中华人民共和国反不正当竞争法》保护商业秘密的不同条件,也为行政机关正确认定和保护商业秘密指明了方向。

案例提供单位:上海市高级人民法院

编写人:王　静

点评人:王　迁

59. 株式会社益力多本社等诉浙江果然食品有限公司等侵害商标权及擅自使用知名商品特有包装、装潢纠纷案

——立体商标侵权判定的规则

案 情

原告(被上诉人)株式会社益力多本社

原告(被上诉人)上海益力多乳品有限公司

原告(被上诉人)养乐多(中国)投资有限公司

被告(上诉人)浙江果然食品有限公司

被告上海乐客玛超市有限公司

三原告为关联公司,原告株式会社益力多本社(以下简称益力多本社)系第147698、147693、9291304、3039669、3039670、3029879、3029882 号注册商标(商标详情见附表一)的商标权人。经过三原告及关联公司的运营,原告生产、销售的"益力多"产品(详见附图一)在广东省境内已经取得了较高的知名度。原告生产、销售"养乐多"产品(详见附图一)已经在我国全国范围内取得了很高的知名度。

附表一:

注册号	商品类别	商 标	核准注册期限	核定使用商品
147698	32	益力多	1981 年 6 月 30 日~2021 年 6 月 29 日	汽水、果汁和不含酒精的饮料
147693	29	益力多	1981 年 6 月 30 日~2021 年 6 月 29 日	乳、乳制品
9291304	29	益力多	2012 年 4 月 14 日~2022 年 4 月 13 日	酸奶、牛奶制品、乳酸菌饮料等

（续表）

注册号	商品类别	商　　标	核准注册期限	核定使用商品
3039669	32	益力多	2003 年 2 月 28 日～2023 年 2 月 27 日	乳酸饮料、无酒精饮料等
3039670	29	益力多	2003 年 2 月 7 日～2023 年 2 月 6 日	牛奶、牛奶饮料（以牛奶为主的）、牛奶制品等
3029879	32	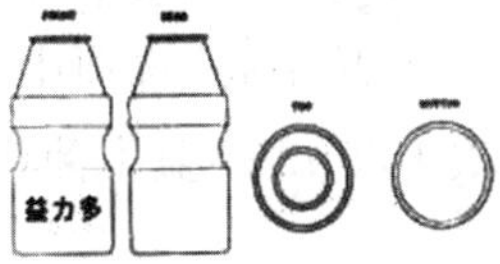 益力多	2003 年 4 月 14 日～2023 年 4 月 13 日	乳酸饮料（果制品、非奶）、无酒精饮料等
3029882	29	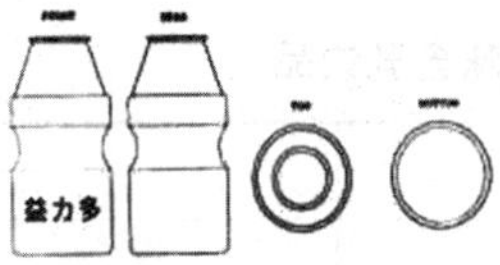 益力多	2004 年 7 月 28 日～2024 年 7 月 27 日	牛奶、牛奶制品、牛奶饮料（以牛奶为主）等

附图一：

原告"Yakult"乳酸菌乳饮品

	养乐多	益力多
单瓶容器		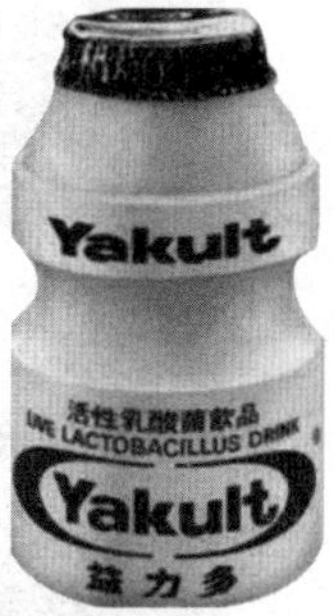
五连排包装装潢		

2014 年 6 月 12 日,原告委托代理人至上海市方陆路 171 号店招为"联合一百"的商铺,购买了十瓶"益菌多"(详见附图二中的被告产品款 1)和四瓶"小样小乳酸"。其中"益菌多"产品总价为 18 元,以五连排为一个包装单位,产品上标明的生产者为被告浙江果然食品有限公司(以下简称果然公司)。

2015 年 2 月 6 日,原告委托代理人至上海市上丰路和虹盛路路口的"乐客玛生活卖场"购买了十五瓶"益菌多"产品(详见附图二中的被告产品款 2),总价为 29.40 元。该产品同样以五连排为一个包装单位,产品上标明的生产者为被告果然公司。

2014 年 4 月 18 日,原告委托代理人进入被告果然公司的网站,网站首页"关于我们"中介绍,被告果然公司占地四十余亩,厂房 10 000 余平方米,累计饮料生产线六条,年生产能力达到 100 000 吨的规模。"产品中心"选项中有多种产品类别,在"益生菌"系列产品中有两款产品,其中一款 100 ml 的益生菌产品即为原告主张侵权的被告产品款 1(详见附图二)。

附图二:

被告益菌多发酵味含乳饮品

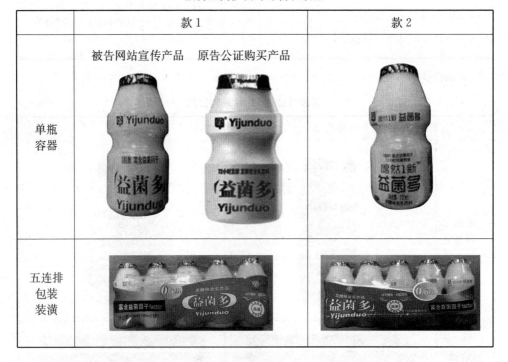

	款 1		款 2
	被告网站宣传产品	原告公证购买产品	
单瓶容器			
五连排包装装潢			

原告诉称,原告益力多本社的主力产品"Yakult"乳酸菌乳饮品(以下简称涉案产品)在世界许多国家和地区都享有极高的知名度。原告养乐多(中国)投资有限公司(以下简称养乐多中国公司)、上海益力多乳品有限公司(以下简称上海益力多

公司)均系原告益力多本社在中国投资设立的公司。涉案产品在中国的生产、销售由养乐多中国公司进行统一管理。涉案产品的中文译名有两个,一为"益力多",由关联公司广州益力多公司生产,在广东省地区销售;另一个为"养乐多",由原告上海益力多公司等公司生产,并在"益力多"销售地区以外的地区销售。"养乐多"或"益力多""Yakult"乳酸菌乳饮品采用统一的单瓶容器及五连排的包装装潢,该单瓶容器及包装装潢应当作为三原告共同享有的知名商品特有包装、装潢予以保护。原告益力多本社还享有多个"益力多"注册商标的专用权。

现原告发现,被告果然公司未经许可,擅自在其生产并由被告上海乐客玛超市有限公司(以下简称乐客玛公司)销售的含乳饮品上使用与涉案产品相近似的包装和容器,并使用与原告"益力多"注册商标近似的"益菌多"标识,构成擅自使用原告知名商品特有包装、装潢的不正当竞争行为。其行为还侵犯了原告对第 147698、147693、9291304、3039669、3039670、3029879、3029882 号商标享有的注册商标专用权。故起诉,请求判令:(1)两被告立即停止生产、销售、宣传"益菌多"发酵味含乳饮品的行为;(2)两被告销毁库存的所有"益菌多"发酵味含乳饮品及相关宣传资料,删除网站上的相关宣传信息,从销售店召回尚未销售的全部"益菌多"发酵味含乳饮品及宣传资料并予以销毁;(3)被告果然公司赔偿原告经济损失人民币 100 万元、合理支出 20 万元,共计 120 万元。

被告果然公司辩称,(1)被告产品上标注的"益菌多"是有益细菌多的简称,是乳酸菌饮料的通用名称,被告并未将此作为商标使用。且原、被告标识并不相同,不会导致消费者的混淆和误认。(2)原告"养乐多"和"益力多"产品确实系同种商品,"养乐多"产品在华东地区为知名商品。但"益力多"产品仅在广州、深圳等地区有较大的销售量,该产品的知名度仅限于在上述地区,不能作为知名商品保护。虽然被告在瓶身上使用的"益菌多"字样比较引人注目,但被告的"GR"商标已明示了商品的不同来源。被告的五连排外包装与原告五连排外包装也不同。因此,原、被告产品的外包装只是轮廓相似,内容并不相同。(3)被告主观恶性和实际产量都很小,其产品包装也已经过多次修改。综上,请求法院驳回原告诉请。

被告乐客玛公司未作答辩。

审 判

一审法院经审理后认为,本案涉及商标侵权及不正当竞争纠纷,关于商标侵权:(1)被控侵权产品与原告主张权利的 7 个商标核定的商品构成类似商品。(2)原告主张权利的商标分为三个类别,分别为文字商标"益力多"、平面图形和文字组合商标(以下简称平面组合商标)" 益力多 "及立体图形和文字组合商标(以下简称立体组合商标)""。其中被告使用的"益菌多"字样与原告文字商标"益力多"仅一字之差,读音相近,使用的字体也相似。原告的平面组合商标""主体部分为文字"益力多";被告果然公司将"益菌多"与括号结合使用的方式无论在文字的组成还是在图形的构造上均与该平面组合商标构成近似。关于立体组合商标,将被告产品与原告立体组合商标比对,被告产品的容器采用了与该立体组合商标中的立体图形几乎完全相同的元素和构造,产品上标注的"益菌多"字样也与原告立体组合商标上标注的"益力多"文字构成近似。故被告将"益菌多"文字与其产品单瓶容器结合使用的方式在结构、形状和整体视觉效果上均与原告立体组合商标构成近似。(3)被告果然公司在其产品的单瓶及五连排包装上采用与原告商标高度近似的标识容易造成相关消费者的误认,误以为系原告产品或与原告有关联关系的产品,从而造成相关消费者的混淆。综上,被告行为构成对原告注册商标专用权的侵害。

关于知名商品特有包装装潢:原告"益力多"和"养乐多"产品均具有较高的知名度,两款产品的包装装潢均采用了相同的元素,这些元素的组合能够使上述产品在同类产品中具有较高的识别性,起到区分商品来源的作用,应当作为知名商品特有包装装潢予以保护。经将原、被告产品进行比对,被告第 1 款产品的五连排包装装潢也采用了与原告产品相同的元素,与原告产品的包装装潢构成近似。被告第 2 款产品已经过调整,调整后的包装装潢大大减少了与原告产品包装装潢特有部分近似的元素。故被告第 2 款产品的五连排包装装潢与原告产品包装装潢不构成近似。

综上,被告果然公司的行为侵犯了原告注册商标专用权并构成擅自使用原告知名商品特有包装、装潢的不正当竞争行为,被告果然公司理应承担停止侵权及赔偿损失的责任。被告乐客玛公司亦应停止销售侵权产品。据此,判决:(1)被告果然公司立即停止侵害原告株式会社益力多本社对第 147698、147693、9291304、3039669、3039670、3029879、3029882 号注册商标享有的注册商标专用权;(2)被告果然公司立即停止使用与"益力多""养乐多"产品知名商品特有包装、装潢近似的五连排包装、装潢;(3)被告乐客玛公司立即停止销售被告果然公司生产的"益菌多"发酵味含乳饮品;(4)被告果然公司赔偿原告株式会社益力多本社经济损失 50 万元、合理费用 20 万元。

一审判决作出后,被告果然公司不服,提起上诉。

二审法院认定的事实与一审法院一致。

二审经审理后认为,一审判决认定事实清楚,裁判结果并无不当,应予维持。

故判决驳回上诉,维持原判。

点 评

本案涉及的主要问题,是近似商标的认定。原告享有"益力多"注册商标专用权,被告在相同商品上使用的商标为"益菌多"。如果仅考察两个商标的文字本身在客观上的近似程度,则"益菌多"与"益力多"存在一定区别,特别是"菌"和"力"的拼写与读音均有很大差异,这也是被告主张两个商标不构成近似的理由。

然而,商标近似的认定是一个综合考察的过程。它应以相关公众的一般注意力为标准,对注册商标和被诉侵权商标进行"隔离观察比较",即不能将两个商标摆放在一起进行比较,而应分别观察后凭借记忆印象进行比较。这是因为消费者在购物时一般不可能带着上次购买的商品,并将其与欲选购的商品进行比较,而只会依赖脑海中对商标不太精确的大致印象。因此,尽管两个商标存在差异,但在经过隔离观察后给人留下了近似印象的,就应当被认定为近似商标。在进行"隔离观察比较"时特别需要注意以下因素:一是原告注册商标的显著性和知名度。显著性较强、知名度和声誉较高的商标给消费者留下的印象较为深刻,在其他因素相同的情况下,构成混淆的可能性相对较高,反之则构成混淆的可能性相对较低。在商标侵权诉讼中,原告商标的显著性程度不仅要考虑标志自身相对于商品或服务的固有显著性(如暗示性商标的显著性高于描述性商标),还要考虑在实际使用中原告商标指示商品或服务来源的能力。比如当众多同类商品或服务提供者都在使用与原告商标相近似标志时,原告商标的显著性会降低。再如只进行过少量使用的商标实际识别商品或服务来源的能力就不如进行过大量使用的商标。在本案中,原告的注册商标"益力多"属于臆造词汇,固有显著性较强,同时经过长期使用,该商标已具有较高知名度。

二是商标通过文字、发音和图形表达的含义和给消费者留下的印象。在进行混淆性判断时,原、被告商标文字、发音和图形本身的近似度当然重要,但其表达的含义和给消费者留下的印象也很关键。在"隔离观察"时,原、被告商标是否表达了相似的含义,从而给消费者留下了相似的印象,发挥着决定性的作用。即使双方商标中的文字、读音或图形存在相当差异,只要被告的商标使消费者瞬间激活了消费者对原告商标的大致记忆,并误认为两者是一回事,混淆就会由此发生。与之相反,即使双方商标中的文字、读音或图形中的组成要素在客观上存在相当程度的近似,但给消费者留下了差异较大的印象,以至于被告的商标无法使消费者调出脑海中留存的原告商标的印记,或者能使消费者清晰地分辨,则混淆并未发生。在本案中,双方商标文字相同的是"益 * 多",由于其结构结构相同,整体表达的含义是某种东西比较丰富,中间将"力"换成"菌"后,由于原、被告双方的产品都是使用菌种制作的乳酸菌产品,仍然会给消费者造成两者有联系的印象。

三是双方商品的交易渠道、市场区分与相关公众的特定情况。在商标侵权诉讼中,双方使用商标的商品或服务的交易渠道与市场区分对于判断被告使用被诉商标的行为是否侵权非常重要,因为如果双方相关商品或服务的交易渠道和市场区分度差异过大,以至于双方各自使用商标的商品或服务的消费者群体几无重合,则混淆的可能性就会降低。除在相同商品或服务上使用相同商标的情况,如果商品或服务因价格高昂等原因,使消费者在做选择时会仔细观察、斟酌,则商标之间差异很容易被消费者所发现,此时混淆的可能性也将降低。在本案中,双方产品属于同类产品,销售渠道和消费群体相同,且单价不高,属于消费者看一眼就会立即做出购买决定的情况,混淆的可能性会增加。

本案法院正确地应用了上述商标近似的方法,从各个角度充分阐述了被诉侵权商标的使用,会导致相关公众的混淆。这对于法院今后处理类似案件具有启示意义。

案例提供单位:上海市浦东新区人民法院

编写人:杜灵燕

点评人:王　迁

60. 上海学而思教育培训有限公司等诉上海乐课力投资管理有限公司等著作权侵权、不正当竞争纠纷案

—— 虚假宣传行为的认定和规制应注重平衡自由和公平的关系

案 情

原告上海学而思教育培训有限公司

原告上海闵行区学而思进修学校

原告上海长宁区学而思进修学校

被告上海乐课力投资管理有限公司

被告上海乐课力文化传播有限公司

被告张某

被告王某

被告安某

被告王某某

上海学而思教育培训有限公司(以下简称上海学而思公司)成立于 2009 年 7 月 2 日,投资开办了包括上海长宁区学而思进修学校(以下简称长宁学而思学校)、上海闵行区学而思进修学校(以下简称闵行学而思学校)在内的多家学而思学校,在上海地区开展中小学课外教育培训服务。"学而思"教育机构多年来积极投身教育行业,凭借较高的教育质量,受到学生、家长和社会的好评,有良好的口碑和知名度。上海乐课力投资管理有限公司(以下简称乐课力投资公司)、上海乐课力文化传播有限公司(以下简称乐课力文化公司)系近两年设立的公司,亦在上海地区开展中小学课外教育培训服务。张某、安某、王某、王某某等老师曾任教于各个上海学而思学校,现均已离职加入乐课力文化公司。

2015 年 11 月 10 日,进入乐课力投资公司主办的"乐课力培优"微信公众号,在《乐课力最强师资团队重磅来袭……》一文中对张某、焦某等 19 位老师的简介首句

即使用了"原学而思顶级明星老师""原学而思顶级小升初名师"等类似表述；在《课程内容》一文首段称"教材内容,博采众长……主要参考熊斌奥数教程、学而思思维汇编、明心资优教程……"；在《重磅消息｜乐课力培优 2016 年超常选拔暨寒春招生简章》一文的"学校概况"称"乐课力培优是由原 XRS 顶级老师组建","百问百答"中称乐课力的师资较其他机构的优势在于"乐课力老师是由原 XRS 顶级老师组建"。2015 年 12 月 14 日,上海学而思公司的委托代理人发现张某等四位老师的个人微信朋友圈于 2015 年 11 月 6 日转发了标题为《重磅消息｜乐课力培优 2016年超常选拔暨寒春招生简章》以及《乐课力最强师资来袭……》的文章。此后,上海学而思公司的代理人发现乐课力的多个培训点现场的宣传材料中对老师的介绍中也使用了"原学而思顶级小高名师""原学而思顶级金牌教师"等类似表述。2016年 2 月 26 日,再次进入"乐课力培优"公众号,《乐课力最强师资团队重磅来袭……》一文中除老师朱某的简介中仍有"原学而思顶级小高名师"的表述外,其他老师简介中"原学而思顶级明星老师"等表述均已变更为"曾在沪上知名教育机构任教"。

原告上海学而思公司等诉称,乐课力投资公司、乐课力文化公司、张某、王某、安某、王某某的行为系未经许可且在未支付对价的情况下利用学而思品牌的商誉,客观上使其获得了竞争优势,增加了交易机会,同时还致使公众产生学而思中最好的老师加入了乐课力,乐课力具有同学而思相同或更好的管理、办学质量,而学而思剩下的老师就不是最好的老师的误认,根据《中华人民共和国反不正当竞争法》第二条、第九条的规定构成攀附商誉、虚假宣传的不正当竞争行为。此外,原告还诉称被告在其教学点复制发行的《乐课力培优四年级(秋季)下册数学思维拓展课程》教材抄袭了学而思《优秀儿童 四年级秋季 2015 教师版(下)》教材一书,侵害了原告享有著作权作品的复制权、发行权。被告在"乐课力培优"微信公众号发布第 13 届"小机灵杯"决赛 3—5 年级试题解析链接的行为侵害了原告对于该试题解析作品的信息网络传播权。原告据此诉至法院要求判令乐课力投资公司等六被告停止涉案不正当竞争行为、著作权侵权行为,就虚假宣传的不正当竞争行为刊登声明消除影响,就著作权侵权的行为赔礼道歉并消除影响,并赔偿上海学而思公司等经济损失及合理费用 3 800 万元。

被告乐课力投资公司等辩称,第一,《中华人民共和国反不正当竞争法》调整的对象是具有"竞争"关系的"经营者",而上海学而思公司并不是直接办学主体,故与六被告不存在竞争关系。闵行学而思学校、长宁学而思学校应属于非营利性组织,并非属于《中华人民共和国反不正当竞争法》规定的"经营者"。此外,该三个主体无权代表所有含有"学而思"字号的其他企业或组织来主张权利。第二,乐课力投资公司与三原告不存在竞争关系。张某等老师,只是教育机构的职员,不是教育市场上具有合法和独立市场主体地位的经营者。第三,乐课力文化公司在宣传中使用"学而思"是对老师学习和工作经历的如实陈述,并未违反平等、公平原则及公认的商业道德,客观上也未获得市场竞争的优势。对于"顶级师资"等类似表示,乐课力文化公司只是沿用学而思的宣传用语。就招生情况看,学而思的招生至今仍是"一位难求",并未对学而思的招生产生不利影响,不构成引人误解的虚假宣传行为。第四,关于教材,原告无法证明对该教材享有著作权,而且被控侵权教材系供学员学习研究使用,使用规模亦非常有限。第五,试题解析不能构成文字作品,且其行为构成合理使用,不构成著作权侵权。

审 判

一审法院经审理后认为,关于不正当竞争行为,乐课力投资公司、乐课力文化公司在主观上显然具有攀附学而思通过多年经营累积的良好商誉的意图,其行为客观上会使教育市场中的家长、学生产生乐课力学校任教的老师曾是学而思顶级名师,使用的教材包含了学而思思维汇编的内容的错误认识,使其认为选择乐课力学校亦可获得在学而思学校相同甚至更优的学习体验,其行为有违诚实信用原则以及公认的商业道德,构成虚假宣传的不正当竞争行为。此外,关于教材侵权,乐课力文化公司制作、发放侵权教材的行为侵害了涉案教材的复制权、发行权,乐课力投资公司、张某、安某、王某、王某某未参与侵权教材的制作、发放,不构成对涉案教材的共同侵权。关于试题解析侵权,著作权法只保护表达、不保护思想,而对于本案的杯赛试题的解答,能够用于描述解题方法的词汇和方式很有限,在此情况下,用来描述解题方法的"表达"和解题方法的"思路"发生了混同,故对于原告要求保护试题解析的主张,不予支持。据此,依照《中华人民共和国侵权责任法》第八条,《中华人民共和国反不正当竞争法》第二条、第九条第一款、第二十条第一款,《中华人民共和国著作权法》第十条第一款第五项、第六项、第十一条第四款、第十四条、第十六条第二款第二项、第四十八条第一项、第四十九条,《中华人民共和国民办教育促进法》第二条、第五十一条,《中华人民共和国著作权法实施条例》第二条,《最高人民法院关于审理不正当竞争民事案件应用法律若干问题的解释规定》第八条第一款第三项、第三款、第十七条第一款,《最高人民法院关于审理著作权民事纠纷案件适用法律若干问题的解释》第七条、第二十五条第一款、第二款、第二十六条规定,判决:一、上海乐课力文化传播有限公司于判决生效之日起立即停止侵害上海学而思教育培训有限公司、上海闵行区学而思进修学校、上海长宁区学而思进修学校对《优秀儿童 四年级秋季 2015 教师版(下)》教材享有的著作权;二、上海乐课力文化传播有限公司于判决生效之日起十日内就涉案教材的著作权侵权行为赔偿上海学而思教育培训有限公司、上海闵行区学而思进修学校、上海长宁区学而思进修学校经济损失1万元；三、上海乐课力投资管理有限公司、上海乐课力文化传播有限公司于判决生效之日起十日内就虚假宣传的不正当竞争行为赔偿上海学而思教育培训有限公司、上海闵行区学而思进修学校、上海长宁区学而思进修学校经济损失40万元；四、上海乐课力投资管理有限公司、上海乐课力文化传播有限公司于判决生效之日起十日内赔偿上海学而思教育培训有限公司、上海闵行区学而思进修学校、上海长宁区学而思进修学校为制止侵权支出的合理费用15万元；五、驳回上海学而思教育培训有限公司、上海闵行区学而思进修学校、上海长宁区学而思进修学校的其余诉讼请求。

一审判决作出后，原、被告均未提起上诉，一审判决已发生法律效力。

点 评

本案是两个校外培训机构之间的纠纷，涉及多项知识产权问题。学生是校外培训机构争夺的对象，面对众多的培训机构，学生和家长们在选择时，往往会仔细阅读培训机构的宣传材料。因此宣传材料中的用语实际上就成为培训机构之间进行竞争的重要手段。本案被告所聘用的老师中确有一些曾在原告"学而思"培训机构处工作，如果被告的宣传材料中称"某某老师曾在学而思任教"，属于对事实的陈述。同样，如果这些老师在原告处工作时，曾经获得过"优秀教师"等荣誉称号，被告如实说明"某某老师曾为学而思的优秀教师"，也合理合法。毕竟，教师在不同的培训机构之间的流动是正常的，是市场竞争的结果。不能禁止培训机构实事求是地说明其教师的从教经历和所获得的各种荣誉称号。可以预见，如果曾在"学而思"工作的一名教师非常优秀，"学而思"自己也在宣传材料中称其为"顶级教师""明星教师"和"名师"或颁发过类似证书，则在这名教师转入被告处工作之后，被告当然可以将其宣传为"原学而思顶级教师/明星教师/名师"。

然而，被告一方面使用了"原学而思顶级明星老师""原学而思小升初名师"和"乐课力培优是由原XRS顶级老师组建"等宣传用语，另一方面并没有举证证明这些老师确实是曾在学而思工作过的"顶级教师""明星教师"和"名师"，由此构成了无事实依据的夸大宣传，而且还不正当地利用了"学而思"经过多年经营积累的商誉，让学生和家长们因对"学而思"优质师资的信赖而对被告的教学质量产生信心，从而形成了与"学而思"的不正当竞争。

与此同时，被告还基本原样复制了原告的数学培训教材并进行了销售。正如法院指出的那样，涉案教材属于因对题目具有独创性的选择与编排而形成的汇编作品。即使单独的题目，如竞赛中的试题由他人创作，但对题目进行独创性选择和编排之后形成的整体是独立于被选择、编排的素材的汇编作品。汇编者对其可享有汇编作品的著作权。由于涉案教材属于职务作品,且编写者已通过合同约定由"学而思"享有除署名权之外的著作权,因此"学而思"可以以汇编作品著作权人的身份就被告未经许可复制和发行该作品的行为主张权利。

本案还涉及思想与表达的分界。"学而思"认为其员工针对数学比赛试题编写的解答应受著作权法保护。但数学题的解答方法属于思想,而且一道数学题的解答方法往往是有限的,与每种解答方法对应的文字与符号的表述也是有限的,会出现思想与表达的混同。在这种情况下,如果保护有限的解答,等于垄断了解题方法,从而违反了著作权法不保护思想的基本原理。因此这些表述有限的解答也视同为思想,应被排除在著作权法的保护范围之外。法院对此也正确的指出:"出于数学这一学科严谨性特质的要求,对于每个数学的问题均应按照一定的规则进行解答。对于本案的杯赛试题的解答,能够用于描述解题方法的词汇和方式很有限。在此情况下,用来描述解题方法的'表达'和解题方法的'思路'发生了混同,如果将对解题方法的语言描述作为'表达'加以著作权法保护,会导致'表达'所依附的解题方法这一'思想'本身也被垄断,这显然是一种不合理的垄断。"因此法院没有支持原告有关保护试题解答的主张。需要指出的是,如果原告汇编的教材对数学竞赛的试题不仅列出了解答步骤,还详细说明、总结了此类题型的解题思路和方法,在文字表述上具有独创性,则这样的说明与总结是可能作为文字作品受到著作权法的保护的。虽然解答特定试题的表达是有限的,但对解题思路和方法的说明和总结在文字组合、遣词造句上则可能变化无穷,具有个性化的特征。当然,不同的说明和总结情况不同,应当针对个案进行判断。

案例提供单位:上海市徐汇区人民法院

编写人:王莉莎

点评人:王 迁

61. 德国欧倍德股份有限公司诉徐某等网络域名权属纠纷案

——注册他人因未续费而丧失持有的域名是否构成侵权

案 情

原告(上诉人)德国欧倍德股份有限公司

被告(被上诉人)徐某

被告(被上诉人)许昌大禹网络科技有限公司

一、系争域名情况

德国欧倍德股份有限公司(以下简称欧倍德公司)于 2003 年 3 月 11 日至 2006 年 4 月 1 日持有系争域名 obi.cn,之后,该域名持有人历经十数次变更,其中 2013 年 4 月至 2014 年 7 月,域名持有者为徐某。2014 年 11 月 7 日后,域名由许昌大禹网络科技有限公司(以下简称大禹公司)持有。

欧倍德公司自述于 2005 年至 2006 年间将中国地区的建材超市业务全部出售给其他公司,因管理疏漏等问题致使系争域名未续费,自 2006 年 4 月起由他人持有,在 2006 年至 2012 年期间,欧倍德公司未就系争域名主张过权利,直至 2012 年初,欧倍德公司首次以诉讼方式主张系争域名的权益。

2011 年 11 月 obi.cn 网站显示,"您正在访问的域名可以转让,EMAIL:cnblgy@126.com",并有"如果您对该域名感兴趣,请点击这里提供您的报价""域名交易方式:通过易名中国中介交易"等中英文字,其中"点击这里"四个字可以点击,点击后,进入易名中国网站(ename.cn),页面中有域名经纪服务简介,并有域名出价、交易类型、联系方式等填写框。

二、欧倍德公司持有的注册商标情况

欧倍德公司申请注册的 G839026"OBI"商标,有效期自 2003 年 12 月 23 日至 2023 年 12 月 23 日,核定使用在第 20、21、45 类商品及服务项目上,分别为家具、玻璃镜子、床垫、门窗的栅栏、梯子、家庭用具、厨房用具、烹饪用具、提供对安全锁具的开锁服务等。

三、有关欧倍德公司在华经营情况的报道

新浪网于 2001 年 4 月 2 日、雅虎网于 2005 年 3 月 6 日均刊载有介绍"OBI 欧

倍德"相关文章,主要内容为欧倍德集团是德国最大的专业经营建筑材料、装饰用品等领域的国际特许加盟超市连锁集团。在德国,OBI 知名度高达 90％。自 1998 年在上海设立中国总部后,欧倍德就在中国市场开始了全力扩张。

人民网及新浪财经网于 2005 年 5 月均刊载了"欧倍德将告别中国市场(企业聚焦)"一文,文中内容表述欧倍德决定将中国业务全部售出,已将亚洲地区唯一的业务——中国门店全面出售给百安居。

四、欧倍德公司主张域名的网页搜索及查询情况

在百度网站搜索关键词"obi.cn",第一页搜索结果中第 4 项为"德国欧倍德公司(OBI)",其余搜索结果均与欧倍德公司无关;再搜索关键词"obi",第一页共有 10 项搜索链接,其中第 1 个为"OBI Baumarkt & Online Shop",第 6 个为"OBI Group 买家介绍",第 10 个为"有人做过德国 OBI GROUP 的订单吗-欧洲市场-福步外贸论坛",其余搜索结果与欧倍德公司及关联公司均无关。

当庭查询欧倍德公司主张享有权利的域名情况:域名 obi.hk 注册人为 WANG YUE LONG,注册日期为 2010 年 4 月 30 日,该网址页面无法显示;域名 obi.com 注册人为 OBI smart Technologies GmbH,注册日期为 1995 年 5 月 19 日,该网页内容打开后为外文网站,网页中有"OBI"图样;域名 obi.net 注册人为 OBI smart Technologies GmbH,注册日期为 1997 年 12 月 19 日,该网址页面无法显示;域名 obi.info 注册人为 OBI smart Technologies GmbH,注册日期为 2001 年 8 月 8 日,该网址页面无法显示;域名 obi.de 未能查询到注册信息,该网址打开后页面空白,显示网页标题为"OBI Baumarkt & Online Shop";域名 obi.com.cn 注册人为欧倍德公司,注册日期为 2011 年 7 月 30 日,由中国国际经济贸易仲裁委员会域名争议解决中心在 2012 年 12 月 5 日裁决转移欧倍德公司所有。

欧倍德公司诉称,欧倍德公司对于"obi"享有在先权利。系争域名 obi.cn 的识别部分"obi"与欧倍德公司享有在先权利的"obi"完全相同,徐某曾在网络中邀约出售该域名,构成了恶意注册行为,之后徐某将该域名转让大禹公司,但两者对系争域名的主体部分"obi"均不享有任何在先合法权利,也没有将系争域名投入实际使用,更没有注册使用该域名的正当理由,其注册系争域名的行为客观上误导了相关公众和消费者,故诉请法院判决将系争域名 obi.cn 转移归欧倍德公司所有。

被告徐某辩称,徐某注册持有系争域名已逾 11 年,早于欧倍德公司取得涉案注册商标时间;系争域名并未使用于涉案注册商标核定的使用范围,不会侵害欧倍德公司的商标专用权;徐某与欧倍德公司之间并无业务竞争关系,不存在恶意注册,不会造成相关公众的混淆;即使欧倍德公司注册了 obi.com 等域名,亦不表示所有以 obi 为主要部分的域名均应属于欧倍德公司,"obi"组合可能是很多含义的缩写。综上,其不存在侵权行为,请求驳回欧倍德公司的诉讼请求。

被告许昌大禹网络科技有限公司未作答辩。

审　判

一审法院经审理认为,欧倍德公司主张两被告对"obi"不享有任何合法权利,其注册系争域名并未实际使用且邀约出售的行为构成侵权。根据《最高人民法院关于审理涉及计算机网络域名民事纠纷案件适用法律若干问题的解释》第四条规定,判定被告注册、使用域名等行为是否构成侵权或者不正当竞争,应当从以下四方面进行分析:

一、关于原告请求保护的民事权益是否合法有效

欧倍德公司主张其拥有 3 项在先民事权益,一是其享有第 G839026 号"OBI"注册商标;二是其企业字号为"OBI";三是其拥有 obi.com、obi.net 等域名。法院认为,系争域名系欧倍德公司于 2003 年 3 月注册、持有,直至 2006 年 4 月丧失持有,自此之后该域名进入流通领域并先后由他人及被告持有,因此,评价欧倍德公司享有的注册商标专用权等上述民事权益对于他人持有系争域名是否在先权益,应当与欧倍德公司丧失持有系争域名的时间节点进行比较。

首先,欧倍德公司享有的注册商标专用权应当受到法律保护。涉案商标注册于 2003 年 12 月 23 日,早于欧倍德公司丧失持有系争域名转而由他人持有的时间,欧倍德公司以其享有涉案注册商标专用权为由主张享有在先民事权益于法有据。

其次,欧倍德公司系德国企业,德国与中国均为《保护工业产权巴黎公约》成员国,因此,欧倍德公司企业名称在中国受到侵害时,中国法院应依据《保护工业产权巴黎公约》和中国的法律规定进行审理。法律规定,在中国境内进行商业使用的,具有一定的市场知名度、为相关公众所知悉的外国企业名称中的字号,受反不正当竞争法保护。鉴于欧倍德公司自 2005 年后已停止了中国地区的业务活动,故其企业名称不符合我国法律所规定的构成保护企业名称的条件,欧倍德公司以其字号为由主张享有在先民事权益,法院不予采纳。

最后,欧倍德公司并未能证明就域名 obi.com、obi.net、obi.info、obi.hk 及 obi.de 享有权益,而域名 obi.com.cn 经仲裁裁决由欧倍德公司于 2012 年 12 月持有,晚于系争域名由他人持有的时间,故欧倍德公司以持有上述域名为由主张享有在先民事权益缺乏依据,法院亦不予采纳。

二、系争域名或其主要部分是否与欧倍德公司的注册商标相同或近似,足以造成相关公众的误认

法院认为,系争域名为 obi.cn 中"obi"为系争域名的主要部分,与涉案注册商标相比完全相同。法律规定,将与他人注册商标相同文字注册为域名,并且通过该域名进行相关商品交易的电子商务,容易使相关公众产生误认的,属于给他人注册商标专用权造成损害的行为。如前所述,鉴于欧倍德公司早在 2005 年已停止在华经营活动,其未能就在我国仍经营使用涉案商标进行举证,并且通过搜索引擎搜索"obi",大部分搜索结果与欧倍德公司没有关联性,因欧倍德公司的涉案注册商标在中国大陆区域长期未使用,该商标缺乏实际影响力,一般社会公众无法获知"obi"这三个英文字母的组合与欧倍德公司之间存在关联,并且欧倍德公司亦未举证证明被告将系争域名用于开展与涉案注册商标相关商品的业务,故根据本案实际情况,被告持有系争域名尚不以致使相关公众对两者的关系产生混淆误认。

综上,法院认为,欧倍德公司虽拥有涉案注册商标专用权的在先民事权益,但其并未持续使用于经营活动,未能赋予该在先民事权益一定的市场知名度,使相关公众将"obi"与欧倍德公司进行关联,无法据此认定被告持有系争域名的行为构成侵权。故对欧倍德公司要求将系争域名转移欧倍德公司所有的诉讼请求不予支持。据此,判决驳回欧倍德公司的全部诉讼请求。

一审判决作出后,欧倍德公司不服,提起上诉。

二审法院认定的事实与一审法院一致。

二审法院经审理后认为,一审判决认定事实清楚,适用法律正确,应予维持。故判决驳回上诉,维持原判。

点 评

本案涉及的域名纠纷较为特殊。之前与域名有关的争议基本都是被诉侵权人出于搭便车的目的,将他人享有民事权益且有相当知名度的商标等标志、名称或其主要部分注册为域名。此类案件在发生之时,原告通常都在持续使用商标等标志或名称并使之保持了较高的知名度。但在本案中,原告德国欧倍德公司早在 10 余年之前就已退出中国市场,且无证据证明其此后在我国继续使用其企业名称进行经营活动,其注册的域名 obi.cn 也因未续费而由他人持有。现原告希望通过民事诉讼阻止他人使用该域名并将该域名转归其所有,唯一可行的理由就是其仍然拥有与域名主体部分相同的注册商标"OBI"。

《最高人民法院关于审理商标民事纠纷案件适用法律若干问题的解释》第一条第(三)项规定:将与他人注册商标相同或者相近似的文字注册为域名,并且通过该域名进行相关商品交易的电子商务,容易使相关公众产生误认的,属于《中华人民共和国商标法》规定的给他人注册商标专用权造成其他损害的行为。需要指出的是,注册域名与注册商标不同,无需指定,也不可能指定使用在哪些类别的商品或服务之上。基于域名资源的相对稀缺性,注册商标权利人要阻止他人使用与商标文字相同或近似的域名,应当具备一定条件,否则将导致一个商标注册后,在没有经过使用、取得知名度之前,注册人就可以阻止后续任何与商标文字相同或近似的域名的注册与使用,这显然是有失公平的。因此,司法解释以争议域名注册之后,经营者进行相关商品的交易并容易使相关公众产生误认作为认定侵犯注册商标专用权的前提。要导致相关公众产生误认,涉案注册商标应经过使用、具有一定知名度。但原告已退出中国 10 余年,在无证据证明其持续使用其注册商标的情况下,很难说其注册商标在我国还有知名度,他人的使用也难以导致相关公众的误认。

对此,法院正确地指出,"注册商标的禁止权并非一成不变,完全禁止,在不同领域必须根据商标的实际影响力以及关联性标准等因素确定,故判断系争域名是否侵害注册商标专用权,必须考虑是否足以造成相关公众的误认"。结合本案原告早在2005 年已退出中国大陆地区业务,且其未就在我国仍经营使用涉案商标以及该商标在经营活动中获得的知名度等进行事实的举证,法院认为原告的涉案注册商标在中国大陆区域长期未使用,该商标缺乏实际影响力,一般社会公众无法获知"OBI"这三个英文字母的组合与原告之间存在关联,加之被告亦未将系争域名用于与涉案注册商标相关商品的业务开展,也不会使相关公众产生误认。因此法院驳回了原告的诉讼请求。本案的意义在于突出了商标使用在注册商标保护中的重要作用。长期不使用的注册商标难以产生知名度,混淆和误认也就失去了基础。《中华人民共和国商标法》对注册商标的保护,并不是针对标志本身,而是标志背后通过使用积累的商誉。

需要指出的是,《中国互联网络信息中心域名争议解决办法》第八条规定:符合下列条件的,投诉应当得到支持:(一)被投诉的域名与投诉人享有民事权益的名称或者标志相同,或者具有足以导致混淆的近似性;(二)被投诉的域名持有人对域名或者其主要部分不享有合法权益;(三)被投诉的域名持有人对域名的注册或者使用具有恶意。该《办法》的规定与上述《最高人民法院关于审理商标民事纠纷案件适用法律若干问题的解释》第一条第(三)项至少在字面上并不相同。"被投诉的域名与投诉人享有民事权益的名称或者标志相同,或者具有足以导致混淆的近似性"是指域名与投诉人享有民事权益的名称或者标志在客观上的相同或近似性。其中的"导致混淆"也不是指使用域名所导致的混淆,而是指域名与名称或标志的近似度本身可能导致的混淆。由此可见,在司法中认定使用域名侵权的标准与在域名争议解决机制中认定投诉成立的标准并不完全相同。对于本案原告而言,域名争端解决机制也是可以考虑的途径。

案例提供单位:上海市徐汇区人民法院

编写人:孙　谧　刘秋雨

点评人:王　迁

62. 葛某等诉上海敬华艺术品拍卖有限公司侵害商标权及不正当竞争纠纷案

——自然人姓名商标权化后的商标侵权认定

案 情

原告葛某

原告上海陶人葛陶艺有限公司

被告上海敬华艺术品拍卖有限公司

原告葛某在中国陶瓷艺术界具有较高影响力,系江苏省工艺美术大师、江苏省陶瓷艺术大师、中国陶瓷设计艺术大师、中国陶瓷文化研究所紫砂文化研究中心主任。同时,其注册了"葛军""申壶坊"等注册商标,并将所有注册商标独家许可给原告上海陶人葛陶艺有限公司(以下简称陶人葛公司)使用。后原告收到被告上海敬华艺术品拍卖有限公司(以下简称敬华公司)寄来的"紫砂壶、陈茶专场"拍卖宣传手册,并在 www.arton.net 和 www.jinghuapaimai.com 网站上宣传其拟拍卖的紫砂壶。原告发现拍卖的紫砂壶中有九把壶的出处标示为"申壶葛军"并使用原告葛某的上述社会名誉简介,致使社会产生错误理解,属虚假宣传。原告遂电话联系被告,要求停止拍卖壶底标有"申壶葛军"字样的紫砂壶。但被告对此未予理睬,并继续进行了拍卖。

原告诉称,被告在明知所拍卖的紫砂壶侵犯原告商标权并构成不正当竞争的前提下,仍继续进行了拍卖。被告的拍卖行为不仅导致原告商誉减损,而且还导致了原告葛某社会声誉的降低,并影响到原告所设计、制作的紫砂壶的商业价值。故请求判令:被告停止销售侵犯原告注册商标权的紫砂壶;停止虚假宣传不正当竞争行为;赔偿经济损失及合理费用;公开赔礼道歉、消除影响。

被告敬华公司辩称,根据其检索,"申壶葛军"可能另有其人,"葛军"系人名,不能排斥同名同姓之他人,本案中相关标识只是标识紫砂壶的制作者,不属于商标性使用。被控侵权的标识"申壶葛军"和原告的注册商标"申壶坊""葛军"不相同不近似,不会构成混淆,因此不构成商标侵权。拍卖宣传册并非被告制作,作为拍卖行系受委托销售商品,商品来源由委托人担保,其已尽到合理审慎义务,对拍卖行而言,不具备识别拍品来源的能力。即使构成侵权,在拍卖现场也已撤回了相关信息,原告亦没有证明其损失及名誉受损,造成的影响轻微。故对原告的所有诉请均不予以认可。

审 判

一审法院审理后认为,本案的主要争议焦点为:一、被告的行为是否构成商标侵权;二、被告的行为是否构成不正当竞争;三、若被告的行为构成商标侵权及不正当竞争,则其应承担的相关法律责任。本案主要涉及以下法律适用问题的认定:

一、被控商标侵权行为是否属于商标法意义上的商标使用

被告的主要抗辩之一即其拍卖过程中,使用"申壶葛军"属于对商品制作人的说明,并非"使用商标",即"申壶葛军"四字指向制壶人,其主张"申壶葛军＋(某某刻)＋壶款式名称"的标注信息是指壶的制作人(或称烧制人)为申壶葛军,某某是指壶身纹饰的刻印人,印章款"申壶葛军"也是指向制作人。法院认为,商标的基本功能为识别功能,即将商标权人的商品或服务与他人的商品或服务相区别,这是商标赖以存在的基础。对"使用商标"行为的判定应以能否起到识别功能为依据,即如果能够起到指示来源的作用,则构成商标性使用;反之则不属于商标性使用。原告葛某注册了商标"葛军",实质是将其姓名作为商业标识使用,从而实现姓名权商品化的一种方式,其本人在相关领域的知名度亦可一定程度辐射至商标。即使如被告所称,其理解的"申壶葛军"系指向制作人,法院亦注意到,这一认知从"申壶葛军"简介内容均为特定人的头衔及荣誉可得以印证,确有合理性,但如上所述,其已具有了商业标识利益,实质发挥了区分商品来源的功能。故被控商标侵权行为,即"申壶葛军"的使用,属于商标法意义上的商标使用。

二、被控侵权标识与原告的注册商标是否构成商标相同或近似

本案中,原告主张,涉案九把紫砂壶并非其制作,被控侵权标识"申壶葛军"与"申壶坊"商标构成近似,与"葛军"商标构成相同,且使用于同种商品。被告敬华公司则认为被控侵权标识与原告的注册商标不相同不近似,不会产生混淆。法院认为,根据相关法律规定,商标近似是指被控侵权的标识与原告的注册商标相比较,其文字的字形、读音、含义或者图形的构图及颜色,或者其各要素组合后的整体结构相似,或者其立体形状、颜色组合近似,易使相关公众对商品的来源产生误认或者认为其来源于原告注册商标的商品有特定的联系。同时,根据系争商标涉及的具体情况,认定商标近似除通常需要考虑其构成要素的近似程度外,还需要综合考虑其他因素,诸如使用意图、相关市场实际等因素。本案中,将"申壶葛军"与原告的"申壶坊"和"葛军"商标进行比较,可见系"申壶坊"中的"申壶"两字与"葛军"两字的组合。首先,"申壶坊"虽系图文商标,但从其黑白相间,似印章的图样设计来看,其文字部分"申壶坊"系该商标的核心要素。从中文词组"定语+主语"或者说"修饰指向词+名词"的构词习惯来看,"申壶坊"的偏正语义中"申壶"更具识别度。"葛军"系文字商标,其核心要素显而易见,不再赘述。其次,根据原告的举证,原告葛某在紫砂业内享有较高的知名度。得以进入拍卖领域的紫砂壶,其售价一般较高,艺术收藏价值较之实用价值更加凸显,故关于相关市场的界定一般而言,相对于普通公众更为精准,了解"葛军"与"申壶坊"两商标具关联的可能性会有所增加,"申壶葛军"与"申壶坊""葛军"造成相关公众混淆误认的可能性亦增加。综上,法院认定,被控侵权标识"申壶葛军"(包括印章形式)使用在与原告两个注册商标同种的商品上,且构成混淆性近似。

综上,在未经商标权人许可的情况,被告敬华公司使用"申壶葛军"的涉案行为构成商标侵权,依法应承担相应的法律责任。

三、被告作为拍卖公司是否可以援引合理来源抗辩免除赔偿责任

本案中,被告敬华公司作为拍卖公司,从其盈利模式看,并非直接赚取商品差价,而是赚取佣金,因此并不是直接销售方,但其为直接销售方提供交易平台,仍属广义上的销售范畴,为帮助销售。关于被告敬华公司辩称涉案商品有合法来源,其不明知侵权存在,已尽到合理注意义务,故不应承担赔偿责任的意见,法院认为,免除销售主体的赔偿责任必须同时具备两个条件:一是不知道所销售的是侵权商品;二是能够证明所销售的侵权商品具有合法来源。本案中,即便有委托协议,涉案紫砂壶有合法来源,但鉴于原告葛某在紫砂业内具较高知名度,被告敬华公司作为专业艺术品拍卖机构,显然应负更高注意义务。本案中,未见其就涉案九把壶向公众做过权利瑕疵担保声明,在得到权利人通知后,其本可采取进一步信息核实、价格区间比较、商标检索等审慎方式加以应对,毕竟对专业机构而言,就涉案紫砂壶这类当代艺术品,上述方式是快捷、高效、低成本的,并非苛责。可见,被告对于涉案商品可能涉嫌侵权是应当知晓的。综上,对于被告的上述辩称意见,法院不予采纳。

此外,拍卖宣传册上关于"申壶葛军"的简介内容,与原告葛某就其荣誉及社会身份的相关举证一致,故可认定明确且唯一指向了原告葛某,显然与"申壶葛军"另指他人的抗辩相悖,上述表述易引人误解相关商品来源于原告,被告亦构成虚假宣传的不正当竞争行为。

最终,法院判决被告停止相关商标侵权及不正当竞争行为,消除影响,赔偿包括合理支出在内的经济损失。

一审判决作出后,双方均未上诉,一审判决已发生法律效力。

点 评

本案涉及的情况较为特殊。艺术家将自己的姓名注册为陶器商品上的商标，并用于其创作的艺术品之上，此时该姓名同时起到了著作权法意义上署名和注册商标的作用。他人在公布艺术品拍卖目录时，在非由该艺术家创作的艺术品图片旁边标注了该艺术家的姓名，此时应当如何认定该行为的性质？

应当指出，在本案中，被诉侵权行为很可能属于《中华人民共和国著作权法》第四十八条第（八）项规定的"制作、出售假冒他人署名的作品"。这是因为具有独创的造型和一定艺术美感，且美感与功能可以分离的艺术陶瓷制品属于受《中华人民共和国著作权法》保护的实用艺术作品。在非艺术家创作的实用艺术作品上署上艺术家的姓名并出售，属于侵犯艺术家姓名权的行为，艺术家可根据《中华人民共和国著作权法》第四十八条第（八）项追究其民事责任。

当然，艺术陶瓷制品要作为实用艺术作品受《中华人民共和国著作权法》保护，需要具备一定条件，其中最为重要的是独创性。涉案陶瓷制品为紫砂壶，由于紫砂壶的制作历史悠久，加之其必须具备茶壶的功能，要设计出有别于已有紫砂壶的独特造型并不容易。当然，由平庸之辈和艺术大师分别制作出同样造型的紫砂壶，会在壶的神韵方面存在很大差异，在行家眼中两者的价值也可能有天壤之别。但是，著作权法意义上的艺术作品的独创性指向的是"形"（造型）而不是"神"，这就是为什么精确临摹他人绘画形成的是复制品而不是作品。因此，利用《中华人民共和国著作权法》规制本案中被告的行为，对艺术家而言有一定难度。

由于作为原告的艺术家已将其姓名作为商标注册在陶瓷制品上，而且艺术家的姓名用于其作品上也具有识别作品来源的作用，因此被诉侵权行为不仅是著作权法意义上的"冒名"行为，也是未经许可使用注册商标、识别紫砂壶来源的行为。对此法院正确地指出："艺术品这类特殊商品，其商品属性与美术作品属性统一于一体，表明其出处来源的方式既可以是商标类标识，也可以是著作权人的署名，在两者趋同的情形下，并将两者严格剥离加以识别的需要，实际上也无法实现。当姓名具有了商业标识利益时，实质发挥了区分商品来源的功能，属于商标性使用。"因此，被告的行为容易导致消费者的混淆，即误认为被告拍卖的紫砂壶是源于原告的，构成对原告注册商标专用权的侵犯。

此案的判决书准确地阐述了姓名商标的保护，可作为今后类似案件处理时的参考。

案例提供单位：上海市普陀区人民法院

编写人：张佳璐

点评人：王　迁

63. 上海壮游信息科技有限公司诉广州硕星信息科技股份有限公司等著作权侵权及不正当竞争纠纷案

——网络游戏整体画面可构成类电影作品

案 情

原告(被上诉人)上海壮游信息科技有限公司

被告(上诉人)广州硕星信息科技股份有限公司

被告(上诉人)广州维动网络科技有限公司

被告上海哈网信息技术有限公司

《奇迹 MU》是韩国(株)网禅公司开发的一款网络游戏,后由案外人引进中国进行运营,获得诸多荣誉,并多次被我国各游戏杂志及网站报道。2013 年 8 月 14 日起,上海壮游信息科技有限公司(以下简称壮游公司)经授权获得该游戏在中国地区的独占运营权及维权权利,该游戏获得诸多荣誉,并多次被我国各游戏杂志及网站报道,受欢迎程度和市场份额均较高,具有较高的知名度。2013 年,广州硕星信息科技股份有限公司(以下简称硕星公司)未经授权开发网页游戏《奇迹神话》并独占性授权广州维动网络科技有限公司(以下简称维动公司)运营,同时通过上海哈网信息技术有限公司(以下简称哈网公司)"99YOU"网站进行宣传。经比对,在地图的名称和等级限制方面,《奇迹神话》360 级之前的全部地图名称与《奇迹MU》的相应地图名称基本相同;在地图的俯视图及场景图方面,两者的俯视图在颜色搭配、显示的路线图方面相同或相似;在角色及其技能方面,两款游戏均有剑士、魔法师和弓箭手三个角色,除魔法师的毒炎技能描述不同外,其他技能描述相同或者基本相同。在武器和装备方面,将两者 29 个武器及 105 个装备比对,线条、颜色、轮廓均基本相同;在怪物及 NPC 方面,将两款游戏的 47 个怪物进行对比,造型、颜色、效果均基本相同,《奇迹神话》提供的 6 个 NPC 造型中的 5 个与《奇迹MU》的相应 NPC 造型基本相同。

壮游公司诉称,《奇迹 MU》游戏整体画面构成类电影作品,被诉游戏侵犯其著作权,三被告应承担连带赔偿责任。此外,硕星公司使用"MU"商标构成商标侵权;三被告行为构成擅自使用知名商品特有名称、擅自使用知名商品特有装潢、虚假宣传的不正当竞争行为,还违反了《中华人民共和国反不正当竞争法》第二条,故诉至法院,请求判令硕星公司、维动公司停止侵权及不正当竞争行为,赔偿经济损失 1 000 万元及合理费用 10.5 万元并刊登公告消除影响。哈网公司对违反《中华人民共和国反不正当竞争法》第二条的不正当竞争行为承担 50 万元的连带赔偿责任。

审 判

一审法院经审理后认为,《奇迹 MU》游戏整体画面构成类电影作品。经比对,《奇迹神话》游戏整体画面与《奇迹 MU》构成实质性相似,故硕星公司、维动公司构成著作权侵权。同时,维动公司在游戏宣传过程中使用易引人误解的内容,与硕星公司共同构成虚假宣传的不正当竞争行为。"奇迹"构成知名商品特有名称,被诉游戏名称与其近似,硕星公司和维动公司的行为构成擅自使用知名商品特有名称的不正当竞争行为。在案证据难以证明哈网公司对硕星公司和维动公司的侵权行为及不正当行为存在主观过错,故不应承担相应民事责任。一审法院据此判决:一、硕星公司、维动公司停止侵害壮游公司对《奇迹 MU》享有的著作权的行为;二、硕星公司、维动公司立即停止擅自使用涉案知名商品特有名称及虚假宣传的不正当竞争行为;三、硕星公司、维动公司共同赔偿壮游公司经济损失人民币 5 000 000元及为制止侵权行为所支付的合理开支人民币 104 990 元;四、硕星公司、维动公司共同在《中国知识产权报》上发布公开声明(声明内容须经一审法院审核),以消除其因侵犯著作权及不正当竞争行为对壮游公司造成的不利影响,同时分别在各自的网站首页(网址分别为 www.hugenstar.com 和 www.91wan.com)连续三十日刊登相同内容的声明;如不履行,一审法院将在相关媒体上公布判决的主要内容,所需费用由两被告承担;五、驳回壮游公司的其余诉讼请求。

一审判决作出后,硕星公司、维动公司不服,提起上诉。

硕星公司上诉称,(1)关于著作权部分,在案证据无法证明壮游公司取得著作权授权,其亦侵害壮游公司的著作权;《奇迹 MU》并非类电影作品。(2)关于不正当竞争部分,在案证据无法证明涉案游戏具有较高知名度,硕星公司无攀附知名度的恶意,且"奇迹"并非涉案游戏的特有名称,硕星公司使用"奇迹神话"游戏名称无误导消费者之恶意,不构成虚假宣传行为。(3)关于损害赔偿部分,硕星公司不应承担赔偿损失及消除影响的法律责任,故请求二审法院撤销一审判决,依法改判驳回壮游公司的一审诉讼请求。

维动公司上诉称,(1)一审判决认定《MUex702》与涉案游戏实质性相似错误。(2)维动公司已履行合理注意义务,不存在侵权故意。(3)维动公司与硕星公司不存在共同的意思联络,一审认定共同侵权错误。(4)一审认定维动公司应当知道《奇迹 MU》具有较高知名度,运营被诉游戏存在过错有误。(5)维动公司未实施被控虚假宣传的不正当竞争行为,亦无"搭便车"的故意,在官网上发布的文章符合被诉游戏特点,无虚假宣传内容,一审认定维动公司存在虚假宣传行为错误。(6)一审判决赔偿数额过高。其余上诉理由与硕星公司的相关上诉理由一致。维动公司上诉请求撤销一审判决,依法改判驳回壮游公司一审诉讼请求。

壮游公司答辩称,(1)《奇迹 MU》游戏网禅公司著作权登记的名称为《MU》,未限定版本号,《MUex702》中 ex702 仅是版本号,一审进行比对的游戏元素在游戏开发完成时即已存在。(2)网络游戏内容是创作者事先固定的,一审认定《奇迹 MU》构成类电影作品符合法律规定。(3)《奇迹 MU》与被诉游戏构成实质性相似。(4)被上诉人提供的证据证明《奇迹 MU》游戏均具有极高知名度。(5)"奇迹"在角色扮演类游戏中已具有识别商品来源的功能,构成知名商品特有名称。(6)硕星公司作为游戏开发者,虽未直接参与宣传,但是宣传中使用的相关内容来源于游戏,且其亦共享宣传收益,故对虚假宣传行为应当承担责任。(7)一审判赔金额远低于被上诉人授权第三方运营开发的基本授权金,且上诉人运营被诉游戏长达 2 年多,对被上诉人造成严重的负面影响。(8)维动公司从事网络游戏开发和运营,应当知晓《奇迹 MU》游戏,其具有共同侵权故意;其不仅与硕星公司在同一场所办公,还申请被诉游戏内容审查,与硕星公司深度合作,构成共同侵权。虚假宣传部分,无论是维动公司官网还是第三方网络平台,被诉游戏的宣传内容均是基于其意愿或授权产生,其应当承担责任。

二审法院认定的事实与一审法院一致。

被上诉人壮游公司在一审中主张"奇迹"构成《奇迹 MU》游戏知名商品特有名称,上诉人及哈网公司的行为侵犯其知名商品特有名称,构成不正当竞争。二审庭审之后,被上诉人申请撤回该一审主张,法院予以准许。

二审法院经审理认为,《奇迹 MU》游戏整体画面符合我国著作权法规定的作品的构成要件,属于著作权法意义上的作品。类电影作品的特征性构成要件在于其表现形式由连续活动画面组成,涉案网络游戏整体画面在运行过程中呈现的也是连续活动画面,玩家不同操作会产生不同画面,但这是操作不同而产生的不同选择,未超出游戏设置的画面,不是脱离于游戏之外的创作,因此具有独创性的网络游戏整体画面具备类电影作品的实质构成要件,属于类电影作品。硕星公司、维动公司的宣传内容易引人误解为被诉游戏与《奇迹 MU》存在关联,构成虚假宣传的不正当竞争。鉴于壮游公司二审中撤回关于知名商品特有名称的不正当竞争之一审诉请,因此对赔偿数额酌情调整,变更硕星公司、维动公司赔偿壮游公司经济损失 400 万元及合理开支 10 万余元,其余维持原判。

点 评

本案涉及的主要问题是游戏画面作品类型的认定以及不同游戏画面之间的比对。电子游戏中包含了多种类型作品。首先是计算机程序,即可被计算机"执行的代码化指令序列,或者可以被自动转换成代码化指令序列的符号化指令序列或者符号化语句序列"(以下简称代码化指令序列)。其次是以代码的形式存在,并可被代码化指令序列调用的其他类型作品,包括美术作品(如游戏中的动漫形象)、音乐作品(如游戏中的歌曲)和电影作品(如游戏中的动画特效等)。角色扮演类游戏通常还有故事情节,因此包含了以代码化形式存在的文字作品。但是,在玩家操纵下,在屏幕上显示出的并带有伴音的连续画面属于何种类型的作品,则存在一定争议。

对于网络游戏的连续画面而言,虽然它是集文字、图形、音乐等各要素于一身的综合产物,但是网络游戏的本质是屏幕上显示的动态连续画面,因为电子游戏是一种娱乐工具,只有依赖于动态连续画面的展示,才能使玩家快速和有效的进行操作。游戏运行时呈现在屏幕上的带伴音的连续动态画面与动漫等典型的电影作品并无本质区别。虽然不同用户基于操作过程中的不同选择,会导致屏幕上的连续动态画面有所区别,但无论是游戏画面中的场景、人物形象和人物的各种姿势,都是程序中预设的。用户只是通过个性化的操作将游戏程序中原本就包含的各种可能性中的一种加以实现而已,其变化程度都在程序限定的范围之内。比如游戏画面中的人物中枪倒地的姿势可能因中枪位置不同而有所变化,但每一种倒地的姿势都调用自程序中预设的素材库。假设程序只预设了向后倒和向右倒两种姿势,无论如何操控游戏人物,让其在何位置中枪,该人物都不可能向左倒下。因此,连续动态画面的独创性完全源于程序设计者,与固定不变的传统电影作品并不存在定性上的本质区别。

对此,法院指出:"对于类电影这一类作品,其表现形式在于连续活动画面组成,这亦是区别于静态画面作品的特征性构成要件,涉案网络游戏《奇迹 MU》在运行过程中呈现的亦是连续活动画面,具有类电影作品的表现形式。因此,《奇迹 MU》游戏整体画面构成类电影作品。"同时,法院也对游戏用户(玩家)的行为作出了正确的评述:"玩家不同操作会产生不同画面,但这是操作不同而产生的不同选择,未超出游戏设置的画面,不是脱离于游戏之外的创作"。应当指出,上海法院在全国首先认定"游戏整体画面",即游戏运行过程中在屏幕上显示的连续动态画面属于类电影作品,以及用户的不同操作行为产生的不同画面并不构成新的作品,从而明确了游戏整体画面及游戏用户的行为在著作权法中的定性。这是上海法院在电子游戏著作权保护方面做出的一大贡献。

纲举目张,在定性明确之后,一系列问题就可以迎刃而解。假设有人未经许可录制了游戏画面为其他商品做广告,究竟是应当由画面中单个作品(如卡通人物)的著作权人,还是由游戏制作者主张权利呢?由于"游戏整体画面"被认定为类电影作品,应适用《著作权法》第十五条的规定,由制片者而非单个作品的权利人主张权利。再如,在判断他人推出的游戏是否侵犯著作权时,应当对两者在屏幕上显示的连续画面进行比对,以确定是否存在实质性相似。在本案中,原、被告的游戏在地图的俯视图及场景图方面,两者的俯视图在颜色搭配、显示的路线图方面相同或相似;在角色及其技能方面,两款游戏均有剑士、魔法师和弓箭手三个角色,除魔法师的毒炎技能描述不同外,其他技能描述相同或者基本相同。在武器和装备方面,两者的 29 个武器及 105 个装备在线条、颜色、轮廓均基本相同;在怪物及"游戏中不受玩家操纵的游戏角色"(NPC)方面,两款游戏的 47 个怪物在造型、颜色、效果均基本相同。在原、被告的游戏均遵循相同的情节线索并具有类似玩法的情况下,上述要素的相同或高度近似,决定了由此形成的连续画面必然存在实质性相似。法院由此做出了正确的判决。

案例提供单位:上海知识产权法院

编写人:陆凤玉　秦天宁

点评人:王　迁

64. 上海晨光文具股份有限公司诉得力集团有限公司等侵犯外观设计专利权纠纷案

——"整体观察,综合判断"在外观设计专利侵权案件中的具体运用

案 情

原告上海晨光文具股份有限公司

被告得力集团有限公司

被告济南坤森商贸有限公司

原告上海晨光文具股份有限公司(以下简称晨光公司)是 ZL200930231150.3 号名称为"笔(AGP67101)"的外观设计专利的专利权人,申请日为 2009 年 11 月 26 日,授权公告日为 2010 年 7 月 21 日,案件事实发生时处于有效状态。

2015 年 11 月 30 日,原告在"天猫"网上被告济南坤森商贸有限公司(以下简称坤森公司)经营的"得力坤森专卖店"公证购买了被告得力集团有限公司(以下简称得力公司)生产的得力 A32160 中性笔,即被诉侵权产品。经比对,被诉侵权产品设计与授权外观设计在基本构成、笔杆及笔帽的整体形状、笔杆顶端与笔帽顶端的形状、笔帽相对于笔杆的长度、笔夹与笔帽的连接方式、笔夹长出笔帽的长度等方面基本相同。具体体现在:1.两者均由笔杆和笔帽组成,笔帽上设有笔夹;2.笔杆、笔帽整体均呈粗细均匀的四周圆角柱体;3.笔杆顶部与笔帽顶部均有正方形锥台突起,笔杆顶部锥台中央有圆孔;4.笔帽长度约为笔杆长度的四分之一;5.笔夹上端与笔帽顶端锥台弧形相连;6.笔夹略长于笔帽,长出部分约占笔夹总长度的十分之一;7.主体靠近笔头处内径略小,四周表面中心位置各有一凸状设计,笔头为圆锥状。区别点主要在于:1.被诉侵权设计的笔杆靠近笔尖约三分之一处有一环状凹线设计,而授权外观设计没有凹线设计;2.被诉侵权设计的笔夹外侧有长方形锥台突起,而授权外观设计的笔夹外侧没有突起;3.被诉侵权设计的笔夹内侧为光滑平面,而授权外观设计的笔夹内侧有波浪状突起;4.被诉侵权设计的笔夹下端是平直

的,而授权外观设计的笔夹下端为弧形。(见附图)

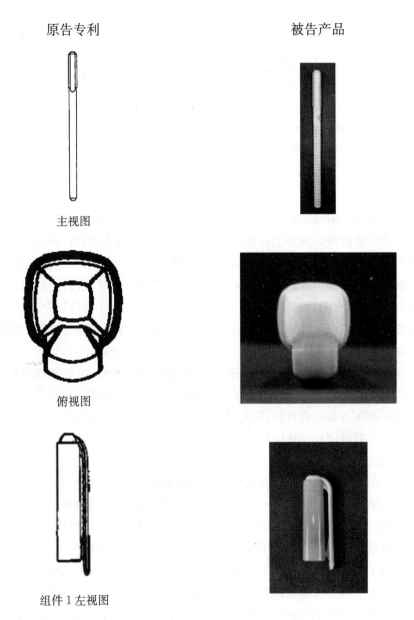

原告专利	被告产品
主视图	
俯视图	
组件 1 左视图	

原告晨光公司诉称,其从坤森公司所购买的得力公司制造的产品与原告外观设计专利产品属于相同产品,且外观设计近似,两被告的行为构成对原告专利权的侵犯,故诉至法院,请求法院判令:1.两被告立即停止侵犯原告 ZL200930231150.3 号外观设计专利权的行为,即被告得力公司立即停止制造、销售行为,被告坤森公

司立即停止销售、许诺销售行为;2.两被告销毁所有库存侵权产品以及制造侵权产品的专用设备、模具;3.被告得力公司赔偿原告经济损失 180 万元及为制止侵权所支付的合理费用 20 万元。

被告得力公司辩称,虽然被诉侵权产品是其制造并销售的,但该产品与原告专利外观设计不相同也不近似,被告行为不构成对原告专利权的侵犯。即使构成侵权,原告诉请的赔偿数额及合理费用也过高。原告诉请缺乏事实与法律依据,故请求法院驳回原告的全部诉讼请求。

被告坤森公司未作答辩。

审 判

一审法院经审理后认为,被诉侵权产品与原告专利产品均为笔,系相同种类产品。两者在整体视觉效果上存在一定差异,外观设计并不相同。因此,案件主要争议在于,被诉侵权设计与授权外观设计是否构成近似,即两者在整体视觉效果上是否存在实质性差异。在该问题的判断上,既应考虑被诉侵权设计与授权外观设计的相似性,也应考虑其差异性。应分别考察被诉侵权设计与授权外观设计的相同设计特征与区别设计特征对整体视觉效果的影响,根据整体观察,综合判断的原则进行判定。

就相同设计特征来说,授权外观设计的笔杆主体形状、笔杆顶端形状、笔帽主体形状、笔帽顶端形状、笔帽相对于笔杆的长度、笔夹与笔帽的连接方式、笔夹长出笔帽的长度等方面的设计特征,在整体上确定了授权外观设计的设计风格,而这些设计特征在被诉侵权设计中均具备,可以认定两者在整体设计风格及主要设计特征上构成近似。

对于两者所存在的区别点对整体视觉效果的影响,法院认为:1.笔夹内侧的平滑设计系惯常设计,且处于一般消费者不易观察到的部位,对整体视觉效果的影响极其有限;2.笔夹下端的弧形区别,仅是整支笔乃至笔夹的细微局部差别,不足以影响整体视觉效果;3.笔夹外侧的长方形锥台突起虽然在笔夹上占据了较大面积,但笔夹对于笔的整体视觉效果的影响首先在于它的整体形状、大小、与笔帽的连接方式及长出笔帽的长度比例等,在这些因素均相同的情况下,笔夹外侧的锥台突起对于整支笔的整体视觉效果影响有限,不足以构成实质性差异;4.笔杆上的凹线设计位于笔杆靠近笔尖约三分之一处,只是横向环绕在笔杆上,面积很小,属于局部设计特征,对整体视觉效果的影响亦有限。综上,被诉侵权设计与授权外观设计所存在的上述四点区别设计特征,不足以构成对整体视觉效果的实质性差异。

对于被诉侵权设计所采用的与授权外观设计不同的色彩和图案对近似认定的

影响,法院认为,外观设计专利权的保护范围以表示在图片或者照片中的该产品的外观设计为准。形状、图案、色彩是构成产品外观设计的三项基本设计要素。本案授权外观设计的简要说明中并未明确要求保护色彩,因此,在确定其保护范围及侵权判定时,不应将色彩考虑在内。此外,从图片或照片中显示的授权外观设计来看,其并不存在因形状产生的明暗、深浅变化等所形成的图案,故在侵权判定时,图案要素亦不应考虑在内。被诉侵权设计在采用与授权外观设计近似的形状之余所附加的色彩、图案等要素,属于额外增加的设计要素,对侵权判断不具有实质性影响。否则,他人即可通过在授权外观设计上简单添加图案、色彩等方式,轻易规避专利侵权,这无疑有悖于专利法鼓励发明创造、促进科技进步和创新的立法本意。

综上,法院认为,根据整体观察、综合判断的原则,被诉侵权设计采用了与授权外观设计近似的设计风格,使用了影响授权外观设计整体视觉效果的设计特征,其与授权外观设计的区别点不足以对整体视觉效果产生实质性影响,即不构成实质性差异。因此,被诉侵权设计与授权外观设计构成近似,被诉侵权设计落入原告外观设计专利权的保护范围。原告及被告得力公司均为国内较有影响的文具生产企业,在新产品的自主研发上更应投入更多的精力,对自身产品研发过程中涉及的法律风险也应有较为专业的认知。被告得力公司未付出创造性劳动,通过在原告授权外观设计的基础上,改变或添加不具有实质性区别的设计元素以及图案和色彩,实施原告外观设计专利,构成对原告外观设计专利权的侵犯,应当承担停止侵害、赔偿损失的民事责任。

在适用法定赔偿时,法院结合本案具体情况,主要考虑以下因素:1.原告专利为外观设计专利;2.专利有效期自 2009 年 11 月 26 日开始,侵权行为发生时保护期已近半;3.笔类产品的利润有限;4.消费者在选购笔类产品时,除形状外,笔的品牌、笔芯质量、外观图案、色彩等,都是其主要的考虑因素,即得力公司使用授权外观设计形状所获侵权利润只是被诉侵权产品获利的一部分,不能将被诉侵权产品的全部利润作为本案侵权获利。根据以上因素,结合本案其他情节,法院酌情确定被告得力公司的赔偿数额。

原告的确委托了律师进行诉讼,并支付了诉讼法律服务费 20 万元。法院尊重包括律师在内的所有诉讼参与人在本案查清事实、分清责任过程中所作出的努力。律师费用的收取系当事人与律师之间意思自治的结果,法院不予干涉。但法律所规定的要求侵权人承担的原告开支,应当限制在合理范围内,超过合理范围的数额不应由侵权人承担,故法院根据本案案件复杂程度、律师工作量、实际判赔数额与请求赔偿额,参考司法行政部门规定的律师收费标准,酌定被告得力公司支付原告律师费用 5 万元。

据此,一审法院判决:一、被告得力公司立即停止制造、销售侵犯原告外观设计专利权产品的行为；二、被告坤森公司立即停止许诺销售、销售侵犯原告外观设计专利权产品的行为；三、被告得力公司赔偿原告经济损失 50 000 元及制止侵权的合理费用 50 000 元。

一审判决作出后，当事人均未提起上诉。一审判决已经发生法律效力。

点 评

本案是有关近似外观设计认定的典型案例。根据《最高人民法院关于审理侵犯专利权纠纷案件应用法律若干问题的解释》第十一条的规定，被诉侵权设计与授权外观设计在整体视觉效果上无实质性差异的，应当认定两者近似。同时应当根据授权外观设计、被诉侵权设计的设计特征，以外观设计的整体视觉效果进行综合判断。问题在于，如何根据"设计特征"和"整体效果"认定被诉侵权设计与授权外观设计"无实质性差异"？本案的判决对此进行了很好的阐释。

在外观设计近似性比对中，整体视觉效果，而非局部或细节的视觉效果起着决定性作用。产品外观是作为一个整体吸引消费者眼球的，产品在外观设计方面的微细差异通常不会引起消费者的注意。完全可能存在产品在局部设计上相似，但整体视觉效果差异很大，以及产品的局部设计有一定差异，但整体视觉效果相近的情况。前者不构成"近似"而后者则构成"近似"。同时，由于外观设计专利针对的是"外观"，那些不能通过观察产品的外部而发现的特征，如产品材料、内部结构等，也不应被纳入考虑范围。此外，受一些产品的结构、功能和使用习惯等因素制约，在现有产品外观的基础上进行大幅变化的可能性不大，也就是外观的设计空间相对较小，设计者能做出的创新贡献也较小。消费者也习惯于在外观近似的同类产品中进行仔细辨别，因而容易注意到不同外观设计之间的较小区别。在这种情况下，如果在先外观设计已获得了专利权，他人采用的外观设计只要与之有一定程度的区别，构成侵权的可能性就不大。相反，另一些产品外观的设计空间较大，如果设计者做出了一个相较于现有产品外观有较大变化的设计，则消费者会对该外观设计产生较为深刻的印象。在该外观设计获得专利权的情况下，如果他人在相同或相近种类产品上采用了与之只有较小区别的外观设计，则消费者就不容易注意到该较小区别，从而产生混淆，此时构成侵权的可能就较大。[1]

在本案判决书中，法院详细列出了七点被诉侵权设计与授权外观设计的相似之处。虽然其中的某一点或某几点在现有设计中出现过，但被诉侵权人没有举证证明其由这七点相似之处构成的整体设计与单独一项现有设计是相同或相近似的，因此无法进行现有设计抗辩。同时，被诉侵权设计虽然与授权外观设计有四处

---

[1]　对此参见最高人民法院《关于审理侵犯专利权纠纷案件应用法律若干问题的解释（二）》第十四条。

不同,但有的属于细微差异或局部特征设计,有时则是难以为消费者所观察到的区别,如笔夹内侧的平滑设计,难以引起消费者的注意,对整体视觉效果没有实质性影响。此外,虽然笔的基本构造是大同小异的,但对各组成部分仍然可以进行许多与众不同的设计,以使笔的整体外观具有新颖性和区别性。国内外的笔类生产商为数不少,经常推陈出新,形成众多造型设计,也从一个方面反映了这一点。因此笔类产品的设计空间虽然不是海阔天空,但也不是非常之小。被诉侵权设计与授权外观设计如此之高的近似度是难以用设计空间太小来解释的。

在本案中,被诉侵权人认为,被诉侵权设计采用了与授权外观设计不同的色彩和图案,这种色彩和图案对整体视觉效果会产生重要的影响,因此与授权外观设计不构成近似。但授权外观设计的简要说明中并未要求保护色彩,因此在判断被诉侵权设计与授权外观设计是否近似时,色彩并不是考虑因素。同时,图片或照片中显示的授权外观设计是产品的形状,并不包括图案,因此图案也不是考虑因素。这就意味着,只要被诉侵权设计与图片或照片中显示的授权外观设计的形状相同或相近似,就可以认定近似,无论被诉侵权设计在应用于产品时附加采用了何种颜色和图案。判决书对此正确地指出:"被诉侵权设计在采用与授权外观设计近似的形状之余所附加的色彩、图案等要素,属于额外增加的设计要素,对侵权判断不具有实质性影响。否则,他人即可通过在授权外观设计上简单添加图案、色彩等方式,轻易规避专利侵权,这无疑有悖于专利法鼓励发明创造、促进科技进步和创新的立法本意"。这体现了对《中华人民共和国专利法》有关"外观设计专利权的保护范围以表示在图片或者照片中的该产品的外观设计为准"规定的精准把握,值得称道。

案例提供单位:上海知识产权法院

编写人:徐　飞

点评人:王　迁

65. 上海视觉空间设计有限公司诉上海雅琴文化传媒有限公司等侵害作品署名权、发表权、复制权、信息网络传播权纠纷案

—— 对演播室设计图纸的性质及相关侵权行为的认定规则

案 情

原告（被上诉人）上海视觉空间设计有限公司

被告（上诉人）上海雅琴文化传媒有限公司

被告（上诉人）上海强峰音视技术发展有限公司

被告德清县广播电视台

原告上海视觉空间设计有限公司成立于 2002 年 6 月 20 日，注册资本 3 000 000 元，经营范围包括图文设计制作、电视场景、舞美道具，舞美设计及策划，道具及场景的上门安装等。被告上海雅琴文化传媒有限公司（以下简称雅琴公司）成立于 2012 年 2 月 16 日，注册资本 10 000 000 元，经营范围包括室内外装饰设计、室内外装饰安装、室内工艺、声学、舞美设计等。被告上海强峰音视技术发展有限公司（以下简称强峰公司）成立于 2000 年 3 月 19 日，注册资本 5 000 000 元，经营范围包括舞台灯光、音视器材批兼零；舞美设计、制作，室内装饰设计、室内装潢工程等。

2013 年 5 月 24 日，原告创作完成《德清电视台演播室设计方案》，该设计方案包含新闻演播室效果图和三个专题演播室效果图共计 39 张（其中新闻演播室整体和局部立体效果图 21 张、三角形主播台材质和主持人在大屏幕前的位置、包装画面 3 张，专题演播室立体效果图 15 张），标有尺寸的平面图 2 张。

2013 年 5 月 28 日、6 月 25 日，原告法定代表人蔡某某通过电子邮件将《德清电视台演播室设计方案》发送至邮箱 shqf2008@163.com，标题为"德清 2 个演播室的装饰，请做方案和预算。我提供的是我们这边给他参考的图他们没有看上"，附件为"五楼直播室、六层 AM927 音乐直播室效果图、六层财富生活广播直播室效果

图"。2013 年 7 月 7 日,蔡某某通过电子邮件将德清演播室制作图及报价单发送至邮箱 shqf2008@163.com。德清演播室制作图为演播室的施工细图,新闻主播区的设计及监理费用报价为 59 500 元,民生主播区的设计及监理费用报价为 51 000元。工程总报价为 1 218 307.61 元。2013 年 9 月 8 日,蔡某某再次通过电子邮件将《德清电视台演播室方案》和《设计制作合同书—范本》发送至邮箱 shqf2008@163.com。2013 年 9 月 5 日、9 月 29 日,蔡某某通过电子邮件将"德清备份"(专题备份、新闻备份)、"德清新闻专题效果图备份"发送至邮箱 shqf2008@163.com。被告强峰公司承认 shqf2008@163.com 系其公司邮箱,认为雅琴公司和强峰公司一起办公,公司人员不区分,因此不能确定是哪个公司的人员收到了邮件。

原告制作的《德清电视台演播室设计方案》结尾处写有"德清新闻、专题演播室设计方案设计创作著作权属于上海视觉空间设计有限公司版权所有,未经本公司允许任何抄袭、仿照、转载等都将被视认为其侵权行为。本作品未投入使用和授权公开发表切勿外泄"的启示。

2013 年 9 月 13 日,被告德清县广播电视台发布演播室舞美工程项目公开招标文件,采购内容为演播室舞美工程,涉及的演播室有新闻演播室 1 个、民生新闻演播室 1 个、广播直播间 2 个。招标文件中的评标办法及评分标准列明,总分 100分,技术部分分值为 50 分,其中针对设计方案与节目的满足性分值为 10 分,要求舞美设计方案的艺术性强、时尚、大气,体现新闻节目的深度,贴合国际上新闻演播厅简洁、时尚的风格特色,突出德清电视台主题视觉;主播台的设计分值为 10 分,要求大小合理,使用灵活方便,富有现代感。2013 年 11 月 4 日,被告雅琴公司和被告德清县广播电视台签订《舞美设计及制作合同》,约定采取被告雅琴公司包工、包料的承包方式,合同价款 1 280 000 元。施工图纸由德清县广播电视台委托雅琴公司设计,设计制作清单表中设计费为 120 000 元。

被告雅琴公司在若邻网上发布的公司简介中介绍"先后承揽了常州电视台舞美工程项目……德清电视台系列演播室舞美工程项目等"。

www.yingxi.tv 系被告德清县广播电视台官方网站,2015 年 9 月 21 日,该网站上提供当月《英溪论坛》《德清教育》的在线点播。《英溪论坛》《德清教育》系在涉案演播室内录制。

经当庭比对,原告认为,原告的立体效果图和施工制作图,具有较高的独创性和美观性,构成著作权法意义上的作品。被告德清县广播电视台的新闻演播室和专题演播室与原告立体效果图相比,使用的三角形的主持台和蓝白相间的底座、背景板的设计、LOGO 的摆放等完全一致。被告雅琴公司和强峰公司认为在实际制作过程中,对一开始的设计方案进行了改动,演播室后面的屏幕和设计方案上的不一致,主持台也不一样。被告德清县广播电视台认为从演播厅的全景图来看,原告立体效果图中没有显示电视台的 LOGO；主持台桌子中间的部分实景中显示是三角形，而原告立体效果图中显示是圆弧形；演播厅左侧墙面中间是两个液晶屏，没有其他装饰，而原告立体效果图上有一根柱子；演播厅中间的背景屏幕完全不一样；主演播厅的左侧墙壁在设计时有多个小电视机区域，但实景中是两个液晶显示屏。

2015 年 2 月 5 日，原告给被告德清县广播电视台发函，表示德清县广播电视台演播室的舞美设计由其设计。

原告曾为无锡广电集团的演播室设计舞美方案并负责制作和安装，还与安吉普尔广播电视有限公司签订过《开放式新闻演播中心等专业制景设计合同》。

原告上海视觉空间设计有限公司诉称雅琴公司和被告强峰公司是关联公司。2013 年，原告应被告雅琴公司和强峰公司的邀请，数次前往被告德清县广播电视台开展新大楼演播室的设计，并于 2013 年 5 月 24 日设计完成了《德清电视台演播室设计方案》。之后，原告将设计方案和施工图通过电子邮件发送给被告强峰公司，但因被告雅琴公司与原告就《采购合同》中的主要条款并未达成一致，故原告与被告雅琴公司和强峰公司就被告德清县广播电视台演播室设计施工项目未合作，原告就上述设计方案保留了著作权。2015 年初，原告发现被告德清县广播电视台未经原告许可采用了原告的设计方案，该演播室录制的《德清新闻》等节目在德清县广播电视台播出并通过英溪网供公众点播。被告德清县广播电视台演播室舞美工程的中标和实际施工单位是被告雅琴公司。三被告未经原告许可，擅自使用原告作品，侵害了原告的著作权。故诉至法院，请求判令：(1)被告德清县广播电视台停止使用侵权演播室；(2)三被告共同支付原告经济损失 200 000 元、律师费 30 000 元；(3)被告雅琴公司和强峰公司在《新民晚报》中缝以外版面向原告公开致歉，被告德清县广播电视台在节目中播出累计时长不少于 60 秒的道歉声明。

被告雅琴公司和强峰公司共同答辩称，(1)虽然雅琴公司和强峰公司是关联公司，但强峰公司与本案无关联；(2)本案是合同之诉，双方之前就涉案项目进行协商与准备，被告雅琴公司收到了原告提供的设计方案，并使用原告的设计方案参加了德清县广播电视台演播室的投标后中标。但由于在设计费用上没有达成一致，产生了纠纷；(3)所有广播电视台演播室的背景画面都是大同小异的，背景的色彩和灯光没有独创性，不构成作品。原告提供的仅是设计方案，雅琴公司作为生产和加工单位，在生产制作过程中对设计方案不断进行修改、改造，不存在侵犯原告设计方案著作权的情况；(4)涉案设计图是被告委托原告设计的，之后被告将该设计图用于双方约定的演播室招投标，故即使设计方案构成作品，被告的行为也不构成侵权；(5)由于演播室的特性是无法署名的，原告对雅琴公司和强峰公司侵害署名权的主张不成立。

被告德清县广播电视台辩称,(1)原告在本案中主张的设计方案、施工图没有独创性,不属于著作权法保护的范围;(2)德清县广播电视台不是本案适格的被告,涉案演播室的舞台设计纳入政府采购项目,雅琴公司在招投标中中标,故德清县广播电视台将项目承包给了雅琴公司,与雅琴公司达成了委托设计、施工的关系。德清县广播电视台没有侵权的事实,即使雅琴公司和强峰公司存在侵权行为,德清县广播电视台对设计图纸等也是善意取得;(3)本案应是原告和雅琴公司、强峰公司之间的合同纠纷,不属于侵权之诉;(4)被告德清县广播电视台现在使用的演播室和原告主张权利的图纸有巨大的差异;(5)要求被告德清县广播电视台停用演播室会造成公共利益的损失。

审 判

一审法院经审理后认为,原告创作的《德清电视台演播室设计方案》共有立体效果图 39 张,除三角形主播台材质、主持人在大屏幕前的位置、包装画面图 3 张不具有审美意义之外,其余 36 张属于我国著作权法保护的美术作品。《德清电视台演播室设计方案》中的平面图和施工制作图属于我国著作权法保护的图形作品。

虽然原告与被告雅琴公司、强峰公司曾就合作投标、施工事宜进行磋商,但由于双方在价款问题上未达成一致,而未能签订合同,因此双方之间不存在合同关系,被告雅琴公司、强峰公司使用原告作品的行为并未得到原告的授权。

对于美术作品(立体效果图),被告德清县广播电视台演播室整体的线条、色彩及其组合,尤其是墙壁 LED 灯带造型、专题演播室背景墙折叠线条、悬吊摆设的造型等,与原告的立体效果图构成实质性相似,是对原告作品的复制。被告强峰公司与雅琴公司系关联公司,在原告未发表涉案作品的情况下,强峰公司将原告作品披露给雅琴公司用于投标、施工,并向被告德清县广播电视台提供了施工完成的演播室,共同侵害了原告对作品享有的复制权、发表权。雅琴公司既没有在投标文件中表明该立体效果图是原告所设计,又在网络宣传中表示"德清电视台系列演播室舞美工程项目"系其施工的工程,侵害了原告作为作品作者的署名权。德清县广播电视台的演播室复制了原告的作品,其在网上提供的《英溪论坛》《德清教育》系在演播室内录制,因此其侵害了原告作品的复制权和信息网络传播权。

对于图形作品(施工图),著作权法保护工程设计图纸及其说明,仅指以印刷、复印、翻拍等复制形式使用图纸及其说明,不包括按照工程设计图纸及其说明进行施工。因此在原告未能举证演播室的具体施工图纸以证明被告确实以印刷、复印、翻拍等复制形式复制了原告的施工图的情况下,法院对原告主张被告侵害了图形作品(施工图)的署名权、复制权、信息网络传播权、发表权的主张不予支持。

被告德清县广播电视台对侵害著作权的行为事先并无主观过错,且其系通过公开招、投标并支付合理的对价后使用涉案演播室,而如判令其停止侵权则会造成社会资源的极大浪费,故法院对原告要求被告德清县广播电视台停止侵权的主张不予支持。但被告德清县广播电视台在原告向其发函后,仍在互联网上提供在涉案演播室录制的电视节目的点播,侵害原告的复制权和信息网络传播权,故应当承担赔偿损失的民事责任。由于被告雅琴公司、强峰公司对上述传播行为有所预期,应承担连带责任。被告雅琴公司、强峰公司侵害原告著作权应当承担赔礼道歉、赔偿损失的责任。法院综合考虑原告作品在工程中标中所起的作用、被告雅琴公司、强峰公司侵权行为的主观过错等,酌情确定被告雅琴公司、强峰公司的赔偿数额。故判决:一、被告雅琴公司、强峰公司于判决生效之日起十日内共同赔偿原告经济损失 150 000 元;二、被告德清县广播电视台于判决生效之日起十日内赔偿原告经济损失 30 000 元,被告雅琴公司、强峰公司对上述赔偿责任承担连带责任;三、三被告于判决生效之日起十日内共同赔偿原告为制止侵权行为支出的律师费 20 000 元;四、被告雅琴公司、强峰公司于判决生效之日起三十日内在被告德清县广播电视台的电视节目中连续七日,每日在晚 20 时至 22 时发布致歉声明三次;被告雅琴公司、强峰公司于判决生效之日起三十日内在 www.yingxi.tv 网站首页连续七日刊登致歉声明(内容需经法院审核);五、驳回原告的其他诉讼请求。

一审判决作出后,被告雅琴公司、强峰公司不服判决,提起上诉。

二审法院认定的事实与一审法院一致。

二审法院经审理后认为,一审判决认定事实清楚,适用法律正确,应予维持。故判决驳回上诉,维持原判。

点 评

本案是有关设计图著作权保护的典型案例。设计图在著作权法中的定性和保护具有高度复杂性。有的设计图纸描绘的物体或内部结构在被制造或制作出之后,本身不可能受到著作权法的保护,此时该设计图就是纯粹的工程设计或产品设计图。如建筑内部结构图并不能反映建筑物有审美意义的外观造型,因此不属于建筑作品的平面表现形式。只是由于此类设计图是用科学制图方法绘制的,由点、线、面和各种几何结构组合而成,包含着严谨、精确、简洁、和谐与对称的"科学之美",在符合独创性要求的情况下可以作为设计图作品受到保护。有的设计图,特别是效果图,是用艺术手法绘制的,其直观形式为美术作品。与此同时,其又描绘了本身能受到保护的立体作品(如立体美术作品、建筑作品),又属于立体作品的平面表现形式。国家体育馆"鸟巢"的外观效果图就是此类设计图的典型,其艺术绘图为美术作品,而被描绘的建筑物为建筑作品,该图又属于建筑作品的平面表现形式。因此此类设计图具有双重属性。从绘图方式的角度观察,其为设计图作品或美术作品,从反映建筑外观造型的角度观察,则为建筑作品。

对于这两类设计图而言,著作权法提供保护是不同的。对于前者,其创造性和科学美感仅体现在平面构图之中,被描述的物体或结构本身不可能作为立体作品受到保护。因此著作权法仅禁止对此类设计图实施从平面到平面的复制,也就是单纯利用平面图形中科学美感的行为,而不禁止从平面到立体的复制,以防止将著作权的保护范围扩大至技术方案、实用功能或其他不受著作权法保护的客体。上海法院判决的经典案例"迪比特诉摩托罗拉案"就是该原理的典型体现,在该案中,被诉侵权行为是根据手机印刷电路板的设计图制造电路板实物的行为。法院正确地认定该行为并不属于著作权法中的复制行为,不侵犯涉案设计图的著作权。

在本案中,法院指出,著作权法保护的工程设计图纸,仅指以印刷、复印、翻拍等复制形式使用图纸,不包括按照工程设计图纸进行施工。由于原告未提供证据证明被告雅琴公司、强峰公司有复印施工制作图的行为,法院没有认定被告根据设计图进行施工的行为侵犯原告施工设计图的著作权。这是正确的判决。

对于第二类设计图而言,由于其具有双重属性,当他人未经许可按照设计图描述的立体作品的外观再现该立体作品,如根据国家体育馆"鸟巢"的效果图建造"鸟巢",就是一种从平面到立体复制行为。

需要指出的是,不能认为但凡美术作品,都可以进行平面到立体的复制。根据卡通人物的漫画(平面美术作品)制作一个相同形象的玩具,当然是从平面到立体的复制。但不能认为对所有美术作品中造型的立体再现都属于从平面到立体的复制。例如,画家画出了一张书桌的素描图。这张素描图当然可以构成平面美术作品,那是因为即使书桌的造型平凡无奇,缺乏独创性,素描图中的艺术造型与实物书桌也不可能相同,而是经过艺术处理的。但按照这张素描图去制造一张相似的书桌,却不能认为是对美术作品从平面到立体的复制。即使画家描绘了一张现实中并未出现过的书桌,比如有八条桌腿的书桌,未经许可制造该八条桌椅腿的书桌仍然不能构成对画家美术作品的侵权。这是因为这种行为再现的并不是艺术造型,而是工业产品的设计。简言之,假设平面美术作品中描述的造型以立体形式首先存在时,本身就可以作为立体作品受到保护,则其在美术作品中的平面造型属于立体作品的平面形式,从平面至立体形式的转换属于从平面到立体的复制。相反,假设平面美术作品中描述的造型以立体形式首先存在时,本身并不能作为立体作品受到著作权法的保护,则其在美术作品中的平面造型并不属于立体作品的平面形式,从平面至立体形式的转换并不构成从平面到立体的复制。

在本案中,演播室设计的效果图可以基于绘图的艺术性构成美术作品。但根据该效果图布置演播室是否属于从平面到立体的复制,则取决于其中被描述的演播室整体的线条、色彩及其组合、墙壁 LED 灯带造型、专题演播室背景墙折叠线条和悬吊摆设的造型等如首先以立体形式出现,能否被认定为我国著作权法中的作品。如果回答是肯定的,则根据该效果图布置演播室属于从平面到立体的复制,侵犯复制权。否则不属于从平面到立体的复制,并不涉及对著作权的侵权。原告应以违约等其他理由追究被告的法律责任。

案例提供单位:上海知识产权法院

编写人:黄　洋　沈敬杰

点评人:王　迁

行 政

66. 杜某某诉上海市社会保险事业管理中心劳动和社会保障案

——涉本市女性灵活就业人员的养老保险待遇问题

案 情

抗诉机关上海市人民检察院

再审申请人(原告、上诉人)杜某某

被申请人(被告、被上诉人)上海市社会保险事业管理中心

杜某某出生于 1959 年 5 月,原在某单位工作,之后离职从事自由职业至今,上海市社会保险事业管理中心(以下简称市社保中心)认定其在 1992 年底我国社会养老保险改革时具有工龄 3 年 5 个月。杜某某于 2009 年 3 月以自由职业者身份参加城镇职工基本养老保险。《中华人民共和国社会保险法》(以下简称《社会保险法》)第十六条规定:"参加基本养老保险的个人,达到法定退休年龄时累计缴费满十五年的,按月领取基本养老金。"中华人民共和国人力资源和社会保障部令第 13 号《实施〈中华人民共和国社会保险法〉若干规定》(以下简称《人社部 13 号令》)第二条规定:"参加职工基本养老保险的个人达到法定退休年龄时,累计缴费不足 15 年的,可以延长缴费至满 15 年,社会保险法实施前参保,延长缴费 5 年后仍不足 15 年的,可以一次性缴费至满 15 年。"2015 年 1 月 21 日,杜某某向市社保中心提出申请,以上述规定为依据,申请一次性补缴社会保险费至满 15 年,并提交了相关的申请材料。市社保中心经审查认为,《上海市人力资源和社会保障局关于本市灵活就业人员参加本市城镇职工基本养老、医疗保险若干问题的通知》(沪人社养发〔2013〕22 号,以下简称《市人社局 22 号通知》)第七条规定:"灵活就业人员男性年满 60 周岁,女性年满 55 周岁,缴费年限(含视同缴费年限,下同)满 15 年,可以提出按月领取养老金申请……;缴费年限未满 15 年的,可以继续缴费至满 15 年后申请按月领取养老金……。"杜某某作为灵活就业人员年满 55 周岁后延长缴费期限尚未满 5 年,目前不符合办理一次性补缴社会保险费至满 15 年的条件,遂于 2015 年 2 月 17 日作出流水号为 BB15150217S001 的办理情况回执,告知杜某某的申请不符合办理条件。杜某某不服,诉至法院,要求撤销被诉回执。

杜某某诉称,《国务院关于工人退休、退职的暂行办法》(国发〔1978〕104 号,以下简称《国务院 104 号文》)是我国目前关于退休年龄最高位阶的法律规定,其中规定的男年满 60 周岁、女工人年满 50 周岁、女干部年满 55 周岁退休的规定就是《社会保险法》所称的法定退休年龄。现市社保中心依据《市人社局 22 号通知》认定其退休年龄应为 55 周岁故而对其回复称不能办理属适用依据错误,被诉行政行为应予撤销。

市社保中心辩称,《市人社局 22 号通知》规定本市女性灵活就业人员年满 55 周岁且实际缴费达到 15 年的,可申请领取养老金,如年满 55 周岁但实际缴费不满 15 年的,可延长缴费 5 年,延长缴费后仍不满 15 年的可按照《人社部 13 号令》的规定申请一次性缴费至满 15 年。杜某某提出本案申请时未满延长缴费 5 年,不符合《人社部 13 号令》第二条规定的一次性缴费至满 15 年的办理条件,故市社保中心作出被诉回执并无不当。《国务院 104 号文》是对工人退休年龄的规定,不适用于再审申请人,请求驳回杜某某的诉讼请求。

审 判

一审法院经审理后认为,市社保中心受理杜某某申请后,根据相关法律法规和本市灵活就业人员的政策规定,认定杜某某作为灵活就业人员在达到 55 周岁退休年龄后未满延长缴费期限 5 年,故不符合一次性补缴社会保险费至满 15 年的条件,被诉回执在认定事实、适用法律和执法程序方面并无不当,判决驳回杜某某的诉讼请求。

一审判决后,杜某某不服,提起上诉。

二审法院认定的事实与一审相同。

二审法院经审理后认为,《市人社局 22 号通知》结合本市实际,就灵活就业人员参加本市城镇职工基本养老保险若干问题作出相应规定,符合《社会保险法》的相应规定。《国务院 104 号文》有特定的适用范围,即全民所有制企业、事业单位和国家机关、人民团体的工人。而杜某某作为灵活就业人员不属于《国务院 104 号文》中界定的工人范围,其要求单独适用《国务院 104 号文》第一条第(一)项中"女年满五十周岁"的诉讼理由,缺乏事实根据和法律依据,遂判决驳回上诉,维持原判。

二审判决后,杜某某仍不服,向检察院申请法律监督。

检察院抗诉认为,市社保中心依据《市人社局 22 号通知》认为杜某某作为灵活就业人员的法定退休年龄为 55 周岁,法律依据不足。第一,我国《社会保险法》及其实施条例关于基本养老保险的规定中,对于灵活就业人员的退休年龄未作出规定。因此,目前我国对"法定退休年龄"相关规定的法律法规中位阶最高的仍是《国务院 104 号文》,虽然该文对于法定退休年龄的规定仅针对全民所有制企业、事业单位和国家机关、人民团体的工人,但是随着我国改革开放和市场经济不断发展,各级劳动行政部门在劳动行政执法中,都直接适用了《国务院 104 号文》"男年满 60 周岁、女工人年满 50 周岁、女干部年满 55 周岁"的退休标准。第二,劳动和社会保障部所作的劳社厅(2001)125 号《关于企业职工"法定退休年龄"涵义的复函》明确指出:"国家法定的企业职工退休年龄,是指国家法律规定的正常退休年龄,即:男年满 60 周岁,女工人年满 50 周岁,女干部年满 55 周岁。"劳动和社会保障部作为国家劳动和社会保障管理的最高行政职能部门,作出上述函复表明对于企业职工"法定退休年龄"的涵义在劳动和社会保障行政机构中的认识是统一的,执行标准也是统一的。第三,在司法实践中,法院对于涉及退休年龄的劳动关系纠纷,也是依据"男年满 60 周岁、女工人年满 50 周岁、女干部年满 55 周岁"的标准,没有按企业性质和就业形式的不同进行区分。因此,对于《社会保险法》中"法定退休年龄"的涵义,在没有作出特别立法解释的情况下,应当同样适用《国务院 104 号文》规定的"男年满 60 周岁、女年满 50 周岁"。因此,市社保中心依据《市人社局 22 号通知》,认定杜某某作为灵活就业人员的法定退休年龄为 55 周岁,缺乏法律依据,原审判决未依法审查行政机关行政行为依据的规范性文件的合法性,适用法律有误。

再审法院经再审认为,首先,《社会保险法》并未规定灵活就业人员的退休年龄。《社会保险法》第十条第一款规定:"职工应当参加基本养老保险,由用人单位和职工共同缴纳基本养老保险费。"该条第二款规定:"无雇工的个体工商户、未在用人单位参加基本养老保险的非全日制从业人员以及其他灵活就业人员可以参加基本养老保险,由个人缴纳基本养老保险费"。根据该条规定,职工和灵活就业人员是两类不同的基本养老保险参保主体,职工的参保方式为强制参保,缴费方式为用人单位和职工共同缴纳基本养老保险费,而灵活就业人员则由个人自愿参保,且由个人缴纳基本养老保险费。《社会保险法》第十六条第一款规定:"参加基本养老保险的个人,达到法定退休年龄时累计缴费满十五年的,按月领取基本养老金。"上述规定对参保个人的法定退休年龄如何划分及界定标准等问题并未作出明确规定。其次,《国务院 104 号文》的适用对象并不包括灵活就业人员。在法律、法规未对灵活就业人员的法定退休年龄进行明确规定的情况下,《市人社局 22 号通知》以《社会保险法》为依据,结合本市实际作出的女性灵活就业人员年满 55 周岁可提出领取养老金的规定,于法不悖。再审申请人及抗诉机关认为女性灵活就业人员应当适用《国务院 104 号文》关于女工人退休年龄的规定享受领取养老保险金的主张,依据不足,难以支持。再审申请人杜某某以灵活就业人员身份于 2009 年 3 月参加本市城镇职工基本养老保险,系在《社会保险法》实施前参保,在年满 55 周岁时实际缴费年限未满 15 年的情况下,其延长缴费期限未满 5 年,故不符合《人社部 13 号令》第二条所规定的可一次性补缴社会保险费至满 15 年的申请条件,被申请人市社保中心据此作出被诉回执,并无不当。原一、二审判决认定事实清楚,适用法律正确,应予维持。再审申请人杜某某的再审请求及抗诉机关的抗诉理由不能成立。故依照《中华人民共和国行政诉讼法》第八十九条第一款第(一)项、第一百零一条,《中华人民共和国民事诉讼法》第二百零七条第一款的规定,判决维持原终审生效判决。

点 评

本案值得关注的是行政规范性文件的法律冲突审查问题。

本案的核心是灵活就业人员的养老待遇问题,需要厘清女性灵活就业人员是否适用女工人 50 周岁退休的规定以及本市关于灵活就业人员领取养老保险金的规定是否符合上位法规定,即《市人保局 22 号通知》是否符合上位法《社会保险法》《人社部第 13 号令》《国务院 104 号文》等相关规定。

在行政法渊源中,法律、行政法规、部门规章和地方政府规章是最重要的、位阶较高的法律渊源,规章以下的规范性文件虽然位阶较低但也是重要的行政法渊源。在对行政规范性文件进行法律冲突审查时,要判断是否存在实质的冲突点、是否违背上位法的立法精神。

就本案而言,法律法规未对灵活就业人员的法定退休年龄作出明确规定,行政规范性文件与上位法不存在实质的冲突点,不违背上位法的立法精神。1.法律中未规定法定退休年龄标准,《社会保险法》第十六条是关于享受基本养老保险待遇条件的规定,即享受基本医疗保险待遇必须符合两个条件:一达到法定退休年龄,二累计缴费满十五年。2.行政法规中未规定灵活就业人员的退休年龄,《国务院 104 号文》中仅规定了工人的退休年龄,其中女工人为 50 周岁,其适用对象不包括灵活就业人员。由于灵活就业人员工作时间、地点、强度的可调整性使得法律法规无法界定一个准确的退休年龄标准。3.行政规范性文件于法不悖,《市人保局 22 号通知》明确了灵活就业人员申请领取养老金的基本条件,其中女性年满 55 周岁作为申请条件并非其法定退休年龄,因此其与上位法不存在实质的冲突点,而是有效地补充了上位法中未涉及的灵活结业人员的养老申请条件问题。而从上位法的立法精神来看,在人口老龄化日益严重,养老保险基金支付压力不断增加的情况下,《市人社局 22 号通知》将本市女性灵活就业人员领取基本养老金的起始时间确定为年满 55 周岁,是符合社会经济发展一般趋势的,也有利于本市社会保险的平稳发展。

本案判决的价值在于,对行政规范性文件的法律冲突问题确立了一定的审查标准,法院通过上、下位法的厘清分析认定职工和灵活就业人员不属于同一类养老保险对象,较好解决了涉及本市女性灵活就业人员养老保险待遇的法律争议,为今后类似案件的审判提供了借鉴,为本市社保工作的平稳有序开展提供了有力的司法保障。

案例提供单位:上海市高级人民法院

编写人:黄自耀

点评人:刘志刚　平　凡

67. 宗某诉东华大学取消录取资格教育行政处理决定案

——取消高校考生录取资格中事实认定排除合理怀疑的证据标准

案 情

原告（被上诉人）宗某

被告（上诉人）东华大学

2015 年 2 月，宗某参加东华大学组织的艺术类专业入学考试，考试地点为江苏城市职业学院，素描成绩为 72.7 分。2015 年 7 月，东华大学录取宗某入该校服装艺术设计学院服装与服饰设计（本科）专业学习。同年 9 月宗某入学，10 月参加东华大学组织的对艺术类专业考生的复查考试，素描成绩为 41 分。10 月 13 日，东华大学委托本校的三位美术与设计学专家对宗某两张试卷上的素描进行阅卷复评，结论为非同一人所作。10 月 19 日，东华大学委托华东政法大学司法鉴定中心（以下简称华政鉴定中心）对检材入学考试试卷与样本复查考试试卷右上方红色印文栏内的手写字迹是否同一人所写进行鉴定。华政鉴定中心于 10 月 20 日出具华政〔2015〕物证（文）鉴字第 A-333 号鉴定意见书，结论为非同一人所写。10 月 30 日，东华大学听取宗某对考试情况的陈述和辩解，宗某对入学考试素描试题纸布局作了书面陈述，将试题纸布局描述为上下结构，实际则为左右结构。11 月 24 日，东华大学委托上海教育考试院专家库中三位美术与设计学专家对宗某两张试卷上的素描再次进行阅卷复评，结论仍为非同一人所作。东华大学经 2015 年第 33 次校长办公会议讨论后，于 12 月 4 日作出教育行政处理决定告知书（以下简称被诉决定），认定宗某在参加该校 2015 年艺术类招生的专业考试中，有严重违反高校招生规定的弄虚作假行为，依据《普通高等学校招生违规行为处理暂行办法》（以下简称《暂行办法》）第十一条和《教育部办公厅关于做好 2015 年普通高等学校录取新生入学资格复查和学籍电子注册工作的通知》（以下简称《通知》）的规定，对宗某作出取消录取资格的处理决定。宗某不服，向东华大学的学生申诉处理委员会提出申诉，该委员会于 12 月 21 日作出申诉复查决定，维持原处理决定。宗某仍不服，向法院提起诉讼,要求撤销被诉决定,并责令东华大学恢复宗某的录取资格。

宗某诉称,东华大学认为其入学考试中存在弄虚作假行为属认定事实错误。宗某在 2015 年 2 月入学考试中,始终严格遵守各项考试纪律,并无任何违规或作弊行为,入学考试素描及签字均为本人所作,东华大学提供的专家意见及笔迹鉴定结论与客观事实不符。东华大学既不向其出示相关证据,也不听其申辩,就认定其入学考试存在弄虚作假行为,取消了其录取资格,强令其退学,严重侵害了其受教育的合法权益,故诉请法院依法撤销东华大学作出的系争处理决定,并责令东华大学恢复宗某的录取资格。

东华大学辩称,首先,其根据宗某在入学考试和复查考试中的素描成绩、两次专家复评意见、华政鉴定中心的笔迹鉴定意见、宗某本人对入学考卷试题纸布局的书面陈述等认定宗某入学考试存在弄虚作假行为的事实清楚,证据确凿。其次,东华大学于 2015 年 10 月 30 日充分听取了宗某的陈述,经 12 月 2 日校长办公会议讨论后作出处理决定并送达宗某,告知理由和依据,同时依法保障了宗某申诉的权利。因此,东华大学作出系争处理决定,程序正当,依据明确。宗某诉请缺乏事实和法律依据,请法院驳回其诉请。

一审审理中,经宗某申请,法院委托司法鉴定科学技术研究所司法鉴定中心(以下简称司鉴所)对检材入学考试试卷右上方印框内手写字迹是否为宗某本人所写进行重新鉴定,2016 年 5 月 10 日,司鉴所出具司鉴中心[2016]技鉴字第 541 号鉴定意见书,结论为检材上需检的"宗某""江苏省"及"2015090510"字迹是宗某所写。经东华大学申请,一审法院依法通知司鉴所两名鉴定人出庭接受询问,并通知一名美术专家出庭作证。经庭审质证,宗某对司鉴所的鉴定意见予以认可,对美术专家的证言不予认可;东华大学对司鉴所的鉴定意见不予认可,对美术专家的证言予以认可。

审 判

一审法院经审理后认为,依据《中华人民共和国行政诉讼法》第六条、第三十四条之规定,人民法院审理行政案件是对被诉行政行为的合法性进行审查,东华大学对作出的行政行为的合法性负有举证责任。根据《暂行办法》第十一条和《通知》第一条之规定,东华大学对涉及严重违反高校招生规定的弄虚作假行为具有取消录取资格的职权依据。东华大学按照《通知》的要求,对艺术类专业学生在入学后组织复测,发现宗某复查考试素描成绩与入学考试差距较大,组织专家对试卷素描画阅卷复评,委托华政鉴定中心对试卷字迹进行鉴定,听取宗某的陈述和辩解,召开校长办公会议进行讨论后做出系争处理决定,依法保障了宗某的陈述、申辩等权利,东华大学的执法程序合法。

本案的争议焦点在于,宗某入学考试试卷上的素描画与手写字迹是否为本人所作。宗某认为入学考试与复查考试试卷上的素描画均为本人所画,手写字迹均为本人所写;东华大学认为两张试卷非同一个所作,即便按照重新鉴定结论,字迹是同一人所写,但按照多名美术专家的专业意见,素描画亦非同一人所画。对此,一审法院认为,依据《最高人民法院关于行政诉讼证据若干问题的规定》第五十四条之规定,法庭应当对经过庭审质证的证据和无需质证的证据进行逐一审查和对全部证据综合审查,遵循法官职业道德,运用逻辑推理和生活经验,进行全面、客观和公正地分析判断,确定证据材料与案件事实之间的证明关系,排除不具有关联性的证据材料,准确认定案件事实。本案涉及学生受教育权等重大权益的教育行政处理决定,案件处理结果对当事人影响巨大,法院在合法性审查中要求东华大学尽到更充分的举证义务,对违法事实的证明标准应达到确凿无疑、排除合理怀疑的程度。本案中,东华大学以华政鉴定中心的鉴定意见、本校及上海教育考试院多名专家的评阅意见,宗某本人对入学考卷试题纸布局的书面陈述,综合得出宗某在入学考试中存在弄虚作假行为的事实,并据此作出取消宗某录取资格的处理决定。经对本案全部证据的综合审查判断,司鉴所重新鉴定结论明确入学考试试卷上的手写字迹系宗某本人所写,鉴定人出庭接受询问对相关专业问题作了详细的说明,因此,一审法院对司鉴所的鉴定意见予以采信,对华政鉴定中心的鉴定意见不予采信;宗某本人对入学考卷试题纸布局的事后回忆与实际存在出入作了合理的说明,并提交了十余所学校的准考证予以佐证;东华大学委托的多名美术专家,包括出庭的美术专家,对两幅素描画给出非同一人所作的意见,该意见系基于自身专门性知识经验的专业判断,法庭一般应予以尊重,但上述专家意见并未能排除例外;此外,东华大学主张基于艺术类考试的考场实际,即便入学考试字迹为宗某本人所写,也不能排除素描画系他人所画的可能,基于行政诉讼举证规则,东华大学未能提供必要证据证明上述字与画相分离的主张,难以采信。

综上所述,一审法院认为,东华大学认定宗某在入学考试中存在严重违反高校招生规定的弄虚作假行为,尚未尽到充分的举证义务,对该违法事实的证明标准未达到确凿无疑、排除合理怀疑的程度。东华大学作出取消宗某录取资格的系争处理决定,属认定事实不清、证据不足,依法判决撤销。在判决生效后,东华大学应积极采取补救措施,及时恢复宗某的录取资格,尽可能减少对宗某学习生活造成的不利影响。还需说明的是,本案系基于行政诉讼的举证规则,以及涉行政相对人重大权益事项的证明标准,对全案证据综合审查判断而得出的法律事实,东华大学作为高等学府,应当从组织招生入学考试与复查考试制度规范方面予以检讨完善,努力实现教育考试的公平、公正、公开,保障学生受教育权等合法权益。据此,原审法院依照《中华人民共和国行政诉讼法》第七十条第（一）项之规定，判决撤销东华大学于 2015 年 12 月 4 日向宗某作出的取消录取资格的处理决定告知的行政行为；东华大学应于判决生效之日起 15 个工作日内恢复宗某的录取资格。

一审判决后，东华大学不服，提起上诉。

二审法院认定的事实与一审相同。

二审中，东华大学申请对司鉴所鉴定意见重新鉴定。根据本案的具体情况，二审法院委托上海市司法鉴定专家委员会对于条形码为"2015090510"的人物素描画中右上方红色印框内的"2015090510""宗某"及"江苏省"的手写字迹与供比对的宗某样本字迹是否同一人所写进行技术咨询。上海市司法鉴定专家委员会出具沪司鉴[2017]文咨字第 1 号《司法鉴定咨询意见书》，结论为：条形码为"2015090510"的人物素描画中右上方红色印框内的"2015090510""宗某"及"江苏省"的手写字迹与供比对的宗某样本字迹是同一人所写。

二审法院认为，本案的争议焦点在于能否认定宗某入学考试时存在弄虚作假的行为。根据东华大学所作的被诉决定，其认定宗某存在弄虚作假行为的证据有：（1）宗某的入学考试试卷与复查考试试卷上的二幅素描画存在较大差异，经专家评定素描画非同一人所作；（2）二幅素描画上手写字迹经华政鉴定中心鉴定并非同一人所写；（3）宗某无法说清当时考试情况。对此，法院认为，一审中，宗某诉称其因在 2015 年 1—3 月连续参加了十余所高校组织的专业考试，因此事后回忆出现了偏差。宗某对于其当时无法说清考试的情况予以了合理的解释。关于手写字迹鉴定问题，司鉴所与华政鉴定中心的鉴定意见结论完全不同，经二审法院委托，上海市司法鉴定专家委员会出具的司法鉴定咨询意见，并不支持华政鉴定中心的鉴定意见。故东华大学对于认定宗某入学考试与复查考试的二幅素描画上手写字迹并非同一人所写的事实，不能提供具有证明力的证据予以证明。东华大学以其举证的专家复查结论坚持认为，宗某入学考试试卷与复查考试试卷上的二幅素描画存在较大差异，故而入学考试存在弄虚作假行为。本案中，素描画与手写字迹存在于同一文本上，东华大学没有其他证据能够证明在宗某入学时的素描画与手写字迹系由不同人员所作。在素描画手写字迹已被相关鉴定机构鉴定是宗某所写的情况下，东华大学认定被宗某在参加 2015 年艺术类招生专业考试中存在严重违反高校招生规定的弄虚作假行为，作出被诉决定的事实认定不清，证据并不确凿充分。一审法院已经详尽表述了作出判决的理由和依据，二审法院予以认可，不再赘述。综上所述，东华大学的上诉请求和理由依法不能成立，二审法院不予支持。原审判决正确合法，应予维持。据此，根据《中华人民共和国行政诉讼法》第八十九条第一款第（一）项之规定，判决驳回上诉，维持原判。

点 评

本案判决的价值在于,明晰了在高等教育受教育权的教育类行政处理决定案中,事实认定的证明标准为排除合理怀疑标准。

本案的核心问题是东华大学作出取消宗某录取资格的被诉决定时认定事实应达到何种标准,同时涉及这一类型的行政诉讼证明标准问题。

根据《最高人民法院关于行政诉讼证据若干问题的规定》第五十四条规定,法庭应当对全部证据综合审查,运用逻辑推理和生活经验,进行全面、客观和公正地分析判断,确定证据材料与案件事实之间的证明关系,排除不具有关联性的证据材料,准确认定案件事实。从学理层面分析,行政诉讼不像刑事诉讼和民事诉讼拥有单一的证明标准,而是根据行政行为的种类、行政诉讼案件的性质及对当事人权益影响大小等综合因素具体确定个案的证明标准。行政诉讼的证明标准主要有三类,根据标准要求从低到高依次为:优势证明标准、明显优势证明标准、排除合理怀疑标准。其中,优势证明标准接近民事诉讼的证明标准,通常适用于处理民事纠纷的行政裁决案件和适用简易程序作出具体行政行为的案件;明显优势证明标准是行政诉讼的一般证明标准,除非法律另有规定,此标准适用于一般的行政案件,包括行政机关适用普通程序作出具体行政行为的案件以及法律没有规定证明标准的案件;排除合理怀疑标准接近刑事诉讼证明标准,适用于对行政相对人人身或财产权益有重大影响的行政案件。从司法实践层面看,在具体案件中采用何种证明标准依然是实务难题,本案对于取消高校录取资格行政处理决定这一类案的证明标准作出了积极探索。

本案涉及学生受教育权等重大权益的教育行政处理决定,案件处理结果对当事人影响巨大,因此法院在合法性审查中要求东华大学尽到更充分的举证义务,对违法事实的证明标准应达到确凿无疑、排除合理怀疑的程度。具体而言:1.针对笔迹鉴定结论,一审法院委托的司鉴所和二审法院委托的上海市司法鉴定专家委员会的鉴定结论并不支持东华大学提出的被诉决定中所依据的鉴定意见,故东华大学对于认定宗源入学考试与复查考试的二幅素描画上手写字迹并非同一人所写的事实不能提供具有证明力的证据予以证明;2.针对素描画专家评定结论,法院认为绘画鉴定的可操作性及客观性方面存在一定不确定性,且东华大学并未证明手写字迹与素描画分离,在笔迹已鉴定为同一人所写的前提下该项证据并不确凿充分;3.针对宗某无法说清考试当时情况,原审中宗某诉称其因在 2015 年 1—3 月连续参加了十余所高校组织的专业考试,因此事后回忆出现了偏差,已经作出了合理的解释。因此,本案东华大学所作出的行政处理决定中的事实认定并未达到排除合理怀疑标准,法院判决撤销处理决定。

综上，基于对案件所涉行政行为性质及行政相对人权益的考量，虽然高校有权依据学术自治原则对有弄虚作假行为的考生作出取消录取资格的教育行政处理决定，但为充分保障考生的受教育权益，高校在取消高校考生录取资格事实认定的证明标准上应达到排除合理怀疑程度。本案对于处于弱势地位的考生受教育权的保障予以充分重视，也有利于高校招生规则的进一步完善，对同类案件的处理有重要的参考价值。

案例提供单位：上海市第三中级人民法院

编写人：史克诚

点评人：刘志刚　平　凡

68. 上海合护安全用品有限公司诉上海市长宁区市场监督管理局行政处罚决定案

——涉"最"字广告行政处罚司法审查标准

案 情

原告上海合护安全用品有限公司

被告上海市长宁区市场监督管理局

2016 年 2 月 28 日,案外人姜某向被告投诉举报本案原告涉嫌发布使用《广告法》禁止使用的绝对化用语,宣传推销"3M9332FFP3N99 防护口罩"。被告受理后展开调查,并于 2016 年 3 月 30 日将该案及有关材料移送杭州市余杭区市场监督管理局处理。2016 年 3 月 10 日,原告将涉案商品下架。该商品自 2013 年 10 月 17 日在"天猫商城"开始销售以来,共计 10 笔交易(其中 1 笔消费者已退货),自 2015 年 9 月 1 日《中华人民共和国广告法》修订实施后实际交易 1 笔,金额 65 元。2016 年 8 月 3 日,被告收到杭州市余杭区市场监督管理局作出的(余杭)市管网监移字〔2016〕6758 号网络交易违法行为情况移交函。该局根据《网络交易管理办法》的相关规定,将原告涉嫌发布违法广告的行为移交被告处理。被告经审查,于 2016 年 8 月 18 日予以立案。被告经调查,认定 2014 年 4 月 5 日至 2016 年 3 月 10 日期间,原告在天猫商城内"合护家居专营店""首页有惊喜"页面中的"包邮 3M9332FFP3N99 带呼吸阀口罩男女骑行防 PM2.5 雾霾粉尘口罩"下方使用了"店长推荐! 一级代理正品 3M 顶级",在颜色分类中使用了"顶级防护口罩 2 只包邮"的用语,并在产品信息中使用了"顶级防护口罩""顶级防护之兼防油性颗粒物""顶级防护之高效静电滤材""顶级防护之冷气流呼吸阀""顶级防护之独立包装设计"等宣传内容。广告宣传的内容由原告工作人员设计制作,并于 2014 年 4 月 5 日开始在网上使用。被告针对原告的上述行为,拟对原告处责令停止发布违法广告和罚款 100 000 元的处罚,并于 2016 年 11 月 17 日作出行政处罚听证告知书且送达原告,告知其拟作出行政处罚认定的事实、依据、内容及原告进行陈述申辩和要求听证的权利。原告于同年 12 月 7 日提出听证申请,被告于 2017 年 1 月 6 日组织了听证,原告对拟作出的行政处罚决定进行了陈述和申辩。被告在对原告调查处理过程中,因案情复杂,根据《上海市市场监督管理行政处罚程序规定》第四十四条第一款的规定,于 2016 年 11 月 11 日对办案期限进行了延长,延长至 2017 年 2 月 17 日。2017 年 1 月 19 日,被告作出长市监案处字〔2017〕第 050201611533 号行政处罚决定,认定原告实施的上述行为违反了《中华人民共和国广告法》第九条第(三)项之规定,根据该法第五十七条第(一)项和《中华人民共和国行政处罚法》第二十七条第一款第(一)项之规定,对原告作出责令停止发布违法广告并罚款 100 000 元的行政处罚决定,且送达原告。原告不服,向法院提起行政诉讼。

原告诉称,被诉行政处罚决定定性及适用法律错误,对原告处罚过重。第一,原告在天猫商城内"合护家居专营店""首页有惊喜"页面中的宣传行为属于"商业性展示"海报,且宣传内容系原告员工制作并在网上使用,不属于《中华人民共和国广告法》第二条定义的广告。《中华人民共和国广告法》第五十七条适用于有一定制作成本或经过广告发布审批登记等在大众媒体发布具有广泛覆盖面的广告,不适用于原告的行为。第二,原告使用"顶级"一词系描述该口罩的分类等级,属合理使用范围,不属于《中华人民共和国广告法》第九条第(三)项规定的广告违法情形。第三,原告在 2014 年 4 月至 2016 年 3 月使用"顶级"一词期间,网上共销售 10 笔(含消费者退货 1 笔),其中 2015 年《中华人民共和国广告法》修订后实际销售 1 笔,金额 65 元。原告使用疑似违规词汇情节轻微,且在被告立案调查后已及时整改,没有造成严重后果,应不予处罚。故原告请求法院判决撤销被告作出的长市监案处字〔2017〕第 050201611533 号行政处罚决定。

被告辩称,首先,广告是指商品经营者或者服务提供者在中国境内通过一定的媒介和形式直接或者间接地介绍自己所推销的商品或者服务的商业活动。原告上述行为属于《中华人民共和国广告法》所调整和规范的商业广告。原告既是广告主又是广告发布者。其次,原告在宣传内容中使用"顶级"的描述是否属于《中华人民共和国广告法》第九条第(三)项规定的禁止使用的用语,应根据该用语词义的相同性、语义的关联性和语境的排他性三个方面综合判断。原告使用的"顶级"用语,与"最佳""最高级"具有相同语义,所形容修饰的标的为原告在网站上所推销的"3M9332 颗粒物防护口罩",具有误导消费者,损害同行业竞争者利益的可能性。被诉行政处罚决定中认定的原告在宣传内容中使用"顶级"的描述,原告并未限定范围,非合理使用的情况,故被告对原告上述行为定性准确。最后,原告发布违法广告两年之久,基于网络的快速传播性,其潜在受众极广,原告的行为已产生误导消费者,损害同行及市场交易秩序的危害后果,不存在违法行为轻微不予处罚的情节。此外,被告综合考虑原告的整改情况和违法行为的情节,适用了《中华人民共

和国行政处罚法》第二十七条第一款第（一）项之规定，减轻了处罚，罚款 100 000
元，裁量适当。综上，被诉行政处罚决定认定事实清楚，程序合法，适用法律正确，
裁量适当，故请求法院依法判决驳回原告的诉讼请求。

审　判

一审法院经审理后认为，依据《中华人民共和国广告法》第六条第二款和《网络
交易管理办法》第三十九条、第四十一条第一款等相关规定，被告长宁市场监管局
具有作出被诉行政处罚决定的法定职权。被告接受杭州市余杭区市场监督管理局
移送的原告涉嫌发布违法广告行为后，进行立案调查，并于调查终结后，告知原告
拟对其作出行政处罚认定的事实、理由、依据、内容及原告享有陈述、申辩和要求听
证的权利。被告在原告申请听证后，组织了听证，并在充分听取原告陈述和申辩意
见的基础上，于依法延长期限内作出行政处罚决定且送达原告，执法程序合法。

该案争议焦点，一是原告在涉案商品销售网页中使用"顶级"词汇描述涉案商
品的行为是否违反《中华人民共和国广告法》第九条第（三）项禁止使用"最高级"
"最佳"等用语的规定；二是被告适用《中华人民共和国广告法》第五十七条第（一）
项和《中华人民共和国行政处罚法》第二十七条第一款第（一）项之规定对原告处罚
款 100 000 元，处罚裁量是否适当。

关于争议焦点一，原告在涉案商品销售网页中使用"顶级"词汇描述涉案商品
的行为是否违反《中华人民共和国广告法》第九条第（三）项之规定。首先，《中华人
民共和国广告法》第二条规定，商品经营者或者服务提供者在中国境内通过一定的
媒介和形式直接或者间接地介绍自己所推销的商品或者服务的商业广告活动，适
用该法。本案原告在天猫商城内"合护家居专营店"涉案商品的销售页面中，通过
一定的文字、图片等内容对涉案商品的属性、功能和特点进行描述介绍，从而宣传
推销该商品，故原告上述行为属于《中华人民共和国广告法》调整和规范的商业广
告活动。

其次，判断原告使用的"顶级"一词是否触犯"最高级""最佳"等禁止用语，应结
合该广告个案的语义、语境和事实进行综合判断。被告认定的原告违法使用"顶
级"一词的描述为：原告在网页宣传中使用了"店长推荐！一级代理正品 3M 顶
级"，在颜色分类中使用了"顶级防护口罩 2 只包邮"的用语，并在产品信息中使用
了"顶级防护口罩""顶级防护之兼防油性颗粒物""顶级防护之高效静电滤材""顶
级防护之冷气流呼吸阀""顶级防护之独立包装设计"等宣传内容。上述描述中涉
及的"顶级"一词，与《中华人民共和国广告法》第九条第（三）项规定的广告中不得
使用的"最高级""最佳"等用语具有相同语义。从原告"顶级"一词使用的语境看，

"店长推荐！一级代理正品 3M 顶级"的描述,将商品限定在所属品牌 3M 的范围内,描述该口罩在 3M 品牌中的分类等级,在该语境下原告对于"顶级"一词的使用应属合理使用范围。但其他六处原告使用"顶级"一词用于形容修饰涉案商品,未限定在一定的范围内,且缺乏如此使用的客观事实依据,并非合理使用。从原告对涉案商品进行介绍推销的整个商业广告的形式和内容上看,"顶级防护口罩""顶级防护之兼防油性颗粒物""顶级防护之高效静电滤材""顶级防护之冷气流呼吸阀""顶级防护之独立包装设计"的描述内容突出宣传了该商品的功能达到"顶级"程度,且字体相对大,所形成的视觉效果较突出、醒目,能直观地引起消费者的注意,而"店长推荐！一级代理正品 3M 顶级"的描述,字体相对小,不易引起消费者的过多关注。因此,虽然被告对"店长推荐！一级代理正品 3M 顶级"描述的认定存在差错,但纵观整个广告的内容和形式,原告非合理使用"顶级"一词对其涉案商品进行介绍和推销,产生了误导消费者,损害同行业竞争者利益和商业秩序的危害后果,故原告的上述行为系《中华人民共和国广告法》第九条第(三)项规定的广告违法行为。

最后,《中华人民共和国广告法》第五十七条第(一)项对于发布有该法第九条规定的禁止情形的广告行为,规定由工商行政管理部门责令停止发布广告,对广告主、广告经营者和广告发布者进行处罚,并设定了处罚的种类和幅度。该条文并未对适用的广告违法行为进行区分、限定和排除。本案原告作为广告主同时也是广告发布者,发布了违反《中华人民共和国广告法》第九条第(三)项规定的广告,应适用该罚则进行处罚。

关于争议焦点二,被告适用《中华人民共和国广告法》第五十七条第(一)项和《中华人民共和国行政处罚法》第二十七条第一款第(一)项之规定对原告处罚款100 000 元,处罚裁量是否适当。《中华人民共和国行政处罚法》第四条规定,行政处罚遵循公正、公开的原则。设定和实施行政处罚必须以事实为依据,与违法行为的事实、性质、情节以及社会危害程度相当。行政机关在执法过程中,应坚持"过罚相当"原则,决定处罚的种类和幅度,不能畸轻畸重,才能既惩处违法行为,又有助于公民形成自觉守法的意识和习惯,以实现行政处罚的价值和目的。《中华人民共和国广告法》第五十七条对发布有该法第九条规定的禁止情形广告的行为,规定由工商行政管理部门责令停止发布广告,对广告主处二十万元以上一百万元以下的罚款,情节严重的,并可以吊销营业执照,由广告审查机关撤销广告审查批准文件、一年内不受理其广告审查申请;对广告经营者、广告发布者,由工商行政管理部门没收广告费用,处二十万元以上一百万元以下的罚款,情节严重的,并可以吊销营业执照、吊销广告发布登记证件。根据该条款,一般情况下,对此类违法行为应处责令停止发布广告和罚款,罚款幅度为二十万元以上一百万元以下。本案中,原告自 2013 年 10 月 17 日在"天猫商城"使用涉案广告销售涉案商品已超过两年,其间共计 10 笔交易,原告的违法行为具有一定的社会危害性。但原告在 2016 年 3 月被告接受杭州市余杭区市场监督管理局违法行为移送立案前,已采取整改措施下架涉案商品,主动消除违法行为的危害后果,且销售金额较少,故违法情节和社会危害性并不严重。被告综合考量上述整改情况、违法情节和社会危害性等因素,在适用《中华人民共和国广告法》第五十七条第(一)项之规定的基础上,同时适用《中华人民共和国行政处罚法》第二十七条第一款第(一)项之规定,对原告进行了减轻处罚,在最低罚款金额 200 000 元基础上按 50% 的幅度进行了减轻,处罚款 100 000 元,与原告违法事实、情节和社会危害性等相适应,该处罚裁量适当。

综上,被诉行政处罚决定认定事实清楚,程序合法,适用法律正确,处罚裁量适当。原告的诉讼请求,缺乏事实根据和法律依据,法院不予支持。但需指出,被告在今后类似情况的执法过程中,应对行政相对人使用"顶级""最高级""最佳"等用语,是否为合理使用,进行细致审查和综合判断,并慎重考量违法行为的事实、性质、情节以及社会危害程度等因素,作出适当的处罚裁量。据此,依照《中华人民共和国行政诉讼法》第六十九条之规定,判决驳回原告上海合护安全用品有限公司的诉讼请求。

一审判决作出后,原告、被告均未上诉,一审判决已发生法律效力。

点 评

本案判决的价值在于,对"最高级"广告违法行为的定性、法律适用及处罚裁量等方面确立了司法审查标准。

本案的核心问题是原告销售中使用"顶级"这一词汇描述商品的行为是否违反《中华人民共和国广告法》第九条第(三)项禁止使用"最高级""最佳"等用语的规定,以及被告适用《中华人民共和国广告法》第五十七条第(一)项和《中华人民共和国行政处罚法》第二十七条第一款第(一)项之规定对原告处罚款 100 000 元的处罚裁量是否适当。

关于第一个核心问题,本案判决认为原告行为属于《中华人民共和国广告法》调整范围的商业广告活动,其使用"顶级"一词触犯"最高级""最佳"等禁止用语,这类网店适用《中华人民共和国广告法》第五十七条规定的罚则。

首先,根据《中华人民共和国广告法》第二条对于商业广告活动的界定来看,本案原告在天猫商城内"合护家居专营店"商品销售页面中对商品进行描述介绍宣传推销的行为属于《中华人民共和国广告法》调整和规范的商业广告活动。其次,判断原告使用的"顶级"一词是否触犯"最高级""最佳"等禁止用语,应结合该广告个案的语义、语境和事实进行综合判断。就语义而言,本案中宣传描述使用"顶级"的语义与《中华人民共和国广告法》第九条第(三)项规定的广告中不得使用的"最高级""最佳"等用语的语义相同;就语境而言,第一处"店长推荐! 一级代理正品 3M 顶级"的描述将商品限定在所属品牌 3M 的范围内属于合理使用范围,但其他六处使用"顶级"一词用于形容修饰商品未限定在一定的范围内且缺乏客观事实依据,并非合理使用;就内容和形式而言,后六处"顶级"突出宣传了该商品的功能达到"顶级"程度,字体相对大,视觉效果较突出,能引起消费者注意,产生了误导消费者、损害同行业竞争者利益和商业秩序的危害后果,故该行为系《中华人民共和国广告法》第九条第(三)项规定的广告违法行为。最后,根据《中华人民共和国广告法》第五十七条第(一)项,对于发布有该法第九条规定的禁止情形的广告行为由工商行政管理部门对广告主、广告经营者和广告发布者进行处罚,原告这类网店作为广告主同时也是广告发布者,发布了违反《中华人民共和国广告法》第九条第(三)项规定的广告,应适用该罚则进行处罚。

关于第二个核心问题,法院认为行政机关的处罚裁量适当性的司法审查标准应坚持"过罚相当"原则。

根据《中华人民共和国广告法》第五十七条规定,一般情况下,对发布有该法第九条规定的禁止情形广告的行为违法行为应处责令停止发布广告和罚款,罚款幅度为二十万元以上一百万元以下。本案中,原告自 2013 年 10 月 17 日在"天猫商城"使用涉案广告销售涉案商品已超过两年,其间共计 10 笔交易,其违法行为具有一定的社会危害性。但原告在 2016 年 3 月被告接受杭州市余杭区市场监督管理局违法行为移送立案前,已采取整改措施下架涉案商品,主动消除违法行为的危害后果且销售金额较少,故违法情节和社会危害性并不严重。被告在适用《中华人民共和国广告法》第五十七条第(一)项之规定的基础上,同时适用《中华人民共和国行政处罚法》第二十七条第一款第(一)项之规定,对原告进行了减轻处罚,在最低罚款金额 200 000 元基础上按 50% 的幅度进行了减轻,处罚款 100 000 元,与原告违法事实、情节和社会危害性等相适应,该处罚裁量适当。

综上,本案是自 2015 年 9 月 1 日《中华人民共和国广告法》修订实施后首例对"最高级"广告违法行为予以处罚的案件,确立了对使用"最高级"等禁止性绝对化用语广告的界定标准,在大幅提高违法广告处罚力度的背景下考量"过罚相当"处罚原则,确立了较明确的司法审查标准,对于同类案件具有借鉴意义。

案例提供单位:上海铁路运输法院

编写人:沈　丹

点评人:刘志刚　平　凡

69. 冯某某诉上海市公安局宝山分局祁连派出所要求履行法定职责案

——实际用于居住的办公用房不得办理居住证

案 情

原告冯某某

被告上海市公安局宝山分局祁连派出所

2016 年 7 月 26 日,冯某某至本区宝山城市工业园区外来人口管理中心(以下简称园区外口中心)提交了一份办理投靠类居住证的申请,并口头告知工作人员上海市宝山区市台路 408 号 923 室为其儿子李某夫妇所有,用途为办公,冯某某申请将居住证办至该处。园区外口中心受被告上海市公安局宝山分局祁连派出所委托,当场答复冯某某办公用房不能办理居住证,并将申请书退还冯某某,另出具《情况说明》一份,内容为上海市宝山区市台路 408 号属于办公类房屋,不符合《上海市居住证管理办法》规定的合法稳定住所的条件,故不能办理上海市居住证及临时居住证。冯某某不服,向法院提起行政诉讼。

原告诉称,被告作为基层公安部门负有办理居住证的法定职责,办公用房属于《上海市居住证管理办法》第九条第一款第(一)项规定的"合法稳定居住",且原告实际居住在上述房屋中,故请求法院判决被告履行办理居住证的法定职责。

被告辩称,原告于 2016 年 7 月 26 日向园区外口中心提交了办理居住证申请,但未提交其他申请材料,且申报的房屋用途为办公,不符合居住证办理条件,故园区外口中心工作人员当场告知原告申报材料不符合要求,待补齐材料后再行办理。鉴于园区外口中心依法受被告委托承担居住证办理工作,因此被告已经履行了法定职责,故请求法院判决驳回原告的诉讼请求。

审 判

一审法院经审理后认为,根据《上海市居住证管理办法》第三条第二款、《上海市居住证申办实施细则》第三条第二款、第六条第二款、第七条第一款的规定,被告负有对辖区内投靠类居住证申办信息、申办材料进行核定的法定职责。因此原告的申请事项,属于被告的法定职责权限范围。根据《上海市居住证管理办法》第三条第六款的规定,园区外口中心受被告委托具体承担居住登记、《居住证》的办理工作。园区外口中心审查了原告于 2016 年 7 月 26 日提交的申请后,认为其申请办理居住证的本区市台路 408 号房屋建筑类型为办公楼,用途为办公,不符合《上海市居住证管理办法》第九条第一款第(一)项规定"在本市合法稳定居住"的申办条件,故根据《上海市居住证管理办法》第十条的规定,当场告知原告无法办理。因此,被告已经履行了相应的法定职责。关于原告认为办公用房应当属于合法稳定居住场所的诉称意见,法院认为,《上海市居住证申办实施细则》第四条第(一)项明确规定了申办居住证应当提供的几类基本材料,其中第三目要求提供本市住所证明,而办公用房不属于该条所述的住所,故原告的该诉称意见不能成立。法院遂依据《中华人民共和国行政诉讼法》第六十九条的规定,判决驳回原告冯某某的诉讼请求。

一审判决作出后,原告未提起上诉,一审判决已发生法律效力。

点 评

本案判决的价值在于,在司法层面运用法律解释技术厘清居住证制度中"在本市合法稳定居住"的内涵和外延,一定程度上缓解办公用房用作办理居住证房屋的社会现象,确立了司法过程中居住证制度的价值定位和房屋用途的判断标准。

本案的核心问题是办公用房是否属于《上海市居住证管理办法》第九条第一款第(一)项规定的"合法稳定居住",从而决定被告是否有履行办理居住证的法定职责。

对于办公用房是否可以办理居住证这一问题,本市的相关规定并不十分明确,主要涉及《居住证暂行条例》《上海市居住证管理办法》及《上海市居住证申办实施细则》等法律规范。《居住证暂行条例》第九条规定,"申领居住证,应当向居住地公安派出所或者受公安机关委托的社区服务机构提交本人居民身份证、本人相片以及居住地住址、就业、就读等证明材料。居住地住址证明包括房屋租赁合同、房屋产权证明文件、购房合同或者房屋出租人、用人单位、就读学校出具的住宿证明等",因此产权房屋、租赁房屋、集体宿舍等都属于合法稳定的居所,可以办理居住证。而《上海市居住证管理办法》第九条第一款第(一)项规定的"合法稳定居住"却没有进行明确定义和列举式表达。与之相配套的《上海市居住证申办实施细则》第四条第(一)项明确规定了申办居住证应当提供的几类基本材料,其中第三目要求提供本市住所证明,而办公用房不属于该条所述的四类列举的住所,即产权房屋、租赁房屋、集体宿舍、亲友寄宿。从而判决认为办公用房不符合"合法稳定居住"

条件。

本案中原告冯某某以宝山区的一座办公用房为条件申请办理居住证,办公用房属于《上海市居住证管理办法》第九条第一款第(一)项规定的"合法稳定居住",且原告实际居住在上述房屋中,认为被告应当履行办理居住证的法定职责。诚然被告有依法履行办理居住证的法定职责,但前提在于满足申请条件,对于本案而言即办公用房的性质认定问题以及是否能满足申请条件。房屋性质应以房屋权利凭证上记载的房屋用途为准而非实际使用方式,尽管一些人将办公用房改建用于居住,但并不会因为实际使用的状况改变房屋性质本身。在法律层面,办公用房与住宅是泾渭分明的,前者用于单位办公,后者用于居住,二者在土地性质、土地使用年限及用途等方面截然不同。法院认为办公用房不符合"合法稳定居住"条件,不符合办理居住证的条件,因此驳回原告诉讼请求。

居住证制度实际是户籍制度的补充和过渡,居住证意味着"准常住户口"的待遇和相应公共服务待遇,伴随上海购房政策的收紧,一些选择购买办公用房并实际用于居住的现象渐趋增长,这一状态直至办理居住证时才遇到阻拦和引发行政争议,足见相关居住制度法规的滞后性,司法个案虽然具有代表性但不具有普遍性,故而对居住证制度"合法稳定居住"的理解纷争应提升至立法的高度予以重视,以明确居住证制度的价值定位和房屋用途的性质监管。

案例提供单位:上海市宝山区人民法院

编写人:王秀岩

点评人:刘志刚　平　凡

70. 钟某某诉复旦大学附属妇产科医院出生登记证明案

——医疗机构出具出生医学证明的行为不属于行政诉讼受案范围

案 情

原告（上诉人）钟某某

被告（被上诉人）复旦大学附属妇产科医院

被告复旦大学附属妇产科医院于 2011 年 1 月 28 日作出编号为 K310101147 的《出生医学证明》，载明新生儿姓名为费某，母亲姓名为费某某，父亲姓名为原告钟某某。原告不服，向法院提起行政诉讼。

原告诉称，原告因听闻居住地将动迁，经人介绍与费某某于 2009 年 6 月登记结婚，婚后二人从未共同生活。2014 年 9 月，因费某某至上海市闵行区人民法院起诉要求和原告离婚，原告始知被告曾于 2011 年 1 月 28 日核发编号为 K310101147 的《出生医学证明》，该证明载明原告系新生儿费某之父。原告与费某并无血缘关系，相关法院判决文书亦多次载明费某某自述费某系费某某与其前夫所生，被告所作出生医学证明严重侵害了原告的合法权益。故原告请求法院判决确认被告于 2011 年 1 月 28 日出具的编号为 K310101147 的《出生医学证明》无效。

被告辩称，《中华人民共和国母婴保健法》第二十三条规定，医疗保健机构和从事家庭接生的人员按照国务院卫生行政部门的规定，出具统一制发的新生儿出生医学证明，故被告具有核发被诉出生医学证明的法定职权。2011 年 1 月 26 日，费某某在被告处产下一名男婴，并提供了结婚证、身份证等证件，向被告申领出生医学证明。被告据此于 2011 年 1 月 28 日核发了编号为 K310101147 的《出生医学证明》，认定事实并无不当。卫妇社发〔2009〕96 号《卫生部关于进一步加强出生医学证明管理的通知》明确规定，当事人提供法定鉴定机构有关亲子鉴定的证明，可以要求变更父亲或母亲信息。因此在仅有当事人自述的情况下，被告亦无依据可以变更出生医学证明上已载的父亲信息。此外，被诉出生医学证明至原告起诉之日逾 5 年，已超过起诉期限。故请求法院裁定驳回原告起诉。

审　判

一审法院经审理后认为,根据《中华人民共和国行政诉讼法》第四十九条第(四)项之规定,当事人提起行政诉讼,应当属于人民法院受案范围。本案中,原告起诉要求确认被诉出生医学证明无效,但法院认为,被告出具出生医学证明的行为是对费某某在被告处生产情况的一种记载和证明,不属于行政诉讼的受案范围,故原告的起诉不符合行政诉讼的起诉条件,依法应予以驳回。原告如果认为费某某在出生证明申请期间侵害原告合法权益的,可以依法寻求其他救济途径。据此,法院根据《中华人民共和国行政诉讼法》第四十九条第(四)项、《最高人民法院关于适用〈中华人民共和国行政诉讼法〉若干问题的解释》第三条第一款第(一)项之规定,裁定驳回原告的起诉。

一审裁定作出后,原告不服,提起上诉。

二审法院认为,本案所诉的《出生医学证明》系被上诉人复旦大学附属妇产科医院对费某某在医院生产情况的一种记载和证明,并非行使行政管理职权的行为。上诉人钟某某对此提起行政诉讼,不属于行政诉讼的受案范围。原审法院裁定驳回钟某某的起诉,并无不当。故裁定驳回上诉,维持原裁定。

点　评

本案涉及开具出生证明行为的行政可诉性认定。

本案的主要争议焦点在于,医院开具出生证明的行为是否能够被视为行使行政职权的行为,进而纳入行政诉讼的受案范围。首先,应明确某行为有行政可诉性应当具备哪些必要条件。根据《中华人民共和国行政诉讼法》第二条、第十二条、第十三条、第四十九条,具有行政可诉性的行政行为须符合以下几个条件:其一,作出主体应当具有行政权能;其二,该行为属于履行行政管理职权的行为;其三,该行为能够产生直接的行政法律效果,影响相对人的权利义务产生、变更或消灭;其四,该行为不属于被《中华人民共和国行政诉讼法》明确排除的抽象行政行为、奖惩任免等内部行政行为、国家行为和法定由行政机关最终裁决的行政行为。其次,应以上述四项条件为标准,与本案实际情形进行逐条比对,确定医院开具出生证明的行为是否可诉。其中,直观可见的是,开具出生证明显然不属于《中华人民共和国行政诉讼法》第十三条明确排除的行为类型,故第四项条件不再展开分析。

(一) 复旦大学附属妇产科医院是否具有行政权能

若被告不具有行政权能,即无法成为适格被告。本案中,复旦大学附属妇产科医院属于医疗机构,非为传统的行政主体。但是,行政权能的拥有与行政主体的身份并不必然直接关联,依据《中华人民共和国母婴保健法》第二十三条,"医疗保健机构和从事家庭接生的人员按照国务院卫生行政部门的规定,出具统一制发的新生儿出生医学证明",故被告具有核发被诉出生医学证明的法定职权,可以作为法律、法规授权组织成为适格被告。

(二) 复旦大学附属妇产科医院开具出生证明是否属于行使行政管理职权

在这一问题上,存在两种不同观点。第一种观点是,复旦大学附属妇产科医院属于法律、法规授权组织,那么其依法开具出生证明的行为,自然属于依法行使行政管理职权的行为。并且在学理中,还有以"行政证明""行政确认"作为此种行为的类型化表述。第二种观点是,医疗机构开具出生证明,仅是一种记述行为,缺乏国家意志性、单方性、强制性特征,不属于行政管理职权的行使。本案中,法院采取后一种观点。

(三) 开具出生证明是否产生直接的行政法律效果

同问题(二)的立场相对应,该问题的观点亦形成两种不同立场。第一种立场是,医疗机构开具的出生证明是新生儿基本情况、家庭构成等一系列信息的凭证,并且影响公安部门登记户口信息、影响新生儿接受保健服务等。该证明赋予新生儿出生事实和血亲关系以法律意义,确证其法律地位,显然具备外部的行政法律效果。第二种立场是,医疗机构开具的《出生医学证明》是一种对事实情况的记述,而不会在产妇和医疗机构之间产生、消灭行政法律关系或造成行政法律关系的变更。而出生证明在办理户籍、确认血亲关系方面具有更强的证明力,其内容也可依新的证明而申请变更,因此不具有绝对的强制力。该情形不仅不符合行政行为的效力特点,亦仅属出生证明的间接影响。本案中,法院采纳第二种立场。

故医院开具出生证明的行为不是行使行政职权的行为,不属于行政诉讼的受案范围。

该案对类似案件行政审判工作的参考意义在于,为类似行政行为的判断提供了更细致的思路。其一,权力要素角度,防止进入将法律、法规授权组织依法作出的一切行为都视作行政行为的误区。具有行政权能的主体,其行为未必都可以被视为行政行为,须深入考察行为的国家意志性、强制性等特征,判断是否具备行政管理性质。其二,法律效果角度,防止进入将间接的法律效果视作直接行政法律关系产生、变更或消灭的误区。本案中,出生证明对户籍办理等事项的证明效力不能同产妇和医院之间的行政法律关系产生必然联系;一般利害关系也不能等同于行政法律关系。但是,无论是在司法实践中还是学术讨论中,医疗机构开具出生证明的可诉性是一个尚无实证法定论的问题,法院在作出裁定时,可对核心法律问题展开进一步的论证和说明。

案例提供单位:上海黄浦区人民法院

编写人:陈佳莹

点评人:刘志刚 万千慧

71. 上海鑫晶山建材开发有限公司诉上海市金山区环境保护局行政处罚案

——超过大气污染物排放总量控制指标,应直接适用《大气污染防治法》进行处罚

案 情

原告上海鑫晶山建材开发有限公司

被告上海市金山区环境保护局

因群众举报,2016 年 8 月 17 日,被告上海市金山区环境保护局(以下简称金山环保局)执法人员前往原告上海鑫晶山建材开发有限公司(以下简称鑫晶山公司)进行检查,并由金山环境监测站工作人员对该公司厂界臭气和废气排放口进行气体采样。2016 年 8 月 26 日,金山环境监测站出具了编号为 XF26-2016 的《监测报告》,该《监测报告》显示,依据《恶臭污染物排放标准》(GB14554-93)规定,臭气浓度厂界标准值二级为 20,经对原告鑫晶山公司厂界四个监测点位各采集三次样品进行检测,3♯监测点位臭气浓度一次性最大值为 25。2016 年 9 月 5 日,被告金山环保局收到前述《监测报告》,遂于当日进行立案。经调查,被告金山环保局于 2016 年 11 月 9 日制作了金环保改字[2016]第 224 号《责令改正通知书》及《行政处罚听证告知书》,并向原告鑫晶山公司进行了送达。应原告鑫晶山公司要求,被告金山环保局于 2016 年 11 月 23 日组织了听证。2016 年 12 月 2 日,被告金山环保局作出第 2020160224 号《行政处罚决定书》(以下简称被诉行政处罚决定),认定 2016 年 8 月 17 日,被告执法人员对原告无组织排放恶臭污染物进行检查、监测,在原告厂界采样后,经上海市金山区环境监测站(以下简称金山环境监测站)检测,3♯监测点臭气浓度一次性最大值为 25,超出《恶臭污染物排放标准》(GB14554-93)规定的排放限值 20,该行为违反了《中华人民共和国大气污染防治法》(以下简称《大气污染防治法》)第十八条的规定,依据《大气污染防治法》第九十九条第(二)项的规定,决定对原告罚款人民币 250 000 元。原告鑫晶山公司不服,诉至法院。

另外,2009 年 11 月 13 日,被告金山环保局审批通过了原告鑫晶山公司上报的《多规格环保型淤泥烧结多孔砖技术改造项目环境影响报告表》,2012 年 12 月 5 日

前述技术改造项目通过被告金山环保局竣工验收。同时,2015 年以来,原告鑫晶山公司被群众投诉数十起,反映该公司排放刺激性臭气等环境问题。2015 年 9 月 9 日,因原告鑫晶山公司同年 7 月 20 日厂界两采样点臭气浓度最大测定值超标,被告金山环保局对该公司作出金环保改字[2015]第 479 号《责令改正通知书》,并于 2015 年 9 月 18 日作出第 2020150479 号《行政处罚决定书》,决定对原告鑫晶山公司罚款 35 000 元。

原告诉称,其系以其他企业生产过程中产生的污泥为原料进行无害化处理的资源综合再利用企业,厂区内的臭气来源于作为生产物料的污泥,而原告不是污泥的生产者,被告未调查臭气来源即因厂区界址臭气浓度超标将原告认定为臭气的排放者,与事实不符;被告处罚依据的《监测报告》未清晰界定原告所属的环境空气功能区及对应的恶臭污染物厂界标准值,三类环境空气功能区已并入二类区,但不代表三类区已经取消,原告所在区域有可能适用《恶臭污染物排放标准》中三级恶臭污染物厂界标准值,同时,连续排放源排放监测采样频率与间歇排放源不同,《监测报告》也未明确采取何种采样频率;污泥属于一般固体废物,因之造成的污染应适用《中华人民共和国固体废物污染环境防治法》(以下简称《固体废物污染环境防治法》)第六十八条第一款第(七)项及第二款的规定,处一万元以上十万元以下的罚款,但被告适用了罚款数额更高的《大气污染防治法》第九十九条第(二)项规定,属适用法律错误;在多个监测点位中,仅 3♯监测点位臭气浓度超标,且仅系轻微超标,被告处以 25 万元的罚款,显有不当;此外,原告系资源综合再利用企业,享有税收优惠政策,一旦遭受行政处罚,则一定时期内无法再申请免税,且原告 2016 年 8 月处于新旧股东股权转让期间,公司新管理者未及时掌握公司情况,被告未考虑前述因素,仍处以巨额罚款,严重影响企业生存与发展。因此,被诉行政处罚决定认定事实及适用法律均错误,处罚幅度明显不当,请求予以撤销。

被告辩称,其作为环境保护主管部门,有权对大气污染违法行为进行行政处罚;被告对原告无组织排放恶臭污染物进行了监督监测,在其厂界采样后,经检测,3♯监测点臭气浓度一次性最大值超出了恶臭污染物排放国家标准,该事实证据确凿,原告调查时亦无异议;三类环境空气功能区已并入二类区,《监测报告》认定原告所在区域应执行二级恶臭污染物厂界标准限值 20 并无不当,且监测时根据现场情况对原告厂界四个点位各采集三次并取其最大值的做法亦符合规定;被告接到群众投诉后,对原告厂区进行检查并由金山环境监测站对厂区内厂界臭气和废气排放口进行采样,在收到《监测报告》后依法立案,经调查,作出责令改正通知,后经听证作出被诉行政处罚决定,执法程序合法;原告向大气排放恶臭污染物超出国家标准,被告适用《大气污染防治法》依法有据;被告作出处罚时已充分考虑了原告违法行为对环境及社会的影响、违法次数、配合调查取证情况、整改情况以及原告企业性质等因素,处罚幅度并无不当。被诉行政处罚决定认定事实清楚,证据确凿,程序合法,裁量适当,请求依法驳回原告的诉讼请求。

审 判

一审法院经审理后认为,根据《中华人民共和国环境保护法》第十条第一款的规定,被告作为县级以上地方人民政府环境保护主管部门,具有对所在行政区域环境保护工作实施监管管理的法定职责,有权对环境违法行为进行处理。被告接到群众投诉后,对原告生产场所进行检查,并由金山环境监测站对原告厂界四个点位进行了气体采样,在接到《监测报告》后,被告进行立案,经调查,作出责令改正通知并进行听证,后作出被诉行政处罚决定,执法程序并无不当。本案的争议焦点在于:(1)被告根据《监测报告》认定原告排放臭气且浓度超标是否有误;(2)被告适用《大气污染防治法》对原告涉案行为进行处罚是否正确;(3)被诉行政处罚决定处罚幅度是否合理。

关于第一个争议焦点,原告认为其生产过程中通过烟囱排放的气体并未超标,厂区内的臭气来源于作为其生产物料的污泥,而污泥系其他企业产出,其非污泥的生产者,故其不是臭气排放者,同时,被告处罚依据的金山环境监测站《监测报告》认定原告厂区适用的恶臭污染物厂界标准值有误,采样频率亦不明确。对此,法院认为,根据《中华人民共和国大气污染防治法》第十八条的规定,企业事业单位和其他生产经营者向大气排放污染物的,应当符合大气污染物排放标准,遵守重点大气污染物排放总量控制要求。本案无证据可证实臭气来源于污泥,即使可能来源于污泥,原告作为排污单位,生产活动全程排放的污染气体均应符合国家标准的要求,即包括有组织排放,也包括泄露、无组织排放。生产原料的处置、管理属于生产环节之一,原告作为生产单位对此负有环境管理义务,因疏于管理导致厂界臭气浓度超标亦应承担相应责任。关于原告厂界执行何种恶臭污染物排放标准的问题,《恶臭污染物排放标准》将恶臭污染物厂界标准值分为三级,排入"GB3095"中一类区的执行一级标准,排入二类区的执行二级标准,排入三类区的执行三级标准。该标准中恶臭污染物厂界标准值是对无组织排放源的限值,其中二级标准又分为两类,第一类为"新扩改建"类,臭气浓度标准限值为20;第二类为"现有"类,臭气浓度标准限值为30。该标准同时规定,1994 年 6 月 1 日起立项的新、扩、改建设项目及其建成后投产的企业执行二级、三级标准中相应的标准值。《恶臭污染物排放标准》于 1994 年 1 月 15 日实施,而"GB3095"所指代的《环境空气质量标准》已多次进行修订,最新修订的《环境空气质量标准》(GB3095-2012)于 2016 年 1 月 1 日实施,其中调整了环境空气功能区分类,将三类区并入二类区,一类区为自然保护区、风景名胜区和其他需要特殊保护的区域,二类区为居住区、商业交通居民混合区、文化区、工业区和农村地区。金山环境监测站结合原告厂区所在区域及原告已于2009 年实施项目技术改造等情况将原告厂界臭气浓度标准认定为二级标准"新扩改建"类限值 20,并无不当。关于环境监测机构出具的《监测报告》是否明显有误的问题,金山环境监测站具有对臭气浓度进行检验检测的资质,其对监测对象厂界臭气浓度的采样、检测具有专业判断能力。《恶臭污染物排放标准》规定,排污单位排放的恶臭污染物,在排污单位边界上规定监测点的一次最大检测值必须小于或等于恶臭污染物厂界标准值。同时,该标准对于无组织排放源监测按连续排放源及间歇排放源的不同规定了不同采样频率:连续排放源相隔 2 小时采集一次,共采集 4 次,取其最大测定值;间歇排放源选择在气味最大时间内采样,样品采集次数不少于 3 次,取其最大测定值。由此可见,对大气污染物的排放测定应采取严格的方式和方法,即使在最大负荷生产和排放以及在最不利于污染物扩散稀释的条件下,排放监控值亦不应超过排放标准规定的限值。金山环境监测站根据现场情况,按照间歇排放源采样频率对原告厂界四个监测点位各采集三次样品进行检测,取其最大测定值,符合选择尽可能高的生产负荷及不利于污染物扩散稀释的条件进行检测的原则,未违反《恶臭污染物排放标准》的要求,法院予以尊重、认可。因此,被告认定原告 2016 年 8 月 17 日厂界 3♯ 监测点臭气浓度一次性最大值 25 超过规定排放限值 20,事实清楚,证据确凿。

关于第二个争议焦点,原告认为厂界恶臭来源于生产用的污泥,污泥属于一般固体废物,其涉案行为应适用《中华人民共和国固体废物污染环境防治法》第六十八条第一款第(七)项及第二款的规定,不应适用罚款数额更高的《中华人民共和国大气污染防治法》第九十九条第(二)项规定。前者规定,未采取相应防范措施,造成工业固体废物扬散、流失、渗漏或者造成其他环境污染的,处一万元以上十万元以下的罚款;后者规定,超过大气污染物排放标准或者超过重点大气污染物排放总量控制指标排放大气污染物的,由县级以上人民政府环境保护主管部门责令改正或者限制生产、停产整治,并处十万元以上一百万元以下的罚款;情节严重的,报经有批准权的人民政府批准,责令停业、关闭。前者规制的是未采取防范措施造成工业固体废物污染环境的行为,后者规制的是超标排放大气污染物的行为;前者有未采取防范措施的行为并具备一定环境污染后果即可构成,后者排污单位排放大气污染物必须超过排放标准或者重点大气污染物排放总量控制指标才可构成。本案中,被告接到群众有关原告排放臭气的投诉后进行执法检查,检查、监测对象是原告排放大气污染物的情况,《监测报告》显示臭气浓度超标,故适用《中华人民共和国大气污染防治法》第九十九条第(二)项规定更为贴切和准确,且如前所述,本案并无证据可证实臭气是否来源于任何工业固体废物,故被诉行政处罚决定适用法律并无不当。

关于第三个争议焦点,在案证据及庭审情况证实,被告在确定罚款幅度时,综合考虑了原告违法行为对环境及社会的影响、违法次数、配合调查取证情况、整改情况以及原告企业性质等因素,决定罚款 25 万元,罚款数额亦在《中华人民共和国大气污染防治法》第九十九条第(二)项规定的法定裁量幅度内,被诉行政处罚决定处罚幅度并无不当。

至于原告提及被告查处时其公司处于新旧股东交接期间,且其系资源综合再利用企业,受到行政处罚将无法享受税收优惠政策,进而影响企业发展经营。法院认为,是否处于新旧股东交接期间,处罚后是否影响税收优惠均非环境执法应考量因素,资源综合再利用企业亦非环境处罚豁免的理由,原告主张无法成立。

综上,被诉行政处罚决定认定事实清楚,证据确凿,程序合法,适用法律正确,原告诉讼请求缺乏事实根据和法律依据,法院不予支持。依照《中华人民共和国行政诉讼法》第六十九条的规定,判决驳回原告上海鑫晶山建材开发有限公司的诉讼请求。

一审判决作出后,原告未提起上诉,一审判决已经发生法律效力。

点 评

本案涉及环境资源保护案件的法律适用问题,争议焦点包括《监测报告》作为认定超标依据的适当性、两部法律的选择适用以及行政处罚幅度合理性问题,其中核心焦点是《中华人民共和国大气污染防治法》(后文简称《大气法》)和《中华人民共和国固体废物污染环境防治法》(后文简称《固废法》)的适用选择。

本案涉及《大气法》第九十九条第(二)项与《固废法》第六十八条第一款第(七)项。两部法律的相关条文主要存在两方面差别:一方面,规制行为不同,前者规制的是超标排放大气污染物的行为,后者规制的是未采取防范措施造成工业固体废物污染环境的行为。另一方面,处罚力度不同,前者的处罚为责令改正或限制生产停产整治,并处 10—100 万元的罚款;后者的处罚为 1—10 万元的罚款。

基于一般法律冲突解决逻辑分析,在出现法律适用的分歧时,首先应参照《中华人民共和国立法法》(以下简称《立法法》)的冲突解决规则指导适用。本案中,《大气法》主要针对大气污染的综合防治,由全国人大常委会制定;《固废法》主要针对特定污染源类型的污染防治,由全国人大常委会制定。两部法律属于同一机关制定,不存在上下位法关系;规制的范围属于环境污染防治的并列事项,不存在特别法和一般法的关系。因此"上位法优于下位法""特别法优于一般法"的规则在本案无法适用。《大气法》最后一次修订为 2015 年,《固废法》则为 2016 年,从表面上看,"新法优于旧法"可能指向《固废法》的适用。但是"新法优于旧法"适用的前提是,新法中应当有明确关于冲突解决规则的规定,否则可能产生特别法与一般法、新法与旧法交织下法律冲突解决规则本身的矛盾。而《固废法》中并无"以本法为准"等相关表述。因此,本案中虽然《固废法》修订在后,也无法当然地通过"新法优于旧法"优先适用。

因此,本案无法依据《立法法》确定的冲突规则直接解决适用问题,而需要根据案情进行进一步分析。《固废法》强调固体废物污染源的规制,《大气法》强调大气污染后果的规制。对于来源于固体废物臭气规制的法律适用,其未采取防范措施并造成一定污染即可适用《固废法》;而排污单位排放大气污染物必须超过排放标准或者重点大气污染物排放总量控制指标才可适用《大气法》。后者对应更严格的适用标准以及更重的处罚力度。本案中,一方面,并无直接证据可以证明大气污染物来源于工业固体废物;另一方面,原告的大气污染物排放数值已经明显超标,符合更高标准的《大气法》。因此,被诉行政处罚决定适用《大气法》并无不当。

本案的参考意义在于,在环境执法领域,多种单行法并列交叉,可能出现法律适用冲突且难以通过《立法法》解决的情形。必须结合案件实际与环境保护行政管理原则进行取舍,通过语义分析,选择最贴切的法律。从环境综合整治大局出发,在不违背法律规定及相应精神原则的情况下,审判应从更有利于环境保护与监管的角度进行解释和判定。

案例提供单位:上海市金山区人民法院

编写人:刘　月

点评人:刘志刚　万千慧

72. 陈某诉上海市崇明区城桥镇
人民政府不履行法定职责案

——事实争点在重复起诉认定中具有核心作用

案 情

原告(上诉人)陈某

被告(被上诉人)崇明区城桥镇人民政府

被告(被上诉人)崇明区人民政府

2014 年 4 月 12 日,陈某向崇明区城桥镇人民政府(以下简称城桥镇政府)提出申请,要求其作出如下行为:(1)纠正长兴村委会于 2014 年 1 月 14 日作出的关于该村兴家 4 组土地流转费的分配方案(2010—2012);(2)尽快完成 2003 年长兴村 4 组的土地流转工作,纠正关于 2003 年兴家 4 组部分土地分配方案,并对承包户所流转出去的承包地进行确权;(3)对长兴村兴家 4 组 1999 年二轮延包时所签订的土地承包合同在当今情况下是否有效作出书面答复;(4)纠正长兴村委会作出的(2003—2009)关于兴家 4 组部分土地流转费的分配方案。同年 9 月 25 日,城桥镇政府对原告的申请作出崇城答字(2014)2 号《行政请求答复意见书》。原告不服,向法院提起行政诉讼。法院判决撤销了上述答复,并要求其重新作出答复。2015 年 7 月 16 日,城桥镇政府按照上述判决作出(2015)崇城答字第 1 号《行政请求答复书》,称长兴村兴家 4 组于 2003 年经三分之二以上村民户代表同意后,对农村土地承包经营权进行了抽签并登记,但此次调整未形成书面方案,也未报镇政府及县农业等行政主管部门批准。该镇政府已于当日向长兴村委会发出《责令改正通知书》。同时,该组土地流转费分配方案亦由村民小组户代表会议三分之二以上村民户代表同意后形成,该方案是否符合法律规定,应在该村民小组土地调整和完善完成后予以认定。2015 年 1 月 17 日,陈某再次向城桥镇政府提出请求,要求该镇政府:(1)纠正长兴村兴家 4 组土地流转费的分配方案,并赔偿请求人经济损失;(2)纠正关于 2003 年长兴村兴家 4 组部分土地分配方案,归还请求人 1999 年二轮延包时已确定的承包地,赔偿请求人经济损失;(3)纠正 2010 年长兴村委会作出的关于兴家 4 组部分土地的分配方案,并赔偿请求人经济损失;(4)赔偿请求人在维权期间的经济损失。2015 年 7 月 16 日,城桥镇政府针对该请求作出(2015)崇城答字第 2 号《行政请求答复书》称,(1)2003 年土地分配方案及土地流转费分配事宜已在上述 1 号答复中作出处理;(2)长兴村兴家 4 组 2010 年未进行土地分配;对请求人的赔偿请求不予受理。陈某对上述两份答复书均不服,提起行政复议,崇明区人民政府(以下简称崇明区政府)均予以维持。陈某仍不服,再次起诉要求撤销上述两份答复书及两复议决定书,法院于 2015 年 10 月 27 日予以受理,案号分别为(2015)崇行初字第 73 号、74 号。2015 年 12 月 14 日,陈某与长兴村委会就土地流转费事宜达成和解协议。同日,陈某以争议已解决为由申请撤回两案的起诉,法院裁定予以准许。2016 年 2 月 18 日,陈某再次向城桥镇政府提出行政请求。2016 年 4 月 18 日,城桥镇政府答复称,你与长兴村兴家 4 组土地流转费的发放问题已自愿达成协议并在履行中,就长兴村兴家 4 组部分土地流转费分配方案与 2010 年的分地问题,其已在(2015)崇城答字第 1、2 号《行政请求答复书》中予以答复,不再重复答复。关于原告主张的损失,不属于其职权范围。陈某不服该答复,提起行政复议。2016 年 7 月 28 日,崇明区政府作出崇府复决字(2016)第 11 号《行政复议决定书》,驳回了陈某的复议请求。原告仍不服,遂于 2016 年 8 月 4 日再次提起本案行政诉讼。

原告陈某诉称,被告城桥镇政府答复与事实出入较大,长兴村兴家 4 组实行的(2013—2015 年)土地流转费分配方案无法律依据,城桥镇政府应责令长兴村委会改正截留原告部分土地流转费作为集体收益分配给无流转土地农户的做法,该答复称长兴村兴家 4 组 2010 年未进行土地分配,明显与长兴村委会于 2015 年 7 月 10 出具的情况说明不符,长兴村委会无法证明其已将分地情况告知原告。原告对该答复不服,提起行政复议。复议机关以本次请求事项与原告 2014 年 4 月 12 日、2015 年 1 月 17 日的请求事项相同为由,驳回了原告的复议请求。长兴村委会的违法行为及城桥镇政府的不作为,给原告造成了经济损失,城桥镇政府有责任进行补偿或责令长兴村委会进行补偿。故请求法院判令被告城桥镇政府依据原告本次行政请求重新作出决定。

被告城桥镇政府辩称,(1)原告本次请求与其之前的请求事项相同,对原告本次请求事项,被告之前已依法作出处理;(2)针对原告本次请求,其亦已及时答复;(3)原告要求赔偿维权损失的主张,不属被告职权范围。综上,原告的主张缺乏依据,且构成重复起诉,请求法院依法予以驳回。

被告崇明区政府辩称,其受理原告复议申请后,在法定期限内作出了复议决定,该决定认定事实清楚,适用法律正确,程序合法,原告的主张属重复起诉,请求法院予以驳回。

审 判

一审法院经审理认为,当事人重复起诉,已获立案的,应当裁定驳回其起诉。本案中,原告在本次请求之前,曾两次向城桥镇政府提起行政请求要求其针对长兴村兴家 4 组土地流转费及土地分配等事宜,履行法定职责。该镇政府分别作出了崇城答字第 1 及 2 号《行政请求答复书》,并出具《责令改正书》,要求长兴村委会改正相关行为。原告不服,向法院提起行政诉讼,要求其重新履职。审理中,原告以争议已解决为由向法院申请撤回了起诉。现原告再次向城桥镇政府提出本次请求,尽管原告本次请求在个别文字表述上与前两次略有不同,但请求事项相同,对该事项城桥镇政府作出过处理,履行了职责,且原告还与长兴村委会就土地流转费事宜达成了和解协议。现原告再次起诉,要求城桥镇政府就上述事项重新作出处理,显然本次诉讼与前述的(2015)崇行初字第 73、74 号案比较,已构成了重复诉讼。遂依照《最高人民法院关于适用〈中华人民共和国行政诉讼法〉若干问题的解释》第三条第一款第(六)项、第二款之规定裁定驳回原告陈某的起诉。

一审裁定后,原告不服,提起上诉。

二审法院认定的事实与一审相同。

二审法院经审理认为,上诉人曾先后两次向城桥镇政府提出行政请求,要求其就长兴村兴家 4 组土地流转费及土地分配等事宜履行法定职责,城桥镇政府分别作出(2015)崇城答字第 1 号、2 号《行政请求答复书》予以答复。上诉人就两份答复书向原审法院提起行政诉讼后,又以争议已解决为由申请撤回了起诉。现上诉人再次向城桥镇政府提出行政请求,城桥镇政府答复已在之前两份答复书中予以答复,不再重复答复。上诉人就城桥镇政府所作答复再次起诉,已构成重复诉讼,原审法院裁定驳回上诉人的起诉,并无不当。遂依照《中华人民共和国行政诉讼法》第八十九条第一款第(一)项之规定,裁定驳回上诉,维持原裁定。

点 评

本案涉及行政诉讼"一事不再理"原则。根据《最高人民法院关于适用〈中华人民共和国行政诉讼法〉若干问题的解释》第三条,法院针对已立案而属于重复起诉的情形,应当裁定驳回起诉。本案的焦点是"重复起诉"的要件构成。

"重复起诉"的认定,在行政裁判领域尚无规范回应,但在民事裁判领域,则有一定可供参考的标准。根据《最高人民法院关于适用〈中华人民共和国民事诉讼法〉的解释》第二百四十七条规定:"当事人就已经提起诉讼的事项在诉讼过程中或者裁判生效后再次起诉,同时符合下列条件的,构成重复起诉:(一)后诉与前诉的当事人相同;(二)后诉与前诉的诉讼标的相同;(三)后诉与前诉的诉讼请求相同,或者后诉的诉讼请求实质上否定前诉裁判结果。当事人重复起诉的，裁定不予受理；已经受理的，裁定驳回起诉，但法律、司法解释另有规定的除外。"实践中，对行政诉讼的重复起诉，经典的认定标准为，必须同时满足同一当事人、同一诉讼请求、同一行政行为、同一事实理由等要求。

依传统的标准逐一考察本案要素，首先，在 2014—2016 年的数次诉讼中，当事人均为陈某与城桥镇政府，符合同一当事人要素。但是 2014 年，原告的诉讼请求针对城桥镇政府崇城答字(2014)2 号《行政请求答复意见书》；2015 年，原告的诉讼请求针对城桥镇政府依据 2014 年判决作出的(2015)崇城答字第 1 号《行政请求答复书》、就原告再次请求作出的(2015)崇城答字第 2 号《行政请求答复书》以及两份对应的复议决定书；2016 年原告的诉讼请求针对城桥镇政府的答复。从表面上看，原告四次诉讼针对的四项不同的行政行为，因此诉讼请求、行政行为和事实理由显然缺乏同一性。但是，原告于 2014—2016 年提出的诉讼之间具有明显的关联性和类同性，不应严格依照一般标准认定原告不属于重复起诉，应当就本案具体情况具体分析，通过解释原告的诉讼是否指向"一事"，最终满足"不再理"的条件。

本案原告的数次诉讼均是针对城桥镇政府对其诉求的答复，而诉求的基本内容包括纠正村委会流转费分配方案和土地分配方案，处理二轮延包的承包地事宜等，由于几次诉讼存在时间周期，从 2015 年开始的请求中，又增加了补偿经济和维权损失的诉求。2014 年第一次诉讼中，法院判决撤销城桥镇政府的相关答复，要求其重新决定，镇政府虽重新出具 2015 年 1 号答复书，并履行职责向村委会发出《责令改正通知书》，并在原告再次提出请求后出具 2 号答复书。原告于 2015 年就两份答复书、复议书起诉后，又以争议解决为由撤诉。2016 年即本次诉讼中，原告再次起诉，"尽管原告本次请求在个别文字表述上与前两次略有不同，但请求事项相同，对该事项城桥镇政府作出过处理，履行了职责，且原告还与长兴村委会就土地流转费事宜达成了和解协议"，并且原告未提出新的事实和理由。故本质上，诉讼的实质争议事项具有同一性，构成重复起诉，应予以驳回。

本案的参考意义在于，传统的要素标准属于重复起诉的一种经典类型，而要求同时满足当事人、行政行为、诉讼请求等同一性，事实上缩小了重复起诉的包容空间。实践中，被诉行政行为具有类同性，而又难以用传统要件判定是否属于重复起诉时，应根据具体案件情况，分析诉讼所指向的实质事项是否具有同一性，防止滥诉、节约司法资源、提升行政效率。

案例提供单位：上海市崇明区人民法院

编写人：陈云龙

点评人：刘志刚　万千慧

73. 薛某诉上海市嘉定区市场监督管理局等投诉举报答复案

——流通领域进口食品标签问题监管主体的确定

案 情

原告（上诉人）薛某

被告（被上诉人）上海市嘉定区市场监督管理局

被告（被上诉人）上海市嘉定区人民政府

2016 年 3 月 26 日，原告在博依公司经营的天猫店铺购买了"小铁人果胶成长软糖 60 粒""小铁人多种维生素软糖 60 粒"各 6 件，购买后认为两种食品外包装加贴的中英文标签成分不同，产品存在非法添加问题，遂于 2016 年 4 月 3 日向被告上海市嘉定区市场监督管理局（以下简称嘉定区市场监管局）进行投诉举报，要求被告组织调解，退款并十倍赔偿，并书面告知受理、处理结果。

被告嘉定区市场监管局收到原告的投诉举报件后，即立案受理，至涉案企业进行现场检查、询问相关人员、收集相关证据。经调查，博依公司具备食品流通证、产品入境检验检疫证明、海关货物报关单等在国内市场进行销售的必备材料，且涉案商品已经相关出入境检验机构检验合格。被告嘉定区市场监管局认为依据《食品安全法》《进出口预包装食品标签检验监督管理规定》等规定，应由检验检疫该批进口商品的出入境检验检疫局主管。2016 年 6 月 13 日被告嘉定区市场监管局向原告作出《投诉举报答复书》，告知原告对产品标签及标签所载内容情况存在疑问的，建议向检验上述产品标签及标签所载内容的出入境检验检疫机构反映。同时，被告嘉定区市场监管局将原告投诉举报材料移送给了天津出入境检验检疫局。

原告收到该答复书后不服，向被告上海市嘉定区人民政府（以下简称嘉定区政府）申请了复议，嘉定区政府作出《行政复议决定书》，维持了被告区市场监管局的《投诉举报答复书》。原告收到《行政复议决定书》后仍不服，向法院提起诉讼。

原告诉称，根据《中华人民共和国食品安全法》（下简称《食品安全法》）第九十五条的规定，区市场监管局对流通领域的进口食品问题具有监督管理职责。故诉请法院要求撤销被告嘉定区市场监管局的《投诉举报答复书》及被告嘉定区政府维持《投诉举报答复书》的复议决定。

被告嘉定区市场监管局辩称,其履职主体适格,认定事实清楚、证据确凿,适用法律正确、程序合法,故请求法院驳回原告诉讼请求。

被告嘉定区政府辩称,其在法定期限内作出了《行政复议决定书》,行政复议行为程序合法,并无不当,请求法院依法驳回原告诉讼请求。

审 判

一审法院经审理后认为,根据《食品安全法》和《食品药品投诉举报管理办法》的有关规定,嘉定区市场监管局具有主管本行政区域食品药品投诉举报工作的职责。嘉定区市场监管局收到原告的举报材料后,即立案并展开了调查取证、询问相关人员,根据调查取证结果,于 2016 年 6 月 13 日向原告作出了投诉举报答复书,行政程序合法。同时,根据《食品安全法》《进出口预包装食品标签检验监督管理规定》及《进出口食品安全管理办法》等相关规定,进口食品的质量、食品标签的检验、监督管理工作,应由相关出入境检验检疫局主管,对进口不符合我国食品安全国家标准的食品、食品添加剂、食品相关产品的行政处罚亦由出入境检验检疫机构依照《食品安全法》第一百二十四条的规定履行行政处罚职能。被告嘉定区市场监管局经过检查、调查,认为博依公司具备在国内流通市场经营食品的相关证照,所经销的食品亦经过了相关出入境检验检疫局的检验,故认为原告投诉举报的问题应由相关出入境检验检疫局主管,被告嘉定区市场监管局亦将原告投诉举报材料向相关出入境检验检疫局进行了移送。被告嘉定区市场监管局根据《食品安全法》第九十五条的规定已准确履行了对流通领域的进口食品的监督管理职责。被告嘉定区政府作为复议机关,其复议认定事实清楚、程序合法、适用法律准确。故依据《中华人民共和国行政诉讼法》第六十九条之规定,判决驳回原告薛某的诉讼请求。

一审判决后作出,原告薛某不服,提起上诉。

二审法院认定的事实与一审一致。

二审法院经审理后认为,被上诉人嘉定区市场监管局对上诉人薛某投诉举报的处理认定事实清楚,并无不当。被上诉人嘉定区政府作为复议机关所作行政复议程序合法。上诉人的主张无事实和法律依据,理由不能成立。原审法院判决驳回上诉人的诉讼请求,并无不当。据此,依据《中华人民共和国行政诉讼法》第八十九条第一款第(一)项之规定,判决驳回上诉,维持原判。

点 评

本案涉及食品安全领域监管职责分配问题,问题焦点是进口食品的标签问题应当主要属于市场监督管理部门还是入境检验检疫部门管理。

《食品安全法》第九十一条规定:"国家出入境检验检疫部门对进出口食品安全实施监督管理";第九十五条第二款规定:"县级以上人民政府食品药品监督管理部门对国内市场上销售的进口食品、食品添加剂实施监督管理"。因此进口食品存在复数监管主体,即国家入境检疫部门和县级以上人民政府食品药品监督管理部门。目前,食品药品监督管理部门的职责已并入市场监督管理部门,因此本案中两主体的监管职责分配问题实质上就是我国《食品安全法》第九十一条、第九十五条的进一步理解问题。

在实证法律层次上,首先应筛查《食品安全法》及其实施条例、其他专门性规定中是否有涉及进口食品标签的职能分配。《食品安全法》第九十二条第二款、第九十七条规定:进口食品应当经过出入境检验检疫机构检验产品的添加剂、标签等情况,第一百二十九条规定:进口产品相关材料虚假、食品添加剂不符合标准等情形,由出入境检验检疫机构予以处罚。《食品安全法实施条例》第四十条、第四十二条第二款规定:进口食品的中文标签和说明书应当符合规定,食品安全监督管理部门应当及时将获知的涉及进出口食品安全的信息向国家出入境检验检疫部门通报。国家质量技术监督检验总局《进出口预包装食品标签检验监督管理规定》第四条规定:"国家质检总局设在各地的出入境检验检疫机构(以下简称检验检疫机构)负责所辖区域内进出口预包装食品标签检验监督管理工作。"标签检验不合格的,由检验检疫机构根据情况进行处理。国家质量技术监督检验总局《进出口食品安全管理办法》第三条第二款规定:"国家质检总局设在各地的出入境检验检疫机构在国家质检总局的统一领导下,依法做好进出口食品安全监督管理工作。"第十六条规定:"检验检疫机构应当对标签内容是否符合法律法规和食品安全国家标准要求以及与质量有关内容的真实性、准确性进行检验,包括格式版面检验和标签标注内容的符合性检测。"综上,从实证规范角度,进口食品的标签符合性主要由检验检疫机构监管并作出处理,食品安全管理部门在发现此类问题时需要及时同检疫机构通报、沟通,因此嘉定区市场监督管理局的移送符合法律规定。

在执法层次上,应当考虑由哪个部门负责进口食品标签监管更具实践性。本案中进口产品的中英文标签不一致,可能涉及进口食品非法添加成分问题、英文标签翻译疏漏问题等。根据《食品安全法》第一百一十条,食品药品监督管理、质量监督部门履行各自食品安全监督管理职责所采取的措施包括生产经营场所现场检查、商品抽检、查阅文本资料、查封扣押有证据证明不符合安全标准的产品和查封违法生产场所,因此难以全面排查进口食品中英标签不一致的可能诱因。检验检疫机构在该类问题上具有更强的专业性和执法能力,主导监管工作能够更加全面地考量进口食品的涉外性。因此,被告嘉定区市场监督管理局将原告举报的线索、材料移送了天津出入境检验检疫局具有合理性。

本案的参考意义在于,在司法层面运用法律解释技术对进口食品标签的监管职责分配争议予以厘清。进口食品安全的监管主体既包括入境检验检疫部门也包括市场监管部门,而二者的职能描述相对分散,划分相对模糊。在涉及具体案件时,应当全面考察《食品安全法》及其他专门规章,并从履职效率等方面判断合理性,确定二者的职责划分。在具有更强涉外专业性的领域,应当由检验检疫部门主导监管;而在食品成分安全、经营文件形式性审查方面,应当由市场监管部门主导。

案例提供单位:上海市嘉定区人民法院

编写人:朱坚军　林兴乐

点评人:刘志刚　万千慧

刑　事

74. 崔广旭挪用资金案

——冒用单位名义对外借款后无法归还的行为性质认定

案 情

公诉机关上海市浦东新区人民检察院

被告人崔广旭

公诉机关指控:

2015 年 1 月至 4 月,被告人崔广旭在担任上海市建筑施工行业协会(以下简称建筑协会)副秘书长兼办公室主任期间,利用分管财务管理等职务便利,通过上海市浦东新区潍坊街道鸿泰刻字服务部何建华,采用虚开印刷费发票进行报销的手法,先后 2 次将建筑协会资金共计人民币(以下币种同)309 698 元予以侵吞,占为己有。

2015 年 3 月 17 日,被告人崔广旭利用职务便利,擅自挪用建筑协会资金 350 万元用于支付个人购房款。2015 年 3 月 25 日,被告人崔广旭向被害人王华某谎称建筑协会需要资金周转,冒用建筑协会名义与其签订 350 万元的借款协议,骗取王华某 350 万元用于偿还前述个人挪用资金。2015 年 4 月 15 日,被告人崔广旭挪用建筑协会资金 360 万元用于偿还王华某借款,2015 年 4 月 30 日,崔广旭向被害单位上海颛桥建筑工程有限公司(以下简称颛桥公司)王继某谎称建筑协会财务审计中出现资金缺口,需要资金周转,冒用建筑协会名义与颛桥公司签订 360 万元的借款协议,骗取颛桥公司 360 万元用于偿还前述个人挪用债务。2015 年 6 月 11 日,被告人崔广旭挪用建筑协会资金 86.34 万元,将其中 60 万元用于偿还上海奉贤二建股份有限公司的个人借款,剩余资金用于个人开销。2015 年 7 月 16 日,被告人崔广旭挪用建筑协会资金 360 万元用于偿还颛桥公司欠款,2015 年 7 月 30 日,被告人崔广旭向被害单位上海广厦(集团)有限公司(以下简称广厦公司)乔顺其谎称建筑协会因财务审计出现资金周转困难,冒用建筑协会名义与广厦公司签订 460 万元的借款协议,骗取广厦公司 460 万元,后被告人崔广旭将其中 360 万元和 86.34 万元用于偿还前述个人挪用债务,剩余资金用于个人开销。

公诉机关认为被告人崔广旭作为国家工作人员,利用职务上的便利,侵吞公款人民币 30 万余元,应当以贪污罪追究其刑事责任;被告人崔广旭以非法占有为目的,采用虚构事实、隐瞒真相的手段,骗取公私财物,数额特别巨大,应当以诈骗罪追究其刑事责任。被告人崔广旭一人犯数罪,应予数罪并罚。

被告人崔广旭提出其不具有国家工作人员的身份,不应构成贪污罪;起诉书指控的诈骗事实应构成挪用资金罪。

辩护人提出:1.建筑协会是社会团体,被告人崔广旭不是受中国建筑第八工程局有限公司委派至上海市建筑施工行业协会,其在建筑协会没有从事"公务性"工作,崔广旭不属于国家工作人员,起诉书指控的贪污罪不能成立,应认定为职务侵占罪。2.被告人崔广旭多次以拆东墙补西墙方式借款还款,其冒用建筑协会名义借款,只是为掩饰挪用资金购房行为的一种手段,没有非法占有的故意;被告人崔广旭最后一笔借款 460 万元后,崔广旭未作平账处理,借款单位及个人也是基于崔广旭系建筑协会领导职务的身份以及加盖公章的协议才同意借款,崔广旭没有非法占有这些款项的目的,故起诉书指控的诈骗事实应认定为挪用资金罪。

审 判

一审法院经审理后认为:现有证据证明被告人崔广旭系从中国建筑第八工程局有限公司借调至上海建筑行业协会工作,上海建筑行业协会是社会中介组织,是一种民间组织社会团体,其本身不是政府管理机构,且其运作的资金主要来源于会员单位,被告人崔广旭在协会中所从事的工作也不具有国家事务性及社会公共事务性,故依据现有证据尚不足以判定被告人崔广旭系国家工作人员,也不足以判定崔广旭系受国家机关、国有公司、企业、事业单位、人民团体委托管理、经营国有财产的人员,故崔广旭不符合贪污罪的主体,公诉机关指控崔广旭构成贪污罪,本院难以支持。

关于公诉机关指控的诈骗犯罪事实,查明的事实表明被告人崔广旭在挪用单位资金后又利用职务便利以上海建筑行业协会名义向他人借取款项后归还挪用款,对其"职务性"的借款行为上海建筑行业协会就负有按约定归还借款的义务,故崔广旭所得的借款应视为上海建筑行业协会的款项,其在一挪用本单位资金后,又以本单位名义向他人借款来归还其所挪用款项的行为,可视为多次挪用单位资金,以后次挪用的资金来归还前次挪用资金,其行为性质应属挪用,应认定为挪用资金罪。关于被告人崔广旭挪用资金的犯罪金额,鉴于崔广旭所挪用的部分资金至案发尚未超过三个月,故该部分金额不计入其犯罪金额。

综上,被告人崔广旭身为建筑协会工作人员,利用职务上的便利,将本单位资金 30 万余元非法占为己有,数额较大,其行为已构成职务侵占罪;被告人崔广旭还利用职务便利,挪用本单位资金 360 万元归个人使用,数额较大,超过三个月未归还,其行为还构成挪用资金罪。公诉机关指控的事实成立,本院予以支持。对被告人崔广旭应予两罪并罚。

被告人崔广旭系自首,且退赔了大部分的赃款,对其所犯职务侵占罪及挪用资金罪均依法从轻处罚。依照《中华人民共和国刑法》第二百七十一条、第二百七十二条、第六十七条第一款、第六十九条、第六十四条之规定,判决如下:

一、被告人崔广旭犯职务侵占罪,判处有期徒刑一年;犯挪用资金罪,判处有期徒刑二年六个月,决定执行有期徒刑三年。

二、退缴的赃款发还上海市建筑施工行业协会,不足部分继续向被告人崔广旭追缴或责令其退赔后,发还上海市建筑施工行业协会。

一审判决后,被告人未上诉,公诉机关亦未抗诉,现判决已发生法律效力。

点 评

现实生活中,一些国家工作人员往往因各种需要到人民团体等非国有单位任职,当其挪用单位资金时,行为人的主体身份在挪用资金罪与挪用公款罪的认定中便起着重要作用。本案被告人即为国家工作人员借调至人民团体中担任职务的情形,本案的处理有助于深刻理解《中华人民共和国刑法》第九十三条第二款的内涵。

本案的争议焦点有三项:第一,被告人是否属于国家工作人员;第二,被告人冒用协会名义对外借款归还所挪用的协会资金的行为是否属于诈骗;第三,对于挪用的时间能否累计计算。

对于第一点,被告人原系国有公司职员,后经国有公司借调至建工协会担任副秘书长兼办公室主任,因此控辩双方的争论点为被告人是否属于《中华人民共和国刑法》第九十三条所规定的"国有公司……委派到……社会团体从事公务的人员"。法院准确地认识到,对于被告人是否属于国家工作人员需要从"委派"和"公务"两方面进行认定。首先,借调与委派不同。一方面根据《全国法院审理经济犯罪案件座谈会纪要》委派分为委任和派遣,从两个词的语义来看,委派单位和被委派单位应当具有一定的强制性管理关系,但是中建八局作为国有公司属于上海建筑协会的会员,不存在需要在建筑协会中管理的事务。另一方面副秘书长职务也是经过协会会员选举产生,与直接委派任职有所不同。其次,被告人工作职责不具有公务性。根据《纪要》被委派人员从事公务指的是代表国有公司在社会团体中从事组织、领导、监督、管理等工作。从本案的实际来看,中建八局作为会员需要遵守协会章程,而根据章程,中建八局仅有选举权、被选举权、参与协会活动等权利,并不存在对协会组织、领导、监督和管理的权利。

对于第二点,被告人挪用协会资金用于支付个人购房款的行为性质属于挪用资金,控辩双方没有争议,争议点在于冒用协会名义的对外借款是否属于诈骗。从形式上看,被告人确实虚构了真实的借款人身份,出借方也因此陷入了认识错误,并基于认识错误交付了财物,符合诈骗罪的行为结构。但是,诈骗罪作为取得型财产犯罪需要具有非法占有目的,即永久占有的故意。但是本案中被告人并不具有永久占有的故意,被告人是希望通过不断的循环借贷,能够弥补上其挪用单位资金所造成的账目上的缺口,其主观上主要是基于侥幸的心理,妄图利用涉案单位不甚规范的财务制度,来达到掩饰自己挪用资金的目的。

对于第三点,挪用时间应当累计。被告人的挪用时间从单次来看都未达到 3 个月,但是从行为人的主客观情况来看应当将前后多次的挪用时间累计计算。首先,从主观上看,行为人并无彻底归还资金的意图,而是暂时填补协会资金漏洞,行为人循环借贷的目的就是希望借此延长挪用的时间。其次,从被告人的行为模式来看,行为人借新还旧的模式是挪用资金的一种手段,短暂的归还后资金又被转出。因此,法院认为从主客观来看,前后挪用资金的行为具有延续性的观点,符合法律规定,适用罪名准确。

案例提供单位:上海市浦东新区人民法院

编写人:张　凡

点评人:卢勤忠

75. 韩明等侵犯公民个人信息案

——窃取、买卖新生婴儿信息行为的司法认定

案 情

公诉机关上海市浦东新区人民检察院

被告人韩明、张金峰、范霞萍、李婕、黄琰、王公仆、吴永哲、龚海滨

2014 年初至 2016 年 7 月期间,被告人韩明利用其工作便利,进入他人账户窃取上海市疾病预防控制中心每月更新的全市新生婴儿信息,并出售给被告人张金峰,被告人张金峰再将该等信息转卖给被告人范霞萍。直至案发,被告人韩明、张金峰、范霞萍非法获取新生婴儿信息共计 20 余万条。

2015 年初至 2016 年 7 月期间,被告人范霞萍向被告人李婕出售上海新生婴儿信息共计 25 余万条,被告人李婕将上述信息提供给被告人王公仆、黄琰,并从中获利;2015 年 6 月至 7 月期间,被告人吴永哲从被告人王公仆经营管理的大犀鸟公司内窃取 7 万余条上海新生婴儿信息;2015 年 5 月至 2016 年 7 月期间,被告人龚海滨通过微信、QQ 等联系方式,向被告人吴永哲出售新生婴儿信息 8 千余条,另分别向孙智乾、夏正玉(另行处理)二人出售新生儿信息共计 7 千余条。

公诉机关指控,被告人韩明、张金峰、范霞萍、李婕、黄琰、王公仆、吴永哲、龚海滨分别以窃取、出售、收买等方式侵犯公民个人信息,情节严重,其行为均已构成侵犯公民个人信息罪;八名被告人具有坦白情节,均依法从轻处罚;提请依法审判。

被告人韩明、张金峰、范霞萍及其辩护人均对侵犯公民个人信息的数量提出异议,认为有几个月未进行信息交易,且交易的信息内容有重复;被告人李婕、黄琰、王公仆、吴永哲、龚海滨对上述指控无异议;被告人韩明的辩护人提出韩明有自首情节的意见;被告人黄琰的辩护人提出黄琰系从犯的意见;八名被告人的辩护人均提出对被告人从轻处罚的意见。

审 判

一审法院经审理后认为,被告人韩明、张金峰、范霞萍、李婕、黄琰、王公仆、吴永哲、龚海滨违反国家规定,分别以窃取、出售、收买等方式侵犯公民个人信息,情节严重,其行为均已构成侵犯公民个人信息罪。公诉机关的指控成立,予以支持。

被告人韩明、张金峰、范霞萍的供述相互印证,证实有几个月未进行信息交易,故其3 人获取信息的数量应当予以扣减。3 名被告人及其辩护人的相关意见予以采纳,但所提重复信息应予扣除的意见,缺乏事实和法律依据,不予采纳。被告人黄琰、王公仆系共同犯罪,黄琰是购买信息的具体实施者,不能认定为从犯,故黄琰的辩护人所提黄系从犯的意见不予采纳,但在量刑时对其具体情节予以酌情考虑。被告人韩明的到案情况不符合自首的法律规定,其辩护人所提韩明有自首情节的意见不予采纳。被告人韩明、张金峰、范霞萍、李婕、黄琰、王公仆、吴永哲、龚海滨均如实供述罪行,且自愿认罪,依法从轻处罚。被告人韩明、张金峰、范霞萍、李婕、龚海滨、王公仆、黄琰在家属帮助下退缴违法所得或预缴罚金,分别酌情从轻处罚。辩护人所提对被告人从轻处罚的相关意见予以采纳。依照《中华人民共和国刑法》第二百五十三条之一第一款、第三款、第二十五条第一款、第六十七条第三款、第五十三条、第六十四条之规定,判决如下:一、被告人韩明犯侵犯公民个人信息罪,判处有期徒刑二年三个月,罚金人民币五千元;二、被告人张金峰犯侵犯公民个人信息罪,判处有期徒刑二年,罚金人民币四千元;三、被告人范霞萍犯侵犯公民个人信息罪,判处有期徒刑二年,罚金人民币四千元;四、被告人李婕犯侵犯公民个人信息罪,判处有期徒刑一年九个月,罚金人民币三千元;五、被告人王公仆犯侵犯公民个人信息罪,判处有期徒刑一年六个月,罚金人民币三千元;六、被告人黄琰犯侵犯公民个人信息罪,判处有期徒刑一年三个月,罚金人民币二千元;七、被告人吴永哲犯侵犯公民个人信息罪,判处有期徒刑十个月,罚金人民币二千元;八、被告人龚海滨犯侵犯公民个人信息罪,判处有期徒刑七个月,罚金人民币二千元;九、查获的作案工具和退缴的违法所得,予以没收。

一审判决后,被告人吴永哲提起上诉,二审裁定驳回上诉,维持原判,现判决已经生效。

点 评

本案是一例典型的侵犯公民个人信息案件。近年来侵犯公民个人信息的现象愈加多发,"里应外合"是较为常见的侵犯方式。本案中多名被告人分工配合,由医院工作人员利用工作便利窃取公民个人信息,再通过其他被告人出售获利,涉及窃取、非法获取、出售以及为合法经营活动而非法购买等行为。本案不仅展现了现实生活中侵犯公民个人信息的常见行为方式,也涵盖了司法实务中的常见争议。本案涉及的争议有三:一是个人信息的认定问题;二是为合法经营活动而购买是否属于非法获取;三是公民个人信息数量的计算标准,即重复出售的信息应否予以扣除。

第一个问题是所有侵犯公民个人信息案件首先要予以解决的问题,"识别性"是公民个人信息的核心属性。能够与特定自然人相关联是公民个人信息的必备要件,《关于办理侵犯公民个人信息刑事案件适用法律若干问题的解释》第三条第二款有关"……经过处理无法识别特定个人且不能复原的除外"的规定从侧面印证了这一观点,即不能与特定自然人相关联的信息被排除在公民个人信息的范围之外。因此,法院认定被告人获取的婴儿信息属于《中华人民共和国刑法》规定的公民个人信息的认定意见准确地契合了法律规定。第二个争议涉及为合法经营活动而购买是否属于"违反国家有关规定"。经营活动虽然合法,但是并不代表为经营活动而购买的行为合法。我国目前尚无有关公民个人信息的专门立法,但公民个人信息关系到公民切身的人身及财产安全,公民应当对自己的个人信息享有权利,非经个人同意不得随意获取。法院认为,行为人在未经公民个人同意且没有其他法律依据的情况下获取公民个人信息,属于"以其他方法非法获取公民个人信息"体现了保护法益的刑法精神。对于第三个问题,本案中韩明、张金峰、范霞萍提出,其重复出售的部分应当在个人信息的总数中予以扣除。显然该辩护意见不能成立,因为作为对象的信息从行为人处转手多次,为多个获取信息的单位或个人知晓,此类行为使得公民个人信息传播的范围更广,社会危害性明显更大。因此,《关于办理公民个人信息刑事案件适用法律若干问题的解释》第十一条规定:"非法获取公民个人信息后又出售或者提供的,公民个人信息的条数不重复计算。向不同单位或者个人分别出售、提供同一公民个人信息的,公民个人信息的条数累计计算。"故法院对三名被告人的辩护意见不予采纳,于情合理,于法有据。

案例提供单位:上海市浦东新区人民法院

编写人:周虹艳

点评人:卢勤忠

76. 陈嘉莹盗窃案

——用微信绑定他人银行卡并处分卡内资金的行为定性

案 情

公诉机关上海市虹口区人民检察院

被告人陈嘉莹

被告人陈嘉莹于 2016 年 7 月 5 日至 7 月 9 日期间,与被害人金某某一起乘坐"海洋量子号"游轮至日本游玩。期间被告人陈嘉莹在被害人金某某不知情的情况下,利用自己微信号为 chan0115 ** 的微信绑定被害人金某某卡号为 6228480382517564 ** 的中国农业银行卡,将该卡内资金人民币 19 800 元分别转入 4 个不同的微信账号内,并为自己的手机充值人民币 100 元,涉案金额共计人民币 19 900 元。

2016 年 10 月 10 日,被告人陈嘉莹在浦东国际机场被公安人员抓获。案发后,陈嘉莹在家属帮助下退赔了全部赃款。

公诉机关以被告人陈嘉莹犯盗窃罪向法院提起公诉。

被告人陈嘉莹及其辩护人对指控的上述犯罪事实及罪名均无异议。

审 判

一审法院经审理后认为,被告人陈嘉莹趁被害人不备,窃得其银行卡,并利用事先掌握的被害人的身份证号,及利用事先掌握的被害人的手机开机密码在绑定微信的过程中获取验证码,从而顺利实现银行卡绑定,获取卡内资金。被告人陈嘉莹获取银行卡的手段是一种秘密窃取行为,之后的绑定和获取卡内资金都是一种信用卡使用行为,符合"盗窃信用卡并使用"的行为构成特征,应以盗窃罪论处。

有观点认为,被告人陈嘉莹在手机微信平台中输入银行卡号后,又将银行卡放回原处,故其窃取的只是银行卡号,属于银行卡信息,而不是银行卡本身,所以不能认定为"盗窃信用卡并使用"。而按照《最高人民法院、最高人民检察院关于办理妨害信用卡管理刑事案件具体应用法律若干问题的解释》第五条之规定,窃取他人信用卡信息资料,并通过互联网、通讯终端使用的,应定冒用型信用卡诈骗罪。

实际上,被告人陈嘉莹尽管意在获取被害人的银行卡号,但客观上却实施了窃取载有银行卡号的银行卡本身的行为,上述"两高"司法解释中所述的"信用卡信息资料"显然不包括银行卡本身,否则将明显违反刑法第一百九十六条第三款的规定。同时,归还只是窃取行为实施完毕后的掩盖行为,并不影响窃取行为本身性质的认定,反而却可以进一步证明窃取行为的秘密性特征。这种情况的发生正是因为在互联网环境下,利用银行卡进行交易并不需要出示真实的银行卡,而之后的身份验证行为也是为了完全控制该银行卡,然其行为本质与窃得银行卡后通过密码破译等方法使用的行为并不存在实质上的差异。进言之,构成"盗窃信用卡并使用",客观上应当具备两个基本行为:一是盗窃信用卡的行为,而信用卡作为一种金融凭证只是承载财产权利的载体,其本身并无价值,所以仅盗窃信用卡,并不构成犯罪,其只是获得了非法占有他人财物的可能性;二是使用他人信用卡的行为,它直接侵害了被害人的财产权利,使之前侵犯他人财产权利的可能性直接转化为现实。所以在"盗窃信用卡并使用"的行为中,"使用"是主行为,但立法却将该行为拟制规定为盗窃,可见在立法者看来,"盗窃信用卡并使用"的社会危害性与盗窃罪相当,以盗窃罪论处方能实现罚当其罪。所以,"盗窃信用卡并使用"属于法定的一罪,其与冒用型信用卡诈骗罪也不存在想象竞合关系,确定对前者的适用,便应绝对排斥对后者适用的可能性。

综上,被告人陈嘉莹以非法占有为目的,秘密窃取他人财物,数额较大,其行为已构成盗窃罪。公诉机关指控被告人陈嘉莹犯盗窃罪罪名成立。被告人陈嘉莹到案后如实供述自己的罪行,且在家属帮助下退赔全部赃款,在法院审判阶段又能主动预缴罚金,确有悔罪表现,可从轻处罚并适用缓刑。据此,依照《中华人民共和国刑法》第二百六十四条、第六十七条第三款、第七十二条第一款、第三款及第六十四条之规定,判决如下:

一、被告人陈嘉莹犯盗窃罪,判处有期徒刑一年六个月,缓刑一年六个月,并处罚金人民币三千元。

二、查获的犯罪工具予以没收销毁。

一审判决后,被告人没有提起上诉,公诉机关没有提起抗诉,本案现已生效。

点 评

随着第三方支付的普及,犯罪分子的侵财手段也有了新的变化。本案是一起典型的利用第三方支付的新型网络侵财案件。在本案中被告人在被害人不知情的情况下将被害人的银行卡与微信账号绑定,并秘密将银行卡内的资金转到自己的微信账号中或用于充值话费。被告人行为本质是利用快捷支付方式非法占有他人银行卡内的资金。对于该行为的性质,理论和实务中分歧较大,主要有两种观点,一种是盗窃罪,另一种是信用卡诈骗罪。持信用卡诈骗罪观点的学者思路主要有以下几点：首先，快捷支付是银行卡业务，涉及的是信用卡管理秩序。其次，行为人的行为属于冒用他人信用卡，快捷支付代表的是银行，因此是银行受到了欺骗。最后，从银行卡卡号及其预留手机验证码足以达到使用银行卡目的的角度看，其应该被评价为信用卡信息资料，因此应认定为《最高人民法院、最高人民检察院关于办理妨害信用卡管理刑事案件具体应用法律若干问题的解释》第五条第二款第三项的冒用他人信用卡的情形。

本案法官持第一种观点，认为行为人绑定他人银行卡并占有卡内资金的行为构成盗窃罪。首先，在法益方面，行为人侵犯的不仅仅是他人的财产权，而且也侵害了信用卡管理秩序。其次，法官也认识到了《中华人民共和国刑法》中存在有关信用卡诈骗罪的拟制性规定："盗窃信用卡并使用的定盗窃罪"，即并不是所有冒名使用信用卡的行为都构成信用卡诈骗罪，如果冒用的信用卡是盗窃所得，那么行为将按盗窃罪定性。但是《最高人民法院、最高人民检察院关于办理妨害信用卡管理刑事案件具体应用法律若干问题的解释》第五条规定"窃取他人信用卡信息资料，并通过互联网、通讯终端使用的，应定冒用型信用卡诈骗罪"。比较两个规定便存在行为人窃取的究竟是信用卡信息资料还是信用卡的争论，因为行为人并非使用实体信用卡本身，而只是使用了信用卡上载明的账号。法院认为通过盗窃实体信用卡获取信用卡信息资料应当属于"盗窃信用卡并使用"，符合刑法的规定，具有合理性。但值得一提的是，在网络支付日益发达的今天，实体信用卡的使用越来越少，取而代之的是信用卡信息资料的使用。同时二者都以占有信用卡内资金为目的，无论是实体信用卡还是信用卡信息资料都是行为人非法占有财物的手段。因此《中华人民共和国刑法》和司法解释区分实体信用卡和信用卡信息资料定以不同罪名的规定不符合支付现状和未来趋势，有必要作出统一规定。

案例提供单位：上海市虹口区人民法院

编写人：张金伟　葛立刚

点评人：卢勤忠

77. 鲍卫东挪用公款抗诉案

——共犯追诉期限的个别延长及终止审理裁定可否上诉、抗诉问题

案情

抗诉机关上海市松江区人民检察院

被告人鲍卫东

1996 年 6 月 18 日至 9 月 28 日,被告人鲍卫东与王国强(另案处理)等人经预谋,利用王国强担任中国农业银行松江县支行营业部主任助理期间负责票据交换、结算的职务便利,逃避财务监管,挪用银行公款共计 320 万元供鲍卫东等人使用,最终导致上述资金至今无法收回。具体如下:

(1) 1996 年 6 月 18 日,被告人鲍卫东和王国强等人采用自制暂付款凭证、信汇凭证等方法,挪用银行公款 200 万元。

(2) 1996 年 8 月 27 日,被告人鲍卫东和王国强等人采用虚设"上海新联商务总公司"账户,将空头支票直接入该公司账户后以本票形式划出的方法,挪用银行公款 170 万元。

1996 年 8 月 28 日起,被告人鲍卫东和王国强等人采用将空头支票直接入账的方法,每天挪用银行公款 370 万元用于归还前一天银行公款为空头支票垫支的 370 万元。直至 1996 年 9 月 11 日,鲍卫东和王国强等人以托收支票方式归还 100 万元,使挪用公款数额减至 270 万元。1996 年 9 月 12 日起,鲍卫东和王国强等人继续采用上述挪新还旧的方法至 9 月 18 日。

1996 年 9 月 28 日,被告人鲍卫东和王国强等人直接挪用银行暂付款 50 万元。嗣后,鲍卫东和王国强等人逃逸。2015 年 9 月 15 日,鲍卫东被侦查机关抓获。

审判

一审法院经审理后认为,被告人鲍卫东伙同他人挪用公款截止日期为 1996 年 9 月 28 日,犯罪追诉期限从挪用公款罪成立起算即 1996 年 12 月 28 日;鲍卫东挪用公款数额为 320 万元,根据最高人民法院于 1998 年 4 月颁布的《关于审理挪用公款案件具体应用法律若干问题的解释》规定,挪用公款 20 万元以上不退还的属

于挪用数额巨大不退还,依法处 10 年以上有期徒刑或无期徒刑,其法定最高刑为无期徒刑,追诉时效期限为 20 年;检察机关于 2015 年 9 月 15 日对鲍卫东立案侦查时,期限已过 19 年未超过 20 年,但是根据最高人民法院、最高人民检察院于 2016 年 4 月 18 日颁布的《关于办理贪污贿赂刑事案件适用法律若干问题的解释》第六条规定,挪用公款 500 万元以上的属于数额巨大的标准,本案鲍卫东挪用公款未达数额巨大,根据《中华人民共和国刑法》第十二条规定的从旧兼从轻的原则,对鲍卫东的追诉时效期限,应当适用新颁布的司法解释所对应的量刑标准执行,鲍卫东挪用公款 320 万元属于情节严重,法定最高刑为 15 年,经过 15 年就超过了追诉时效,并且对鲍卫东的行为不是必须追诉或者经特赦令免除刑罚的。据此,一审法院依照《中华人民共和国刑事诉讼法》第十五条的规定,裁定终止审理。

一审判决后,公诉机关提出抗诉。在二审审理过程中,上一级公诉机关认为抗诉不当,向二审法院撤回抗诉。

二审法院经审理后认为,被告人鲍卫东伙同他人挪用其所在单位中国农业银行普陀支行的公款,犯罪行为实施完毕的日期为 1996 年 9 月 28 日。案发后,检察机关于 1996 年 10 月至农行调查涉案资金流向,并发现王国强(实际为鲍卫东的同案犯)有重大作案嫌疑,并于 1996 年 10 月 13 日立案侦查并对已经潜逃的王国强进行通缉。2015 年,王国强到案后,检察机关经审讯发现鲍卫东亦有作案嫌疑,遂于 2015 年 9 月 15 日对鲍卫东立案侦查并刑事拘留。本案中的争议焦点主要有:

一、关于共同犯罪中共犯的追诉时效一并延长还是分别判定的问题

第一种意见认为,侦查机关只要针对犯罪事实立案,就对所有参与犯罪的人成立立案。实践中的立案有两种情况,一是把某人作为嫌疑人进行立案侦查,二是发现了犯罪事实,对事立案。对事立案的,即使立案中未确定为侦查对象的犯罪嫌疑人,也受立案这一事实的约束,能够产生延长追诉期限的法律效果。特别是在复杂案件中,如果认为对事立案不能延长所有人的追诉期限,那么难免会造成因侦查机关立案有先后,而人为地使不同人的追诉期限有长短等不公平情况。第二种意见认为,追诉时效制度所指"立案",是指已发现犯罪嫌疑人情况下的立案。仅发现犯罪事实而立案的,不在此列,否则案件事实一经发现就不适用追诉时效制度,会导致制度的整体架空。因此,侦查机关就共同犯罪事实仅对部分犯罪嫌疑人立案的,其余未纳入立案对象的共同作案人仍可继续计算追诉期限。法院同意第二种意见,理由如下:

第一,从法理角度看,追诉期限特别规定的立法宗旨是,司法机关对犯罪嫌疑人启动追诉机制后,犯罪嫌疑人逃避、隐匿,从而对抗司法措施,脱离打击半径,则不再适用追诉时效制度,以防给犯罪分子留有可资利用的处罚漏洞。①特别规定是否适用的实质标准是看犯罪嫌疑人的逃避行为是否干扰了侦查活动的顺利进行,是否影响了国家侦查权的有效行使。实践中,侦查立案主要分两种,一种是发现了犯罪事实后对事立案,犯罪嫌疑人还未确定;一种是对人立案,即把某人作为实施犯罪的嫌疑人进行立案侦查。侦查机关仅知犯罪事实而不知犯罪嫌疑人的,内部作出立案决定,但外部并未对犯罪嫌疑人作出拘传、拘留等有法律意义的强制措施,并不能认为产生追诉期限延长的法律效果。②鉴于对事立案无法将侦查方向具体到个别犯罪嫌疑人,针对特定对象的强制措施也未启动,故犯罪嫌疑人不存在逃避侦查的问题,无论其继续伪装正常生活与工作,还是隐姓埋名,潜逃外地,均对侦查行为不产生影响,不属于法律意义上的逃避侦查,也不必承担逃避侦查带来的追诉期限延长等不利的法律后果。同理,共同犯罪中仅对部分犯罪嫌疑人立案的,其余犯罪嫌疑人的追诉期限不受影响。未予立案的犯罪嫌疑人无论是否潜逃,均不影响、扰乱、阻碍国家侦查权。

第二,从共犯关系角度看,共犯之间的追诉期限应当具有相对独立关系。时效为何能消灭刑罚权,在现代刑法肇始之时,就有理论认为随着时间推移,犯罪分子自我改造,并被社会重新接纳,长时间后便失去处罚必要。③这种"改善说"立足于犯罪分子的人身危险,承认其可改造性和社会性,主张特殊预防,目前仍是追诉时效制度的重要理论基础。《中华人民共和国刑法》第八十八条第二款规定,在追诉期限以内又犯罪的,前罪追诉的期限从犯后罪之日起计算,是我国刑法认可"改善说"的重要判断依据。换言之,既然在追诉期限内犯罪分子未能完成自我改造而重新犯罪,其人身危险性未能消除,那么已经历时间未能实现预定的制度目的,不应予以认可,犯罪追诉期限理应重新计算。具体到共同犯罪,侦查机关将部分共犯列为侦查对象,犯罪嫌疑人对抗侦查,反映出其人身危险性较高,追诉期限理应延长。相反,未被列为侦查对象的共犯,不能认定其存在对抗侦查的行为,反映其高度人身危险性的依据也不充分,延长追诉期限也是不公平的。因此,犯罪分子人身危险性的改变是个别的,不同共犯追诉时效的延长也应分别判断,独立认定。

第三,参考国外立法例,不同犯罪嫌疑人追诉期限遵循个别化原则,即使存在共犯关系其时效中止、中断也不相互影响。例如德国刑法第 78C 条第 4 款规定,时效中断的效果只及于审理所针对的人。④具体而言,共犯间的连带效应仅限于追诉

---

① 于志刚、韩轶、刘福谦:《未被列为立案对象是否受追诉时效期限的限制》,载《人民检察》2008 年第 23 期。

② 曲新久:《追诉期限制度若干问题研究》,载《人民检察》2014 年第 17 期。

③ [日]大塚仁:《刑法概说》(总论),冯军译,中国人民大学出版社 2003 年版,第 578 页。

④ 王志坤:《论"不受追诉期限的限制"》,载《国家检察官学院学报》2014 年第 6 期。

期限的起算,帮助犯、教唆犯及正犯的追诉期限均以最后一名正犯的行为结束为准。而追诉期限起算后,共犯的中止、中断事由个别认定。司法机关针对部分共犯为目标进行侦查,不能影响其他共犯的追诉时效。我国虽然没有对共犯的追诉时效问题作出明确规定,但从法条的逻辑关系看,《中华人民共和国刑法》第八十八条规定的不受追诉期限限制的情形是立案侦查后逃避侦查。刑法对"立案侦查"与"逃避侦查"并列规定的立法方式意味着犯罪嫌疑人逃避侦查的前提是侦查机关已经通过立案程序将其列为侦查对象,否则不存在逃避问题。

第四,从实际操作层面看,一经对事立案就产生延长追诉时效的效果,难免会影响制度实效。实践中,侦查机关立案基本不外乎发现了犯罪事实或犯罪嫌疑人两种情况。假设发现犯罪事实后立案,即使尚未锁定犯罪嫌疑人,也能够发生对所有潜在作案人员无限期延长诉讼时效的法律效果,势必会极大地压缩追诉时效制度的适用空间,违背立法初衷。而且,追诉时效制度的作用之一就是督促侦查机关积极侦破犯罪,及时锁定、通缉、抓捕犯罪分子,否则就要承担追诉期限届满、犯罪不能追究的不利后果。而侦查机关一经对事立案,就可无限期追诉犯罪的做法,表面上看便于打击犯罪,但实际上对案件的及时侦破是不利的。

因此,在共同犯罪中,共犯追诉时效的延长具有相对独立性。侦查机关发现犯罪事实后,仅将部分共犯作为侦查对象的,其余共犯的追诉时效不因立案而延长。

二、关于终止审理裁定能否提起上诉、抗诉的问题

最高人民法院 1999 年版的《法院刑事诉讼文书样式》(以下简称 99 年文书样式)对终止审理用的刑事裁定书样式规定为,"本裁定送达后即发生法律效力"。因裁定书样式没有规定上诉、抗诉期问题,而是直接生效,故实践中对于终止审理裁定能否提起上诉或抗诉,存在一定争议。从法理角度分析,上诉、抗诉是指对于未确定裁判不服,请求上级法院通过审判予以救济的制度。①能够提起上诉或抗诉的案件应为未确定裁判,即尚未发生法律效力的裁判,而 99 年文书样式却规定终止审理裁定送达后即生效。有鉴于此,第一种意见认为,终止审理裁定送达后即生效,属确定裁判,不能提起上诉、抗诉。对于终止审理裁定不服的,只能通过审判监督程序处理。第二种意见认为,与普通一审案件相同,终止审理裁定同样涉及案件实体问题的处理,应当允许当事人以上诉、抗诉等途径进行权利救济,不允许上诉、抗诉没有合理依据。法院同意第二种意见,对终止审理裁定不服的,可以提起上诉、抗诉以启动二审程序,理由如下:

第一,从法理角度看,上诉、抗诉的法律效果是启动二审程序,对当事人的权利

---

① [日]田口守一:《刑事诉讼法》,刘迪等译,法律出版社 2002 年版,第 310 页。

进行救济。按照上诉审的制度安排,只要一审判决对当事人重要的实体及程序权利进行了处分,就理应允许其通过上诉审程序进行救济。本案中,一审法院以超过追诉时效为由终止审理,其所作终止审理裁定表面上看是程序终止,实质上却是对案件实体问题作出了处理。从公诉机关角度看,终止审理代表着其指控犯罪失败,犯罪分子最终没有受到刑罚处罚。从被告人角度看,终止审理在一定程度上说明了司法机关的初步判断,即被告人实际犯有指控罪行,仅因时效问题不予追究。本案中,一审判决就详细列举了被告人鲍卫东挪用公款的截止日期及挪用数额,据此认定鲍卫东应适用的量刑幅度并计算追诉期限,其前提是认定鲍卫东已构成犯罪。公诉机关可能会认为指控罪行没有超过追诉时效,被告人应当受到刑罚处罚。被告人可能会认为其没有实施指控罪行,应判决无罪。上述争议均切实关乎被告人的重大人身利益,理应允许控辩双方通过提起上诉、抗诉,通过二审程序加以解决。

第二,从法律规定看,终止审理裁定不属于刑事诉讼法明确规定的确定裁判种类。《中华人民共和国刑事诉讼法》第二百四十八条规定:“判决和裁定在发生法律效力后执行。下列判决和裁定是发生法律效力的判决和裁定:(一)已过法定期限没有上诉、抗诉的判决和裁定;(二)终审的判决和裁定;(三)最高人民法院核准的死刑的判决和高级人民法院核准的死刑缓期二年执行的判决。”通过比较可以发现,基层法院所作的终止审理裁定系一审裁定,不属于上述任何一种发生法律效力的裁定,其性质为未确定裁判,理应可以在法定期限内提起上诉、抗诉。

第三,参考民事诉讼时效制度的规定,时效问题影响实体判决,当事人可以提起上诉。与刑事诉讼法的规定不同,民事诉讼请求超过诉讼时效并不会引起案件终止审理。《中华人民共和国民事诉讼法》第二百一十九条规定,当事人超过诉讼时效期间起诉的,人民法院应予受理。受理后对方当事人提出诉讼时效抗辩,人民法院经审理认为抗辩事由成立的,判决驳回原告的诉讼请求。据此,民事诉讼立案阶段不审查时效问题,审理阶段法院也不得主动释明或援引诉讼时效的相关规定。即使当事人提出诉讼时效抗辩的,法院也仅据此判决驳回另一方当事人的诉讼请求。法院所作判决与其他一审民事判决并无实质区别,仅驳回理由是诉讼时效问题而已。当事人对时效长短有异议,不服一审判决的,当然可以依法提起上诉。与民事诉讼相比,刑事追诉时效问题涉及被告人更为重大的人身、财产利益,根据举重以明轻的法理,更应允许控辩双方提起上诉、抗诉。

第四,从实际操作层面看,终止审理裁定不能上诉、抗诉会造成审判程序错位,有损司法公信力。本案中,控方已然对犯罪行为是否超出追诉期限与一审法院存在不同意见,该争议总归需要通过法定程序进行解决。假设认为终止审理裁定不能上诉、抗诉,那么检察机关在无法通过正常途径启动二审程序的情况下,会转而启动审判监督程序。众所周知,审判监督程序的启动意味着法院的生效裁判可能确有错误,对法院生效裁判的既判力及司法公信力均有一定的负面影响。因此,对于终止裁定的争议能够通过二审程序解决的,没有必要非理性地通过审判监督程序等非常规途径处理。

综上,二审法院认为,上一级公诉机关撤回抗诉的要求,符合法律规定。依照《最高人民法院关于适用〈中华人民共和国刑事诉讼法〉的解释》第三百零七条的规定,裁定准许上一级公诉机关撤回抗诉。

点 评

本案涉及追诉时效在共同犯罪案件中的适用以及终止审理裁定能否提起上诉、抗诉两个问题。两个问题在司法实务中争议较大,本案的处理对于法律解释、同类案件处理及最新刑事诉讼文书样式修订具有一定的参考意义。

对于第一个问题,具体争议为,在共同犯罪中,侦查机关发现犯罪事实后,仅锁定部分共犯并立案侦查的,对其余共犯是否发生追诉期限延长的法律效果。本案法官从法理基础、共犯关系、域外规定以及实际操作等多个层面进行论证,层层递进,由法律基础到具体的法律规定,再到具体的实践操作,角度丰富、理由充足,展现了法官深厚的法学功底。法理基础上,法官对于追诉时效延长的立法目的的把握比较准确,即追诉时效延长的法律规定在于保障侦查活动的顺利进行以及国家侦查权的有效行使,因此应当以犯罪分子是否逃避侦查为标准判断是否延长犯罪分子的追诉时效。共犯关系上,法官对于追诉时效届满刑罚消灭的内在依据把握准确,即刑罚的消灭在于人身危险的"改善",而人身危险性是个性化的特性,因此共犯间的追诉时效适用应当具有独立性,法官说理有据。

对于第二个问题,具体争议为,根据现行规定,终止审理裁定送达后即发生法律效力,对该裁定能否提起上诉或抗诉。本案法官秉持着批判精神:法律等规定并非一定合理,必须对其进行理论与实践检验。法官从法理基础、法律规定、实际操作等多个层面进行了详细的论证,说理充分。首先,法理基础上,法官准确地指出二审程序的目的在于当事人的权利救济或者准确地定罪量刑,一审的中止审理裁定实际上涉及了事实问题,影响到对行为人进行定罪量刑。其次,法律规定上,法官准确地查找到了位阶更高的法条依据,指出《中华人民共和国刑事诉讼法》规定的判决、裁定生效的特定情形不包括中止审理裁定。最后,法官联系《中华人民共和国民事诉讼法》相关规定以及审判监督程序对法院公信力的影响等方面,做了补充论证。

本案法官的论据充分,既有理论基础,又有法律依据,条理清晰,逻辑严密。得出的结论符合刑法以及刑事诉讼法的基本原则,对于今后相似案件的处理具有借鉴意义。

案例提供单位:上海市第一中级人民法院
编写人:任素贤　于书生
点评人:卢勤忠

78. 师新芳破坏监管秩序案

——死缓执行期间故意犯罪"情节恶劣"的认定

案 情

公诉机关上海市人民检察院第二分院

被告人师新芳

被告人师新芳因犯故意杀人罪于 2015 年 11 月 25 日被一审法院判处死刑,缓期二年执行,剥夺政治权利终身;2016 年 1 月 29 日由二审法院核准;2015 年 4 月 25 日师新芳至上海市提篮桥监狱服刑。2016 年 11 月 16 日 9 时许,师新芳在上海市提篮桥监狱一监区工场间劳动时,因未听到收工指令未及时上缴工具与收工具的罪犯组长王某某发生纠纷,后被民警瞿某某带至工场间外露天晒台蹲在地上。当师新芳见王某某经过其身边时,情绪再度激动,辱骂王某某,并用头部撞击地面。民警瞿某某、杨某某制止师新芳撞击地面的行为时,师新芳挥拳击打杨某某面部,致杨口腔黏膜破损等,构成轻微伤。

公诉机关指控,被告人师新芳的行为应当以破坏监管秩序罪追究其刑事责任。师新芳在死刑缓期执行期间故意犯罪,应当数罪并罚。提请依法审判。

被告人师新芳对起诉指控的犯罪事实无异议。辩护人提出师新芳能够如实供述犯罪事实,建议对其从轻处罚。

审 判

一审法院经审理后认为,关于死缓变更为死刑立即执行的条件,1979 年刑法中规定为"抗拒改造情节恶劣、查证属实",1997 年刑法中规定为"故意犯罪、查证属实",2015 年刑法修正案(九)中规定为"故意犯罪、情节恶劣"。就 1979 年刑法的规定而言,因"抗拒改造情节恶劣"的条件过于模糊,在司法实践中存在一些肆意扩大适用的情况,因此,为避免死缓变更为死刑立即执行的随意性,减少、控制死刑的适用,1997 年修改刑法时,立法将"抗拒改造情节恶劣"改为"故意犯罪、查证属实",此次修改使死缓变更死刑立即执行的条件变得更加明确,但审判实践中也出现了不考虑死缓考验期间故意犯罪的起因、性质、情节、后果以及原判的具体情况,一旦故意犯罪,即一律核准并执行死刑的机械做法,这种做法不符合我国"严格控制和慎重适用死刑"的刑事政策,也无法适应司法实践的复杂情况。2015 年刑法修正案(九)的颁布,对死缓变更死刑立即执行的条件作出进一步的限制,立法用"故意犯罪、情节恶劣"的表述来调整 1997 年刑法中可能出现的机械情况。从三次修改内容的调整中可以看出,立法既贯彻了宽严相济的刑事政策,也体现了对死缓变更死刑立即执行的条件应当做限制解释的精神和内涵,这是我国司法实践应一以贯之的立场和态度,在判断本案是否达到"情节恶劣"时,应当严格坚持该立场和态度。

根据《中华人民共和国刑法》第四十八条之规定,"如果不是必须立即执行死刑的,可判处死缓",其中不是必须立即执行死刑的情况是指,被告人虽罪行极其严重,但其人身危险性较小,仍有改造可能性。此外,从死缓变更执行死刑的实践操作来看,其主要审查的亦是被告人在死缓考验期间是否人身危险性较大,已失去了改造可能性。因此,对"故意犯罪、情节恶劣"应围绕被告人的人身危险性和改造可能性进行综合评价。具体来说,应结合被告人在服刑期间的一贯表现;被告人在实施犯罪时的心理状态、目的、动机;犯罪时的手段、对象、时间、地点以及中止、未遂等情况;犯罪后的结果、态度等情况综合判断。据此,结合实际情况,以下情形应认定为"情节恶劣":第一,对于对抗改造型案件,如触犯《中华人民共和国刑法》第三百一十五条破坏监管秩序罪、第三百一十六条第一款脱逃罪、第三百一十七条组织越狱罪、暴动越狱罪等案件,以及实施其他危害国家安全、危害公共安全等案件;第二,对于手段恶劣型案件,如故意伤害不特定对象的,或使用恶劣手段伤害、杀害他人的,或使用恶劣手段虐待、欺辱其他服刑人员的;第三,对屡教不改型案件,如毒品犯罪死缓罪犯在狱内继续实施毒品犯罪,或故意犯罪 2 次以上等情况。

本案中,师新芳的行为已经构成故意犯罪,但不属于"情节恶劣",理由如下:(1)从事发原因来看,该案起因并非被告人主观上不服监管、抗拒改造与民警产生直接冲突,而是情绪激动造成的偶发案件;(2)从行为手段来看,被告人是在抗拒被害民警制止其自残行为的激烈过程中挥拳打了民警一拳,该行为应当与专门冲向监狱民警并意图殴打监狱民警的行为有所区别;(3)从危害后果来看,民警构成轻微伤,危害后果较轻;(4)从被害民警的角度来看,被告人与服刑人员王某发生纠纷后,监狱民警并未将两人隔离,而是让二人有接触机会,民警在处置被告人与其他服刑人员的纠纷上存在一定过失;(5)从认罪悔罪态度来看,师新芳在案发后及时向被害民警写信忏悔,并主动供述自己罪行,悔罪态度较好。

综上,被告人师新芳在服刑期间殴打监管人员,情节严重,其行为已构成破坏监管秩序罪。公诉机关指控的罪名成立。鉴于师新芳能如实供述犯罪事实,采纳辩护人的辩护意见,对其从轻处罚。师新芳在死刑缓期执行期间故意犯罪,应将新罪所判刑罚与前罪判处的死刑缓期二年执行,剥夺政治权利终身并罚,且死刑缓期执行的期间重新计算。依照《中华人民共和国刑法》第三百一十五条第(一)项、第六十七条第三款、第七十一条、第六十九条第三款、第五十条第一款的规定,判决如下:被告人师新芳犯破坏监管秩序罪,判处有期徒刑一年,与前罪判处的死刑缓期二年执行,剥夺政治权利终身并罚,决定执行死刑,缓期二年执行,剥夺政治权利终身。

一审判决后,被告人师新芳未提起上诉,公诉机关也未提起抗诉,现该案判决已经生效,并通过上海市高级人民法院报最高人民法院备案,师新芳已交付执行。

点 评

本案系罪犯在死缓执行期间又故意犯罪的案件。《中华人民共和国刑法》原第五十条规定死刑缓期执行期间"如果故意犯罪,查证属实的,由最高人民法院核准,执行死刑",刑法修正案(九)将该条修订为"如果故意犯罪,情节恶劣的,报请最高人民法院核准后执行死刑……"。但是对于如何认定"情节恶劣"法律或者司法解释尚未出台统一的适用标准,本案在法律适用方面具有典型的示范意义。

对于"情节恶劣",本案法官从立法原意、认定因素、刑事政策三个方面进行把握,较为深入、全面地论证了情节恶劣的认定标准。实际上,该三方面论证是对"情节恶劣"进行解释的过程,因此本案体现了对刑法解释学的运用。对于刑法某一术语的解释可以有多种理由,比如立法原意、历史解释、文理解释、目的解释等,法官的三个方面论证理由实际上涵盖了丰富的解释理由。首先,法官对于立法原意的论证也包含了历史解释的方法,从法条的历史沿革及变化上探求出立法者对死刑的适用遵循的是限制的态度,因此"情节恶劣"必须达到一定的严重程度。其次,第二个方面的论证包含了文义解释和目的解释,一方面从情节恶劣的认定因素上进行判断,另一方面从死缓适用的立法目的——降低人身危险性、具有可改造性上得出结论,即对于情节恶劣需要从客观上综合进行把握。最后,法官从刑事政策上来寻求情节恶劣的把握根据,最好的社会政策就是最好的刑事政策,死刑作为最为严重的刑罚手段,对生命的剥夺具有不可逆性,必须从体现民意的刑事政策上来寻求根据。

对"情节恶劣"的多层面解释,展现了法官扎实的法学理论素养,本案对师新芳在死缓考验期内故意犯罪后未变更执行死刑,既符合罪责刑相适应原则,也符合刑法修正案(九)的立法精神和控制死刑的刑事政策。

案例提供单位:上海市第二中级人民法院

编写人:姜琳炜 伍天翼

点评人:卢勤忠

79. 陈彦秋盗窃案

——我国刑事证明标准双重内涵"内心确信"与 "排除合理怀疑"的把握

案 情

公诉机关上海市嘉定区人民检察院

被告人(上诉人)陈彦秋

被告人陈彦秋无业,2016 年因犯盗窃罪被判处有期徒刑 10 个月,并处罚金人民币 1 000 元(以下币种均为人民币),2016 年 2 月 16 日刑满释放。

2016 年 12 月 3 日 13 时许,陈彦秋至上海市嘉定区安亭镇墨玉路某饭店内,趁人不备,窃得被害人姜某某放置于身后座椅上的手包 1 只,内有现金 2.1 万元、手机 1 部、斯柯达轿车遥控钥匙 1 把、卡包及银行卡、中石化加油卡等物(均未缴获)。经价格认定,被窃的斯柯达轿车遥控车钥匙价值 1 245 元。

公诉机关指控被告人陈彦秋犯盗窃罪,其中盗窃现金数额为 2.1 万元,向法院提起公诉。被告人陈彦秋到案后拒不供认犯罪事实,至一审庭审中表示认罪,但只承认窃得现金 1 万元、手机及斯柯达轿车遥控钥匙一把。其辩护人认为,公诉机关指控陈彦秋犯盗窃罪,其中盗窃的现金数额为 2.1 万元没有直接证据加以证明,因此,应当依照陈彦秋供述的 1 万元来认定盗窃数额。审理过程中,陈彦秋通过家属退出违法所得 1.124 5 万元。

审 判

一审法院经审理后认为,本案中没有直接证据可以认定陈彦秋盗窃的现金为 2.1 万元,陈彦秋也对此提出辩解,根据现有证据能否认定陈彦秋的盗窃金额为 2.1 万元,是本案的争议焦点。对此,在审判过程中存在两种不同的意见。第一种意见认为,根据监控视频、被害人陈述等证据只能证明陈彦秋实施了盗窃手包的行为,而对于陈彦秋盗窃现金是否为 2.1 万元的待证事实并没有任何直接证据能够加以印证,对于盗窃现金数额应当依照陈彦秋的供述与被害人陈述重合的部分来认定,即陈彦秋盗窃现金数额为 1 万元。第二种意见认为,虽然本案并没有直接证据证明陈彦秋盗窃的现金数额,但是被害人姜某某、邱某某所作关于失窃现金数额及相关细节的陈述一致,真实可信。被害人陈述之间、被害人陈述与银行凭证、上海增值税普通发票之间能够相互印证,且上述证据均经查证属实,证据之间、证据与事实之间不存在矛盾或矛盾得以合理排除。而上诉人陈彦秋的供述与辩解前后不一,有避重就轻之嫌,可信度低。因此,应当认定陈彦秋盗窃现金数额为 2.1 万元,陈彦秋的上诉理由不能成立。

解决本案争议焦点的关键在于如何理解我国刑事证明标准的内涵:"内心确信"和"排除合理怀疑"。能否认定被告人有罪,首先要依据证据判断待证事实是否存在,排除合理怀疑,进而形成内心确信。结合我国"事实清楚,证据确实、充分"的证明标准,应当理解为,法官在综合全案证据后,未发现证据与查明的事实之间存在矛盾或者矛盾符合常情,内心中并未产生合乎逻辑、常理的怀疑,就能够形成内心确信,最终判决被告人有罪。

综合全案证据,首先,被害人姜某某在手包被盗后的第一时间 2016 年 12 月 3 日 13 时 11 分报警时陈述的内容与之后两次接受公安机关询问所作陈述一致,称手包内有现金 2.1 万元,其中 2 万元放在手包内,1 000 元放在卡包内,其与妻子邱某某均清点过,且均为百元面额。邱某某接受公安机关询问时陈述,2016 年 12 月 3 日上午姜某某从自家放钱的抽屉中清点出 2 万元,邱某某自己亦清点过一遍,确系为 2 万元后放入手包中,对另外的 1 000 元其亦见姜某某清点后放入卡包内。邱某某所作关于失窃现金数额及相关细节的陈述与姜某某的描述一致,真实程度较高。加之,姜某某系靖江鼎上物流有限公司经营者,家中存有 2 万元以上现金并未超出常人的认识范围。据此,对案发当日被害人手包内的现金数额为 2.1 万元可以排除合理怀疑。其次,被害人称失窃的 2.1 万元现金是从家中放钱的抽屉取出的,目的是为了缴纳物业费及参加晚上的牌局。当日上午其到物业公司发现可以刷卡缴费,故刷卡缴纳了物业管理费,未使用手包内现金。二审期间,检察机关提供的姜某某缴纳物业费的相关银行凭证、上海增值税普通发票印证了姜某某的陈述内容。

上诉人陈彦秋在公安机关侦查阶段所作四次供述均否认实施了盗窃行为,否认到过案发地;在检察机关审查起诉阶段所作供述又称手包是其捡走的而非偷走的;在一审庭审中才承认其实施了盗窃行为,但辩称盗窃现金数额为 1 万元。陈彦秋的供述与辩解呈现出从否认实施盗窃,到承认捡走手包,再到承认盗窃手包但对所窃现金数额有异议的变化过程。陈彦秋的供述与辩解前后不一,有避重就轻之嫌,且其曾于 2016 年初实施盗窃,到案后也始终否认实施过盗窃行为。最终,法院依据相关证据认定陈彦秋构成盗窃罪,对其判处有期徒刑 10 个月,并处罚金 1 000 元。综合判断,对陈彦秋仅盗窃现金 1 万元的辩解不予采信。

至此,在本案中被害人陈述之间、被害人陈述与银行凭证、上海增值税普通发票之间能够相互印证,且上述证据均经查证属实,证据之间、证据与事实之间不存在矛盾或矛盾得以合理排除,关于陈彦秋盗窃 2.1 万元的证据之间已形成完整的证明体系,即被害人姜某某手包内有现金 2.1 万元;手包被窃时包内金额仍为 2.1 万元;陈彦秋实施了盗窃该手包的行为。对于检察机关关于陈彦秋盗窃 2.1 万元现金的指控,不存在合理的、符合经验、逻辑的疑问,对此可以形成内心确信,即陈彦秋的盗窃现金数额为 2.1 万元。

综上,一审法院认为,被告人陈彦秋以非法占有为目的,扒窃他人财物,其中,盗窃的现金数额为 2.1 万元,数额较大,其行为已构成盗窃罪。陈彦秋的辩解及辩护人的辩护意见无事实依据,不予采信。陈彦秋曾因犯盗窃罪被判处有期徒刑,在刑罚执行完毕后五年内再犯应当判处有期徒刑以上刑罚之罪,系累犯,应当从重处罚。法院作出判决,以盗窃罪判处陈彦秋有期徒刑二年六个月,并处罚金五千元,责令陈彦秋继续退赔犯罪所得一万一千元,连同在案款一万一千二百四十五元,发还被害人。

一审宣判后,被告人陈彦秋不服提出上诉。陈彦秋对实施了盗窃行为不持异议,但对原判认定其窃取的现金数额提出异议,认为仅盗窃现金 1 万元,而非 2.1 万元,原判量刑过重,请求二审法院对其从轻处罚。

在二审审理过程中,公诉机关补充出示了被害人姜某某缴纳物业费的银行凭证、上海增值税普通发票等证据后认为:被害人姜某某报案后的陈述与之后两次接受公安机关询问的陈述一致,即其手包内有现金 2.1 万元,其与妻子邱某某均清点过。邱某某的陈述亦证实其清点过包内现金,系 2.1 万元。被害人陈述始终如一,且相关银行凭证、上海增值税普通发票证实姜某某在缴纳物业费时并未使用包内现金。而陈彦秋所作辩解前后不一,与在案证据不符,其上诉理由不能成立,建议二审法院驳回陈彦秋的上诉,维持原判。法庭对上述证据进行了质证。二审法院经审理后认为,上诉人陈彦秋以非法占有为目的,扒窃他人财物,其中现金数额为 2.1 万元,其行为已构成盗窃罪。上诉人的辩解可信度低,对其盗窃现金 2.1 万元的事实可以排除合理怀疑,其上诉理由不能成立。陈彦秋曾因故意犯罪被判处有期徒刑,在刑罚执行完毕后五年内再犯应当判处有期徒刑以上刑罚之罪,系累犯,应当从重处罚。陈彦秋通过亲属退出违法所得 1.124 5 万元,可以酌情从轻处罚。公诉机关的意见正确,应予支持。原判认定事实和适用法律正确,量刑适当,且诉讼程序合法。据此,依照《中华人民共和国刑事诉讼法》第二百二十五条第一款第(一)项之规定,裁定驳回上诉,维持原判。

点 评

"事实清楚,证据确实、充分"证明标准一直是司法实践中的适用难点,法官对该证明标准的把握将直接影响被害人或者被告人的权益。司法实践中被告人往往会为逃避制裁而虚假供述,被害人陈述往往缺乏其他直接证据予以证明,从而出现被告人供述与被害人陈述不一致的情形。在缺乏直接证据的情况下,如何把握"事实清楚,证据确实、充分"将对案件的处理产生重大影响。本案是一起被告人与被害人关于盗窃金额说法不一且没有直接证据证实被告人盗窃金额的案件,对于证明标准的理解具有借鉴意义。

本案法官从"内心形成确信"和"排除合理怀疑"两个角度对"事实清楚,证据确实、充分"进行综合的、主客观相统一的把握,理解深入而全面。"内心形成确信"实际上并非仅凭法官的主观判断,正如法官所指出的,法官只有聆听了控辩双方的辩论,分析了全案证据,对待证事实存在的真实程度排除了合乎逻辑的,非臆想的,有证据支持的怀疑,才可能形成内心确信,最终作出裁判。因此,"内心确信"实际上是建立在"排除合理怀疑"基础上的,二者具有明显的同一性,并不会导致法官自由裁量权过大。对于"排除合理怀疑",法官主要从三个方面进行了具体的把握,思路明确、清晰。其一是无罪推定的理念,即只有排除了合理怀疑才能做出有罪判决;其二是合理怀疑的理念,即合理怀疑不是一种想象出来的怀疑,必须源自于证据;其三是排除合理怀疑并非排除一切怀疑。

最终,法官得出较为清晰、明确、具有较强的可操作性的结论:我国"事实清楚,证据确实、充分"的证明标准,应当理解为,法官在综合全案证据后,未发现证据与查明的事实之间存在矛盾或者矛盾符合常情,内心中并未产生合乎逻辑、常理的怀疑,就能够形成内心确信,最终判决被告人有罪。法官根据该标准认定,本案中被害人的证据能够相互印证,不存在矛盾或矛盾得以合理排除。检察机关的指控,不存在合理的、符合经验、逻辑的疑问,对此可以形成内心确信,因此认定陈彦秋的盗窃现金数额为 2.1 万元。判决形成了逻辑严密的证明体系,具有说服力,且实现了对被害人合法权益的有效维护,树立了司法权威。

案例提供单位:上海市第二中级人民法院

编写人:沈　言

点评人:卢勤忠

80. 杨万华贩卖毒品、容留他人吸毒案

——侦查人员出庭作证的必要性认定与证言审查

案 情

公诉机关上海市松江区人民检察院

被告人杨万华

公诉机关指控：2015 年 7 月 18 日 0 时许，被告人杨万华经事先联系在上海市闵行区龙吴路 5530 弄 11 号某室门口处，以人民币 400 元的价格将 2 包白色晶体贩卖给倪某。经检验，涉案白色晶体净重 1.94 克，其中检出甲基苯丙胺成分。嗣后，民警对被告人杨万华位于上海市闵行区龙吴路 5530 弄 11 号某室的住所地进行搜查，当场查获透明塑料袋包装的白色晶体 9 包、白色粉末 2 包。经检验，涉案白色晶体净重 9.78 克、白色粉末净重 0.58 克，其中均检出甲基苯丙胺成分。

2015 年 9 月下旬，被告人杨万华先后两次在上海市闵行区龙吴路 5530 弄 85 号某室容留白某、胡某某等人吸食毒品。9 月 29 日，民警在上址当场抓获被告人杨万华，并缴获未吸食完的毒品若干。经检验，剩余毒品净重 0.89 克，其中检出甲基苯丙胺成分。

公诉机关认为，被告人杨万华的行为已触犯《中华人民共和国刑法》第三百四十七条第一款、第四款，第三百四十八条，第三百五十四条的规定，应当以贩卖毒品罪、非法持有毒品罪、容留他人吸毒罪追究刑事责任。被告人杨万华犯数罪，依照《中华人民共和国刑法》第六十九条的规定，应当数罪并罚。

被告人杨万华对起诉指控容留他人吸食毒品的事实及罪名没有异议，但辩称自己没有贩卖毒品，公安在其住处就扣押到 1 包毒品，系其自己吸食所用，其余大部分毒品都是公安在其楼下草丛中找到的，并非其所有。其辩护人认为指控被告人非法持有毒品罪的证据不足，希望法庭依法判决。

审 判

一审法院经审理后认为，本案的争议焦点在于公安机关在杨万华楼下草丛中搜查到的毒品是否是杨万华所有。被抓获后，杨万华一直坚称上述毒品并不是他本人的。而侦查人员李某、黄某关于杨万华将毒品从窗口扔入草丛中的证言是认

定上述事实的关键证据。本案审理的难点在于：第一，侦查人员有无出庭作证的必要；第二，对侦查人员庭审中所作的证言如何审查采信。

根据法律规定，在符合条件的情况下，侦查人员依法"应当"出庭作证。"应当"表明出庭作证不是侦查人员的选择性权利，而是一种强制性的义务，也是一种法定责任。实践中，判断侦查人员有无出庭的必要性应主要考虑侦查人员的证言对本案的定罪量刑是否具有关键作用。

在案件审理过程中，法院认为侦查人员的证言对案件定罪量刑有关键作用时应符合以下几个条件：1.被告人及辩护人对指控的事实提出异议；2.侦查人员的证言是认定该节事实的直接证据，甚至是唯一的直接证据，如果不出庭可能导致某个影响定罪的事实无法认定；3.有需要侦查人员出庭作证的其他情形，如侦查人员的证言存在形成时间晚、有明显不合理之处等异常情况，如果其不出庭，证言的真实性会受到质疑。

本案被告人杨万华被抓获后始终否认从其楼下草丛中查获的毒品系其所有。而公诉机关提供的证据中从未提到涉案的 11 包冰毒中有部分系在杨万华楼下搜到，也未提供任何证据证实楼下搜到的冰毒系杨万华所扔。直至杨万华在第一次庭审中对该节事实再次提出异议后，公诉机关在庭审后才补充提供了证人黄某于 2017 年 1 月 12 日所作的询问笔录，证实其看到被告人杨万华扔毒品的情况。但该份笔录制作时间距离案发已经 1 年多。而当时侦查人员李某负责在楼上抓捕被告人，黄某负责在楼下监视。综上，本案中两位侦查人员证言属于关键证据，直接影响事实的认定，对案件证据链的形成具有关键作用，故我院认为确有必要出庭作证，故安排了第二次庭审，并通知了侦查人员李某、黄某出庭。

侦查人员出庭作证证言能否转化为定案的证据需要审判组织对其证言的进行综合性的审查判断：1.原则上侦查人员的证明力优先。一般情况下，侦查人员属于与被告人没有利害关系的人，且通过执行职务了解犯罪事实，其所提供的证言被认为具有更大的证明力，在不存在合理怀疑的情况下应予以采信；2.逻辑规则和经验法则。实践中，不可避免会出现侦查人员当庭所作的证言不真实的情况。因此对证言的真实性存在合理怀疑时仍应从经验上和逻辑上进行审查；3.相互印证规则。侦查人员当庭作出的证言是否与庭前证言以及其他证据在所包含的事实信息方面一致，使得其真实性能够得到其他证据的印证。

经审查，侦查人员李某、黄某庭审中所作的证言不能作为定案的证据：1.证言与其他证据之间存在矛盾，且不能给出合理解释。根据现场的搜查录像，楼上的民警先主动向楼下民警询问有无扔东西的情况，而不是李某、黄某在庭审中说的黄某在楼下看到杨万华从窗口扔东西后再打电话给楼上民警，两名侦查人员当庭所作的证言与搜查录像内容明显不相符；2.不符合逻辑规则和经验法则。黄某在庭审中表示其先看到有东西从楼上掉下来,然后顺着轨迹往上看,看到杨万华所在的房屋灯亮着。但是黄某也表示当时系凌晨 0 时许,现场光线并不是很好,搜查录像中明显看出现场较昏暗,而在草丛中所搜到的几包冰毒体积较小。在这样的光线条件下能先看到如此小的东西从楼上掉下来,不大符合常理。

此外,本案中杨万华被抓获后始终否认全部犯罪事实,公安机关当时有条件、有能力对查获的毒品包装袋进行指纹或 DNA 鉴定,以证实涉案毒品系被告人所有,但公安机关并未做相关的证据固定,导致现在相关证据无法搜集,该举证不能的责任不应由杨万华承担。根据证据存疑有利于被告人的原则,现有证据无法充分证实楼下所搜到的冰毒系杨万华所有。据此,法院采纳了杨万华及其辩护人关于该节事实的辩解及辩护意见。

综上,法院认为,公诉机关指控被告人杨万华构成非法持有毒品罪不成立,法院不予确认。被告人杨万华明知系毒品仍予以贩卖,其行为已构成贩卖毒品罪;又容留他人吸食毒品,其行为已构成容留他人吸毒罪。公诉机关指控的上述罪名成立。被告人杨万华犯两罪,依法应数罪并罚。被告人杨万华当庭对容留他人吸食毒品的犯罪事实予以供认,可酌情从轻处罚。根据被告人犯罪的事实、情节、性质以及对社会的危害程度等,依照《中华人民共和国刑法》第三百四十七条第一款、第四款,第三百五十四条,第六十九条第一款、第三款,第六十四条,第五十二条,第五十三条的规定,判决如下:

一、被告人杨万华犯贩卖毒品罪,判处有期徒刑十个月,并处罚金人民币一千元;犯容留他人吸毒罪,判处有期徒刑七个月,并处罚金人民币一千元;决定执行有期徒刑一年,并处罚金人民币二千元。

二、扣押在案的毒品,予以没收。

一审宣判后,被告人杨万华未提出上诉,公诉机关亦未提起抗诉,一审判决已发生法律效力。

点 评

在毒品、危险驾驶、妨害公务等案件中,侦查人员往往是案件的目击者、见证人,因此侦查人员的证言对被告人的定罪量刑具有关键作用。但是侦查人员出庭作证需要符合特定的条件,而且法院对其证言的审查判断也具有一定的特殊性。本案中发生了侦查人员当庭作出的证言与其他证据相互矛盾的情形,本案法官对侦查人员应出庭作证的必要情形及对证言的审查方法进行了论证与总结,对实践中类似情形的处理具有参考意义。

对于侦查人员出庭作证的必要性,法官分别从法律规定、出庭可能性和意义重大提出了三个要件:一是符合法律规定,即符合《中华人民共和国刑事诉讼法》和相关证据规范的条文规定;二是具有参加庭审的可能性,即侦查人员作为公务人员,不存在下落不明的情况,出庭有现实可操作性;三是具有重大的实践意义,即侦查人员的证言对本案的定罪量刑是否具有关键作用。这三个要件兼顾理论基础与实践操作,论据充足、逻辑严密。第三个要件是侦查人员出庭必要性的核心要件,侦查人员的出庭势必影响案件的审理进度,降低诉讼效率,因此只有综合现有的案件证据能够难以形成完整的证明体系,侦查人员如不出庭相关事实则无法认定时,侦查人员才有必要出庭。

对于侦查人员出庭作证的证言审查具有一定的特殊性,侦查人员属于与被告人没有利害关系的人,且通过执行职务了解犯罪事实,其所提供的证言具有更大的证明力。但是由于侦查人员主客观情况,难免会出现证言不真实的情形,因此,侦查人员证言也应接受证据审查标准的检验。本案法官从侦查人员的证明力优先、逻辑规则和经验法则以及相互印证规则三个方面确立了审查标准,符合"证据确实、充分"的证据证明要求。

最终法官以侦查人员证言与其他证据之间存在矛盾且不能给出合理解释,以及不符合逻辑规则和经验法则,作出了不予采纳的认定。法官对侦查人员的证言做出了合理怀疑,审查过程遵循了"证据确实、充分"的证据证明要求,展现了法官扎实的法学功底和严密的逻辑思维。

案例提供单位:上海市松江区人民法院

编写人:张　华　钱　莹

点评人:卢勤忠

81．何东海盗窃、合同诈骗、信用卡诈骗案

——新型支付环境下侵财犯罪的司法定性

案 情

公诉机关上海市嘉定区人民检察院

被告人何东海

2015 年 12 月 5 日 16 时许,被告人何东海在上海市嘉定区曹安路 1509 号福瑞大厦门口被害人吴某某车内,趁吴不备,秘密窃取吴放在车内的中国建设银行信用卡 1 张,后何东海至嘉定区曹安路 1525 号农业银行 ATM 机上取走该信用卡内人民币 2 000 元(以下币种相同),之后又用该信用卡去附近超市购买了价值 20 余元的物品,并将该信用卡丢弃。2015 年 12 月 24 日,被告人何东海趁被害人吴某某不备,窃取了吴手机 SIM 卡,后使用该 SIM 卡登录吴的支付宝账号等,并擅自变更密码。后何东海于同年 12 月间,通过多种方式多次秘密窃取吴某某的钱款,具体如下:

(1) 2015 年 12 月 25 日,被告人何东海登录被害人吴某某支付宝账号,通过支付宝"蚂蚁花呗"的形式,购买了 Apple iPhone 6 Plus 手机 1 部,消费了吴某某 6 000 余元。同日,何东海通过"蚂蚁花呗"的形式在大众点评网消费了吴某某计 187 元。

(2) 2015 年 12 月 27 日至 28 日,被告人何东海登录被害人吴某某支付宝账号,多次通过支付宝转账的方式,窃得与支付宝绑定的吴某某中国农业银行卡内的资金计 10 500.5 元。

(3) 2015 年 12 月 25 日,被告人何东海登录被害人吴某某京东商城账号,以"京东白条"的形式,购买了 Apple iPhone 6s 手机 1 部,消费吴某某 5 788 元。

(4) 2015 年 12 月 27 日,被告人何东海申请了账户名称为"哈哈"的微信账号,并使用被害人吴某某手机 SIM 卡,将该微信账号绑定吴某某的上述农业银行卡,后多次通过微信转账的方式,窃得吴某某农业银行卡内资金计 5 200 余元。

(5) 2015 年 12 月 25 日,被告人何东海通过支付宝关联被害人吴某某身份,新

申请了一个支付宝账号,后以吴某某名义通过"蚂蚁借呗"形式,向支付宝阿里巴巴贷款 1 万元,并转至其自己的招商银行卡内。

2016 年 1 月 5 日,被害人吴某某至公安机关报案,经侦查,公安机关确认被告人何东海有重大嫌疑。同年 1 月 14 日,何东海被民警抓获,到案后如实供述了上述犯罪事实。

审 判

公诉机关以沪嘉检诉刑诉〔2016〕681 号起诉书指控被告人何东海以非法占有为目的,多次秘密窃取公民财物,数额巨大,其行为已构成盗窃罪,向法院提起公诉。被告人何东海对公诉机关指控的事实无异议,但认为自己的行为构成信用卡诈骗罪。其辩护人认为,何东海的行为应认定为信用卡诈骗罪,理由为:(1)公诉机关指控何东海盗窃被害人建设银行卡并使用的事实,以及何东海通过支付宝、微信使用被害人农业银行卡内资金的事实,均属于冒用他人信用卡的信用卡诈骗行为。(2)其余指控的事实中,京东商城、支付宝账号能进行金融操作,属于信用卡,故何东海从上述账号内获取资金的行为也属于信用卡诈骗行为。辩护人还认为,何东海如实供述自己的罪行,有退赔及悔过的意愿,建议法院对其从轻处罚。

针对本案主要争议焦点,上海市嘉定区人民法院公开审理后评判如下:

(一) 关于被告人何东海盗窃建设银行信用卡并使用的行为定性

被告人何东海及其辩护人认为,该节事实中何东海的行为属于冒用他人信用卡的信用卡诈骗行为。

法院认为,被告人何东海在该节事实中的行为构成盗窃罪。理由为:被告人何东海趁被害人吴某某不备,窃取吴某某的建设银行信用卡 1 张,并使用该信用卡取现及消费,该行为属于《中华人民共和国刑法》第一百九十六条第三款规定的"盗窃信用卡并使用",且数额达 2 000 余元,属于数额较大,应对被告人何东海依照《中华人民共和国刑法》第二百六十四条盗窃罪的规定定罪处罚。

被告人、辩护人关于该节事实属于信用卡诈骗的辩解和辩护意见,与法律规定不符,法院不予采纳。

(二) 关于被告人何东海通过"蚂蚁花呗""京东白条""蚂蚁借呗"的方式购买商品、获得贷款的行为定性

被告人何东海及其辩护人认为,京东商城、支付宝账号属于信用卡,何东海从上述账号内获取资金的行为属于信用卡诈骗行为。

法院认为,被告人何东海在上述三节事实中的行为构成合同诈骗罪。具体分析如下:

第一,经查,证人吴某某的证言、被告人何东海的供述、相关的《"蚂蚁花呗"用户服务合同》《权利义务转让及变更公告》《"京东白条"情况说明》《信用赊购服务协议》《京东订单信息》、支付宝账号明细、手机催还款信息等证据证实,"京东白条"属于被害单位京东公司提供给特定京东商城用户的信用赊购服务,"蚂蚁花呗""蚂蚁借呗"属于被害单位阿里巴巴公司提供给特定支付宝用户的信用贷款服务,但用户使用需经申请及两被害单位审核通过,两被害单位亦在相关页面上就信用额度、还款方式、期限等权利义务进行了释明。故京东商城用户通过"京东白条"赊购商品,支付宝用户通过"蚂蚁花呗""蚂蚁借呗"获得贷款,均属于签订合同。

第二,本案中,被告人何东海未经吴某某的许可,以吴某某的名义登录京东商城、支付宝账号,通过操作"京东白条""蚂蚁花呗""蚂蚁借呗"的方式,非法占有京东公司、阿里巴巴公司的资金,该行为属于冒用他人名义签订合同,骗取对方当事人财物的合同诈骗行为。

第三,京东商城、支付宝账号不属于商业银行或者其他金融机构发行的电子支付卡,不能认定为信用卡。京东公司、阿里巴巴公司提供特定用户的"京东白条""蚂蚁花呗""蚂蚁借呗"服务,并不以用户在京东商城、支付宝账号内有资金为前提,且何东海的行为亦未直接占有吴某某上述账号内的资金。故何东海在上述三节事实中的行为不是信用卡诈骗或盗窃行为。

综合何东海骗取两被害单位财物的数额达 2.1 万余元,其行为已构成合同诈骗罪。

公诉机关关于该部分事实属于盗窃的公诉意见,被告人及其辩护人关于该部分事实属于信用卡诈骗的辩解、辩护意见,均与事实和法律不符,法院不予采纳。

(三) 关于被告人何东海非法占有农业银行信用卡内资金的行为定性

被告人何东海及其辩护人认为,何东海通过支付宝、微信使用吴某某农业银行卡内资金的行为,属于冒用他人信用卡的信用卡诈骗行为。

法院认为,被告人何东海在上述两节事实中的行为构成信用卡诈骗罪。理由为:何东海未经被害人吴某某的许可,利用支付宝或微信的收付转账功能及绑定的吴某某农业银行信用卡信息资料,以吴某某的名义使用该信用卡,非法占有卡内资金。该行为属于以非法方式获取他人信用卡信息资料,并通过互联网、通讯终端使用,依照《最高人民法院、最高人民检察院关于办理妨害信用卡管理刑事案件具体应用法律若干问题的解释》第五条的规定,应认定为冒用他人信用卡的信用卡诈骗行为。何东海在作案过程中未窃取上述农业银行信用卡,其虽窃取了吴某某手机的 SIM 卡,但系为冒用信用卡及非法占有卡内资金创造条件,故其在上述两节事实中的行为不符合盗窃罪的构成要件。被告人何东海冒用他人信用卡的数额达 1.5 万余元,其行为构成信用卡诈骗罪。

被告人何东海及其辩护人关于该部分事实系信用卡诈骗的辩解、辩护意见,于法有据,法院予以支持。公诉机关关于该部分事实系盗窃的公诉意见,不予采纳。

综上,法院认为,被告人何东海以非法占有为目的,秘密窃取他人财物,数额较大,其行为已构成盗窃罪;被告人何东海以非法占有为目的,冒用他人名义签订合同,骗取对方当事人财物,数额较大,其行为亦已构成合同诈骗罪;被告人何东海以非法占有为目的,冒用他人信用卡,进行信用卡诈骗活动,数额较大,其行为还已构成信用卡诈骗罪。被告人何东海犯三罪,应予数罪并罚。控辩双方认为,被告人何东海如实供述自己的罪行,可以从轻处罚的意见,合法有据,法院予以采纳。结合被告人何东海有前科及其犯罪的手段、次数等情节,法院在量刑时一并予以体现。为严肃国法,保护公私财产权利不受侵犯,维护社会治安及社会主义市场经济秩序,依照《中华人民共和国刑法》第二百六十四条、第二百二十四条第(一)项、第一百九十六条第一款第(三)项、第三款、第六十九条第一款、第三款、第六十七条第三款、第五十三条、第六十四条及《最高人民法院、最高人民检察院关于办理妨害信用卡管理刑事案件具体应用法律若干问题的解释》第五条之规定,判决如下:

一、被告人何东海犯盗窃罪,判处有期徒刑六个月,并处罚金人民币一千元;犯合同诈骗罪,判处有期徒刑八个月,并处罚金人民币四千元;犯信用卡诈骗罪,判处有期徒刑一年六个月,并处罚金人民币二万元;决定执行有期徒刑二年六个月,并处罚金人民币二万五千元。

二、责令被告人何东海退赔违法所得,发还被害单位、被害人。

点 评

支付机构创新了人们的财产处置方式,用户通过客户端可以轻松地实现购物、转账、借贷和投资。但新形式犯罪也紧随便捷性而至,对盗用他人支付软件进行的财产犯罪如何定性,成为理论与实践中的热点议题。由于第三方支付平台集中了多种新型支付方式,在具体的案件中,行为人往往得以利用多种方式非法占有他人财物,增加了定罪量刑的复杂性。本案中行为人利用被害人的 SIM 卡登录支付宝账号、京东账号等第三方支付平台通过多种支付方式侵害了被害人的财产,此案的处理对于新型网络侵财案件法律的适用具有示范意义。

理论与实践中往往都将蚂蚁花呗、蚂蚁借呗、京东白条、快捷支付等看作由第三方支付平台提供的业务,没有区分各业务是用户和第三方支付平台间的双方关系,还是用户和第三方支付平台、其他公司间的三方关系。但是不同的业务可能涉及不同的法益和财产性质,因此明确相关业务的性质和真正关系人,是准确把握该业务所涉及的社会关系或法益的前提。本案法官清晰地认识到不同的业务涉及不同的法益,因此采取区分说。法官对行为人的行为做了三个方面的区分,一类是盗窃并使用银行卡;第二类是冒用蚂蚁花呗、蚂蚁借呗和京东白条;第三类是通过快捷支付冒用信用卡。第一类行为,属于《中华人民共和国刑法》第一百九十六条第三款规定的"盗窃信用卡并使用"的情形,构成盗窃罪,法官认定罪名准确。第二类业务,京东商城、支付宝账号不属于商业银行或者其他金融机构发行的电子支付卡,不能认定为信用卡,其所发行的个人信用支付产品也就不属于刑法上的信用卡。因此,法官准确地认定被告人的"行为属于冒用他人名义签订合同,骗取对方当事人财物的合同诈骗行为。"第三类属于快捷支付业务,快捷支付业务实际上是银行的一项信用卡业务,被告人通过支付宝、微信使用被害人农业银行卡内资金,这是一种窃取他人信用卡信息资料并使用的行为属于"冒用他人信用卡"的信用卡诈骗行为。

本案法官根据不同业务采取区分认定的做法,从业务涉及的法益、行为方式等角度充分论证了被告人的行为性质,说理充分,定罪准确,对以后类似案件的处理具有借鉴意义。

案例提供单位:上海市嘉定区人民法院

编写人:徐洋洋

点评人:卢勤忠

82. 郭某等介绍卖淫案

——发放"招嫖"卡片行为之定性

案 情

公诉机关上海市奉贤区人民检察院

被告人郭某

被告人未某

被告人马某

公诉机关指控,2015 年 10 月至 11 月,被告人郭某伙同被告人未某、马某及高某(另案处理)等人,在上海市浦东新区、奉贤区以发放招嫖卡片的方式组织卖淫活动,具体由被告人郭某驾驶车辆带被告人马某及高某至上海市浦东新区、奉贤区的快捷酒店,由马某、高某发放招嫖卡片至酒店房间,郭某接嫖客电话并谈妥嫖资后通过手机微信等方式通知被告人未某驾车送卖淫女至宾馆卖淫,由未某向卖淫女收取嫖资。2015 年 11 月 11 日凌晨,被告人郭某接嫖客陈某某电话谈妥嫖资后,通知被告人未某驾车送卖淫女卢某某至上海市奉贤区南桥镇环城东路 928 号如家宾馆与陈某某进行卖淫嫖娼活动,后被民警查获。

公诉机关就指控的事实当庭宣读并出示了同案关系人豆某的供述,证人卢某某、黄某某、刘某某、陈某甲、陈某乙的证言,公安机关出具的案发及抓获经过、搜查笔录、扣押决定书、扣押笔录、扣押清单、物品照片、辨认笔录等证据,据此认为被告人郭某构成组织卖淫罪,且有组织未成年人卖淫情节,被告人未某、马某构成协助组织卖淫罪,提请本院依照《中华人民共和国刑法》第三百五十八条第一、二、四款等规定予以惩处。

被告人郭某对指控的犯罪事实没有异议,对罪名有异议,辩称其行为不是组织卖淫,其辩护人对指控被告人犯组织卖淫罪有异议,认为系介绍卖淫行为,且郭某亦不明知黄某某系未成年人。被告人郭某的辩护人就辩称当庭提供和出示了证人黄某某、卢某某的证言。

被告人未某对指控的犯罪事实及罪名没有异议,其辩护人对罪名有异议,表示应认定为介绍卖淫罪。

被告人马某对指控的犯罪事实及罪名没有异议,其辩护人辩称,本案应认定为介绍卖淫罪,且马某在共同犯罪中系从犯。

法院经审理查明,2015 年 10 月至 11 月间,被告人郭某伙同被告人未某、马某及高某等人,在上海市浦东新区、奉贤区以发放招嫖卡片的方式进行介绍卖淫活动,由被告人郭某驾驶车辆带被告人马某及高某至浦东、奉贤的快捷酒店,马某、高某发放招嫖卡片至酒店房间,郭某接听嫖客电话并谈妥嫖资后通过手机微信等方式通知被告人未某驾车送卖淫女至宾馆卖淫,事后由未某向卖淫女收取嫖资。2015 年 11 月 11 日凌晨,被告人郭某接嫖客陈某某电话谈妥嫖资后,通知被告人未某驾车送卖淫女卢某某至上海市奉贤区南桥镇环城东路 928 号"如家"宾馆与陈某某进行卖淫嫖娼活动,后被民警查获。

审 判

法院经不公开开庭审理后认为,被告人郭某、未某、马某结伙介绍他人卖淫,并未实施筹建、建立、运转、维持一个或者数个卖淫系统的行为,不成立组织卖淫罪,其行为符合介绍卖淫犯罪的构成要件,且属共同犯罪,故对公诉机关指控组织卖淫罪的罪名予以更正。被告人郭某、未某、马某到案后能如实供述自己的罪行,依法可以从轻处罚。庭审中,被告人马某辩护人提出其系从犯,经查,被告人马某在共同犯罪中积极实施犯罪行为,三被告人各自的犯罪具体行为构成了整个介绍并促成卖淫嫖娼活动实施不可或缺的环节,不宜区分主从犯,故对辩护人从犯的辩护意见不予采纳。另外,公诉机关认为被告人郭某等人有组织已满十四周岁、未满十八周岁的未成年人卖淫的从重处罚情节,本院经审查后对该情节未予认定。刑法修正案(九)第四十二条将《中华人民共和国刑法》第三百五十八条进行了修改,其中第二项规定"组织、强迫未成年人卖淫的,依照前款的规定从重处罚。"本案定性已由组织卖淫更正为介绍卖淫,故未成年人卖淫的加重情节在本案中无法适用。本案中,在对卖淫女黄某某的询问笔录中,黄某某明确被告人郭某等人并不知晓其不满十八周岁的情况,其也表示平时一直打扮成熟,看上去已经成年;与黄某某同住的卖淫女卢某某亦表示,黄某某平时打扮成熟,自称已经二十多岁,其偶然看见黄某某身份证才知道尚未成年;被告人郭某等人到案后就不明知黄某某尚未成年的供述稳定。本案现有证据无法推定被告人明知介绍未成年人进行卖淫。综上,根据三名被告人的犯罪事实、性质、情节、社会危害程度及认罪悔罪态度,本院认定三名被告人犯介绍卖淫罪,分别判处被告人郭某有期徒刑二年六个月,并处罚金人民币五千元;被告人未某犯介绍卖淫罪,判处有期徒刑二年,并处罚金人民币四千元;被告人马某犯介绍卖淫罪,判处有期徒刑一年六个月,并处罚金人民币三千元。

判决后,公诉机关未就本院改变定性提起抗诉,三名被告人亦未提起上诉,现本案已生效。

点 评

近年来,在各宾馆发放"招嫖"广告卡片的现象较为多发,行为人往往先与嫖客谈妥嫖资、将卖淫女送至嫖客宾馆进行卖淫嫖娼活动。从外观上看,这种卖淫嫖娼活动具有一定的组织形式,司法实践容易在组织卖淫罪与介绍卖淫罪间发生混淆,本案对组织卖淫罪与介绍卖淫罪的界限提出了较为明确的标准,对类似案件的处理具有借鉴意义。

本案的争议焦点有三项:一是介绍卖淫罪与组织卖淫罪的界限;二是不明知所介绍的卖淫女为幼女是否影响量刑;三是是否能够区分主从犯。对于第一个争议焦点,根据 2017 年《最高人民法院、最高人民检察院关于办理组织、强迫、引诱、容留、介绍卖淫刑事案件适用法律若干问题的解释》,组织卖淫罪是指以招募、雇佣、纠集等手段,管理或者控制他人卖淫,卖淫人员在三人以上的行为。因此,组织卖淫罪需要具有组织性、管理性和人数多三个特征。本案中的各行为人与卖淫女之间并无组织性,同时也缺乏管理性,行为人起到的只是牵线搭桥的作用,并从中获取中介费。因此,法官将公诉机关起诉的"组织卖淫罪"更改为"介绍卖淫罪",定罪准确。对于第二个争议焦点,由于将组织卖淫罪更改为介绍卖淫罪,未成年人卖淫的加重情节在本案中无法适用,但法官遵从了上海市高级人民法院有关介绍未满十四周岁的未成年人卖淫直接跳档五年以上量刑的规定,认为行为人主观上必须是明知或者由证据可以推定的明知。对于第三个争议焦点,法官认为各被告人在共同犯罪中积极实施犯罪行为,各自犯罪具体行为构成了整个介绍卖淫活动实施不可或缺的环节,不宜区分主从犯,遵循了共同犯罪的基本原理。

对于组织卖淫罪的成立要件,本案从是否建立了卖淫组织、是否对卖淫者进行管理、是否组织、安排卖淫活动以及是否已经达到多人四个方面进行把握,符合法律规定和组织卖淫的内涵,为明确区分组织卖淫罪与介绍卖淫罪提供了可供操作的标准,对统一适用法律、准确定罪量刑具有重要意义。

案例提供单位:上海市奉贤区人民法院

编写人:周艳华

点评人:卢勤忠

83. 周煜敲诈勒索案

——国家工作人员在非法、虚假行使职务过程中强行索要他人财物行为性质的认定

案 情

公诉机关上海市奉贤区人民检察院

被告人周煜

被告人戴雪薇

被告人马文韬

被告人周煜系上海市嘉定区黄渡派出所民警,2015 年 4 月初,其分别与马文韬、戴雪薇共谋,采用先物色吸毒等违法行为对象,再利用其民警身份前去抓捕,在抓捕过程中向他人索取钱财。2015 年 4 月 11 日,被告人戴雪薇在本区南桥镇绿地老街 361 号某室房间与夏某等人共同吸毒后,通过微信的方式将所在位置发给被告人周煜,被告人周煜伙同被告人马文韬至上述地址,踹门进入房间,用手铐铐住夏某,被告人周煜向夏某出示人民警察证并电话联系其所属派出所查询夏某的前科等身份信息,对夏某等人进行盘问和尿液毒品检测,在夏某涉嫌容留吸毒的情况下,与夏某商定只要夏某支付钱款就可将夏某释放的协议。随后,收取夏某给付的钱款约人民币 7.6 万元,并将夏某予以释放。案发后,公安机关从被告人马文韬处扣押现金人民币 6 万元并发还给夏某。

公诉机关认为,被告人周煜身为国家机关工作人员,伙同被告人马文韬、戴雪薇,滥用职权,致使国家和人民利益遭受重大损失,且有徇私舞弊情节,其行为均已触犯《中华人民共和国刑法》第三百九十七条、第九十三条、第二十五条第一款,犯罪事实清楚,证据确实、充分,应当以滥用职权罪追究其刑事责任,且属共同犯罪。被告人、辩护人对公诉意见均不持异议。

审 判

一审法院经审理认为,被告人周煜身为公安民警,理应维护社会治安的稳定,但其却知法犯法,以非法占有为目的,伙同被告人马文韬、戴雪薇,以查办案件为由,利用其特殊的公安民警身份和特有的戒具,致被害人不敢反抗,并与被害人达

成支付钱款便可获取释放的协议,从而索得他人财物,数额巨大,三名被告人的行为均已触犯刑律,构成敲诈勒索罪,属共同犯罪,依法应予惩处。公诉机关指控三名被告人的犯罪事实清楚,证据确实充分,但定性不当。被告人周煜与被告人马文韬、戴雪薇以"求财"为目的,经事先共谋后,在非正常、合法的履行职务过程中,采用要挟手段,获取钱财并占为己有,其行为完全符合敲诈勒索罪的构成要件,故应将被告人周煜及其同伙马文韬、戴雪薇的上述行为以敲诈勒索罪论处。在共同犯罪中,被告人周煜起主要作用,系主犯,依法应按照其所参与的或者组织、指挥的全部犯罪处罚;被告人马文韬、戴雪薇起次要、辅助作用,系从犯,依法应当从轻或减轻处罚。被告人周煜、马文韬、戴雪薇到案后,均如实供述上述犯罪事实,依法均可从轻处罚。审理期间,被告人周煜、戴雪薇分别将退赃款人民币 8 000 元交至本院。鉴于本案被害人的损失已挽回,且对被告人表示谅解,故对三名被告人亦可酌情从轻处罚。法院在量刑时对被告人周煜予以从轻处罚,对马文韬、戴雪薇予以减轻处罚,并对辩护人提出适用缓刑的意见予以采纳。据此,判决被告人周煜犯敲诈勒索罪,判处有期徒刑三年,宣告缓刑三年,并处罚金人民币三万元;被告人马文韬犯敲诈勒索罪,判处有期徒刑二年,宣告缓刑二年,并处罚金人民币二万元;被告人戴雪薇犯敲诈勒索罪,判处有期徒刑一年六个月,宣告缓刑一年六个月,并处罚金人民币一万五千元。退赃款人民币一万六千元发还被害人夏某。

点 评

本案系人民警察在查处案件过程中向他人索取财物徇私枉法的一起案件,由于行为人的行为兼具索贿、敲诈勒索以及滥用职权的特征,在定性上易发生混淆。本案注意到了受贿罪、敲诈勒索罪和滥用职权罪三罪之间的区别,尤其是注意到了"职务行为"的含义,为类似案例的准确处理提供了可供参考的路径。

首先,在敲诈勒索罪与受贿罪的关系上,敲诈勒索通常以威胁或要挟作为索取公私财物的方法,而索贿也会出现一些发难和要挟的情况,在这一点上似乎与敲诈勒索罪的客观要件相似。因此在行为手段类似的情况下,行为人是否具有并利用了相应的职务便成为区分两者的界限。其次,在滥用职权罪的罪与非罪上,滥用职权表现为公务人员超越职权、不履行职责或者违法行使权力,因而职务的行为是否合法、真实、实际享有影响着罪名的成立与否。综上,判断本案行为人构成何罪,应当准确认定其行为是否系职务行为,是否系职务之便,是否系超越职权?

对于职务行为的含义,理论与实务中争议较大,核心争议点有两个,一是"职务上的便利"是否包含工作上的便利;二是职务的合法性是否影响职务犯罪的认定。对于第一个争议,本案认为"利用职务上的便利"不应包括"利用本人工作所形成的便利条件",这一理解准确得当,符合罪刑法定原则以及刑法谦抑性的特征。对于第二个争议,认为滥用职权罪的职权基础必须是建立在合法、真实、确实享有职权的基础上,不能把国家工作人员职务行为以外的行为一概归为超越职权的行为。因此本案被告人的行为不符合滥用职权罪的构成要件。

本案被告人的行为手段既符合敲诈勒索罪的构成要件又符合索贿型受贿罪的要件,法官基于"重法优于轻法"原理很好地解决了司法实践中的难题,符合充分评价、罪责刑相适应原则。

案例提供单位:上海市奉贤区人民法院

编写人:李晓杰

点评人:卢勤忠

84. 奇兹泰尔·奇亚卡·奥帕拉 贩卖毒品案

——多种强制措施混合下的刑期折抵原则和方法

案情

公诉机关上海市杨浦区人民检察院

被告人奇兹泰尔·奇亚卡·奥帕拉(CHIZITERE CHIYEAKA OPARA)

2016 年 9 月 27 日 21 时 40 分许,金某使用号码为"185021470××"的手机与一名非洲裔男子通过号码为"185121571××"的手机联系并商定,以每克人民币(以下币种均同)1 500 元的价格向该男子购买可卡因 3 克,在上海市杨浦区鞍山路、控江路口交易。随后,金某在朋友陪同下,驾车至前述交易地点等候,其间,金某与该非洲裔男子通过前述手机号码联系商定由金某另支付对方来回路费 500 元。当日 22 时 30 分许,被告人奇兹泰尔·奇亚卡·奥帕拉至鞍山路 5 号处,进入金某乘坐的车内将透明塑封袋包装的乳白色块状物 3 包以 5 000 元的价格贩卖给金某后,被民警人赃俱获。奇兹泰尔·奇亚卡·奥帕拉随身携带的透明塑封袋包装的乳白色块状物 6 包以及号码分别为"185121571××""158003434××"的手机被一并查扣。经称量,从金某处查获的乳白色块状物 3 包分别为 0.82 克、0.67 克、0.62 克,共计 2.11 克;从奇兹泰尔·奇亚卡·奥帕拉处查获的乳白色块状物 6 包分别为 1.08 克、1.08 克、1.09 克、1.08 克、1.09 克、1.10 克,共计 6.52 克。经检验,上述 9 包白色块状物中均检出可卡因成分。

被告人奇兹泰尔·奇亚卡·奥帕拉被抓获后,因涉嫌犯贩卖毒品罪于 2016 年 9 月 29 日被刑事拘留,2016 年 10 月 6 日被指定居所监视居住,10 月 9 日因吸毒行为被行政拘留 10 日,10 月 18 日因无身份证件被拘留审查,11 月 11 日被逮捕。

公诉机关指控被告人奇兹泰尔·奇亚卡·奥帕拉贩卖毒品,应当以贩卖毒品罪追究其刑事责任。

被告人奇兹泰尔·奇亚卡·奥帕拉当庭对与金某交易的事实予以供认,但否认明知是毒品可卡因而交易,辩称其是受他人所骗独自从衡山路乘坐出租车至鞍山路进行交易,从其身上查获的号码为"185121571××"的手机是该人给他的,其只是在到达鞍山路时使用该部手机发送过"OK"的短信。其辩护人对指控的犯罪事实、罪名均无异议,认为奇兹泰尔·奇亚卡·奥帕拉是初犯,请求对奇兹泰尔·奇亚卡·奥帕拉从轻处罚。

审 判

一审法院经审理后认为:被告人奇兹泰尔·奇亚卡·奥帕拉贩卖可卡因2.11 克,其行为已构成贩卖毒品罪,依法应予处罚,其随身携带的可卡因 6.52 克应一并计入贩毒数量。现有证据证实,金某是通过手机号码"185121571××"联系外籍非洲裔男子,商定以每克 1 500 元的价格购买 3 克可卡因后,至约定地点,在等候期间又通过前述手机号码与该外籍非洲裔男子商定另支付路费 500元,奇兹泰尔·奇亚卡·奥帕拉至约定地点进入金某的车内完成毒品交易后被民警人赃俱获,当场从奇兹泰尔·奇亚卡·奥帕拉处查获之前通讯联系的手机,交易地点及交易毒品的种类、数量和价格均与商定的内容基本吻合,并得到办案民警的印证,奇兹泰尔·奇亚卡·奥帕拉到案当日对明知可卡因而贩卖的犯罪事实予以供认,故奇兹泰尔·奇亚卡·奥帕拉是明知可卡因而贩卖的事实应予认定。奇兹泰尔·奇亚卡·奥帕拉辩解其是独自从衡山路乘坐出租车前往鞍山路交易,到达目的地后只使用号码为"185121571××"的手机发送过"OK"的短信,该辩解与电话记录显示号码为"185121571××"的手机在发送"OK"短信之前不到两分钟主叫金某的手机通话 14 秒的客观事实不符,不予采纳。被告人奇兹泰尔·奇亚卡·奥帕拉贩卖可卡因 2.11 克,其行为已构成贩卖毒品罪,依法应予处罚,其随身携带的可卡因 6.52 克应一并计入贩毒数量。公诉机关指控的罪名成立。奇兹泰尔·奇亚卡·奥帕拉的犯罪事实、情节、对社会的危害程度等具体情况均在量刑中综合考虑。据此,法院依照《中华人民共和国刑法》第六条第一款,第三百四十七条第一款、第四款,第五十三条,第三十五条,第六十四条之规定,判决如下:一、被告人奇兹泰尔·奇亚卡·奥帕拉犯贩卖毒品罪,判处有期徒刑二年六个月,并处罚金人民币五千元,驱逐出境;(刑期从判决执行之日起计算。判决执行以前先行羁押的,羁押一日折抵刑期一日;指定居所监视居住的,监视居住二日折抵刑期一日;即自 2016 年 10 月 18 日起,扣除先行羁押的十日,监视居住三日折抵刑期二日,至 2019 年 4 月 5 日止。罚金自本判决发生法律效力之日起十日内向本院缴纳。)二、查获的毒资应予追缴;查获的毒品及手机等犯罪工具均予没收。

一审宣判后,被告人未提出上诉,公诉机关未提出抗诉,一审已经生效。

点 评

本案涉及羁押时间能否折抵刑期以及如何折抵刑期的问题。具体而言:第一,刑事拘留与监视居住衔接的当天如何折抵刑期;第二,因吸毒行为被行政拘留能否折抵刑期;第三,监视居住的日期是单数的如何折抵刑期;第四,拘留审查在行政拘留结束前开始的如何折抵刑期。应当立足于禁止重复评价以及有利于犯罪人的原则,解决以上难题。

首先,应根据禁止重复评价的要求,确定哪些强制措施可以折抵刑期。限制或者剥夺人身自由的强制措施,是因犯罪人的犯罪行为而对其权益的一种剥夺。如果在判处并执行刑罚之时不对相应的强制措施进行折抵,相当于对一个犯罪行为做了两次处罚。因此,只要强制措施与判决认定的犯罪事实具有同一性,或者说判决之前受到处罚或者其他强制措施的行为属于判决所认定的犯罪行为的一部或者全部,因受到行政处罚或者其他强制措施的日期均可折抵刑期。因此,在该案中,刑事拘留、监视居住都可以折抵刑期。因吸毒行为被行政拘留针对的是吸毒行为而不是贩毒行为,故而即使不折抵刑期也不违反禁止重复评价原则。此外,根据《中华人民共和国刑事诉讼法》第一百五十八条的规定,侦查机关不仅要查明犯罪嫌疑人的犯罪行为,还要查清其身份。故身份的查明与刑事诉讼活动乃至法院的实体判决具有必要的关联性。因此,基于禁止重复评价的原则,因无身份证件而被拘留审查的期间也应折抵刑期。

其次,应在避免重复评价的基础上,将有利于犯罪人的原则,作为处理刑事拘留与监视居住衔接的当天以及监视居住的日期是单数的刑期折抵问题的标准。本案中,被告人于 2016 年 9 月 29 日被刑事拘留,2016 年 10 月 6 日被指定居所监视居住,10 月 9 日因吸毒行为被行政拘留 10 日。其中 10 月 6 日是刑事拘留与监视居住衔接的日期,10 月 9 日是监视居住与行政拘留的衔接日期。对于衔接当天的刑期折抵问题,原则上应当采取就高不就低的原则:1.对于 10 月 6 日应当按照刑事拘留折抵,因为,对于先行羁押的应当羁押一天折抵一天,而对于监视居住的应当监视居住两天折抵一天,如果对于衔接当天按照监视居住折抵,在一定程度上是对犯罪人的重复评价。2.对于 10 月 9 日应当按照监视居住折抵,因为 10 月 9 日是监视居住和行政拘留的衔接日期,对于因吸毒引起的行政拘留不能折抵,故而为了维护被告人的合法权益,只能按照监视居住折抵刑期。3.按照以上原则,故可算入监视居住的日期共计 3 日,为单日。依照《中华人民共和国刑事诉讼法》第七十四条的规定,指定居所监视居住的期限是应当折抵刑期的,而最后的单日也确实是对被告人采取了指定居所监视居住。由于折抵半日显然不具有可操作性,不予折抵的话属于对被告人的不利评价,因此,应当遵循有利于被告人的原则,按照余量归一折抵原则,最后的单日可以折抵刑期一日。

案例提供单位:上海市杨浦区人民法院

编写人:孙　颖

点评人:于改之

85. 周丽钰盗窃案

——遗忘物的认定标准及其在公共空间内构成双重控制的认定标准

案 情

公诉机关上海市杨浦区人民检察院

被告人周丽钰

公诉机关指控,2015 年 7 月 17 日 10 时 20 分许,被害人王某某将其装有从中国建设银行支取的现金人民币(下同)24 200 余元的信封放置在上海市杨浦区江浦路 291 号工商银行大厅的填写单据台面处后,坐在旁侧该银行等候区的椅子上等候办理存款业务期间,同在该银行等候办理业务的被告人周丽钰发现上述信封并确认内有人民币现金后,立即将该信封藏匿于其随身携带的挎包内逃逸。2015 年 8 月 3 日,被告人周丽钰将现金交送公安机关。公诉机关确认被告人周丽钰的行为已触犯《中华人民共和国刑法》第二百六十四条的规定,构成盗窃罪,建议对被告人周丽钰判处有期徒刑一年以下,并处罚金。

被告人周丽钰对起诉书指控的事实、罪名均有异议,辩解称,她在银行捡到他人遗忘的现金,现已归还,她的行为不是盗窃。

被告人周丽钰的辩护人不同意起诉书指控被告人周丽钰盗窃他人现金,构成盗窃罪的指控。辩护人认为,周丽钰在银行大厅内捡到他人的遗忘物,在失主从未催讨的情况下已归还,周的行为不构成盗窃罪。

经审理查明,2015 年 7 月 17 日 10 时许,被告人周丽钰与丈夫李某某至上海市江浦路 291 号中国工商银行上海市分行龙江路支行,在银行营业大厅等候办理业务。在等候期间,周丽钰在大厅内左侧填单台与等候区座位之间来回走动。后王某某进入银行大厅,在大厅左侧的填单台边,将手中一装有现金的信封放置在填单台上。约 1 分钟后,王某某离开填单台,将信封遗忘在填单台上。约 20 秒后王某某手持读物边走边看,回到大厅,经过填单台径直坐到等候区的座位上,低头看手中的读物。被告人周丽钰仍在填单台与座位之间的空地来回走动,当看到填单台上有一信封时,周丽钰悄悄查看信封,确认内有钱款后,立即将信封藏入自己的包内,与坐在座位上的丈夫李某某耳语后即刻离开。

当日 10 时 30 分许,王某某发现钱款不见,先看看座位上,再查看地上,后来再看填单台周围,在确认没有后立即拨打电话报警。民警当时询问王某某钱怎么会不见时,王某某称忘记了。

同年 7 月 29 日,民警朱某某、封某至周丽钰的住处询问周丽钰拿走他人钱款的情况,周丽钰承认在银行捡到他人 2 万元,但拒绝交给民警。8 月 3 日,周丽钰将 2 万元交到上海市公安局杨浦分局平凉路派出所,现已归还王某某。

此外:1.银行监控录像还证明,被害人王某某离开填单台时手持读物和一只手提包往银行大门方向走去,后又手持读物边走边看来到等候区的座位上坐下。2.王某某陈述还证明,王阅看的读物是银行宣传资料,且当王发现钱款丢失后,先看看座位上,再查看地上,后来再看填单台周围,在确认没有后立即拨打电话报警。3.杨浦平凉派出所提供的报警电话录音证明,民警当时询问王某某钱怎么会不见时,王某某称忘记了。4.王某某提供的案发时携带的手提包及有关比例图等证据证明,该手提包长为 15 公分左右。

审 判

一审法院经审理后认为,被告人周丽钰因一时贪念,在银行大厅拿走他人钱款,该行为虽有违中华民族崇尚的拾金不昧的道德风尚,应予谴责,但不符合盗窃罪的犯罪构成,故被告人的行为不构成盗窃罪,公诉机关指控的罪名不成立。遵循法无明文规定不为罪的刑法原则,依照《中华人民共和国刑法》第三条、《中华人民共和国刑事诉讼法》第一百九十五条第(二)项的规定,判决如下被告人周丽钰无罪。

一审判决后,公诉机关提出抗诉。

二审法院认为,《中华人民共和国刑法》第二百六十四条规定,以非法占有为目的,秘密窃取公私财物,数额较大或者多次窃取、入户窃取、携带凶器窃取、扒窃的行为构成盗窃罪。其中,盗窃的对象应当是他人实际控制或占有的公私财物,其特征是,他人在客观上已经对财物实际控制或支配,在主观上已经形成了控制或支配财物的意识。就本案而言,因涉案财物不具备上述特征,故对周丽钰的行为不能以盗窃罪认定,理由如下:

一、从被害人王某某将涉案财物放在填单台上离开时手持银行宣传资料和手提包往银行等候区相反方向走去,到不久又手持银行宣传资料边走边看,并径直坐到等候区的座位上继续翻阅资料等行为可以证明,王某某根本没有意识到自己已将涉案财物遗落在填单台上。而从王某某发现涉案财物不见时,先在座位上、地上寻找,后到填单台及周围寻找,并在第一时间电话报警时称忘记了怎么会丢失涉案财物等行为可以证明,王某某确实对涉案财物丢失的具体地方记不清楚了。由此可见,王某某在客观上没有对涉案财物予以实际控制或支配,在主观上也没有形成控制或支配涉案财物的意识,其实际上已经丧失了对涉案财物的控制或占有,该财物属于因财产所有人的疏忽或者遗忘而失去占有、控制的遗忘物。公诉机关以王某某进入银行的一系列举动均在周丽钰近距离视线范围内,王某某会很快发现并立即找回涉案财物,对丢失的地方有明确认识等为由,提出王某某始终未放弃对涉案财物控制或占有的观点,既缺乏相关证据,也没有法律依据。至于周丽钰是否对涉案财物进行辨别以确信系遗忘物,周丽钰是否应当知道涉案财物的失主,周丽钰拿走涉案财物时王某某是否还在银行等情况,均不是评判涉案财物系他人实际控制或占有的依据。

二、刑事审判中,对财物所有人暂时失去控制自己的财物后,特定场所的相关人员有权对该遗忘物实施控制或占有的情形,也认定该遗忘物系他人控制或占有的财物,但成立这种新的控制或占有关系的前提必须是特定场所的相关人员以持有、支配的意识控制他人的遗忘物。而在本案中,作为案发现场的工商银行龙江支行虽然是一个用于办理金融业务的特定公共场所,但银行保安等工作人员没有法定义务监管顾客遗忘在营业大厅内的财物,且从王某某将涉案财物遗忘在银行填单台时起至周丽钰将涉案财物拿走时止,银行相关人员也没有发现或者意识到在填单台上有遗忘的涉案财物,谈不上银行相关人员是以持有、支配的意识来控制或占有涉案财物,故不能认定银行相关人员已经协助王某某对涉案财物进行第二重控制或占有。公诉机关以银行会设置一定数量的保安人员等安全措施协助顾客占有或控制其财物的安全等为由,提出涉案财物仍系王某某控制或占有的观点,有失偏颇。

三、原审被告人周丽钰虽然在主观上具有以非法占有他人财物为目的的故意,客观上也实施了非法占有他人财物的行为,但其非法占有的他人财物不是被害人王某某或银行相关人员控制或占有的财物,而是王某某丢失的遗忘物,故周丽钰不是采用秘密窃取方式获取涉案财物,对其行为不能以盗窃罪认定。检察院认为周丽钰的行为系秘密窃取,证据不足。

点 评

该案主要涉及周丽钰非法占有他人财物行为的定性问题,亦即,其行为是否构成盗窃罪或者侵占罪。

第一,犯罪嫌疑人周丽钰的行为不构成盗窃罪。因为,盗窃罪的对象是他人占有的财物,在犯罪嫌疑人拿走被害人财物之际,财物所有人已经丧失了对财物的占有,并且银行及其工作人员并未对所有人遗忘的财物形成新的占有关系。一般认为,成立占有需要占有人客观上支配了占有物在主观上具有占有意思。该案被害人将涉案的财物放置在填单台上,且其在填单之后离开,并未带走涉案财物,并且在此期间,银行工作人员也没有注意到被害人的财物。换言之,在犯罪嫌疑人拿走财物之际,财物既不归财产所有人占有也不属于银行及其工作人员占用的财物。

第二,犯罪嫌疑人周丽钰的行为也不构成侵占罪。侵占罪的对象是他人委托占有物以及遗忘物或埋藏物。同时还要求犯罪人拒不返还财物。据监控录像反映,被害人王某某大约在 20 分钟左右发现钱款丢失,但他没有到填单台去寻找,而是先看看座位上,再查看地上,在其他地方没有找到的情况下才想起到填单台寻找。这一系列行为证明王某某属于刚刚遗忘,随即想起的情形。同时,现有证据已经证明,周丽钰将王某某的遗忘物占为己有后,已经通过公安机关归还给了王某某。因此,故周丽钰的行为虽然是侵占遗忘物,但因其并未拒不退还或者拒不交出财物,对其行为也不能以侵占罪认定。

案例提供单位:上海市杨浦区人民法院

编写人:李　敏　刘熹微

点评人:卢政之

86. 朱树勇故意伤害案

——"以审判为中心"的诉讼理念在审理家庭内部矛盾引发的故意伤害案件中的运用

案 情

公诉机关上海市静安区人民检察院

被告人朱树勇

被告人朱树勇与被害人朱某芳系姐弟关系,朱某凤、朱某珍分别系被告人朱树勇的姐姐、妹妹。朱树勇夫妻及儿子朱某华与朱树勇、朱某芳等人的母亲虞某某共同居住于上海市芷江西路 165 弄 14 号某室,其中虞某某居住于某室甲,朱树勇夫妻居住于某室乙,朱某华另住一间小房间。2013 年 9 月 3 日下午,朱某芳、朱某凤、朱某珍至上述某室,为虞某某将淞南房产过户给孙子朱某华一事对虞某某、朱树勇进行指责,并索要之前为虞某某垫付的 17 000 元律师费。9 月 4 日下午 1 时许,朱某芳三姐妹与朱树勇在某室内再次发生争执。其间,朱某芳背部撞及朱树勇房间内的床架处,致多处肋骨受伤。经鉴定,朱某芳系外伤致左胸第 6、7、8、9、10 肋骨骨折伴左侧胸腔积液,未出现呼吸困难,行左胸肋骨骨折切复内固定术等治疗,已构成轻伤。2013 年 11 月 20 日,被告人朱树勇经电话通知,主动至公安机关接受讯问,但否认将朱某芳推撞在床架上。2014 年 3 月 31 日,被告人朱树勇经电话通知,主动至公安机关,仍否认致朱某芳轻伤,遂于当日被刑事拘留。

公诉机关以被告人朱树勇构成故意伤害罪,向法院提起公诉。

被告人朱树勇对起诉指控的犯罪事实提出异议,否认其行为构成故意伤害罪,坚称当时是朱某芳和朱某凤、朱某珍冲到朱树勇住处吵架,三人还想冲入朱树勇房间,朱树勇拦住门不让她们进去,拉扯间,朱树勇被朱某凤拉开,朱某芳遂冲入房间内,朱树勇则听见房间里有屏风倒地的声音。据此,朱树勇认为朱某芳系自己冲进房内摔倒受伤的,与其无关。

被告人朱树勇的辩护人认为起诉指控被告人朱树勇犯故意伤害罪的事实不清、证据不足。具体理由是:(1)被告人朱树勇没有伤害被害人朱某芳的主观故意。案发前一晚朱某芳三姐妹已经到过母亲及朱树勇家中,如果被告人意欲伤害被害人,根本无需等到次日中午。此外,从本案发生的前因看,主要是三姐妹对母亲将淞南一处房产过户给了孙子朱某华有怨气,进而迁怒于朱树勇,而朱树勇并无伤害朱某芳的动机。(2)现有指认朱树勇伤害朱某芳的证据,只有三姐妹的陈述及证言,但三姐妹系索要先前共同给付的律师费而至被告人家中挑衅,是利益共同体,其证词不具有客观真实性且存在矛盾之处。(3)即使朱树勇不能证明自己没有推倒过朱某芳,但朱树勇亦辩解系被害人突然冲进房间,且当时他听到了屏风倒地的声音。因此,朱某芳系被预期以外的物体绊倒致伤也是完全有可能的,不能排除朱某芳自己撞到屏风后摔倒受伤的合理怀疑。综上,建议宣告被告人朱树勇无罪。

审 判

一审法院经审理后认为,被害人朱某芳系被被告人朱树勇推搡致轻伤的事实,仅有被害人朱某芳及其姐妹朱某凤、朱某珍的指认,而朱某芳、朱某凤、朱某珍与被告人朱树勇原本就其母亲虞某某将淞南房产过户给朱树勇儿子一事等发生纠葛,双方之间存在较深的矛盾与隔阂。故被害人朱某芳的陈述及证人朱某凤、朱树珍的证言的证明力不高,且现有证据不能排除被告人朱树勇供述系被害人朱某芳自己冲入房间后摔倒致伤的可能性。此外,关于公诉机关《检验鉴定文书》认为朱某芳符合在推搡过程中,其躯体向后侧倾倒并造成躯干左后侧与带有棱边的钝性物体作用形成的鉴定结论,亦不能完全确定系被告人朱树勇故意推搡,致被害人朱某芳摔倒而受伤。因此,公诉机关指控被告人朱树勇犯故意伤害罪的事实不清,证据不足,指控的犯罪不能成立。辩护人的相关辩护意见,可予采纳。

据此,一审法院依照《中华人民共和国刑事诉讼法》第一百九十五条第(三)项之规定,判决宣告被告人朱树勇无罪。

一审判决后,被告人朱树勇未提出上诉,公诉机关提出抗诉。二审法院经审理,依法驳回抗诉,维持原判。

点 评

本案是一起发生在家庭内部成员之间的故意伤害案件,由于公安机关在案发时将之作为一般民事纠纷进行处理,直至双方矛盾无法化解,才又以故意伤害案立案,故原始证据固定不够;加之相关证人与被害人、被告人均系亲属关系,对他们证言的真实性的审查,也存在一定难度。因此,证据认定是解决该案定性的关键。

本案被害人朱某芳及其姐妹朱某凤、朱某珍指认被告人朱树勇推搡致被害人朱某芳致轻伤;朱树勇供述,被害人的伤势是被害人朱某芳冲入屋内,自己摔倒而形成的伤势。由于证人和被害人以及被告人之间的特殊关系,公诉机关指控犯罪的证据或是证人证言的真实性存有疑义。而且,朱某芳符合在推搡过程中,其躯体向后侧倾倒并造成躯干左后侧与带有棱边的钝性物体作用形成的鉴定结论,亦不能完全确定系被告人朱树勇故意推搡,致被害人朱某芳摔倒而受伤。因此,法院基于疑罪从无做出的判决是妥当的。

坚持"以审判为中心"诉讼理念以及庭审的实质化,为疑罪从无的贯彻落实提供了重要的程序保障。一方面,保障当事人的诉讼权利,充分听取各方意见。本案受理后,法庭第一时间向被告人、被害人送达了起诉书副本,告知他们相关诉讼权利,法庭并依法为其指定了辩护人进行辩护。在庭前及开庭时,也充分听取了被害人及其代理人的陈述意见、被告人的辩解及两名辩护人的辩护意见。另一方面,突出庭审中心地位,充分实现了庭审的实质化。庭审是确保案件处理质量和司法公正的重要环节,刑事案件尤其要注意发挥庭审在查明事实、认定证据、保护诉权、公正裁判中的决定性作用,不让庭审"走过场"。故法庭依法传唤被害人、证人出庭,将主要精力放在庭审中,从案发起因、各方关系、伤势形成等多方面对当事人双方、证人进行细致的询问,对所有证据一一出示、质证,通过庭审调查,充分厘清了事实、核实了证据。

案例提供单位:上海市静安区人民法院

编写人:龚　雯

点评人:于改之

87. 洪勇军等非法经营案

——通过提供分析、预测、建议的方式向投资人转让新三板股票的定性

案 情

公诉机关上海市静安区人民检察院

被告人洪勇军

被告人邓德华

被告人刘蓓

被告人陈威

被告人吴永恒

被告人高俊

被告人李炜

被告人陈志育

被告人刘蕾

被告人韦武

被告人陈刚

被告人陈寿义

被告人洪勇军、邓德华系安徽点石财富资产管理有限公司(以下简称点石公司)和安徽正宏投资管理有限公司(以下简称正宏公司)的实际控制人。2015 年 12 月起,被告人洪勇军、邓德华以点石公司名义,使用其控制的多个股票账户,通过全国中小企业股份转让系统从相关企业原始股东处先后受让了"晓进机械""晶鑫股份""麦迪制冷""宇晶机器"等股票。同时,被告人洪勇军、邓德华使用其控制的新三板股票账户直接转让或者指使点石公司和正宏公司的下辖公司、代理销售公司、个体销售人员,向不特定公众公开销售上述股票。被告人刘蓓负责点石公司、正宏公司的人事、财务等事宜。

经被告人洪勇军、邓德华授意和指使,被告人陈威控制的信安巨丰公司、被告人吴永恒控制的易之盛公司、被告人高俊控制的泓泽公司、被告人李炜控制的梦之宏公司、被告人陈志育控制的巨之家公司、被告人刘蕾控制的煜明公司、代理销售

方被告人韦武控制的天威公司以及个体销售人员被告人陈寿义,采用微信等通讯工具搭识投资者,向投资者推荐、分析新三板股票、夸大宣传并预测上述新三板股票具有转 A 股的可能,建议投资者买入,进而以互报成交确认委托方式高价转让新三板股票。

案发后,公安人员对点石公司、正宏公司及其下辖公司办公地址依法进行搜查,并扣押了笔记本、光盘、话术单等犯罪工具。

经鉴定,被告人洪勇军、邓德华、刘蓓通过点石公司、正宏公司及其下辖公司、代理销售公司、个体销售人员,销售新三板股票金额共计 4 348.8 万元;其中,被告人陈威以信安巨丰公司名义销售股票金额共计 410.45 万元;被告人吴永恒以易之盛公司名义销售股票金额共计 447.1 万元;被告人高俊以泓泽公司名义销售股票金额共计 163.15 万元;被告人李炜以梦之宏公司名义销售股票金额共计 951.15 万元;被告人陈志育以巨之家公司的名义销售股票金额共计 417.35 万元;被告人刘蕾以煜明公司名义销售股票金额共计 665.5 万元;代理销售方被告人韦武实际控制的天威公司股票销售金额共计 993.2 万元,其中被告人陈刚负责的天威公司业务八部销售股票金额共计 179.4 万元;被告人陈寿义个人销售股票金额共计 134.7 万元。

2016 年 5 月 31 日,被告人陈志育、刘蕾、陈刚被抓获归案。2016 年 6 月 1 日,被告人韦武主动至公安机关投案。2016 年 8 月 19 日,被告人陈寿义被抓获归案。2016 年 8 月 31 日,被告人邓德华、刘蓓主动至公安机关投案。2016 年 9 月 28 日,被告人洪勇军主动至公安机关投案。2016 年 10 月 18 日,被告人高俊、李炜主动至公安机关投案。2016 年 10 月 19 日,被告人陈威、吴永恒主动至公安机关投案。上述十二名被告人到案后均如实供述了自己的犯罪事实。

案发后及审理期间,被告人洪勇军、邓德华、韦武、陈寿义等被告人向部分投资者回购了新三板股票。

公诉机关认为,被告人洪勇军、邓德华、刘蓓、陈威、吴永恒、高俊、李炜、陈志育、刘蕾、韦武、陈刚、陈寿义,未经国家有关主管部门批准,非法经营证券业务,其行为均已构成非法经营罪。被告人洪勇军、邓德华在共同犯罪中起主要作用,系主犯;被告人刘蓓、陈威、吴永恒、高俊、李炜、陈志育、刘蕾、韦武、陈刚、陈寿义在共同犯罪中起次要作用,系从犯,应当从轻或者减轻处罚。被告人洪勇军、邓德华、刘蓓、陈威、吴永恒、高俊、李炜、韦武犯罪后自动投案,如实供述自己的罪行,系自首,可以从轻或者减轻处罚。被告人刘蕾、陈志育、陈刚、陈寿义如实供述自己的罪行,可以从轻处罚。

各名被告人对起诉书指控的犯罪事实和罪名均无异议。

被告人洪勇军的辩护人辩护称,洪勇军选取的系优质股票,案发后积极向投资者回购,降低了社会危害性,建议对洪勇军减轻处罚并适用缓刑。

被告人邓德华的辩护人辩护称,邓德华具有自首情节,建议对邓德华适用缓刑。

被告人刘蓓的辩护人辩护称,刘蓓具有从犯情节,且无前科劣迹,到案后认罪悔罪,建议对刘蓓适用缓刑。

被告人韦武的辩护人辩护称,韦武具有自首情节,系从犯,到案后如实供述,建议对韦武适用缓刑。

被告人陈刚的辩护人辩护称,陈刚具有从犯情节,案发后积极向投资者回购、弥补了投资者损失,到案后如实供述,建议对陈刚适用缓刑。

审 判

法院经审理后认为,被告人洪勇军、邓德华、刘蓓、陈威、吴永恒、高俊、李炜、陈志育、刘蕾、韦武、陈刚、陈寿义,未经国家有关主管部门批准,共同非法经营证券业务,情节严重,其行为均已构成非法经营罪。被告人洪勇军、邓德华在共同犯罪中起主要作用,系主犯;犯罪后自动投案,如实供述自己的罪行,系自首,依法可从轻处罚。被告人刘蓓、陈威、吴永恒、高俊、李炜、陈志育、刘蕾、韦武、陈刚、陈寿义在共同犯罪中起次要作用,系从犯;其中,被告人刘蓓、陈威、吴永恒、高俊、李炜、韦武犯罪后主动投案,如实供述自己的罪行,系自首;被告人刘蕾、陈志育、陈刚、陈寿义到案后如实供述自己的罪行,系坦白,均依法可从轻处罚。被告人洪勇军、邓德华、韦武、陈寿义等被告人向部分投资者回购了新三板股票,弥补了投资者经济损失,在量刑时一并予以考虑。各辩护人的相关辩护意见,予以采纳。

综上,依照《中华人民共和国刑法》第二百二十五条第(三)项、第二十五条第一款、第二十六条第一款、第二十七条、第六十七条第一款、第三款、第七十二条第一款、第三款、第七十三条第二款和第六十四条之规定,对被告人洪勇军等十二名被告人分别判处有期徒刑三年至有期徒刑九个月,并处罚金的不等刑罚,均适用缓刑。

一审判决后,各被告人均未提出上诉,公诉机关未提出抗诉。

点 评

洪勇军等成立销售公司、依托微信通讯平台,招揽投资人建立朋友关系、信赖关系后向其推荐、分析新三板股票、预测新三板股票具有转 A 股的可能,存在夸大虚假宣传,建议投资人买入,进而实现相对高价转让股票,间接从中获取经济利益。如何评价其行为的性质是解决该案定性的关键。

首先,在销售过程中夸大虚假宣传,建议投资人买入,进而实现以相对高价转让股票,间接从中获取经济利益的行为是否构成诈骗罪?成立诈骗罪除了需要行为人虚构事实外,还需要给被害人造成财产损失。投资者购买股票的行为是一种风险投资行为,投资者注重的是预期利益。新三板股票有"协议转让""做市转让"(券商业务)和"竞价转让"(尚未开通)三种转让模式,其中"协议转让"在系统界面中又存在"定价申报""成交确认申报"和"协议转让互报"等交易方式。多种转让模式并存,导致难以确定新三板股票的真正价值。如股票价值与出售给被害人的价格相近,难以认定为被害人具有财产损失;如果股票价值不确定,将难以认定被害人所遭受的实际损失,即诈骗数额。因此,虽然各被告人在向投资人推荐、分析新三板股票时,存在隐瞒点石公司、正宏公司系转让方、夸大宣传并预测新三板股票具有转 A 股可能等,但本案不宜认定诈骗罪。

第二,本案不宜认定为操纵证券市场罪。刑法及司法解释性质文件规定,操纵证券市场罪针对的是股票交易市场的场内交易,而新三板股票系场外交易,这种交易是否可以直接适用操纵证券市场罪及相关司法解释性质文件,目前并无先例,对此,目前证监会尚未出具相关行政认定。因此,认定各被告人高价转让新三板股票的行为构成操纵证券市场罪的法律依据不足。

第三,各被告人的行为系非法经营证券投资咨询业务,构成非法经营罪。根据《中华人民共和国刑法》第二百四十五条第三项的规定"未经国家有关主管部门批准,非法经营证券、期货或者保险业务的,或者非法从事资金结算业务的"构成非法经营罪。根据《证券、期货投资咨询管理暂行办法》以及《证券投资顾问业务暂行规定》的相关规定,洪勇军等成立销售公司、依托微信通讯平台,招揽投资人建立朋友关系、信赖关系后向其推荐、分析新三板股票、预测新三板股票具有转 A 股的可能的行为,属于从事证券、期货投资咨询业务。从事证券、期货投资咨询业务,必须依照本办法的规定,取得中国证监会的业务许可。因此,在未经许可的情况下从事该种行为,符合《中华人民共和国刑法》第二百四十五条第三项的规定,构成非法经营罪。

案例提供单位:上海市静安区人民法院

编写人:钱丽娜

点评人:于改之

88. 任萍等拒不执行判决、裁定案

——本罪与妨害公务罪的区别及"有能力执行"的认定

案 情

公诉机关上海市闵行区人民检察院

被告人任萍

被告人张家刚

被告人栾万杰

被告人吴忠泉

被告人汪方根

被告人张付春

2015 年 5 月 21 日,法院作出(2015)奉民二(商)初字第 321 号民事判决,判令艺极公司于判决生效之日起十日内给付集泰公司货款人民币 121 万余元。后该案于同年 10 月 16 日生效,集泰公司遂向法院申请执行。

2016 年 1 月 11 日 10 时许,法院执行局书记员陆某、法警张某某驾驶牌号为"沪 BA32＊＊警"的警车至艺极公司位于上海市松江区富永路 766 弄某号的厂区内就上述案件开展执行工作,依法扣押该公司的电脑开票机等设备(以下统称为"报税设备")。被告人任萍为阻止陆某依法执行公务,手持木棍威胁陆某交出报税设备,并指使被告人吴忠泉、员工殷某某持铁棍至陆某处,陆某遂拨打电话报警。后被告人任萍指使被告人栾万杰用破窗器砸碎法院警车驾驶位车窗和后挡风玻璃,取走车内案件材料,并企图打开车辆后备箱取出报税设备未果。

嗣后,在陆某对被砸警车拍照取证时,被告人任萍与其丈夫被告人张家刚伙同他人欲从陆某处抢夺警车钥匙,并煽动公司员工对陆某拍照。被告人吴忠泉、汪方根、张付春等人遂趁乱对陆实施推搡、殴打,并致在旁保护的民警金某某右手被抓伤。增援警力到场后控制住现场人员。

审 判

一审法院经审理后认为,被告人任萍、张家刚、栾万杰、吴忠泉、汪方根、张付春以暴力方法拒不执行人民法院的生效判决、裁定,情节严重,其行为均已构成拒不执行判决、裁定罪,且属共同犯罪。被告人栾万杰有自首情节,依法可以从轻处罚;被告人任萍、张家刚、吴忠泉、汪方根到案后能如实供述基本犯罪事实,依法可以从轻处罚;被告人张付春能当庭自愿认罪,可酌情从轻处罚;被告人任萍、张家刚已赔偿相关经济损失,可酌情从轻处罚。公诉机关指控的事实成立,法院予以确认;但公诉机关指控六名被告人犯妨害公务罪的罪名有误,应予纠正。据此,依照《中华人民共和国刑法》第三百一十三条第一款、第二十五条第一款、第六十七条第一款、第三款、第七十二条第一款、第七十三条第二款、第三款之规定,作出如下判决:一、被告人任萍犯拒不执行判决、裁定罪,判处有期徒刑二年六个月;二、被告人张家刚犯拒不执行判决、裁定罪,判处有期徒刑二年,缓刑三年;三、被告人栾万杰、吴忠泉、汪方根、张付春犯拒不执行判决、裁定罪,判处有期徒刑一年。

一审判决后,被告人均未提出上诉,公诉机关亦未抗诉。

点 评

本案主要涉及拒不执行判决、裁定罪与妨害公务罪的关系。拒不执行判决、裁定罪的规定和妨害公务罪的规定之间存在法条竞合关系,应基于特别法优于普通法的原则,按照法条竞合进行处理。根据两罪的犯罪主体、犯罪客体、犯罪主观方面和犯罪客观方面的比较,可以确定拒不执行判决、裁定罪的规定是妨害公务罪的规定的特殊法条,法院执行部门及其工作人员对人民法院判决、裁定依法执行,从本质上来说也属于国家机关公务活动的范围。因此,涉及两罪的交叉情形,原则上应当优先适用拒不执行判决、裁定罪。

另外,"有能力执行"是成立拒不执行判决、裁定罪的前提条件。判断被执行人是否"有能力执行",既要考虑被执行人是否具有一定的现实财产,也要考虑被执行人在判决、裁定生效时虽然尚未获得,但在一定期限内可以依法取得的财产的预期财产。因此,对于被执行人是否有能力执行,不应单从被执行人目前是否具有清偿债权的财产方面考量,也不能仅凭资产负债的盈亏情况简单认定,应综合评价其现时能力及可期待能力。艺极公司具有执行能力。虽然艺极公司财产已被多家法院轮候查封,存在大量债务尚未偿还,但该公司尚在正常生产经营中,在今后一段时期内仍有继续执行的可能,故不能据此否定艺极公司的执行能力,且执行法院亦未就该民事诉讼的执行程序出具中止或终结执行裁定书。故应认定艺极公司具有执行能力。

案例提供单位:上海市闵行区人民法院

编写人:李 斌 陈 琦

点评人:于改之

89. 韩家龙盗窃案

——盗窃摩拜单车但未破坏 GPS 定位系统是否系犯罪未遂

案 情

公诉机关上海市闵行区人民检察院

被告人韩家龙

2016 年 9 月 14 日 23 时许,被告人韩家龙至上海市闵行区元江路 4595 弄 73 号门口,趁无人之际将摩拜单车租赁公司投放在此的处于上锁状态的出租自行车 1 辆搬至其位于元江路 4595 弄 73 号某室的暂住处占为己用。经鉴定,该自行车价值人民币 1 800 元。

2016 年 9 月 18 日,被告人韩家龙被被害单位工作人员扭获并报警,其到案后如实供述了上述事实。涉案赃车已由公安机关依法扣押并发还被害单位。

公诉机关指控被告人韩家龙犯盗窃罪,具有坦白情节,提请法院依法惩处。

被告人韩家龙对起诉指控的事实和罪名没有异议。

审 判

一审法院经审理后认为,被告人韩家龙以非法占有为目的,秘密窃取公私财物,数额较大,其行为已构成盗窃罪,依法应予惩处。被告人韩家龙具有坦白情节,依法可以从轻处罚。公诉机关指控成立,本院予以确认。据此,一审法院依照《中华人民共和国刑法》第二百六十四条、第六十七条第三款、第七十二条第一款、第三款、第七十三条第一款、第三款、第五十二条、第五十三条、第六十四条之规定,判决如下:一、被告人韩家龙犯盗窃罪,判处拘役三个月,缓刑三个月,并处罚金人民币一千元。二、扣押的赃车发还被害单位(已发还)。

一审判决后,被告人韩家龙未提出上诉,公诉机关亦未提出抗诉。本案已经发生法律效力。

点 评

本案争议涉及盗窃罪既未遂认定问题,关键在于盗窃罪的既遂标准和具体判断,这直接影响到盗窃行为的量刑轻重。

目前关于盗窃罪的既遂标准的争议主要表现为失控说和控制说的对立,两种观点分别从被害人失去财物和行为人控制财物的角度确立盗窃罪的既遂标准。由于被害人失去对财物的控制与行为人控制财物之间存在一定的间隔,采用不同的标准直接导致成立盗窃罪既遂的时间不同。侵犯法益是犯罪行为的本质,确定盗窃罪既未遂的判断标准也不能脱离是否侵害财产法益这一实际后果展开。就盗窃财物的行为而言,一旦被害人失去财物即意味着其财产权益遭受损害,此时不论行为人是否实际控制了该财物,盗窃行为已经既遂,采用控制说会不当延迟对被害人财产法益的保护时间点。显然,失控说更加有利于财产法益的保护。

根据失控说,只要被害人丧失了对财物的控制,盗窃行为既遂,但是"失控"概念本身具有一定的模糊性和相当性,如何理解"失控"观点不一,这直接引发了韩家龙盗窃既未遂判断的争议。由于盗窃财物的性质、盗窃的具体手段、盗窃发生的场所等因素均会影响被害人对财物的控制方式和控制程度,因此在认定具体盗窃行为的既未遂时,必须根据案件具体情况对被害人是否失去了对财物的控制进行具体判断。值得注意的是,虽然被害人失去财物并不意味着财物的场所转移,但是财物所在场所对判断被害人是否丧失对财产的控制具有重要意义。这是因为财产所在场所与被害人对财物的控制范围相关,变更财物所在场所会在不同程度上阻碍被害人对财物的实际控制,尤其是当财物被转移到行为人的住所等个人支配领域中时,在行为人控制财物的状态下,相应地被害人也就丧失了对该财物的控制,成立盗窃罪既遂。在本案中,行为人将摩拜单车从小区的公共场所转移到暂住处这一私人领域中,事实上已经完全控制了该单车。虽然行为人盗窃摩拜单车之后没有破坏 GPS 定位系统,摩拜公司通过定位找到了单车的具体位置,但这一事实并不能影响盗窃罪既遂的认定。因为知道单车具体位置并不意味着一定能够控制单车,当单车在公共场所时,摩拜公司通过定位系统找到单车后可以自如收回或者转移摆放地点,但是当韩家龙将单车搬移到其暂住处时,已经从物理空间上完全阻断了其他人对单车的控制可能性,摩拜公司最后只能通过警察的力量恢复对该单车的控制。因此,当韩家龙将单车转移至其住处时,其盗窃行为既遂。

案例提供单位:上海市闵行区人民法院

编写人:张 鑫

点评人:于改之

90. 于小飞等诈骗案

——犯罪集团的认定及多层级犯罪团伙中主从犯的划分

案 情

公诉机关上海市金山区人民检察院

被告人于小飞

被告人陈永好

被告人汪叙辉

被告人吴永浩

2015 年 4 月,被告人于小飞、陈永好为牟取非法利益,经商议利用其合伙经营的聚诚公司和天禧公司的电话购物平台实施诈骗活动,由被告人于小飞负责公司人员与业务的组织管理,被告人陈永好负责诈骗所用"收藏品"的采购,并约定非法所得二人平分。后被告人于小飞与被告人汪叙辉、吴永浩等人共同研究通过电话实施诈骗的话术模板,再由被告人汪叙辉、吴永浩组织培训各自公司的员工高柏林、齐建伟等共计 140 余人(均另案处理)分组实施电话诈骗。

主要犯罪手法为:公司业务员通过拨打被害人电话,参照话术模板虚构的事实,谎称公司举行周年庆活动,抽奖免费赠送所谓"收藏品"(胜利玉玺、手串、收藏版人民币、天下粮仓粮票等),肆意夸大"收藏品"的价值和升值空间,取得被害人信任后,以收取所谓的"保证金""物流及保价费""税费""过户费""会员费"等名义骗取被害人的钱款。自 2015 年 12 月下旬开始,为规避风险,又改变诈骗手法,谎称"刮刮卡"中奖享受 1 000 元代金券,肆意夸大第四套收藏版人民币的价值和升值空间,引诱被害人高价购买第四套收藏版人民币。

至案发,上述人员共骗取被害人钱款 3 220 余万元,其中被告人汪叙辉负责的聚诚公司诈骗 1 820 余万元,被告人吴永浩负责的天禧公司诈骗 1 390 余万元。

公诉机关指控认为,被告人于小飞、陈永好利用其合伙经营的聚诚公司和天禧公司的电话购物平台实施诈骗活动,并由被告人汪叙辉、吴永浩组织各自公司的员工分组实施电话诈骗。至案发,共骗取钱款人民币 3 220 余万元(以下金额均为人民币),其中被告人汪叙辉负责的聚诚公司诈骗 1 820 余万元,被告人吴永浩负责的天禧公司诈骗 1 390 余万元。公诉机关据此认为被告人于小飞、陈永好、汪叙辉、吴永浩的行为均已触犯《中华人民共和国刑法》第二百六十六条之规定,应当以诈骗罪追究其刑事责任。

被告人于小飞对起诉指控的罪名及事实没有异议,认为指控犯罪数额较高,其辩护人认为本案被害人所购物品具有真实的价值,在犯罪数额中应予以扣除,总的犯罪数额也应以被害人笔录为准,本案不符合犯罪集团的构成。

被告人陈永好对案件定性没有异议,认为其对整个犯罪情况不清楚,并没有参与其中,其辩护人认为本案只是夸大事实、进行虚假销售的一种违规行为,公诉机关犯罪金额计算方法错误,不应认定犯罪集团,被告人陈永好没有犯罪的故意,在行为过程中起从属作用,希望法庭判定被告人陈永好无罪。

被告人汪叙辉对起诉指控的罪名及事实没有异议,其辩护人对本案的犯罪集团认定及犯罪数额有异议,并认为被告人汪叙辉应认定为从犯。

被告人吴永浩对起诉指控没有异议,认为其没有参与话术的修改及员工的培训,其辩护人认为本案犯罪数额应以被害人笔录记载为准,被告人行为的实质在于推销产品,虚构、夸大都是营销手段,在整个过程中被告人起次要作用,是从犯,并认为本案不应认定犯罪集团。

公诉机关答辩称,被告人于小飞等人通过虚构事实、隐瞒真相的方法,让被害人陷入错误的认识,并基于这种错误的认识交付财物,所有行为的目的不是为了销售商品牟利,而是用所谓的"商品"做幌子,以巨大的利益为诱饵,非法骗取被害人的钱款,其行为符合诈骗罪的犯罪构成要求,其组织结构及行为形式亦符合犯罪集团的构成条件。被告人陈永好、汪叙辉、吴永浩在整个犯罪中起积极、主要作用,不应认定从犯。公诉人对相关数据进行核实和筛选,本着有利于被告人的原则,剔除掉其中属于或者有可能属于正常商品销售的部分,从而最终确定的诈骗数额客观真实,应予认定。

审 判

一审法院经审理后认为,被告人于小飞、陈永好、汪叙辉、吴永浩组织他人共同实施电信诈骗,犯罪数额特别巨大,其行为均已构成诈骗罪。关于涉案两家公司不构成犯罪集团,辩护人对此的辩护意见予以采纳,同时认为在共同犯罪中,被告人于小飞、陈永好、汪叙辉、吴永浩均系主犯。

一、被告人行为的定性及犯罪成本

诈骗罪的特点是制造并利用受骗者的认识错误侵犯被害人的财产。本案中,被告人一方以"公司举行周年庆活动""抽奖"收取"保证金""税费""过户费""会员费"等名义虚构事实、夸大物品的价值和升值空间,此时被害人支付款项并非双方等价有偿的交易行为。尽管被告人方推送的财物具有自身的价值,但与因被害人错误认知而交付的数千甚至上万的钱款难成对价,二者支出和所得相差悬殊,与正常商品交易行为有着明显区别。由此证明,被告人于小飞等人实施行为的目的不是为了销售商品牟利,而是用所谓的"收藏品"做幌子,以巨大的利益为诱饵,非法骗取被害人的钱款,其行为应以诈骗罪认定。涉案物品作为犯罪工具,其价值不应在犯罪数额中予以扣除。辩护人的相关辩护意见法院不予采纳。

二、犯罪数额的认定

本案中认定犯罪数额的基础数额有两部分组成,第一部分是两公司的销售记录,该销售记录通过两公司使用的管理系统在对应的服务器上提取,以 EXCEL 表格的形式存储。第二部分是从邮政、顺丰等快递公司提取的快递单结算清单。上述二部分记录由公安机关依法及时采集,客观记载了两家公司的每一位话务员向被害人推销"收藏品"的情况,包含被害人的基本信息、订单金额、订单状态、快递单号、下单员工等及每笔快递的快递单号和收款情况。根据证人的证言所述相关单据决定话务员的提成收益等作用,其真实、准确性可予认定。将两组数据比对,可以基本确定本案每一个话务员的诈骗数额。为了确保数额的精确性,在此基础上,结合被告人和部分被害人的言词证据,根据诈骗使用的"收藏品"特征、每笔诈骗的数额特征和连续诈骗数额递增的规律,对认定的诈骗数额做进一步核实和筛选,本着有利于被告人的原则,公诉机关剔除掉其中属于或者有可能属于正常商品销售及所谓退货的部分,从而最终确定诈骗数额,法院予以采纳。关于四名被告人诈骗数额的认定,其中于小飞和陈永好是两公司的主要负责人,应当对该全部犯罪负责,其犯罪数额即两家公司的诈骗总金额,共计 3 220 余万元;被告人汪叙辉和吴永浩应该对其参与的全部犯罪负责,其犯罪数额即各自负责的聚诚公司和天禧公司的诈骗数额,分别为 1 820 余万元和 1 390 余万元。辩护人关于犯罪数额计算及部分犯罪未遂的辩护意见法院不予采纳。

三、犯罪集团的认定

所谓犯罪集团,是非法设立的组织,成员之间为了相同的犯罪目的而纠集在一起,组织严密,分工明确。从本案的具体情况来看,涉案两公司系经过工商管理部门批准而设立的经营主体,公司职员系通过正当途径以招聘应聘等方式于人才市场招募,双方签订劳动合同继而成为公司员工,有别犯罪集团的纠集手段与成立的方式。同时,在经营过程中,聚诚公司和天禧公司先前也是以合法的电视购物为主营项目,后因追求利润而进行了电话诈骗活动,即便在诈骗活动进行时亦有部分正常业务的开展,与一般的专门从事违法活动的犯罪集团应予以区别。辩护人的相关辩护意见法院予以采纳。

四、主从犯的认定

综合被告人于小飞、陈永好、吴永浩等人的供述及相关证据证明的事实,可以认定,被告人于小飞系整个诈骗行为的起意者、指挥者和实施者,并获取主要收益,是主犯。被告人陈永好具体行为相对少于被告人于小飞,但其作为天禧、聚诚公司的实际控制人及出资人,对整个诈骗犯罪的实施系明知,且参与了回访业务模式的筹划,负责所谓"收藏品"的采购,参与了重大决策,并与于小飞各按 50% 比例分配公司利润,其主要作用应予认定。被告人汪叙辉、吴永浩分别为天禧、聚诚公司的经理,负责两公司的日常业务,包括人员的招聘、培训、业绩考核、工作协调等,上传下达,作用积极,应认定为主犯。辩护人的相关辩护意见法院不予采纳。

综上,一审法院认为,被告人于小飞、陈永好、汪叙辉、吴永浩组织他人共同实施电信诈骗,犯罪数额特别巨大,其行为均已构成诈骗罪。在共同犯罪中,被告人于小飞、陈永好、汪叙辉、吴永浩均系主犯。被告人汪叙辉犯罪后能自动投案,如实供述自己的罪行,系自首,可以从轻处罚。被告人于小飞、吴永浩如实供述自己的罪行,可以从轻处罚。被告人陈永好在庭审过程中对自己的行为避重就轻,未作如实交代,其坦白情节不予认定。综上,根据各被告人在犯罪中的作用、地位,决定对被告人于小飞、汪叙辉、吴永浩从轻处罚。一审法院依照《中华人民共和国刑法》第二百六十六条、第二十五条第一款、第二十六条第一款、第六十七条第一款、第三款、第六十四条之规定,判决如下:一、被告人于小飞犯诈骗罪,判处有期徒刑十四年,并处罚金人民币二百万元。二、被告人陈永好犯诈骗罪,判处有期徒刑十三年六个月,并处罚金人民币二百万元。三、被告人汪叙辉犯诈骗罪,判处有期徒刑十年,并处罚金人民币三十万元。四、被告人吴永浩犯诈骗罪,判处有期徒刑十一年,并处罚金人民币三十万元。五、作案工具予以没收,扣押在案的赃款发还被害人;

一审判决后,于小飞、陈永好、吴永浩不服,提起上诉,二审法院裁定驳回上诉,维持原判。

点 评

本案系一起涉多人的电信诈骗案件,主要争议问题涉及犯罪集团与一般共同犯罪的区别以及在多层级犯罪中主从犯的划分。

根据《中华人民共和国刑法》第二十六条规定,3 人以上为共同实施犯罪而组成的较为固定的犯罪组织,就是犯罪集团。作为共同犯罪的一种特殊形式,由于犯罪集团人数较多(3 人以上)、犯罪目的明确以及具有较为固定的组织结构等特点,其对社会的危害性或者危险都较大,因此,为了严厉打击犯罪集团犯罪,刑法特别规定对组织、领导犯罪集团的首要分子,要按照犯罪集团所犯的全部罪行处罚,并不限于其所参与或者组织、指挥的全部罪行。可见,犯罪集团中首要分子的处罚明显重于其他共同犯罪中主犯。因此,司法实践必须严格把握犯罪集团的认定标准,不能轻易将不符合犯罪集团特征的 3 人以上的多人共同犯罪认定为犯罪集团,避免出现罪刑不相适应的认定结果。具体来说,犯罪集团与涉 3 人以上的一般共同犯罪的区别主要在于:第一,犯罪集团必须基于反复实施某种或者多种犯罪的明确目的而组成;第二,犯罪集团是较为固定的犯罪组织,一方面表现为有明显的首要分子,其他人员在首要分子的领导和指挥下形成了相对稳定的层级关系,彼此分工明确,另一方面犯罪集团通常是有预谋、有计划地长期进行犯罪活动。就本案而言,该案虽然涉及犯罪人数超过 3 人,彼此之间分工明确,也形成了相对固定的犯罪组织,符合了犯罪集团的部分特征,但是由于涉案两公司都是经过工商管理部门批准而设立的合法经营主体,公司也一直经营着部分合法业务,且两个公司职员都是通过正当的途径招聘,这些员工在加入公司之前并不知晓将要实施的诈骗犯罪,这明显不同于以实施犯罪为目的设立"公司"或者"企业"作为掩护的犯罪集团。

在本案中另一个需要注意的问题是,在涉及多人的共同犯罪中,该如何正确把握主从犯的划分标准,这一问题直接影响不同犯罪参与人的刑事责任。根据《中华人民共和国刑法》第二十六条、第二十七条的规定,在共同犯罪中,起主要作用的是主犯,起次要或者辅助作用的是从犯。犯罪的作用大小是区分主从犯的标准。具体可以通过犯罪人在具体犯罪活动中的地位、对于犯罪故意的作用、实际的参与程度、具体的行为样态以及对于犯罪结果所起到的作用、最后的犯罪利益所得等方面对犯罪人在共同犯罪中的作用进行考量。一般认为,组织、领导、指挥以及积极参与共同犯罪的人,主导了共同犯罪的形成、实施以及完成,对整个犯罪起主要作用,可以认定为主犯;而跟随附和犯罪、在共同犯罪中属于从属、支配地位、不积极参与犯罪的人或者只是提供犯罪实行行为之外帮助的人等,相对主犯而言,对整个犯罪的作用较小即为从犯。在本案中,于小飞和陈永好作为天禧、聚诚公司的实际控制人及出资人,是诈骗犯罪的起意者、指挥者和实施者以及犯罪所得的主要收益者,两人是整个诈骗犯罪的核心人物,应该认定为主犯。而汪叙辉、吴永浩分别负责天禧、聚诚公司的日常业务,参与了话术模板的研究,组织培训公司员工实施具体的诈骗活动,积极参与了诈骗犯罪,同样也是主犯。

案例提供单位:上海市金山区人民法院

编写人:朱　敏

点评人:于改之

91. 赵一平信用卡诈骗案

——通过第三方支付平台获取他人银行卡内钱款的定性问题

案 情

公诉机关上海市崇明区人民检察院

被告人赵一平

2016 年 6 月 29 日晚，被告人赵一平与被害人沈某某通过手机微信聊天认识并相约见面。当晚 23 时许，赵一平至上海市崇明区堡镇堡镇北路 545 号与沈某某见面后，趁沈某某下楼之机，窃得沈的农业银行卡、手机 SIM 卡、身份证、加油卡等物，后离开该地。次日凌晨，赵一平将沈某某的手机 SIM 卡插入其自己的手机，并登陆沈某某的微信账号。其在获取银行向沈某某该张农业银行卡所预留手机号码发送的短信验证码后，将该验证码输入手机通过验证，从而将沈某某农业银行卡内的 3 000 元充值入沈的微信钱包内，再将上述钱款转至其自己在某网站设立的账户中。

2016 年 6 月下旬，被告人赵一平与被害人范某某通过手机微信聊天认识。2016 年 7 月 7 日晚 21 时许，二人在上海市崇明区堡镇方顺宾馆相约见面。其间，赵一平在事先已骗得范某某农业银行卡相关信息及身份证号的情况下，以借用范某某手机的名义，操作使用范的手机，并在范某某不知情的情况下，将范某某的微信账号和上述农业银行卡绑定，还在其自己的手机上注册了以范某某为名的支付宝账户并绑定该农业银行卡。当晚至次日凌晨，赵一平分别将范某某上述农业银行卡内 11 000 元转入范的支付宝账户及微信钱包内，再将上述钱款转至其自己的支付宝账户及微信钱包内。2016 年 7 月 9 日凌晨，被告人赵一平再次通过手机以支付宝转账的方式将范某某上述农业银行卡内的 3 000 元转入范某某的支付宝账户中，再将其中 1 900 元转至其自己的支付宝账户内。

2016 年 7 月 13 日，被告人赵一平被公安人员抓获，到案后，其对上述犯罪事实供认不讳，并已将 3 000 元、12 900 元分别退还沈某某、范某某。

公诉机关认为，被告人赵一平以非法占有为目的，盗窃信用卡并使用，秘密窃取他人财物，数额较大，其行为已触犯《中华人民共和国刑法》第一百九十六条第三款、第二百六十四条之规定，应当以盗窃罪追究其刑事责任。被告人赵一平到案后能如实供述自己的罪行,依照《中华人民共和国刑法》第六十七条第三款的规定,可以从轻处罚。

被告人赵一平对公诉机关的指控无异议。

审 判

法院经审理后认为,被告人赵一平以非法占有为目的,冒用他人信用卡进行诈骗,数额较大;又盗窃他人信用卡并使用,数额较大,其行为已分别构成信用卡诈骗罪、盗窃罪,依法应予惩处,并实行数罪并罚。公诉机关的指控事实清楚,证据确实充分,但关于本案第二节犯罪事实的定性不当,予以纠正。被告人赵一平到案后能如实供述自己的罪行,且已向沈某某、范某某退赔损失并取得谅解,依法可予从轻处罚。最终判决被告人赵一平犯信用卡诈骗罪,判处有期徒刑八个月,并处罚金人民币二万元;犯盗窃罪,判处拘役三个月,并处罚金人民币一千元;决定执行有期徒刑八个月,并处罚金人民币二万一千元。

宣判后,被告人赵一平未上诉,公诉机关提出抗诉,上一级公诉机关未予支持抗诉,本案已发生法律效力。

点 评

对涉第三方支付平台的侵财犯罪,根据所转移的资金来源的不同,可以分为直接转移第三方支付平台账户内的资金以及转移第三方支付平台账户所绑定的银行卡内资金两种具体的行为,前一种行为的定性的争议围绕盗窃罪与诈骗罪展开,而后一种行为定性存在盗窃罪与信用卡诈骗罪的对立,通过第三方支付平台获取他人银行卡内钱款行为的定性正是本案所涉及的主要问题。

首先,通过第三方支付平台转移他人银行卡内钱款的行为属于冒用他人信用卡的行为。所谓冒用他人信用卡就是行为人以非法占有的目的,未经过持卡人的同意,擅自以持卡人的名义使用他人信用卡内资金的行为。通过第三方支付平台转移他人银行卡内钱款完全符合冒用他人信用卡的行为特征。该行为不仅侵害他人的财产权,同时也危害与银行卡管理相关的金融秩序,这明显不同于直接转移第三方支付平台账户内资金的行为。虽然通过第三方支付平台转移银行卡内资金行为,相应的钱款必然会从第三方支付平台内再次转移,但是,不能忽视资金从银行卡内转移到账户内这一行为对金融管理秩序的危害性,因此,将该行为单纯认定为盗窃罪,存在刑法评价上的不足。

其次,由于《中华人民共和国刑法》第一百九十六条第四款明确规定,盗窃信用卡并使用的定盗窃罪,盗窃银行卡并通过第三方支付平台获取钱款的行为,应该认定为盗窃罪。因此,赵一平第一次盗窃他人银行卡并通过绑定微信转移银行卡内钱款的行为应以盗窃罪论处。但是,值得注意的,一般认为《中华人民共和国刑法》第一百九十六条第四款明确规定为法律拟制,并不具有普遍适用性,对该规定中的"信用卡"只能解释为实体卡。其原因在于,信用卡本身的价值有限,盗窃信用卡的行为对信用卡所有人的财产法益并不会造成实际上的损害,盗窃信用卡后的使用行为,属于"冒用他人信用卡"的情况,盗窃信用卡并使用的行为更应该认定为信用卡诈骗罪,但是立法将该行为认定为盗窃,明显属于法律拟制,基于对法律拟制内容的严格限制的态度,必须对该规定中信用卡限定为实体卡的范围。因此,对于以盗窃之外的其他方式获取信用卡并使用或者盗窃信用卡信息并使用的行为都应该成立信用卡诈骗罪。在本案中,赵一平第二次在骗取他人银行卡信息资料后,通过微信、支付宝绑定该银行卡转移卡内钱款的行为就应该认定为信用卡诈骗罪。这在 2009 年《最高人民法院、最高人民检察院关于办理妨害信用卡管理刑事案件具体应用法律若干问题的解释》第五条中已经明确规定,即"窃取、收买、骗取或者以其他方式获取他人信用卡信息资料,并通过互联网、通讯终端等使用的"属于信用卡诈骗罪中"冒用他人信用卡"。

实际上,根据《中华人民共和国刑法》第一百九十六条以及相关司法解释的内容,对赵一平通过第三方支付平台获取他人银行卡内钱款的行为并不难做出定性,但是从定性结果的实质合理性上来看,赵一平两次行为在法益侵害性完全相同,即同时侵害了他人的财产权利和与银行卡有关的金融管理秩序,只因为是否存在实体卡就对两行为做出不同的定性是否妥当呢?这一问题直接涉及《中华人民共和国刑法》第一百九十六条第四款法律拟制的合理性的检讨。

案例提供单位:上海市崇明区人民法院

编写人:薛依斯

点评人:于改之

92. 潍坊国建高创科技有限公司等 合同诈骗案

——骗取委托贷款的属于合同诈骗

案 情

公诉机关上海市人民检察院第一分院

被告单位(上诉人)潍坊国建高创科技有限公司

被告人(上诉人)陈家欣

被告人(上诉人)赵福伟

被告人陈家欣系潍坊国建高创科技有限公司(以下简称潍坊国建)的法定代表人,亦系山东雷奇、山东国弘、青岛国建等公司的实际控制人。被告人赵福伟系潍坊国建的财务总监。

被告人陈家欣为在青岛承接建筑节能项目,于 2014 年成立青岛国建作为潍坊国建的项目公司,青岛国建无资金及资产。同期,潍坊国建出现资金短缺,且拖欠大量外债。2014 年 4 月至 10 月,陈家欣伙同被告人赵福伟采用伪造的相关项目合同、政府部门回执及他项土地权利证明等虚假材料提供给远东公司,谎称潍坊国建取得了青岛市政府推广的既有建筑节能改造项目,并以该项目的回款及相应的房产作为担保向远东公司"借款",从而骗取远东公司的信任。2014 年 10 月 15 日,潍坊国建与上海银行、远东公司签订《上海银行人民币单位委托贷款借款合同》及《补充协议》,由远东公司委托上海银行向潍坊国建发放贷款 5 700 万元。10 月 27 日,潍坊国建和远东公司签订《应收账款质押合同》《应收账款质押登记协议》《资金支付监管协议》《抵押协议》和《保证协议》等。2014 年 11 月 6 日,潍坊国建骗得远东公司 5 700 万元,上述资金中有 714 万元被用于支付远东公司管理费等费用外,余款被用于为山东雷奇归还贷款、提取现金、划转给马某等数十个自然人、划款至山东共达投资公司、潍坊万里汽车贸易公司等数十家公司,造成远东公司实际损失 4 986 万元。

公诉机关认为,被告单位及两名被告人的行为构成合同诈骗罪。被告单位、被告人及辩护人认为,潍坊国建有还款能力,也有还款意愿,只是由于大量债权无法收回和项目停滞等客观原因导致暂时无法归还欠款,从远东公司获得贷款也间接用于青岛项目,被告单位和两名被告人不具有非法占有他人钱款目的,故本案不构成合同诈骗罪,即使构成犯罪,也只能构成骗取贷款罪。

审 判

一审法院经审理认为,被告单位潍坊国建、被告人陈家欣、赵福伟以非法占有为目的,在签订、履行合同过程中,虚构事实、隐瞒真相,骗取他人钱款共计 4 986 万元,其行为均构成合同诈骗罪,且数额特别巨大。陈家欣系主犯,赵福伟系从犯。据此,依法以合同诈骗罪分别判处潍坊国建罚金四百万元;判处陈家欣有期徒刑十五年,剥夺政治权利四年,并处罚金一百万元;判处赵福伟有期徒刑九年,剥夺政治权利三年,并处罚金五十万元;追缴被告单位潍坊国建违法所得四千九百八十六万元,不足部分责令继续退赔,上述款项发还被害单位远东公司。

一审宣判后,被告单位潍坊国建、被告人陈家欣、赵福伟提起上诉。二审法院经审理,裁定驳回上诉,维持原判。

点 评

本案的争议问题是骗取委托贷款的行为的定性,主要涉及合同诈骗罪、贷款诈骗罪和骗取贷款罪的区分问题。

首先,区别骗取贷款罪与贷款诈骗罪、合同诈骗罪的关键在于,行为人主观上是否具有非法占有目的。骗取贷款罪与贷款诈骗罪客观上都采用欺骗手段取得银行或者其他金融机构贷款的行为,但是,贷款诈骗罪要求行为主观上必须具有非法占有目的,骗取贷款罪无此要求。而按照《中华人民共和国刑法》第二百二十四条的规定,非法占有目的是成立合同诈骗罪必备的主观内容。因此,行为人是否具有非法目的,是区别骗取贷款罪与贷款诈骗罪、合同诈骗罪的核心内容。要确定行为人主观上是否存在非法占有目的,必须根据行为人获取资金的客观行为、资金的取向、还款能力等事实进行综合判断。在本案中,被告公司在与远东公司取得联系之前,已经处于负债经营,资不抵债的情况,原获取资金的银行或者金融机构也因其缺乏偿还能力而不再向其提供资金。在明知自己无实际还款能力的情况下,被告公司向远东公司隐瞒公司经营状况,采用伪造的相关项目合同、政府部门回执及他项土地权利证明等虚假材料的手段欺骗远东公司取得委托贷款,可以肯定其主观上具有非法占有他人钱财的目的。此外,由于青岛项目为虚假项目,辩护人以所借资金间接用于项目而否定行为人主观非法占有目的的辩护理由也不成立。因此,被告公司以主观上具有非法占有目的不能认定为骗取贷款罪。

其次,合同诈骗罪和贷款诈骗罪的主要区别在于行为对象是否为银行或者金融机构的贷款。贷款诈骗罪是以非法占有目的,骗取银行或者金融机构贷款的行为,而合同诈骗罪是以非法占有目的,骗取合同相对人的财物的行为,两罪名最主要的区别在于行为对象,即贷款诈骗罪只能是骗取银行或者金融机构的贷款,而合同诈骗罪是针对合同相对人的财物。在本案中,委托贷款是否属于银行贷款引发了骗取委托贷款行为定性的争议。根据 2018 年《商业银行委托贷款管理办法》第三条,所谓委托贷款,是指委托人提供资金,由商业银行(受托人)根据委托人确定的借款人、用途、金额、币种、期限、利率等代为发放、协助监督使用、协助收回的贷款。可见,委托贷款虽然通过银行发放,但该种贷款并不同于银行作为贷款人的自营贷款,银行作为受托人不承担任何贷款风险,只收取手续费,不垫支资金,委托贷款资金属于委托人的个人财产。因此,骗取委托贷款的行为是针对委托人的财产而非银行财产而实施的犯罪行为,银行并不会因此遭受任何财产上的损失,该行为在行为对象上不符合贷款诈骗罪的构成要件。此外,骗取委托贷款的行为,并没有影响到银行与委托人之间的委托关系,银行的相关金融业务还是处于正常状态,换言之,该行为没有破坏金融管理秩序,在法益侵害性上也不符合贷款诈骗罪的要求。

因此,在本案中,被告公司以非法占有为目的,通过伪造的相关项目合同、政府部门回执及他项土地权利证明等虚假材料的手段,在签订、履行委托贷款合同过程中,骗取远东公司钱款的行为应该认定为合同诈骗罪。

案例提供单位:上海市高级人民法院

编写人:许　浩

点评人:于改之

93．沈国峰合同诈骗案

——员工冒用本公司名义与他人签订合同取得钱款行为的性质认定

案　情

公诉机关上海市松江区人民检察院

被告人沈国峰

法院经审理查明,2015 年 4 月至 5 月初,被告人沈国峰系金安国纪科技股份有限公司(以下简称金安国纪公司)销售员,沈国峰在收取于都金源电子灯饰配件厂(以下简称金源厂)订购金安国纪公司 1 000 张覆铜板的货款后未上交公司,并将该笔货款用于个人消费等支出。同年 5 月 25 日,沈国峰采用在生产发货通知书上私自改写送货地址及自行填写审核员签名的方式,将金安国纪公司应发给江西奥科特照明科技有限公司(以下简称奥科特公司)价值 56 000 元的 1 000 张覆铜板发给金源厂。

2015 年 5 月 22 日,被告人沈国峰私自制作金安国纪公司销售合同并加盖合同章后传真给金源厂,金源厂于次日将 2 500 张覆铜板货款共计 125 000 元转账至沈国峰账户,沈国峰收到货款后用于个人消费等支出。

2015 年 6 月 19 日,被告人沈国峰退还给金源厂 2 240 元。

2015 年 6 月 23 日,公安人员至宝胜路 33 号将被告人沈国峰传唤至公安机关。

2015 年 11 月,金安国纪公司补发 1 000 张覆铜板给奥科特公司;金安国纪公司于 2016 年补发 125 000 元的覆铜板给金源厂。

被告人沈国峰对起诉指控的事实无异议。公诉机关认为被告人沈国峰利用职务便利,侵吞公司财物,数额较大,其行为已构成职务侵占罪。

审　判

一审法院经审理后认为:金安国纪公司对外销售产品过程中,规定了销售人员与客户进行洽谈后,需经过公司销售、技术、品质等部门审核确认后与客户再签订合同并安排订单生产、发货的流程,而被告人沈国峰与金源厂洽谈的 2 500 张覆铜板,在没有经过公司销售、技术、品质等部门的审核确认的情况下,私自在合同上加盖公司合同专用章,是属于冒用金安国纪公司的名义与金源厂订立合同的行为,同时被告人沈国峰的上述行为欺骗了金源厂;金源厂将 12.5 万元的货款存入沈国峰的账户,沈国峰非但不上交给公司,反而将该款项转账至他人账户及用于个人消费,金安国纪公司对于该 12.5 万元从未实际掌控。综上,被告人沈国峰占有的款项在案发时既非金安国纪公司所有,也未受金安国纪公司实际控制,该款项应系被告人沈国峰个人非法占有金源厂按合同交付的货款,因此,被告人沈国峰侵占该 12.5 万元的行为没有侵害金安国纪公司的财产利益,而是侵害了金源厂的财产利益,故被告人沈国峰的行为不构成职务侵占罪。被告人沈国峰擅自将金安国纪公司应发货给奥科特公司的 1 000 张覆铜板发给金源厂,侵占了金安国纪公司的财物,但数额为 5.6 万元,未达到追究职务犯罪的数额标准,其行为亦不构成职务侵占罪。

据此,被告人沈国峰采用虚构事实、隐瞒真相的方法,冒用金安国纪公司的名义在签订、履行合同的过程中,骗取金源厂 12 万余元,属数额较大,其行为已构成合同诈骗罪。被告人沈国峰到案后能如实供述自己的罪行,可依法从轻处罚。被告人沈国峰退还了金源厂 2 000 余元,且金安国纪公司已弥补了金源厂损失,可酌情从轻处罚。综上,根据被告人犯罪的事实、性质、情节和对社会的危害程度及认罪态度,依照《中华人民共和国刑法》第二百二十四条、第六十七条第三款、第六十四条、第五十二条、第五十三条第一款的规定,判决如下:一、被告人沈国峰犯合同诈骗罪,判处有期徒刑一年六个月,并处罚金人民币二千元。二、未退出的违法所得,继续予以追缴。

一审宣判后,被告人沈国峰未提出上诉,公诉机关亦未提出抗诉,判决生效。

点 评

本案的争议问题是员工冒用本公司名义与他人签订合同取得钱款行为的定性,主要表现为合同诈骗罪与职务侵占罪的对立。

合同诈骗罪是以非法占有为目的,在签订、履行合同过程中,骗取对方当事人财物,数额较大的行为。而职务侵占罪是公司、企业或者其他单位的人员,利用职务上的便利,将本单位财物非法占为己有,数额较大的行为。两个罪名的区别主要有两点:第一,客观行为方面。合同诈骗罪是在签订、履行合同的过程中骗取合同相对人财物的行为,而职务侵占罪是利用职务便利非法占有本单位财物的行为。行为人是否利用自己主管、管理、经营、经手单位财物的职务上的便利条件获取财物,是区分合同诈骗罪和职务侵占罪的关键。第二,行为对象方面。职务侵占罪的行为对象只能是本单位的财物,而合同诈骗罪骗取的是合同相对人的财物。

　　在本案中,对于沈国峰收取金源厂订货款未上交的行为认定为职务侵占罪并无争议,但是对其后私自制作金安国纪公司销售合同并加盖合同章后收取金源厂货款的行为,因对该钱款是否属于公司所有存在争议,直接导致了该行为定性的分歧。之所以会对沈国峰所骗取的钱款的性质产生争议,重要的原因在于,沈国峰与金源厂订立购货合同的行为有可能成立民法上的表见代理,而表见代理行为相应的法律后果由被代理人即金安国纪公司承担,从最后的结果来看,在本案中真正遭受财产损失的实际上是金安国纪公司。但是,财产损失的最后承担者与刑法中被害人并不是等同的概念,并不能由此认定沈国峰所骗取的钱款属于公司,其非法占有钱款的行为成立职务侵占罪。

　　首先,合同的形式、效力并不是认定合同诈骗罪的前提,民事上表见代理与刑法上的合同诈骗罪之间并不矛盾。根据《中华人民共和国刑法》第二百二十四条的规定,只要行为人利用了合同进行诈骗的,不论合同的性质如何,其行为都侵害到合同相对人的财产权和与合同有关的市场秩序,应该成立合同诈骗罪。在合同相对人有理由相信无权代理人有代理权成立表见代理的情况中,只要无权代理人符合以非法占有目的,"冒用他人名义签订合同的"或者实施其他合同诈骗行为的,应该以合同诈骗罪论处。其次,判断某一行为是否具有法益侵害性只能着眼于行为当时,事后补救并不能影响行为的定性。在本案中,沈国峰以非法占有为目的,通过私自制作金安国纪公司销售合同并加盖合同章后收取金源厂货款,其欺骗行为直接指向的具体对象是金源厂的钱款,当金源厂在基于认识错误将钱款转入沈国峰账户时,沈国峰合同诈骗已经既遂。虽然案发后,金源厂能基于表见代理能要求金安国纪公司履行合同义务,避免了实质损失,但是由于沈国峰通过合同诈骗他人钱财的行为已经既遂,事后的补救措施并不能改变对行为的定性。实际上,从另一个角度来看,在沈国峰实施合同诈骗的整个过程中,与金源厂的销售合同从制作、签订和履行都是沈国峰一人在操作,该笔订货钱款是沈国峰诈骗的犯罪所得,根本不可能成为公司的合法财产。最后,合同诈骗罪是特殊的诈骗犯罪,该行为不仅侵害合同相对人的财物,还扰乱与合同有关的社会经济秩序,因此,该罪名被规定在《中华人民共和国刑法》第三章破坏社会主义市场经济秩序罪中。而职务侵占罪被规定在侵犯财产罪中,重在保护公司的财产。显然,沈国峰冒用本公司名义与金源厂签订合同取得钱款的行为不仅侵害到了金源厂合法的财产权利,也已经对正常的社会经济秩序造成了实质的损害,具备成立合同诈骗罪的法益侵害性。

案例提供单位:上海市松江区人民法院

编写人:顾霞飞

点评人:于改之

94. 张志杰等组织考试作弊案

——国家机关受法律委任制定的行政法规规章中规定的 国家考试属于法律规定的国家考试

案 情

公诉机关上海市崇明区人民检察院

被告人(上诉人)张志杰

被告人(上诉人)陈钟鸣

被告人包周鑫

2015 年年底,被告人张志杰、陈钟鸣、包周鑫三人预谋在 2016 年度全国会计专业技术中级资格考试中组织考生作弊,并从中牟利。后张志杰、包周鑫自行或委托他人招收考生报名参加该考试并收取费用,并将考试地点统一选定在上海市崇明区扬子中学考点。其间,张志杰、陈钟鸣通过网购等方式准备作弊工具,张志杰、包周鑫等人组织相关考生进行作弊器使用培训并将作弊器分发给考生。

2016 年 9 月 10 日上午,陈钟鸣指使马战辉、刘节(均另行处理)等人进入 2016 年度全国会计专业技术中级资格考试考点,利用随身携带的作弊器材拍摄考试试卷并将视频通过网络传送至场外。陈钟鸣安排付燕萍、张睿(均另行处理)利用电脑将上述视频截图,并将考题交由其和张志杰组织的人员进行答题。形成答案后,张志杰将答案通过网络传输给等候在扬子中学考场周边的包周鑫,包周鑫等人再将答案通过作弊设备传送给相关考生。当日上午,上海市职业能力考试院工作人员在扬子中学考点巡考过程中,当场查获使用上述作弊设备进行作弊的考生 60 余名。

另查明,包周鑫从蔡永生、沈剑处分别收取招生费用 54 000 元、42 000 元;张志杰从包周鑫处收取 60 000 元。

公诉机关认为,被告人张志杰、陈钟鸣、包周鑫在法律规定的国家考试中组织作弊,其行为已触犯《中华人民共和国刑法》第二百八十四条之一第一款,应当以组织考试作弊罪追究刑事责任。

被告人张志杰、陈钟鸣、包周鑫及各自辩护人对公诉机关指控的犯罪事实无异议,被告人陈钟鸣的辩护人认为被告人陈钟鸣在共同犯罪中作用地位较小,被告人包周鑫的辩护人提出被告人包周鑫系从犯。

审 判

一审法院经审理后认为,被告人张志杰、陈钟鸣、包周鑫在法律规定的国家考试中,组织作弊,其行为均已构成组织考试作弊罪,依法应予惩处。公诉机关的指控事实清楚,证据确实充分,指控的罪名成立,本院依法予以支持。关于三名被告人在共同犯罪中的作用,经查,三名被告人经预谋组织考试作弊,在招收生源、购买作弊器材、培训考生使用作弊器材、潜入考场拍摄试卷、场外截录拍摄内容、组织人员答题、传送答案等环节上互有分工,均对共同犯罪的实施起到了重要、积极的作用,在共同犯罪中的作用、地位基本相当,故陈钟鸣的辩护人关于陈钟鸣作用相对较小、包周鑫的辩护人关于包周鑫系从犯的辩护意见均与查明的事实不符,不予采纳。辩护人关于三名被告人具有坦白情节,认罪、悔罪态度较好且系初犯,请求法庭从轻处罚的辩护意见于法有据,予以采纳。综合考虑本案所涉考试的社会影响程度及该次犯罪的社会危害性,结合三名被告人在共同犯罪中的具体作用及认罪、悔罪态度,依照《中华人民共和国刑法》第二百八十四条之一第一款、第二十五条第一款、第六十七条第三款、第五十二条、第五十三条、第六十四条之规定,判决:一、被告人张志杰犯组织考试作弊罪,判处有期徒刑一年六个月,并处罚金人民币二万元;二、被告人陈钟鸣犯组织考试作弊罪,判处有期徒刑一年五个月,并处罚金人民币一万八千元;三、被告人包周鑫犯组织考试作弊罪,判处有期徒刑一年四个月,并处罚金人民币一万六千元;四、作案工具发射器二台、计算器六十六部予以没收;责令被告人张志杰、包周鑫分别退出违法所得人民币六万元、三万六千元,予以没收。

一审宣判后,被告人张志杰、陈钟鸣认为二人在共同犯罪中作用较小,原判量刑过重,提出上诉。

二审法院经审理认为,原判三名被告人的行为均已构成组织考试作弊罪。三名被告人在共同犯罪中互有分工、相互配合,作用和地位基本相当,均不是辅助作用,原判根据各名被告人的犯罪事实、性质等综合考量,对各名被告人所作的量刑并无不当。据此,裁定驳回上诉,维持原判。

点 评

为了保护与考试公平正义等有关的社会秩序,刑法修正案(九)设立了组织考试作弊罪这一全新的罪名,从法条的规定来看,立法机关并没有将所有的考试都纳入到该罪名的保护范围,行为人只有"在法律规定的国家考试中,组织作弊的"才有可能承担刑事责任。但是,目前刑法以及司法解释中并没有明确"法律规定的国家考试"的具体范围,如何理解"法律规定的国家考试"直接影响着该罪名的具体适用。这也是本案中所需要讨论的核心问题。具体说来,本案涉及的争议问题是全国会计专业技术中级资格考试这类国家机关受法律委任制定的行政法规规章中规定的国家考试是否属于组织考试作弊罪所保护的"法律规定的国家考试"。

首先,准确理解"国家考试"的"国家性"。国家考试是"国家性"的考试,其"国家性"主要体现在组织考试的主体、考试的范围、考试的目的等方面,具体说来,国家考试由国家机关或者得到法律授权的其他社会组织设立的,为达到特定的国家目的而面向社会公开进行的考试,其本质上属于一项国家行政活动。就本案所涉及的全国会计专业技术中级资格考试而言,根据 2000 年 9 月 8 日《会计专业技术资格考试暂行规定》的有关规定,该考试是由财政部、人事部共同负责的全国统一考试,从考试范围和组织考试的主体来看,该考试属于国家考试。

其次,严格限制"法律规定"中"法律"的范围。为了防止组织考试作弊罪的犯罪圈过大,立法机关在"国家考试"之间加上了"法律规定"这一限定条件。但是,对于法律有广义和狭义两种不同的理解。广义的法律是指由国家立法机关按照法定程序制定的规范文件的总称,狭义的法律、行政法规、地方性法规等都包括在内。而狭义的法律,根据《中华人民共和国立法法》第七条的规定只能由全国人民代表大会和全国人民代表大会常务委员会制定,不包括行政法规、部门规章等规范。为了保持刑法的谦抑性,显然不能过于宽泛地理解组织考试作弊罪中"法律规定的国家考试",有必要将该罪名中"法律"的制定主体限于全国人民代表大会和全国人民代表大会常务委员会。

最后,合理扩大解释"法律规定"。在我国现有法律中,类似《中华人民共和国高等教育法》明确规定高考、硕士考试以及博士考试为国家考试的毕竟是少数,若过于强调组织考试作弊罪中"法律规定的国家考试"必须是法律明确规定的国家考试,该罪名的适用范围极其有限,很难真正发挥刑法对于考试作弊行为的有效规制。因此,在"法律规定"的文义范围内可以考虑对组织考试作弊罪中"法律规定的国家考试"进行适当的扩大解释,即将法律直接规定或者间接规定的国家考试都认定为本罪名的规制对象。其中,所谓法律间接规定的国家考试,是指在法律明确规定可以通过行政法规等规范对某一法律规定进行具体化规定的情况下,行政法规等规范所规定的国家考试因具有法律授权也有"法律规定的国家考试"。本案中,全国会计专业技术中级资格考试虽然不是法律直接规定的国家考试,但是《中华人民共和国会计法》第八条规定:国务院有关部门可以依照本法和国家统一的会计制度制定对会计核算和会计监督有特殊要求的行业实施国家统一的会计制度的具体办法或者补充规定,报国务院财政部门审核批准。《会计专业技术资格考试暂行规定》是财政部、人事部依据《中华人民共和国会计法》等有关规定制定的旨在完善会计专业技术人才选拔机制的具体规定,该规定作为实施国家统一会计制度的具体规范,符合《中华人民共和国会计法》第八条的授权要求,其中所规定的全国会计专业技术中级资格考试就是《中华人民共和国会计法》间接规定的国家考试。因此,在全国会计专业技术中级资格考试中组织作弊的,可以认定为组织考试作弊罪。

案例提供单位:上海市崇明区人民法院

编写人:曲　翔

点评人:于改之

执 行

95. 上海市虹口区东海电影院有限公司申请执行上海福临东海沐浴有限公司房屋租赁合同纠纷案

——善意执行与执行联动合力破解执行难案

案 情

申请执行人上海市虹口区东海电影院有限公司

被执行人上海福临东海沐浴有限公司

2015 年 1 月 7 日,法院受理上海市虹口区东海电影院有限公司(原名虹口区东海电影院,以下简称东海公司)诉上海福临东海沐浴有限公司(以下简称福临公司)房屋租赁合同纠纷案。审理中查明,东海公司、福临公司于 2004 年 6 月签订《东海电影院房屋租赁合同》。合同约定,由东海公司将其所有的位于虹口区海门路某号的东海电影院整幢楼房(以下简称系争房屋)约 5 200 平方米(含地下室)交由福临公司租赁,租赁期限自 2004 年 7 月 1 日至 2021 年 6 月 30 日止。合同履行过程中,因福临公司未按合同约定提前书面通知东海公司即将系争房屋部分转租,致使系争房屋内存在消防不合格、违章建筑搭建等状况并发生赌博案件,东海公司遂要求终止租赁合同。因双方意见不一,东海公司起诉。2015 年 4 月 29 日,法院一审判决:确认东海公司、福临公司签订租赁合同于 2014 年 8 月 6 日解除;福临公司于判决生效之日起 10 日内携其可移动物品从上海市海门路某号迁出,将该房屋交还东海公司;福临公司于判决生效之日起 10 日内偿付东海公司违约金 50 万元;福临公司承担一审案件受理费 3.39 万元。福临公司不服判决提起上诉,二审法院经审理,驳回上诉,维持原判。2015 年 11 月 2 日,东海公司向法院申请执行,要求福临公司从系争房屋内迁出,偿付违约金 50 万元、支付一审案件受理费 3.39 万元。

执 行

法院于 2015 年 11 月 5 日发出执行通知,责令福临公司限期履行生效法律文书确定的义务。因福临公司未按期履行,同年 11 月 16 日,法院至系争房屋张贴公告,责令被执行人限期迁出。同时,法院到现场进行了实地勘查。勘查中,遭到被执行人部分留守人员的围堵。经耐心劝解和法律释明,现场勘查得以顺利完成。

经法院勘查查明:(1)系争房屋地下一层为游戏机房,一楼及大厅为饭店,二楼至三楼为浴场,四楼为酒吧,五楼至六楼为 KTV。房屋内装修崭新且较豪华,设施齐全。(2)系争房屋内有留守居住人员 20 至 30 人,分布在二楼至三楼浴室休息区,多为浙江象山农村老年人。(3)一楼大厅内正门(原饭店大堂)已被被执行人用砖墙封闭,正门边堆放有 60 至 70 公分高、装满汽油的汽油桶 1 只,另有小型汽油桶 4 至 5 只、液化气钢瓶 2 只。(4)海门路门面上张贴有多张醒目标语及公示信,内容为"政府强制解除租赁合同,存在违法性"等,公示信有 30 余人签名及捺印。

经通知执行谈话,被执行人实际控制人陈某通表示:(1)系争房屋装修改造款由当地村民共同筹资,留守居住人员均为出资村民。(2)被执行人于 2014 年 5 月至 8 月对系争房屋装修改造,期间申请执行人未向其发出解除合同要求。现已将地下一层、一楼、四至六楼转租给他人经营。(3)装修改造完成后,因与东海公司发生纠纷,至今未能实际经营,装修款和经营损失约 2 200 余万元。(4)强制腾退会影响其本人及股东生存,还会给诸多集资村民带来巨大损失,要求继续租赁经营或得到相应装修补偿。执行谈话中,法院向陈某通明确指出,其以张贴标语等形式给政府、法院施加压力的做法是错误的,要求其能认识错误,撤下标语,通过合法途径解决问题。谈话后,陈某通撤下全部标语。

执行过程中,法院与区公安分局、系争房屋所在的街道、派出所等就该案的强制执行事项进行会商,明确本案应严格按生效法律文书确定的判决内容执行,维护法律的严肃性。同时考虑到被执行人确有较大损失,且涉及现场人员较多,强制执行可能引发被执行人及案外人强烈对抗、激化矛盾,故存在较大稳定风险的实际情况,希望申请执行人给予适当补偿化解、平息矛盾,促使被执行人配合执行。对此,申请执行人表示愿意适当补偿,但补偿标准要求有客观依据。

2016 年 12 月 14 日,在多次协商无果的情况下,法院依法对被执行人法定代表人陈某明采取了司法拘留 15 日的强制措施。12 月 19 日上午,法院组织实施强迁。因系争房屋内约 20 名留守人员阻挠执行,且现场留有汽油桶、管制刀具、液化气等易燃易爆物品,强制执行受阻。其间,法院采用视频方式固定执行受阻证据,并拟以此作为追究被执行人拒执罪的证据。12 月 26 日,在法院反复谈话教育、训诫,并明确告知法院下一步强制执行措施及抗拒执行将承担的法律后果情况下,迫于压力,被执行人提出了 800 万元的补偿请求,并表示在申请执行人支付 400 万元后留存物品,人员先行搬离,2017 年 4 月底前确定安置地点腾清房屋后由申请执行人再支付 400 万元的方案。并承诺如未按期履行,相关人员愿意承担刑事法律责任。2017 年 1 月 13 日,申请执行人上级单位上海市长远集团影院管理公司将 800

万元补偿款交付法院。被执行人收到 400 万元后，全部人员于春节前撤离系争房屋，法院即将系争房屋交申请执行人管控，本案最终得到顺利执结。

点 评

司法裁判的内容是法院执行的依据和基础。但是民商事裁判文书所载内容始终围绕着当事人的诉求展开，由于诉讼中当事人考虑了核心利益以及诉讼策略等，常不能全面、理性、恰当地在诉讼中反映出全部之利益，等到执行之时，才发现有重要的利益需要彰显。这对执行提出了很高的挑战。

本案即为典型，当事人在诉讼中关注的核心焦点是租赁合同可否解除，而就被告的装修投入，法院在审理过程中征询"双方当事人是否对系争房屋的装修残值申请评估"，东海公司表示不会进行补偿，福临公司则表示"如被告构成违约，则评估没有意义"，被告忽略了这一部分利益的重要性。待判决生效进入到执行阶段，被执行人意识到如返还租赁场地将导致失去前期的装修投入。仅装修损失评估价值就为 1700 余万元。案件本身涉及金额大、影响利益方众多，被执行人强烈反抗，抗拒执行情绪重，导致案件执行难度巨大。法院在此案的处理过程中有以下几点经验值得重视。

首先，全面细致评估执行效果。本案执行影响不同的利益群体，如投资者、经营者、劳动者、债权人等，实际上已关系到社会治理的多个领域，非单纯的私法范畴。法院通过全面评估执行效果，将案件列为年度重点执行案件，成立专案小组专门组织开展执行工作，加强与不同部门之间网络化的联动。为了评估工作的细化，法院充分发挥区执行联动网络作用，多次会同区公安分局、街道、街道派出所等单位，广泛听取意见，了解被执行人企业过往经营状况，及时掌握执行中被执行人的动态。

第二，秉持善意执行理念，做好释明工作。本案件因涉案金额大、被执行人或案外人阻碍、案情本身复杂等方面的问题而成为疑难复杂的执行案件，对执行法院而言需要长时间、多角度、广思量地予以综合推进。执行案件中，法院始终秉持善意执行理念，区分不同对象、不同阶段、不同事项，耐心做好法律释明工作，体现了执行工作的规范与文明。

第三，重视利益平衡，促使补偿到位。如前所述，本案被执行人的装修损失约 1700 万元，而申请执行人在被执行人装修时，未及时通知解除合同并终止装修，装修完成后即通知解除合同，使损失客观存在，引起被执行人强烈不满。法院注意到，单纯执行司法裁判文书内容并不能全面反映当事人的利益诉求与平衡，同时也注意到，被执行人愿意在合理解决损失的情况下配合执行，为此法院协调申请执行人做出适当补偿,并全程监督和解方案的履行,最终顺利执结本案。事实证明,这为成功执行打下了良好的基础。

最后,彰显执行与司法权威。针对被执行人的不当行为,执行人员通过执行谈话责令其纠正,并适时采取司法拘留措施。适时采取现场强制执行措施,严肃法律实施,彰显执行与司法权威,促使被执行人自觉主动配合法院执行。

本案因同时具备了涉及面广、强度高、风险大的特点,属复杂疑难执行案件,此案的处理是应对此类执行案件的典范。

案例提供单位:上海市虹口区人民法院

编写人:毛 伟 刘 萍

点评人:李世刚

96. 中国华融资产管理股份有限公司上海市分公司申请执行科恩置业(上海)有限公司等金融借款合同纠纷案

——重大金融纠纷执行难案的破解智慧

案 情

申请执行人中国华融资产管理股份有限公司上海市分公司

被执行人科恩国际中心大厦置业(上海)有限公司

被执行人科恩置业(上海)有限公司

被执行人科恩(中国)有限公司

被执行人陈某某

被执行人孙某某

2011 年 5 月 10 日,中国华融资产管理股份有限公司上海市分公司(以下简称华融上海公司)、安信信托公司分别与科恩国际中心大厦置业(上海)有限公司(以下简称科恩国际公司)、科恩置业(上海)有限公司(以下简称科恩置业公司)签署《债权资产转让合同》,约定:安信信托公司将对科恩国际公司享有的债权 2.695 亿元、对科恩置业公司享有的债权 2.255 亿元转让给华融上海公司。同日,为实现受让债权,华融上海公司与科恩国际公司、科恩置业公司及科恩(中国)有限公司(以下简称科恩中国公司)签订了《债务重组协议》,约定:科恩国际公司、科恩置业公司及科恩中国公司三家企业作为共同债务人偿付债务本金 4.95 亿元(包括但不限于本息等);债务重组期限为两年,至 2013 年 5 月 11 日止,期间应按年利率 16% 支付利息。同日,华融上海公司分别与科恩国际公司、科恩置业公司签订《抵押合同》,约定:科恩国际公司将其名下的房产(上海市静安区陕西北路某 A 号 11 层、12 层、1301 室、1302 室、1401—1404 室、1502—1506 室、16 层、17 层、2001—2006 室、2201—2206 室、二层商场、B 号二层商场)、科恩置业公司将其名下的房产(上海市静安区陕西北路某 C 号 18 层、2102—2106 室、2601—2603 室、2702—2706 室、2801—2806 室、底层北部、三层商场、四层商场、地下二层、地下一层、某 D 号底层、E 号三层商场、四层商场)抵押给华融上海公司,为《债务重组协议》项下全部债务提供担保。同日,华融上海公司与陈某某、孙某某(系夫妻关系)签订《保证担保合同》,约定:两人共同为《债务重组协议》项下全部债务提供连带责任保证。其中,陈某某实为科恩置业公司的法定代表人。债务重组期满后,华融上海公司因未受清偿于 2013 年 7 月向法院申请实现担保物权,法院于 2013 年 10 月裁定准予华融上海公司对其享有的 4.95 亿元债权以及利息和逾期利息 5 275 万余元就上述抵押房产优先受偿。

因申请担保物权无法涵盖债务利息,华融上海公司又于 2013 年向法院起诉,法院判决科恩国际公司、科恩置业公司及科恩中国公司三家企业偿还华融上海公司借款本金及利息等共约 8 亿元,陈某某、孙某某承担连带保证责任,华融上海公司就上述抵押房产优先受偿。因法院已于 2013 年 12 月受理裁定的执行案件,正对涉案房产进行评估拍卖,故判决进入执行程序后,两案由同一法院执行。

执 行

面对两案所涉执行标的特别巨大、财产变现困难等情况,法院执行局组织精干力量,依法委托上海大雄房地产估价有限公司对涉案房产进行评估,有序完成涉案几十套房产的评估。在房产评估时,法院执行人员多次前往现场,走访每一家租赁户,严格审查租赁合同及相关资料,厘清承租情况,排除虚假租赁规避执行的情形,为拍卖工作奠定基础。评估完成后,被执行人为了拖延执行,以评估报告未真实反映评估对象的价格等理由向法院提出重新评估申请,法院未予采纳。2014 年 2 月起,上海金磐拍卖有限公司接受法院委托对涉案房产进行了三次公开拍卖,但因无人参与应价竞拍,三次拍卖均流拍。在案件执行陷入僵局时,法院执行法官把握双方有和解意向的契机,及时组织双方于 2014 年 12 月达成执行和解协议。

然时隔一年,科恩置业公司等未按和解协议履行,申请执行人认为对方违约而于 2015 年 11 月向法院申请恢复执行,要求变卖涉案房产以清偿债务,案件再次进入执行程序。而被执行人以己方未违反和解协议为由提出执行异议,认为本案不符合恢复执行和进入变卖程序的条件,并反驳因申请执行人故意违反和解协议,处处为己方履行协议设置障碍,导致己方未能如期履行。法院经审查认为,和解协议中约定了如被执行人在签订协议后发生了对其他企业存在债务到期未偿的事实,则构成对协议内容的违反。因欠款影响了被执行人的还款能力,可能存在对申请执行人的履约风险。而被执行人确实发生了对案外人的到期未偿债务,因此法院依法裁定驳回被执行人的异议申请。被执行人向上级法院提出的复议申请亦被驳回。

由此案件进入变卖抵押物阶段，被执行人再次提出执行异议申请，法院依法驳回其申请。上海法院开展破解"执行难"专项治理动员大会后，法院执行法官锲而不舍，积极完善变卖流程，寻找合适买家，终于以人民币 8.05 亿元价格成功变卖抵押房产（其中 6.75 亿元现已发还两申请执行人，余款待缴税之后再予发还），全面保障了债权人的合法权益。

变卖成交后，被执行人科恩置业公司等对买受人接收、使用房产设置重重障碍，致使买受人在房产过户后迟迟不能实际使用房产。法院执行局得知科恩置业公司等的法定代表人陈某某在某假日酒店开年会，即组织干警到年会现场将陈某某拘传至法院。因其对科恩置业公司等在法院处置抵押房产后，阻挠执行的行为拒不承认，也拒绝配合法院做好清场工作，法院对其采取了拘留 15 日的强制措施。

在拘期间，法院干警不断对陈某某做思想工作，在强大的执行攻势下，陈某某深刻认识到自己的错误，作出承诺，让其控制的物业公司不再阻挠买受人进场，并且腾空了其本人占有的办公用房，配合法院做好大楼的清场工作。部分房屋尚有租约的，由买受人与承租人自行协商解决。陈某某被释放当天，即在法院陪同下至现场与买受人办理了房产交接手续。至此，经过"三次拍卖流拍，两度执行异议"的八亿元金融纠纷案圆满执结。

点 评

执行难，如果涉案人数众多、执行程序反复或受到阻挠，执行则难上加难。

本执行涉案标的额为 8 亿元人民币，耗时约三年，历经申请执行、双方和解、恢复执行等多个环节，涉及三次流拍及两度执行异议，本案执行法院作为基层法院较好地处理了这一高标的额、长时间的执行案件，彰显了司法威力与执行权威，对破解"执行难"具有十分重要的意义。

本案所体现出来的执行经验主要表现在以下方面：

第一，关于虚假租赁。抵押房屋的财产变现，法院依法委托房地产估价公司对涉案房产进行评估。在抵押房产评估时，由于租赁户人数众多，类型多元，情况复杂，为辨识虚假租赁、保障真实租户权利以及债权人权益，法院执行中注重材料收集，执行人员至现场严格审查租赁合同及相关资料，厘清承租情况，依法张贴执行公告、拍卖公告，送达评估报告，保证程序依规合法，避免虚假租赁。

第二，关于抵押权的实现。法院依法委托拍卖公司对涉案房产进行公开拍卖，于三次拍卖流拍后，执行人员在把握双方有和解意向的情况下，及时组织当事人达成执行和解协议;面对被执行人不履行和解协议以及此前的抵押房产三次拍卖流拍,执行人员积极完善变卖流程,在变卖抵押物时,按照公开公平原则,由三家竞买单位不分先后将底价密封于信封内,统一拆开,选取最高出价,最终成功变卖抵押房产。

第三,关于执行的效率。本案执行标的额巨大,被执行人在执行程序的不同环节提出异议,并在达成和解协议后又违反协议,导致执行拖延。法院尊重了被执行人对权利的行使,例如促成和解协议的达成,认真审查异议申请,同时也注重执行的效率,审查与裁定及时作出,避免时间拖延。

第四,关于故意阻挠。本案被执行人在抵押物变卖成交后,依然对买受人接收、使用房产设置重重障碍,致使买受人在财产过户后迟迟不能实际使用房产,严重影响了本案执行进程。对此,法院加大执行力度,在得知被执行人法人代表下落时,立即将其拘传至法院,依法对其采取了拘留的强制措施。在采取强制措施期间,法院执行人员对有关规范与法律后果进行了充分的释明,使得被执行人停止阻挠执行的行为,配合法院做好大楼消场、房产交接手续等工作,案件得以圆满执结。

执行难,因此需要依实际情况智慧执行、坚决执行,但执行再难也要依法依程序进行。本案执行法院在执行过程体现了规范、透明、耐心与智慧,对基层法院金融纠纷案件的执行有很好的示范和借鉴效应。本案也被各类媒体广泛宣传报道,并于 2017 年 3 月获评“2016 年全国法院十大执行案件”。

案例提供单位:上海市静安区人民法院

编写人:汪　琦　施剑飞

点评人:李世刚

97. 葛某某等申请执行夏某
民间借贷纠纷案

——成功处置被执行人"唯一住房"

案 情

申请执行人葛某某

申请执行人朱某某

被执行人夏某

2013 年 1 月 5 日、1 月 9 日,原告葛某某、朱某某分别向法院起诉,要求被告夏某偿还在 2002 至 2004 年间的借款人民币 30 余万元。受理该案后,法院积极组织审判、调解工作,先后于 2013 年 2 月 25 日、2013 年 4 月 18 日出具民事调解书,要求被告夏某归还借款共计 350 000 元。法律文书生效后,被告夏某迟迟未按照规定履行法律义务,原告葛某某、朱某某遂分别向法院申请强制执行。

执 行

案件进入执行程序后,承办法官第一时间查询被执行人夏某可供执行财产信息,电话联系被执行人,但由于被执行人名下无财产且去向不明,执行工作变得被动起来。承办法官面对这种情况,沉着冷静,锲而不舍,进行了详细的调查与走访。最终,从居委会了解到,被执行人有一套不足 30 平方米的房产,但其已外出打工两年有余,房屋一直空置,平时偶尔有人来打扫卫生。承办法官随即查封了该房屋张贴了公告,并请邻居及时告知有关情况。

几个月后,被执行人邻居突然来电,称有人进入该房屋,承办法官立即赶赴现场。一位自称被执行人哥哥的人在打扫房屋。通过交谈承办法官了解到被执行人曾犯诈骗罪服过刑,至今未婚无子女,并通过他联系到了被执行人。被执行人起初称其系低保人员无固定收入无力履行。承办法官指出,其名下房地产未实际居住,应当出租或变卖以此偿还债务,并传唤其到庭申报财产。被执行人到庭后表示每月偿还 1 000 元,但如何处置房屋却只字未提。在承办法官的协调下,被执行人同意将该房屋出租,租金收入一并偿还申请人。数周过后,申请执行人反映被执行人借口租房将取消低保而怠于出租房屋。承办法官一边做被执行人的工作,晓以利害,一边依法向其送达了限制高消费令及纳入失信被执行人名单的执行决定书。在承办法官的持续高压下,被执行人不得不主动来院提出要想办法履行义务,但仍以"唯一住房不能执行,自己系低保人员无财产"为借口抗拒执行,承办法官立刻拿出最高人民法院的有关规定,明确告知被执行人,在符合法定条件的情况下,一套房依然可以执行。被执行人的侥幸心理终于破灭,强制执行的有利局面就此打开。经过再三协调,被执行人声称愿将房产 99% 的份额转让给申请执行人以抵偿部分债务,申请执行人保证在被执行人有生之年都可以使用该房屋。之后被执行人再次寻找借口,拖延办理相关手续,申请人一再催促,被执行人甚至不接电话。承办法官严厉训诫了被执行人的不诚信行为,以不按约履行义务追究其法律责任。被执行人眼见再也无法拖延躲避,提出自行变卖房产,后又以家人反对为由继续拖延。

被执行人屡次反复,视法律为儿戏,承办法官决定启动评估拍卖程序,对该房屋张贴了封条、评估拍卖裁定书、评估通知书。确定评估机构后,在被执行人拒绝配合的情况下,承办法官邀请居委会、平安志愿者、楼组长共同见证了开启房门及入户评估的过程,并全程摄影摄像。评估报告完成后,又依法送达被执行人。被执行人眼看再也赖不下去了,主动找到承办法官,表示一周内自行变卖房屋。几天后案外人将购房款汇至法院账户,承办法官参照当地租赁标准为被执行人留下租金。至此这起历时一年半的"一套房"执行案尘埃落定,执行工作圆满结束。

点 评

近年来,涉唯一住房的执行案件越来越受到社会关注,上海市各个基层法院目前也在积极探索处理此类案件的可行模式。从学理角度看,一方面,对唯一住房的执行直接关系到被执行人所享有的作为生存权一部分的基本居住权的实现。另一方面,是申请执行人对其应享有的债权及利益的实现。根据最高人民法院 2015 年 5 月出台的《关于人民法院办理执行异议和复议案件若干问题的规定》,法院支持与保障的是被执行人本人及其所扶养家属维持生活所必需的居住条件。满足该标准的居住条件,既可以是被执行人的自有房屋,或按当地廉租住房标准提供的居住房屋,也可以是以当地租赁市场租金均价计算而租赁房屋。因此,在保障被执行人基本居住条件的情况下,最高人民法院认可执行一套房以获得金钱价款偿付申请执行人的处理方式。

而在实践中,在高房价的社会背景下,被执行人享有的唯一住房所具有的金钱价值有时超过了法定义务金额,因而具备了进行唯一住房执行的空间和可行性。

在执行过程中,双方利益的平衡及协调成为在每个个案中需予以考量的重要问题。具体而言,难点在于:一是如何保证被执行人的基本居住权,尤其是在预留租金的情形下,如何确定一个合适的租金标准;二是在被执行人拒不配合的情况下,如何进行强制执行以保障申请执行人的合法债权。

在本案中,法院结合实际情况尝试寻求解决的路径与方法。面对被执行人反复违约、多次借口逃避履行义务的行为,承办法官成功处置了被执行人唯一套住房,在维护了申请执行人合法权益的同时,为被执行人预留了相应租金,亦重视保障被执行人最低生活标准的居住条件,以求实现了法律效果与社会效果的统一。本执行案件中有两个方面的经验值得重视。

第一,前期充分的释明与多种措施的配合。本案中,承办法官在接手案件后第一时间了解被执行人情况,并坚持追踪被执行人的情况发展,多次与其沟通,让被执行人明确在案件执行阶段自身享有的法定权利和应当承担的法定义务,尤其是拒不履行生效法律文书所确定义务的后果。《中华人民共和国民事诉讼法》第一百一十一条第一款第六项明确规定,拒不履行法院生效判决、裁定的,法院可以根据情节轻重予以处罚,情节严重的,可追究刑事责任。承办法官对于被执行人数次承诺又反复的行为及时训诫,并配合限制高消费令、纳入失信被执行人名单等决定,依法且充分地给予了被执行人主动履行义务的机会。

第二,执行方案务实、有针对性。在案件执行过程中,承办法官依托《最高人民法院关于人民法院办理执行异议和复议案件若干问题的规定》,结合实际情况以及当事人诉求的变化,积极拓展执行思路和执行方式,通过被执行人的亲属、居委会、财产查询等多个渠道进行详细的调查,与被执行人前后多次沟通不同的方案,全面评估执行可能带来的影响,多措并举、开拓务实,避免机械、僵化的执行。既成功地执行了"一套房",同时体现了对被执行人特殊情况的重视。本案为被执行人留有五至八年租金。承办人员主动上门核对申请执行人信息发还执行款,既考虑到申请人年事已高的实际情况,也保证了执行工作的高质高效。

案例提供单位:上海市金山区人民法院

编写人:张　彪

点评人:李世刚

图书在版编目(CIP)数据

2018年上海法院案例精选/茆荣华主编.—上海：
上海人民出版社,2020
ISBN 978-7-208-16290-7

Ⅰ.①2… Ⅱ.①茆… Ⅲ.①案例-汇编-上海-
2018 Ⅳ.①D927.510.5

中国版本图书馆 CIP 数据核字(2020)第 003710 号

责任编辑 秦 堃 郑家豪
封面设计 甘晓培

2018 年上海法院案例精选
茆荣华 主编
顾 全 陈树森 副主编

出　　版　上海人民出版社
　　　　　(200001　上海福建中路 193 号)
发　　行　上海人民出版社发行中心
印　　刷　常熟市新骅印刷有限公司
开　　本　720×1000　1/16
印　　张　30.75
插　　页　2
字　　数　573,000
版　　次　2020 年 1 月第 1 版
印　　次　2020 年 1 月第 1 次印刷
ISBN 978-7-208-16290-7/D·3554
定　　价　98.00 元